Finlande

Cofondateurs : Philippe GLOAGUEN et Michel DUVAL

Directeur de collection et auteur
Philippe GLOAGUEN

Secrétaire général
Gavin's CLEMENTE-RUIZ

Rédacteurs en chef
Amanda KERAVEL (France)
Benoît LUCCHINI (Étranger)

Directrice administrative
Bénédicte GLOAGUEN

Conseiller à la rédaction
Pierre JOSSE

Responsable voyages
Carole BORDES

Direction éditoriale
Élise ERNEST

Rédaction
Isabelle AL SUBAIHI
Emmanuelle BAUQUIS
Mathilde de BOISGROLLIER
Thierry BROUARD
Marie BURIN des ROZIERS
Diane CAPRON
Véronique de CHARDON
Laura CHARLIER
Florence CHARMETANT
Fiona DEBRABANDER
Anne-Caroline DUMAS
Éléonore FRIESS
Géraldine LEMAUF-BEAUVOIS
Olivier PAGE
Alain PALLIER
Anne POINSOT
André PONCELET

2021/22

hachette

TABLE DES MATIÈRES

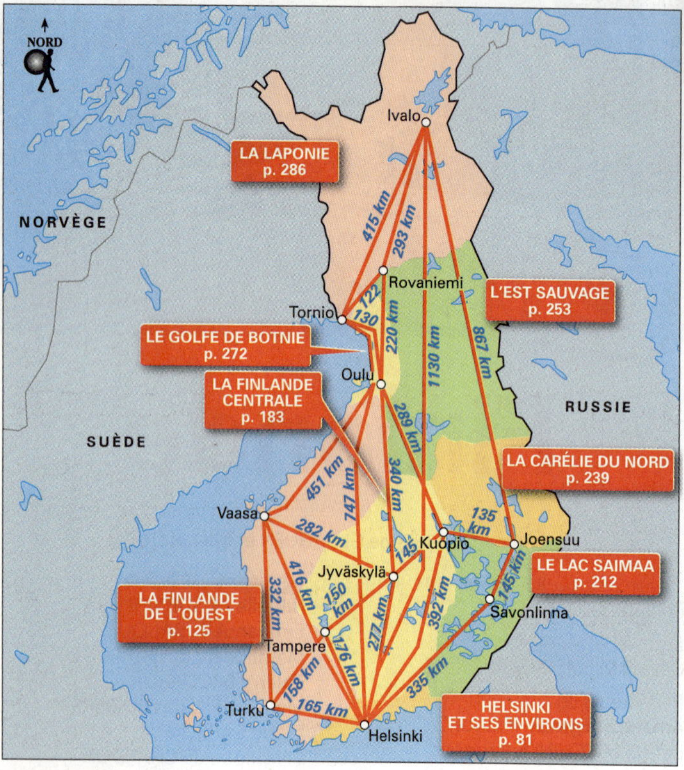

PRÉAMBULE

COMMENT Y ALLER ? 36

FINLANDE UTILE 45

LE GOLFE DE BOTNIE 272

LA LAPONIE 286

HOMMES, CULTURE, ENVIRONNEMENT 339

UNE PANDÉMIE INOUÏE !

Depuis toujours, **Le Routard *se plaît à dénicher hôteliers et restaurateurs*** qui accueillent nos lecteurs avec sourire et professionnalisme. Malgré toute notre vigilance, certains d'entre eux auront malheureusement fermé quand ce livre sortira. De même, les horaires et modalités d'accueil de certains sites et musées auront été momentanément modifiés. Cette terrible ***pandémie de Coronavirus*** a, on le sait, des conséquences importantes pour tous les professionnels du tourisme. ***Nous sommes de tout cœur avec eux !***

Important : dernière minute

Entre deux parutions du *Routard,* des événements fortuits (conditions sanitaires, catastrophes naturelles, mais aussi formalités, taux de change, conditions d'accès aux sites, fermetures inopinées, etc.) peuvent modifier vos projets de voyage. Pour éviter les déconvenues, nous vous recommandons de consulter la rubrique « Guide » par pays de notre site • *routard.com* • et plus particulièrement les dernières ***Actus voyageurs.***

Une ourse brune et ses petits en Carélie

Jouluttortu, étoiles de Noël

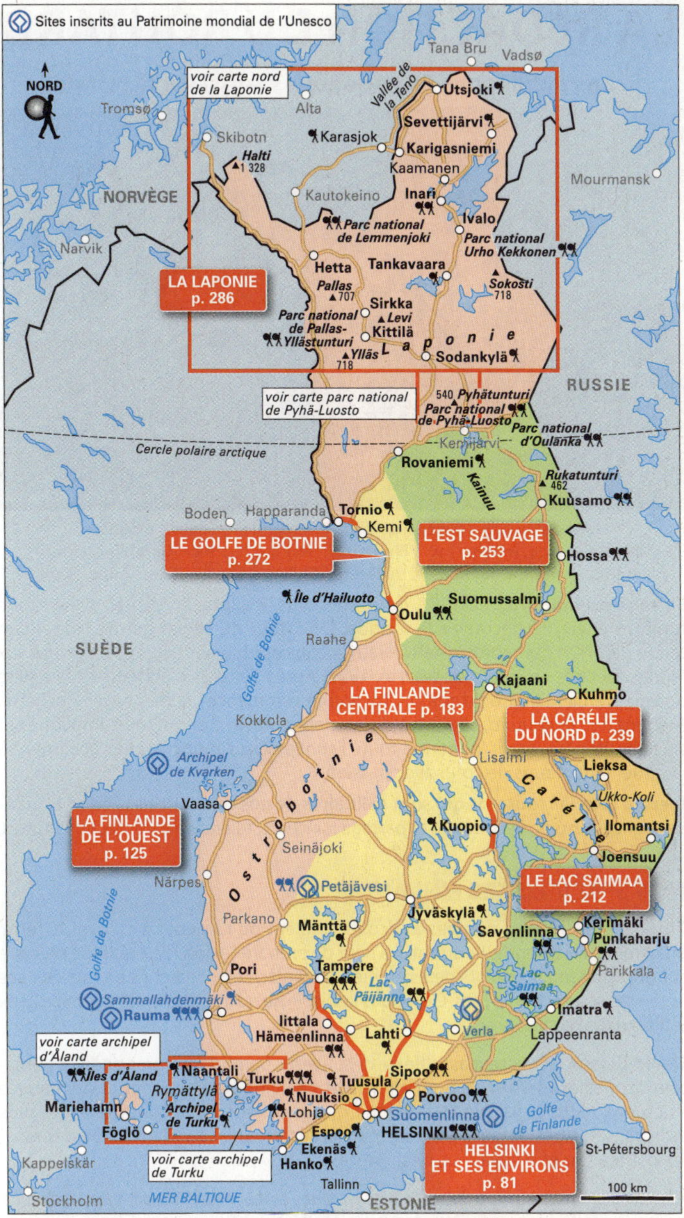
Sites inscrits au Patrimoine mondial de l'Unesco
NORD
voir carte nord de la Laponie
Tana Bru
Vadsø
Vallée de la Teno
Utsjoki
Tromsø
Alta
Sevettijärvi
Skibotn
Karasjok
Karigasniemi
Halti
1 328
Kaamanen
Mourmansk
NORVÈGE
Kautokeino
Inari
Ivalo
Parc national de Lemmenjoki
Parc national Urho Kekkonen
Narvik
Hetta
Tankavaara
LA LAPONIE p. 286
Pallas
707
Sokosti
718
Sirkka
Levi
Parc national de Pallas-Yllästunturi
Kittilä
Laponie
Ylläs
718
Sodankylä
voir carte parc national de Pyhä-Luosto
540 Pyhätunturi
Parc national de Pyhä-Luosto
RUSSIE
Parc national d'Oulanka
Cercle polaire arctique
Kemijärvi
Rovaniemi
Kainuu
Rukatunturi
462
Kuusamo
Boden
Happaranda
Tornio
Kemi
LE GOLFE DE BOTNIE p. 272
L'EST SAUVAGE p. 253
Hossa
Île d'Hailuoto
Suomussalmi
Oulu
Raahe
SUÈDE
Golfe de Botnie
Kajaani
Kuhmo
LA FINLANDE CENTRALE p. 183
LA CARÉLIE DU NORD p. 239
Kokkola
Iisalmi
Archipel de Kvarken
Lieksa
Carélie
Ukko-Koli
Vaasa
Ostrobotnie
Kuopio
Ilomantsi
LA FINLANDE DE L'OUEST p. 125
Seinäjoki
Joensuu
Närpes
Petäjävesi
LE LAC SAIMAA p. 212
Parkano
Jyväskylä
Mänttä
Kerimäki
Savonlinna
Punkaharju
Golfe de Botnie
Tampere
Parikkala
Pori
Lac Päijänne
Lac Saimaa
Sammallahdenmäki
Rauma
Imatra
Iittala
Verla
Hämeenlinna
Lahti
Lappeenranta
voir carte archipel d'Åland
Îles d'Åland
Naantali
Turku
Tuusula
Sipoo
Rymättylä
Nuuksio
Porvoo
Mariehamn
Archipel de Turku
Lohja
Suomenlinna
Golfe de Finlande
Föglö
HELSINKI
Espoo
Ekenäs
St-Pétersbourg
Kappelskär
Hanko
HELSINKI ET SES ENVIRONS p. 81
voir carte archipel de Turku
Tallinn
100 km
Stockholm
MER BALTIQUE
ESTONIE

FINLANDE

LA RÉDACTION DU ROUTARD

(sans oublier nos 50 enquêteurs, aussi sur le terrain)

Jean-Sébastien, Olivier, Mathilde, Thierry, Alain, Gavin's, Éléonore, Anne-Caroline, André, Laura, Florence, Véronique, Isabelle, Géraldine, Fiona, Amanda, Benoît, Emmanuelle, Bénédicte, Philippe, Carole, Diane, Anne, Marie.

La saga du *Routard* : en 1971, deux étudiants, Philippe et Michel, avaient une furieuse envie de découvrir le monde. De retour du Népal germe l'idée d'un guide différent qui regrouperait tuyaux malins et itinéraires sympas, destiné aux jeunes fauchés en quête de liberté. 1973. Après 19 refus d'éditeurs et la faillite de leur première maison d'édition, l'aventure commence vraiment avec Hachette. Aujourd'hui, le *Routard*, c'est plus d'une cinquantaine d'enquêteurs impliqués et sincères. Ils parcourent le monde toute l'année dans l'anonymat et s'acharnent à restituer leurs coups de cœur avec passion.

Merci à tous les routards qui sont solidaires de nos convictions : liberté et indépendance d'esprit ; découverte et partage ; sincérité, tolérance et respect des autres.

NOS SPÉCIALISTES FINLANDE

Thierry Bessou : ses origines agricoles auraient pu l'amener à cultiver la terre, finalement il la sillonne. Pourtant, il a peur de prendre l'avion ! En équilibre précaire sur un éléphant, les doigts gelés au pied d'un glacier, de marchés en musées, ses antennes restent déployées. C'est dans la Ville Rose qu'il écrit, inspiré par mille lieux foulés, mille regards croisés.

David Giason : rédacteur assoiffé de découverte, baroudeur à gros godillots, amateur de vieilles pierres, de bonne chère et de coins paumés, adepte d'échanges fructueux entre gens que tout devrait opposer. Pour lui, la curiosité est le plus indispensable des défauts. Mais surtout, il est convaincu qu'il faut savoir dépasser les bornes. Car être voyageur, c'est être libre.

Claude Hervé-Bazin : passionné d'îles perdues et de nature très sauvage, il décline le voyage et l'écrit depuis l'âge de 17 ans. Un métier ? Non, une pulsion qui pousse à additionner les heures de vol, les road trips et les formules de politesse (dans toutes les langues) pour vérifier si l'herbe est plus verte ailleurs, si les couettes sont plus douillettes et les hommes plus heureux.

UN GRAND MERCI À NOS AMI(E)S SUR PLACE ET EN FRANCE

Pour cette nouvelle édition, nous remercions particulièrement :

- **Essi Jäppinen,** de l'Institut français d'Helsinki ;
- **tous les offices de tourisme des villes visitées** qui nous ont apporté leur aide précieuse.

« OSONS LE PAS DE CÔTÉ »

Le surtourisme ? Tous concernés. Et pourtant, à l'écart des grands flux touristiques, il existe plein de pépites méconnues, souvent oubliées des circuits trop encombrés. Ici un site ignoré ; là un quartier secret ; plus loin un village caché au charme discret, avec un troquet d'une autre époque. Il existe une infinité de lieux peinards que l'on a envie de mettre en avant avec ce pictogramme. Un vagabondage enfin calme favorisé aussi par les **visites aux heures creuses**. Vive le *slow trip* !

#osonslepasdecote

☎ **112 :** c'est le numéro d'urgence commun à la France et à tous les pays de l'UE, à composer en cas d'accident, agression ou détresse. Il permet de se faire localiser et aider en français, tout en améliorant les délais d'intervention des services de secours.

Pictogrammes du Routard

Établissements

- Hôtel, auberge, chambre d'hôtes
- Camping
- Restaurant
- Terrasse
- Pizzeria
- Boulangerie, sandwicherie
- Pâtisserie
- Glacier
- Café, salon de thé
- Café, bar
- Bar musical
- Club, boîte de nuit
- Salle de spectacle
- Boutique, magasin, marché

Infos pratiques

- Office de tourisme
- Poste
- Accès Internet
- Hôpital, urgences
- Adapté aux personnes handicapées

Sites

- Présente un intérêt touristique
- Point de vue
- Plage
- Spot de surf
- Site de plongée
- Recommandé pour les enfants
- Inscrit au Patrimoine mondial de l'Unesco
- Pas de côté

Transports

- Aéroport
- Gare ferroviaire
- Gare routière, arrêt de bus
- Station de métro
- Station de tramway
- Parking
- Taxi
- Taxi collectif
- Bateau
- Bateau fluvial
- Piste cyclable, parcours à vélo

Le *Routard* est imprimé sur un papier issu de forêts gérées.

I.S.B.N. 978-2-01-712971-4

L'église en bois de Petäjävesi

« Nul ne skie assez doucement pour glisser sans laisser de traces. »
Proverbe finlandais

Des forêts, des lacs, des marais, des rivières, des forêts, des marais, des rivières, des rennes, de la toundra, des lacs, des lacs, des lacs encore... et quelques villes perdues dans cette immensité de lacs, de forêts et de rivières... On pourrait craindre la monotonie. Et pourtant, ce pays exerce une fascination certaine. La Finlande n'est pas une destination pure, un lieu précis, une liste de sites à visiter ; c'est une ambiance, un road trip, une invitation à musarder et se laisser envahir par l'immensité de la nature.
Après bien des vicissitudes, coincée entre les appétits des ogres suédois et russe, la Finlande a trouvé ses marques et affirmé son caractère bien à elle. Prenez sa langue : d'incroyables sonorités, une farandole de lettres surmontées d'une multitude de trémas, apportées du fin fond des steppes du pied de l'Oural... Être Finlandais, c'est une façon de voir le monde. C'est le *sisu,* cette ténacité, ce courage face aux éléments (parfois) déchaînés qui a façonné l'âme de ce peuple. Le *sisu* gouverne à la patience, à l'endurance, il aide à construire, à se projeter dans le futur ; le *sisu* a fait de la Finlande l'**une des nations les plus développées de la planète.** Un pays où la ville a été réinventée à sa juste mesure : simple, efficace, paisible, ouvrant grand la porte à l'architecture en bois et à un design à la forme aussi épurée qu'esthétique – et toujours pratique.
Pour comprendre la Finlande, il faut se glisser en coulisses, quitter les routes, emprunter les pistes et les sentiers jusqu'aux lacs les plus retirés, pour prendre un bain de sérénité. Il faut faire corps avec cette nature gigantesque et sauvage, au risque de rencontrer des myriades de moustiques et d'insectes agaçants... Marcher, sortir sa boussole et sa canne à pêche, sacrifier à nouveau et encore au rituel du sauna (on en trouve jusque dans les refuges !). C'est là, au cœur d'un rapport différent au temps, à l'espace et à la nature, que l'on découvrira la raison profonde de **cet attrait que le pays exerce sur ses visiteurs.**

Igloos en verre, en Laponie

© Kakslauttanen Arctic Resort, Saariselkä, Finland
© Valtteri Hirvonen

NOS COUPS DE CŒUR

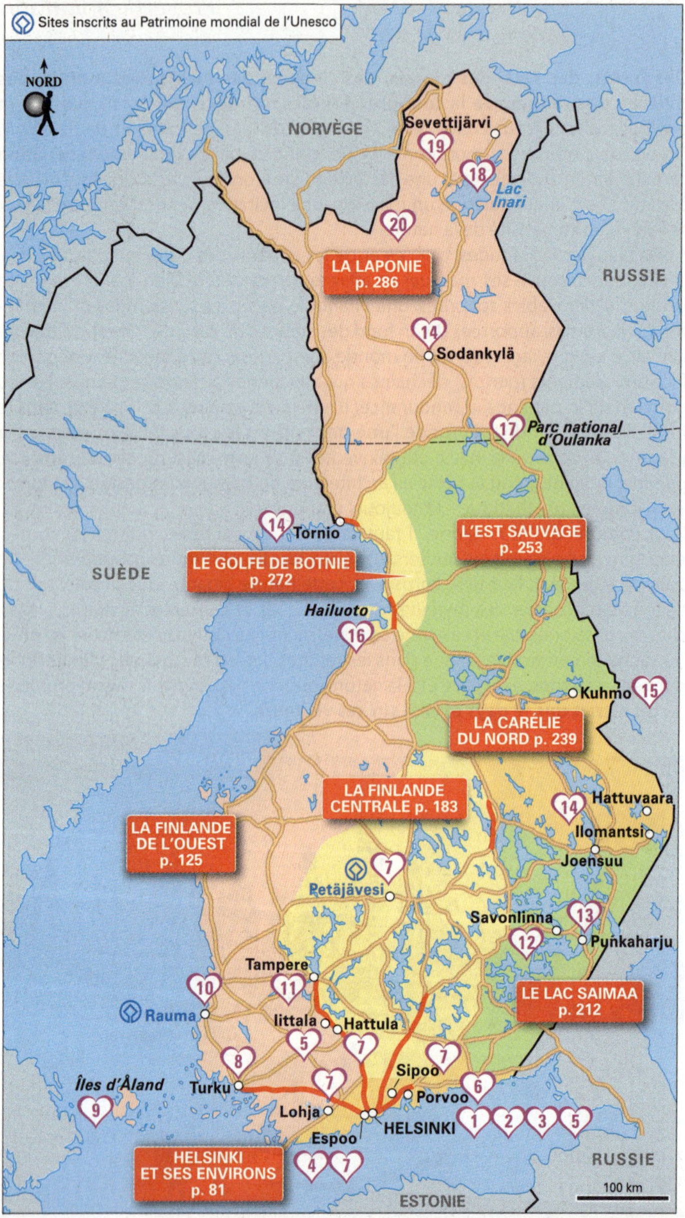

© K. Thomas/Blickwinkel/Age fotostock

1 Par une nuit blanche de juin où la douceur de l'air incite aux rencontres, flâner sur l'Esplanade à Helsinki.

L'Esplanade est une large avenue verdoyante, plantée de tilleuls dont les plus vieux datent de 1840, et bordée de cafés aux larges baies vitrées. Lieu de rendez-vous populaire, surtout lors des folles nuits de fête, elle est le cœur d'Helsinki. Aux beaux jours, bateleurs et baladins y déambulent et des concerts gratuits y sont organisés. La promenade conduit naturellement à la place du Marché et au port. Au loin, les îlots s'égrainent. *p. 101*

© BEW Authors/BE&W/Age fotostock
© Architecte : Steven Holl

2 Visiter le musée d'Art contemporain Kiasma, bâtiment étincelant imaginé par l'architecte américain Steven Holl.

Un lieu incontournable pour les amoureux d'art contemporain ! Le hall d'entrée mérite à lui seul le détour pour la beauté de son architecture moderne, ses grandes baies vitrées et son atmosphère lumineuse. Les réserves contiennent plus de 8 000 œuvres d'artistes finlandais et internationaux, dévoilées tour à tour dans les salles de ce grand paquebot. *p. 103*

Bon à savoir : *• kiasma.fi • Fermé lun ; gratuit moins de 18 ans.*

3 Admirer la baie de Töölö, la Baltique et Helsinki depuis la terrasse de l'*Ateljee Bar.*

Il faut prendre l'ascenseur jusqu'au 12e étage du Sokos Torni, situé au centre d'Helsinki, puis grimper par le petit escalier en colimaçon pour atteindre l'*Ateljee Bar* et ses 2 terrasses riquiqui. Là, s'offre une vue absolument imprenable sur l'ensemble de la ville et ses environs : la baie de Töölö, le palais Finlandia, la coulée verte de l'Esplanade, les 2 cathédrales, la vieille église, les ferries qui filent à l'horizon entre les grappes d'îlots. L'été, lorsque le soleil n'en finit pas de se coucher, c'est magique… *p. 96, 102*

Bon à savoir : *ouv tlj. Les boissons ne sont pas données…*

4 Rêver d'habiter la maison idéale dessinée par un trio d'architectes géniaux sur le domaine de Hvitträsk à Espoo.

Haut lieu de l'Art nouveau finlandais, le domaine de Hvitträsk fut construit en 1903 par les architectes influents de l'époque : Saarinen, Lindgren et Gesellius. L'édifice principal est devenu musée. C'est un véritable voyage dans le style romantique national, un étonnant mélange de modernité, de clarté et d'éléments d'inspiration médiévale, un souci permanent d'organiser l'espace en fonction des rythmes de la nature. *p. 114*

Bon à savoir : *• kansallismuseo.fi/en/hvittrask • Visite guidée en anglais gratuite, mer-dim à 15h.*

5 **Découvrir le design finlandais et craquer pour un objet d'Alvar Aalto.**
En Finlande, il y a des lacs, des forêts, des rennes, le Père Noël… mais aussi le design ! Cela concerne les bâtiments, et, plus faciles à transporter, le mobilier, les arts de la table et le textile. À Helsinki, il faut faire un tour à la boutique *Artek* pour admirer les créations d'Aalto, le génie du design finlandais. Les boutiques *Iittala Shop* vendent des objets d'intérieur. Dans les environs de la capitale, le *Centre Arabia* abrite des magasins de design. Enfin, une halte s'impose à la fabrique et au musée d'Iittala, à 23 km d'Hämeenlinna. p. 98, 211

Bon à savoir : • artek.fi • iittala.com • iittalanlasimaki.fi • *La fabrique d'Iittala est fermée en juil. Musée ouv tlj sauf lun juin-août (seulement le w-e le reste de l'année).*

© Peter Forsberg/Alamy/Hemis

6 Se promener dans la vieille ville de Porvoo, qui semble tout droit sortie d'un conte de fées.

Située à 50 km à l'est d'Helsinki, Porvoo est l'une de ces ravissantes petites villes de Finlande dont les maisons de bois du XVIIIe s ont miraculeusement traversé les siècles. Les ruelles aux pavés irréguliers, les jardins fleuris et colorés, la rivière au cours paisible ont séduit de nombreux peintres et écrivains. Musarder le nez en l'air dans cet univers d'un autre temps est un enchantement. p. 122

Bon à savoir : venir tôt le matin pour éviter la foule. Possibilité de visite guidée du village (payante et en anglais), de mi-juin à fin août, sam à 14h ; rens à l'office de tourisme.

7 **Admirer les fresques polychromes des églises médiévales.**
La Finlande compte quelques églises décorées de remarquables fresques, dont les plus anciennes remontent au début du XVIe s. Elles sont surprenantes de couleurs, de naïveté et même d'humour parfois grivois. De véritables chefs-d'œuvre ! L'église Saint-Laurent à Lohja est l'une des plus belles avec ses fresques qui ornent l'intégralité des murs et de la voûte ! *p. 128*

Bon à savoir : *la cathédrale d'Espoo, l'église Sainte-Croix de Hattula, les églises de Sipoo et de Petäjävesi sont nos autres coups de cœur.*

8 Partager les joies éphémères de la fièvre du samedi soir sur les bateaux-bars de l'Aurajoki à Turku.

Ancienne capitale de la Finlande, Turku a gardé de son passé quelques pâtés de maisons pittoresques et une impressionnante forteresse. Ses nombreux et riches musées sont séduisants, ses espaces verts reposants. Mais pour vibrer au diapason de cette ville estudiantine, rien de mieux que d'embarquer sur l'un des bateaux amarrés sur les quais de la rivière Aura, pour descendre, dans une ambiance bon enfant, quelques réconfortants godets. Il n'y a qu'à choisir le vaisseau qui vous tente le plus ! *p. 140*

Bon à savoir : *les bateaux sont ouverts grosso modo avr-août ; horaires selon météo.*

9 **Sauter dans un ferry jusqu'aux îles d'Åland et musarder dans ses campagnes piquetées de fermes rouges, d'églises médiévales et de moulins.**

Amarré à mi-chemin de la Finlande et de la Suède, l'archipel des Åland se compose de quelque 6 500 îles (dont 80 habitées). Un presque pays, disposant d'une forte autonomie, de son drapeau, de ses timbres et de sa langue officielle (le suédois, exclusivement). Un lieu bourré de charme, entre campagne éternelle et envolées marines. *p. 156*

***Bon à savoir :** on s'y rend en ferry depuis Turku, Helsinki et Naantali. Sinon, liaisons aériennes entre l'archipel et Helsinki.*

10 **Musarder dans les ruelles de Rauma, l'une des plus vieilles villes de Finlande.**

Avec ses 600 maisons en bois des XVIIe et XVIIIe s, aux façades pimpantes, le vieux centre-ville de Rauma est l'un des mieux conservés du pays, ce qui lui vaut d'être classé au Patrimoine mondial de l'Unesco. Il a un peu moins brûlé que les autres… Il faut prendre le temps de se perdre dans le dédale de ruelles pour un délicieux voyage dans le temps. *p. 177*

Bon à savoir : en juil, dim à 11h30, possibilité de visite guidée en anglais. Le w-e du Midsummer (autour du 24 juin) se tient le festival RMJ (les hôtels sont archi-complets). Idem dernière sem de juil (semaine de la Dentelle).

11 **Sortir ruisselant de sueur du sauna, et plonger dans les eaux du lac à Tampere.**

Le sauna fait partie de la vie quotidienne finlandaise. La plupart des habitations, hôtels et même les entreprises en ont un. C'est l'occasion ou jamais d'essayer ! La tradition veut qu'après s'être fouetté le corps avec des rameaux de bouleau, on pique une tête, dans le plus simple appareil, dans l'eau frisquette d'un lac avant de retourner aussi sec (si l'on peut dire) reprendre une bonne suée… Cardiaques, s'abstenir ! *p. 187*

Bon à savoir : le sauna de Rajaportii à Tampere est le sauna public le plus ancien de Finlande.

12 **Admirer le château de Savonlinna, le plus puissant au nord de l'Europe.**

Si l'eau gorge la terre finlandaise, elle n'est nulle part aussi présente qu'au pays des Lacs. Mais dans la vieille ville de Savonlinna, éparpillée sur 4 îles voisines, c'est une forteresse coiffant son propre îlot que l'on vient voir avant tout : Olavinlinna – le château fort le plus septentrional du monde. *p. 227*

Bon à savoir : *ouv tlj ; un festival d'opéra s'y tient de début juil à début août, depuis plus d'un siècle.* • *operafestival.fi* •

© imageBROKER/Alamy/Hemis

13 **Filer sur la crête de l'esker, entre les lacs à Punkaharju.**

La dernière glaciation a abandonné derrière elle nombre de ces étranges formations géologiques : de longs rubans de roches empilées, colonisés par les arbres, sinuant quelques mètres au-dessus de la terre. À Punkaharju, l'esker, haut de 20 à 30 m et long de près de 7 km (!), flotte carrément au-dessus des eaux. D'un côté, le lac Puruvesi. De l'autre, le Pihlajavesi. Le ruban est juste assez large pour laisser passer la route et la voie de chemin de fer. L'itinéraire est jalonné de superbes points de vue, surtout lorsque le soleil est de la partie. *p. 220*

Bon à savoir : *il existe un sentier des Eskers de 3,5 km (départ à proximité du musée finlandais de la Forêt).*

© Luis Davilla/Age fotostock

14 **À la frontière de la Russie, parcourir la Carélie en quête de ses plus belles églises orthodoxes en bois.**

Longtemps russe, la Finlande a conservé de la douce férule tsariste une inattendue minorité orthodoxe. Si elle ne représente qu'à peine plus de 1 % de la population, elle se concentre dans la belle région de Carélie, contre la frontière. C'est là que l'on peut voir les plus belles églises en bois : Saint-Nicolas (1887) à Joensuu, Saint-Elias (1891) à Ilomantsi et l'adorable chapelle blanche Saints-Pierre-et-Paul d'Hattuvaara (1792), coiffée de 2 clochetons. Les églises de Tornio et de Sodankylä sont également superbes ! *p. 243, 244, 245, 248, 307*

Bon à savoir : *les* praasniekka, *des processions très colorées, s'y déroulent entre fin juin et mi-sept.*

© Majna/Alamy/Hemis

15 **S'enfoncer dans la forêt boréale et rejoindre un affût pour espérer observer ours et gloutons.**

Qui n'en a jamais rêvé ? Voir un ours, un vrai, en chair et en poil – et, avec un peu de chance, en famille. Dans le Grand Est, du côté de Kuhmo, plusieurs tour-opérateurs spécialisés proposent de les guetter depuis un affût où ils sont attirés par de la viande avariée. La recette marche aussi pour le très discret et vorace glouton (le carcajou québécois), un (lointain) cousin de la belette aux airs de miniplantigrade qui peut peser jusqu'à… 30 kilos. *p. 255*

Bon à savoir : • *wildbrownbear.fi* • *taigaspirit.com/fr* • *viiksimo.fi* •

16 **Respirer à pleins poumons sur les plages de sable fin de Hailuoto.**

Tout au fond du golfe de Botnie, l'île de Hailuoto étend, sur près de 30 km, ses plages désertes, empreintes d'un silence à peine chahuté par le clapotis de la houle et le vent. Au printemps et à l'automne, de nombreux oiseaux migrateurs y font escale. L'été, l'île n'est jamais vraiment bondée, même dans l'adorable petit port de Marjaniemi. *p. 279*

Bon à savoir : *en été, accès par ferry gratuit depuis l'embarcadère d'Oulu ; en hiver, accès à motoneige, ou en voiture lorsque la glace est assez épaisse !* • *hailuoto.fi* •

17 **Observer les rennes se désaltérer dans l'Oulankajoki, sous le soleil de minuit, dans un paysage baigné de sérénité.**

L'Est sauvage recèle des paysages sans fin, aux ambiances magiques, pour peu que les rayons du soleil soient au rendez-vous : on s'étonne presque de ne pas rencontrer d'elfe ! Des rennes, c'est plus courant… Le parc national d'Oulanka, traversé par la rivière Oulankajoki et aux portes de la Laponie, sera l'un des moments forts d'un périple au sein de ces terres retirées. Les amoureux des forêts profondes et du calme absolu seront servis ! *p. 267*

Bon à savoir : *• nationalparks.fi/en/oulankanp •*

© imageBROKER/Alamy/Hemis

© Boisvieux Christophe/hemis.fr

18 **Partir à l'aventure sur l'infini du lac Inari et jouer les Robinsons sur l'une de ses îles.**

Au nord de la Laponie, le lac Inari s'étend sur près de 120 km de long. On peut camper où l'on veut sur les rivages inhabités et les 3 000 îles et îlots du plan d'eau, ou utiliser les cabanes ouvertes. Un lieu au bout du monde, idéal pour s'immerger dans la culture sámie. Les plus courageux pourront même se baigner… *p. 316*

Bon à savoir : début juin-fin sept, possibilité de croisière à partir d'Inari. Faire ses provisions à Inari avant de partir.

© Alberto Nardi/AGF RM/Age fotostock

19 **S'émerveiller des couleurs flamboyantes de la toundra lapone lorsque survient le court automne arctique.**

Passé le cercle polaire, les denses forêts ne sont plus que souvenir. Les douces collines se couvrent de rares buissons, de lichens et de mousses, la toundra prend ses aises. Durant près de 2 mois, en été, le soleil ne se couche pas. L'hiver, l'obscurité s'éclaire d'aurores boréales. Entre les deux, il y a l'automne qui joue une partition fugace, mais non moins intense. Dès les premiers jours de septembre se produit la *ruska* : le paysage se pare d'une multitude de nuances de rouge et d'orangé. Un pur émerveillement ! *p. 286*

20 S'allonger dans la neige fraîche en Laponie, pour s'extasier du chatoiement surnaturel des aurores boréales.

Un rêve… se laisser envoûter par le spectacle unique des aurores boréales. Dans l'obscurité ambiante, le ciel se pare d'un voile, de traînées mouvantes formant peu à peu d'immenses draperies dansantes. Généralement vertes, elles peuvent aussi être orangées, jaunes, rouges ou même bleues, violettes et roses – tout dépend de l'intensité des vents solaires et de l'altitude à laquelle ils se frottent à l'atmosphère. Après quelques minutes, le phénomène s'installe ; on a alors le temps de savourer et d'immortaliser sa beauté magique. *p. 339*

Bon à savoir : *partout en Laponie, des tour-opérateurs spécialisés proposent des sorties pour observer les aurores (notamment à Inari et Rovaniemi). Fév-avr est la meilleure période ; les nuits sont alors longues et le ciel souvent dégagé.*

Rivière du parc national

ITINÉRAIRES CONSEILLÉS

1 semaine

Il faudra choisir entre le nord et le sud de la Finlande.

– Option « le Sud » : arrivée à **Helsinki (1** ; 2 j.). Faire l'aller-retour jusqu'à **Porvoo (2** ; 1 j.) ; sur le chemin, s'arrêter à **Sipoo (3)** pour visiter l'église Saint-Siegfried. Ensuite, direction **Turku (5** ; 2 j.) ; sur le chemin, visiter l'église Saint-Laurent à **Lohja (4),** l'une des plus remarquables de Finlande. De là, rejoindre **Rauma (6** ; 1 j.) ; retour le lendemain à Helsinki.

– Option « le Nord » : arriver en avion à **Rovaniemi (1** ; 1 j.) pour visiter l'incontournable centre *Arktikum,* dédié au monde arctique, puis filer au *village du Père Noël,* sur la ligne du cercle polaire ; si vous avez des enfants, vous ne pourrez pas non plus passer à côté du Santapark et du zoo de **Ranua (2** ; 1 j.), où l'on retrouve tous les animaux du Grand Nord. Ensuite, direction le **parc national de Pyhä-Luosto (3** ; 1 j.) pour une petite rando ou une visite de la mine d'améthyste de Lampivaara. Puis cap toujours plus au nord, via **Sodankylä (4)** pour sa belle église du XVIIe s, puis le **village de l'Or de Tankavaara (5)** à travers le **parc national Urho Kekkonen (6).** Le lendemain, direction **Inari (7** ; 1 j.) pour une virée sur le lac et la visite du musée sámi Siida. Le périple s'achève par une rando dans le **parc national de Pallas-Yllästunturi (8** ; 2 j.), de préférence dans le joli secteur d'Äkäslompolo. Le plus simple est, ensuite, de reprendre l'avion à Kittilä.

Une dizaine de jours

Débuter par **Helsinki (1** ; 3 j.) et ses environs : **Porvoo (2),** l'église Saint-Siegfried à **Sipoo (3),** le **domaine de Hvitträsk** et l'**église d'Espoo (4).** Ensuite, direction **Hämeenlinna (5** ; 1 j.) pour visiter la ville et l'église Sainte-Croix de Hattula, avant de rejoindre **Tampere (6** ; 2 j.) où l'on pourra profiter du plus ancien sauna public de Finlande, visiter de passionnants musées, faire une excursion dans les parcs nationaux de Seitseminen, de Helvetinjärvi ou embarquer pour une croisière sur le lac Näsijärvi.

De là, cap à l'ouest vers **Rauma (7** ; 1 j.). Le périple se poursuit par une halte à **Naantali (8),** avant de rejoindre **Turku (9** ; 2 j.). Retour à Helsinki via **Hanko (10** ; 1 j.), la ville la plus méridionale du pays. Sur le chemin, on ne manquera pas l'église Saint-Laurent à **Lohja (11)** ou le ravissant petit village de **Fagervik (12).**

Bien entendu, on peut passer une dizaine de jours au nord de la Finlande, en partant sur la base de l'itinéraire d'une semaine (voir plus haut), mais avec des étapes (ou randos) un peu plus longues – ou encore en ajoutant à la fin une sympathique virée vers Utsjoki et la belle rivière à saumons Teno, qui marque la frontière avec la Norvège.

Le bord du lac Päijänne

Une quinzaine de jours

Débuter par **Helsinki (1** ; 2 j.) dont le **domaine de Hvitträsk** et l'**église d'Espoo (2).** Ensuite, visite de l'église Saint-Siegfried à **Sipoo (3)** et **Porvoo (4** ; 1 j.). Le lendemain, étape à **Imatra (5)** avant de rejoindre **Punkaharju (6** ; 1 j.) pour son incroyable esker survolant les lacs, puis **Savonlinna (7** ; 1 j.) pour son château médiéval posé sur un îlot. On conseille de pousser jusqu'à la belle région voisine de Carélie du Nord pour jeter un coup d'œil à ses églises orthodoxes en bois vers **Ilomantsi (8** ; 1 j.), puis enchaîner avec le légendaire point de vue du **mont Koli (9** ; 1 j.), sur le lac Pielinen. Une grande transversale vous mènera à **Tampere (10** ; 1 j.) pour ses remarquables musées, avant de poursuivre par la visite d'**Hämeenlinna (11),** de **Turku (12** ; 2 j.) et de ses environs (Naantali).

Difficile ensuite de résister à l'appel du Grand Nord. Sautez alors dans un avion à Helsinki pour rejoindre **Rovaniemi (13** ; 2 j.). Les jours suivants seront consacrés à des randos, au choix, dans le **parc national de Pyhä-Luosto (14** ; 1-2 j.) ou celui de **Pallas-Yllästunturi (15),** avant de rejoindre **Inari (16** ; 1-2 j.). Retour en avion depuis l'aéroport d'Ivalo.

En 3 semaines minimum…

Débuter par **Helsinki (1** ; 2-3 j.) et ses environs, dont **Porvoo (2), Sipoo (3)** et **Espoo (4).** Poursuivre vers **Turku (5** ; 1-2 j.) et prendre le ferry pour **Mariehamn** sur le délicieux **archipel d'Åland (6** ; 4 j.) pour un bain de culture suédoise.

Retour sur le continent, direction **Rauma (7** ; 1 j.), puis **Tampere (8** ; 2 j.). Ensuite, prendre la direction de la région du lac Saimaa en se posant à **Savonlinna (9** ; 3 j.) ou à **Punkaharju (10).** Puis piquer plein nord vers **Ilomantsi (11)** et **Lieksa (12** ; 1 j.) en Carélie, profiter du panorama depuis le **mont Koli (13),** puis continuer à travers les forêts du Grand Est, où vous pourrez aller voir des ours, notamment dans la région de **Kuhmo (14** ; 1 j.).

Oulu (15 ; 2 j.), la « Silicon Valley du Nord », n'est plus bien loin avec, à ses portes, la jolie **île d'Hailuoto (16),** nichée au fond du golfe de Botnie. Une variante possible aux rivages du golfe de Botnie : le très bel écrin de nature du **parc national d'Oulanka (17** ; 2-3 j.). Prévoir ensuite une halte à **Rovaniemi (18** ; 2 j.). Il ne reste plus qu'à rejoindre **Inari (19** ; 2-3 j.), au nord de la Laponie. Retour depuis l'aéroport d'Ivalo.

SI VOUS ÊTES…

Amateur de villes et villages de charme : Porvoo, Rauma, Naantali, Ekenäs et Savonlinna. Dans la moitié sud du pays, on découvre d'attachantes églises rurales en bois peintes de fresques souvent naïves. La plus belle : Petäjävesi, classée par l'Unesco, avec sa chaire peinte.

En famille : un peu partout ; le pays est très en pointe pour intéresser les enfants au moindre musée. Pour les plus jeunes, la visite du village du Père Noël, en Laponie, est incontournable, de même que les nombreuses activités hivernales tournant autour des rennes ! Ceux qui séjournent dans l'Est essaieront d'aller voir des ours avec un guide… ou se rabattront sur ceux du zoo polaire de Ranua, près de Rovaniemi.

Fêtard : Turku, Tampere, Helsinki, c'est le tiercé dans l'ordre ! Et, dans une moindre mesure, Kuopio et Oulu, villes estudiantines. Mais en été, c'est plus calme…

Nature, balade : du nord au sud, d'est en ouest, il n'y a que l'embarras du choix, tant la nature est omniprésente en Finlande !

Rando sérieuse, sports d'hiver/d'été : les environs de Tampere ; l'Est sauvage, le domaine de randonnée de Hossa et le parc national d'Oulanka, etc. La Laponie, bien entendu ! En particulier le parc national de Pyhä-Luosto, Sirkka et le mont Levi ou, plus sauvages encore, les parcs nationaux Urho Kekkonen et Lemmenjoki, les gorges de la Kevo, le parc national de Pallas-Yllästunturi.

Ville et architecture urbaine : Helsinki détonne par son mélange de styles ; Espoo, pour la visite du domaine de Hvitträsk ; Tampere, pour les réhabilitations de son patrimoine industriel. Jyväskylä pour les réalisations d'Alvar Aalto. Mention spéciale pour le centre artistique de Kuhmo avec sa magnifique salle de concerts en lambris.

Musées : Helsinki, Turku et Tampere abondent en musées ; on en trouve d'autres, très intéressants à Kuopio, Lieksa, Mänttä, Oulu, Rovaniemi *(Arktikum)* et Inari (musée sámi Siida) notamment. Un peu partout, des musées locaux regroupent des bâtisses anciennes reconstituées en villages : un vrai saut dans le temps, comme au musée en plein air de Seurasaari à Helsinki et celui de Turkansaari, à côté d'Oulu.

Îles au large d'Helsinki

© alan64/YAY Micro/Age fotostock

Interview #experienceroutard

Par la rédaction du *Routard*

Une chose particulièrement remarquable en Finlande ?

Le respect de l'environnement et le rapport que les Finlandais entretiennent avec la nature. La sensibilité écologique est omniprésente au quotidien et, le plus remarquable, c'est qu'elle paraît évidente et ne semble demander aucun effort aux Finlandais. Tout est conçu pour minimiser le gaspillage d'énergie, éviter les déchets plastiques, réduire l'impact carbone et favoriser la vie sauvage. Nous aurions beaucoup à apprendre en la matière, car en Finlande la stratégie environnementale est intelligente et constructive.

Quelle spécialité culinaire faut-il absolument goûter ?

Le saumon gravlax (en finnois, *graavilohi*) avec sa sauce à l'aneth et aux baies roses. Cette préparation, marinée en saumure, réconcilie avec le saumon, dont la version sous plastique peut dégoûter. La chair est ferme, peu grasse, savoureuse et parfumée. À déguster de préférence sur les stands des marchés, avec une bonne tartine de pain de seigle ! Le saumon fumé à l'ancienne, au feu de bois, est aussi excellent : là encore, rien à voir avec la version qui se retrouve dans nos assiettes à Noël.

La découverte la plus étonnante ?

Les fresques médiévales naïves dans certaines églises. On n'en parle pas forcément, et on imagine plutôt les églises nordiques décorées dans un style sobre et austère. Mais là, on découvre des murs couverts de vraies bandes dessinées hautes en couleur, avec des images très crues, tellement excessives qu'elles en deviennent amusantes : des supplices épouvantablement créatifs, des corps torturés et démembrés, des démons caricaturaux avec sabots et queue fourchue, du sang qui jaillit à gros bouillons... Une vraie surprise !

Une expérience du sauna finlandais ?

C'est super. On se sent tellement bien après ! Il faut absolument essayer les saunas traditionnels, au feu de bois : la fumée n'a rien à voir avec celle des saunas électriques. Et le top du top, c'est de le faire en hiver, suivi d'un plongeon dans un lac gelé... En revanche, ceux qu'on trouve dans les hôtels sont généralement moins sympas, car plus aseptisés.

LES QUESTIONS QU'ON SE POSE AVANT LE DÉPART

• Infos détaillées dans le chapitre « Finlande utile » *p. 45*

➢ Quels sont les documents nécessaires ?

Une *carte d'identité* ou un *passeport* en cours de validité suffit pour les ressortissants de l'Union européenne (espace Schengen) et les Suisses. Les mineurs français doivent être munis d'une autorisation de sortie du territoire. Pour les Canadiens, un passeport valable 6 mois après le retour de voyage est nécessaire, mais pas de visa.

➢ Quelle est la meilleure saison ?

Tout dépend du dépaysement que l'on recherche ! Les grands espaces du pays peuvent se découvrir été comme hiver. Pour assister au spectacle des aurores boréales, on viendra de préférence entre fin février et début avril, lorsque les nuits sont encore longues (et très froides !) mais le ciel davantage dégagé. La Finlande est en vacances de début juin à mi-août, lorsque le soleil n'en finit pas de se coucher au sud, et rase l'horizon à minuit au nord. Dès la mi-août, certains campings et sites secondaires commencent à fermer leurs portes. En automne (dès début septembre en Laponie), c'est la *ruska* : la nature explose de couleurs.

➢ Quel budget prévoir ?

La Finlande est un pays où la vie est chère. Pour loger, prévoir 12 à 30 € pour 2 avec une tente en camping ou pour un lit en auberge de jeunesse, selon les régions ; en moyenne 80 à 120 € pour une chambre double à l'hôtel, même si on peut trouver dans certains coins des doubles basiques autour de 50-70 €. En ajoutant les repas, les activités, les déplacements, les visites et les petits extras, difficile de s'en sortir à moins de 100-120 € par jour pour 2. Vers Helsinki et en Laponie, ce sera même davantage.

➢ Comment se déplacer ?

Dans ce pays très étendu aux centres d'intérêt dispersés, mieux vaut avoir son propre véhicule (le réseau routier est excellent). Le réseau ferroviaire est relativement bien développé dans la moitié sud du pays. Sinon, vous serez dépendant des bus (liaisons régulières).

➢ Y a-t-il des problèmes de sécurité ?

Rien à signaler dans ce domaine !

➢ Quel est le décalage horaire ?

Il y a 1h de décalage horaire entre Paris et Helsinki. Quand il est 12h en France, il est 13h en Finlande, été comme hiver.

➢ Quel est le temps de vol ?

Il faut compter 3h de vol entre Paris et Helsinki.

➢ Quelles précautions prendre en matière de santé ?

De mi-juin à fin juillet (grosso modo), c'est l'époque des moustiques et autres insectes piqueurs (taons notamment)... particulièrement dans le Nord. Satanées bestioles ! Se munir d'un répulsif (on en trouve sur place), prendre quelques précautions vestimentaires et tout se passera bien.

➢ Peut-on y aller avec des enfants ?

Oui, bien sûr ! C'est l'occasion de leur faire découvrir les richesses de la nature avec les nombreux centres d'information des parcs nationaux. La plupart des musées ont des espaces dédiés aux enfants. Et puis, n'oubliez pas que le Père Noël habite à côté de Rovaniemi !

➢ La langue est-elle un obstacle ?

À part dans quelques rares contrées très reculées, l'anglais est couramment parlé.

➢ Quels vêtements prévoir ?

Sous ces latitudes, même en plein été, les nuits sont souvent fraîches. En Laponie, il peut même neiger en juin. De bonnes chaussures de marche sont indispensables.

➢ Doit-on prévoir un adaptateur électrique ?

Non !

COMMENT Y ALLER ?

EN AVION

Les compagnies régulières

▲ AIR FRANCE
Rens et résas au ☎ 36-54 (0,35 €/mn – tlj 6h30-22h), sur • airfrance.fr •, dans les agences Air France et dans ttes les agences de voyages. Fermées dim.
➢ Air France propose plusieurs liaisons quotidiennes avec Helsinki au départ de Paris-Charles-de-Gaulle.
Air France propose des tarifs attractifs toute l'année. Pour consulter les meilleures offres du moment, allez directement sur la page « Nos meilleures offres » sur *• airfrance.fr • Flying Blue,* le programme de fidélité gratuit d'Air France-KLM, permet de cumuler des *miles* en voyageant sur les vols Air France, KLM, Transavia et les compagnies membres de *Skyteam,* mais aussi auprès des nombreux partenaires non aériens *Flying Blue...* Les *miles* peuvent ensuite être échangés contre des billets d'avion ou des services (surclassement, bagage supplémentaire, accès salon, etc.) ainsi qu'auprès des partenaires. Pour en savoir plus, rendez-vous sur *• flying blue.com •*

▲ FINNAIR
– Paris : ☎ 0821-025-111 (0,12 €/mn ; résas lun-ven 8h-20h). • finnair.com •
– Bruxelles : ☎ 070-25-30-09 (0,05 € l'appel + 0,10-0,18 €/mn selon les heures).
– Zurich : ☎ 084-800-0294 (0,09-0,11 Fs/mn selon les heures).
➢ Vols quotidiens entre Paris-Charles-de-Gaulle, Bruxelles, Zurich, Genève et Helsinki.

▲ LUFTHANSA
Infos et résas : ☎ 0892-23-16-90 (0,35 €/mn). • lufthansa.com •
➢ Au départ de Paris-Charles-de-Gaulle, Lyon, Nice, Marseille, Toulouse et Strasbourg, vols quotidiens pour Helsinki via Francfort ou Munich. Vols également depuis Bruxelles, Genève et Zurich.

▲ SAS
Résas : en France, ☎ 0825-325-335 (0,15 €/mn) ; en Belgique et Luxembourg, ☎ 02-643-69-00 ; en Suisse, ☎ 084-811-71-00. • flysas.fr •
➢ SAS dessert la Finlande avec des vols quotidiens depuis Paris-Charles-de-Gaulle, Bruxelles, Genève et Zurich, pour Helsinki, via Copenhague ou Stockholm. Vols également pour Turku via Stockholm.

Les compagnies *low-cost*

▲ AIR BALTIC
• airbaltic.com •
➢ De Paris-Charles-de-Gaulle, Bruxelles, Genève, Nice et Zurich, desserte d'Helsinki via Riga. Quelques vols également pour Turku.

▲ NORWEGIAN AIRLINES
• norwegian.com •
➢ Liaisons pour Helsinki, Oulu et Rovaniemi (via Helsinki) depuis Paris et Nice. Également des liaisons vers Helsinki depuis Genève (via Oslo, Copenhague ou Stockholm).

LES ORGANISMES DE VOYAGES

En France

▲ ALLIBERT TREKKING
– Paris : 37, bd Beaumarchais, 75003. ☎ 01-44-59-35-35. • allibert-trekking.com • Ⓜ Chemin-Vert ou Bastille. Lun-ven 9h-19h, sam 10h-18h, fermé dim. Agences également à Chamonix, Lyon, Nice, Chapareillan et Toulouse.
Née en 1975 d'une passion commune

entre 3 guides de montagne, Allibert propose aujourd'hui des voyages aux 4 coins du monde tout en restant une entreprise familiale. Découvrir de nouveaux itinéraires en respectant la nature et les cultures des régions traversées reste leur priorité. Pour chaque pays, différents niveaux de difficulté. Allibert est le 1er tour-opérateur certifié Tourisme responsable.

▲ ALTIPLANO VOYAGE

– Annecy (Metz-Tessy) : Park Nord, Les Pléiades N°35, 74370. Agence ouv lun-ven 9-13h, 14-18h • finlande@altiplano-voyage.com • ☎ 04-57-09-80-03.

Vous préparez un voyage en Finlande, mais par où commencer ? L'équipe de passionnés d'Altiplano Voyage vous propose son expertise de plus de 20 ans dans les voyages sur-mesure. Choisissez votre formule (en train, en avion, en location de voiture...), et composez votre itinéraire en combinant plusieurs régions, thématiques ou pays. Altiplano Voyage offre des prestations originales et s'engage à vous offrir un voyage comme vous l'imaginez.

Cette agence est aussi spécialisée en circuit multi-destinations (Norvège).

▲ CERCLE DES VOYAGES

– Paris : 4, rue Gomboust (angle 31, av. de l'Opera), 75001. ☎ 01-40-15-15-19. • cercledesvacances.com • Ⓜ Pyramides ou Opéra. Lun-ven 9h-20h, sam 10h-18h30. Fermé dim.

Voyagiste spécialiste de la Scandinavie et de l'Islande, Cercle des Vacances propose des voyages à la carte en Norvège, des plus simples aux plus élaborés, pour tous les types de budgets, pour les individuels comme pour les groupes, grâce à des conseillers vente connaissant parfaitement la destination. Découverte ou aventure, plusieurs formules sont proposées dans leur brochure et sur leur site internet. Au programme : circuits accompagnés, autotours, séjours à la carte, week-ends thématiques à prix très attractifs...

▲ COMPTOIR DES VOYAGES

• comptoir.fr •

– Paris : 2-18, rue Saint-Victor, 75005. ☎ 01-53-10-30-15. Ⓜ Maubert-Mutualité.

– Bordeaux : 26, cours du Chapeau-Rouge, 33800. ☎ 05-35-54-31-40.

– Lille : 76, rue Nationale, 59160. ☎ 03-28-04-68-20.

– Lyon : 10, quai Tilsitt, 69002. ☎ 04-72-44-13-40. Ⓜ Bellecour.

– Marseille : 12, rue Breteuil, 13001. ☎ 04-84-25-21-80. Ⓜ Estrangin.

– Nice : 62, rue Giofreddo, 06000. ☎ 04-97-03-64-80.

– Toulouse : 43, rue Peyrolières, 31000. ☎ 05-62-30-15-00. Ⓜ Esquirol.

En plus de 30 ans, Comptoir des Voyages s'est imposé comme la référence incontournable du voyage sur mesure en immersion, avec plus de 90 destinations sur les 5 continents. Ses conseillers-spécialistes construisent des voyages uniques en s'adaptant à votre budget, vos goûts et vos envies. Pour favoriser les rencontres et l'immersion dans la vie locale, ils privilégient des hébergements typiques et des expériences authentiques. Sur place, des *greeters* francophones partagent avec vous conseils et bonnes adresses le temps d'un café. Sur votre smartphone, l'application mobile Luciole vous informe sur le déroulé de votre voyage et vous guide grâce à un GPS hors connexion. Comptoir des Voyages est membre d'Agir pour un tourisme responsable depuis 2009, labellisation ATR renouvelée par Ecocert Environnement en 2019.

▲ NORDISKA

• nordiska-voyages.com •

Marque phare du tour-opérateur Salaun Holidays, Nordiska est le spécialiste des pays du Grand Nord, que ce soit en circuit, croisière, autotour ou voyage à la carte. Grâce à une équipe de guides-accompagnateurs formés et expérimentés 100 % francophones, Nordiska vous propose de découvrir tous les trésors et les richesses de la Scandinavie : une culture authentique et des paysages à couper le souffle ! Pour plus de renseignements, rendez-vous dans votre agence de voyages ou sur le site *• nordiska-voyages.com •*

▲ NORTOURS

• nortours.fr •

– Paris : 5, rue Thorel, 75002. ☎ 01-71-18-30-35.

Depuis plus de 25 ans, Nortours s'est

imposé comme un acteur reconnu sur ses destinations du Grand Nord. Des séjours-réveillons à la rencontre du Père Noël en Laponie au voyage individuel personnalisé, les conseillers voyageurs de Nortours répondent à toutes vos attentes grâce à une connaissance inégalée du terrain. Nortours propose des tarifs compétitifs sans jamais rogner sur la qualité de ses services. Nortours propose une gamme complète de produits : vols, circuits accompagnés, hébergements, location de voitures, location de camping-cars, locations de chalets, autotours, séjours insolites...

▲ ROUTE DES VOYAGES (LA)

• laroutedesvoyages.com • Agences ouv lun-jeu 9h-19h, ven 9h-18h, sam sur rdv. Fermé dim.

– Paris : 10, rue Choron, 75009. ☎ 01-55-31-98-80. Ⓜ Notre-Dame-de-Lorette.

– Angers : 6, rue Corneille, 49000. ☎ 02-41-43-26-65.

– Annecy : 4 bis, av. d'Aléry, 74000. ☎ 04-50-45-60-20.

– Bordeaux : 19, rue des Frères-Bonie, 33000. ☎ 05-56-90-11-20.

– Lyon : 59, rue Franklin, 69002. ☎ 04-78-42-53-58.

– Lorient : 42, av. de la Perriere, 56100. 📱 06-15-48-82-69. Lun-ven, sur rdv.

– Toulouse : 9, rue Saint-Antoine-du-T, 31000. ☎ 05-62-27-00-68.

25 ans d'expérience de voyage sur mesure sur les 5 continents ! 15 pays en Europe complètent à présent leur offre. Cette équipe de voyageurs passionnés a développé un vrai savoir-faire du voyage personnalisé : écoute, conseils, voyages de repérage réguliers et des correspondants sur place soigneusement sélectionnés avec qui elle travaille en direct. Son engagement à promouvoir un tourisme responsable se traduit par des possibilités de séjours solidaires à insérer dans les itinéraires de découverte individuelle. Elle a aussi créé un programme de compensation solidaire qui permet de financer des projets de développement locaux.

▲ TERRE VOYAGES

– Paris : 28, bd de la Bastille, 75012. ☎ 01-44-32-12-84. • terre-voyages.com • Ⓜ Bastille. Lun-ven 9h-18h30, sam 10h-18h. Fermé dim.

Spécialiste des pays nordiques, Terre Scandinave propose une découverte atypique de la Norvège, la Suède, la Finlande, le Danemark ou l'Islande, de leur nature préservée, de leur peuple fier et chaleureux. Découvrez les célèbres fjords de Norvège, respirez dans les forêts immenses de la Suède, flânez dans Stockholm, parcourez la Laponie pendant la saison d'hiver, visitez Helsinki ou Copenhague, partez à la découverte de l'Islande, pays des volcans, des glaciers et des geysers. L'équipe spécialisée vous fera découvrir le charme des pays scandinaves grâce à une offre originale et unique de voyages sur mesure.

▲ TERRES D'AVENTURE

N° Indigo : ☎ 0825-700-825 (0,15 €/mn). • terdav.com •

– Paris : 30, rue Saint-Augustin, 75002. ☎ 01-70-82-90-00. Ⓜ Opéra ou Quatre-Septembre. Tlj sauf dim 9h30-19h.

– Agences également à Bordeaux, Grenoble, Lille, Lyon, Marseille, Nantes, Rennes, Rouen, Strasbourg et Toulouse.

Depuis 1976, Terres d'Aventure, spécialiste du voyage à pied, propose aux voyageurs passionnés de marche et de rencontres des randonnées hors des sentiers battus à la découverte des grands espaces de notre planète. Voyages à pied, à cheval, en bateau, à raquettes... Sur tous les continents, des aventures en petits groupes ou en individuel encadrés par des professionnels expérimentés. Les hébergements dépendent des sites explorés : camps d'altitude, bivouac, refuges ou petits hôtels. Les voyages sont conçus par niveaux de difficulté : de la simple balade en plaine à l'expédition sportive en passant par la course en haute montagne.
En province, certaines de leurs agences sont de véritables *Cités des Voyageurs* dédiées au voyage. Consultez le programme des manifestations sur leur site internet.

▲ VOYAGEURS EN EUROPE DU NORD

• voyageursdumonde.fr •

– Voyageurs en Europe du Nord (Danemark, Finlande, Islande, Norvège, Suède) : ☎ 01-42-86-17-60.

– Paris : La Cité des Voyageurs, 55, rue Sainte-Anne, 75002. ☎ 01-42-86-16-00. Ⓜ Opéra ou Pyramides. Tlj sauf dim 9h30-19h. Avec une librairie spécialisée sur les voyages.
– Également des agences à Bordeaux, Grenoble, Lille, Lyon, Marseille, Montpellier, Nantes, Nice, Rennes, Rouen, Strasbourg et Toulouse. Également à Bruxelles et Genève.
Parce que chaque voyageur est différent, que chacun a ses rêves et ses idées pour les réaliser, Voyageurs du Monde conçoit, depuis plus de 30 ans, des projets sur mesure. Les séjours proposés sur 120 destinations sont élaborés par leurs 180 conseillers voyageurs. Spécialistes par pays et même par régions, ils vous aideront à personnaliser les voyages présentés à travers une trentaine de brochures d'un nouveau type, et sur le site internet, où vous pourrez également découvrir les hébergements exclusifs et consulter votre espace personnalisé. Au cours de votre séjour, vous bénéficiez des services personnalisés Voyageurs du Monde, dont la possibilité de modifier à tout moment votre voyage, l'assistance d'un concierge local, la mise en place de rencontres et de visites privées, et l'accès à votre carnet de voyage via une application iPhone et Android.
Voyageurs du Monde est membre de l'association ATR (Agir pour un tourisme responsable) et a obtenu sa certification Tourisme responsable AFAQ AFNOR.

Voir aussi au sein de chaque ville les agences locales que nous avons sélectionnées.

Comment aller à Roissy et à Orly ?

Toutes les infos sur notre site ● *routard.com* ● à l'adresse suivante : ● *bit.ly/aeroports-routard* ●

En Belgique

▲ CONTINENTS INSOLITES

– Bruxelles : rue César-Franck, 44 A, 1050. ☎ 02-218-24-84. ● continents-insolites.com ● Lun-ven 10h-18h, sam 10h-13h sur rdv. Fermé dim.

Continents Insolites, organisateur de voyages lointains sans intermédiaire, propose une gamme étendue de formules de voyages détaillées sur leur site internet.
– Voyages découverte sur mesure : à partir de 2 personnes. Un grand choix d'hébergements soigneusement sélectionnés : du petit hôtel simple à l'établissement luxueux et de charme.
– Circuits découverte en minigroupes : de la grande expédition au circuit accessible à tous. Des circuits à dates fixes dans plus de 60 pays en petits groupes francophones de 7 à 12 personnes. Avant chaque départ, une réunion est organisée. Voyages encadrés par des guides francophones, spécialistes des régions visitées.

▲ SENS INVERSE ÉCOTOURISME

– Louvain-la-Neuve : cours d'Orval, 5A, B 1348. ☎ 010-68-85-28. ● sensinverse.be ●

Agence de voyages écotouristique qui propose des voyages accompagnés de guides locaux passionnés, et axés sur la découverte de l'environnement naturel, culturel, rural et humain de différentes régions de France comme de l'étranger, notamment en Finlande. L'équipe est très engagée dans la protection de la nature et la sauvegarde du patrimoine et des cultures. Tous leurs voyages ont comme point commun la marche à pied à un rythme modéré et en petits groupes.

▲ TERRES D'AVENTURE

– Bruxelles : chaussée de Charleroi, 23, 1060. ☎ 02-543-95-60. ● terdav.com ● Tlj sauf dim 10h-19h.

Voir texte dans la partie « En France ».

▲ VOYAGEURS DU MONDE

– Bruxelles : chaussée de Charleroi, 23, 1060. ☎ 02-543-95-50. ● voyageursdumonde.com ●

Le spécialiste du voyage en individuel sur mesure.
Voir texte dans la partie « En France ».

En Suisse

▲ ROUTE DES VOYAGES (LA)

☎ 022-552-34-46. ● laroutedesvoyages.com ●

Voir texte dans la partie « En France ».

▲ **TERRES D'AVENTURE**
– Genève : 19, rue de la Rôtisserie, 1204. ☎ 022-518-05-13 ou 022-320-66-35. • geneve@terdav.com • Lun-ven 10h-19h, sam 9h30-18h30. Fermé dim.
Voir texte dans la partie « En France ».

▲ **VOYAGES ARTISANS AUX PIEDS NUS**
– Carouge : rue Saint-Victor, 3, 1227. ☎ 022-301-01-50. • apnvoyages.ch • En sem, sur rdv seulement.
Voyages APN propose des destinations hors des sentiers battus, particulièrement en Europe (Grèce, Italie et pays nordiques), avec un contact direct avec les prestataires, notamment dans le cadre de l'agritourisme. Certains programmes sont particulièrement adaptés aux familles. L'accent est mis sur le tourisme solidaire et durable.

▲ **VOYAGEURS DU MONDE**
• voyageursdumonde.com •
– Genève : 19, rue de la Rôtisserie, 1204. ☎ 022-519-12-10. Lun-ven 9h30-19h, sam 9h30-18h30. Fermé dim.
– Lausanne : 6, rue du Bourg (2e étage), 1003. Lun-ven 9h-18h30, sam sur rdv. Fermé dim.
Le spécialiste du voyage en individuel sur mesure.
Voir texte dans la partie « En France ».

Au Québec

▲ **TOURS CHANTECLERC**
• tourschanteclerc.com •
Tours Chanteclerc est un tour-opérateur qui publie différentes brochures de voyages : Europe, Amérique du nord au sud en passant par le Mexique, Asie et Pacifique sud, Afrique et le Bassin méditerranéen en circuits ou en séjours. Il s'adresse aux voyageurs indépendants qui réservent un billet d'avion, un hébergement (dans toute l'Europe), des excursions, une location de voiture. Également spécialiste de Paris, le tour-opérateur offre une vaste sélection d'hôtels et d'appartements dans la capitale française.

EN BATEAU

Les compagnies

Il est inutile de réserver, sauf en juillet et pour embarquer votre voiture. Les tarifs sont dans l'ensemble abordables, mais votre budget peut se ressentir de la location d'une cabine (obligatoire dès que la traversée se fait de nuit) et des repas à bord. Si votre bourse est peu garnie, mieux vaut voyager de jour, prévoir vos sandwichs et profiter des réductions proposées par les compagnies. En général, c'est moitié prix jusqu'à 16 ans.

▲ **ECKERÖ LINJEN**
• eckerolinjen.se • pour la ligne Grisslehamn-Eckerö.
• eckeroline.com • pour la ligne Helsinki-Tallinn.
– En Finlande : central de résa, ☎ 0600-04-300 (surtaxe de 1,75 €/appel). Bureaux à Helsinki : Tyynenmerenkatu 8.
– Sur Åland : Berghamn, Eckerö. ☎ (018) 28-300.
– En Suède : Grisslehamn. ☎ (0175) 25-800.
– En Estonie : Sadama 25-2, port de Tallinn. ☎ (372) 664-60-06.

▲ **FINNLINES**
• finnlines.com •
– En Finlande : Gatehouse, Komentosilta 1, Helsinki. ☎ (09) 231-43-100. À Naantali : Satamatie 11.
– En Suède : Lappögatan, 3B, Malmö. ☎ 771-340-900.

▲ **TALLINK – SILJA LINE**
• tallinksilja.com •
– En Finlande : central de résa, ☎ 0600-15-700 (surtaxe de 1,75 €/appel). Bureaux à Helsinki : Erottajankatu 19, ☎ (09) 180-41. Bureaux à Turku : Yliopistonkatu 27. Bureaux sur l'archipel d'Åland : port de Mariehamn, ☎ (018) 161-79.
– En Suède : Södra Hamnvägen 50A, Stockholm. ☎ (08) 666-33-30.

▲ **VIKING LINE**
• vikingline.com •
– Central de résa en Finlande : ☎ 0600-41-577 (surtaxe de 1,75 €/appel).

Bureaux à Helsinki : terminal Skatudden, ☎ (09) 123-51-01. Bureaux à Turku : terminal Slottshammen, ☎ (02) 267-41-11.

Via la Suède et les îles d'Åland

On peut embarquer à Stockholm, à Kapellskär ou à Grisslehamn.
Liaisons quotidiennes :
- *Stockholm-Helsinki* via Mariehamn dans l'archipel d'Åland (traversée de 16h15 par *Viking Line* et *Tallink-Silja Line*). La location d'une cabine est obligatoire, sauf chez *Viking* de juin à août ;
- *Stockholm-Turku* via Mariehamn ou Långnäs dans l'archipel d'Åland (traversée de 10h30 par *Viking Line* et *Tallink-Silja Line*). La location d'une cabine est obligatoire pour les traversées de nuit ;
- *Kapellskär-Mariehamn* (traversée de 2h15 par *Viking Line*). Pour ensuite aller de Mariehamn au continent, voir le chapitre « Les îles d'Åland » ;
- *Kapellskär-Långnäs* (traversée de 3h25) avec *Finnlines* ;
- *Långnäs-Naantali* (traversée de 5h) avec *Finnlines* ;
- *Kapellskär-Naantali* (traversée de 8h30 par *Finnlines*). La location d'une cabine est obligatoire pour les traversées de nuit ;
- *Grisslehamn-Eckerö* dans l'archipel d'Åland (traversée de 1h45 par *Eckerö Linjen*).

Pour ensuite aller de l'archipel au continent, voir le chapitre « Les îles d'Åland ».
Les liaisons de Stockholm à Helsinki et à Turku permettent les traversées les plus typiques et les plus pittoresques, avec le slalom du bateau entre les îles et îlots d'Åland puis de l'archipel de Turku.

Via l'Allemagne

C'est le trajet maritime qui permet de gagner la Finlande avec le minimum de route. Traversée de l'ordre de 24h. La location d'une cabine est obligatoire.
Liaison entre Travemünde et Helsinki avec *Finnlines.*

Via les pays baltes et Tallinn (Estonie)

Pour se rendre à Helsinki, on embarque à Tallinn. Traversée de 1h30 à 3h.
Seule *Finnlines* ne dessert pas Tallinn depuis Helsinki.

EN TRAIN

Ce n'est pas ce qu'il y a de plus simple, mais c'est possible, en passant par l'Allemagne, le Danemark et la Suède jusqu'à Stockholm ! De là, le voyage se poursuivra en bateau. Compter 3 jours.

Les pass InterRail

Avec les ***pass InterRail,*** les résidents européens peuvent voyager dans 30 pays d'Europe, dont la ***Finlande.*** Plusieurs formules et autant de tarifs, en fonction de la destination et de l'âge.
À noter que le *pass InterRail* n'est pas valable dans votre pays de résidence. Cependant, l'*InterRail Global Pass* offre une réduction de 50 % de votre point de départ jusqu'au point frontière en France. ● *interrail.eu* ●

- Pour les grands voyageurs, l'***InterRail Global Pass,*** valable dans l'ensemble des 33 pays concernés, est intéressant si vous comptez parcourir plusieurs pays au cours du même périple. Il se présente sous 7 formes au choix :

➢ ***5 formules flexibles*** utilisables 4, 5 ou 7 j. sur une période de validité de 1 mois (246-335 €/adulte selon formule), ou utilisables 10 ou 15 j. sur une période de validité de 2 mois (401-493 €/adulte selon formule) ;

➢ ***5 formules « continues » :*** *pass* 15 j., 22 j., 1 mois, 2 mois ou 3 mois (443-902 €/adulte selon formule).

Ces formules existent aussi en version 1re classe !
Les voyageurs de plus de 60 ans bénéficient d'une réduction sur le tarif de

l'*InterRail Global Pass* en 1re et 2de classes (tarif senior). Également des tarifs enfants 4-12 ans et 12-27 ans.

InterRail offre également la possibilité d'obtenir des réductions ou avantages à travers toute l'Europe avec ses partenaires bonus (musées, chemins de fer privés, hôtels, etc.).

– Si vous ne parcourez que la ***Finlande,*** le ***One Country Pass*** vous suffira. D'une période de validité de 1 mois et utilisable, selon les formules, 3, 4, 5, 6 ou 8 jours en discontinu : tarif selon pays et formule. Là encore, ces formules se déclinent en version 1re classe (mais ce n'est pas le même prix, bien sûr). Pour voyager dans 2 pays, vous pouvez combiner 2 *One Country Pass.* Au-delà, il est préférable de prendre l'*InterRail Global Pass.*

InterRail offre également la possibilité d'obtenir des réductions ou des avantages à travers toute l'Europe avec ses partenaires (musées, chemins de fer privés, hôtels, etc.).

Renseignements et réservations

– ***Internet :*** *• oui.sncf.com •*

– ***Téléphone :*** *☎ 36-35 (prix d'un appel local).*

– Également dans les gares, les boutiques SNCF et les agences de voyages agréées.

FINLANDE UTILE

ABC de la Finlande

- ***Superficie :*** 338 448 km².
- ***Population :*** 5 532 000 hab. (urbanisée à 85 %).
- ***Densité :*** 18 hab./km².
- ***Espérance de vie :*** hommes, 79,2 ans ; femmes, 84,5 ans.
- ***Capitale :*** Helsinki (env 654 500 hab.).
- ***Autres villes principales :*** Espoo (290 000 hab.), Tampere (238 500 hab.), Oulu (205 500 hab.), Turku (193 000 hab.).
- ***Monnaie :*** l'euro.
- ***PIB :*** env 43 500 €/hab. (2019).
- ***Taux de chômage :*** 6,7 % (2019).
- ***Langues officielles :*** finnois (91 %), suédois (5,5 %), sámi, russe et carélien (3,5 %).
- ***Régime :*** république parlementaire.
- ***Chef d'État :*** M. Sauli Niinistö (depuis le 1er mars 2012).
- ***Premier ministre :*** Mme Sanna Marin (depuis décembre 2019).
- ***Indice de développement humain :*** 0,925 (12e rang mondial ; source PNUD 2018).

AVANT LE DÉPART

Adresses et sites internet utiles

i *Office de tourisme de Finlande :* *• visitfinland.com/fr • Basé en Finlande.* Plein d'infos générales pour préparer le voyage.

En France

■ ***Ambassade de Finlande :*** *1, pl. de Finlande, 75007 Paris. ☎ 01-44-18-19-20. • finlandabroad.fi/web/fra • Ⓜ Invalides.*

■ ***Consulat de Finlande :*** *2, rue Fabert, 75007 Paris. ☎ 01-44-18-19-20. • finlandabroad.fi/web/fra • Lun-ven 9h15-12h ; consultation par tél 14h-16h. Fermé w-e.*

■ ***Institut finlandais :*** *60, rue des Écoles, 75005 Paris. 📱 07-68-44-07-66. • institut-finlandais.fr • Ⓜ Saint-Michel ou Cluny-La Sorbonne. Tlj sauf dim-lun 9h-19h. Fermé 2 sem en août.* Expos, rencontres, concerts de musique de chambre et de jazz, séances de cinéma, à tout petits prix. Cours de finnois. L'endroit idéal pour en savoir plus sur la culture finlandaise autour d'un café *(tlj sauf lun).*

■ ***Bibliothèque nordique :*** *bibliothèque Sainte-Geneviève, 6, rue Valette, 75005 Paris. ☎ 01-44-41-97-50. • bsg.univ-paris3.fr • Ⓜ Maubert-Mutualité ; RER B : Luxembourg. Tlj sauf dim 10h-18h. Fermé de fin juil à début sept et pour les fêtes de fin d'année.* Prêt d'ouvrages pour apprendre les langues nordiques, livres de route...

En Belgique

■ ***Ambassade de Finlande :*** *av. de Cortenbergh, 80, Bruxelles 1000. ☎ 02-287-12-12. • finlandabroad.fi/web/bel •*

En Suisse

■ ***Ambassade de Finlande :*** *Weltpoststrasse, 4, BP 11, 3015 Berne.* ☎ *031-350-41-00.* • *finlandabroad.fi/web/che* •

Au Canada

■ ***Ambassade de Finlande :*** *55 Metcalfe St, suite 850, Ottawa (Ontario) K1P 6L5.* ☎ *613-288-22-33.* • *finlandabroad.fi/web/can* •

Sites Internet

• ***routard.com*** • Le site de voyage nº 1, avec près de 800 000 membres et plusieurs millions d'internautes chaque mois. Pour s'inspirer et s'organiser, près de 300 guides destinations actualisés, avec les infos pratiques, les incontournables et les dernières actus, ainsi que les reportages terrain et idées week-end de la rédaction. Partagez vos expériences avec la communauté de voyageurs : forums de discussion avec avis et bons plans, carnets de route et photos de voyage. Enfin, vous trouverez tout pour vos vols, hébergements, voitures et activités, sans oublier notre sélection de bons plans, pour réserver votre voyage au meilleur prix.

• ***finland.fi/fr*** • Intéressante base de données d'articles de fond et d'actualités : vie et société, culture, faits et chiffres.

• ***france-finlande.fr*** • Un site qui promeut les échanges culturels entre la France et la Finlande.

• ***infopankki.fi/fr/page-accueil*** • À quoi ressemble la vie quotidienne en Finlande ? Comment s'y installer ? Toutes les infos, en français en plus !

• ***helsinkitimes.fi*** • Pour tout savoir sur l'actualité finlandaise, avec l'édition internationale en anglais.

• ***lefrancofil.com*** • Journal de la francophonie en Europe du Nord.

Formalités d'entrée

Se reporter à la rubrique « Les questions qu'on se pose avant le départ » en début de guide.

Les ***mineurs*** doivent être munis de leur propre pièce d'identité (carte d'identité ou passeport). Pour l'autorisation de sortie de territoire lorsque les enfants ne sont pas accompagnés par un de leurs parents, chaque pays a mis en place sa propre régulation. Ainsi, pour les ***mineurs français,*** une loi entrée en vigueur en janvier 2017 a ***rétabli l'autorisation de sortie du territoire.*** Pour voyager à l'étranger, ils doivent être munis d'une pièce d'identité (carte d'identité ou passeport), d'un formulaire signé par l'un des parents titulaires de l'autorité parentale et de la photocopie de la pièce d'identité du parent signataire. Renseignements auprès des services de votre commune et sur • *service-public.fr* •

> Avant de partir, pensez à scanner passeport, visa, carte de paiement et *vouchers* d'hôtel. Ensuite, adressez-les-vous par e-mail, en pièces jointes. Idem pour vos billets d'avion électroniques. En cas de perte ou de vol, rien de plus facile pour les récupérer. Les démarches administratives en seront bien plus rapides.

Assurances voyage

Ne partez pas sans vous être assuré que vous l'êtes bien ! Votre carte de paiement vous couvre peut-être déjà pour certaines choses (assistance médicale, assistance véhicule, etc.). Renseignez-vous auprès de votre banque. Sinon, vous pouvez contacter :

■ ***Routard Assurance par AVI International :*** *Le Colisée Gardens, 10 avenue de l'Arche, CS 70126, 92419*

Courbevoie Cedex. ☎ *01-44-63-51-00.* • *routard@avi-international.com* • *avi-international.com* • Ⓜ *La Défense.* Enrichie au fil des années par les retours des lecteurs, *Routard Assurance* reste l'assurance voyage référence des globe-trotters. Tout y est inclus, même la **Covid** : frais médicaux, assistance rapatriement, bagages, responsabilité civile... Avant votre départ, appelez *AVI* pour un conseil personnalisé. Besoin d'une **attestation Covid,** d'un avis médical, d'une prise en charge dans un hôpital ? Téléchargez l'appli mobile *AVI International* pour garder le contact avec *AVI Assistance* et disposer d'un vaste réseau médical à travers le monde. *AVI Assistance* est disponible 24h/24 pour une réponse en temps réel. De simples frais de santé en voyage ? Envoyez les factures à *AVI* dès votre retour, ils vous remboursent sous une semaine.

■ ***AVA, assurance Voyages et Assistance :*** *25, rue de Maubeuge, 75009 Paris.* ☎ *01-53-20-44-20.* • *ava.fr* • Ⓜ *Cadet.* Un autre courtier fiable pour ceux qui souhaitent s'assurer en cas de décès-invalidité-accident lors d'un voyage à l'étranger, mais surtout pour bénéficier d'une assistance rapatriement, perte de bagages et annulation. Attention, franchises pour leurs contrats d'assurance voyage.

■ ***Pixel Assur :*** *18, rue des Plantes, BP 35, 78601 Maisons-Laffitte.* ☎ *01-39-62-28-63.* • *pixel-assur.com* • *RER A : Maisons-Laffitte.* Assurance de matériel photo et vidéo tous risques (casse, vol, immersion) dans le monde entier. Devis basé sur le prix d'achat de votre matériel. Avantage : garantie à l'année.

Ariane

Ariane, pour votre sécurité, restez connecté

Ayez les bons réflexes sur le site du ministère de l'Europe et des affaires étrangères.
– Consultez les conseils aux voyageurs : préparez soigneusement votre voyage (risques liés à la sécurité, formalités de séjour, conseils et obligations sanitaires...) en vous connectant sur • *diplomatie.gouv.fr* • ou via l'application mobile.
– Inscrivez-vous sur Ariane : en quelques clics, créez votre compte sur • *diplomatie.gouv.fr* • pour recevoir par e-mail ou sms des alertes et des consignes de sécurité, en cas de nécessité.

Carte internationale d'étudiant (carte ISIC)

Elle prouve le statut d'étudiant dans le monde entier et offre de nombreuses réductions (billets d'avion, hôtels et auberges de jeunesse, assurances, cartes SIM internationales, location de voitures...).

Renseignements et inscriptions

– ***En France :*** • *isic.fr* • *Tarif : 13 € pour 1 année scolaire.*
– ***En Belgique :*** • *isic.be* •
– ***En Suisse :*** • *isic.ch* •
– ***Au Canada :*** • *isiccanada.com* •

Carte d'adhésion internationale aux auberges de jeunesse (carte FUAJ)

Cette carte vous ouvre les portes des 4 000 auberges de jeunesse du réseau *HI-Hostelling International* en France et dans le monde. Vous pouvez ainsi loger dans plus de 80 pays à des prix avantageux et bénéficier de tarifs préférentiels avec les partenaires des auberges de jeunesse *HI.* Enfin, vous intégrez une communauté mondiale de voyageurs partageant les mêmes valeurs : plaisir de la rencontre, respect des différences et échange dans un esprit convivial. Il n'y a pas de limite d'âge pour séjourner en auberge de jeunesse. Il faut simplement être adhérent.

Renseignements et inscriptions

- ***En France :*** ● *hihostels.com* ●
- ***En Belgique :*** ● *lesaubergesdejeunesse.be* ●
- ***En Suisse :*** ● *youthhostel.ch* ●
- ***Au Canada :*** ● *hihostels.ca* ●

Si vous prévoyez un séjour itinérant, vous pouvez réserver plusieurs auberges en une seule fois en France et dans le monde.

ARGENT, BANQUES

Monnaie

La monnaie est l'***euro.*** Les pièces de 1 et 2 centimes d'euro ne sont pas utilisées dans le pays, les achats en liquide faisant l'objet d'un arrondi.

Banques

Les banques ouvrent, en général, du lundi au vendredi de 8h (10h) à 16h (18h30) ; elles sont fermées le week-end.

Cartes de paiement

Les Finlandais sont de grands adeptes du paiement par carte : elles sont acceptées dans l'immense majorité des hôtels, restaurants, bars et autres commerces. La quasi-totalité des distributeurs automatiques accepte les cartes *Visa* et *MasterCard.* Si vous avez un compte dans une banque d'un pays de l'Union européenne, aucune commission ne vous sera facturée sur les retraits ni sur les paiements.

- En zone euro, pas de frais bancaires sur les paiements par carte. Les retraits sont soumis aux mêmes conditions tarifaires que ceux effectués en France (gratuits pour la plupart des cartes).
- Pensez à relever le plafond de retrait aux distributeurs et pour les paiements par carte, quitte à le faire rebaisser à votre retour.
- N'oubliez pas aussi de ***vérifier la date d'expiration de votre carte de paiement !***

Avertissements

Il est très vivement conseillé d'avertir votre banque avant votre départ. En effet, votre carte peut être bloquée dès le 1er retrait pour suspicion de fraude. C'est de plus en plus fréquent. Bonjour les tracasseries administratives pour faire rentrer les choses dans l'ordre, et on se retrouve vite dans l'embarras !

Par ailleurs, pour un retrait, utilisez de préférence un distributeur situé à côté d'une banque : cela permet, en cas de pépin (carte avalée, erreur de code, etc.), de récupérer votre carte au guichet de la banque, du moins pendant les heures ouvrables.

En cas de perte de carte de paiement

En cas de perte, de vol, ou de fraude, quelle que soit la carte que vous possédez, chaque banque gère elle-même le processus d'opposition et le numéro de téléphone correspondant. Une carte perdue ou volée peut être rapidement remplacée. Le plus simple est de faire opposition en ligne via le site de votre agence bancaire ou leur application mobile, ou en les appelant directement. Sinon, voici les numéros des centres d'assistance des différentes cartes.

– ***Carte Visa :*** *numéro d'urgence (Europ Assistance),* ☎ *0-800-110-057.* • *visa.fr* •
– ***Carte MasterCard :*** *numéro d'urgence,* ☎ *0-800-156-234.* • *mastercardfrance.fr* •
– ***American Express :*** *numéro d'urgence,* ☎ *(00-33) 1-47-77-72-00.* • *americanexpress.com* •

Il existe un ***serveur interbancaire*** d'opposition qui, en cas de perte ou de vol, vous met en contact avec le centre d'opposition de votre banque. *En France :* ☎ *0892-705-705 (prix d'un appel + 0,35 €/mn + prix d'appel) ; depuis l'étranger :* ☎ *(00-33) 442-605-303.*

Avant de partir, notez donc bien le numéro d'opposition propre à votre banque (il figure souvent sur votre contrat, au dos des tickets de retrait ou à côté des distributeurs de billets), ainsi que le numéro à 16 chiffres de votre carte. Bien entendu, conservez ces informations en lieu sûr, et séparément de votre carte.

Change

Si vous avez besoin de changer des devises, vous pouvez le faire dans les banques aux horaires indiqués plus haut. En dehors de ces horaires, il vous reste les bureaux de change dans les grandes villes (par exemple, à Helsinki, sur l'Esplanade), les grands hôtels et les aéroports internationaux.

Besoin urgent d'argent liquide

Vous pouvez être dépanné en quelques minutes grâce au système ***Western Union Money Transfer.*** L'argent vous est transféré en moins de 1h. La commission, assez élevée, est payée par l'expéditeur. Possibilité d'effectuer un transfert auprès d'un des bureaux *Western Union* ou, plus rapide, en ligne, 24h/24 par carte de paiement (*Visa* ou *MasterCard*).
Même principe avec d'autres organismes de transfert d'argent liquide comme ***MoneyGram, PayTop*** ou ***Azimo.*** Transfert en ligne sécurisé, en moins de 1h.
Dans tous les cas, se munir d'une pièce d'identité. Toutefois, en cas de perte/vol de papiers, certains organismes permettent de convenir d'une question/réponse type pour pouvoir récupérer votre argent. Chacun de ces organismes possède aussi des applications disponibles sur téléphone portable. Consulter les sites internet pour connaître les pays concernés, les conditions tarifaires (frais, commission) et trouver le correspondant local le plus proche :
• *westernunion.com* • *moneygram.fr* • *paytop.com* • *azimo.com/fr* •
– Autre solution, envoyer de l'argent par ***la Poste*** : le bénéficiaire, muni de sa pièce d'identité, peut retirer les fonds dans n'importe quel bureau du réseau local. Le transfert s'effectue avec un mandat ordinaire international (jusqu'à 3 500 €) et la transaction prend 4-5 jours en Europe (8-10 vers l'international). Plus cher, mais plus rapide, le mandat express international permet d'envoyer de l'argent (montant variable selon la destination – 34 au total) sous 2 jours maximum, 24h lorsque la démarche est faite en ligne. • *labanquepostale.fr* •

ACHATS

Les magasins et boutiques ouvrent en général en semaine de 9h à 17h et le samedi de 9h à 13h (ou 14h). Beaucoup de petits commerces ferment le samedi après-midi et le dimanche, mais à Helsinki ou dans les grandes villes comme Turku

et Tampere, certains sont ouverts en semaine jusqu'à 20h ou 21h, le samedi et parfois même le dimanche jusqu'à 18h ou 19h. Les centres commerciaux et les hypermarchés ont des horaires tout aussi larges : ils sont souvent ouverts jusqu'à 21h (18h le samedi) et vous proposent même de faire vos emplettes dès 12h le dimanche ! Mais attention aux jours fériés.
Indissociable de l'image du pays, le ***design finlandais*** produit de bien beaux objets, invariablement fonctionnels. Les matériaux sont simples et naturels (bois, verre, céramique, tissu), agencés en formes pures, comme la joaillerie de type *Kalevala,* le fameux vase *Savoy* dessiné par Alvar Aalto et fabriqué par *Iittala,* la vaisselle *Arabia* ou encore les vêtements, la maroquinerie, les tissus d'ameublement et les accessoires de la marque *Marimekko.* On peut aussi se rendre dans un magasin *Artek* pour admirer les grands classiques des meubles du design finlandais. Mention spéciale accordée au *ryijy* (bien prononcer « rui-iu »), d'abord couverture de voyage ou tapisserie murale décorant les maisons campagnardes, devenu textile d'art dont les reproductions industrielles sont à la portée de toutes les bourses.
Les ***magasins d'usine,*** comme ceux d'*Iittala* (près de Hämeenlinna) ou du centre *Arabia* (Helsinki), méritent une visite pour leurs objets de 2d choix à prix réduits. Autres astuces : fouiner sur les marchés aux puces et profiter des soldes (*ale* en finnois). Pour les petits budgets, on trouve aussi plein d'objets en bois (jouets et ustensiles divers pour la maison). Pour les gourmands, des ***liqueurs,*** des ***confitures de baies*** ou des ***conserves de viande de renne ou d'élan...*** et même d'ours, mais là, on ne vous y encourage pas ! En Laponie : des ***peaux de renne*** (leur qualité dépend de la période d'abattage, passez la main dessus pour vérifier qu'aucun poil ne s'en détache), des objets en corne, des couteaux *(puukko)* et des ***tasses sámies*** taillées dans la loupe du bouleau *(kuksa)* ; il en existe des versions touristiques, mais les vraies sont chères.

BUDGET

La Finlande est un pays au niveau de vie élevé, où les prix sont chers. Avec un budget serré, on privilégiera les campings (avec une tente ou en chalets économiques) et les auberges de jeunesse. Pour les repas, on profitera des formules buffet souvent bon marché, les *lounas,* que servent de nombreux restos pour le déjeuner en semaine. Sinon, on fera les courses : là, les prix restent plutôt raisonnables.

Haute saison

La haute saison, légèrement variable d'un lieu à l'autre, est très courte. Elle s'étend de juin à mi-août dans tout le pays, plus de février à avril en Laponie. Les prix peuvent alors être multipliés par 2 (voire 3 ou 4 à Rovaniemi et dans les stations de ski).

Hébergement

Comme partout, le camping est le mode d'hébergement économique par excellence. Compter entre 15 et 30 € pour 2 personnes ; l'accès au sauna est parfois inclus, mais le plus souvent en supplément. Il est aussi possible de camper gratuitement sur un terrain privé (voir « Le camping sauvage » dans la rubrique « Hébergement »). Si l'on n'a pas de tente, de nombreux campings proposent des chalets à louer. Compter en été entre 50 et 180 € la nuit pour 2 à 4 personnes, selon la période et le niveau de confort. Sinon, les AJ sont assez nombreuses. Côté hôtels, on en a rarement pour son argent, même si certaines chaînes font régulièrement des promotions sur leur site : soyez à l'affût, il y a parfois de bons plans !
Les prix indiqués sont ceux d'une chambre double.

- **Bon marché :** moins de 60 €. À ce prix-là, sauf rares exceptions, c'est l'AJ, et encore pas partout !
- **Prix moyens :** de 60 à 100 €. Une AJ à Helsinki, un hôtel pas trop cher, ou encore un *B & B.*
- **Chic :** de 100 à 170 €. Dans un bon hôtel familial, ou de chaîne si l'on profite des promos.
- **Plus chic :** plus de 170 €.

Quelques précisions

- Sauf indication contraire, le ***petit déjeuner*** est inclus dans les prestations hôtelières, sous forme de buffet souvent copieux. Certains *B & B* – bizarrement ! – ne le proposent pas, de même que les hôtels d'été, où vous trouverez en revanche souvent une cuisine à disposition. S'il est proposé en supplément, compter environ de 8 à 15 €. Pas de petit déj compris pour une location de chalet ou d'appartement.
- En louant un chalet, vous êtes censé avoir avec vous votre ***linge*** de lit et de toilette ; si vous n'en avez pas, vous devez ajouter le coût de sa location (de 6 à 18 € par personne pour le séjour).
- Dans les hôtels (de chaîne notamment), il y a presque toujours un ***sauna,*** généralement inclus dans le prix de la chambre. Ailleurs (campings ou autres), il est souvent en supplément et facturé à l'heure (15 à 25 €/h en moyenne). Les saunas publics sont moins chers et généralement plus authentiques.

Repas

Le midi, en semaine, il est facile de manger bon marché. La plupart des restos (y compris ceux des hôtels) proposent, en général du lundi au vendredi de 11h ou 12h à 14h ou 15h, un déjeuner copieux entre 9 et 16 €, rarement plus, affiché *lounas.* En self-service et à volonté, ou servi à table dans les adresses plus chics, vous y trouverez un buffet de salades ou un buffet froid, une soupe, un ou plusieurs plats chauds, le café et l'eau et parfois un dessert. Pour un peu moins cher, on peut souvent se limiter à une soupe accompagnée du buffet de salades froid.
Le soir, changement de décor. Votre super plan de midi, où vous avez fait ripaille sans grever votre budget, devient soudainement hors de prix. Comble de malchance, les cafétérias sont fermées ! Restent les restos de chaînes, souvent implantés dans les grands hôtels, comme *Rosso, Amarillo* ou *Huviretki,* sans génie et aux cartes monotones, mais à la qualité homogène... Certains servent des menus en fin d'après-midi jusqu'à 19h ou 20h, souvent sous forme de buffet, pour 15 à 20 € environ. Notre conseil : pour le soir, allez donc faire vos courses au supermarché ! D'ailleurs, n'oubliez pas les marchés, ouverts en général de 7h à 14h lorsqu'ils sont de plein air et de 8h à 17h lorsqu'ils sont couverts.
- **Bon marché :** moins de 18 €.
- **Prix moyens :** de 18 à 35 €.
- **Chic :** de 35 à 55 €.
- **Plus chic :** plus de 55 €.

CLIMAT

Bénéficiant encore de l'influence de l'Atlantique et du Gulf Stream, le pays jouit d'un climat relativement tempéré pour sa latitude – on a dit « relativement »... L'hiver est froid (- 30 °C en Laponie n'a rien d'exceptionnel) et dure entre 5 mois (dans le Sud) et 7 mois (dans le Nord). Le printemps est court. Entre début juin et début août, la Finlande est en vacances, la foule se presse sur les plages du Sud et les sentiers du Nord, le thermomètre dépasse les 20 °C dans la journée (parfois même les 30 °C, avec un record de 37,2 °C près de Joensuu en 2010 !), les baies

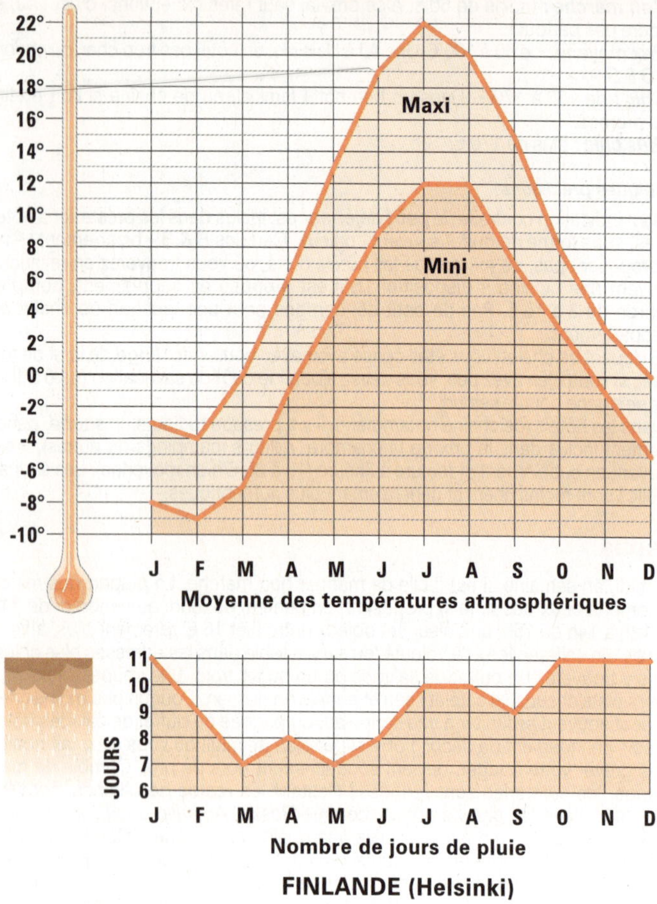

poussent par quintaux, les moustiques éclosent par millions... Les soirées, bien qu'ensoleillées, peuvent être fraîches. Passé le 15 août, touristes et moustiques se font plus rares, les bateaux de croisière restent au port, les campings commencent à fermer et la fraîcheur revient. C'est la pleine saison des myrtilles, mais les nuits peuvent être déjà bien froides en Laponie. L'automne – la *ruska* – commence début septembre dans le Nord (la nature se colore en rouge et orange de façon féerique) et s'étend dans le Sud 1 mois plus tard. La neige suit, quelques semaines après. La haute saison d'hiver débute en février, les skieurs de fond et de randonnée envahissent forêts et lacs gelés jusqu'à fin mars dans le Sud et fin avril dans le Nord. Déjà, le soleil est bien revenu. En Laponie, les bonnes années, vous pourrez skier jusqu'à la mi-mai.

Mais attention, même si les moyennes sont plutôt stables, le temps peut changer radicalement du jour au lendemain. Vous pouvez trouver 5 °C en janvier, grêle et gel en juin. 10 °C en été n'a rien d'inhabituel, alors... prévoyez plus qu'une petite laine !

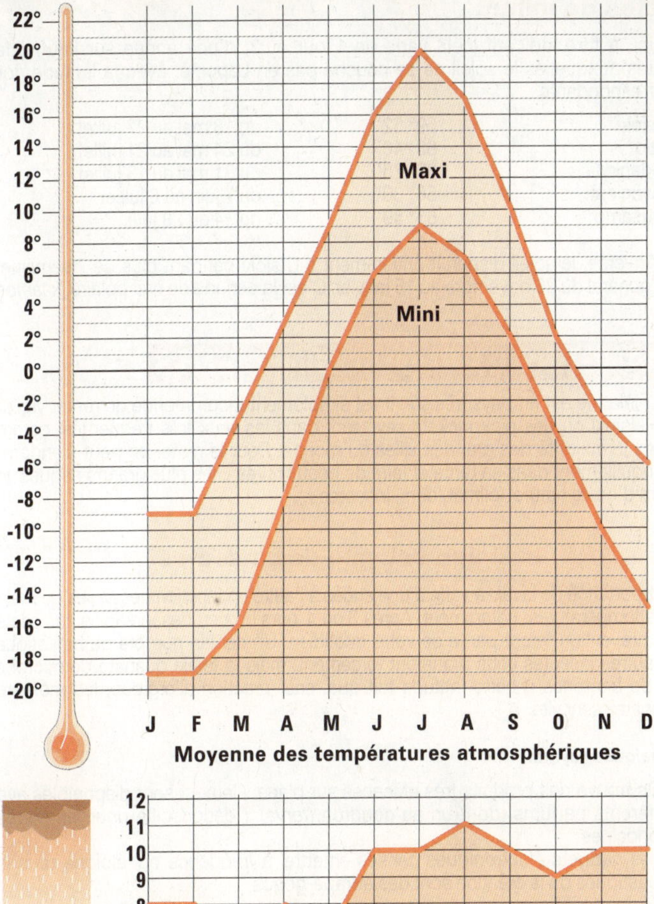

Moyenne des températures atmosphériques

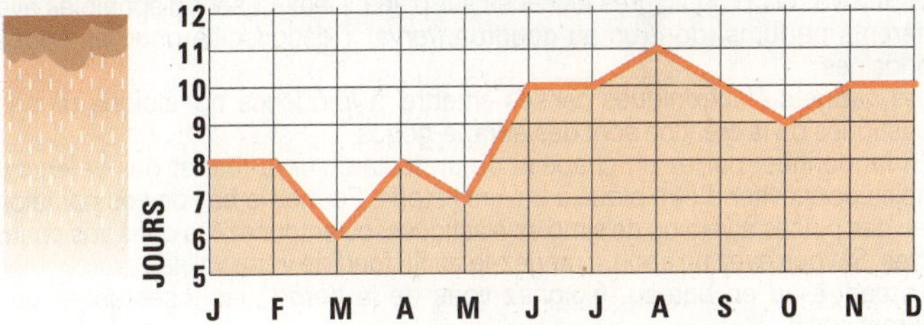

Nombre de jours de pluie

FINLANDE (Sodankylä)

Météo

Le temps peut être extrêmement variable, en particulier dans le Nord. De nombreux offices de tourisme et presque tous les centres nature affichent à l'entrée le bulletin local de l'Institut national météorologique (généralement très fiable).

• *en.ilmatieteenlaitos.fi* • Site de l'Institut météo finlandais. Pour tout savoir sur le temps en Finlande. En anglais.

Soleil de minuit

Voici, à titre indicatif (cela varie de 1 jour ou 2, d'une année sur l'autre) les dates auxquelles le soleil ne se couche pas en Laponie, avec la latitude nord correspondante :

Utsjoki	69° 52'	du 18 mai au 27 juillet
Ivalo	68° 40'	du 24 mai au 21 juillet
Sodankylä	67° 25'	du 31 mai au 13 juillet
Rovaniemi	66° 30'	du 7 juin au 6 juillet
Kuusamo	65° 59'	du 14 au 29 juin

À l'inverse, le soleil disparaît entièrement à Utsjoki pendant plus de 7 semaines, en général du 26 novembre au 15 janvier. C'est la période de nuit polaire *(kaamos)*.

DANGERS ET ENQUIQUINEMENTS

La Finlande est un pays très sûr. Il est simplement recommandé de rester vigilant à Helsinki où des pickpockets sévissent dans les lieux très fréquentés, comme dans la majorité des grandes villes du monde. Pour le reste, on peut s'endormir tranquillement dans sa tente et faire de beaux rêves... les plus grands risques, ici, sont d'ordre naturel (climat, ours, insectes...).

La *räkkä* : invasion estivale des insectes

L'importance de la *räkkä* varie d'une année à l'autre en fonction des pluies de mai et des températures, notamment. Après 3 ou 4 jours un peu désagréables, les gestes de prévention feront partie de votre quotidien. Un certain nombre de moustiques et autres insectes vous piqueront forcément, mais la faible quantité de microbes et de bactéries à cette latitude fait que, sauf réaction allergique, les morsures disparaissent vite.

Quelques tuyaux

- On trouve des produits très efficaces sur place. Ceux-ci sont disponibles avec différents parfums, dont un au goudron *(terva)*... déconseillé pour les soirées mondaines.
- Les gadgets électroniques censés émettre la fréquence qui éloigne tous les moustiques de la création sont des attrape-gogos.
- En randonnée, portez un chapeau ou un foulard sur la tête et des vêtements amples pour éviter d'être piqué à travers l'étoffe. Fermez le bas de vos pantalons avec des pinces à vélo ou de simples élastiques, ou enfoncez-les dans vos chaussettes. Si vous avez un short... rangez-le au fin fond de votre valise !
- En canoë ou en bateau, éloignez-vous de la berge : les insectes ne vous suivront pas.
- Le soir, faites une flambée, la fumée les éloigne. C'est autorisé dans certains campings, sur des emplacements *ad hoc*. Faute de feu, faites brûler du pyrèthre en spirales ou en barrettes, mais ne dispersez pas les résidus : il est très efficace contre les insectes mais aussi destructeur pour tous les animaux à sang froid.
- Si vous le pouvez, installez votre tente dans un endroit un peu venté.

Les moustiques

Innombrables, ils sévissent surtout de mi-juin à fin juillet, le mois d'août étant généralement plus tranquille. Plus vous montez vers le nord, plus ils sont nombreux et voraces.

Les mouches noires *(mäkärä)*

Ces bestioles de la famille des *Simuliidae* ressemblent à des mouches. Sévissant surtout par temps chaud, près des torrents et des eaux vives, elles se glissent sous les vêtements pour sucer le sang... Leur morsure démange longtemps (ne surtout pas gratter !). Les 1res peuvent apparaître en mai et, en cas de temps chaud et humide, on y a droit jusque tard dans la saison. Les produits locaux les découragent de se poser, mais pas de vous tourner autour...

Les taons

Comme les mouches noires, ils découpent un morceau de peau mais plus gros... et sucent le sang qui s'en échappe. Eux aussi sont particulièrement virulents lors des chaudes journées. Très résistants, il faut leur claquer le beignet fermement !

Les moucherons mordeurs *(polttiainen)*

Comme dans beaucoup de pays du nord de l'Europe, vous risquez de tomber sur une bestiole appelée en finnois *polttiainen* (du verbe *polttaa,* « brûler »... c'est tout dire !), gros comme le point à la fin de cette phrase. Nos cousins québécois les appellent d'ailleurs « brûlots ». C'est un monomaniaque shooté au sang frais, qui attaque indistinctement reptiles, autres insectes et mammifères, homme inclus. Certains rennes agressés par ces créatures peuvent devenir très nerveux et se précipiter sous vos roues sans crier gare. En effet, chaque morsure gratouille un peu, alors imaginez, 100 ou 1 000 ! Les produits généralistes sont notoirement peu efficaces. En revanche, vous pouvez vous munir d'essence de pouliot (*Hedeoma pulegioides* ou *Mentha pulegium*), vendue comme produit homéopathique. Ces moucherons ne sortent heureusement qu'à la tombée de la nuit ou sous un ciel plombé ; comme ils se déplacent très lentement, il suffit souvent d'accélérer le pas pour les distancer...
Les morsures démangent beaucoup, mais une bonne douche soulage grâce à l'action antiseptique du savon.

FESTIVALS ET SPECTACLES

De nombreux festivals sont organisés en Finlande chaque année, particulièrement en été. Pour un panorama complet, consulter le site (version en français) : ● festivals.fi ●
– ***Musique classique :*** beaucoup de grands moments, dont le festival d'Helsinki, celui de Turku et le festival d'opéra de Savonlinna.
– ***Jazz et rock :*** 2 très grands festivals, de jazz à Pori et de rock à Ruissalo (Turku). Pour se faire une idée des ensembles finlandais (site en anglais) : ● musicfinland.com ●
– ***Cinéma :*** festival hors normes à Sodankylä, en Laponie.
– ***Danse :*** partie intégrante de la vie artistique du pays, avec un beau festival à Kuopio, qui donne les dernières tendances.
– ***Musique folklorique :*** très vivante, faisant la part belle à l'accordéon chromatique et au tango, elle s'épanouit notamment au festival de Kaustinen.

Places de spectacle

2 grandes agences nationales vendent les tickets, moyennant une commission. Elles disposent d'antennes locales (liste disponible sur leurs sites web).

■ ***Lippupalvelu*** *(service billets)* **:** ● ticketmaster.fi ●
■ ***Lippupiste*** *(point billets)* **:** ● lippu.fi ●

HÉBERGEMENT

Spécial coutumes exotiques !

– Si vous comptez ***louer un chalet*** (même à la journée), il faut savoir que ***le linge de lit n'est généralement pas fourni.*** Cela s'applique parfois aussi aux AJ. Ainsi, vous trouverez des couettes mais pas de housses (ou le drap du dessous mais pas celui du dessus). Comme la location de ce linge revient assez cher (6 à 18 € par personne selon l'établissement pour le séjour), il vaut mieux emmener le vôtre ou s'équiper sur place avant votre 1re nuit, l'investissement étant vite rentabilisé. À ce sujet, sachez que les couettes individuelles standard (les couettes pour 2 sont exceptionnelles dans l'hôtellerie) ont pour dimensions 150 x 210 en Finlande contre 140 x 200 chez nous.

– Les lits doubles sont assez rares dans l'hôtellerie finlandaise : vous aurez souvent droit à 2 lits simples accolés (c'est plus moral !). Dans certains établissements recevant de nombreux congressistes, les lits ne sont pas côte à côte, mais à 2 extrémités de la pièce !

Les auberges de jeunesse

– Il n'y a ***pas de limite d'âge*** pour séjourner en AJ. Être adhérent n'est pas obligatoire mais permet d'obtenir une réduction de l'ordre de 10 % – en principe également octroyée avec la carte ISIC (carte internationale d'étudiant). Selon la catégorie de l'AJ et le type de chambre (double ou multilits), compter 20 à 35 € par personne. Le petit déjeuner est en général proposé sous forme de buffet et payant (compter 7 à 9 €).

– Il est possible de réserver sur le site • *hihostels.com* •, qui référence les auberges membres du réseau *Hostelling International* dans le monde. Sinon, le site • *hostellit.fi/en* • concerne spécifiquement les AJ finlandaises.

Le pays compte une quarantaine d'auberges de jeunesse assez bien réparties sur le territoire (quoique logiquement plus concentrées dans le Sud). Elles sont installées aussi bien dans des bâtiments modernes ou résidences étudiantes que dans de beaux chalets de bois en bordure de lac, dans des fermes ou même dans des bateaux (comme à Turku)...

Quelques points à noter

– Dans les villes importantes, les AJ sont souvent ouvertes toute l'année. Dans les coins reculés, c'est plus aléatoire.

– En été, les AJ peuvent être pleines plusieurs semaines à l'avance, notamment au moment d'un festival ou d'un événement particulier. Mieux vaut réserver.

– Dans les petites villes, attention aux horaires de la réception, souvent fermée entre le *check-out* (vers 10h) et le *check-in* (vers 15h-16h). Parfois, le réceptionniste vaque à d'autres occupations et laisse sur la porte un numéro pour le joindre.

– Certaines AJ n'incluent pas le linge de lit dans le prix de la nuitée. Dans ce cas, il faut payer un supplément ou avoir le sien.

– Beaucoup d'AJ louent des vélos, et certaines, situées au bord d'un lac, des barques ou des canoës.

Les terrains de camping

■ ***Finnish Camping Sites Association :*** ☎ (09) 47-74-07-40. • *camping.fi* • Gère la carte ***Camping Key Europe.*** En vente de juin à août dans les quelque 140 campings membres (et toute l'année sur le site), elle coûte 16 € (14 € en version smartphone) et peut être vite amortie : réduction de 2-4 € par nuit, voire jusqu'à 10 % sur le prix des chalets ; une assurance familiale est incluse. Le site permet aussi de télécharger un guide (bilingue allemand et anglais) recensant la majorité des campings en Finlande avec des infos très utiles pour chacun d'eux (dates d'ouverture, tarifs, coordonnées GPS).

De nombreux sites sont éparpillés dans tout le pays, presque toujours au bord d'un lac, d'une rivière ou de la mer. Certains sont si bien aménagés et situés qu'on y passe quelques jours sans hésiter ! Il existe 5 catégories (et niveaux de confort), signalées par des étoiles. Ils disposent souvent d'une cuisine collective et d'une cafétéria, presque toujours d'un sauna (voire plusieurs !) et louent parfois des vélos, des barques ou des canoës. À l'opposé, dans l'extrême Nord, les terrains deviennent encore plus proches de la nature et le niveau des prestations est parfois minimal. Mais même les moins confortables sont équipés de sanitaires complets, voire d'une cuisine ou d'un barbecue. Les camping-cars trouveront toujours des emplacements avec branchement électrique.
La plupart des campings proposent aussi des ***chalets,*** du plus petit et rustique, façon abri de jardin réservé à la période estivale (juste des lits, parfois une table), au plus confortable (cuisine, terrasse, salon TV, sanitaires et même sauna privé...). Certains sont carrément luxueux. Il en existe pour 2 à 6 personnes, parfois davantage. Si vous êtes 4 et véhiculés, c'est ***la solution de logement la plus économique.***

Le camping sauvage

En vertu du « droit d'accès à la nature » *(everyman's right),* assez unique à la Finlande, ***le camping sauvage est permis pour 1 nuit,*** à l'exception des alentours des propriétés privées, des plages et des zones protégées. Dès la 2e nuit, il faut négocier votre présence avec le propriétaire du terrain, qui est en droit de demander une compensation financière.

Les hôtels

Tâchez de réserver à l'avance, surtout en période de festivals.

Quelques tuyaux

– En ville, pendant les vacances d'été et le week-end toute l'année, les hôtels des principales chaînes comme *Cumulus, Scandic* et *Sokos* (ces 2 dernières étant les plus confortables) baissent leurs tarifs ; idem dans les lieux touristiques hors saison (y compris en août dans certaines régions de Laponie).
– L'un des meilleurs plans est sans doute celui proposé par les 7 hôtels de la chaîne familiale ***Omena*** *(Hôtels La Pomme)* : *☎ 0600-555-222 (0,79 €/mn). • omenahotels.com • Résas en ligne et code d'accès envoyé par e-mail. Dans certains hôtels, la résa est possible sur place : passer sa CB dans le lecteur de la porte d'entrée pour accéder au sas où se trouvent les bornes de paiement.* Le concept est simple : supprimer tous les services qui majorent le prix d'une chambre. Résultat : pas l'ombre d'une figure humaine à l'horizon, tout se passe par code et carte de paiement sur Internet. Certes, la description paraît peu engageante, mais la formule fonctionne : ces hôtels sont tous très bien situés, les chambres sont fonctionnelles (voire agréables, dans un style design plutôt réussi), confortables et les prix aussi bas qu'il est possible pour ce standing ! Pensez donc, la double se négocie, selon l'hôtel et la période, à partir de 60 € en *last minute* ! Le petit déj n'est pas compris, mais il est servi sur réservation dans des cafés proches. La résa peut être annulée sans frais jusqu'à 24h avant le séjour. Pas de *check-in* avant 16h cependant.

Les hôtels d'été *(kesähotelli)*

De juin à août, certaines structures pour étudiants proposent des chambres doubles pour environ 60-70 €. Souvent situés en périphérie de la ville, peu pratiques d'accès, les hôtels d'été sont généralement sans âme et avant tout fonctionnels. Niveau confort, ils n'offrent bien souvent rien de plus que les AJ, les possibilités de rencontres en moins. Certains ont toutefois une salle de bains privée et parfois même un coin cuisine. Nous en indiquons quelques-uns, mais plutôt en dépannage.

Les séjours à la ferme

Les fermes, la plupart du temps en rase campagne et au bord de l'eau, conviendront aux amoureux de la nature désireux de se familiariser avec le mode de vie finlandais. Il s'agit d'un système d'hôtes payants. Les repas sont généralement pris avec la famille, qui peut vous organiser une partie de pêche et vous faire participer aux travaux des champs ! Prix indicatifs : de 250 à 450 € par semaine et par personne.

Le *Bed & Breakfast*

C'est un mode d'hébergement peu répandu en Finlande. De plus, il porte très mal son nom, car le petit déj n'est généralement pas inclus... voire pas proposé du tout. En fait, il se pratique surtout dans des fermes et des auberges campagnardes. À la ferme, compter entre 30 et 45 € par personne et par nuit (moitié prix pour vos chères têtes blondes). Petit déjeuner en sus (s'il est proposé), de 8 à 10 €. On peut aussi parfois y dîner. Les offices de tourisme disposent généralement d'une liste des *Bed & Breakfast* du coin.

Les *mökit* ou chalets au bord de l'eau

Un chalet en bois *(mökki)* au bord de l'eau, en pleine nature, c'est la Finlande telle qu'on la rêve ! On peut les louer à la semaine (à partir du vendredi ou du samedi), mais souvent aussi à la journée. De manière générale, pour 4, il faut compter, selon le confort, l'équipement, la date et la région, entre 250 et 1 000 € la semaine. La basse saison commence en général après le 15 août (date de la rentrée des classes) et les prix de nombreux chalets sont alors minorés d'environ 15 %. Les tarifs les plus élevés sont pratiqués en avril dans les régions de sports d'hiver.
Généralement, une barque est prévue pour aller à la pêche. L'équipement comprend toujours les ustensiles de cuisine et la literie (mais, sauf accord préalable, sans housses ni taies). Le sauna est garanti. Renseignez-vous pour savoir si des frais de nettoyage sont appliqués en fin de séjour (50 à 80 €).

Comment réserver ?

– Les offices de tourisme disposent souvent d'une liste de chalets à louer ou peuvent vous donner les coordonnées d'un central de réservation local.

■ ***Lomarengas, Vacances à la ferme et Bed & Breakfast :*** • *lomarengas.fi* • Pour réserver une chambre dans certaines villes du Sud (sauf Helsinki) ou dans une station de ski.

■ Dans les îles d'Åland, le service est assuré par ***Ålandsresor*** et ***Viking Line.*** Voir le chapitre qui leur est consacré.

LANGUES

D'abord, un détail qui a son importance : ***le Finnois est celui qui parle le finnois (la langue), tandis que le Finlandais est l'habitant de la Finlande.*** Ce dernier peut être de langue finnoise bien sûr, mais aussi sámie ou suédoise (voir plus loin). Le ***finnois*** n'ayant rien de commun avec la majorité des langues d'Europe, dites indo-européennes, il procure un profond sentiment de dépaysement au visiteur, à l'écrit comme à l'oral. En d'autres mots : on n'y comprend rien ! Peut-être Diego Marani, auteur de *Nouvelle grammaire finnoise,* avait-il eu raison en écrivant : « Le finnois n'a pas été inventé. Les sonorités de notre langue étaient autour de nous, dans la nature, dans le bois, dans le ressac de la mer, dans le cri des animaux, dans le bruit de la neige qui tombe. Nous les avons seulement recueillies et prononcées... »

Le finnois appartient au groupe linguistique finno-ougrien, également représenté en Europe par le hongrois et l'estonien, ainsi que par certains parlers en voie de disparition, tel le carélien. Même si vous avez la chance de parler le hongrois, vous n'apprendrez pas le finnois en 15 jours : il y a autant de différences entre ces 2 langues qu'entre le français et l'allemand.

La ribambelle de cas de déclinaison vous donnera froid dans le dos si vous avez sué sang et eau sur les 4 de l'allemand ! Le finnois en comporte 16 (si, si, 16 !), ce qui révèle une façon très différente de s'exprimer. Il existe par exemple 6 cas de lieu, selon qu'il y a mouvement ou pas et que l'on reste « sur » ou que l'on entre « dedans » ou encore que l'on sort « en dehors » ! Ajoutez à cela l'absence de verbe « avoir » et quelques joyeusetés typiquement finno-ougriennes comme la conjugaison de la particule négative ou la modification de la racine en fonction du suffixe que l'on y accole... Seule (petite) consolation : il n'y a ni article ni genre en finnois. Mais en vérité, la seule bonne manière d'apprendre le finlandais, c'est d'en épouser un(e) et de jeter son manuel aux orties pour éviter les maux de crâne... Sinon, révisez Shakespeare : à quelques rares exceptions près, tous les Finlandais parlent un excellent anglais !

Gare à la prononciation

Quelques mots de finnois peuvent toutefois s'avérer utiles lorsqu'on a affaire à des fermiers ou à des personnes d'âge mûr. D'autant que le vocabulaire finnois ne reprend pas ces mots « internationaux » qui, à un chouia près, s'orthographient de manière identique dans les autres langues d'Europe : ici, « téléphone » se dit *puhelin,* et « centre » *keskus...* Le petit lexique qui suit pourra donc vous être utile, à condition de respecter quelques règles de prononciation très simples :

- l'accent tonique est très marqué, toujours sur la 1re syllabe ;
- toutes les lettres se prononcent séparément ;
- les voyelles doubles correspondent à un son long ;
- les consonnes doubles sont prononcées distinctement.

Prenez garde à ne pas négliger ces principes, pour que votre interlocuteur sache si vous parlez du feu *(tuli),* du vent *(tuuli)* ou de la douane *(tulli)...* Et si les sons par eux-mêmes ne posent pas de difficulté au gosier d'un routard francophone, certaines lettres se prononcent différemment :

- *y* se prononce « u » ;
- *u* se prononce « ou » ;
- *e* se prononce « é » ;
- *ä* se prononce « è » ;
- *ö* se prononce comme le « œu » de « œuf » ;
- *j* se prononce « ye » (comme le « j » allemand) ;
- *h* est toujours fortement expiré.

Vous remarquerez peut-être que ce sont toujours les mêmes consonnes qui reviennent, car le finnois originel ne connaît pas les sons *b* ni *f,* et les sons *d* et *g* sont rarement usités : Sibérie se dit *Siperia,* Danemark *Tanska,* et France... *Ranska.*

Autre originalité du finnois : il n'existe pas d'équivalent de « s'il vous plaît » dans le sens que nous lui donnons couramment. La traduction que nous indiquons plus bas signifie « tenez ! » ou « voilà ! ».

Un dernier tuyau : si vous cherchez un mot dans votre dictionnaire finnois-français, tenez compte du fait que le *ä* et le *ö* sont placés à la fin de l'alphabet, tout comme en suédois !

Vocabulaire usuel

Finlande	*Suomi*
Finlandais	*Suomalainen*
Finnois (la langue)	*Suomi*
Bonjour	*Hyvää päivää* (ou simplement *päivää*)
Bonjour (le matin)	*Hyvää huomenta* (ou simplement *huomenta*)
Bonsoir	*Hyvää iltaa* (ou simplement *iltaa*)
Bonne nuit	*Hyvää yötä*
Salut !	*Hei !* ou *terve !* (ou, plus informel, *moi !*)
Attention !	*Huom !*
Bienvenue	*Tervetuloa*
Revenez quand vous voulez	*Tervetuloa uudelleen*
Comment allez-vous ?	*Mitä kuuluu ?*
Je voudrais	*Haluaisin*
Je ne parle pas le finnois	*En puhu suomea*
Oui	*Kyllä* ou *joo* (plus courant)
Non	*Ei*
Je, tu	*Minä, sinä*
Merci	*Kiitos*
Pardon	*Anteeksi*
Voilà, tenez	*Olkaa hyvä*
Au revoir	*Näkemiin* (rare, on entendra plus souvent *hei hei*, en prononçant bien le *h*, ou *moi moi*, prononcé « moille »)
Je suis français(e)	*Olen ranskalainen*
Je suis belge, suisse	*Olen belgialainen, sveitsiläinen*
Je ne comprends pas	*En ymmärrä*
Quelle heure est-il ?	*Mitä kello on ?*
Ouvert	*Avoinna, auki*
Fermé	*Suljettu*
Interdit	*Kielletty*
Réservé	*Varattu*
À droite	*Oikealle*
À gauche	*Vasemmalle*
Combien ?	*Kuinka paljon ?*
Bon marché	*Halpa*
Cher	*Kallis*
Où ? où se trouve ?	*Missä ? missä on ?*
Quand ?	*Milloin ?*
Comment ?	*Miten ?*
Nouveau, vieux	*Uusi, vanha*
Été	*Kesä*
Pêche	*Kalastus*

En ville

Centre, vers le centre	*Keskus, keskusta*
Vous êtes ici (sur un plan)	*Olet tässä*
Banlieue	*Kaupunginosa*
Gare ferroviaire	*Rautatieasema*
Aéroport, aérogare	*Lentokenttä, lentoasema*
Sortie	*Ulos*
Ville, vers la ville	*Kaupunki, kaupungille*
Bus	*Linja-auto*
Aller simple, aller-retour	*Menolippu, meno-paluu*
Information	*Opastus*

Rue	*Katu*
Parc	*Puisto*
Marché	*Tori*
Place	*Aukio*
Banque, change	*Pankki, valuutanvaihto*
Prix, offre spéciale	*Hinta, tarjous*
Pharmacie, médecin, hôpital	*Apteekki, lääkäri, sairaala*
Urgences	*Ensiapu*
Agence de voyages	*Matkatoimisto*
Timbre	*Postimerkki*
Soldes	*Ale*
Fête foraine	*Tivoli*

Hébergement

Auberge de jeunesse	*Hostelli ou retkeilymaja*
Hôtel	*Hotelli*
Camping	*Leirintäalue*
Village de vacances	*Lomakylä*
Chalet(s) de vacances	*Lomamökki (lomamökit)*
Chambre à 2 lits	*Kahden hengen huone*
Chambre à 1 lit	*Yhden hengen huone*
Petit déjeuner	*Aamiainen*
Douche	*Suihku*
Toilettes	*Vessa*
Note (addition)	*Lasku*
J'ai retenu une chambre	*Olen varannut huoneen*
Avez-vous une chambre libre ?	*Onko teillä vapaata huonetta ?*
Quel est le prix pour une nuit ?	*Paljonko maksaa yöltä ?*
Pas d'enlèvement des ordures	*Ei jätehuoltoa*

Nourriture et boissons

Restaurant	*Ravintola*
Menu	*Ruokalista*
Déjeuner	*Lounas*
Poisson	*Kala*
Saumon	*Lohi*
Truite	*Kirjolohi*
Hareng de la Baltique	*Silakka*
Maquereau	*Makrilli*
Légumes	*Vihannekset*
Pommes de terre	*Perunat*
Pâtes	*Pasta*
Frites	*Ranskalaiset perunat*
Fromage	*Juusto*
Fruits	*Hedelmät*
Myrtille	*Mustikka*
Fraise	*Mansikka*
Framboise	*Vadelma*
Canneberge	*Karpalo*
Airelle rouge	*Puolukka*
Mûre des marais	*Lakka*
Framboise arctique	*Mesimarja*
Dessert	*Jälkiruoka*
Gâteau, tarte	*Leivos, kakku*
Renne	*Poronliha*

Renne fumé	*Savustettu poronliha*
Porc	*Porsaanliha*
Bœuf	*Häränliha*
Poulet	*Kanaa*
Steak	*Pihvi*
Jambon	*Kinkku*
Beurre	*Voi*
Œuf, omelette	*Muna, munakas*
Sel, poivre, sucre	*Suola, pippuri, sokeri*
Pain blanc, pain noir	*Vaalea leipä, tumma leipä* ou *ruisleipä*
Chocolat	*Suklaa*
Eau	*Vesi*
Bière	*Olut*
Café	*Kahvi*
Lait, lait fermenté	*Maito, piimä*
Yaourt	*Jogurtti*
Liqueur	*Likööri*
Pourboire	*Juomaraha*
Addition	*Lasku*
À votre santé !	*Kippis !* ou (très informel) *hölökynkölökyn !*

En voiture

Route	*Tie*
Autoroute	*Moottoritie*
Conduisez lentement, ralentir	*Aja hitaasti, hidasta*
Déviation	*Kiertotie*
Douane	*Tulli*
Revêtement endommagé	*Päällystevaurioita*
Par temps de pluie	*Sateella*
Route glissante	*Liukas tie*
Limitation de vitesse	*Aluerajoitus*
Réglez les freins	*Säätäkää jarrut*
Essence, sans plomb	*Bensiini, lyijytön*
Le plein !	*Tankki täyteen !*
Garage	*Autokorjaamo*
Vidange	*Öljynvaihto*
Moteur	*Moottori*
Boîte de vitesses, embrayage	*Vaihdelaatikko, kytkin*
Crevé	*Puhjennut*
Batterie, pneus, bougies	*Akku, renkaat, sytytystulpat*
Radiateur, carburateur	*Jäähdyttäjä, kaasuttaja*

Chiffres et jours

Un	*Yksi*
Deux	*Kaksi*
Trois	*Kolme*
Quatre	*Neljä*
Cinq	*Viisi*
Six	*Kuusi*
Sept	*Seitsemän*
Huit	*Kahdeksan*
Neuf	*Yhdeksän*
Dix	*Kymmenen*
Onze, douze, etc.	*Yksitoista, kaksitoista, etc.*

Vingt, trente, etc.	*Kaksikymmentä, kolmekymmentä,* etc.
Cent	*Sata*
Mille	*Tuhat*
Lundi	*Maanantai (ma)*
Mardi	*Tiistai (ti)*
Mercredi	*Keskiviikko (ke)*
Jeudi	*Torstai (to)*
Vendredi	*Perjantai (pe)*
Samedi	*Lauantai (la)*
Dimanche	*Sunnuntai (su)*
Aujourd'hui	*Tänään*
Hier, demain	*Eilen, huomenna*
La semaine prochaine	*Ensi viikolla*

Vocabulaire idiomatique

Voici la récapitulation de quelques termes spécifiques du finnois ou typiques de la culture finlandaise que vous risquez de rencontrer dans les rubriques des généralités. Ils vous donnent une bonne idée de ce qui vous attend dans le pays !

Avantouinti	plongeon dans le lac en sortant du sauna
Harju	étroite bande de sable et de graviers stratifiés, déposée à l'époque de la glaciation, formant une digue naturelle entre 2 lacs ; les géologues appellent cela un esker
Jäävesi	eau glacée servie à table
Juhannus	fête de la Saint-Jean
Kaamos	nuit polaire
Kota	hutte sámie conique (pour le barbecue en général)
Kuksa	tasse taillée dans la loupe du bouleau
Laavu	abri pour randonneur
Lakka	mûre jaune des marais
Lounas	repas du midi (souvent à prix fixe)
Löyly	vapeur obtenue en jetant de l'eau sur les pierres du sauna
Mäkärä	mouche noire dont les morsures sont douloureuses
Mökki	chalet, cabane
Muikku	corégone blanc (petit poisson blanc des lacs)
Polltiainen	moucheron dont les morsures sont agaçantes
Puukko	couteau sámi pour activités de plein air
Räkkä	invasion estivale des insectes
Ruska	changement de couleur de la végétation en automne
Sisu	persévérance, acharnement placide et obstiné (cœur de l'âme finlandaise)
Tunturi	colline arrondie du nord du pays
Tupa	refuge pour randonneurs
Vihta (*vasta* à l'Est)	bouquet de rameaux de bouleau utilisé au sauna

Toponymie

La plupart des noms des localités finlandaises sont construits à partir d'un tout petit nombre de mots. Lire la carte et retenir le nom des villes sera plus facile si vous vous familiarisez avec les quelques mots que voici.

Autour de l'eau !

Crête morainique	*Harju*	Punkaharju
Lac	*Järvi*	Kemijärvi
Rivière	*Joki* (génitif *joen*)	Utsjoki, Joensuu
Rapides	*Koski*	Savukoski
Baie, golfe	*Lahti*	Ruokolahti
Cap, promontoire	*Niemi*	Rovaniemi
Berge	*Ranta*	Lappeenranta
Île	*Saari*	Tammisaari
Détroit	*Salmi*	Suomussalmi
Marais	*Suo*	Patvinsuo
Eau	*Vesi*	Ruovesi
Embouchure	*Suu*	Joensuu

À pied sec

Village	*Kylä*	Jyväskylä
Château	*Linna*	Savonlinna
Butte	*Mäki*	Kerimäki
Colline	*Vaara*	Tankavaara

Le suédois

La présence multiséculaire des Suédois en Finlande a laissé des traces : ***le suédois est ainsi encore langue officielle.*** Il est parlé par environ 5,5 % de la population, essentiellement dans le Sud-Ouest, le long de la côte du golfe de Botnie et dans l'archipel d'Åland. Si les suédophones du continent sont tous peu ou prou bilingues, ce n'est pas forcément le cas dans ces îles, où le suédois est la seule langue officielle !

Les dialectes sámis

Les dialectes sámis, parlés dans l'extrême nord du pays, sont proches les uns des autres. Le plus répandu, le sámi du Nord, tient lieu de langue commune. Bien sûr, les Sámis finlandais parlent tous le finnois et sont en général polyglottes... mais quasi exclusivement en langues régionales !

UN MOT POUR CHAQUE CHOSE

Tout comme le finnois, les dialectes sámis appartiennent au groupe finno-ougrien. Ils se caractérisent par une grande richesse phonétique qui a donné bien du fil à retordre à leurs traducteurs en alphabet latin, et surtout par un vocabulaire limité aux situations de la vie quotidienne, mais d'une hallucinante précision. Jugez-en vous-même : čuozâšit *signifie « entrer dans le filet ici et maintenant, y rester coincé » ;* vædâtâk, *« endroit d'où la neige a été soufflée par le vent », et* boaššobužžât, *« un peu plus près de la partie centrale de la tente (ou de la hutte) » !*

LIVRES DE ROUTE

Voir aussi le chapitre « Littérature » dans « Hommes, culture, environnement ».

- ***Le Lièvre de Vatanen*** (1975), roman d'Arto Paasilinna (Gallimard, coll. « Folio », 2014). C'est quelque part entre Helsinki et Heinola que débutent les aventures extravagantes et pleines d'humour de Vatanen, ex-journaliste, ex-mari, affublé d'un compagnon insolite rencontré accidentellement : un lièvre. Cette étonnante fable, voyage à travers les saisons et les paysages finlandais, est un genre à elle toute seule !
- ***Le Meunier hurlant,*** roman d'Arto Paasilinna (Gallimard, coll. « Folio », 1994). En 1945, dans un village de Laponie qui panse ses plaies de guerre, un homme du Sud arrive et retape le vieux moulin. Tout irait pour le mieux s'il ne passait des

nuits à hurler dans les bois, donnant la chair de poule aux villageois... Un hymne à la nature lapone doublé d'une étonnante galerie de portraits.

- ***Le Fils du dieu de l'Orage,*** encore un roman d'Arto Paasilinna qu'on adore (Gallimard, coll. « Folio », 1995). Rutja, fils d'Ukko, dieu de l'Orage, a pour mission de reconvertir les Finnois à la vraie foi de leurs ancêtres. Il découvre avec stupéfaction les énigmes de la condition humaine et les méandres de la vie sociale des Finlandais d'aujourd'hui... Fable sociale et épopée mythologique, mais surtout chef-d'œuvre d'humour grinçant.
- ***Le Dentier du maréchal, madame Volotinen et autres curiosités,*** d'Arto Paasilinna (Gallimard, coll. « Folio », n° 6490, 2018). Le dernier roman de Paasilinna, narrant les tribulations à travers la Finlande (et ses recoins, surtout) de Volomari Volotinen, courtier en assurances et collectionneur avide. À son palmarès : une touffe de poils pubiens préhistoriques et le dentier du maréchal Mannerheim...
- ***L'Armoire des robes oubliées,*** de Riikka Pulkkinen (LGF, coll. « Livre de poche », 2013). Alors que la grand-mère d'Anna est en train de mourir d'un cancer, une vieille robe retrouvée dans un placard fait resurgir le passé. La jeune fille va alors découvrir que, derrière les apparences du mariage heureux de ses grands-parents, se cache un véritable drame familial. Un roman plein de sensibilité écrit par une jeune romancière, et encensé par la critique.
- ***Le Héros oublié,*** roman de Henrik Tikkanen (Gaïa, 2002). En 1944, un obscur soldat reçoit l'ordre de défendre coûte que coûte une position menacée par les Russes. À l'armistice, suite à un concours de circonstances, il n'est pas prévenu. Aussi, pendant 30 ans, continue-t-il à défendre bec et ongles ses quelques arpents de terrain... Un impitoyable réquisitoire contre le militarisme, par un auteur pacifiste et humaniste.
- ***Nouvelle grammaire finnoise,*** roman de Diego Marani (Rivages, 2005). En 1943, à Trieste, un homme se réveille privé de tout : de mémoire, d'identité et même de langage. Le médecin finlandais qui le recueille voit en lui un compatriote, du fait de l'étiquette cousue sur sa veste. Ce déchirant roman poétique qui brasse les thèmes de l'identité et du destin, peuplé de personnages croqués de façon magistrale, nous entraîne dans la Helsinki de 1944 soumise aux bombardements russes, tout en évoquant avec sensibilité la guerre civile de 1917, le *Kalevala* et la spécificité de la langue finnoise.
- ***Gustaf Mauritz Armfelt, fondateur de la Finlande,*** essai biographique de Stig Ramel (éd. Esprit ouvert, 1999). Le destin de ce personnage aurait pu être écrit par Alexandre Dumas ! L'auteur brosse un tableau fascinant des intrigues politiques en Europe de 1780 à 1814 en nous entraînant de Stockholm à Turku, de Paris à Rome et à Naples, et de Vienne à Saint-Pétersbourg en croisant une galerie impressionnante de figures historiques : les 2 souverains qu'a servis Armfelt (le roi de Suède Gustave III et le tsar Alexandre Ier), mais aussi la tsarine Catherine la Grande, l'empereur d'Autriche Joseph II, le pape Pie VI, Napoléon Ier, Bernadotte, futur roi de Suède, ainsi qu'une brochette de rois, princes, ducs, barons et ministres ! Il émet la thèse qu'Armfelt a joué un rôle politique déterminant dans la défaite de Napoléon et décrit son implication dans la construction du pays. Un ouvrage indispensable à qui veut comprendre le destin historique de la Finlande, disputée entre Russes et Suédois.
- ***Bienvenue à Rovaniemi,*** roman de Jari Tervo (éd. 10/18, coll. « Domaine Étranger », 2007). 34 chapitres, chacun dans un style propre représentant le caractère, l'âge et le niveau d'éducation de 34 personnages s'exprimant tour à tour. À la lecture se tisse une intrigue policière palpitante où des ponts parfois subtils sont jetés entre les personnages. Ce n'est qu'à la dernière page que l'on apprend qui a tué Räikkönen, un truand local dont une demi-douzaine de personnes ont de bonnes raisons de vouloir la peau. L'auteur brinquebale le lecteur dans un récit où les machinations les plus sordides n'empêchent pas de traiter du crime et de son châtiment, de la foi et de l'amour, le tout emballé dans un humour décapant.

– ***Noirs paradis,*** recueil de nouvelles de Rosa Liksom (éd. du Rocher, coll. « Motifs », 2001). Des images fortes, des ambiances crues brossées en quelques phrases sobres, courtes et volontiers poétiques. Le bonheur de vivre et l'horreur de l'existence, intimement mêlés. Rien de typiquement finlandais, mais si profondément humain... Par une étonnante artiste (peintre, écrivain, réalisatrice de courts métrages) francophile, découverte par le public français avant d'être reconnue dans son pays.

– Dans un autre genre, Tove Jansson s'est fait connaître par sa saga des ***Moumines*** (Nathan, plusieurs volumes disponibles en poche) que vous avez peut-être suivie jadis à la télé sur France 3 : ces drôles de trolls évoluent dans un univers étrange aux personnages abracadabrants, tels les *courabous,* les *touilles* et les *touillettes,* les *boines,* sans oublier les *zbors,* ces animaux à ventouse qui grignotent tout. Pour tous les routards qui ont su conserver leur âme d'enfant !

– Si vous aimez les récits épiques médiévaux, tels ceux des *Chevaliers de la Table ronde,* n'hésitez pas à vous procurer le ***Kalevala, Épopée des Finnois,*** d'Elias Lönnrot (Gallimard, coll. « Quarto » ; 2 tomes, 2010). La traduction est pleine de poésie, dense et imagée.

– ***L'Exilé du Kalevala,*** roman graphique de Ville Ranta (éd. Çà et là, 2010). La B.D. finlandaise existe ! L'auteur puise au plus intime de la culture de son pays en évoquant Elias Lönnrot. Le roman décrit avec brio une Finlande paysanne à la recherche de son identité derrière l'ennui, les beuveries et les adultères. À Kajaani, ce pauvre docteur Lönnrot mène une vie morose, à peine égayée par une liaison avec une paysanne mariée. Leur relation dévoilée au grand jour, il quitte la ville. Traversant la Carélie, il note les chants et les poèmes des paysans illettrés qui, sous sa plume, formeront l'ossature du *Kalevala.* Son trait incisif, ses dialogues quasi philosophiques, ses personnages croqués sans complaisance mais avec tendresse, tout cela fait de Ville Ranta le cousin proche du Joann Sfar de *Klezmer* et du *Chat du rabbin.*

– ***Le Dernier Lapon, Le Détroit du Loup, La Montagne rouge*** (éd. Points, Coll. « Points Policier » ; 2013, 2015 et 2017) : 3 polars d'Olivier Truc, correspondant du *Monde* à Stockholm et spécialiste des pays nordiques, qui mettent en scène la police des Rennes en Laponie. Chaque aventure est l'occasion de voyager dans les grands espaces du pays sámi à la rencontre de ses habitants et d'en apprendre un peu plus sur leur histoire, leur culture, leur mode de vie nomade mais aussi sur les enjeux qui les opposent aux gouvernements centraux. Original et passionnant.

MUSÉES ET SITES

Les horaires des musées varient souvent en fonction de la saison : plus larges de mi-juin à mi-août, restreints dès que recommence l'année scolaire. Les plus belles églises sont même souvent fermées dès la fin août, et ce jusqu'en mai de l'année suivante. Il est parfois possible de se les faire ouvrir sur demande à l'office de tourisme ou à la paroisse, mais le service est payant, et parfois cher. Chaque musée ferme tout ou partie des jours fériés les plus importants, notamment le 1er mai, la Saint-Jean et à Noël.

De nombreux musées et sites accordent la gratuité aux moins de 16 ans (ou 18 ans). Sinon, les enfants de 4 à 12 ans paient en général moitié prix. À partir de 3 enfants, les tarifs famille sont avantageux. Étudiants et seniors ont généralement droit à une réduction.

– ***Museum Card (Museokortii) :*** *● museot.fi ● Tarif : 69 €.* Une carte nominative, valable 1 an. Elle donne accès à près de 300 musées sur l'ensemble du pays. S'achète dans les musées ou sur le site internet. Intéressant pour ceux qui restent un certain temps et qui veulent faire une cure de musées.

POSTE

Les ***bureaux de poste*** classiques sont ouverts en général du lundi au vendredi de 9h à 18h. Dans les grandes villes, certains ferment à 19h. Mais, de plus en plus, les services postaux sont assurés par certains commerces, comme les bureaux de tabac de type *R-Kioski*. Dans ce cas, les horaires d'ouverture sont beaucoup plus larges (généralement tous les jours de 7h à 21h ; jusqu'à 18h dimanche). Le site • *posti.fi* • indique toutes les adresses et les horaires.

POURBOIRE

L'usage du pourboire est rare en Finlande et en aucun cas obligatoire si ce n'est, peut-être, pour les porteurs des grands hôtels. Il n'est toutefois pas interdit d'arrondir l'addition au resto ou dans un bar quand on est content du service, et c'est assez courant pour les taxis.

RANDONNÉE

Randonneurs, vous voilà chez vous ! Forêts profondes, doux reliefs, nature intacte... la Finlande offre un gigantesque champ de possibles, d'autant que le « droit d'accès à la nature », gravé dans le marbre de la législation, autorise un accès illimité à 90 % du pays, terres privées incluses (avec certaines limitations) !

– ***Site d'information :*** • *nationalparks.fi/en* • Fort bien fait, il présente l'ensemble des zones protégées du pays et donne plein d'infos pour organiser ses randos d'un ou plusieurs jours (logement, centres d'information, etc.).

– Pour un avant-goût, les ***parcours de découverte*** ou ***sentiers nature*** (*nature trail,* en finnois *luontopolku*) offrent des petites balades balisées de 1h ou 2. Ils comportent des panneaux d'explications sur la faune, la flore, la géologie ou les activités traditionnelles. On en trouve un peu partout.

– Plus sportif : une dizaine de ***domaines de randonnée*** (*national hiking area,* en finnois *retkeilyalue*), dont plusieurs sont décrits ou mentionnés dans ce guide (Teijo, Ruunaa, Hossa, Kylmäluoma). Ils proposent des itinéraires pour tous les goûts dans des étendues sauvages bien aménagées.

– Enfin, le pays compte une quarantaine de ***parcs nationaux*** (en finnois *kansallispuisto* ; voir la rubrique « Environnement » dans « Hommes, culture, environnement »). Les plus vastes, qui sont aussi les plus septentrionaux et les plus sauvages, nécessitent une sérieuse préparation. Dans certains secteurs, les sentiers disparaissent et on s'oriente alors à la boussole !

Aires de camping

Les domaines de randonnée et les parcs nationaux sont équipés d'aires de camping où l'on peut passer la nuit gratuitement, façon boy-scout. Toilettes sèches, coin pour faire du feu (bois à disposition), petite cabane pour se mettre à l'abri en cas de mauvais temps, mais pas de douche en général.

Refuges et abris

Les réseaux d'abris *(laavu)* et de refuges *(tupa)* sont répertoriés sur les cartes jusqu'au 1/200 000. Dans les zones de rando, il existe des refuges gratuits, en accès libre, à partager avec d'autres randonneurs (de 4 à 20-25 personnes), et des refuges payants, fermés à clé – les 2 se trouvant parfois côte à côte. Parmi ces derniers, certains se partagent entre randonneurs individuels (environ 12-13 € la nuitée), comme un refuge classique, tandis que d'autres se louent dans leur intégralité (compter environ 40 à 80 €) pour un groupe (sans minimum de personnes).

Les refuges payants sont munis de matelas, de couvertures et même parfois d'un sauna ; les draps sont généralement fournis. En revanche, pas d'eau, ni d'électricité. En été, il vaut mieux réserver à l'avance (jusqu'à 1 à 2 mois dans les parcs les plus fréquentés). Dans les refuges gratuits, aucun confort en matière de literie (juste une planche !) : apporter son sac de couchage et un petit matelas. Contrairement aux refuges payants, on ne peut pas réserver : ne pas arriver trop tard pour ne pas rester en rade (sinon, prévoir une tente pour camper à proximité). En saison, le séjour est généralement limité à 1 ou 2 nuits consécutives.
Tout refuge (payant ou gratuit) est muni d'une gazinière ou d'un foyer extérieur équipé d'un gril, d'une réserve de bois coupé (à remplacer si on l'utilise, la hache est là pour ça), d'une table et de bancs, d'un seau, d'un balai et même parfois... d'une poubelle pour le tri sélectif ! On trouve aussi des toilettes sèches extérieures. Prévoir sa vaisselle.
Toutes les infos concernant les refuges sur le site : • *nationalparks.fi/en/huts* •

Savoir-vivre

- S'il n'y a pas de poubelle spécifique, n'abandonnez aucun déchet. Brûlez les papiers, enterrez les déchets organiques et remportez tout le reste avec vous. Un refuge malpropre rend fou de rage un Finlandais (pourtant placide d'habitude !). Ici, le feu s'allume avec de l'écorce de bouleau.
- Les Finlandais sont épris de calme. Dans les refuges (sauf s'ils vous demandent explicitement de leur apprendre des chansons à boire), respectez leur désir.
- Nos amies les bêtes, toutous en tête, sont instamment priées de rester dehors.
- Vous avez trouvé du bois coupé. Renouvelez le stock pour les suivants.
- Il est de coutume de signer le livre d'or.
- Faute de cabane, au hasard de votre trajet, vous pourrez trouver un abri de rondins, une hutte sámie traditionnelle en terre et branchages, une ferme abandonnée ou une grange isolée. S'installer une nuit sur un terrain, sauf ceux attenants à une maison, est un droit imprescriptible (voir la rubrique « Savoir-vivre et coutumes » dans « Hommes, culture, environnement »). Sur demande, le propriétaire peut vous laisser y passer plusieurs jours, parfois moyennant finances.
- Lors de votre randonnée, il peut arriver que votre sentier s'arrête sur la rive d'une large rivière ou d'un petit lac pour continuer de l'autre côté. Ô joie !, une barque est à votre disposition. Il y en a une de l'autre côté : il ne vous reste plus qu'à repartir avec les 2 barques sur la rive d'où vous venez pour en remettre une à disposition des suivants, et de traverser de nouveau ! Si vous êtes seul(e), il suffit d'accrocher l'une à l'autre avec une corde.

Équipement

Le prix de la liberté que vous donnent les grands espaces quasiment vierges, c'est de devoir vous débrouiller seul. Il vous faut impérativement :
- un GPS de rando ou une boussole et une carte, car certains sentiers sont peu, voire pas balisés ; d'ailleurs, par endroits, il n'y a même pas de sentiers (en Laponie notamment) ;
- un équipement tout temps et des vêtements chauds, bien sûr. En Laponie, si, au cœur de l'été, vous êtes très malchanceux, vous pouvez être confronté à un petit 5 °C. Début juin ou en septembre, ça peut plonger exceptionnellement - 10 °C ! Et si le vent se lève... brrr. En hiver, ça varie en général entre - 10 et - 25 °C, mais - 40 °C n'a rien d'exceptionnel ;

BOIRE SANS SE BRÛLER

Si vos finances vous le permettent, achetez une kuksa, *une tasse sculptée dans la loupe du bouleau, tumeur végétale provoquée par un champignon parasite. Hyper utile en randonnée pour ne se brûler ni les lèvres ni les doigts !*

– des bottes en caoutchouc de fabrication locale, à chausson intérieur, adaptées à la marche dans les zones humides. Un randonneur finlandais ne part pas sans ce genre de bottes. Fourrées et confortables, elles évitent d'avoir les pieds trempés en crapahutant dans les inévitables marais. Vous pouvez en louer ;
– des allumettes à l'épreuve de l'eau et des vêtements de rechange emballés dans des sacs plastique étanches. La pluie n'est pas rare, et un faux pas est si vite arrivé en traversant une rivière à gué... À ce propos, pensez donc à prendre des sandales de piscine ou des chaussons de plongée, fort utiles pour éviter de vous empaler sur les cailloux du lit de la rivière ;
– une trousse de 1ers secours ;
– un sifflet par personne afin de se retrouver facilement dans la brume ;
– un très bon couteau (le *puukko* finlandais) ;
– en hiver, une hache pour débiter le bois (se loue aussi) ;
– une tente et un duvet. Et ce même si vous avez réservé un refuge, car il y a mille et une raisons qui peuvent vous empêcher de l'atteindre en temps et en heure ;
– et, bien sûr, de l'antimoustiques, vos ustensiles de cuisine et les vivres nécessaires jusqu'au prochain point de ravitaillement.

Quelques conseils de sécurité

Dans les régions inhabitées, en général, entre mi-juin et mi-août, on ne risque rien en restant sur les itinéraires balisés. Sinon, prenez votre sécurité au sérieux, surtout en Laponie.
– Ne partez que si vous savez utiliser votre GPS de rando, lire une carte et vous servir d'une boussole.
– ***Informez-vous des conditions météo.***
– ***Ne partez pas seul,*** même si vous avez une longue expérience de la randonnée. Le Grand Nord est autrement plus extrême que les Alpes ! Au-delà du cercle arctique, les surprises sont nombreuses... et rarement bonnes.
– Faites halte dans un centre d'information et remplissez le formulaire de *route announcement* (en français, « faire-part d'itinéraire ») ou signez le « cahier des randonneurs » dans chaque refuge. Vous y indiquerez votre nom et la prochaine destination prévue, ce qui permettra de partir à votre recherche en cas de pépin.
– Portez des vêtements de couleurs vives afin d'être repérable (évitez juste le rouge ou l'orange durant la *ruska* !).
– Une bonne partie du terrain est couverte par le réseau GSM. Prenez donc votre portable, économisez-le et adjoignez-lui une batterie externe chargée à bloc ! En cas d'urgence, si vous ne captez pas le réseau et si vous pouvez vous déplacer, gagnez les hauteurs, Vous aurez plus de chances que ça fonctionne.
– En cas de problème, faites un feu. Sa fumée peut orienter vers vous d'autres randonneurs.
– Soyez très prudent dans les marais, vous apprendrez vite à reconnaître les zones stables. Si, de temps en temps, vous avez l'impression que le sol oscille sous vos pieds, c'est que vous marchez sur un tapis végétal épais d'une vingtaine de centimètres qui vous sépare d'une nappe d'eau croupissante.
– Si vous rencontrez un ours, ce qui serait vraiment exceptionnel mais peut se produire aux petites heures de l'aube, reculez doucement et en silence, tout en faisant face à la bête et, surtout, surtout, ne vous mettez pas à courir.
– *Attention :* malgré les innombrables lacs et marais, il peut faire très sec, surtout en Laponie. Pour éviter de jouer les Jeanne d'Arc, éteignez bien allumettes et cigarettes, ainsi que le foyer le soir et en partant. L'allumage d'un feu n'est permis qu'avec l'accord explicite du propriétaire du terrain. Dans un parc national, on ne peut allumer un feu que sur les emplacements réservés, à condition que le vent ne soit pas trop violent. Certaines années de grande sécheresse, alerte aux incendies : tout feu est alors interdit, car ça flambe aussi bien que dans le sud de la France ! En revanche, l'usage des réchauds est autorisé sans restriction.

Méditez sur votre impact

Pour être conscient des déprédations que vous pouvez faire courir à des régions rendues fragiles par la brièveté de l'été arctique, nous vous conseillons de méditer un petit opuscule édité par l'Office des parcs et forêts et disponible dans de nombreux points d'information : *Low Impact Back Country Travel.*

SANTÉ

Pour un séjour temporaire en Finlande, pensez à vous procurer la ***carte européenne d'assurance maladie.*** Il vous suffit d'appeler votre centre de Sécurité sociale (ou de vous connecter au site internet de votre centre), qui vous l'enverra sous une quinzaine de jours. Cette carte fonctionne avec tous les pays membres de l'Union européenne (y compris les derniers arrivés), ainsi qu'en Islande, au Liechtenstein, en Norvège et en Suisse. C'est une carte plastifiée du même format que la carte Vitale. Valable 2 ans, elle est gratuite et personnelle : chaque membre de la famille doit avoir la sienne, y compris les enfants.
Attention, les remboursements ne couvrent pas les soins dispensés par les cliniques privées. Si vous vous adressez à l'une d'elles, il vous faudra, au retour, prouver que ce choix était motivé par une urgence alors que l'hôpital public était trop éloigné.
Outre votre maladresse, les seuls risques proviennent des champignons non comestibles.

■ ***Catalogue Santé-Voyages :*** ☎ *01-45-86-41-91.* • *astrium.com* • Les produits et matériels utiles aux voyageurs, assez difficiles à trouver dans le commerce, peuvent être achetés par correspondance sur le site *Santé-Voyages.* Infos complètes sur toutes destinations, boutique web, paiement sécurisé, expéditions So Colissimo (48h) ou Chronopost.

TÉLÉPHONE ET INTERNET

Dans les années 1880, les tsars, peu visionnaires et davantage enclins à développer le télégraphe, concédèrent aux Finlandais le droit de créer des compagnies de téléphonie locales. Cette décision a grandement favorisé le développement des télécommunications en Finlande, devenue l'un des pays les plus avancés du monde dans ce domaine. Portant le nom d'une ville voisine de Tampere, Nokia fut pendant plusieurs années le leader mondial du secteur et une source de fierté nationale.

> **PISSOIR, OUVRE-TOI... VITE !**
>
> *Comment empêcher le vandalisme dans les toilettes situées le long de l'autoroute nº 1 ? Les autorités ont trouvé : il faut envoyer un sms (non surtaxé !) à un numéro indiqué sur la porte, avec le mot OPEN. Dès réception du message par le serveur, la porte s'ouvre et l'usager peut se ruer vers le siège tant attendu. En cas de déprédations, tous les usagers sont ainsi identifiables. Et en cas de panne de batterie ? Eh bien, il reste les buissons...*

Le pays compte bien plus de lignes mobiles que de lignes fixes. Mi-2010, la Finlande est devenue le 1er pays au monde à faire de l'accès à l'Internet haut débit un droit, assurant ainsi à toutes les résidences principales des Finlandais une connexion rapide, même dans les régions les plus isolées.

Les appels nationaux

– Pour appeler un téléphone fixe (hors numéros spéciaux) depuis un fixe situé dans la même province (donc ayant le même *indicatif de zone,* soit 0 suivi de 1 ou

2 chiffres), composez seulement le numéro local. Si vous utilisez votre téléphone mobile ou un fixe depuis une autre province, ajoutez l'indicatif.
- Nous indiquons les *indicatifs de zone* en regard de chaque ville. Ils sont alignés sur le découpage des provinces : 09 pour Helsinki, 016 pour la Laponie, etc. Dans le texte, les fixes locaux figurent sans ces indicatifs. Ceux qui appartiennent à une autre région sont donnés entre parenthèses.
➢ Un *numéro local* peut avoir un nombre de chiffres variable, même dans une ville donnée.
- Les ***numéros spéciaux et ceux des portables*** doivent être composés intégralement, sauf de l'étranger, d'où le 0 initial doit être omis.
- Les ***numéros gratuits*** (numéros Verts) commencent par 0800, comme ceux qui permettent d'appeler en PCV.
- Les ***numéros surtaxés*** commençant par 0600, 0601, 0602 et 0700 peuvent coûter jusqu'à 2 € la minute ou 5 € l'appel ! C'est le cas de nombreux services de renseignement. Ceux qui débutent par 010, 020 ou 030 sont surtaxés de l'ordre de 0,10 € par appel, à quoi s'ajoute 0,06 à 0,20 €/mn.
- ***Renseignements téléphoniques :*** ☎ *118.* Tarifs variables d'un opérateur local à l'autre. Compter un minimum de 2 € en journée et 3 € les soirs et week-ends. Réponse en anglais non garantie...

Les appels internationaux

- ***Finlande → France :*** 00 + 33 + numéro du correspondant (sans le 0 initial). En PCV ou par France Direct : ☎ *0800-110-330.*
- ***Finlande → Belgique :*** 00 + 32 + numéro (sans le 0 initial). En PCV : ☎ *0800-110-320.*
- ***Finlande → Suisse :*** 00 + 41 + numéro (sans le 0 initial). En PCV : ☎ *0800-110-410.*
- ***France, Belgique et Suisse → Finlande :*** 00 + 358 + numéro du correspondant (avec indicatif de la zone s'il s'agit d'un fixe mais dans tous les cas, sans le 0).

Le téléphone portable en voyage

Finis les frais d'itinérance ! Depuis juin 2017, un voyageur européen titulaire d'un forfait dans son pays d'origine peut utiliser son téléphone mobile ***au tarif national*** dans les 27 pays de l'Union européenne, sans craindre de voir flamber sa facture. Des plafonds sont néanmoins fixés par les opérateurs pour éviter les excès... Cet accord avantageux signé entre l'UE et ses opérateurs télécoms concerne aussi la consommation de ***données internet 3G ou 4G,*** dont le volume utilisable sans surcoût dépend du prix du forfait national (se renseigner). Par ailleurs, si le voyageur réside plusieurs mois en dehors de son pays, des frais peuvent lui être prélevés...
En Finlande, plus besoin d'acheter une carte SIM locale pour diminuer ses frais.

La connexion internet en voyage

La Finlande est l'un des pays les plus connectés au monde : hébergements, restos, bars et même certains espaces publics disposent d'un réseau, le plus souvent gratuit.
Mieux que la connexion 3G et 4G, qui peut entraîner des frais en usage intensif, utiliser donc le wifi (le débit est aussi parfois supérieur).
- Une fois connecté au wifi, vous avez accès à tous les services de la ***téléphonie par Internet. WhatsApp, Messenger*** (la messagerie de *Facebook*), ***Viber, Skype*** permettent d'appeler, d'envoyer des messages, des photos et des vidéos aux 4 coins de la planète, sans frais. Il suffit de télécharger – gratuitement – l'une de ces applis sur son smartphone. Elle détecte automatiquement dans votre liste de contacts ceux qui utilisent la même appli.

En cas de perte ou de vol de votre téléphone portable

Suspendre aussitôt sa ligne permet d'éviter de douloureuses surprises au retour du voyage ! Le plus simple est de demander la suspension de votre ligne depuis le site internet ou l'appli de votre opérateur. Sinon, voici les numéros des 4 opérateurs français, accessibles depuis la France et l'étranger :

- **Free :** *depuis la France, ☎ 32-44 ; depuis l'étranger, ☎ + 33-1-78-56-95-60.*
- **Orange :** *depuis la France, ☎ 39-00 ; depuis l'étranger, ☎ + 33-969-39-39-00.*
- **SFR :** *depuis la France, ☎ 1023 ; depuis l'étranger, 📱 + 33-6-10-00-10-23.*
- **Bouygues Telecom :** *depuis la France, ☎ 10-64 ; depuis l'étranger, 📱 + 33-6-60-61-46-14.*

Vous pouvez aussi demander la suspension de votre ligne depuis le site internet de votre opérateur.
Avant de partir, notez (ailleurs que dans votre téléphone portable !) votre numéro IMEI utile pour bloquer à distance l'accès à votre téléphone en cas de perte ou de vol. Comment avoir ce numéro ? Il suffit de taper sur votre clavier *#06#.

TRANSPORTS

Étudiants, attention !

La carte internationale d'étudiant n'est pas suffisante pour obtenir une réduction sur les transports finlandais. Seuls ceux qui étudient dans le pays y ont droit sous certaines conditions.

Le train

Le réseau finlandais est long de 6 000 km et s'étend vers le nord jusqu'à Rovaniemi et Kolari (en Laponie). La majeure partie du trafic est orientée nord-sud, les liaisons est-ouest sont un peu moins pratiques et rapides : compter par exemple 6h et 2 changements pour un Turku-Savonlinna. De façon générale, si les trains sont très confortables, munis d'une voiture-restaurant spacieuse et d'une voiture pour enfants avec jeux, ils ne sont pas bon marché, du moins si l'on ne bénéficie d'aucune offre ou réduction (voir plus loin).
- Dans les petites villes, il n'y a pas de ***guichets.*** On prend son ticket aux machines ou dans les kiosques à journaux *R-Kioski.* Dans les grandes villes, achetez vos billets au guichet marqué *Lippumyymälä.*
- La plupart des billets de train ne sont valables que pour la date et le train indiqués sur le billet.
- En période de vacances ainsi que les vendredi et dimanche soir, il est préférable d'acheter son billet à l'avance.
- N'hésitez pas à utiliser les toilettes avant l'arrivée car, dans les gares, les w-c sont payants.
- Pour toute information ou réservation (en anglais) : *☎ 0600-41-900 (surtaxe de 1,99 €/appel). • vr.fi •*

Les forfaits et réductions

Les plus de 65 ans ont droit à 20 % de réduction sur le tarif de base, les enfants de 4 à 16 ans à 40 % mais, attention, les tarifs avec achat anticipé *(saver ticket)* sont souvent plus intéressants (jusqu'à 55 % ; consultez le calendrier des prix en ligne). Les enfants jusqu'à 4 ans voyagent gratuitement, mais sans siège attitré.

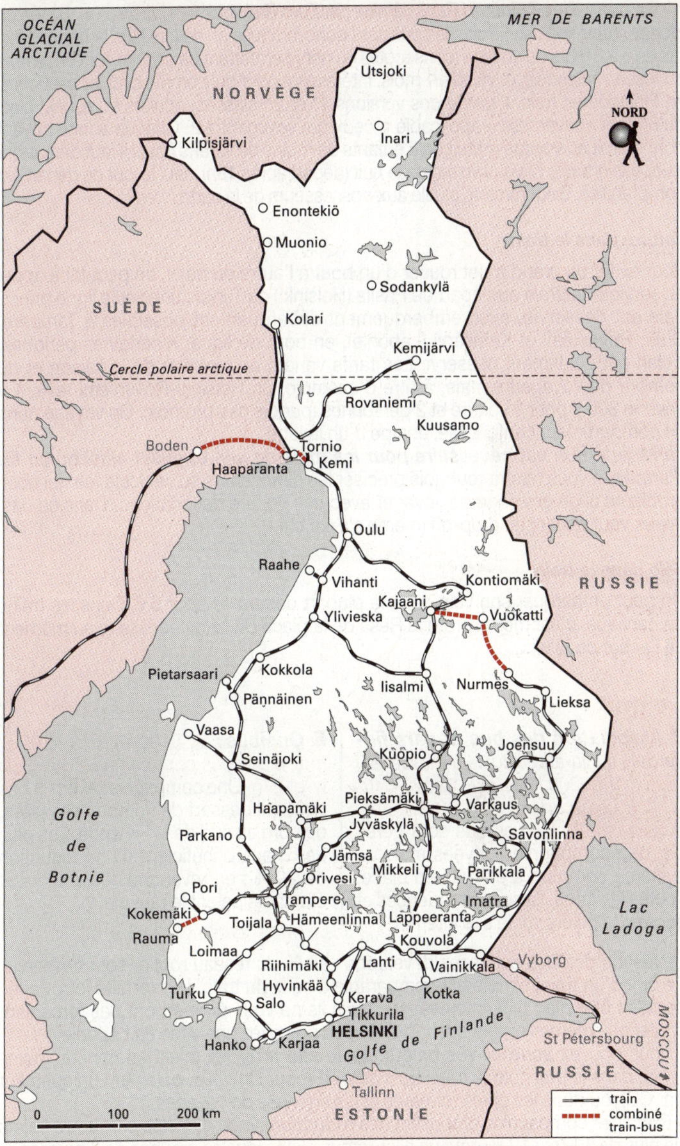

LE RÉSEAU FERROVIAIRE

➢ ***La carte Eurail Finland Pass :*** émise par *Euro Railways* (● *eurail.com* ●), basée en Floride. Attention : sur le site, les prix sont donc indiqués en dollars ! On achète un forfait de 3 à 8 jours de voyage (consécutifs ou non) permettant de circuler sur l'ensemble du réseau finlandais, et valable 1 mois. Intéressant pour qui compte circuler beaucoup en Finlande en train. Il existe des versions 1re et 2de classes, adultes et jeunes, ainsi qu'un tarif « *saverpass* » applicable à ceux qui voyagent à 2. Chaque adulte payant donne droit au voyage gratuit de 2 enfants de moins de 12 ans (mais il faut demander leur *pass* gratuit). Si vous voyagez de nuit (départ après 19h), seul le jour de départ est comptabilisé. Évidemment, inutile aux possesseurs de la carte *InterRail*.

Voiture dans le train

Pour éviter un grand trajet routier d'un bout à l'autre du pays, on peut faire appel au service *CarTrain* au départ de Pasila (Helsinki) ou Turku ; une seule ligne principale est desservie, avec embarquement/débarquement possibles à Tampere, Oulu, Rovaniemi et Kemijärvi (Laponie), en bout de ligne. À certaines périodes, Kolari est également desservi. Les tarifs varient en fonction de la liaison et du nombre de voyageurs mais, à titre d'exemple, un Helsinki-Rovaniemi revient à environ 300 € pour 1 voiture et 2 personnes (parfois des promos). On voyage dans un compartiment confortable, équipé d'un lavabo.
La réservation est nécessaire pour les mois de juin et juillet ainsi qu'en fin d'année. Il vous faudra toutefois préciser les dimensions du véhicule, ce qui pose problème si on envisage de voyager avec une voiture de location... Dans ce cas, mieux vaut penser au drop-off (même s'il est cher).

Vélo dans le train

On peut embarquer son vélo dans la plupart des trains pour 5 €. Dans les trains de banlieue, c'est même gratuit ! Résa de la place de vélo nécessaire au moment de l'achat du billet.

Le bus

■ ***Association des bus et cars finlandais*** *(Linja-autoliitto)* **:** *Lauttasaarentie 8, FIN-00200* **Helsinki.** ☎ *020-040-00 (24h/24 ; surtaxe de 1,99 €/appel).* ● *matkahuolto.fi* ● Les bus sont gérés par des compagnies privées mais un système commun a été mis en place. Toutes les infos, liaisons, fréquences et achats de billets sur le site internet.

■ ***Onnibus :*** ☎ *0600-02-010 (0,99 €/mn).* ● *onnibus.com/home* ● *Tlj 8h (10h w-e)-21h.* Une compagnie de bus à bas coût qui dessert de nombreuses villes, du nord au sud de la Finlande. Les plus de 65 ans bénéficient d'une réduction de 20 % ; en revanche, les enfants et étudiants paient le tarif plein.

Le réseau des bus est assez développé : 90 % du réseau routier sont desservis. Le prix d'un trajet simple est comparable à celui du train. Les forfaits ferroviaires peuvent être bien plus intéressants, mais ils ne vous permettront pas forcément d'aller aux mêmes endroits, surtout si vous prévoyez une virée en Laponie.
– Vous pouvez ***acheter vos billets sur le site internet*** (c'est en général moins cher), dans le bus pour le trajet qu'il dessert (pour *Onnibus,* paiement uniquement par CB), ou dans les gares routières et les agences de voyages.
– Certaines compagnies proposent des ***réductions*** (non cumulables) sur les trajets de plus de 80 km : 10 % pour un aller-retour, 25 % pour les groupes de 3 personnes ou les familles, 30 % pour les plus de 65 ans, 50 % pour les 4-14 ans et pour les étudiants inscrits dans un établissement finlandais (voir notre avertissement au début de la rubrique « Transports »). Pas de réduction pour les détenteurs de la carte *InterRail.*
– Les ***chauffeurs*** purs finnophones (ou bilingues finnois-suédois...) sont souvent la règle dès que l'on quitte les grandes villes. Mieux vaut donc vous y préparer et chercher dans votre lexique le vocabulaire adapté !

Le bus urbain

Des cartes de 10 voyages sont en vente dans les kiosques à journaux *(R-Kioski)* ou aux guichets des régies de transport. Les chauffeurs vendent des billets à l'unité. Ils doivent être compostés. Dans l'agglomération d'Helsinki, il existe un système de carte à puce. À Helsinki même, la *Helsinki Card* donne libre accès aux bus, ainsi qu'au tram et au métro.

La voiture

C'est évidemment le meilleur moyen d'explorer le pays en profondeur. Sur place, n'hésitez pas à utiliser la formule du train auto-couchettes, confortable, pratique et pas trop chère (voir plus haut « Le train »).

Location de voitures

Les loueurs demandent toujours de fournir une carte de paiement pour régler la location de voiture et bloquer une somme en guise de caution. Mais attention, il existe une ***différence entre une carte de débit et une carte de crédit*** et il arrive que certaines agences refusent votre location de voiture en cas de paiement par carte de débit. Certains loueurs acceptent quand même les cartes de débit mais ils vous demanderont alors de souscrire une assurance complémentaire souvent très chère. Il faut donc avoir une carte de crédit. Vérifiez bien si une mention « CREDIT » (débit différé) ou « DEBIT » (débit immédiat) est inscrite sur votre carte de paiement, sinon renseignez-vous auprès de votre banque (avant votre départ). Vous pouvez accéder à ces informations concernant les conditions de location des loueurs sur le site • *bsp-auto.com* • après avoir lancé votre recherche dans la rubrique « Informations détaillées ».

■ ***BSP Auto :*** *☎ 01-43-46-20-74 (tlj 9h-21h30, w-e 20h). • bsp-auto.com • Réduc de 5 % aux lecteurs de ce guide avec le code « ROUTARD21 ».* Les prix proposés sont attractifs et comprennent le kilométrage illimité et les assurances. *BSP Auto* propose exclusivement les grandes compagnies de location sur place, assurant un très bon niveau de service. Les plus : vous ne payez votre location que 5 jours avant le départ.

■ ***Avis :*** *à l'aéroport Helsinki Vantaa, ☎ 010-436-22-44 (surtaxé). • avis.com •*

■ ***Budget Rent a Car :*** *à l'aéroport Helsinki Vantaa, ☎ 010-436-22-55 (surtaxé). • budget.fi •*

■ ***Europcar :*** *à l'aéroport Helsinki Vantaa, 📱 040-306-28-00. • europcar.com •*

■ ***Hertz :*** *à l'aéroport Helsinki Vantaa, ☎ 020-555-21-00 (surtaxé). • hertz.com •*

Conduite

Bien aidé en cela par des pratiques judiciaires particulièrement répressives, le Finlandais roule très cool et fait preuve d'une courtoisie étonnante – jamais de conduite inamicale ou hostile. Il respecte l'autre automobiliste, le cycliste et le piéton. Ses excès de vitesse sont rares, d'autant plus que les radars automatiques pullulent. Revers de la médaille : il manque de réflexes (surtout, ne pas le surprendre par une manœuvre inopinée) et ignore l'audace (un dépassement est souvent une épreuve !).

UNE PRUNE AU GOÛT D'AMENDE SALÉE

Depuis 2004, le record de la plus belle contravention est détenu par un certain Jussi Salonoja, héritier multimillionnaire d'un empire de la saucisse qui a écopé de 169 728 € d'amende après avoir été flashé à 80 km/h dans un tunnel à Helsinki, où la vitesse est limitée à 40 km/h. L'infraction a été considérée comme gravissime, car pouvant entraîner la mort d'autrui. Et comme en Finlande la somme à payer est fixée au prorata du revenu du contrevenant au-delà d'un excès de 20 km/h...

Code de la route et règles strictes

Ici, on ne rigole pas avec le code de la route, qui comporte quelques particularités locales.

– ***Bien respecter les limitations de vitesse*** fixées à 60, 80 ou 100 km/h en fonction de l'importance des routes. Sur les autoroutes, 120 km/h maxi – mais, dans les zones urbaines, on a aussi vu 60 km/h sur des 4-voies ! En ville, 40 ou 50 km/h au mieux, parfois 20 ou 30 km/h... Le pire, c'est que les panneaux font souvent défaut : par endroits, on ne sait plus trop où on en est... La multiplication des radars automatiques (tous les 2 ou 3 km sur certains tronçons !) oblige à garder en permanence un œil sur le tachymètre. La plupart sont signalés, mais pas toujours... Quant aux radars mobiles, toujours cachés, vous en rencontrerez peut-être sur une route secondaire sur le coup des 23h ! Tout cela peut s'avérer crispant ! Une seule solution : oublier la conduite sportive... Sachez que ce sont les tronçons limités à 80 km/h qui génèrent le plus de PV pour excès de vitesse, et l'amende est vraiment très salée. Au-delà de 20 km/h au-dessus de la limite, les Finlandais ne payent plus forfaitairement, mais en fonction de leurs revenus, publics (voir l'encadré)... Pour un étranger, nous n'avons jamais entendu parler d'une amende supérieure à 20 500 €, infligée à un homme d'affaires suédois pour avoir roulé à 67 km/h dans une zone limitée à 30 km/h sur l'archipel d'Åland. Le procureur a rappelé que le chauffard s'en sortait plutôt bien (!), car dépasser de plus de 100 % la limite de 30 km/h est passible de prison... Convaincu, maintenant ?

– Sur route, ***les feux de croisement sont obligatoires jour et nuit,*** même par grand soleil ! Si vous louez une voiture, vous verrez que ces feux s'allument automatiquement.

– Boire ou conduire ? Il faut choisir. Les amendes (sévères !), les retraits de permis et la nuit au poste, ce n'est pas du chiqué. En cas d'accident, un ***taux d'alcoolémie*** supérieur à 0,5 % peut vous valoir une jolie paire de bracelets chromés aux poignets. Les Finlandais prennent un taxi pour rentrer, même s'ils habitent loin ou, alternativement, s'en remettent à un capitaine de soirée.

– ***Les ceintures sont obligatoires*** à l'avant et à l'arrière.

– Vous devez avoir votre ***carte verte,*** ainsi que votre ***triangle*** rouge de présignalisation.

– Côté ***stationnement,*** quelques petites choses sont à savoir. D'abord, ***il est interdit de se garer à moins de 5 m d'un passage pour piétons.*** De plus, en ville, ***il est interdit de se garer à contre-sens de la voie.*** Dans une rue à double sens, même secondaire, il est donc interdit de couper pour se garer en face. Faites demi-tour à la 1re occasion et prenez la place comme un conducteur civilisé. À Helsinki et dans les autres grandes villes du pays, les diverses zones de stationnement payant sont repérées par une signalétique chromatique.

– Les PV (environ 50 € pour un stationnement illicite) se paient en liquide, au commissariat local ou dans les banques (dans ce dernier cas, prévoir un petit supplément).

– Sachez aussi que, si vous êtes contrôlé pour quelque raison que ce soit, votre véhicule sera examiné sous toutes ses coutures. Gare à vous en cas d'ampoule grillée ou de pneu lisse.

Carburant

Le super plombé a disparu, le gazole se trouve presque partout. Les prix sont sensiblement les mêmes que ceux pratiqués chez nous. Dans le Nord, c'est un poil plus cher.

Dangers routiers

Si les routes principales sont en excellent état, les chaussées secondaires sont parfois cabossées ou simplement non revêtues (gare aux dérapages sur les

Distances en km	HELSINKI	HÄMEENLINNA	IVALO	JOENSUU	JYVÄSKYLÄ	KUOPIO	LAHTI	MIKKELI	OULU	ROVANIEMI	SAVONLINNA	TAMPERE	TORNIO	TURKU	VAASA
HELSINKI		98	1130	440	277	392	103	231	617	837	335	176	747	165	416
HANKO	131	203	1261	582	383	531	241	369	723	943	473	241	853	141	447
HÄMEEN-LINNA	98		1044	411	191	364	74	202	531	751	306	78	661	139	318
IVALO	1130	1044		867	853	802	1027	963	513	293	964	1003	415	1159	834
JOENSUU	440	411	867		249	135	337	209	402	574	145	399	532	552	531
JYVÄSKYLÄ	277	191	853	249		145	174	123	340	560	217	150	470	310	282
KILPISJÄRVI	1024	1118	511	989	927	876	1101	1037	587	428	1038	1077	457	1233	908
KUOPIO	392	364	802	135	145		290	162	289	509	163	295	419	451	393
LAHTI	103	74	1027	337	174	290		128	514	734	232	126	644	214	366
MIKKELI	231	202	963	209	123	162	128		450	670	104	254	580	342	405
OULU	617	531	513	402	340	289	514	450		220	451	490	130	646	321
PORVOO	50	114	1252	469	257	426	80	227	597	817	342	188	727	212	428
ROVANIEMI	837	751	293	574	560	509	734	670	220		671	710	122	866	541
SAVONLINNA	335	306	964	145	217	163	232	104	451	671		358	581	446	499
TAMPERE	176	78	1003	399	150	295	126	254	490	710	358		620	158	240
TORNIO	747	661	415	532	470	419	644	580	130	122	581	620		776	451
TURKU	165	139	1159	552	310	451	214	342	646	866	446	158	776		332
VAASA	416	318	834	531	282	393	366	405	321	541	499	240	451	332	

gravillons). Dans le Nord, certains de ces axes secondaires peuvent être momentanément impraticables entre novembre et mars.

On freine pour les rennes !

Au nord de la ligne Kuhmo-Oulu, de grands panneaux indiquent que l'on est dans une zone où les rennes s'ébattent en liberté. Or, nos amis finlandais sont formels : le renne est l'animal le plus stupide de la création. Si vous arrivez sur lui en voiture, il s'arrangera toujours pour choisir la manœuvre la plus irrationnelle qui soit, comme s'il voulait se donner toutes les chances de réussir son suicide. On gardera donc toujours un œil sur les bas-côtés, surtout au petit matin et en fin de journée. Et bien sûr, on se souviendra que la distance de freinage augmente avec la vitesse. Malgré ces précautions, en cas de collision avec un renne, mettez votre triangle de signalisation en place et, même si l'animal blessé a pu poursuivre sa route, avertissez la police *(☎ 112),* qui fera le nécessaire en envoyant un inspecteur et en lançant, le cas échéant, des recherches pour retrouver ledit renne !

UN ÉLAN MAL RÉFRÉNÉ

Il existe plus dangereux que le renne : l'élan, plus grand, plus lourd. Le bestiau est très farouche et ne se rencontre que sur les petites routes. Si un élan déboule, sachez que, contrairement au renne, il continue toujours sur sa lancée et ne fait jamais demi-tour : contournez-le donc par l'arrière. C'est au crépuscule que le risque est le plus grand, surtout en automne dans les régions où il trouve des fruits fermentés. La digestion les transforme en alcool, rendant la bête quasiment pompette !

Signalisation

Peu de particularités locales, hormis les panneaux bilingues qui peuvent parfois vous tromper en vous faisant chercher une ville qui n'existe pas sur votre carte. Ainsi, Pori se dit en suédois *Björneborg,* Hämeenlinna *Tavastehus* et Oulu *Uleåborg.* Quant à la ville de *Keskusta,* vous pourrez avoir l'impression de tourner autour pendant des journées entières, si vous ne savez pas que cela signifie en finnois « vers le centre-ville » ! En Laponie, on trouve des panneaux bilingues finnois-sámi.

Le camping-car

La vitesse des camping-cars est limitée à 80 km/h sur tout le réseau routier sauf... s'il existe une limitation inférieure, évidemment ! Le Finlandais peut rester indéfiniment derrière votre mastodonte sans s'énerver. Alors, soyez gentil, serrez à droite dès que possible et, afin que les choses soient claires, mettez votre clignotant à droite ou faites un grand geste de la main !

Le stop

On peut parcourir d'assez longues étapes (jusqu'à 200 km) en restant sur les itinéraires fréquentés. Sur les nationales, se poster aux arrêts de bus au niveau des carrefours. En Laponie, mieux vaut ne pas trop s'écarter de l'axe Rovaniemi-Utsjoki. Prévoyez des vivres et de quoi vous abriter... et apprenez une expression utile : *jään pois tässä,* « déposez-moi ici ».

Le vélo

Avec ses reliefs modérément vallonnés, et à condition de privilégier la belle saison, la Finlande se prête bien au vélo... pour peu que l'on ne craigne ni une certaine monotonie des paysages, ni l'humidité, ni les coups de vent ! Pour les longs trajets, vous pouvez embarquer votre vélo dans les trains (voir plus haut « Le train ») ou bien dans les bus, à l'exception de ceux de la région d'Helsinki, moyennant un petit supplément.

L'avion

Il existe un aéroport dans les 25 principales villes du pays, mais les plus petits d'entre eux ne reçoivent guère que 1 ou 2 vols quotidiens de/vers Helsinki. Les tarifs aller simple des lignes intérieures étant chers, mieux vaut privilégier un aller-retour. Pensez à réserver et payer pour vos frais de bagages en ligne, au comptoir c'est près de 3 fois plus cher !

■ ***Finnair :*** *rens et résas, ☎ 09-818-08-00 (24h/24, prix d'un appel vers un mobile, accessible depuis l'étranger). • finnair.com •*

Routard.com

Plein d'infos sur plus de 300 destinations, des forums, un magazine de voyage, des dossiers pratiques, des promos de dernière minute sur les vols et les séjours… Et, pour s'évader, une galerie-photos et des carnets de voyage !

URGENCES

Urgences médicales ou en cas d'accident

- ***Médecins de garde :*** ☎ *100-23. 24h/24.* Dans tout le pays, y compris pour des visites à domicile.
- ***Numéro d'urgence :*** ☎ *112. 24h/24.* 1ers secours, ambulances, pompiers.
- ***Police :*** ☎ *100-22. 24h/24.* À utiliser, par exemple, en cas d'accident de voiture sans dommage corporel.

En cas de perte ou vol de carte de paiement

Se reporter à la rubrique « Argent, banques » plus haut.

En cas de perte ou de vol de votre téléphone portable

Se reporter à la rubrique « Téléphone et Internet » » plus haut.

Objets trouvés

Il existe un service central d'objets trouvés pour tout le pays : ☎ *0600-41-006 (☎ 00-358-600-41-006 depuis l'étranger ; 1,98-3,56 €/mn selon période). • loytotavara.net •*

HELSINKI ET SES ENVIRONS

HELSINKI (HELSINGFORS en suédois)

env 654 500 hab. (agglomération : env 1 400 000 hab.) IND. TÉL. : 09

• Plan d'ensemble (plan I) *p. 82-83* • Centre (plan II) *p. 86-87*
• Carte La région d'Helsinki *p. 113*

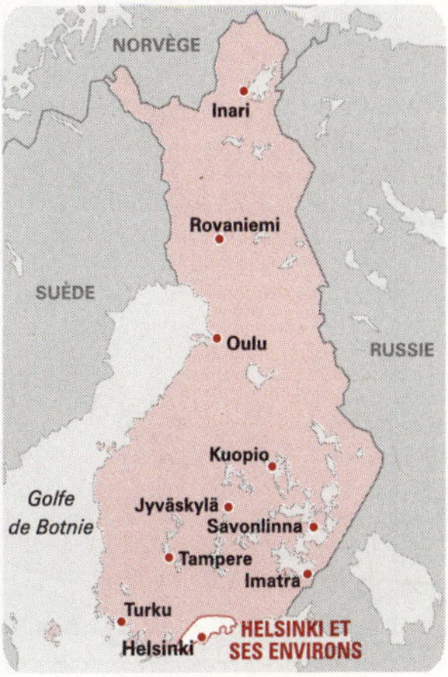

La capitale de la Finlande peut paraître stricte et rigoureuse, tant ses belles et larges avenues sont tracées au cordeau. Mais il suffit d'y séjourner quelques jours pour apprécier sa personnalité. Comme tout le pays, Helsinki vit en harmonie avec la nature. Prenez le bateau pour les îles de l'archipel, louez un vélo et empruntez les pistes cyclables jusqu'à la plage, baladez-vous dans l'un des nombreux parcs où s'exercent les joggeurs l'été et les skieurs l'hiver. Mêlez-vous à sa jeunesse tonique, épluchez le riche agenda culturel de la ville et plongez-vous à corps perdu dans l'animation des nuits de fin de semaine qui n'a rien à envier à celle des plus actives de nos métropoles continentales. Parcourez les rues de cette capitale à la fois paisible et dynamique, jalonnée d'intéressants musées et d'églises aux styles variés. Musardez au gré de quartiers en pleine rénovation pour vous émerveiller d'une confrontation étonnante entre néo-classicisme, Art nouveau et chefs-d'œuvre de l'architecture contemporaine.

UN PEU D'HISTOIRE

Fondée par le roi de Suède Gustav Vasa en 1550 ***pour concurrencer Tallinn dans le commerce florissant sur la Baltique,*** la ville demeure longtemps une morne bourgade provinciale. En 1748, les stratèges suédois décident d'y implanter une forteresse. Les officiers en garnison faisant partie de l'élite, la ville connaît un développement tant intellectuel qu'économique. Un événement majeur va sceller son destin et celui du reste du pays : en 1809, la Suède vaincue cède la Finlande à l'Empire russe. 1re conséquence, la ***reconstruction de la ville,*** ravagée par un incendie l'année précédente, est confiée à 2 joyeux lurons : Johan Albrecht Ehrenström, urbaniste local féru d'ordre et de méthode, et surtout ***Carl Ludwig Engel,*** architecte prussien qui a déjà sévi... euh ! exercé ses talents de géomètre à Saint-Pétersbourg. On leur doit la russifiante place du Sénat et le plan au cordeau du centre. En 1812, 2e bouleversement, et pas des moindres : ***les nouveaux maîtres***

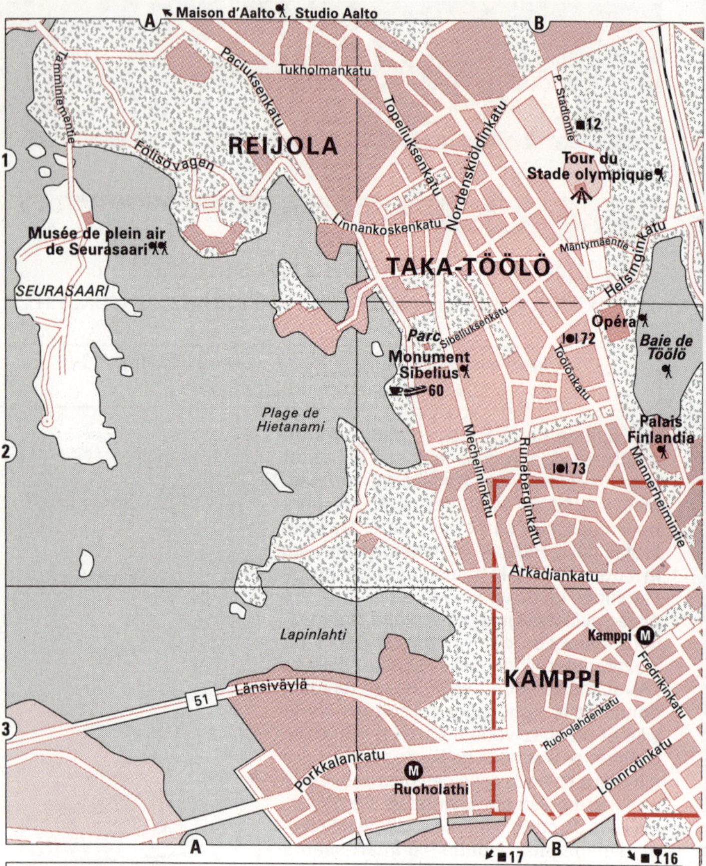

Adresses utiles

- 4 Ambassade et consulat de France (C4)
- 5 Ambassade et consulat de Belgique (C4)
- 6 Ambassade et consulat de Suisse (C4)
- 11 Bicyclean Helsinki (D3)
- 12 Uimastadion (piscine olympique ; B1)
- 13 Sauna de Kofiharju (C1)
- 14 Sauna Arla (C1)
- 15 Sauna de Hermanni (hors plan par C1)
- 16 Löyly (hors plan par B3)
- 17 Eckerö Line (hors plan par B3)

Où dormir ?

- 34 Eurohostel (D3)
- 35 Hostel Suomenlinna (D4)
- 43 Best Western Katajanokka (D3)

Où manger ? Où prendre le petit déj ? Où goûter ?

- 53 Hakaniemi Kaupahalli (C2)
- 55 Silvoplee (C1-2)
- 60 Café Regatta (B2)
- 68 Café Ursula (C4)
- 72 Kuu (B2)
- 73 Kuukuu (B2)
- 102 Tenho Bar (C1)

Où boire un verre ? Où écouter de la musique ? Où sortir ?

- 16 Löyly (hors plan par B3)
- 100 Kaivohuone (C4)
- 101 Pub Sirdie (C1)
- 102 Tenho Bar (C1)
- 103 Kaiku, Kuudes Linja et Siltanen (C1)

Achats

- 53 Hakaniemi Kaupahalli (C2)
- 116 Wanha Kaarle (C1)

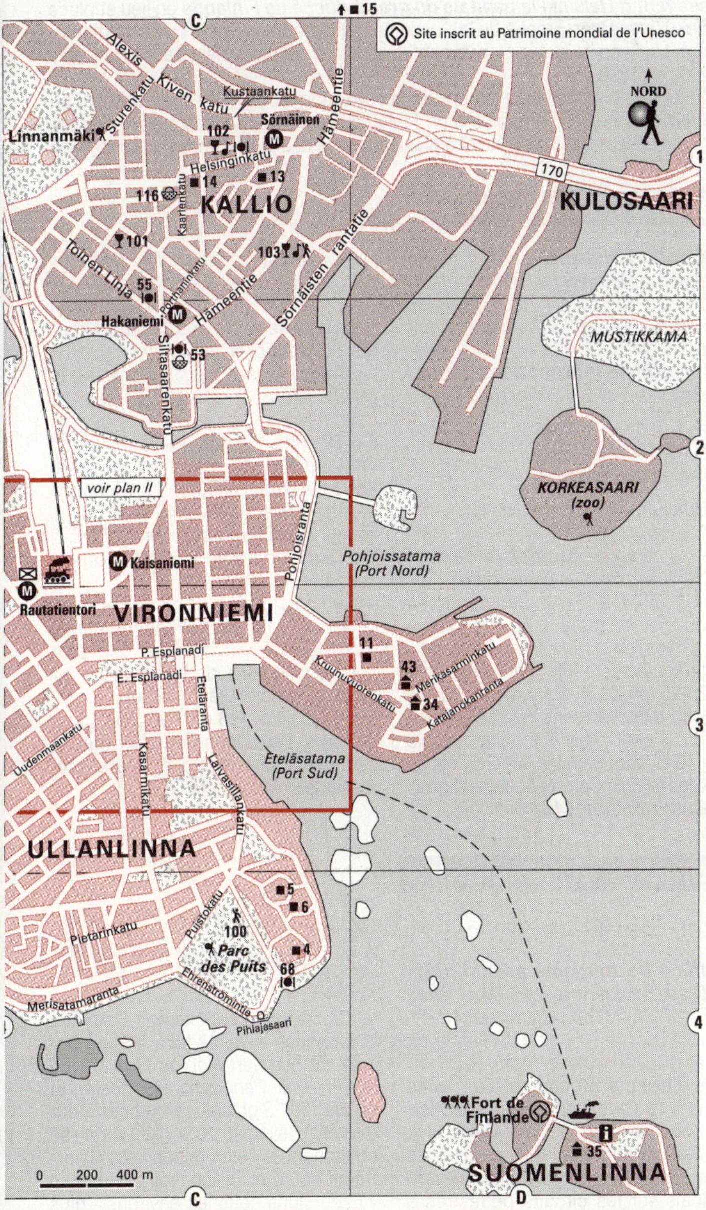

HELSINKI – Plan d'ensemble (plan I)

russes font d'Helsinki la capitale du grand-duché de Finlande en lieu et place de Turku, jugée trop proche de la Suède, tant géographiquement que sentimentalement. L'université suit le mouvement et s'installe définitivement dans la nouvelle capitale en 1828.
Puis Helsinki profite naturellement de la révolution industrielle et ***se développe rapidement.*** Aujourd'hui, plus d'un Finlandais sur 5 habite son agglomération. Elle a par ailleurs servi de creuset à plusieurs générations novatrices d'architectes.

Arrivée à l'aéroport

✈ ***Aéroport Helsinki Vantaa*** *(carte La région d'Helsinki)* **:** *à 17 km au nord du centre d'Helsinki. Infos sur les vols : ☎ 020-01-46-36. • finavia.fi/en/airports/helsinki-airport •*
🛈 ***Comptoir d'informations touristiques :*** *terminal 2. Tlj 10h-20h.*

Liaisons avec le centre-ville

➢ ***Bus Finnair :*** *départ juste à la sortie de l'aéroport. ☎ 0600-140-140 (surtaxé). • finnaircitybus.com • Dans le centre-ville, terminus plate-forme n° 30 (plan II, C2,* ***1****) à la gare centrale, avec un arrêt à Hesperian Puisto (plan I, B2), près des hôtels* Scandic Continental *et* Crowne Plaza. Liaisons ttes les 20-25 mn, 5h45-1h05 depuis l'aéroport, 5h-minuit en sens inverse. Durée : 30 mn. Ticket : env 7 € l'aller simple (env 13 € A/R), payable à bord ; réduc avec la *Helsinki Card* et achat en ligne.
➢ ***Bus urbain n° 615 :*** *en sortant de l'aéroport ; au centre-ville, terminus plate-forme n° 12, pl. de la gare centrale (plan II, C2,* ***2****).* Liaisons 24h/24 dans les 2 sens, ttes les 30 mn. Durée : env 35 mn. Ticket : env 5,50 €.
➢ ***Train :*** *2 lignes de train (lignes I et P) relient l'aéroport* (lentoasema) *et la gare centrale (plan II, C2). • reittiopas.fi •* Départs ttes les 10-20 mn selon créneau horaire. Depuis l'aéroport, 4h50-1h50 (dim 5h30-1h20) ; depuis la gare centrale, 4h30-0h45 (0h15 dim). Trajet : 30-35 mn. Ticket : env 4,50 €.
➢ ***Taxi :*** compter 42-45 € pour le centre.
➢ ***Airport taxi :*** *comptoir à côté du bureau de l'office de tourisme. ☎ 0600-555-555 (surtaxé). • airporttaxi.fi •* Une sorte de taxi collectif qui vous dépose devant l'hôtel. Compter 41 € pour 1-3 pers et 55 € pour 4-6 pers. Peut donc être plus intéressant que le taxi classique. Réduc intéressante si l'on achète l'A/R.

Adresses et infos utiles

Infos touristiques

🛈 ***Office de tourisme*** *(plan II, C2)* **:** *Elielinaukio 3 (dans la gare ferroviaire). ☎ 31-01-33-00. • visithelsinki.fi • Juin-août, tlj 9h-18h (16h w-e) ; le reste de l'année, lun-ven 9h30-17h30, w-e 10h-16h.* Plusieurs brochures bien faites comme le *Guide du visiteur de Helsinki* ou l'*Helsinki This Week* (voir plus loin), qui contient l'actualité culturelle du mois. Également des brochures en français sur les circuits pédestres à Helsinki. Vente de timbres et de cartes de transports pour les trams/bus.
■ ***Strömma Finland*** *(plan II, C2)* **:** *à la gare ferroviaire, dans le hall. ☎ 22-88-16-00. • stromma.fi • Juin-août, tlj 9h-16h30 (16h dim) ; le reste de l'année, lun-ven 9h-16h (14h30 oct-avr), sam 10h-16h (14h30 oct-avr), fermé dim.* Vend la *Helsinki Card* (lire la rubrique « À voir. À faire ») et les tickets du bus vert *Hop on Hop off,* du bus *Helsinki Panorama Sightseeing* et du *Helsinki Sightseeing by boat* (pour découvrir le littoral de la ville). Organise également les excursions vers Saint-Pétersbourg et Tallinn (voir la rubrique « Excursions dans les environs » plus loin). Billets pour Stockholm.
– ***Helsinki this Week :*** *• helsinkithisweek.com •* Publication anglophone mensuelle ou bimestrielle

(basse saison) listant infos pratiques, événements culturels, boutiques et restos, cafés, bars, etc. On le trouve à l'office de tourisme, dans les hôtels ou en ligne.

Services

■ ***Consignes :*** *à la gare ferroviaire (plan II, C2), au sous-sol (chercher le picto « valise »). Consigne automatique (5h20-23h). Compter 4-6 € selon taille du bagage. Également au terminal des bus interurbains (plan II, B3), au sous-sol du centre commercial* Kamppi.
■ ***Pharmacies** (**Yliopiston Apteekki,** c'est-à-dire pharmacies de l'Université)* **:** *Mannerheimintie 5, dans le centre (plan II, C3, **3**), tlj 7h (8h w-e)-minuit.*

Représentations diplomatiques

■ ***Ambassade et consulat de France*** *(plan I, C4, **4**)* **:** *Itäinen Puistotie 13. ☎ 618-780. ● fi.ambafrance.org ● Consulat ouv tlj sauf w-e 9h-12h15.*
■ ***Ambassade et consulat de Belgique*** *(plan I, C4, **5**)* **:** *Kalliolinnantie 5. ☎ 170-412. ● finland.diplomatie.belgium.be ● Tlj sauf w-e 9h30-12h30, 13h30-15h30.*
■ ***Ambassade et consulat de Suisse*** *(plan I, C4, **6**)* **:** *Kalliolinnantie 16A. ☎ 622-95-00. ● eda.admin.ch/helsinki ● Sur rdv seulement.*
■ **Consulat du Canada** *(plan II, C3, **111**)* **:** *Pohjoisesplanadi 25B. ☎ 228-530. ● canadainternational.gc.ca ● Tlj sauf ven ap-m et w-e 8h30-11h, 14h-16h30.*

Culture

La musique finlandaise la plus récente occupe une place de choix dans le programme de l'Orchestre symphonique de la radio, qui se produit régulièrement au palais Finlandia et à la Maison de la culture. L'académie Sibelius donne aussi des centaines de concerts chaque année, sans oublier évidemment l'Orchestre philharmonique d'Helsinki, un des plus réputés des pays nordiques. L'Opéra national permet, quant à lui, d'apprécier les œuvres du répertoire d'opéra et de ballet.

♪ ***Musiikkitalo*** *(centre musical d'Helsinki ; plan II, B2, **7**)* **:** *Mannerheimintie 13A. ☎ 020-70-70-400. ● musiikkitalo.fi ● Lun-ven 8h-22h, w-e 10h-22h (20h dim).* Les 6 salles de ce centre, dernier-né des espaces dédiés à la musique, sont ouvertes à toutes les harmonies, de la musique baroque à l'électro.

Pour les places de spectacle, que ce soit de musique classique ou autre, achat possible dans 3 grandes agences, une locale et 2 nationales (pour les 2 dernières, voir les coordonnées complètes dans la rubrique « Festivals et spectacles » de « Finlande utile »).

■ **Tiketti** *(plan II, B3, **8**)* **:** *Urho Kekkosenkatu 4-6. ● tiketti.fi ● Lun-ven 11h-19h, sam 12h-18h. Fermé dim.*
■ **Lippupalvelu** *(service billets)* **:** *une douzaine de points de vente à Helsinki (listés sur ● ticketmaster.fi ●, cliquer sur « Outlets »), notamment au 8e étage de* Stockmann *(plan II, C3, **9**).*
■ **Lippupiste** *(point billets)* **:** *là encore, pas mal de points de vente en ville (listés sur ● lippu.fi ●), dont un au 8e étage de* Stockmann *(plan II, C3, **9**).*
■ **Institut français** *(plan II, B-C3, **10**)* **:** *Yrjönkatu 36. ☎ 251-02-10. ● france.fi ● Médiathèque lun-jeu 11h-19h, ven-sam 10h-16h. Fermé dim.*
■ ***Librairie Akateeminen Kirjakauppa*** *(plan II, C3, **9**)* **:** *Keskuskatu 1, Pohjoisesplanadi 39. ● akateeminen.com ● Tlj 9h (11h dim)-21h (19h sam, 18h dim).* Outre le finnois et le suédois, grand choix en anglais, avec quelques ouvrages (dont des traductions de littérature finlandaise) en langues plus « exotiques », comme le français, l'italien, l'espagnol ou l'allemand. Presse internationale au rez-de-chaussée.
– ***Radio :*** dans la région d'Helsinki, YLE Mondo diffuse en FM sur 97.5 une série de programmes proposés par de grandes radios mondiales, dont RFI (Radio France Internationale). Consulter *● yle.fi/mondo ●*

Sports

🚴 ***Bicyclean Helsinki*** *(plan I, D3, **11**)* **:** *Luotsikatu 14. 📱 044-291-53-31. ● bicycleanhelsinki.com ● Mai-sept, tlj 9h (12h lun)-19h ; le reste de l'année, tlj*

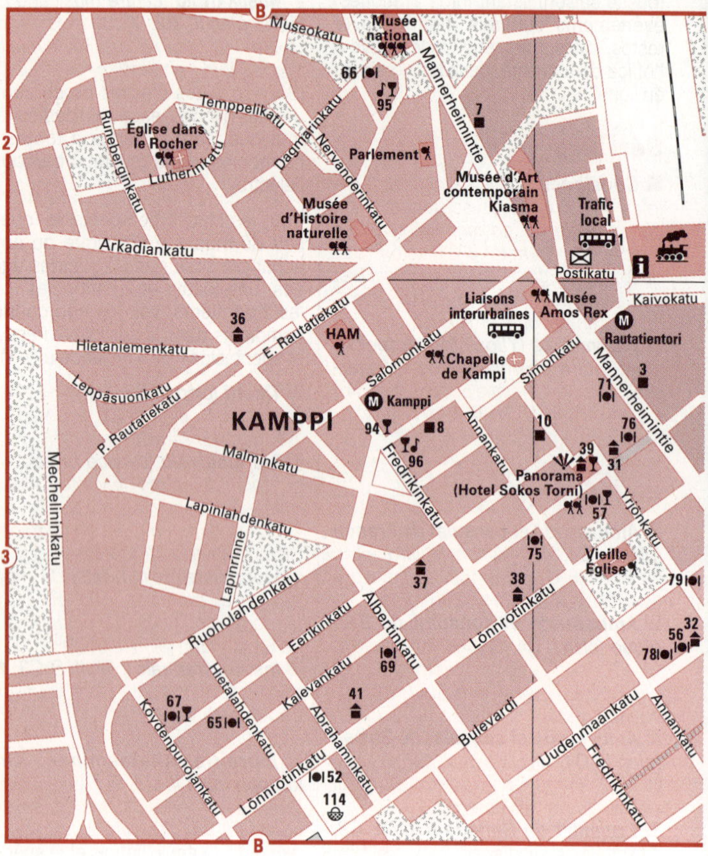

■ **Adresses utiles**

- i Office de tourisme et Strömma Finland (C2)
- **1** Bus Finnair (aéroport ; C2)
- **2** Bus urbain (aéroport ; C2)
- **3** Pharmacies (C3)
- **7** Musiikkitalo (centre musical d'Helsinki ; B2)
- **8** Tiketti (places de spectacle ; B3)
- **9** Librairie Akateeminen Kirjakauppa (presse), Lippupalvelu et Lippupiste (places de spectacle) (C3)
- **10** Institut français (B-C3)
- **111** Consulat du Canada (C3)

Où dormir ?

- **31** The Yard Concept Hostel et Hotelli Finn (C3)
- **32** Hostel Diana Park (C3)
- **36** Helka Hotel (B3)
- **37** Forenom (B3)
- **38** Omena Hotelli (B3)
- **39** Omena Hotelli et Hotel Sokos Torni (C3)
- **41** Hotel Glo Art (B3)
- **42** Hotel Fabian (C3)

Où manger ? Où prendre le petit déj ? Où goûter ?

- **50** Kauppatori (C3)
- **51** Wanha Kauppahalli (C3)
- **52** Hietalahden Kauppahalli (B3)
- **54** Factory Aleksi (C3)
- **56** Café n° 9 (C3)
- **57** Putte's Bar and Pizza (C3)
- **58** Fafa's (C3)
- **59** Zucchini (C3)
- **61** Fazer Café (C3)

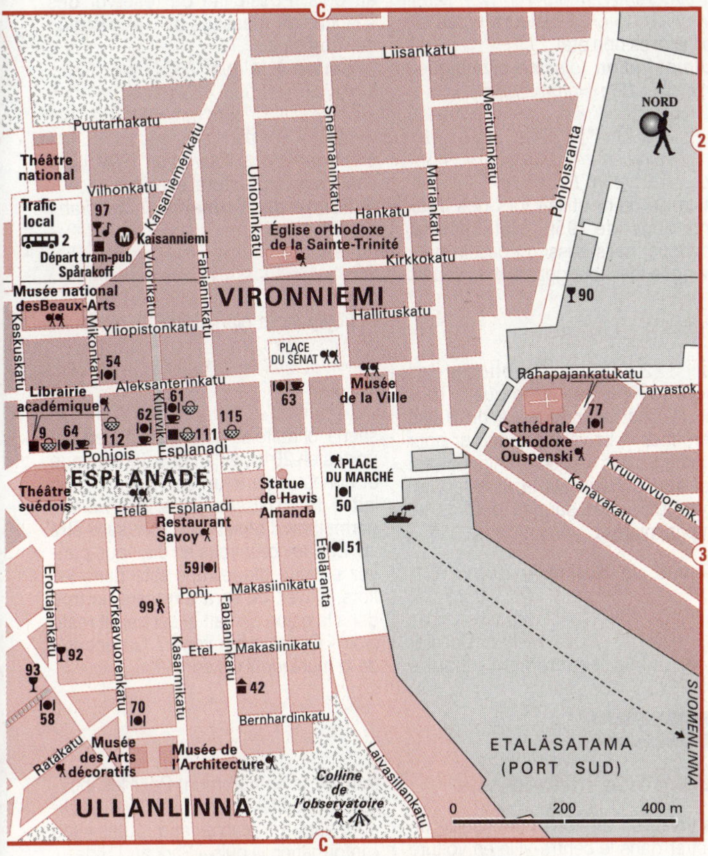

HELSINKI – Centre (plan II)

62 Café Strindberg (C3)
63 Café Engel (C3)
64 Café Esplanad (C3)
65 Konstan Möljä (B3)
66 Manala (B2)
67 Kannas (B3)
69 Rivoletto (B3)
70 Juuri (C3)
71 Kaarna (C3)
75 Lappi (B-C3)
76 Kosmos (C3)
77 Bellevue (C3)
78 Demo (C3)
79 Gaijin (C3)

Où boire un verre ?
Où écouter de la musique ?
Où sortir ?

39 Ateljee Bar (C3)
57 Putte's Bar and Pizza (C3)
67 Kannas (B3)
90 Bateaux-bars de Pohjoissatama (C3)
92 Liberty or Death (C3)
93 The Riff (C3)
94 Saimaa Bruuveri (B3)
95 Storyville (B2)
96 Tavastia (B3)
97 On the Rocks (C2)
99 Kaarle XII (C3)

Achats

9 Artek (C3)
61 Fazer (C3)
111 Aarikka (C3)
112 Marimekko (C3)
114 Marché aux puces de Hietalahti (B3)
115 Iittala Shop (C3)

sauf dim 10h (12h lun)-18h (16h sam). À partir de 15 €/j. Plusieurs types de vélos en très bon état.

■ ***Uimastadion*** *(piscine olympique ; plan I, B1, **12**) : Hammarskjöldintie 5. ☎ 31-08-78-54. La plus proche du centre-ville. Ⓣ nos 2, 4, 7A, 7B, 8 et 10. De fin mai à mi-sept, lun-sam 6h30-20h, dim 9h-20h. Entrée : 5 € ; réduc.* Bassin de 50 m utilisé lors des Jeux olympiques de 1952, pataugeoire, plongeoirs, mais aussi un bassin pour la plongée, des toboggans et un sauna.

Saunas publics

Des 122 saunas publics des années 1950, il n'en reste que 3, tous dans le quartier populaire du Kallio (« le rocher »). Ils valent le détour pour s'imprégner des traditions finlandaises. Celui de Kotiharju est le plus réputé. Rappel utile : les saunas publics ne sont pas mixtes !

■ ***Sauna de Kotiharju*** *(plan I, C1, **13**) : Harjutorinkatu 1. ☎ 753-15-35. Tlj sauf lun 14h-21h30 (dernière entrée 20h). Entrée : 14 € ; réduc.* Dernier sauna public entièrement chauffé au bois. Possibilité de réserver des séances de massage et d'application de ventouses.

■ ***Sauna Arla*** *(plan I, C1, **14**) : Kaarlenkatu 15. 📱 050-476-21-84. • arlansauna.net • Tlj sauf lun-mar 16h (14h w-e)-22h. Entrée : 15 € ; réduc ; gratuit moins de 15 ans.* Ouvert en 1929, il est chauffé au gaz naturel et au bois.

■ ***Sauna de Hermanni*** *(hors plan I par C1, **15**) : Hämeentie 63. ☎ 701-24-24. • saunahermanni.fi • Lun-ven 15h-20h, sam 14h-18h. Fermé dim. Entrée : 13 € ; réduc.*

■ ***Löyly*** *(hors plan I par B3, **16**) : Hernesaarenranta 4. ☎ 61-28-65-50. • loylyhelsinki.fi • Lun-jeu 16h-22h, ven-sam 13h-23h, dim 12h-18h. Résa indispensable. Compter 20 €/2h.* Un sauna, chauffé au bois, qui a ouvert ses portes en 2016, à l'architecture unique et construit dans un esprit écolo. Les lattes de pin laissent entrer la lumière et permettent d'observer la mer, sans être vu. Et si le cœur vous en dit, vous pouvez ensuite piquer une tête dans les flots (l'hiver, ce sera à travers un trou dans la glace...). Fait aussi bar et resto (voir « Où boire un verre ? Où écouter de la musique ? Où sortir ? »).

Transports

Transports individuels

– ***La voiture :*** on vous déconseille de pénétrer dans le centre-ville en voiture car le stationnement y est hors de prix : jusqu'à 4 €/h dans la rue, du moins du lundi au vendredi de 9h à 21h et le samedi de 9h à 18h. De plus, beaucoup de stationnements sont limités à une durée de 2h, 4h, voire seulement 1h. Et les parkings publics ou ceux des hôtels ne sont pas bon marché non plus *(env 20-35 €/24h).* Si vous ne logez pas dans le centre, le mieux est donc de laisser la voiture au parking de votre hôtel (ou dans une rue à proximité : s'il faut payer là aussi, c'est moins cher que dans le centre) et de prendre un bus ou un tram pour rallier le centre-ville. À noter qu'il existe aussi, en périphérie, des parkings dits ***Park'n'Ride,*** où l'on peut laisser gratuitement son véhicule et gagner le centre en transports en commun. Pour les localiser, consulter le site *• hsl.fi •* et cliquer sur « Timetables and routes » (ou « Information ») puis « Park and Ride ».

– ***Le vélo :*** de mai à octobre, on peut utiliser les *city bikes (• kaupunkipyorat.hsl.fi •).* On peut s'enregistrer en ligne ou dans l'une des stations disséminées en ville. *Compter 5 €/j. ; possibilité d'emprunter un vélo autant de fois que l'on veut, mais pour 30 mn max par déplacement.*

– ***Le taxi :*** *☎ 010-007-00 (surtaxe de 0,99 €/appel).*

Transports en commun

– ***Bureau d'info pour les trams, bus et métro :*** *à la station Ⓜ Rautatientori (plan II, C3) ; pl. de la gare, au sous-sol. ☎ 47-66-40-00. • hsl.fi • Lun-ven 7h-19h, w-e 9h-17h.* Horaires et plans gratuits.

– **Tickets à l'unité :** *utilisables dans ts les moyens de transport, valables 1h, quel que soit le nombre de correspondances (l'heure de validité est inscrite sur le ticket). 2,90 € aux distributeurs (près du double 2h-4h30 du mat), un peu plus cher auprès du conducteur ; réduc 7-16 ans. Il existe aussi des billets valables seulement pour le tram : 2,50 €.*
– **« Day Tickets » :** *9 €/24h (zone I), puis 4,50 €/j. supplémentaire, amorti à partir de 3 trajets/j. ; réduc.* Se présente sous la forme d'une carte magnétique. S'achète à l'office de tourisme, dans les magasins *R-Kioski,* etc. À comparer avec les avantages de la *Helsinki Card.*
– **Helsinki Card :** *lire la rubrique « À voir. À faire ».* Accès illimité aux transports en commun pendant toute la durée de validité.
– **Horaires :** les transports en commun fonctionnent grosso modo de 5h30-6h à 22h30 minimum, certaines lignes restant actives au-delà de minuit et même jusqu'à 1h30.

Où dormir ?

CAMPING

Rastila Camping *(carte La région d'Helsinki,* ***30****) : à 13 km à l'est du centre, mais facilement accessible en transports en commun. ☎ 31-07-85-17. • hel.fi/rastila • Ⓜ Rastila (à 100 m du camping ; dernier métro à 23h30). Bus nos 90A, 90N et 96N depuis le centre-ville. Fléchage depuis Helsinki (suivre la route 170 en direction de Porvoo après avoir quitté le centre par les quais et vers le nord), mais inexistant en venant de la province. Ouv tte l'année. Résa conseillée. Compter 19-32 € pour 2 avec tente ; chalets et cottages 2-8 pers 70-250 €.* C'est le camping le plus proche du centre. L'avantage, c'est qu'il est bien organisé (saunas payants, supérette à 300 m, location de vélos...) ; le bémol, c'est qu'il est pris d'assaut et qu'on s'y entasse joyeusement ! Préférer les emplacements les plus proches de l'eau, mieux délimités... et proches de l'agréable plage publique.

AUBERGES DE JEUNESSE ET HÔTELS D'ÉTÉ

De bon marché à prix moyens

The Yard Concept Hostel *(plan II, C3,* ***31****) : Kalevankatu 3A. ☎ 400-909-118. • theyard.fi • Au 3e étage. Résa très conseillée. Lits en dortoir env 25-50 € ; doubles 55-100 € ; petit déj léger inclus. Draps inclus, mais pas les serviettes.* Toute neuve, toute belle, et déjà élue meilleure AJ de Finlande en 2018. Cette auberge est parfaitement située, dans une rue piétonne au cœur de l'animation. Le décor joue la carte du design moderne, avec ses tons gris-noir très en vogue et son agréable *lounge.* Chambres de 1 à 8 lits avec casiers, prises individuelles et mobilier made in Finland (les lits ont été construits directement dans les chambres car ils ne passaient pas les portes !). Quelques doubles privées, mais avec salle de bains partagée ; l'une d'elles possède un balcon et 2 autres, les moins chères, n'ont pas de fenêtre. Sanitaires impeccables. Ambiance conviviale et accueil extra, assortis de bons tuyaux.

Hostel Diana Park *(plan II, C3,* ***32****) : Uudenmaankatu 9. ☎ 642-169. • dianapark.fi • Ⓣ nos 3 ou 6 depuis la gare. Ouv tte l'année. Réception 24h/24, au 3e étage, enregistrement à partir de 14h. Dortoirs (4-8 lits) 22-37 €, doubles 52-78 € ; petit déj en sus.* Au 3e étage sans ascenseur d'un bel immeuble du début du XXe s, dans le *design district,* en plein centre. Les chambres et dortoirs sont très convenables, idem pour les sanitaires communs. TV dans les chambres doubles et casiers partout. Salon commun et cuisine équipée ornée d'un joli poêle en faïence. Une agréable AJ pleine de cachet, où règne une ambiance conviviale.

Eurohostel *(plan I, D3,* ***34****) : Linnankatu 9. ☎ 622-04-70. • eurohostel.fi • À 10 mn à pied de la pl. du Sénat, sur la presqu'île de Katajanokka. Ⓣ n° 4*

HELSINKI ET SES ENVIRONS

depuis le centre (env ttes les 10 mn). Ouv tte l'année. Réception 24h/24. Resto jusqu'à 23h. Résa impérative en été. Env 20-35 €/pers en dortoir de 3 lits ; doubles 45-80 € ; petit déj en sus. Réduc avec la carte FUAJ et si paiement en ligne. Draps et serviettes fournis. Loc de vélos. Une grosse bâtisse en brique dans un quartier tranquille, proche des terminaux de la *Viking*. Les chambres, pour 1 à 3 personnes, sont simples et équipées de petits lits (superposés ou non). TV et armoire pour une poignée d'euros de plus. Bonne tenue générale, cuisine basique, sanitaires communs (assez peu nombreux) à chaque étage, laverie. Sauna gratuit le matin, payant le soir. Dommage qu'il manque un espace commun digne de ce nom et que l'insonorisation entre les chambres soit si faiblarde.

☗ ***Hostel Suomenlinna*** *(plan I, D4,* ***35****) : sur l'île de Suomenlinna, derrière l'office de tourisme ; à 200 m env du débarcadère. ☎ 684-74-71. • hihostels.com • Ferry depuis la pl. du marché (2-3 départs/h, 6h20-2h20 en été). Ouv tte l'année. Réception lun-sam 8h-15h30 (14h dim). Dortoir (7-10 lits) env 25-32 €, doubles 70-85 € ; petit déj en sus. Réduc avec la carte FUAJ.* Fatigué de la foule ? Avec à peine 40 lits et une atmosphère propre à l'insularité, cette AJ de poche nichée dans une ancienne école est le point de chute idéal ! Certes, la déco brille par son absence mais, côté confort, le lieu ne déçoit pas : moderne, fonctionnel (dortoirs et chambres classiques) et équipé comme il se doit d'un salon TV commun et d'une cuisine. Sanitaires partagés. Et puis l'isolement est tout à fait relatif : en journée, les touristes abondent et, le soir, les nombreux ferries permettent d'aller faire la fête en ville !

HÔTELS

De prix moyens à chic

À l'exception des rares adresses citées plus haut, les hôtels sont chers à Helsinki. Les prix varient beaucoup selon la saison et l'affluence. Ils peuvent atteindre des sommets lors des grands événements et des congrès, mais baissent souvent le week-end (surtout en été). Le mieux est de réserver le plus à l'avance possible, après avoir vérifié les tarifs et promos sur Internet, notamment ceux des hôtels des chaînes *Sokos, Cumulus* et *Scandic,* qui proposent parfois leurs chambres doubles standard à 100-120 €. Nous vous conseillons particulièrement le ***Scandic Simonkenttä*** *(☎ 683-80 ; • scandichotels.com •)* pour ses lignes contemporaines et le ***Scandic Grand Marina*** *(☎ 166-61 ; • scandichotels.com •)* pour son ambiance de paquebot stylisé.

☗ ***Hotelli Finn*** *(plan II, C3,* ***31****) : Kalevankatu 3B. ☎ 684-43-60. • hotellifinn.fi • Doubles env 70-150 € ; petit déj en sus dans un resto de la rue. Parking payant.* Installé aux 5ᵉ et 6ᵉ étages d'un immeuble (avec ascenseur !), le *Finn* se révèle l'un des meilleurs choix dans cette catégorie de prix et dans ce quartier hyper central. Les couloirs, feutrés, dans les tons rouges et gris et garnis de belles photos, sont engageants. Puis on découvre les chambres, agréables et joliment décorées, avec plancher flottant, salle de bains nickel et une bonne isolation phonique. Accueil pro.

☗ ***Forenom*** *(plan II, B3,* ***37****) : Eerikinkatu 24. ☎ 020-198-34-20. • forenom.com/fi • Réception 10h-18h. Doubles env 70-150 € ; possibilité de petit déj dans un café proche. Parking payant (prix raisonnables).* Un appart-hôtel *low-cost* proposant une centaine de petits appartements classiques et fonctionnels, tous équipés d'une cuisinette (plaque chauffante pour les plus chers, micro-ondes pour les autres). Laverie gratuite. Pas de sauna. Un bémol tout de même pour les lits 1 place étroits et les salles de bains qui sont en réalité des cabines de douche. Pas de charme particulier, mais le rapport qualité-prix est honnête.

☗ ***Omena Hotelli*** *(plan II, B3 et C3,* ***38*** *et* ***39****) : Lönnrotinkatu 13 et Yrjönkatu 30 (voisin de l'*Hotel Sokos Torni*). • omenahotels.com •* Description et infos dans la rubrique « Hébergement » du chapitre « Finlande utile ». Très bien situés, voici 2 établissements de cette chaîne d'hôtels économiques de qualité.

De chic à plus chic

Helka Hotel *(plan II, B3,* ***36****) : Pohjoinen Rautatiekatu 23. ☎ 613-580. • hotelhelka.com • Doubles env 110-240 €. Sauna (gratuit). Parking payant (et pas cher ; résa conseillée).* Central, à moins de 10 mn de la gare, un grand hôtel relooké façon design finlandais (meubles signés Alvar Aalto). Élégantes chambres contemporaines, claires et très confortables, à la déco plutôt sobre (à l'exception des paysages décorant les plafonds dans certaines !). Literie douillette, clim, plantureux buffet petit déj. Accueil pro. Un rapport qualité-prix honnête, sauf en très haute saison où c'est le coup de massue.

Hotel Glo Art *(plan II, B3,* ***41****) : Lönnrotinkatu 29. ☎ 010-344-41-00. • glohotels.fi • Doubles env 110-250 €. Pas de sauna. Parking payant. Prêt de vélos.* Construite en 1903 dans le plus pur style romantisme national, cette bâtisse aux étonnants airs de forteresse abrita jusqu'en 1967 un foyer d'étudiants. Son superbe hall, orné de fresques, de pierres sculptées et de plafonds ogivaux, est mis en valeur par la réception au mobilier rouge contemporain. Le petit déj se prend au sous-sol, dans une belle cave voûtée en brique. Quant aux chambres, installées dans une aile plus récente et quelconque à l'arrière, elles affichent une sobriété tendance, sachant quand même que les *smart* sont assez minus. Accueil irréprochable.

Hotel Fabian *(plan II, C3,* ***42****) : Fabianinkatu 7. ☎ 61-28-20-00. • hotelfabian.fi • Doubles env 125-280 €. Pas de sauna. Parking payant.* Au-delà d'une jolie place en venant de l'Esplanade, cet hôtel installé dans un immeuble de 4 étages est une belle alternative aux chaînes pour son côté personnalisé, presque « boutique ». Le *lobby* est contemporain et de bon goût, à l'image des chambres, d'un confort irréprochable (les *lux* ont même une kitchenette et une machine à expresso). Accueil soigné, est-il besoin de le préciser ?

Best Western Katajanokka *(plan I, D3,* ***43****) : Merikasarminkatu 1. ☎ 68-64-51-32. • hotelkatajanokka.fi • À 10 mn de la pl. du Sénat, sur la presqu'île de Katajanokka. Ⓣ n° 4 depuis le centre. Doubles 120-250 €.* C'est dans l'air du temps : on réhabilite des phares, des usines... alors pourquoi pas une prison de 1837 ? Évidemment, les chambres ne sont pas toujours bien grandes puisque ce sont d'anciennes cellules, néanmoins regroupées par 2 ou 3 selon la catégorie, et ne disposent pas de larges baies vitrées. Mais aucune place n'est perdue, la déco est soignée et le confort parfait. Quant à l'accueil, il est à l'image du reste : souriant, pro, « enjôleur », quoi !

Hotel Sokos Torni *(plan II, C3,* ***39****) : Yrjönkatu 26. ☎ 020-123-46-04. • sokoshotels.fi • Doubles 120-300 €. Pas de sauna.* Difficile de ne pas craquer pour sa curieuse architecture moderniste datant de 1928. Toutes différentes et très confortables, les chambres sont pour la plupart de style Art déco, tandis que d'autres cultivent encore l'esprit Art nouveau ou Jugendstil. Évidemment, ce luxueux 4-étoiles n'est pas à la portée de tous, mais on peut avoir de la chance en guettant les promos sur le site internet.

Où manger ? Où prendre le petit déj ? Où goûter ?

Cuisine finlandaise, lapone, italienne, japonaise, américaine, végétarienne... À Helsinki, l'éventail des possibilités est large et varié. La plupart des restos, même chics, proposent une formule déjeuner *(lounas)* à prix doux en semaine entre 11h et 15h. Le soir, la carte revient nettement plus cher. Ces dernières années, Helsinki a vu se multiplier les tables gastronomiques, sublimant les bons produits locaux avec une touche de modernité. Il faut bien sûr y mettre le prix et réserver à l'avance, mais la qualité et la créativité sont généralement au rendez-vous.

De bon marché à prix moyens

Halles et marchés

|●| **Kauppatori** (plan II, C3, **50**) **:** lun-ven 7h-18h, sam 8h-16h ; en été, également dim 9h-17h. Il s'agit de la place du Marché où, parmi les vendeurs de souvenirs, une brassée de stands variés (sandwichs, tourtes, crêpes...) et d'étals de fruits et légumes se partagent le pavé. Les fruits ici se mesurent au litre ! Pratique pour les myrtilles, moins évident pour les pommes...

|●| **Wanha Kauppahalli** (Old Market Hall ; plan II, C3, **51**) **:** tlj sauf dim 8h-18h. Plats env 6-12 €. Avec sa succession d'échoppes aux devantures en bois rouge, cette élégante halle de brique construite en 1889 et jouxtant la place du Marché mérite une halte sur le coup de midi. Viandes séchées, saucisses et poissons fumés à gogo, tartines de *gravlax,* barquettes caréliennes et pains traditionnels, rien ne manque pour un repas de qualité pris sur le pouce ou un alléchant casse-croûte à emporter et à grignoter, par exemple, sur le front de mer d'Ehrenströmintie (plan I, C4). Plusieurs petits restos où l'on peut s'installer.

|●| **Hietalahden Kauppahalli** (plan II, B3, **52**) **:** tlj 8h-18h (22h30 ven-sam) ; 10h-16h dim. C'est la 2e plus vieille halle de la ville (1903). Un peu moins centrale que la précédente mais tout aussi belle et sympa ! Même concentration de comptoirs, traiteurs variés (y compris asiatiques) et petits restaurants, dont le *Bursa,* réputé pour ses burgers artisanaux (compter 10-16 €), grillés sous vos yeux. Parfait après avoir chiné au marché aux puces qui s'étale juste devant !

|●| **Hakaniemi Kaupahalli** (plan I, C2, **53**) **:** Hämeentie 1A ; à l'orée du quartier de Kallio. Ⓜ Hakaniemi. Tlj sauf dim 8h-18h (16h sam). La 3e et dernière des halles d'Helsinki, construite en 1914. Pas la peine d'y venir exprès, mais si vous passez par là... Le 1er étage est dédié à l'artisanat.

Restaurants et cafés

|●| **Factory Aleksi** (plan II, C3, **54**) **:** Aleksanterinkatu 13. ☎ 621-40-59. Tlj sauf dim 10h30 (12h sam)-18h. Buffet froid ou chaud en sem env 10,80 € ; sam env 14 €. Nichée au 5e étage d'un petit centre commercial de style Art déco, cette agréable cafétéria au décor moderne propose un buffet débordant de victuailles saines et de qualité. On choisit les ingrédients en vitrine pour composer son assiette, avant d'aller s'asseoir confortablement sur des banquettes noires. Staff adorable. Une véritable aubaine pour manger varié sans se ruiner, dans ce quartier plutôt chic !

|●| **Silvoplee** (plan I, C1-2, **55**) **:** Toinen Linja 7. ☎ 726-09-00. À côté du métro Hakaniemi. Tlj sauf dim 11h-19h (18h sam). Repas env 11-18 €. Une cafétéria végétarienne très recommandable pour sa formule à la fois saine, exquise et économique. Il s'agit d'un buffet au poids : on se sert parmi des dizaines de préparations fraîches et goûteuses, souvent à base de produits bio, puis on pèse à la caisse et on s'installe dans la jolie salle aux tons gais et acidulés. Ensuite, direction le *smoothie bar* attenant pour un café et une petite douceur. Un très bon plan !

|●| ☂ **Café nº 9** (plan II, C3, **56**) **:** Uudenmaankatu 9. ☎ 621-40-59. Tlj 11h (12h w-e)-2h ; repas jusqu'à 23h puis assiettes froides. Plats 10,80-18 €. Ce café coloré et *arty* récolte les suffrages amplement mérités de la jeunesse d'Helsinki. Éternels étudiants, employés des bureaux avoisinants ou glandeurs invétérés aiment à s'y retrouver quelle que soit l'heure pour calmer les ardeurs d'un estomac affamé. Soupes, pâtes, sandwichs, burgers et woks viendront à bout des faims les plus tenaces et pour un tarif fort raisonnable. Aux murs, expo-vente d'artistes locaux. Sympa et convivial.

|●| ☂ **Putte's Bar and Pizza** (plan II, C3, **57**) **:** Kalevankatu 6. Tlj 11h (12h dim)-minuit (2h mer-jeu, 3h ven-sam). Pizzas 12-16,50 €. À l'ardoise, une poignée de bonnes pizzas renouvelées chaque saison. La commande se fait au comptoir. Au final, un concept épuré sympa (à l'image de la salle, au sol en béton ciré) et une atmosphère

décontractée qui attirent une clientèle cosmopolite, plutôt jeune et bohème. On en a pour son argent. Parfois un DJ en sous-sol. Accueil adorable.

Fafa's (plan II, C3, **58**) : *Iso Roobertinkatu 2. Tlj sauf dim 11h (12h sam)-22h (4h ven-sam). Falafels et kebabs 9-13 €.* Pour un en-cas à la fois sain et copieux, un bout de terrasse dans la rue piétonne et une petite salle avec 3 tables hautes où l'on commande au comptoir les meilleurs falafels d'Helsinki. Parfait pour manger un truc rapide sur le pouce. Cette chaîne est présente dans d'autres villes du pays.

Zucchini (plan II, C3, **59**) : *Fabianinkatu 4. ☎ 622-29-07. Tlj sauf w-e 11h-16h. Congés : juil. Lounas env 8-13,50 €. Vade retro,* viandard à l'appétit vorace ! C'est ici le royaume du petit légume et du pain complet. Pas de coup de bambou, mais de généreuses assiettes pour le *lounas* qui changent tous les jours. Dopage chlorophylle assuré dans une salle accueillante mêlant mobilier en bois et tableaux naïfs. Une sympathique adresse pour déjeuner.

Café Regatta (plan I, B2, **60**) : *Merikannontie 10. 040-076-00-49. Tlj 8h-22h.* Près du monument Sibelius et du port de plaisance, un petit chalet rouge original, flanqué d'une vaste terrasse au bord de l'eau, l'une des plus agréables de la ville. Petits déj, sandwichs et gâteaux appétissants et abordables. Le bric-à-brac de la gargote est incroyable : buste de Lénine, photos de Mannerheim et de Benoît XVI donnant l'accolade à Jean-Paul II, instruments de musique, peintures sciemment désastreuses. Excentré, mais vaut le déplacement.

Fazer Café (plan II, C3, **61**) : *Kluuvikatu 3. ☎ 729-67-02. Lun-sam 7h30 (9h sam)-22h, dim 10h-18h. Snacks env 5,50-10,50 €.* Datant de 1891, ce café est une véritable institution, notamment pour ses chocolats, dont les versions grand public sont vendues dans tout le pays. On y vient dès le petit déj pour se régaler de délicieuses pâtisseries, mais on peut y grignoter tout au long de la journée (quiches, tartines, etc.) et, bien entendu, y goûter. Cette chaîne a ouvert des succursales à travers le pays.

Café Strindberg (plan II, C3, **62**) : *Pohjoisesplanadi 33. ☎ 61-28-69-00. Café tlj 11h (10h sam, 12h dim)-21h (20h lun-mar, 18h dim) ; au 2e étage,* lounge bar *tlj (sauf dim et juil) jusqu'à minuit (23h lun). Soupes, sandwichs et plats 6-17 € ;* lounas *(en sem 11h-15h) env 11,50-14,50 € (resto fermé en juil ; menus beaucoup plus chers).* Grand café style viennois sur 2 étages, avec terrasse à l'emplacement privilégié. Que l'on y mange sur le pouce ou que l'on y goûte un délicieux gâteau, il offre une halte vivante et chic. Pour ceux qui chercheraient plus d'intimité, direction le coin *lounge* avec ses confortables canapés et sa bibliothèque.

Café Engel (plan II, C3, **63**) : *Aleksanterinkatu 26. ☎ 652-776. Tlj 8h (9h sam, 10h dim)-22h (19h dim). Lounas tlj env 12-15 € ; plats 14-28 €.* La série de petites tables collées aux fenêtres donnant pile sur la place du Sénat et la cour-terrasse estivale assurent la réputation de ce café historique, l'un des plus célèbres du pays. Finalement, qu'importe la décoration aujourd'hui banale de la salle, puisque la clientèle est toujours là.

Café Esplanad (plan II, C3, **64**) : *Pohjoisesplanadi 37. ☎ 665-496. Tlj 8h (9h sam, 10h dim)-21h. Salades, soupes et sandwichs 7,50-17 €.* Un bel observatoire pour prendre le pouls de la ville, car on ne peut rêver d'un meilleur emplacement sur l'Esplanade. Guéridons rétros et chaises bistrot donnent un air viennois à ce café qui propose également... des viennoiseries ! Belle terrasse pour s'attabler devant de petits plats honnêtes.

Prix moyens

Konstan Möljä (plan II, B3, **65**) : *Hietalahdenkatu 14. ☎ 694-75-04. Le midi, en sem seulement, plus le soir jeu-sam. Buffet env 11,50 € le midi, 24 € le soir. Résa conseillée.* Ce restaurant est un vivier de nostalgie dédié au sieur Konsta, qui dirigeait la capitainerie du port d'Uuras au début du XXe s. Ses arrière-petits-enfants ont arrangé (joliment !) le lieu à sa mémoire et, surtout, proposent un copieux buffet avec les grands classiques de la cuisine locale : soupes, hareng de la Baltique, saumon, renne et rouleaux de chou sont au rendez-vous à un prix défiant toute concurrence. Pas de chichis, mais une ambiance rustique et authentique rappelant les intérieurs des bateaux de pêcheurs caréliens. À apprécier sans modération.

Manala *(plan II, B2,* ***66****) : Dagmarinkatu 2. ☎ 58-07-77-07. Tlj 11h (13h w-e)-minuit (2h ven-sam). Lounas (lun-ven 11h-14h) env 11,70-14 € ; pizzas 15,50-18 € ; plats 18,50-32 €.* Au rez-de-chaussée d'un majestueux immeuble de pierre à proximité du Musée national, cette enseigne est célèbre pour l'amplitude de ses horaires. Il faut dire qu'elle fait cantine de quartier le midi (intéressant *lounas*), puis resto (service tardif) mais aussi bar. Malgré le nom qui évoque les enfers de la mythologie finnoise, la salle n'est pas désagréable. On y mange à prix doux une honnête cuisine finlandaise, mais aussi des pizzas réputées, à la pâte fine et de belle taille. De surcroît, joli décor et service très gentil.

Kannas *(plan II, B3,* ***67****) : Eerinkatu 43. ☎ 694-47-80. Tlj 16h (w-e 14h)-22h (23h ven-sam) ; le bar ferme à minuit (2h ven-sam). Plats env 12-30 €.* Légèrement excentré dans un quartier résidentiel, un resto-pub servant des grillades, burgers et *fish & chips* copieux et sans chichis à prix démocratiques. Boiseries sombres et éclairages tamisés pour une ambiance assez paisible et à la bonne franquette. Aidé par un service souriant, on y passe un bon moment. Voir aussi la rubrique « Où boire un verre ?... ».

Café Ursula *(plan I, C4,* ***68****) : Ehrenströmintie 3. ☎ 652-817. Tlj 9h-19h (21h ven-sam). Lounas (en sem 11h-14h) env 12-16 € ; après 16h, plats à la carte 15,50-28 € ; brunch dim 10h-14h.* En bord de mer, en lisière du parc de Kaivopuisto, c'est l'un des lieux de détente favoris des habitants de la ville et un très agréable but de promenade. Sa terrasse est idéale pour respirer l'air marin, les yeux fixés sur les forts de Suomenlinna et le trafic du port. Une adresse plutôt pour le midi.

Rivoletto *(plan II, B3,* ***69****) : Albertinkatu 38. ☎ 607-455. Cuisine tlj 11h (12h w-e)-23h (21h dim). Pizzas 15-18 € ; lounas env 10,80 € ; plats 17-28 €.* L'une des bonnes pizzerias de la ville. Et c'est vrai que tout y est : la pâte, la cuisson et une association originale d'ingrédients ! Également des pâtes et risottos. Service courtois et intérieur agréablement épuré. Vous pouvez prendre une pizza pour 2, on ne vous fera pas la tête...

Ne pas oublier le **Tenho Bar** *(plan I, C1,* ***102****)*, dans « Où boire un verre ? Où écouter de la musique ? Où sortir ? », plus loin.

De prix moyens à chic

Kaarna *(plan II, C3,* ***71****) : Forum, Mannerheimintie 20. ☎ 010-766-45-50. Lun-jeu 11h-21h30, ven-sam 11h-minuit, dim 12h-22h. Lounas 11h-14h env 11-15 € ; petites assiettes 8-15 € ; plats 20-39 €.* Située au 1er étage d'un immense centre commercial, cette longue salle chaleureuse tout en baies vitrées et flanquée d'un large coin canapés permet de profiter à la fois de l'animation de la rue et des plaisirs de la table. Car le spectacle est aussi dans l'assiette : qu'il s'agisse des plats principaux comme les salades ou les pièces de viande, de la soupe aux pois crémeuse, du renne fumé, tout est bon, joliment présenté et consistant.

Kuu *(plan I, B2,* ***72****) : Töölönkatu 27. ☎ 27-09-09-73. T n° 4 depuis la pl. du Sénat. Tlj 11h30 (14h sam, 16h dim)-minuit (23h dim). Menus midi 20-30 € ; le soir, plats 22-33 €, menus 48-55 €.* Tout près de l'Opéra. À 1re vue, un resto de quartier calme et retiré. Mais on vient de loin dîner au *Kuu* (« La Lune »), connu des initiés pour ses excellentes spécialités finlandaises remises au goût du jour (poisson selon le marché, renne au porto, foie de veau sauce bacon, soupe au saumon fumé...) et servies avec gentillesse et simplicité. Salle conviviale, entourée de baies vitrées et au charme désuet (le resto existe depuis 1966 !). Bon choix de vins.

Kuukuu *(plan I, B2,* ***73****) : Museokatu 17. ☎ 27-09-09-74. Tlj 12h-23h. En sem, le midi, plat du jour env 12 € ; après 15h, plats 16-30 €, menus*

42-48 €. Après *Kuu,* voilà *Kuukuu,* le petit nouveau (un peu bègue peut-être ?) de la famille, le petit frère ou la petite sœur des temps modernes, avec son cadre de bistrot actuel et sa salle lumineuse, sa musique *lounge,* ses nombreux produits bio, sa belle cuisine vagabonde et généreuse qui change quotidiennement. Cependant, on peut y déguster régulièrement du renne et des plats finlandais.

Juuri *(plan II, C3,* ***70****) : Korkeavuorenkatu 27. ☎ 635-732. Tlj sauf dim-lun 17h-23h. Sapas env 8-9 € ; plats 25-30 €.* Bienvenue dans un bar à *sapas* ! Comment, vous ne connaissez pas ? C'est la version finlandaise, chic et fine, du bar à tapas. Saucisse de truite au raifort, bœuf bio à l'aneth, poulet au céleri, aumônière de chou au crabe (la sélection, toutefois, change), tout est délicieux, très frais, et permet de faire un tour d'horizon de la gastronomie locale. Pas donné, mais le cadre est charmant, l'atmosphère intimiste et l'accueil souriant.

De chic à plus chic

Lappi *(plan II, B-C3,* ***75****) : Annankatu 22. ☎ 645-550. Tlj sauf dim 16h-minuit (dernière commande à 22h30). Résa très conseillée. Plats 19-39 €.* Un restaurant lapon à Helsinki... On pourrait craindre un attrape-touriste. Loin s'en faut ! Certes, on a droit aux serveuses en costume traditionnel, aux murs en rondins de bois brut et aux photos fascinantes de Laponie. Mais le tout fonctionne, d'autant que la qualité des mets est irréprochable. Filet d'élan, langue et foie de renne, planche de poissons fumés régalent des papilles étonnées par ces nouvelles saveurs. Cher, mais on n'est pas déçu du voyage.

Kosmos *(plan II, C3,* ***76****) : Kalevankatu 3. ☎ 647-255. Tlj sauf dim (plus sam de mi-juin à fin juil) 11h30 (16h sam)-1h. Lounas (lun-ven 11h30-15h) env 33 € ; le soir, menu env 55 €, plats 17-32 €.* Un restaurant mythique dessiné dans les années 1920 par un étudiant en architecture au nom prédestiné, Arvo Aalto (aucun lien de parenté avec Alvar !). Avec son joli vitrail, la salle bourgeoise et cossue dispose de ce supplément d'âme qui donne son cachet à ce lieu. Toute la panoplie des spécialités gastronomiques finlandaises est à la carte. Une bonne occasion de déguster du renne ou encore du lavaret *(siika)* finement préparés. Une adresse chic et grouillante, où se retrouvent des autochtones grisonnants, des touristes venus faire un saut dans le passé, des intellos *arty* et des réalisateurs comme les frères Kaurismäki, habitués de la maison.

Bellevue *(plan II, C3,* ***77****) : Rahapajankatu 3. ☎ 179-560. Tlj sauf dim 11h (15h sam)-23h ; ouvre à 17h fin mai-début août. Menus env 32 € le midi, env 50-62 € le soir ; plats 14-39 €.* Plus ancien resto russe de Finlande, cet établissement très classe, tapi dans l'ombre de la cathédrale orthodoxe d'Ouspenski, fut créé en 1917 alors que la révolution grondait. Tout est fait pour que vous soyez transporté dans une ambiance mélancolique et exubérante à l'image de la sainte Russie. Au menu, les grands classiques comme le bortsch, le steak à la Raspoutine ou le poulet à la Kiev. Le tout décliné au gré des saisons et du calendrier orthodoxe.

Demo *(plan II, C3,* ***78****) : Uudenmaankatu 11. ☎ 22-89-08-40. Tlj sauf dim-lun 16h-23h. Résa nécessaire. Menus (5-7 plats) 78-105 €.* Ce resto étoilé est l'une des adresses en vue d'Helsinki. Son jeune chef conçoit une cuisine française fine et inventive en y apportant des touches exotiques et des couleurs modernes. Le décor épuré de la salle, où anthracite et rouge sont mis en lumière par d'énormes abat-jours blancs, est à la mesure de leur ambition. Associations de vins très soignées et changeant régulièrement, service attentionné. Clientèle de quadras (et au-delà) dans le vent. Du gastro-chic avec des prix en conséquence.

Gaijin *(plan II, C3,* ***79****) : Bulevardi 6. ☎ 010-322-93-81. Tlj dim-lun 17h (14h sam)-minuit. Résa conseillée. Plats 25-32 € (accompagnements 4-9 €) ; menus 65-69 €.* Voilà l'un des restos tendance du moment, fréquenté par une clientèle friande d'exotisme asiatique. Les murs en béton, gris et noir, assurent un cadre design et branché, à défaut d'être original. Le chef revisite les traditions culinaires japonaises, coréennes et chinoises. C'est goûteux, très réussi. On regrettera juste la promiscuité des tables. Petite terrasse au bord de la rue, plus calme.

Où boire un verre ? Où écouter de la musique ? Où sortir ?

Helsinki est une ville qui bouge la nuit, en particulier le week-end (même si le mercredi, d'ailleurs surnommé « le petit samedi », est également un bon jour pour sortir). L'entrée dans tout ce qui ressemble de près ou de loin à un night-club est payante *(5-10 €)* et les consos jamais données...

Au centre

Bateaux-bars de Pohjoissatama *(port Nord ; plan II, C3,* ***90****)* **:** en été, plusieurs bateaux sont amarrés le long de Pohjoisranta. Inutile de préciser que la bière y coule à flots le week-end, du moins si le temps le permet. Ambiance plus conviviale à l'apéro en semaine. Vue splendide sur le port illuminé et musique à bord certains soirs.

Ateljee Bar *(plan II, C3,* ***39****)* **:** *Yrjönkatu 26. ☎ 43-36-63-40. Lun-jeu 14h-1h, ven-sam 12h-2h, dim 14h-minuit. Boissons chères (café, thés à partir de 6 €).* Sur la terrasse de l'*Hotel Sokos Torni,* un des endroits préférés des Helsingois : prendre l'ascenseur jusqu'au 12e puis monter encore un étage par un escalier étroit en colimaçon, jusqu'à une petite salle de bar entourée de 2 terrasses mouchoir de poche. D'un côté, on se réchauffe les os au soleil qui n'en finit pas de se coucher. De l'autre, on promène ses yeux ébaubis sur la baie de Töölö et le palais Finlandia, la coulée verte de l'Esplanade toute proche, les 2 cathédrales, la vieille église, les gros ferries qui slaloment entre la multitude d'îlots qui parsèment la Baltique, bref toute la ville et son site. Parfait pour une fin de journée estivale.

Liberty or Death *(plan II, C3,* ***92****)* **:** *Erottajankatu 5. 040-127-17-31. Tlj 16h (18h dim)-1h (2h ven-sam).* Il faut pousser un lourd rideau noir pour entrer dans les coulisses de ce bar à cocktails discret et plongé dans l'obscurité. Animé par une équipe tatouée et lookée qui soigne aussi la bande-son, ce petit bar à cocktails est finalement beaucoup moins rebelle que chic, tout en restant relax. Les préparations, originales et recherchées, sont à la hauteur de leurs tarifs, très finlandais...

The Riff *(plan II, C3,* ***93****)* **:** *Iso Roobertinkatu 3. 040-746-10-90. Tlj 12h-3h (4h ven-sam).* Un intérieur sombre et cosy garni de banquettes et de poufs noirs, des photos de groupes de rock, une belle sélection de bières, une musique rock bien balancée, une clientèle relax et stylée, un accueil très gentil et une terrasse animée dans la rue piétonne. Tous les ingrédients sont réunis pour un pub qui marche du tonnerre !

Saimaa Bruuveri *(plan II, B3,* ***94****)* **:** *Fredrikinkatu 63. ☎ 685-66-88. Tlj 10h30-minuit (23h lun-mar, 2h ven-sam).* Pour les amateurs de bonne mousse, voici une brasserie artisanale dont les bières ont été régulièrement primées lors des concours nationaux. Pressions locales et nombreuses bouteilles importées du monde entier. Salle sombre tranquille en sous-sol et terrasse sous les arcades de brique.

Kannas *(plan II, B3,* ***67****)* **:** *Eerinkatu 43 (voir plus haut « Où manger ? »).* Un agréable pub de quartier recommandé pour son très large choix de bières : *ales, lagers, stouts, IPA,* etc. Également du cidre à la pression et du vin au verre à des tarifs plus décents que dans l'hypercentre. Atmosphère détendue.

Storyville *(plan II, B2,* ***95****)* **:** *Museokatu 8. 050-363-26-64. • storyville.fi • Tlj sauf dim-lun 19h-3h (4h w-e). Concerts à 19h et parfois aussi à 21h ou 22h (compter 11-15 €) ; gratuits mar à 19h.* Fous de jazz, voici une adresse pour vous. Il faut descendre dans la salle en sous-sol pour assister aux concerts, *from hot jazz to cool blues,* comme le dit joliment la devise de la maison, et assurés par des formations parfois internationales participant aux grands festivals finlandais. Également le resto *New Orleans* où, sans surprise, la cuisine cajun est à l'honneur, et un snack-bar en terrasse ouvert l'été, juste de l'autre côté de la rue. Pensez à réserver si vous êtes plus de 2.

Tavastia *(plan II, B3,* ***96****) : Urho Kekkosenkatu 4-6. ☎ 77-46-74-20. • tavastiaklubi.fi • Tlj ; ouverture des portes à 19h ou 20h. Entrée payante (selon concert). Âge min : 18 ans.* La salle de concerts rock la plus connue de la ville. Super programmation et ambiance d'enfer, au bar comme dans la vaste fosse face à la scène. Le samedi dès 23h30, un DJ prend le relais.

On the Rocks *(plan II, C2,* ***97****) : Mikonkatu 15. 040-063-09-60. • rocks.fi • Bar tlj 16h (14h l'été)-4h30 (5h30 ven-sam). Concerts payants mer-dim à partir de 19-20h. Âge min : 18 ans.* Des concerts 3 ou 4 fois par semaine au sous-sol *(en général payants, tarifs variables).* Comme son nom l'indique, groupes de rock surtout, mais aussi pop et métal, avec une scène locale ou internationale. Endroit bien connu des heavy métalleux chevelus et des vieux rockers de toujours.

Putte's Bar and Pizza *(plan II, C3,* ***57****) : voir plus haut « Où manger ? Où prendre le petit déj ? Où goûter ? ».* Aussi bien pour descendre des godets que pour grignoter un bout. Pressions, vin de la maison et cocktails. Parfois un DJ le week-end en sous-sol *(entrée payante ou gratuite).*

Kaarle XII *(plan II, C3,* ***99****) : Kasarmikatu 40. ☎ 020-770-14-80. Jeu-sam 21h-4h ; fermé dim-mer. Entrée gratuite, mais prévoir 3 € pour le vestiaire. Âge min : 24 ans.* La boîte culte du jeudi soir, fréquentée notamment par ceux qui sont venus passer la semaine à Helsinki pour le boulot et qui repartent le vendredi. Bâtiment immanquable, avec son look pseudo-médiéval et son échauguette. Une salle est réservée à la pop finlandaise, où la clientèle déchaînée reprend les paroles en chœur ! Pour le reste, pas moins de 7 bars, dont un avec roulette et black jack, et le *Viking Hall,* avec boiseries, plafond en coque de bateau renversé et collection de toiles joliment éclairées (des portraits de Finlandais d'hier inconnus de l'étranger que vous êtes). En bref, différentes ambiances, plus ou moins calmes, bruyantes ou animées, y a qu'à faire son choix !

Kaivohuone *(plan I, C4,* ***100****) : Iso-puistotie 1. ☎ 020-775-98-25. Mai-août, ouv mer et ven-sam 22h-4h ; le reste de l'année, sur résa. Entrée : 10-15 €. Âge min : 18 ans.* Dans un grand bâtiment au milieu de la verdure du Kaivopuisto, une institution et l'un des plus vieux night-clubs du pays. Fréquentation toutefois jeune (surtout limitée aux 18-25 ans) et un tantinet m'as-tu-vu !

Quartier de Kallio

Accès notamment par les T nos 6, 6T, 7A et 7B, ou M Sörnäinen. Un des coins les plus sympa pour sortir des sentiers battus et découvrir les adresses cachées et alternatives qui attirent les jeunes (et moins jeunes) Finlandais. De plus, dans ce quartier populaire, les boissons sont un peu moins chères que dans le centre.

Pub Sirdie *(plan I, C1,* ***101****) : Kolmas Linja 21. Tlj sauf dim-lun 18h-2h.* Un petit rade de quartier qui mène sa barque depuis plus de 50 ans, avec son cadre rustico-vintage bien malgré lui, son vieux juke-box qui peut encore siffloter un nostalgique *Paname* d'Édith Piaf, un mythique *Hotel California,* ou du Gilbert Bécaud. Même le prix de la bière semble avoir oublié que dehors, la vie a changé... Pour une escale hors du temps.

Tenho Bar *(plan I, C1,* ***102****) : Helsinginkatu 15. 044-971-31-51. Tlj sauf lun-mar 16h (14h sam-dim)-23h (2h ven-sam ; 21h pour la cuisine, 22h ven-sam). Assiette 10 €, salades, pizzas et burgers 14-20 €.* Il faut grimper au 1er étage pour pénétrer dans ce bar-resto grand comme une salle de bal, occupé par un grand comptoir au milieu, une scène tout au bout, squatté par des fauteuils et des tables de bistrot. On y boit, on y grignote entre potes en attendant le groupe de rock, jazz ou autre qui s'y produit gratuitement à partir de 21h (mais jamais vraiment au-delà de 22h, histoire de respecter la tranquillité du voisinage). Atmosphère vraiment cool et sympa.

On vous conseille aussi le ***Kaiku*** *(plan I, C1, **103** ; Kaikukatu 4 ; • clubkaiku.fi • ; mer-sam 22h-4h ; âge min : 20 ans)* et le **Kuudes Linja** *(plan I, C1, **103** ; Hämeentie 13 ; • kuudeslinja.com • ; ven-sam 22h-5h),* tous 2 très fréquentés par les jeunes clubbers pour leur cadre d'entrepôt et leurs DJs qui mixent le meilleur de la techno et de l'électro (plutôt le *Kaiku*) ou leurs notes live de rock, jazz et punk (plutôt le *Kuudes Linja*). Sans oublier, à côté, le ***Siltanen*** *(plan I, C1, **103** ; tlj),* à la clientèle un poil plus mûre.

Vers le port

Löyly *(hors plan I par B3, **16**) : Hernesaarenranta 4. ☎ 61-28-65-50. Tlj 11h-23h (1h mer, minuit ven-sam, 21h dim).* Au bord de la mer Baltique, un vaste bâtiment en bois posé sur le rivage comme un gros bigorneau collé à son rocher. Rien que pour l'architecture, l'endroit vaut le détour ! Mais que dire des grandes baies vitrées, et surtout, des vastes terrasses qui s'étagent sur plusieurs niveaux avec vue plongeante sur le large... Un endroit top pour prendre un verre en journée, comme en soirée, parmi une clientèle branchée. Fait aussi resto, où l'on déguste notamment une fameuse soupe de saumon. L'un des proprios est un acteur célèbre pour son rôle dans la série *Vikings.* C'est un peu *the place to be,* et les prix s'en ressentent...

Achats

Artek *(plan II, C3, **9**) : Keskuskatu 1. • artek.fi • Tlj sauf dim 10h-19h (18h sam).* Avis à ceux qui quitteront le pays avec une admiration sans bornes pour le génie d'Aalto : la boutique *Artek* vend, entre autres, la série complète des créations du maître pour l'aménagement de la maison, mobilier compris.

Iittala Shop *(plan II, C3, **115**) : Pohjoisesplanadi 23. • iittala.fi • Tlj 10h (12h dim)-19h (17h w-e).* Entreprise qui crée de nombreux objets pour la maison, notamment le vase *Savoy* d'Alvar Aalto et les verres et carafes d'Aino Aalto (voir « Dans les environs de Hämeenlinna » dans le chapitre sur la Finlande centrale).

Marimekko *(plan II, C3, **112**) : Mikonkatu 1. Tlj (sauf dim hors été) 10h (12h dim)-20h (18h sam, 17h dim).* Une référence dans le monde de la mode en Finlande (vêtement, linge de maison et accessoires). Ses motifs, en partie des rééditions des années 1950-1960, font aujourd'hui le tour du monde.

Centre Arabia *(carte La région d'Helsinki, **113**) : Hämeentie 135. Ⓣ n° 5, à env 30 mn du centre. Fabrique tlj 10h-20h (16h w-e). Lire aussi la rubrique « À voir. À faire ».* Le siège de cette célébrissime fabrique de porcelaine abrite plusieurs magasins, dont celui de la maison mère, *Iittala.* Le design finlandais y est décliné des arts de la table au mobilier et au textile... Vous serez sans doute tenté d'acheter un petit quelque chose, fût-il tout petit... car les prix restent élevés, malgré les fins de séries et 2e choix. Autre magasin en plein centre, plus pratique d'accès *(Pohjoisesplanadi 25 ; plan C3 ; lun-ven 10h-19h, w-e 10h-17h).*

Marché aux puces de Hietalahti *(plan II, B3, **114**) : sur la pl. du marché de Hietalahti. De mai à mi-sept, en principe : lun-ven 8h-18h, sam 8h-16h, dim 10h-16h.* Surnommé *Hietsu,* c'est le principal marché aux puces de la capitale. Une opportunité de bonnes affaires ! Et puisque vous êtes là, profitez-en pour aller vous restaurer ou vous abreuver aux halles couvertes.

Wanha Kaarle *(plan I, C1, **116**) : Kaarlenkatu 12. Tlj sauf dim 12h-18h (16h sam).* Petite boutique spécialisée dans le design finnois des années 1950 aux années 1970. Vaisselle d'Esteri Tomula, Ahtti Nurmesniemi ou Timo Sarpaneva. Du vintage, mais pas donné !

Hakaniemi Kaupahalli *(plan I, C2, **53**) : voir « Où manger ? Où prendre le petit déj ? Où goûter ? ».* Le 1er étage est consacré à l'artisanat finlandais. Vêtements, parures et objets de décoration divers. Au rez-de-chaussée, les emplettes sont réservées à l'alimentaire.

Fazer *(plan II, C3,* ***61****) : Kluuvikatu 3. Voir « Où manger ? Où prendre le petit déj ? Où goûter ? ».* Café historique datant de 1891 réputé pour ses confiseries et chocolats.

Dans les nombreuses boutiques ***Aarikka,*** vous trouverez plein de petits objets et bijoux en bois ou en métal qui peuvent constituer autant de cadeaux originaux et souvent rigolos. L'une des boutiques se trouve sur Pohjoisesplanadi 27 *(plan II, C3,* ***111****). Tlj 10h (12h dim)-20h (19h sam, 17h dim).*

À voir. À faire

Helsinki n'offre ni un visage façonné par les millénaires ni le spectacle d'une puissante unité architecturale. Le tissu urbain est assez décousu, mais les promenades font découvrir quelques joyaux. D'une manière générale, les bâtiments intéressants appartiennent soit à l'époque néoclassique (début XIXe s), soit au style romantisme national (début XXe s), soit au dernier demi-siècle. Mais, encore une fois, le charme de la ville réside tout autant dans ses promenades et son archipel. Helsinki possède aussi le plus grand nombre de musées au monde... par habitant. Certes, la population de la ville n'est pas énorme, mais vous aurez quand même de quoi faire ! L'entrée est généralement gratuite pour les moins de 18 ans et la plupart des musées sont fermés le lundi.

La *Helsinki Card*

En vente à l'office de tourisme (également à l'antenne de l'office de tourisme de l'aéroport), dans de nombreux hôtels ou, un peu moins cher, sur le site : • helsinkicard.com • Tarifs : 24, 48 ou 72h à respectivement 51, 63 et 74 € ; ½ tarif pour les 7-16 ans. Un peu moins cher si achat en ligne. Cette carte inclut l'entrée dans la plupart des musées et sites de la ville, le tour en bus touristique *Panorama* et l'accès à tous les transports en commun, y compris le ferry pour Suomenlinna et le train pour l'aéroport. Elle donne également droit à des réductions pour certains spectacles, restaurants, magasins, la navette *Finnair* vers l'aéroport, le bus *Hop on Hop off* vert et le tour en bateau avec *Sightseeing by boat.* À noter qu'elle est plus intéressante pour les adultes puisque les moins de 18 ans bénéficient souvent de la gratuité ou d'une réduction.

Visites organisées, tours en bus ou en tram

➢ ***Trams nos 2 et 3 :*** les 2 lignes effectuent un « 8 » qui donne un aperçu de la physionomie de la ville en longeant ses principaux sites. Plan des transports disponible à l'office de tourisme.

➢ ***Helsinki Panorama Sightseeing :*** *☎ 22-88-16-00. • stromma.fi • Départs à 11h et 13h30 (sept-avr, seulement à 11h en sem et à 13h30 ven-sam). Billets en vente aux comptoirs de Strömma Finland à la gare ferroviaire (plan II, C2) ou, un peu moins cher, en ligne : 32 € ; ½ tarif 6-15 ans ; gratuit moins de 6 ans et avec la Helsinki Card.* Tour de 1h45 dans un bus avec audio (pas de version française) diffusant un commentaire agrémenté de nombreux effets sonores. Si vous n'aimez pas les bandes enregistrées, un circuit *(de mi-juin à mi-août à 10h30)* propose un commentaire live en anglais et en suédois. Arrêts au monument Sibelius et à l'église Temppeliaukio.

➢ ***Hop on Hop off Sightseeing :*** *circuits en bus et croisière au départ de la pl. du Sénat (plan II, C3). • citytour.fi • Juin-août, départs tlj 10h-16h, ttes les 20 mn. Billets (en vente dans le bus) : 30 € pour le bus seul, 42 € pour le bus et le bateau (tickets valables 24h) ; gratuit moins de 12 ans. Un peu moins cher si achat en ligne. Le billet donne des réducs dans certains musées, sites, boutiques et restos.*

On monte et on descend à l'arrêt de son choix (le circuit en compte 20) tout en profitant à bord d'un audioguide (version en français).

➢ ***Hop on Hop off Bus Sightseeing :*** *départ de la pl. du Sénat (plan II, C3).* • *stromma.fi* • *Mai-sept, tlj 10h-16h, ttes les 20-40 mn. Billets en vente aux comptoirs de* Strömma Finland *à la gare ferroviaire (plan II, C2) ou en ligne : 30 €/24h ; ½ tarif 6-15 ans ; gratuit moins de 8 ans et avec la* Helsinki Card. Même principe que le précédent, audioguide en français, et circuit à peu près identique (15 arrêts au lieu de 20). Seule différence : ce bus-ci est vert.

Autour de l'Esplanade

La place du Marché *(Kauppatori ; plan II, C3)* **:** tous les chemins, dont bien sûr l'Esplanade, semblent mener à cet alignement d'édifices néoclassiques, parmi lesquels les très solennels hôtel de ville (ne pas hésiter à pénétrer dans le hall) et palais présidentiel. Heureusement, le marché populaire anime cette place un peu rigide qui s'ouvre sur le port et le ballet des ferries traçant la route entre les grappes d'îlots. Voir aussi la rubrique « Où manger ? Où prendre le petit déj ? Où goûter ? ».

La place du Sénat *(plan II, C3)* **:** symbole d'Helsinki, sa taille et sa grande homogénéité architecturale habillent d'une majesté bienvenue le style sévère et compassé de Carl Engel (voir « Un peu d'histoire » plus haut). Suffisamment russifiante pour que Warren Beatty en fasse le Saint-Pétersbourg de son film *Reds*. Remarquer son léger plan incliné qui rend la cathédrale encore plus imposante. On distingue tout autour :
- ***la cathédrale*** *(Tuomiokirkko)* **:** *tlj 9h-18h (minuit juin-août).* Blanche et majestueuse en haut de ses escaliers, son style néoclassique ne fait pas vraiment dans la fantaisie mais garantit son caractère emblématique. La sobriété toute luthérienne de l'intérieur illustre bien la retenue un peu austère des Finlandais à jeun, tout en donnant la sensation du sacré ;
- à gauche de la cathédrale, l'***université*** et la ***bibliothèque*** ;
- à droite, le ***palais du gouvernement*** ;
- à l'angle d'Aleksanterinkatu et de Katariinankatu, la ***maison Sederholm,*** qui abrite le musée de la Ville (voir ci-après) ;
- au centre, la statue d'Alexandre II, œuvre de Runeberg junior, rejeton du poète national finlandais.

Le musée de la Ville d'Helsinki *(Helsingin Kaupunginmuseo ; plan II, C3)* **:** *Aleksanterinkatu 16. ☎ 31-03-66-30.* • *helsinginkaupunginmuseo.fi* • *Lun-ven 9h-19h, w-e 11h-17h. GRATUIT.* Le musée est installé dans la ***maison Sederholm*** qui fut la 1re maison en pierre à Helsinki (1757) et la seule du XVIIIe s à avoir survécu au grand incendie de 1808. Il propose une expo ludique sur les événements majeurs qui ont marqué l'histoire d'Helsinki au cours des XIXe et XXe s. Vue d'ensemble de la ville au début du XXe s que l'on découvre en tournant une manivelle, reconstitution d'intérieurs de maisons des années 1950 avec musique d'époque. Il y a même une machine à remonter le temps ! Tout y passe ou presque, y compris des scènes de crimes encore dans les mémoires. Une partie très bien faite est réservée aux enfants. Également des expos temporaires.

La cathédrale orthodoxe Ouspenski *(Uspenskin katedraali ; plan II, C3)* **:** *Kanavakatu 1. Mar-ven 9h30-18h (16h sept-mai), w-e 10h (12h dim)-15h. Fermé lun.* Ostentatoire héritage de la domination russe fiché sur la presqu'île de Katajanokka, cette massive pièce montée de brique rouge, aux toits vert-de-gris coiffés de clochetons dorés, contraste de manière saisissante avec la blancheur de la cathédrale luthérienne. Elle date du milieu du XIXe s, époque à laquelle les hauts responsables russes étaient nombreux en ville. C'est, devant celle de Nice, la plus vaste église orthodoxe d'Europe de l'Ouest. La riche décoration intérieure mélange allègrement les genres mais ne présente pas d'œuvre majeure. Si vous en avez l'occasion, n'hésitez pas à assister à un service, même si vous n'avez pas la fibre religieuse. L'émotion sera au rendez-vous.

L'église orthodoxe de la Sainte-Trinité *(Pyhän Kolminaisuuden kirkko ; plan II, C2)* **:** *Unioninkatu 31. À côté de la cathédrale luthérienne.* Cachée derrière les arbres, une mignonne petite église aux belles icônes. Encore une œuvre d'Engel.

L'Esplanade *(plan II, C3)* **:** large double avenue séparée par un terre-plein verdoyant, elle s'étire du ***Théâtre suédois*** *(Svenska Teatern ; plan II, C3),* sur Mannerheimintie, à la ***statue de Havis Amanda*** *(plan II, C3),* près de la place du Marché. Œuvre d'Engel, elle aussi, elle fut tracée en 1826 lors de la reconstruction consécutive au grand incendie de 1808. Les plus vieux des tilleuls ont été plantés lors de son aménagement (1840). En été, concerts gratuits en plein air, bateleurs et baladins. Lieu de rendez-vous populaire, surtout lors des folles nuits de fête.

Le musée national des Beaux-Arts *(Ateneum ; plan II, C3)* **:** *Kaivokatu 2. ☎ 029-450-04-01. • ateneum.fi • À 100 m de la gare. Mar et ven 10h-18h, mer-jeu 10h-20h, w-e 10h-17h. Fermé lun. Entrée : 17 € ; réduc ; gratuit moins de 18 ans et détenteurs de la* Helsinki Card. C'est le plus grand musée du pays. Il regroupe essentiellement des œuvres finlandaises du XVIIIe s à 1960, mais aussi étrangères du XIXe s à 1960, surtout suédoises. La collection d'art finlandais consiste en une présentation tournante, issue du fonds du musée, des plus grands artistes du pays : Gallèn-Kallela, Halonen, Simberg, Edelfelt, Rissanen... Ainsi, en fonction des accrochages, vous verrez peut-être *Le Triptyque Aino, La Mère de Lemminkäinen* ou encore *La Malédiction de Kullervo,* inspirés par la fresque épique et poétique du *Kalevala.* Petite section consacrée à l'art étranger avec, entre autres, Modigliani, Léger, Signac, Van Gogh, Gauguin, Vlaminck, Rodin... Des expos temporaires mettant généralement en valeur un artiste finlandais du XIXe s.

Entre l'Esplanade et Kaivopuisto

Le musée des Arts décoratifs *(Designmuseo ; plan II, C3)* **:** *Korkeavuorenkatu 23. ☎ 622-05-40. • designmuseum.fi • Juin-août, tlj 11h-18h ; sept-mai, tlj sauf lun 11h-18h (20h mar). Entrée : 12 € ; réduc ; gratuit moins de 16 ans et détenteurs de la* Helsinki Card. *Billet couplé avec le musée de l'Architecture : 15 €.* On ne peut pas s'intéresser aux arts en Finlande et omettre son design. La (petite) collection permanente retrace l'évolution du design finlandais de 1870 à nos jours : mobilier, vaisselle, vêtements... Parmi les pièces les plus intéressantes, on peut s'attarder sur celles relevant de l'Art nouveau (Walter Jung et Albert Finch), du romantisme national (Eliel Saarinen et Akseli Gallén-Kallela) et du fonctionnalisme (le couple Alvar et Aino Aalto). Bien sûr, l'incontournable vase *Savoy* d'Alvar Aalto, une pure merveille, figure à la place d'honneur... On dit que son créateur se serait inspiré de la forme des lacs finlandais. La majeure partie du musée (le sous-sol et les étages) est consacrée à des expositions temporaires souvent de qualité. Café et librairie bien fournie sur les grands designers du siècle.

Le musée de l'Architecture *(Arkkitehtuurimuseo ; plan II, C3)* **:** *Kasarmikatu 24. ☎ 85-67-51-00. • mfa.fi • Tlj sauf lun 11h-18h (20h mer). Entrée : 10 € ; réduc ; gratuit moins de 18 ans, détenteurs de la* Helsinki Card *et pour ts le 1er ven du mois. Billet couplé avec le musée des Arts décoratifs : 15 €.* L'architecture finlandaise (et ses innovations contemporaines) méritait mieux : le musée qui lui est consacré se résume à une petite salle sur l'évolution de l'architecture en Finlande au XXe s. Les principales réalisations contemporaines sont présentées en photos, plans et maquettes, des magasins *Sokos* à l'église de Hyvinkään (tout en angles), en passant par la maison *Futuro,* sorte de soucoupe volante de 1968 qui devait servir de cabine de ski mais qui ne fut jamais construite. Heureusement, il y a toujours une expo temporaire pour tenter de justifier le prix de l'entrée !

La colline de l'observatoire *(plan II, C3)* **:** au sud d'Unioninkatu, une éminence de 38 m de haut, couverte d'un beau parc, d'où l'on découvre une petite vue sur le port Sud et quelques-unes des îles de l'archipel. L'eussiez-vous cru ? L'observatoire *(029-412-42-44 ; • ursa.fi • ; tlj sauf lun-mer 12h-16h, jusqu'à 20h jeu ; entrée 8 €, réduc)* est une œuvre de l'inévitable Engel.

Le parc des Puits *(Kaivopuisto ; plan I, C4)* **:** ainsi nommé à cause des sources thermales qui attiraient la noblesse russe au milieu du XIXe s, quand elle était consignée dans les limites de l'Empire. Une promenade familiale très appréciée, à juste titre. Belle vue sur les îles, surtout au niveau du *Café Ursula* (voir « Où manger ? Où prendre le petit déj ? Où goûter ? »), où ce n'est pas de l'eau thermale qui est servie !

LA LESSIVE DU DIMANCHE

À Kaivopuisto, peut-être aurez-vous remarqué, sur la digue, les nombreux petits pontons faisant face à l'île Uunisaari. En été, impossible de les rater. Les Finlandais ont pour habitude de venir y laver leurs tapis en famille. Et vous verrez, tout y est ! Jusqu'à l'essoreuse... Un grand moment de convivialité !

Autour de Mannerheimintie

La vieille église *(vanha kirkko ; plan II, C3)* **:** *Lönnrotinkatu 6. En théorie, tlj sauf w-e 12h-15h.* Due à... Engel (ah ! vous aviez deviné ?). Terminée en 1826. On peut entrer et jeter un coup d'œil à l'intérieur, ne serait-ce que pour la chaire du prédicateur. Au pied, petit parc agréable. Notez les tombes du XVIIIe s, aux inscriptions en suédois.

Le panorama du bar de l'Hotel Sokos Torni *(plan II, C3)* **:** *Yrjönkatu 26.* Vue sur la baie de Töölö et le palais Finlandia, la coulée verte de l'Esplanade, les 2 cathédrales, la vieille église et la Baltique. Voir plus haut l'*Ateljee Bar,* dans « Où boire un verre ? Où écouter de la musique ? Où sortir ? ».

Le musée Amos Rex *(plan II, B-C3)* **:** *Mannerheimintie 22-24. ☎ 684-44-60. • amosrex.fi • Tlj sauf mar 11h-18h (20h mer-jeu, 17h w-e). Entrée : 20 € ; réduc ; gratuit moins de 18 ans et détenteurs de la Helsinki Card.* Un des plus grands musées privés du pays, principalement consacré à la peinture du XXe s (finlandaise et européenne). Autrefois hébergé dans les anciens appartements d'Amos Anderson, un grand entrepreneur de l'industrie graphique dans les années 1920-1940, le musée a investi un nouvel espace souterrain de 2 000 m² au cœur de la ville, sous l'ancien *lasipalasti* (« palais de verre »), joyau moderniste de 1936 entièrement rénové pour l'occasion. Expos temporaires puisant dans les collections privées d'Amos Anderson et de Sigurd Frosterus, architecte et collectionneur.

La chapelle de Kamppi *(Kampin kappeli ; plan II, B-C3)* **:** *Simonkatu 7. Lun-ven 8h-20h, w-e 10h-18h.* Inaugurée en 2012, dans l'une des zones les plus animées de la ville, en face du centre commercial *Kamppi,* cette chapelle frappe par son étrange structure ressemblant à un genre de bol... Haute de 11,50 m, elle est entièrement habillée de bois, arrondie comme un tronc d'arbre et sans la moindre fenêtre. À l'intérieur dépouillé, le plafond ovoïde filtre la lumière du jour pour éclairer murs et bancs d'aulne et d'épicéa. Un lieu peu empreint de religiosité (aucune messe n'y est célébrée), ouvert à tous ceux qui veulent échapper quelques instants à l'agitation du dehors.

HAM *(Helsingin Taidemuseo ; plan II, B3)* **:** *Tennispalatsi 2. ☎ 31-08-70-01. • hamhelsinki.fi • Tlj sauf lun 11h-19h. Entrée : 12 € ; réduc ; gratuit moins de 18 ans et détenteurs de la Helsinki Card.* Ce grand musée d'Art contemporain se distingue par ses expos temporaires de qualité. Une section est toujours consacrée à Tove Jansson, illustratrice et peintre connue pour avoir inventé le monde étrange des Moumines. On peut admirer quelques-uns de ses tableaux dont une remarquable et grande fresque qui ornait le mur du restaurant de l'hôtel de ville. Dans une autre section, le musée expose, par roulement, des œuvres d'artistes finlandais et internationaux issues de la collection privée des époux Bäcksbacka, que ces derniers ont léguée à la Ville d'Helsinki en 1976. La plupart d'entre elles sont du XXe s.

Le musée d'Art contemporain Kiasma *(Nykytaiteen museo Kiasma ; plan II, B-C2) : Mannerheiminaukio 2. 029-450-05-01. • kiasma.fi • Tlj sauf lun 10h-17h (20h30 mer-ven, 18h sam). Entrée : 15 € ; réduc ; gratuit moins de 18 ans, pour ts le 1er ven du mois et détenteurs de la* Helsinki Card. Impossible de ne pas remarquer ce bâtiment étincelant entre la poste et la statue de Mannerheim, conçu par l'architecte américain Steven Holl, et dont le nom signifie, en grec, « carrefour » ou « croisement ». Vous étiez-vous demandé pourquoi l'Ateneum ne s'intéressait pas aux œuvres postérieures à 1960 ? Eh bien, parce que l'art contemporain a ici son sanctuaire ! En bref, 4 étages présentent, par roulement, les collections du musée (quelque 8 500 œuvres), ainsi que des expositions temporaires. Beaucoup d'artistes finlandais ou des pays voisins, mais aussi de grands noms internationaux. Même si vous êtes rétif à l'art contemporain, pénétrez dans le hall. Vous y trouverez la beauté de cette architecture moderne, où tout est blanc pour mettre avant tout les œuvres en valeur, et où l'éclairage privilégie toujours la lumière naturelle grâce à des fenêtres extravagantes. À travers l'une d'elles, un point de vue unique sur la statue de Mannerheim, située sur son esplanade. L'architecte l'avait conçue afin de mettre un terme à la violente controverse soulevée par le projet de construction du musée : celui-ci n'allait-il pas nuire au cavalier de bronze ?

Le Parlement *(Eduskunta Riksdagen ; plan II, B2) : Mannerheimintie 30. ☎ 432-20-27. • eduskunta.fi • Visite guidée, possible en français, sur résa (pour groupes 6-25 pers). Sinon, les sessions parlementaires sont ouv à ts. GRATUIT.* Une volée d'imposantes marches et une rangée de colonnes, tout ce qu'il faut pour ressembler à un parlement. Terminé en 1931, il est inspiré du romantisme national avec des relents gréco-romains mal digérés.

Le musée d'Histoire naturelle *(Luonnontieteellinen museo ; plan II, B2) : Pohjoinen Rautatiekatu 13. 029-412-88-00. • luomus.fi • Juin-août, tlj sauf lun 10h-17h ; le reste de l'année, mar-ven 9h-16h (18h jeu), w-e 10h-17h (16h dim). Entrée : 15 € ; réduc, notamment pour les détenteurs de la* Helsinki Card *; gratuit moins de 7 ans et pour ts le 1er ven du mois 14h-17h sauf en été. Audioguide en français inclus.* Un beau musée installé dans un ancien lycée russe de 1913. On est accueilli, dès l'entrée, par un impressionnant éléphant d'Afrique. Aux étages, les classiques (mais très complètes) sections d'animaux naturalisés, avec les grands mammifères et, évidemment, une insistance particulière sur la faune finlandaise (en vedette : le cygne, qui est l'oiseau national). Très belle galerie où l'on peut admirer la reconstitution d'un squelette de dinosaure, des coquillages géants fossilisés, des mammouths. Enfin, à signaler, une intéressante expo sur l'évolution de la faune et de la flore en rapport avec les changements climatiques.

L'église dans le Rocher *(Temppeliaukio kirkko ; plan II, B2) : Lutherinkatu 3. ☎ 23-40-59-20. Mai-sept, tlj 9h30-20h (19h mai et sept ; 17h dim) ; le reste de l'année, 10h-17h (18h sauf dim avr et oct). Entrée : 3 € ; gratuit moins de 18 ans et pour les détenteurs de la* Helsinki Card.

LE LAPIN SUR LE TOIT

L'église de Temppeliaukio est construite de telle façon que seul son dôme émerge des affleurements de granit où elle est installée. Face au n° 2 de Lutherinkatu, un passage permet d'accéder facilement à ces rochers et de s'y promener. Si vous êtes attentif, vous constaterez que des lapins ont élu domicile entre les blocs. Des lapins en liberté sur le toit d'une église, on aura tout vu...

Unique : une église circulaire partiellement creusée dans la roche. Seul le pourtour du dôme de cuivre laisse passer la lumière. Intelligence et harmonie des formes, du mélange des matières. Ici, c'est la roche qui est la base de la structure. Le dôme ressemble à une panière d'osier tressé posée à l'envers, suspendue par 180 rayons de béton et autant de vitres. Béton, cuivre et granit cohabitent à merveille. Récompense suprême de ce travail audacieux achevé en 1969, une acoustique parfaite dont n'osaient rêver les architectes, les frères Suomalainen. Essayez d'assister à l'un des nombreux concerts qui y sont donnés.

Le Musée national *(Suomen kansallismuseo ; plan II, B2) : Mannerheimintie 34. ☎ 029-533-69-01. • kansallismuseo.fi • Ⓣ nos 4, 4T et 10. Tlj (sauf lun sept-avr) 11h-18h (20h mer). Entrée : 14 € (sans les expos temporaires) ; réduc ; gratuit moins de 18 ans, détenteurs de la* Helsinki Card *ainsi que pour ts le ven après 16h. Audioguide en anglais inclus (en libre-service au 1er étage). Cartels et écrans tactiles en anglais.*

UN DOMMAGE CENTENAIRE

Si vous croyez, en voyant la vitre brisée à l'entrée de la billetterie du Musée national, que c'est par négligence qu'elle n'a toujours pas été réparée, vous avez tout faux ! Regardez mieux, et vous verrez un trou dans la porte d'entrée, dans l'alignement de celui qui étoile la vitre. C'est tout simplement le trajet d'une balle de fusil, douloureux souvenir de la guerre civile de 1917.

Œuvre du trio Saarinen, Lindgren et Gesellius, ce bâtiment Art nouveau ressemble de loin à une église. Outre des expos temporaires assez originales, il réunit plusieurs collections permanentes couvrant l'histoire de la Finlande et s'aventurant vers l'art populaire et l'ethnographie. Refaite récemment, la muséographie est moderne, intelligente et servie par de savants éclairages. Selon nous, s'il n'y a qu'un musée à visiter à Helsinki, c'est bien celui-là !

– Dès l'entrée, levez les yeux ! Directement inspiré du *Kalevala,* le ***plafond peint*** est l'une de ses œuvres les plus emblématiques de Gallén-Kallela. Au sous-sol, l'exposition de monnaies, médailles et objets en argent intéressera surtout les amateurs avertis.

– Pour respecter l'ordre chronologique, commencer la visite au rez-de-chaussée, avec la très épurée ***section Préhistoire*** où sont exposés différents objets datant de l'âge de pierre (silex, poteries...), de l'âge du bronze et du fer (panoplie d'armes, outils et bijoux). La période viking (800-1025) n'est pas oubliée avec moult costumes et un tas d'objets très minutieux (ces Vikings savaient aussi être délicats !).

– Ensuite, place à la ***section médiévale*** où l'on peut admirer une très belle collection de statuaire gothique, où figure notamment la ***Madone de Korppoo,*** plus vieille sculpture sur bois (XIIe s) du pays. Parmi les nombreux chefs-d'œuvre, le ***retable de l'église de Kalanti*** (1415), constitué de 8 panneaux, retrace le martyre de sainte Barbe (Barbara). D'après la légende, ce retable aurait été repêché par des habitants alors qu'il flottait en mer. Superbe ***chaire de bois polychrome*** de l'église de Parainen (1650) et amusantes toiles du XVIe s caractérisées par des personnages aux visages très B.D. et aux proportions fantaisistes. Après les salles consacrées à la dynastie Wasa et à la Renaissance, le musée présente le développement de la société et de la culture finlandaises du XVIIe au XIXe s. Parmi les remarquables meubles peints et les belles collections (tableaux, livres, horloges, objets décoratifs...), ne pas manquer le ***trône du tsar Alexandre Ier,*** apporté lors de la diète de Porvoo, ni les impressionnantes salles reconstituées du boudoir et du ***salon de Jakkarila.*** Peintes sur les murs et plafonds, leurs scènes pastorales nous entraînent dans l'atmosphère d'un manoir finlandais du XVIIIe s aménagé à la mode rococo.

– Toujours au 1er étage, la passionnante section multimédia « ***Story of Finland*** » aborde la lutte du peuple finlandais pour son indépendance et les soubresauts du XXe s : les 1res élections de 1907, les 2 guerres mondiales, la crise des années 1990

(qui a conduit de nombreux Finlandais à faire la queue devant les soupes populaires pour un morceau de pain), le chômage à 20 % suite à l'effondrement du secteur bancaire, etc. Également une salle dédiée au sacro-saint sauna, et une section audio où l'on peut écouter des groupes de metal, l'occasion de rappeler que la Finlande est le pays du monde qui compte le plus de groupes de musique extrême par habitant.
– Au 2e étage, une géniale ***salle de jeux*** grandeur nature : puzzles géants, jeux de construction ou de la marchande ont beau être conçus pour les enfants, bien des adultes ne peuvent pas résister à la tentation !
Café au dernier étage *(tlj 11h-17h ; jusqu'à 19h30 mer)* pour prolonger le plaisir.

La baie de Töölö

Le palais Finlandia *(Finlandia talo ; plan I, B2)* **:** *Mannerheimintie 13E. ☎ 40-241. • finlandiatalo.fi • Face au Musée national. Ne se visite que s'il y a un tour guidé (env 1h, en anglais ; 16 €, réduc) ; dates sur le site web.*
Un des chefs-d'œuvre d'Alvar Aalto, au bord de la baie de Töölö, tout paré de marbre blanc. Ensemble de salles de concerts et de congrès terminé en 1971 ; 4 ans plus tard, il voyait l'élaboration de l'Acte final de la Conférence sur la sécurité et la coopération en Europe (voir la rubrique « Histoire » dans « Hommes, culture, environnement »). La meilleure vision de l'ensemble s'obtient du rivage. Comparé à la raideur empesée du Parlement, de l'autre côté de l'avenue, on mesure le génie d'Aalto dans l'élégance des lignes et des matériaux employés. Dans ses moindres détails, tout le palais est son œuvre, à l'extérieur comme à l'intérieur. Même lorsque la foule est dense, on y circule remarquablement bien. Détail inattendu qui prouve que tout génie connaît des faiblesses : les toilettes sont insuffisantes pour l'affluence des grands concerts ! Expos temporaires en été.

La baie de Töölö *(Töölönlahti ; plan I, B2)* **:** à partir du palais Finlandia, belle balade le long de ce bras de mer s'enfonçant profondément dans la ville. Malgré le pouls de la cité toute proche, un endroit très reposant, d'où l'on découvre sous leur meilleur angle le palais Finlandia et l'Opéra. Un must pour les joggeurs et flâneurs.

L'Opéra *(plan I, B2)* **:** *Helsinginkatu 58. ☎ 40-30-21. • oopperabaletti.fi • Billetterie tlj sauf dim-lun 12h-19h (18h sam).* Terminé en 1993 après un feuilleton politico-architectural de 18 ans. Sa couleur blanche l'intègre idéalement au site. Beaux reflets dans la baie de Töölö. L'essentiel du volume est souterrain, avec une magnifique salle reprenant les principes séculaires du théâtre à l'italienne.

Le panorama de la tour du stade olympique *(plan I, B1)* **:** *Paavo Nurmentie. ☎ 436-60-10. • stadion.fi • Tarif : env 7 € ; réduc ; tickets sur Internet seulement.* Haute de 72 m, cette tour fut achevée en 1938, en perspective des Jeux olympiques de 1940, annulés pour cause de guerre. Restaurée, elle offre un bon coup d'œil sur la baie de Töölö et, plus largement, sur la face maritime et industrielle d'Helsinki.

Linnanmäki *(plan I, C1)* **:** *Tivolikuja 1. ☎ 010-572-22-00. • linnanmaki.fi • Ⓣ nos 3 et 9, ou bus no 23 depuis la gare. En voiture, le parking coûte 3 €/h ! Ouv, grosso modo, de fin avr à mi-oct : tlj de mi-mai à fin août (horaires variables, consulter le site), plutôt en fin de sem le reste de la saison. Compter 8 €/attraction ou 42 € pour le pass à la journée ; réduc.*
En 1956, des organismes de charité se sont associés pour créer ce parc d'attractions très populaire qui chapeaute une colline. Grandes roues, chaises volantes, montagnes russes, trains fantômes, stands de tir et autres manèges y ont souvent un petit côté rétro. Émouvant pour les nostalgiques de la barbe à papa et des autotamponneuses.

Les quartiers ouest

Le parc et le monument Sibelius (plan I, B2) **:** bus nº 24. Un parc agréable en bord de mer. Le monument Sibelius a donné lieu à l'une des querelles les plus virulentes du pays. Œuvre d'Eila Hiltunen, qui l'a nommée *Passio Musicae,* cette « forêt d'acier » de 580 tubes évoque autant de grandes orgues qu'une forêt de bouleaux. Elle chante lorsque le vent y joue. Avec le temps, le consensus s'est fait et chacun considère que cette œuvre originale est digne du grand compositeur, même si les mauvaises langues ajoutent que c'est surtout pour son côté éminemment torturé...

Le musée de plein air de Seurasaari (Seurasaaren ulkomuseo ; plan I, A1) **:** sur l'île du même nom. 029-533-69-11. • kansallismuseo.fi • Bus nº 24 d'Erottaja, près du Théâtre suédois (ttes les 25 mn env), jusqu'au terminus. Juin-août, tlj 11h-17h ; 15-31 mai et 1er-15 sept, lun-ven 9h-15h, w-e 11h-17h. Fermé le reste de l'année. Entrée : 8-10 € selon période ; réduc ; gratuit détenteurs de la Helsinki Card. Visite guidée en anglais (incluse dans le billet) tlj à 15h.
Dans ce grand parc dédié à l'habitat traditionnel finlandais, on se balade parmi les moulins à vent, fermes, granges, boutiques et églises reconstruits dans un environnement forestier. Les écureuils viennent vous manger dans la main. Intérieurs paysans reconstitués, outils et bateaux anciens évoquent ce que fut la vie autrefois dans les campagnes. L'église en bois du XVIIe s a conservé son intérieur coloré et nombreux sont les couples qui choisissent d'y célébrer leur union. Une jolie balade romantique. Resto, café et plage. L'hiver, on y pratique le ski de fond.

Au nord

Le musée d'Arabia (carte La région d'Helsinki, **113**) **:** Hämeentie 135 et environs. ☎ 020-439-53-26. • arabia.fi • Ⓣ nos 6, 6T et 8, compter 10 mn depuis le centre. En dehors des magasins (voir plus haut la rubrique « Achats »), le centre *Arabia* abrite un petit **musée** (mar-ven 12h-18h, w-e 10h-16h ; fermé lun).

À la rencontre du style romantisme national

Se procurer le plan détaillé des monuments Art nouveau à l'office de tourisme.

Les immeubles romantisme national : à Helsinki, le style romantisme national est omniprésent. Il correspond peu ou prou à notre Art nouveau ou au Jugendstil qui explosait un peu partout en Europe à la même époque. Peut-être moins voluptueux, cet Art nouveau finlandais a offert à la ville quelques-uns de ses plus beaux bâtiments. En voici une sélection.
- Le *Musée national* (voir plus haut).
- *Jugendsali :* Pohjoisesplanadi 19. Accolée à l'office de tourisme, cette ancienne banque abrite aujourd'hui un café. N'hésitez pas à en pousser la porte car l'extérieur néoclassique ne laisse rien présager de ce qui vous attend : fresques florales, colonnes sculptées, vitraux colorés... Un pur chef-d'œuvre, à savourer dans les moindres détails.
- *La place de la Gare (plan II, C2) :* on y passe en coup de vent, plus préoccupé par les flots de voitures que par l'architecture. Pourtant, la gare, tout en granit, mérite plus qu'un simple coup d'œil. Avec sa tour et ses statues du sculpteur Emil Wikström, c'est l'un des monuments les plus emblématiques de la ville. Saarinen l'a construite entre 1909 et 1916, selon des principes qu'il considérait comme ceux d'une « architecture objective », opérant ainsi une transition entre le romantisme national et le néofonctionnalisme. Dans le même style, au nord de la place, le *Théâtre national (plan II, C2),* terminé en 1902. Juste devant, une

statue de l'écrivain Aleksis Kivi (voir la rubrique « Littérature » dans « Hommes, culture, environnement ») par Wäino Aaltonen, le sculpteur adulé des 1res années d'indépendance.
Mais Helsinki vous réserve bien d'autres surprises, à vous de lever le nez ! Vous trouverez par exemple une forte concentration d'immeubles de ce style tout autour de l'*Hotel Sokos Torni*.

Sur les pas d'Alvar Aalto

Une façon originale de découvrir Helsinki est de partir sur les traces du designer et architecte Alvar Aalto. Dès les années 1930, ce chef de file du design finlandais a marqué son époque par sa vision proche de la nature et de l'humain, à une période où le Bauhaus tenait le haut du pavé avec une approche plus technique. Sa renommée internationale se fera grâce à son travail du bois, du verre et des formes organiques souples. Parmi les plus connus de ses objets : les meubles en bois lamellé-collé cintrés (comme le fauteuil *Paimo*), le tabouret à 3 pieds créé en 1933, ainsi que le vase *Savoy* de 1936. Pour commercialiser ces articles d'aménagement de la maison moderne, Alvar Aalto, sa femme Aino et 2 autres compères fondent en 1935 la société Artek (voir plus haut la rubrique « Achats ») avec pour objectif d'apporter une esthétique à la vie quotidienne, grâce à des meubles et à des objets modernes adaptés au mode de vie émergent. À côté de ce travail de design, Aalto a façonné une nouvelle vision de l'architecture contemporaine. Partez à sa découverte et à celle de ses œuvres, peu connues en France mais qui jouissent d'une renommée internationale.

La maison d'Alvar Aalto (*Villa Aalto – Riihitien talo ; hors plan I par A1*) **:** *Riihitie 20. ☎ 481-350. • alvaraalto.fi • À 6 km à l'ouest du centre. Ⓣ n° 4, station Laajalahdentie. En voiture, suivre la rue Paciuksenkatu et prendre à gauche après le pont, au carrefour Munkkiniemenaukio. Ouv tte l'année ; visite guidée obligatoire en anglais (juil-août, 3-4 fois/j. sauf lun en juil) ; horaires assez variables, consulter le site internet. Entrée : 25 € ; réduc, notamment détenteurs de la* Helsinki Card. *Possibilité de ticket combiné avec l'atelier d'Alvar Aalto.*
Le prix d'entrée gonflé réserve la visite à nos lecteurs les plus motivés, sans compter qu'elle s'avère plutôt ardue et s'adresse donc avant tout à un public averti, féru d'architecture et de décoration. C'est une plongée dans la vie d'Aalto et de sa 1re femme, Aino, morte prématurément, un moment hors du temps qui aide à mieux appréhender l'œuvre de ce génie. En 1934, le couple acquiert ce site encore complètement isolé et décide d'y construire une maison, qui devient aussi leur atelier. Lors de la visite, en découvrant l'intimité de l'univers d'Aalto (objets, prototypes, tableaux qu'il a peints...), on perçoit sa conception du caractère fonctionnel de la maison idéale.

Studio Aalto (*Alvar Aallon ateljee ; hors plan I par A1*) **:** *Tiilimäki 20. • alvaraalto.fi • À env 500 m de sa maison. Tlj sauf lun (tlj en août) à 11h30 (précises !), plus 12h30 et 13h30 mai-sept. Résa conseillée pour les visites en anglais. Entrée : 25 € ; réduc, notamment détenteurs de la* Helsinki Card. *Possibilité de ticket combiné avec la Villa Aalto.*
Aménagé en 1956 et agrandi en 1963, le bureau du maître est devenu le siège de la Fondation Aalto, qui perpétue son œuvre et sa mémoire. Le bâtiment lui-même, en brique, bois et béton, dessiné par Alvar Aalto, vaut le détour. Là encore, on plonge dans son intimité mais la visite s'avère encore plus élitiste.
– En sortant, une petite balade dans ce quartier résidentiel, entre la rue Tiilimäki et la baie, offre un condensé de l'histoire architecturale, de l'entre-deux-guerres à nos jours. Quelques villas splendides et surtout très datées.

Le Restaurant Savoy (*plan II, C3*) **:** *Eteläesplanadi 14. ☎ 61-28-53-00. • savoyhelsinki.fi • Au dernier étage du bâtiment. Tlj sauf sam midi et dim*

11h30-15h, 18h-minuit. Les plats et menus étant très, très chers, mieux vaut se contenter d'y jeter un coup d'œil. Un restaurant entièrement décoré par Alvar Aalto dans les années 1930 : style sobre et épuré, très innovant pour l'époque. Le fameux vase tient son nom du lieu, pour lequel il fut spécialement créé. Plusieurs exemplaires d'origine sur place. Tout est signé Aalto : meubles, lampes, agencement...

La librairie académique *(Akateeminen Kirjakauppa ; plan II, C3,* ***9****)* **:** *Keskuskatu 1, Pohjoisesplanadi 39.* Conçue par Aalto, des poignées de porte caractéristiques aux ascenseurs et escalators, en passant par les luminaires et le petit ***Café Aalto*** au 2e étage.

Le palais Finlandia *(Finlandia talo ; plan I, B2)* **:** *Mannerheimintie 13E. Face au Musée national. Voir plus haut « La baie de Töölö ».*

Pour continuer leur voyage initiatique, les inconditionnels d'Aalto iront visiter l'entreprise ***Iittala,*** dans les environs de Hämeenlinna, et Jyväskylä, où sont rassemblées une trentaine des réalisations de l'architecte et un musée qui lui est consacré.

– Helsinki continue d'inspirer les architectes contemporains. Se procurer l'*Architectural Map Guide* à l'office de tourisme (en vente) pour découvrir leurs œuvres.

Les îles

Helsinki possède 98 km de côtes, pour une superficie de 187 km² dont 315 îles et îlots. Quelques-unes de ces îles sont aménagées en sites touristiques tout à fait réussis.

Les balades en bateau : *mai-sept, plusieurs compagnies proposent un petit tour en bateau autour des îles proches. Départs de la pl. du Marché (plan II, C3) ttes les heures 11h-19h env. Compter 13-25 €/pers selon durée (45 mn-2h30) ; réduc détenteurs de la* Helsinki Card. Plusieurs itinéraires possibles. Restauration à bord.

Suomenlinna *(fort de Finlande ; plan I, D4)* **:** *accessible en bateau public depuis la pl. du Marché. Départs tte l'année 6h20-2h20 (6h-2h depuis Suomenlinna), ttes les 20 mn en été, ttes les 40 mn-1h en hiver. Billet ordinaire des transports publics (2,90 € l'aller, 5,50 € A/R) ; gratuit détenteurs de la* Helsinki Card. *Petite précision : si vous logez sur l'île, ne pas prendre le ticket A/R, celui-ci n'est valable que 12h. Trajet : 15 mn. Attention, les* Waterbus *de la* J-T Line *(• jt-line.fi •), dont l'embarcadère se trouve à 100 m, sont plus chers (7,50 €) et moins fréquents (fonctionnent seulement début mai-fin sept, 8h-23h).*
– ***Centre d'info :*** *face au débarcadère.* 029-533-84-10. *• suomenlinna.fi • Tlj 10h-18h (16h oct-avr). Visites guidées à thème en anglais : juin-août, tlj à 11h, 13h et 14h30 ; mai et sept, seulement le w-e à 13h30 ; 12 €, réduc ; gratuit détenteurs de la* Helsinki Card *; départ depuis le musée de Suomenlinna.*
Ancienne forteresse bâtie à partir de 1748 et destinée à défendre la rade d'Helsinki, l'île est en fait composée de 4 îlots reliés entre eux par des ponts, et habités par environ 800 personnes. Les Suédois passèrent des décennies à construire le plus grand complexe militaire de leur histoire, tout ça pour le voir se rendre sans combat aux Russes en 1808 ! Une fois les canons tournés vers l'ouest, cette forteresse et sa garnison incitèrent ces derniers à choisir Helsinki comme nouvelle capitale de la province de Finlande.
Bien qu'inscrite au Patrimoine mondial de l'humanité pour son architecture militaire particulière et dotée de quelques édifices et ouvrages remarquables, Suomenlinna est plutôt un lieu de divertissement et de promenade. On y chemine paisiblement au milieu de vieilles maisons en bois, d'installations militaires austères, de casernes désaffectées et de casemates à l'abandon. On y tutoie aussi l'océan

par des sentiers suivant son dessin tortueux. En été, 2 petites plages attirent les amateurs de bronzette, les oiseaux migrateurs animent l'intersaison, et puis l'hiver amène le silence et l'immensité de l'étendue glacée. À différentes heures du jour, l'étroit chenal situé au sud-ouest de Suomenlinna est le lieu de passage de gros ferries et de bateaux de croisière, certains transportant plus de passagers que le *Titanic*. Un spectacle à ne pas manquer.

– ***L'église :*** *derrière l'office de tourisme. Tlj 10h-16h l'été ; tlj sauf lun-mar 12h-16h le reste de l'année.* C'est l'une des 5 églises-phares au monde.

– ***Le musée de Suomenlinna*** *(Suomenlinna museo)* ***:*** *à 500 m du débarcadère. ♿ Tlj, mai-sept, 10h-18h ; oct-avr, 10h30-16h30. Entrée : 8 € ; réduc ; gratuit détenteurs de la* Helsinki Card. Ouvert à l'occasion du 250e anniversaire de la forteresse, le musée permet de se faire une bonne idée de l'histoire mouvementée de ces îles. Vidéo de 25 mn en français sur l'histoire du fort.

– 2 ***galeries*** dont une à l'office de tourisme proposent des expos consacrées à l'histoire des lieux ou à l'art moderne *(GRATUIT).*

– ***Le sous-marin Vesikko :*** *à 800 m du débarcadère. Mai-sept, tlj 11h-18h. Entrée : 7 € ; réduc ; gratuit détenteurs de la* Helsinki Card. Construit dans les années 1930 et restauré il y a peu, il amusera les enfants. Pour la petite histoire, c'est le seul sous-marin que possède la Finlande !

– Il existe encore 4 autres musées sur l'île (musée du Jouet, Musée militaire, etc.), pour ceux qui auraient du temps.

Une brassée de ***cafés, pubs et restos*** vous tendent les bras, de la ***Brasserie Suomenlinna*** *(tlj 12h-22h),* à côté du *Visitor Centre,* au ***Walhalla*** (ouvert au dîner, pour les gourmets), en passant par le ***Café Piper*** *(tlj 10h30-19h),* planté sur une butte, avec sa terrasse panoramique ! Mais s'il fait beau, pourquoi ne pas apporter votre pique-nique comme nombre de Finlandais ?

Korkeasaari *(zoo ; plan I, D2)* ***:*** *☎ 31-03-79-01. • korkeasaari.fi • Mai-sept, départs en bateau de la pl. du Marché ttes les 30 mn env : compter 20 € avec l'entrée au zoo ; réduc. Sinon, bus nº 16. En voiture, sortir par la route 170 (plan I, D1) et suivre le fléchage. Tlj, mai-août 10h-20h, avr et sept 10h-18h, oct-mars 10h-16h. Fermeture des caisses 1h avt. Entrée : 14 € (16 € en été) ; réduc, notamment avec la* Helsinki Card *; gratuit moins de 4 ans.*
Un des rares zoos au monde installés sur une île, qu'il occupe par ailleurs dans son intégralité. Dans un petit morceau d'authentique nature finlandaise, avec ses bosquets touffus et ses sentiers qui gravissent la colline (très belle vue sur la ville depuis la tour d'observation située au sommet), ce sont 150 espèces différentes qui font le bonheur des petits et grands visiteurs.

Pihlajasaari : *bateau J-T Line au départ de Merisatamaranta (plan I, C4), de l'autre côté de Kaivopuisto, tlj de mi-mai à début sept, ttes les heures 9h30-20h30 (retours 10h15-21h). Trajet : 10 mn. Billet : 8 € ; réduc. Resto et café ouv de mi-mai à fin août jusqu'à 20h30.* Une jolie plage entourée de rochers et de sapins. Par une belle journée d'été, avec un pique-nique, un très agréable moment de détente en perspective. Les chiens ne sont pas admis sur l'île... mais les nudistes, si !

Les pistes cyclables

Un extraordinaire ***réseau de pistes cyclables*** (pas moins de 750 km !) s'étend jusqu'au diable vauvert, y compris à Espoo et aux abords du ***parc national de Nuuksio*** *(carte La région d'Helsinki),* au milieu d'immenses forêts où vous pourrez prendre un formidable bol d'air. Vous trouverez peut-être, à l'office de tourisme, l'*Ulkoilu Kartta,* une carte détaillée des pistes et sentiers du grand Helsinki (sinon, elle est disponible sur le site internet de l'office de tourisme). De

HELSINKI ET SES ENVIRONS

quoi voir ce que vous ne verrez jamais en restant enfermé dans votre voiture, par exemple les jardins ouvriers de la ville, une tour d'observation des oiseaux donnant sur un marais sauvage ou encore, en juin, les saumons remontant la rivière Vantaa.

Fêtes et manifestations

– ***Fête du Travail et des Étudiants :*** *30 avr et 1er mai. Voir encadré et « Fêtes et jours fériés » dans « Hommes, culture, environnement ».* Une explosion de joie collective fête l'arrivée du printemps. Helsinki ferme boutique, boit, chante et danse.

– ***Helsinki Day :*** *12 juin. • helsinkipaiva.fi • Sur l'Esplanade, la pl. du Sénat et au parc de Kaivopuisto.* Fête folklorique (mais pas seulement), qui marque l'anniversaire de la fondation de la ville.

– ***Taste of Helsinki :*** *4 j. mi-juin, dans le parc Kansalaistori (derrière le centre musical).* Festival gastronomique qui permet de goûter aux spécialités des meilleurs chefs du pays. Également des ateliers de cuisine.

UN PRINTEMPS ARROSÉ

Dans l'après-midi du 30 avril, les rues d'Helsinki sont envahies par la foule. Le coup d'envoi officiel de la fête est à 18h, lors de la cérémonie du Chapeau : une école, choisie par roulement, dépose un couvre-chef blanc sur la statue de Havis Amanda. S'ensuit une nuit de libations extrêmes dont les Nordiques ont le secret. Rendez-vous le lendemain au Kaivopuisto pour un pantagruélique pique-nique qui mériterait de figurer au Guiness World Records : plus de 100 000 personnes y participent avec victuailles, bouteilles, barbecue et musique. Inoubliable !

– ***Fête de la Saint-Jean à Seurasaari :*** *la nuit du ven au sam précédant le 25 juin. Accès : 20 €.* Mariage du couple de la *Juhannus*, vraie cérémonie nuptiale célébrée selon les rites ancestraux. Feux et spectacles de plein air. Le centre-ville, lui, est déserté.

– ***Festival d'Helsinki :*** *2de quinzaine d'août. ☎ 61-26-51-00. • helsinkifest.fi •* Un programme qui ne laisse indifférents qu'ermites et misanthropes. Beaux-arts, pop, rock, jazz, ciné, théâtre, danse, musique classique et contemporaine sont pratiqués par les plus grands artistes du pays et une pléiade d'invités étrangers. Point d'orgue : la Nuit des arts, une Nuit blanche à la sauce finlandaise. Et comme si cela ne suffisait pas, le festival *Art goes Kapakka* *(• artgoeskapakka.fi •)*, qui propose spectacles et concerts gratuits dans différents restos, cafés et bars de la ville, a lieu à la même période.

– ***Design Week :*** *10 j. pdt la 1re quinzaine de sept, un peu partout en ville. • helsinkidesignweek.com •* Festival interdisciplinaire qui mêle mode, arts décoratifs, architecture, urbanisme... Le plus grand événement du genre dans les pays nordiques.

– ***Marché aux harengs baltiques :*** *au cours de la 1re quinzaine d'oct, sur la pl. du Marché.* Pendant 1 semaine, les pêcheurs vendent leurs produits. Concours du meilleur hareng et de la meilleure recette. Vivant et populaire.

– ***Procession de la Sainte-Lucie :*** *13 déc, pl. du Sénat.* Pendant la nuit (et dans la neige s'il y en a), un cortège dédié à la lumière. Pour démontrer que celle-ci tire son pouvoir de l'obscurité qui l'entoure et la met en valeur.

Excursions dans les environs

Helsinki est un point de départ idéal pour visiter Tallinn, attachante capitale de l'Estonie, et Saint-Pétersbourg, ancienne capitale des tsars de Russie.

Tallinn : accessible facilement en bateau *(env 12 départs/j. tte l'année). Pour un aller simple, compter 15-40 € selon date et type de bateau. Possibilité d'embarquer son véhicule (en supplément). Prévoir 2h-2h30 de traversée ; possibilité de faire l'A/R dans la journée. Réduc de 50 % pour les possesseurs de la carte* Eurail Finland Pass.
Liste des compagnies dans le chapitre « Arriver – Quitter » au début de ce guide. Certains hôtels proposent un tarif avantageux pour 2 nuits. Également des forfaits avec une nuit d'hôtel sur place, petit déj inclus. Pour les ressortissants de l'Union européenne et les Suisses, une carte d'identité en cours de validité suffit. Pour nos amis canadiens, le passeport est nécessaire.
– ***Ambassade d'Estonie :*** *Porkkalankatu 22A. ☎ 622-02-88 (section consulaire). • helsinki.mfa.ee •* Et n'oubliez pas le *Routard Pays baltes* : *Tallinn, Riga, Vilnius* !

Saint-Pétersbourg : accessible en train (voir ci-après) ou en bateau ***(St Peter Line,*** *☎ 618-720-00 ; • stpeterline.com • ; tlj ; compter 14-15h de trajet).* En plus du passeport, un visa est nécessaire, sauf si vous optez pour une croisière aller-retour de maximum 72h, avec les 2 nuits à bord du bateau, 1 journée complète à Saint-Pétersbourg, et dans le cadre d'un groupe organisé. Sinon, le visa s'obtient en un certain nombre... de jours ouvrables ! Mieux vaut le demander avant votre départ.
– À toutes fins utiles : ***consulat de la Fédération de Russie*** *(Tehtaankatu 1B ; ☎ 66-18-76 ; • helsinki.mid.ru •).* Et n'oubliez pas le *Routard Saint-Pétersbourg* !

QUITTER HELSINKI

En bateau

Voir le chapitre « Comment y aller ? » au début de ce guide.

■ À Helsinki, achat possible au bureau des croisières ***Eckerö Line*** *(hors plan I par B3, **17** ; Tyynenmerenkatu 8 ; au port ; ☎ 0600-04-300, surtaxé ; • eckeroline.fi • ; accès : Ⓣ nº 9)* ou auprès de ***Strömma Finland.*** Voir plus haut « Adresses et infos utiles ».

En train

Voir également les rubriques « Arriver – Quitter » des différentes villes et sites traités dans le guide.

Gare ferroviaire *(plan II, C2) : Kaivokatu 1. Ouv 5h-1h30 (billetterie 7h-22h, sinon billetterie automatique).*
➢ ***Turku :*** env 1 train/h. Trajet : 2h.
➢ ***Tampere :*** 1-3 trains/h. Trajet : 1h30-2h.
➢ ***Savonlinna :*** 4 trains/j. avec changement à Parikkala. Trajet : 4h15.
➢ ***Kuopio :*** env 10 trains/j. Trajet : 4h.
➢ ***Rovaniemi :*** une dizaine de trains/j. avec ou sans changement (un peu moins le dim). Trajet de 900 km ; les trains de jour mettent env 8-9h et ceux de nuit 12h, mais la formule auto-couchettes, de nuit, permet d'embarquer avec son véhicule et de parcourir la distance tout en passant une bonne nuit dans le train.
➢ ***Saint-Pétersbourg*** *(Pietari en finnois)* **:** 4 départs/j. dans les 2 sens. Trajet : env 3h30. Visa russe obligatoire.
➢ ***Moscou :*** 1 train/j. 1 120 km et 13-15h de trajet. Visa russe obligatoire.

En bus

Gare routière urbaine *(plan II, C2) : sur la pl. de la gare.* Bus desservant les environs d'Helsinki.
Gare routière interurbaine Kamppi *(plan II, B3) : Simonkatu 3, non loin de la gare ferroviaire, au rdc et au sous-sol du centre commercial Kamppi. Billetterie (au sous-sol) lun-ven 7h-18h, sam 7h-16h, dim 11h-16h. Consigne à bagages.* Bus pour ttes les destinations. Se reporter aux rubriques « Arriver – Quitter » des différentes villes et sites traités dans le guide.

ESPOO (ESBO en suédois)

290 000 hab. IND. TÉL. : 09

Juste à côté de la capitale, cette cité a grandi, grandi, grandi... jusqu'à devenir la 2e municipalité du pays. Principales caractéristiques d'Espoo : bâtie dans la nature, elle occupe un espace immense et ne compte pas un mais plusieurs centres. Tapiola, par exemple, « cité-jardin » construite en 1953, rassemble 21 000 habitants. Les meilleurs urbanistes, paysagistes et sociologues du pays participèrent à la réalisation de ce projet d'avant-garde, privilégiant la qualité de vie et l'harmonie avec les forêts et lacs alentour. De faible densité, Tapiola est sillonnée de voies piétonnes, jouit d'une vie associative développée, dispose de magasins et de complexes sportifs bien situés tout en baignant dans une multitude de bassins artificiels et lacs naturels.
Si l'étendue et la structure d'Espoo peuvent laisser perplexe plus d'un visiteur, les habitants sont très attachés à leur ville. Ici, on chausse ses skis en sortant de chez soi, on trouve la forêt sauvage à 1h de vélo et la côte permet tous les sports nautiques. La visite d'Espoo intéressera les amateurs d'urbanisme et les étudiants en architecture, mais aussi ceux qui veulent comprendre les rapports que les Finlandais entretiennent avec leur environnement.

LE DOMAINE DU DIEU

Au fait, que veut donc dire « Tapiola » ? Tapio est le dieu finnois des Forêts, et le suffixe -la s'ajoute au nom de quelqu'un pour désigner l'endroit où il habite. Tapiola, c'est donc la demeure du dieu des Forêts. Ce nom fut sélectionné en 1953 à l'issue d'une consultation publique.

Liaisons avec Helsinki

➢ ***En voiture :*** le moyen le plus pratique, car les sites sont éparpillés. À chaque fois, l'accès est indiqué à partir d'une autoroute ou du Ring III. Sur le Ring, fléchages (en suédois, plus facile à déchiffrer !) *Västerut* pour l'ouest et *Österut* pour l'est.
➢ ***À vélo :*** une foule de pistes cyclables sillonnent l'agglomération d'Helsinki (plan disponible aux offices de tourisme d'Espoo et d'Helsinki), mais attention aux distances !
➢ ***En train :*** les principales gares desservant la commune sont Leppävaara et Espoonkeskus *(Espoo centre)*. Départs ttes les 10-15 mn dans les 2 sens.
➢ ***En bus :*** avec la compagnie de transport public *HSL* (● *hsl.fi* ● ; voir la rubrique « Transports » à Helsinki).

Adresse utile

ℹ ***Office de tourisme*** *(carte La région d'Helsinki)* **:** *Innopoli 2, Tekniikantie 14, 10e étage.* 📱 *043-824-68-66.* ● *visitespoo.fi* ● *Tte l'année, tlj sauf w-e 9h-16h.*

À voir

WeeGee *(carte La région d'Helsinki)* **:** *WeeGee-talo, Ahertajantie 5,* ***Tapiola.*** ☎ *81-63-18-18.* ● *kulttuuriespoo.fi* ● *Liaisons depuis la gare routière interurbaine Kamppi : bus nos 106 (arrêt WeeGee Talo), 109 (arrêt Hakarinne puis 600 m à pied) ou*

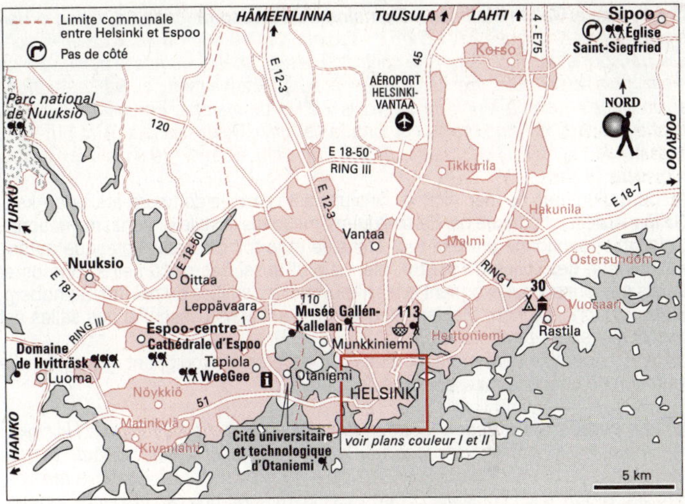

LA RÉGION D'HELSINKI

Où dormir ?	**À voir**
30 Rastila Camping	**113** Musée d'Arabia
Achats	
113 Centre Arabia	

bus n° 154 jusqu'à l'arrêt Hanasaari, puis bus n° 110T (arrêt WeeGee Talo). Tlj sauf lun 11h-17h (19h mer et ven). Entrée pour l'ensemble du site : 12 € ; réduc ; gratuit moins de 18 ans, plus de 70 ans, détenteurs de la Helsinki Card *et pour ts le ven 17h-19h.*
Installé dans les vastes locaux d'une ancienne maison d'édition qui lui a donné son nom (rien à voir avec le photographe !), *WeeGee* est le plus grand complexe culturel du pays. On y compte 5 musées, dont 2 offrent selon nous un réel intérêt.

– ***Espoo Museum of Modern Art*** *(EMMA)* **:** • emmamuseum.fi • Consacré à l'art moderne et contemporain finlandais. Peinture, sculpture, photographies et œuvres graphiques sont présentées au gré de nombreuses expos temporaires, le plus souvent de qualité.

– ***KAMU :*** *Ahertajankuja 5. ☎ 81-65-70-52.* Aborde la vie quotidienne à différentes périodes de l'histoire, du Néolithique à nos jours. Ludique car interactif.

La cité universitaire et technologique d'Otaniemi *(carte La région d'Helsinki)* **:** • *espooinnovationgarden.fi* • Les fans d'architecture contemporaine ne sauraient rater ce quartier de Tapiola. Sur Otanimantie, 3 bâtiments se distinguent nettement, à commencer par l'emblématique ***Institut de technologie,*** œuvre d'Alvar Aalto, dont l'une des façades a la forme d'un amphithéâtre. Non loin de là, allez jeter un coup d'œil à l'intérieur du ***centre de congrès de Dipoli*** : osmose totale de la roche, du bois et du béton. Plus bas, la ***chapelle d'Otaniemi.*** *Continuer la route après l'Institut de technologie, prendre Jämeräntaival à droite, puis le sentier à gauche en face du* Swimming Hall. *Juin-août, lun-sam 9h-19h (15h ven-sam), dim 12h-20h ; le reste de l'année, tlj 9h-19h (15h ven-dim).* Intégration merveilleuse au paysage qui l'entoure. C'est la forêt qui sert de retable. Œuvre admirable de Heikki et Kaija Siren, bousculant les canons de l'architecture religieuse. Datant de 1957, elle fut détruite par un incendie en 1976 et reconstruite à l'identique.

Le musée Gallén-Kallelan – Domaine de Tarvaspää *(carte La région d'Helsinki)* **:** *Gallen-Kallelantie 27 ; à 3 km de* ***Tapiola.*** *☎ 010-406-88-40. • gallen-kallela.fi • Transports publics : depuis le centre d'Helsinki, métro jusqu'à la station Hakaniemi, puis bus nº 502, arrêt Tarvaspääntie, puis 1,2 km à pied ; ou* Ⓣ *Laajalahden aukio (ligne 4 jusqu'à Munkkiniemi), puis 2,5 km de marche. En voiture, suivre le fléchage à partir du Ring I ou de l'autoroute de Turku. De mi-mai à août, tlj 11h-18h ; le reste de l'année, tlj sauf lun 11h-16h (17h dim). Entrée : 10 € ; réduc ; gratuit moins de 18 ans.*
Au bord d'un bras de mer, nichée dans un vaste parc, la demeure-atelier d'Akseli Gallén-Kallela fut conçue par l'artiste lui-même, dans le style romantisme national. L'alchimie fonctionne entre la tour crénelée et le toit plongeant presque au sol. À l'intérieur, des toiles du maître, bien sûr, et aussi des documents, photos et objets personnels qui évoquent la vie, l'œuvre et les amitiés du peintre. Strindberg, Sibelius, Gorki, Munch, Mahler, excusez du peu ! Mais l'essentiel des salles est dévolu aux expos temporaires.
Adorable ***café*** profitant d'une vue superbe et prodiguant une petite restauration de bonne facture ainsi que des gâteaux.

La cathédrale d'Espoo *(Espoon tuomiokirkko ; carte La région d'Helsinki)* **:** *Kirkkopuisto 5. En train, descendre à la gare d'Espoonkeskus. Depuis la gare routière interurbaine Kamppi, bus nº 280, arrêt Lommila, puis 1 km de marche. En voiture, suivre le fléchage « Espoo-Keskus » à partir du Ring III, puis « Tuomiokirkko ». Depuis l'autoroute de Turku, suivre le fléchage pour « Muurala/Morby », puis « Tuomiokirkko ». Tlj (sauf lun sept-mai) 10h-18h.*
Datant de la fin du XVe s, l'église Saint-Matthieu est le siège du diocèse luthérien d'Espoo. Elle est remarquable par ses fresques médiévales qui racontent (en toute simplicité !) l'histoire de l'humanité, de la Création au Jugement dernier. Belle harmonie de couleurs entre le carrelage de terre cuite, la base des piliers en brique rouge, la terre de Sienne des fresques et le gris-vert rehaussé de bleu des boiseries.

Le domaine de Hvitträsk *(en suédois, « le lac Blanc » ; carte La région d'Helsinki)* **:** *Hvitträskintie 166,* ***Luoma.*** *☎ 295-33-69-51. • kansallismuseo.fi/en/hvittrask • À env 30 km à l'ouest de Tapiola. Du Ring III, sortir à Kirkkonummi-Espoonlahti (route 1130) et suivre le fléchage. Pas de transports en commun pour s'y rendre. Ouv mai-sept seulement, tlj sauf lun-mar 11h-17h ; fermé le reste de l'année. Entrée : 10 € ; réduc ; gratuit détenteurs de la* Helsinki Card. *Explications en français disponibles à l'entrée. Visite guidée en anglais gratuite à 15h.*
Haut lieu de l'Art nouveau finlandais, cet ensemble de 3 maisons construites en 1903 est l'œuvre des 3 architectes phares de l'époque : Eliel Saarinen, Armas Lindgren et Herman Gesellius. Ils en firent à la fois leur lieu de résidence et de travail. On ne visite que la demeure des Saarinen ; celle de Gesellius abrite un café-restaurant *(tlj sauf lun-mar 11h-18h)*, celle de Lindgren a brûlé. Dans une lumière tamisée par des vitraux et fenêtres en ogive, sous des plafonds de bois ou des voûtes couvertes de fresques, le salon et la salle à manger plongent le visiteur dans le style romantisme national, attaché à l'artisanat traditionnel et drapé d'une atmosphère médiévale. Remarquez les tapis dessinés par Akseli Gallén-Kallela et les Saarinen. La maison s'étage sur plusieurs niveaux, reliés par de petits escaliers entre lesquels, amusé, on se perd un peu. Les pièces frappent par leur clarté, leur modernité et le souci de s'accorder aux rythmes de la nature. Ainsi, le coin petit déjeuner donne au levant, alors que le coin détente et la terrasse sont baignés par le soleil couchant.
En sortant, traversez le parc pour descendre jusqu'à l'émouvante tombe des Saarinen, près du lac. Dessiné après l'incendie de l'original par Reima Pietilä, le génial architecte de l'église de Kaleva à Tampere, le sauna ne se visite pas.

Festivals

- **April Jazz :** *4-5 j. fin avr. ☎ 455-00-03. ● apriljazz.fi ●* Le 2e grand festival du genre en Finlande, après celui de Pori.
- **Festival international de Cinéma :** *10 j. en mai. ● espoocine.fi ●* Films européens surtout.
- **Biennale de Piano :** *1re quinzaine de nov, les années impaires. ● pianoespoo.fi ●* Programmation classique, artistes de niveau international.

NUUKSIO

IND. TÉL. : 09

Incroyable pays qui se paie le luxe d'un parc national, avec 2 refuges et 4 aires de camping naturel, à 30 km du centre de sa capitale !

Liaisons avec Helsinki

➢ ***En voiture :*** prendre l'autoroute de Turku puis la route 110, et suivre les panneaux.

➢ ***En transports en commun :***

- *pour la partie sud du parc :* soit train jusqu'à Leppävaara, puis bus no 238 jusqu'au terminus (Siikaniemi) ; soit bus nos 238 ou 238K jusqu'à Siikaranta ; soit train jusqu'à Espoo, puis bus no 242 d'Espoonkeskus jusqu'à Siikaniemi ;
- *pour la partie nord du parc :* train jusqu'à Espoo, puis bus nos 245 ou 245K d'Espoonkeskus jusqu'à Haukkalampi.

Adresse utile

🅘 ***Haukanpesä Nature Information Hut :*** *Haukkalammentie 32. ☎ 010-292-40-30. ● nationalparks.fi/en/nuuksionp ● et ● naturaviva.fi/en ● À Nuuksio, prendre la route du parc et guetter le panneau indicateur qui conduit sur une petite route à gauche. La prendre, dépasser le 1er parking et se garer au 2e. La cabane, à 200 m du parking, est accessible seulement à pied. Mai-sept, tlj 10h-18h ; fermé le reste de l'année.* Toutes infos sur les randos et activités nautiques. Location de VTT, barques, canoës... Café sur place.

À voir. À faire

👣👣 ***Le parc national de Nuuksio*** *(Nuuksion Kansallispuisto ; carte La région d'Helsinki)* **:** paysage d'escarpements rocheux (jusqu'à 60 m de dénivelée, offrant de beaux points de vue) couverts de lichens et de pins sylvestres, séparés par d'innombrables lacs et étangs. Le centre du parc est formé de zones de forêts primaires. Terrain difficile, nécessitant d'excellentes chaussures, qui vous permettra de tester vos capacités avant d'aborder un parcours plus ambitieux... ou tout simplement de randonner sans avoir à vous éloigner de la capitale. Avec un peu de chance, on peut y observer des engoulevents, plongeons catmarins et balbuzards.

Parmi les nombreux sentiers balisés, voici 4 itinéraires circulaires au départ de la ***Haukanpesä Nature Information Hut*** :

- *Korpinkierros* (boucle du Corbeau), long de 7 km (marquage jaune) avec des passages de forte dénivelée dans une barrière rocheuse et un paysage dévoilant une multitude de petits étangs ;

HELSINKI ET SES ENVIRONS

– *Nahkiaispolku* (sentier de la Lamproie), parcours de découverte de 2 km marqué « pomme de pin », d'une difficulté inhabituelle pour ce genre de sentier ;
– *Punarinnankierros* (boucle du Rouge-gorge), 2 km faciles, marqué en rouge ;
– *Haukankierros* (boucle du Faucon), 4 km de difficulté moyenne, marqué en bleu, donnant un aperçu de l'ensemble du parc ainsi qu'une belle vue panoramique.
Carte au 1/20 000, *Nuuksio-Luukkaa.*

LE LAC DE TUUSULA ET LA ROUTE DES ARTISTES

IND. TÉL. : 09

À 30 km au nord d'Helsinki par la route 45. Reconstruite à maintes reprises, la ville de Tuusula n'offre guère d'attraits. En revanche, les rives de son lac sont devenues un lieu de pèlerinage pour les amoureux de nature, de littérature et de beaux-arts. Il faut dire qu'à la fin du XIXe s, des artistes sont venus s'y installer en nombre, en quête de calme et d'inspiration : Aleksi Kivi, suivi de près par Juhani Aho, Pekka Halonen et Jean Sibelius, pour ne citer que les plus célèbres. Aujourd'hui, demeures et ateliers se visitent, et une route historique longe de près ou de loin la rive est du lac. On ne vous conseille pas de l'entreprendre à vélo, en raison de la circulation. L'atelier de Pekka Halonen ou, pour les grands mélomanes, la maison de Sibelius sont bel et bien le but de l'excursion, qui peut se faire dans la journée au départ d'Helsinki.

Adresses utiles

ℹ ***Point info de Tuusula :*** *Jääkärinpolku 2.* ☎ *87-18-34-65.* • *tuusula.fi* • *Tlj sauf lun 10h-18h (17h sept-avr).*
– L'été, un ***bus touristique*** fait le tour du lac en marquant une vingtaine d'arrêts selon le système *hop-on, hop-off* (montée-descente à la demande). Il dessert tous les sites intéressants. *Fonctionne de mi-mai à fin août seulement, tlj sauf lun, 4 départs, 10h15-15h45. Billet : env 6 € ; gratuit moins de 16 ans.*

Où dormir chic ? Où manger à tous les prix ?

🏠 🍽 ***Krapi :*** *Rantatie 2, à* ***Tuusula.*** ☎ *274-841.* • *krapi.fi* • *Au bord de la route. Doubles 100-180 €. Resto* Mankali *: buffet l'été env 18 € ; à la carte, snacks, salades et plats simples 15-35 €. Resto* Krapihovi *: lounas (en sem 11h-15h, w-e 12h-16h) env 28-40 € ; le soir, plats env 25-35 €, menus 56-62 €.* Ce complexe touristique composé de chalets rouges a su garder une taille humaine et concilier charme d'autrefois et confort contemporain. Chambres irréprochables. Le resto *Krapihovi,* servant une cuisine traditionnelle, est installé dans une coquette maison bourgeoise tout en bois. La cuisine est à la hauteur. Pour chaque plat, on vous propose un verre de vin associé (ce qui fait monter en flèche l'addition !). Et puis, ce resto possède sa propre boulangerie et son fumoir à poisson ! L'hôtel propose toutes sortes d'activités en saison, notamment un golf et de petits concerts. Plusieurs saunas, dont un gratuit pour les résidents et un plus typique, au bord du lac et chauffé au bois *(env 350 €/2h pour 1-8 pers le sauna à fumée).* Une bonne étape, pour qui dispose d'une bourse un tant soit peu remplie...

À voir

Halosenniemi – Maison de Pekka Halonen : *Rantatie, à* ***Tuusula.*** *☎ 87-18-34-66. • halosenniemi.fi • Tlj (sauf lun de mi-sept à avr) 11h-18h (12h-17h de mi-sept à avr). Entrée : 8 € ; réduc. Livret de visite en français.*
L'idéal finlandais existe, et c'est ici ! Splendide maison en bois, isolée au bord du lac. Calme, volupté... et beauté ! Son seul luxe, c'est sa situation exceptionnelle. Pekka Halonen n'avait pas choisi le site au hasard. Né en 1865, son contemporain Sibelius venait ici jouer du piano, en voisin intime. Halonen est célèbre pour ses paysages, et plus spécifiquement pour ses paysages enneigés. Gauguin, dont il fut l'élève à Paris, lui fit découvrir l'importance de la couleur. Ce n'est sans doute pas un hasard si certaines de ses toiles rappellent étrangement Sérusier ou l'école de Pont-Aven.
On visite la maison et l'atelier du peintre, remis dans leur état d'origine. Il s'agit d'une villa typiquement 1900 et aucun détail n'est laissé au hasard, ni dans la conception ou la distribution des pièces, ni dans la décoration. Observez les portes de foyers, elles diffèrent dans chaque pièce : une truie et sa portée dans l'entrée, une femme nue dans l'atelier... Des peintures de Halonen sont exposées par roulement, accompagnées d'œuvres de Akseli Gallén-Kallela, Eero Järnefelt et Albert Edelfelt, autres chantres du style Éveil national.

Ainola – Maison de Jean Sibelius : *Ainolantie, à* ***Järvenpää.*** *☎ 287-322. • ainola.fi • Ouv mai-sept seulement, tlj sauf lun 10h-17h. Entrée : 10 € ; réduc. Dépliant en français.* Baptisée du nom de son épouse, *Ainola* pouvant se traduire « chez Aino », il s'agit de la maison où Sibelius passa la plus grande partie de sa vie. Autant dire un monument historique ! Pourtant, vous risquez de sortir un peu déçu. Si la maison est une belle construction du début du XXe s, le mobilier est hétéroclite : Sibelius et sa femme ont vraiment vécu ici et y sont morts, lui en 1957 et elle en 1969 (leur tombe est dans le jardin), et leur intérieur a évolué au fil des ans. Il montre néanmoins un Sibelius plus bourgeois que bohème. Le beau parc et le vieux sauna sont peut-être plus intéressants...

UN HYMNE VENU DU FROID

En 1897, le Sénat octroya une rente annuelle à Sibelius, promu ainsi musicien national attitré. On attendait de lui des pages aux accents autonomistes, dans une Finlande encore à la botte des tsars. Ainsi son poème symphonique Finlandia, *terminé en 1900, devint-il le symbole de la résistance finlandaise. Curieusement, cette œuvre fut choisie en 1967 comme hymne officiel du Biafra, région sécessionniste du Nigeria. Les autorités de cet éphémère État espéraient-elles imiter la Finlande dans son accession à l'indépendance ? Ce fut malheureusement tout le contraire...*

Manifestations

– **Puistoblues :** *fin juin-début juil, à* ***Järvenpää.*** *☎ 271-13-05. • puistoblues.fi •*
– **Mäiden Festival :** *1 sem fin juil, à* ***Järvenpää.*** *• meidanfestivaali.fi •* Concerts de musique de chambre donnés, entre autres, dans les maisons d'artistes citées plus haut.
– **La Nuit des arts :** *1 j. fin août, à* ***Tuusula.*** *📱 040-732-56-50. • taiteidenyo.fi • Entrée payante.* Grande manifestation rendant hommage à la communauté d'artistes de Tuusula. Performances visuelles, musicales, théâtrales, poétiques, etc. Grand repas au bord du lac.

SIPOO (SIBBO en suédois)

18 000 hab. IND. TÉL. : 09

Une bourgade à 30 km du centre d'Helsinki. En route pour Porvoo, on pourra faire un crochet pour admirer son église. Elle le mérite bien !

À voir

L'église Saint-Siegfried *(Pyhän Sigfridin kirkko ; carte La région d'Helsinki)* **:** *au lieu-dit* ***Nikkillä*** *(Nickby). Quitter Helsinki par l'autoroute 4 filant vers Lahti et prendre la sortie « Sipoo ». Bus nº 787K (plate-forme nº 13) depuis la gare routière urbaine ; trajet : 1h. Ne pas la confondre avec la grande église en brique rouge tte proche, qui date de la fin du XIXe s. Juin-août, tlj 12h30-20h.*
Bâtie entre 1450 et 1454, c'est l'une de nos préférées en Finlande, pour sa rusticité. De l'extérieur, remarquer l'harmonie de la pierre ocre, de la brique et du bois de la toiture. Le beau campanile a été reconstruit au début du XIXe s.
L'intérieur, lui, est on ne peut plus dépouillé ! Il faut dire que les galeries, stalles, bancs et planches ont été vendus aux enchères pour payer la réparation du toit. On peut, paraît-il, encore voir certains éléments chez des particuliers du village. En tout cas, les bancs simplissimes et le sol en pavage grossier jointoyé de sable lui confèrent une grande authenticité et l'on vient de loin pour s'y marier. Remarquer la curieuse structure : 2 nefs à l'entrée et 3 dans le chœur, ainsi que 2 étroites fenêtres ménagées dans les piliers centraux. Sur le plafond ogival, étonnantes peintures médiévales du XVe s chargées de symboles païens et ésotériques. Belle chaire rustique en bois polychrome du XVIIe s. Peintures des prophètes et apôtres exécutées au XVIIIe s, seuls vestiges de la balustrade de la galerie.
– En été, concerts gratuits le jeudi à 19h30.

PORVOO (BORGÅ en suédois)

50 000 hab. IND. TÉL. : 019

• Plan *p. 119*

Située à 50 km à l'est d'Helsinki, la vieille ville de Porvoo, avec ses petites maisons de bois peint blotties entre colline et rivière, semble tout droit sortie d'un conte de fées. La magie opère encore plus le soir, lorsque les rues se vident. Mais alors tous les restos et cafés sont fermés, ou presque...
Très fréquentée en été et à la période de Noël, Porvoo est aussi une ville d'art et de culture qui a toujours séduit peintres et écrivains.

DO YOU SPEAK FINNISH ?

Une particularité de Porvoo : une colonie suédophone isolée, la plus orientale de Finlande. À l'époque où le finnois était peu parlé dans la bourgade, une blague circulait dans la région : « Non, je ne suis jamais allé à l'étranger, mais j'ai visité Porvoo. » Voilà, c'était notre minute d'humour finlandais...

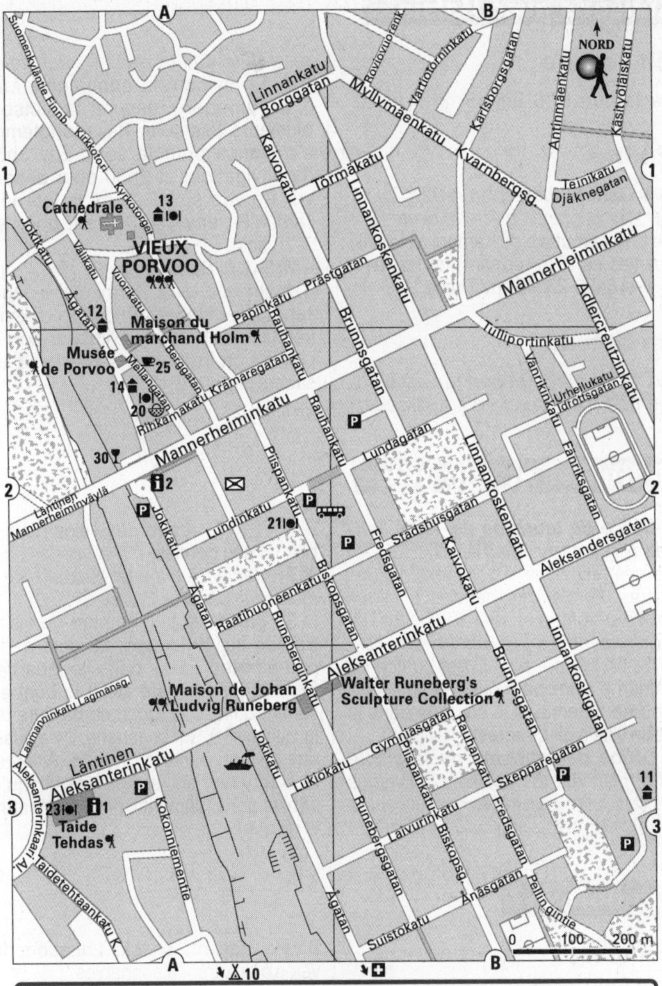

PORVOO

■	**Adresses utiles**		
i 1	Office de tourisme de Taide Tehdas (A3)		
i 2	Office de tourisme de la vieille ville (A2)		

Adresses utiles

- i 1 Office de tourisme de Taide Tehdas (A3)
- i 2 Office de tourisme de la vieille ville (A2)

Où dormir ?

- **10** Camping Kokonniemi (hors plan par A3)
- **11** Porvoo Hostel (B3)
- **12** Ida-Maria B & B (A1-2)
- **13** Hotel Onni (A1)
- **14** Hotel Pariisin Ville (A2)

Où manger ?

- **13** SicaPelle (A1)
- **20** Hanna Maria (A2)
- **21** Café Cabriole (A2)
- **23** Sinne (A3)

Où déguster le fameux gâteau Runeberg et... acheter des bonbons ?

- **20** Brunberg (A2)
- **25** Café Helmi (A2)

Où boire un verre ?

- **30** Porvoon Paahtimo (A2)

Liaisons avec Helsinki

En voiture

Par la route E 18. Env 45 mn de trajet.

En bus

Gare routière *(plan A-B2)* **:** *Toritorget ; sur la grande place du centre-ville.* De la gare routière de Kamppi à Helsinki, bus ttes les 15 mn en sem (ttes les 30 mn le w-e) 6h20-23h45 env. Durée : 1h.

En bateau

À Helsinki, départ de la pl. du Marché ; à Porvoo, l'embarcadère se trouve sur le quai Ågatan (plan A3). En saison, la compagnie *M/S J. L. Runeberg* assure la liaison, plusieurs fois/sem. Résa longtemps à l'avance pour le sam. Env 3h30 de navigation, et 2h30 pour découvrir Porvoo si A/R dans la journée. Tarif A/R : env 40 € (½ tarif pour les 7-16 ans).

– ***M/S J. L. Runeberg*** **:** ☎ *524-33-31.* • *msjlruneberg.fi* • De mi-mai à début sept, tlj sauf jeu à 10h depuis Helsinki (retour à 16h). Ce très joli navire (bois et cuivre à profusion) transporte des passagers depuis 1912 !

Adresses et info utiles

Office de tourisme de Taide Tehdas *(Art factory ; plan A3,* ***1****)* **:** *Kokonniementie 6, dans le complexe culturel et commercial cité dans la rubrique « À voir. À faire ».* *040-489-98-01.* • *visitporvoo.fi* • *Lun-ven 9h-18h, sam 11h-16h ; fermé dim.* C'est l'office de tourisme principal mais, en saison, il y a une antenne plus centrale dans la vieille ville (voir ci-après).

Office de tourisme de la vieille ville *(plan A2,* ***2****)* **:** *Jokikatu 35B (sous le pont, juste après la rivière en venant d'Helsinki). Juin-sept, lun-ven 10h-18h, w-e 11h-17h.* Loue des vélos mais à prix un peu gonflés.

Médecin **:** *à l'hôpital, Sairaalantie 1 (hors plan par B3).* ☎ *548-21.*

Se garer **:** gratuit au nord du vieux Porvoo sur Kirkkotori, au-delà de la cathédrale ; idem dans le quartier Empire. Sinon, juste avant le pont en venant d'Helsinki (donc en bordure de la vieille ville), sur la gauche, il y a aussi une aire de parking gratuite. Ailleurs, le stationnement est payant (jusqu'à 18h) et généralement limité à 2h (mettre le disque).

Où dormir ?

Camping

Camping Kokonniemi *(hors plan par A3,* ***10****)* **:** *Uddaksentie 17.* *045-255-00-74.* • *porvoo@suncamping.fi* • *À env 2 km du centre-ville, fléché sur la droite avt le pont en venant d'Helsinki. Ouv juin-août. Réception tlj 9h-22h. Compter env 29 € pour 2 avec tente ; chalets 4 pers env 64-82 €.* Un vaste espace très nature entre les arbres et les fleurs, avec des emplacements bien délimités. Propose aussi une dizaine de chalets plaisants, situés un peu à l'écart et protégés par une jolie haie. Sauna payant, snack. Location de vélos à prix très raisonnables.

Bon marché

Porvoo Hostel *(plan B3,* ***11****)* **:** *Linnankoskenkatu 1-3.* ☎ *523-00-12.* • *porvoohostel.fi* • *Prendre la 5e rue à droite après le pont (en venant d'Helsinki), c'est tt au bout. Ouv tte l'année. Réception 6h-10h, 16h-23h. Nuit en dortoir ou chambre privée (2-6 lits) env 30-45 €/pers ; draps en sus. Réduc avec la carte ISIC. Sdb à partager. Parking gratuit.* Belle maison rouge de style traditionnel. Les chambres et dortoirs, peu nombreux, sont simples mais bien agréables et très bien tenus. Cuisine à disposition.

De prix moyens à plus chic

Ida-Maria B & B (plan A1-2, **12**) : *Välikatu 10. 045-851-23-45. • idamaria.fi • En contrebas de l'église, sur la place pavée de la vieille ville. Doubles avec sdb partagée 89-149 €. Sauna.* En plein centre du vieux Porvoo, cette belle maison en bois vieille de 250 ans fut un temps habitée par Gallén-Kallela. Aujourd'hui, elle offre 4 chambres (dont 1 pour 6 personnes) parquetées, aux lignes claires et sobres, typiquement nordiques. Salle de bains à partager mais nickel. Cuisine avec un vieux four à bois et vénérable poêle dans le petit salon-salle à manger. Beaucoup de cachet donc, et un bel accueil familial.

Hotel Onni (plan A1, **13**) : *Kirkkotori 3. 044-534-81-10. • onniporvoo.fi • Ouv en saison. Doubles 180-200 € ; suites plus chères.* Dans le vieux Porvoo, face à la cathédrale, ce boutique-hôtel propose une poignée de magnifiques chambres cosy dont une suite. On a un peu l'impression de poser ses valises dans un vieux manoir. L'endroit a beaucoup d'élégance et l'atmosphère évoque plutôt celle d'un *Bed & Breakfast*. Le confort est total (il y a même la clim !). Fait aussi resto (*SicaPelle*, voir « Où manger ? »). Une adresse idéale pour profiter du charme de la ville, si votre budget vous le permet.

Hotel Pariisin Ville (plan A2, **14**) : *Jokikatu 43 ; dans la rue principale du vieux Porvoo. ☎ 580-131. • pariisinville.fi • Doubles env 180-250 € ; suites plus chères.* Voisin du *Meat District*, dont il partage la cour intérieure, le *Ville de Paris* représente le créneau boutique-hôtel de charme dans le vieux centre. Réparties sur 2 niveaux, les chambres, toutes personnalisées, s'étirent depuis leurs salons vers des fenêtres tournées vers la rue. Les plus chères disposent d'un sauna, mais toutes ont AC et minibar. Mobilier finlandais chiné avec goût. Au petit déjeuner, on se régale de produits régionaux dans une salle adorable. L'accueil est au diapason, élégant et raffiné.

Où manger ?

De bon marché à prix moyens

Hanna Maria (plan A2, **20**) : *Välikatu 6. ☎ 020-718-96-16. Dans la vieille ville. Tlj sauf dim 8h-16h. Lounas env 9,50-14,50 € ; plats 12-25 €.* Un resto traditionnel, très populaire pour sa tambouille maison, bonne et copieuse. Salle toute simple ou agréable terrasse en bois flirtant avec les pavés. Au menu : plats « self-service » (différents chaque jour) ou steaks à la carte, avec boissons et buffet salade compris.

Café Cabriole (plan A2, **21**) : *Piispankatu 30. ☎ 523-28-00. Face à la gare routière. Tlj sauf dim 8h30-18h (17h sam). Lounas (lun-ven 11h-14h30) 7,80-12,50 €.* Le décor, à l'ancienne, ne manque pas de charme avec son haut plafond à moulures éclairé par des lustres à pampilles. Mais ce qui fait la renommée de ce café, ce sont ses bonnes pâtisseries et son *lounas* copieux (cuisine familiale) d'un bon rapport qualité-prix. Également un bel assortiment de quiches maison. Beaucoup de gens du cru. Petite terrasse au bord du parc Runeberg.

De prix moyens à plus chic

SicaPelle (plan A1, **13**) : *Kirkkotori 3. 040-147-99-33. En été, tlj sauf lun ; le reste de l'année, le soir mar-jeu seulement, plus ven et w-e. Le midi, formules (2-4 plats) 44-49 € ; le soir, menus 55-69 € ; dim (12h-16h ; dernière commande à 14h30) brunch 44 €.* Face à l'église, c'est l'adresse moderne, intime, chic et décontractée à la fois. S'il fait beau, on ne résistera pas à la terrasse, sinon, ce sera la salle aux airs de bistrot contemporain ou le petit salon à l'étage. Sur le tableau noir, le choix est limité, mais dès que le plat arrive, tout est pardonné ! On savoure une cuisine pleine d'idées et de créativité, parfois agrémentée de fleurs sauvages et qui se renouvelle sans cesse. Note d'excellence pour les cuissons. En prime, une bonne playlist.

Sinne (plan A3, **23**) : *Läntinen Aleksanterinkatu 1. 050-521-55-12. Dans le Taide Tehdas (lire la rubrique « À voir. À faire »). Tlj sauf dim soir et lun. Menus déj en sem 29 €, puis 54-69 € ; à la carte, plats 23-38 €.* Baies vitrées, béton brut, cuisine ouverte, mur végétal et gros tuyaux au plafond, tel est le décor de ce vaste bistrot contemporain mais assez relax. La carte n'oublie ni les enfants, ni les végétariens, ni les budgets plus modestes avec une poignée de petits plats pas trop chers. Mais attention, le chef, un ancien du *Savoy,* s'attache davantage à l'origine locale, à la fraîcheur et à la saveur des produits, qu'à l'opulence des portions.

Où déguster le fameux gâteau Runeberg et... acheter des bonbons ?

Johan Ludvig Runeberg, LE poète national finlandais, a donné son nom à une pâtisserie cylindrique aux amandes et à la confiture qu'il consommait au petit déjeuner. Porvoo en a fait sa spécialité.

Café Helmi (plan A2, **25**) : *Välikatu 7. ☎ 58-14-37. Tlj 10h (11h dim)-18h.* À 2 pas de la placette du vieux Porvoo, un ravissant salon de thé avec son cadre délicieusement rétro. Parfait pour déguster le fameux gâteau Runeberg.

Brunberg (plan A2, **20**) : *Välikatu 4 (la rue principale du vieux Porvoo). ☎ 548-42-35. Lun-ven 10h-18h, w-e 9h (10h dim)-16h.* La boutique ne paie pas de mine avec son look de magasin de pièces détachées, mais elle est facilement repérable à la foule qui s'y presse ! Il faut dire que les chocolats (au nougat, au riz soufflé, à la truffe...), caramels et autres réglisses de la maison, restée indépendante et cultivant un côté rétro, sont connus et distribués dans tout le pays.

Où boire un verre ?

Fréquentée principalement par des touristes venus seulement pour la journée, la vieille ville est assez calme le soir, même en haute saison. En septembre, le retour des étudiants réveille un peu la partie moderne.

Porvoon Paahtimo (plan A2, **30**) : *Mannherheiminkatu 2. ☎ 617-040. Au niveau du pont. Tlj 10h-minuit (3h ven-sam).* Un bar-brûlerie de café joliment installé dans un ancien entrepôt de brique de 1902. Les salles rustiques sont très réussies ; la terrasse, sur une barge amarrée, géniale. Belle sélection de bières du monde, mais aussi de vins et cidres. Et, bien sûr, de fins cafés torréfiés par la maison, qu'on peut acheter en paquets.

Également, à 2 pas du *Porvoon Paahtimo,* de l'autre côté du pont, 2-3 cafés-restos installés sur le quai. Parmi eux, c'est surtout le beau voilier **Glückauf** et ses tables en terrasse qui attirent l'attention... Charmant.

À voir. À faire

La vieille ville : la promenade dans la vieille ville est un enchantement. Reconstruite au XVIIIe s selon le plan médiéval, après le dernier incendie, c'est un entrelacs de petites ruelles aux pavés irréguliers, parmi un ensemble de maisons en bois bâties au bord du fleuve ou enfouies dans des jardinets clos. Musardez dans les courettes fleuries et colorées qui permettent de passer d'une rue à l'autre. Calme, très vert. Venez-y tôt le matin pour éviter la foule de vos semblables. Pour une vue d'ensemble, traversez la rivière par le pont principal et prenez à droite le sentier en sous-bois. Si vous êtes là un samedi entre mi-juin et fin août, possibilité de se joindre à une ***visite guidée en anglais*** *(départ à 14h de Raatihuoneentori, à côté du musée ; 7 €, gratuit moins de 12 ans ; durée : 1h).*

La cathédrale *(plan A1)* **:** *Kirkkotori 1. ☎ 66-111. • porvoonseurakunnat.fi • Mai-sept, lun-ven 10h-18h, sam 10h-14h, dim et j. fériés 14h-17h ; oct-avr, mar-sam 10h-14h, dim et j. fériés 14h-16h (fermé lun).* Elle n'a pas vraiment la taille que ce mot laisse supposer : en effet, après que Vyborg fut devenue russe en 1721, le siège de l'évêché fut transféré à Porvoo et la belle église paroissiale du XVe s se trouva promue de manière inattendue. À l'intérieur, notez la fresque de licorne sur la partie supérieure du pilier à droite de l'autel. La cathédrale abrite aussi une statue du tsar Alexandre Ier car, en 1809, après le traité par lequel la Suède abandonnait la Finlande à la Russie, le tsar convoqua une diète dans la cathédrale de Porvoo et s'engagea à respecter les spécificités de la Finlande et à lui accorder une large autonomie.

Le musée de Porvoo *(Porvoon museo ; plan A2)* **:** *Raatihueentori ; sur la placette au centre du vieux Porvoo. 040-197-55-57. • porvoonmuseo.fi • Mai-août, tlj sauf dim-lun 10h (11h dim)-16h ; sept-avr, tlj sauf lun-mar 12h-16h. Entrée (combinée avec la maison Holm) : 10 € ; réduc ; gratuit moins de 18 ans.* Situé dans l'ancien hôtel de ville, ce petit musée présente succinctement l'histoire et la culture de la ville et de sa commune : sections sur la diète de Porvoo, sur les artistes locaux (comme Albert Edelfelt, peintre né dans un manoir des environs), sur la manufacture de céramique Iris implantée au XIXe s... Sous les combles, collection classique d'art populaire (mobilier, costumes, coiffes, vaisselle, jouets).

La maison du marchand Holm *(Holmin talo ; plan A1-2)* **:** *Välikatu 11 ; sur la même placette que le musée de Porvoo. ☎ 574-75-00. • porvoonmuseo.fi • Mêmes tarifs et horaires que le musée de Porvoo.* Le rez-de-chaussée accueille une expo temporaire, tandis que la maison proprement dite est en réalité un appartement et se situe au 1er étage. Il permet de pénétrer dans l'intimité d'une des plus riches familles de Porvoo de la fin du XVIIIe s. Beau mobilier, notamment dans le salon, qui présente aussi des peintures montrant la vieille ville de Stockholm au XVIIIe s.

La maison de Johan Ludvig Runeberg *(Johan Ludvig Runebergin Koti ; plan A3)* **:** *Aleksanterinkatu 3. 040-489-99-00. Mai-août, tlj 10h-16h ; sept-avr, tlj sauf lun-mar 10h-16h. Entrée : 8 € ; réduc ; gratuit moins de 18 ans.* Visiter cette maison, où le poète s'installa avec sa famille en 1852, permet également de se balader dans le quartier Empire, tout en bois lui aussi mais d'une facture plus classique que le vieux Porvoo. C'est la plus vieille maison-musée du pays. L'œuvre maîtresse de Runeberg, *Les Récits de l'enseigne Stål,* décrit le sort des Finlandais enrôlés dans l'armée suédoise pendant la guerre de 1808 contre la Russie. En sont issus les paroles de l'hymne national, le nom d'une organisation féminine très active de 1939 à 1944 et le thème d'un oratorio de Sibelius. Rien, ou presque, n'a changé ici depuis sa mort en 1877, et c'est avec émotion que le visiteur découvre le bureau, la bibliothèque et les différentes chambres qui composaient le cadre de vie de l'homme de lettres. De mai à août, aux mêmes horaires, le ticket donne accès à la *Walter Runeberg's Sculpture Collection (plan B3),* située au no 5 de la même rue. Si le papa fut un grand poète, le fiston, lui, s'est illustré dans la sculpture.

Taide Tehdas *(Art factory ; plan A3)* **:** *Kokonniementie 6. ☎ 010-231-82-00. • taidetehdas.fi • Prendre à droite avt la rivière en venant d'Helsinki. Tlj sauf lun 9h (11h w-e)-16h. GRATUIT sauf pour certaines expos temporaires (compter env 6-8 €).* Ancienne fabrique de tracteurs transformée en centre culturel et commercial. Au 1er étage, un petit musée fait tourner le fonds constitué par le don qu'un grand collectionneur local fit à la Ville dans les années 1980. Il s'agit de peintures, sculptures et gravures finlandaises, datant principalement des années 1950 à 1980. 2 ou 3 expos temporaires concomitantes, un café et le resto *Sinne* (voir « Où manger ? ») complètent la liste des locataires de la « Fabrique ».

DANS LES ENVIRONS DE PORVOO

Croisières Helsinki-Porvoo : *voir la rubrique « Liaisons avec Helsinki » plus haut.*

L'ancienne « route des Rois », de Porvoo vers l'est : *se repère à ses panneaux à la couronne jaune.* Empruntée par les marchands, les militaires et les diplomates, elle relia pendant des siècles le sud de la Norvège à la Russie. Suivant la côte, elle traverse ***Loviisa,*** où vous vous arrêterez vers le 10 juillet pour « La joyeuse entrée du roi dans la ville », une fête traditionnelle en costume d'époque, puis ***Hamina,*** agréable ville de garnison à la surprenante place centrale octogonale.

LA FINLANDE DE L'OUEST

LE SUD-OUEST

D'Helsinki à Turku, doyenne des cités finlandaises et ancienne capitale, s'étend une région pétrie d'histoire. De superbes églises médiévales en granit rappellent qu'elle est l'un des berceaux culturels du pays. L'architecture en bois de certaines petites villes côtières a miraculeusement échappé aux incendies dévastateurs qui émaillent l'histoire nationale. Le visiteur s'immerge aussi dans une terre qui s'émiette longuement jusqu'à se dissoudre dans la Baltique. Entre Helsinki et la coquette Ekenäs, plusieurs sites intéressants enrichissent l'itinéraire, moyennant de petits détours (voir « Dans les environs d'Ekenäs »). Au-delà, Hanko aimante sans coup férir la boussole des voyageurs... Parce qu'elle est fichée sur la pointe la plus méridionale du pays et pour son cachet de station balnéaire rétro en diable.

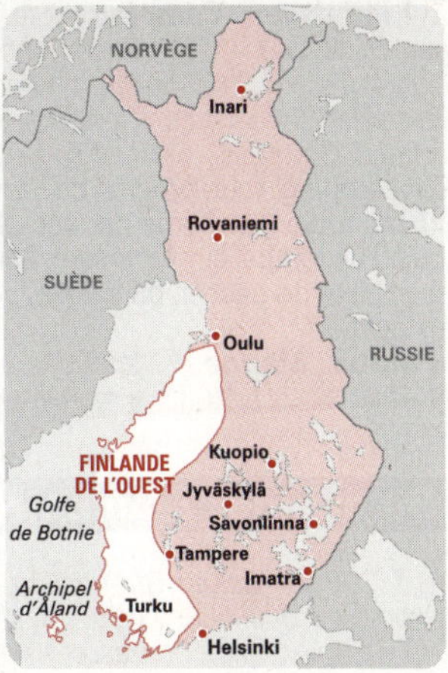

EKENÄS (TAMMISAARI en finnois)

14 800 hab. IND. TÉL. : 019

Fondée en 1546 par le roi de Suède, Gustav Vasa, Ekenäs répond à l'archétype du village nordique : maisons en bois colorées, pelotonnées au bord d'un adorable petit port, rues calmes et pittoresques... Au large, son archipel incroyablement complexe abrite l'une des rares forêts de chênes de Finlande. C'est un tel labyrinthe que la toponymie s'emmêle les pinceaux : *Ekenäs* se traduit par « presqu'île aux Chênes » et *Tammisaari* par « île aux Chênes » ! Le bourg a fusionné en 2009 avec ses voisins, Karis et Pohja, pour fonder la nouvelle commune de Raseborg, aux 2/3 suédophone.

Arriver – Quitter

Gare routière : *Järnvägsgatan 4.* Env 8-10 bus directs/j. depuis Helsinki en sem (à peine 2-3 le w-e), certains poussant jusqu'à Hanko. Trajet : 1h30-2h.

Gare ferroviaire : *Järnvägsgatan.* Env 1 train/h avec Helsinki (changement à Karjaa). Trajet : env 1h30.

➢ ***En voiture :*** à 93 km à l'ouest de la capitale. Compter 1h30 de trajet.

Adresses utiles

Office de tourisme : *Gustav Wasas Gata II. ☎ 289-20-10. • visitraseborg.com • Dans les locaux du Raseborg Museum. Début juin-fin août seulement, tlj sauf lun 11h-17h.*

Poste : *Stationsvägen Asematie 1.*

Hôpital : *Raseborg Hospital, Östra Strandgatan 9. ☎ 289-30-00.*

Où dormir ?

Tammisaari Camping : *Skutvägen 1. ☎ 241-44-34. • ek-camping.com • À env 1,5 km au sud du centre. Compter 28-31 € pour 2 avec tente et voiture. Cottages 45-100 € (2-6 pers).* Ce camping tout proche de la ville (15 mn à pied) et bordé par une plage jouit d'un fort bel emplacement. Sauna, possibilité de pêcher, bateaux et vélos en location.

Motel Marine : *Kammakaregatan 4-6. ☎ 241-38-33. • motelmarine.fi • Doubles 75-100 €, petit déj inclus. Parking gratuit.* Le principal atout de ce motel est son emplacement stratégique face au port, et à 2 pas du vieux quartier et de la place de l'hôtel de ville. Aucun cachet (malgré un ameublement des années 1970 resté dans son jus, devenu tendance malgré lui), mais les chambres sont d'un confort correct et bien tenues, la plupart avec une petite terrasse. Noter tout de même que les moins chères sont assez petites. Fait aussi resto.

Où manger ? Où boire un verre ?

Pub Niska : *Strandallén, sur le port. 040-683-03-55. Tlj 11h-21h (22h ven-sam). Pizzas et salades 13-14 €, thé/café inclus.* Une adorable cabane tout en bois : vieux plancher, grosses poutres, murs en rondins et caisses en guise de tabourets. On se croirait dans un fumoir traditionnel ! D'ailleurs, les viandes et poissons qui garnissent leurs honnêtes pizzas et salades proviennent d'un fumoir local. Lieu sympa aussi pour prendre une bière ou un café en terrasse. Super accueil d'une jeune équipe souriante.

Knipan : *Stallörsparken ; au port, tt au bout de la jetée. ☎ 241-11-69. Mai-août (et w-e en sept), tlj 11h (12h w-e)-22h. Lounas 19,90 € ; sandwichs et salades 12-18 €, plats 19-32 €.* Ce bâtiment biscornu aux toits rouges fut construit sur pilotis pour contourner la loi qui n'autorisait alors qu'un seul resto sur le sol communal ! La grande salle aux tons marins et baies vitrées semble baigner dans la mer. Burger de poissons et poisson du jour en tête d'affiche. Cuisine correcte sans être ébouriffante, et pas vraiment donnée.

À voir. À faire

Outre le charme de ses maisons en bois coloré, l'intérêt d'Ekenäs réside dans la découverte de son archipel.

Le centre historique *(Gamla Stan)* **:** il donne un aperçu de l'habitat aux XVIIIe et XIXe s, avec ses ruelles étroites aux maisonnettes multicolores. On y flâne tranquillement, en jetant un coup d'œil dans les courettes fleuries.

L'ancien château d'eau *(Vattentornet)* **:** *demander la clé à l'office de tourisme (20 € de garantie). GRATUIT.* Tour carrée de brique rouge abritant quelques appartements et offrant, du haut de ses 35 m et 164 marches, une vue sur la ville, son site et l'archipel.

La plage de Stallörsparken : centrale et gardée, elle est sablonneuse et agrémentée d'un ponton-plongeoir et d'un sauna. Bien pour un break en famille !

Naturum *(centre d'info sur le parc national de l'archipel d'Ekenäs-Tammisaari)* **:** *Stallörsparken, à côté du Pub Niska. ☎ 020-564-46-13. • nationalparks.fi/en/ekenasarchipelagonp • En été, tlj 10h-18h ; mai-juin et 2de quinzaine d'août, tlj 10h-15h. Le reste de l'année, sur résa (min 10 pers). GRATUIT. Explications et vidéo en anglais.*
La petite exposition présentée dans ce hangar de bois explique la structure du littoral et présente les espèces animales et végétales spécifiques à chacun des 4 biotopes qui le composent. En sortant, regardez la façade : malgré les travaux d'ancrage dans le rocher pour l'empêcher de glisser vers la mer, le bâtiment est courbé comme une banane !

La réserve naturelle de Ramsholmen (Naturparken Ramsholmen) **:** *au sud du centre historique, accessible par des sentiers ; parking à l'entrée. Se procurer le plan à l'office de tourisme.* Parc de 50 ha comprenant les îles de Ramsholmen et de Högholmen reliées par une passerelle, ainsi que la péninsule de Hagen, qui font partie de l'archipel d'Ekenäs. Lieu de promenade intéressant pour sa flore et sa faune, plage au calme sur l'île de Ramsholmen. Jetez un coup d'œil au passage à la ***villa Schildt*** *(Östra Strandgatan 7, à côté du parking de l'entrée de la réserve ; ☎ 241-17-52 ; • villaschildt.fi •)*, qui abrite une fondation destinée, entre autres, à préserver l'œuvre d'Alvar Aalto.

DANS LES ENVIRONS D'EKENÄS

Proche de la côte ou plus à l'intérieur des terres, rejoints par de très jolies routes, boisées et doucement vallonnées, voici une sélection de sites à découvrir entre Ekenäs et Helsinki.

Les ruines du château de Raseborg (Rasseporin linnanrauniot) **:** *à env 18 km au nord d'Ekenäs ; pas de bus. 044-064-61-92. • raaseporinlinna.fi • Prendre la route d'Helsinki et tourner à droite après 8 km en direction de Snappertuna (route 1050) ; continuer 6 km, c'est fléché. Mai-août, tlj 10h-20h (17h de mai à Midsummer) ; sept, seulement le w-e 10h-17h. Fermé oct-nov et janv-avr. Entrée : 7 € ; réduc. Juil, visites guidées en anglais (durée : 1h) ; horaires variables, se renseigner (supplément de 5 €).*
Ce château massif de la fin du XIVe s coiffant un gros rocher était à l'origine entièrement entouré d'eau. Équipé de planchers et de galeries intérieures en bois, il s'avère plus photogénique que renversant sur le plan architectural. Le caractère paisible et un peu mystérieux des lieux suffit à rendre plaisante la visite.

Café-restaurant Slottsknektens stuga : *à l'entrée du site, mêmes horaires que le château (mais fermé en mai). Plats env 12-25 €.* Cuisine à base de produits locaux dans une belle maison en bois datant de 1893, à l'intérieur très chaleureux.

Fagervik : *à 27 km d'Ekenäs par la route 1050. • fagervik.fi •* Bâti au début du XVIIIe s autour de ses forges par les industriels suédois Hising, le village de Fagervik possède le charme déroutant de la simplicité. Au cœur d'une végétation épanouie, on chemine jusqu'à une ravissante église en bois qui se reflète dans le miroir des eaux d'un lac, en remontant une allée bordée de ravissantes maisons des forgerons, dont la plupart ont été reconstruites au début du XIXe s après un énième incendie. Malheureusement, ni l'église (clocher de 1766 et plus ancien orgue du pays), ni le manoir de la famille (de style rococo et achevé en 1773), ni l'orangerie ne sont ouverts au public. Restent quand même le jardin à la française, sa fontaine incongrue dans un tel site, les forges, perdues dans les fougères et... un café-musée avec une petite expo sur l'histoire du site *(ouv juin-début août, mer et sam seulement 11h-16h ; GRATUIT).*

L'église d'Ingå *(Ingå kyrka ou, en finnois, « Inkoon kirkko ») : à 38 km d'Ekenäs (direction Helsinki) et à 15 km de Fagervik pour les routes 1050 et 51. ☎ (09) 221-90-30. De juin à mi-août, tlj 10h-16h ; le reste de l'année, sur rdv ou pour la messe dominicale.* Précédée d'un campanile de bois rouge et posée au centre d'un cimetière, l'église Saint-Nicolas, dont la construction a débuté au XIIIe s, possède un chœur couvert de fresques naïves aux tons ocre, enjolivées de remarquables motifs végétaux. Celles de la double nef, séparée par 2 piliers centraux supportant des voûtes gothiques, sont malheureusement effacées. Mais on peut encore admirer, dans le bas-côté nord, un des rares exemples finlandais de danse macabre. Celle-ci date de la fin du XVe s.

Le parc national de l'archipel d'Ekenäs *(Tammisaaren saariston kansallis-puisto) : rens à l'office de tourisme ou au centre d'info Naturum à Ekenäs.* Ses 50 km² de superficie englobent plusieurs îles. Des sentiers balisés et parcours de découverte sont tracés dans une nature très variée. Nombreux oiseaux de mer nicheurs. Pour les amateurs, une croisière-déjeuner est possible le samedi (en saison). N'oubliez pas vos jumelles.

L'église Saint-Laurent *(Pyhän Laurin kirkko) : Kirkkokatu, à* ***Lohja,*** *à 50 km d'Ekenäs par la route 25 et à 70 km d'Helsinki par la n° 1 ; plusieurs liaisons tlj (directes ou non) en bus avec Ekenäs (trajet env 1h), et env 1 liaison/h avec la capitale (trajet 1h-1h15). Tlj 9h-16h (12h-15h oct-avr).* L'une des plus belles églises médiévales de Finlande (XVe s), à voir pour ses fresques intérieures datant du début XVIe s. Couvrant toute la surface des murs et de la voûte, leurs couleurs douces et fraîches sont admirablement préservées. On pourrait passer des heures à détailler chaque vignette qui raconte de façon naïve des scènes de la Bible. La « grande » histoire commence classiquement à droite du chœur, avec le paradis (nudité à peine voilée... et anatomiquement fantaisiste, avouons-le !), pour s'achever au Jugement dernier. Saints et martyrs foisonnent bien évidemment, tandis que scènes de danse, de liesse populaire et personnages fantasmagoriques chers à l'imaginaire médiéval remplissent les intervalles : démons difformes, figures grimaçantes et quelques scènes de décapitation pas piquées des vers. Parmi les détails remarquables : l'immense *Saint Christophe,* occupant tout un pan du mur gauche de la nef (il porte l'Enfant Jésus sur l'épaule !), l'homme qui s'essuie l'œil lors d'une décapitation, une Vierge de miséricorde abritant sous son manteau les humbles et les pêcheurs, une saisissante *Descente de Croix,* etc.

Le village de Fiskars *: à 30 km au nord d'Ekenäs. • fiskarsvillage.fi • En voiture, à Karjaa, sur la route d'Helsinki (route 25), prendre la direction de Pohja et suivre les panneaux ; en bus, nombreuses liaisons avec Ekenäs ou Helsinki via Kaarja.* Eh oui ! Les fameux ciseaux orange et outils de jardinage viennent de ce village joliment manucuré ! Quoique... aujourd'hui, l'entreprise *Fiskars* produit aux 4 coins du monde. À l'aube du XXIe s, l'activité industrielle périclitant, le site s'est reconverti en village d'artisans. On y trouvera une jolie palette d'ateliers, de boutiques et d'expos, cafés, restos ainsi qu'un petit musée *(Fiskarin museo ; 📱 045-180-81-11 ; • fiskarsmuseum.fi • ; juin-juil, tlj 11h-17h ; le reste de l'année, tlj sauf lun-mar 11h-16h ; entrée 5 €, gratuit moins de 18 ans),* dans un cadre de verdure sereine. Les bâtiments, comme l'ancien grenier ou les vieilles forges, datent pour la plupart de la 1re moitié du XIXe s et valent le coup d'œil.

Restaurant Kuparipaja *: Göran J. Ehrnroothin tie 1. ☎ 237-045. Fin juin-août, tlj 11h-22h, dim 12h-20h. Le reste de l'année, le midi seulement plus le soir ven-sam. Congés : janv. Plats 19-28 €.* Certainement l'un des meilleurs restos du village, installé au rez-de-chaussée d'un ancien bâtiment industriel. Le cadre est sobre et lumineux, la terrasse qui surplombe le ruisseau sympa comme tout, l'accueil dévoué et la cuisine goûteuse. Voilà de bonnes raisons pour venir s'attabler ici ! On vous en donne une de plus si besoin : en été, le buffet offre un large panel de la cuisine finlandaise et se révèle d'un excellent rapport qualité-prix.

HANKO (HANGÖ en suédois)

8 500 hab. IND. TÉL. : 019

La ville la plus méridionale de Finlande, très connue pour son climat favorable, sa régate en juillet et ses plages de sable fin. C'est aussi l'un des rares endroits du pays qui sentent vraiment la mer ! La terre et l'eau s'y entrelacent, comme le suédois et le finnois, parlés chacun par une moitié de la population. C'est au port Est *(Itäsatama)* que se concentre la placide animation de cette station balnéaire. Plus étendue qu'il n'y paraît, elle se prête avec délices aux balades à pied ou à petite reine.

ROULE, FORREST, ROULE !

C'est à Hanko que Jukka Mutanen a terminé sa traversée de la Finlande du nord au sud en... pelleteuse ! Au départ, un pari stupide digne de Forrest Gump : ce vendeur de tractopelles a lancé un groupe Facebook sur lequel il promettait de traverser ainsi son pays si le groupe atteignait les 50 000 inscrits. En ayant récolté plus du double, il ne pouvait guère faire marche arrière. Le 1er juin 2010, il entamait un périple de 950 km. Pendant 29 jours, Jukka est devenu une vraie star dans son pays, adulé des médias, des cyclistes et des marcheurs qui faisaient un bout de chemin avec lui. Et tout ça à la vitesse fulgurante de 4 km/h...

UN PEU D'HISTOIRE

Construite sur une péninsule stratégique pour la domination du golfe de Finlande, la ville est fortifiée dès le XVIIIe s, sous l'autorité suédoise. À la fin du XIXe s, Hanko devient un lieu de villégiature prisé des touristes russes. En 1940, à l'issue de la guerre d'Hiver, la Finlande est contrainte de louer la péninsule à l'URSS, qui y établit une base navale. En 1941, lors de la guerre de Continuation, des combats acharnés poussent les Soviétiques à évacuer leurs positions devenues intenables, sous la pression des Finlandais et des Allemands.

Arriver – Quitter

➢ ***En voiture :*** à 35 km d'Ekenäs.

Gare routière : *Asematori.* Avec Helsinki, une dizaine de liaisons/j. en sem (1 seule le w-e), directe ou non (trajet : env 2h).

Gare ferroviaire : *Asematori.* Env 10 liaisons/j. avec Helsinki (avec un changement à Karjaa). Trajet : env 2h.

Adresses et info utiles

Office de tourisme : *Raatihuoneentori 5. ☎ 220-34-11. • visithanko.fi • Juin-août, lun-ven 9h-18h, w-e 10h-16h ; sept-mai, lun-ven 9h-16h.* Plan de la ville et des environs, infos sur les visites et excursions.

✉ ***Poste :*** *Esplanadi 69* (R-Kioski).

■ ***Pharmacie :*** *Nycanderinkatu 18.*

LA FINLANDE DE L'OUEST

Parking : le stationnement est gratuit et en général sans limitation de temps.

Location de vélos : **SunFun,** *rens au resto Bryggan situé au port. 040-414-56-81. En été seulement, tlj 11h-21h. Compter 16 €/j.*

Où dormir ?

Camping

Camping et Motel Silversand : *à* **Lähdetie.** *248-55-00. • cornia.fi • À 4 km du centre, sur la droite en arrivant d'Helsinki. Ouv tte l'année. Compter env 27-43 € pour 2 pers avec tente, 43-132 € en chalet 2-6 pers.* Dans une immense pinède, en bordure d'une belle plage de sable. Confort basique, mais c'est un bon point de chute pour ceux qui veulent de l'espace. Minigolf, petite restauration en saison, jeux pour enfants, saunas (payants) et location de vélos qui peut avoir son importance puisqu'il n'y a pas de bus pour rejoindre le centre ! Excellent accueil.

De prix moyens à plus chic

Hôtel Bulevard : *Bulevardi 8. 044-988-08-86. • hotelbulevard.fi • Doubles avec ou sans sdb 80-150 €.* De grands carreaux de verre habillent la façade de l'ancien commissariat de police, que voilà transformé en hôtel. Ça, c'est de la reconversion ! Les chambres se distinguent par leur référence à un designer finlandais et, surtout, par leurs couleurs, certaines étant plutôt flashy. Même les anciennes cellules ont été mises à contribution, pour accoucher de petites chambres sans douche, avec ou sans lavabo et w-c. Le résultat est original, mais pour ces chambres-là, mieux vaut ne pas être claustrophobe : murs en béton d'origine, et fenêtres tout en hauteur. Accueil familial décontracté.

Hotel Regatta : *Torikatu 2. 248-64-91. • hotelregatta.fi • Doubles 120-190 €.* Entièrement rénovée, cette belle bâtisse jaune Art nouveau de 1898 offre des chambres agréables et nickel, à la déco sobre, avec tout le confort et des salles de bains dernier cri. Les 2 plus chères ont leur propre sauna !

Villas

Le charme de Hanko doit beaucoup aux superbes villas en bois construites au temps de la Grande Russie. Une poignée d'entre elles ont été transformées en *Bed & Breakfast,* ouverts plutôt en été.

Villa Maija et annexes (villas Janne et Anke) : *Appelgrenintie 7. 050-505-20-13. • villamaija.fi • Ouv avr-sept. Doubles 115-185 €.* Avec ses grandes verrières et ses belles balustrades, la *Villa Maija,* bâtie en 1888, semble faire fi du temps qui passe. Parquetées et de couleurs douces, toutes les chambres sont très douillettes et différentes. Les plus prisées jouissent d'une véranda. Même atmosphère dans les maisons annexes. Sauna à l'ancienne, chauffé au bois, barbecue, accueil agréable et dynamique. Bref, un vrai lieu de vacances, version Riviera finlandaise...

Où manger ?

Classic Pizzas : *Satamakatu 17. 044-033-76-06. Sur le port. Ouv de mi-mai à début sept ; juil, tlj 11h-minuit ; le reste du temps, 11h-22h (minuit ven-sam). Pizzas 13-20 €.* Ces belles structures de bois ont été investies par une série de restos, dont cette bonne pizzeria, installée dans une grande salle au plafond pentu avec un coin canapés. Propose une vingtaine de pizzas de belle taille : à la saucisse, huile de truffe, fromage bleu, crevettes et lait de coco... et même une en dessert ! Son voisin, ***Makaroni*** *(mêmes horaires),* est quant à lui réputé pour ses pâtes (pas trop chères non plus) et son bar à champagne *(ouv jusqu'à 2h en saison).*

🍴 ☂ **Origo :** *Satamakatu 7. ☎ 248-50-23. Tlj 12h-22h. Sur le port. Buffet 25 € le midi, env 31 € le soir (l'été seulement) ; lounas en sem 16,50-20 € ; plats 21,50-33 €.* Certes un peu cher à la carte, mais l'excellent buffet de poisson estival, servi midi et soir, vaut le coup. De plus, le cadre d'un chic-rustique décontracté, avec ses bougies qui scintillent dans la pénombre, donne vraiment envie de s'attabler. En prime, le personnel est accueillant. Bar-boîte animé en été *(soirées DJ à partir de 22h ou 23h, jusqu'à 3h du mat ; entrée payante).*

🍴 🍸 ☂ **På Kroken :** *port de Juviken. 📱 040-358-18-15. À env 3 km au nord du centre. Resto : juin-août, tlj 11h-22h ; le reste de l'année, ouv ven soir, sam midi et soir et dim midi ; résa indispensable en juil. Café-bar : tlj 8h-18h (20h ven-sam) en été, 9h-17h en hiver. Buffet à volonté de poisson et crustacés env 35 € midi et soir ; plats à la carte 22-34 €.* Le nom du lieu (« À l'Hameçon ») trahit l'origine des produits : vous êtes dans l'antre des poissons et fruits de mer. Leur buffet à volonté est à ne manquer sous aucun prétexte : outre la qualité des produits, d'une fraîcheur inégalable (le maître des lieux est également poissonnier), les préparations sont variées et d'une belle finesse : saumon et hareng sublimés de plusieurs façons, crevettes et anguilles fumées, moules bleues, écrevisses, le tout accompagné de sauces maison... De quoi faire bombance sans limite tout en découvrant des saveurs nouvelles ! Et puis le cadre marin de cette maison traditionnelle en bois est parfaitement raccord. En prime, la terrasse donne sur un adorable port de plaisance qui s'embrase au coucher du soleil. Si le resto est au-dessus de vos moyens, le midi, au café, la soupe de poisson *(moins de 10 €)* est délicieuse. L'un de nos coups de cœur culinaires !

🍴 🍸 ♪ ☂ **Roxx Cafe Pub :** *Itäsatama. ☎ 248-43-93. Café tlj 8h-21h30 (cuisine 11h-20h30) ; pub en été seulement, 11h (16h lun-mar ; 14h dim)-minuit (1h w-e). Snacks 4-8 €, plats 11-16 €.* Pas des plus glamour certes, cette petite cafétéria-self-service à la longue terrasse face à la marina offre pourtant une belle tranche de vie locale... et c'est la 1re réveillée à Hanko ! Pêcheurs, marins, plongeurs du dimanche et autres visiteurs y engloutissent un petit déj léger ou un casse-croûte le midi (sandwichs, burgers)... avant de repasser le soir côté pub ! En été, concerts gratuits les vendredi et samedi soir.

Où boire un verre ? Où déguster une pâtisserie ?

🍸 ☕ ☂ **Neljän Tuulen Tupa** (La Maison des Quatre Vents) **:** *Pieni Mäntysaari. ☎ 248-14-55. Au bout de la plage de Långsanda (à env 2 km à l'est du centre). Ouv de mi-mai à fin août, tlj : juin-juil 10h-21h ; le reste de la saison, tlj sauf lun 11h-16h.* Juchée sur des rochers balayés par l'écume, cette petite maison en bois des années 1930 porte bien son nom. Elle fut un temps la propriété du maréchal Mannerheim, qui devait en apprécier la simplicité et le caractère vivifiant. C'est aujourd'hui un rendez-vous très prisé des locaux, qui y savourent d'appétissants gâteaux et tartines (hareng, saumon), le tout arrosé de cafés, vins et spiritueux.

Où sortir ?

La vie nocturne se cantonne aux mois d'été et se concentre, le *Pub Grönan* mis à part, autour du port d'Itäsatama. Là, allez jeter un œil au bar de l'***Origo*** (voir « Où manger ? »), ainsi qu'au bar à vins et à champagne du ***Makaroni*** (voir « Où manger ? » aussi), ou encore au ***Makasiini,*** réputé pour ses concerts, ils sont tous dans le même alignement de maisons. À la marina, à 2 pas de là, le ***Roxx Cafe Pub*** (voir « Où manger ? » encore) occupe le créneau populo.

Pub Grönan : *Bulevardi 17. ☎ 248-65-05. • gronan.fi • Tlj 16h (10h w-e)-1h.* Murs vert trèfle, box, billard et écran géant pour retransmettre les événements sportifs, tout est réuni pour se croire un instant dans un pub irlandais. Depuis 1961, le *Grönan* rassemble une clientèle fidèle, plus branchée gros rock'n'roll que ballades à la guitare sèche. Concert le week-end dès 22h *(gratuit ou 5-10 €).*

À voir. À faire

Le site : une promenade à Hanko par un beau jour d'été est un enchantement. Un port animé, de belles maisons en bois, des kilomètres de plages de sable fin, des criques aux pentes couvertes de pins. Demandez la carte du coin à l'office de tourisme et partez à la recherche des petits recoins cachés aux 4 vents de la presqu'île. Au nord de celle-ci, on aime bien le microscopique port de ***Juviken*** (voir plus haut le resto *På Kroken* dans « Où manger ? »). À l'ouest, les petites cabanes de ***Kappeli Satama,*** un petit port de pêche, embrassent une minuscule baie. On y profite pleinement des couleurs intenses et féeriques du soleil couchant.

Le château d'eau (Vesitorni) **:** *en plein centre. Juin-août, tlj 13h-16h (18h juil) ; hors saison, s'adresser à l'office de tourisme. Entrée : 2 € ; réduc.* Du haut de ses 48 m (ascenseur), il domine le paysage et commande une vue panoramique sur la rencontre de la terre et des eaux.

Appelgrenintie : cette rue bordée d'élégantes villas nous plonge au début du XXe s, à l'époque où l'aristocratie de l'Empire russe déclinant venait apprécier ici une certaine douceur de vivre. Juste derrière, le *casino* édifié en 1910, part un sentier (sur la gauche) qui slalome entre de gros rochers ronds. De retour sur Appelgrenintie, après le croisement avec Täktomintie, jetez un coup d'œil à l'***église orthodoxe.*** Elle a l'apparence d'une classique villa en bois, mais son toit est coiffé d'un clocher central entouré de 5 bulbes. On peut alors revenir sur ses pas pour rejoindre la plage de Långsanda (voir ci-après).

Neljän Tuulen Tupa (La Maison des Quatre Vents) **:** *voir plus haut, dans « Où boire un verre ? Où déguster une pâtisserie ? ».* Depuis la terrasse de ce café ou perché sur les rochers alentour, la vue sur la Baltique et les derniers lambeaux de terre finlandaise laissera songeur plus d'un esthète. Au-delà de l'horizon s'étend la côte estonienne.

Les plages : elles font la renommée de la station. La plus centrale est ***Itälahti*** (*Östraviken* en suédois), au bout de Bulevardi. ***Bellevue,*** située après le casino et accessible depuis Appelgrenintie, s'anime de beach-volley, jeux pour les enfants, et elle est équipée de cabines. Dans son prolongement, vers l'est, ***Långsanda*** est un poil plus sauvage malgré sa proximité avec les belles villas de la pinède. Enfin, ***Tulliranta,*** à l'extrémité ouest de la péninsule, est la plus longue et peut-être la plus belle, malgré la zone portuaire tout autour.

DANS LES ENVIRONS DE HANKO : CROISIÈRES ET EXCURSIONS

Hauensuoli (Boyau du Brochet) **:** *résas auprès de l'office de tourisme ou sur le site • sunfun.fi • ; départ du port d'Itäsatama, de fin juin à mi-août, mar et sam à 14h (bien sûr, tt dépend de la météo). Durée : env 2h. Compter 25 €/pers ; 10 € pour les 4-14 ans.*

Une île où, depuis le XVIe s, les gens de passage, navigateurs, marchands, soldats ou nobles, ont laissé une trace de leur visite en gravant dans la roche leurs nom et blason, l'année et parfois même de courtes histoires. La balade comporte un arrêt sur la petite île de *Gustafsvärn,* où se trouvent les ruines d'une forteresse du XVIIIe s. Possibilité, également, de partir à la rencontre des phoques gris *(jeu et dim de juil à mi-août ; 35 €/pers ; 15 € pour les 4-14 ans ; durée 2h).* Ils sont environ 12 000 à se prélasser dans l'archipel.

Le phare de Bengtskär : *040-053-69-30. • marinelines.fi • Départ d'Itäsatama, de mi-juin à août, tlj à 11h (sauf dim 2de quinzaine de juin et d'août). Durée : 5h30, dont 2h30 à terre. Compter 67 €/pers, repas et visite compris ; 28 € pour les 4-14 ans.*
Au large de Hanko, sur la terre la plus méridionale du pays, l'un des plus beaux phares de Finlande, et le plus haut des pays nordiques (52 m). La vue y porte évidemment très loin, ce qui lui valut d'être âprement disputé entre les troupes finlandaises et soviétiques pendant la guerre de Continuation. Il abrite aussi un hôtel (chic) : avis aux amateurs !

La petite route côtière : *suivre Appelgrenintie et la quitter, au carrefour, pour Täktomintie, à droite. Cette dernière rejoint la route principale (la n° 25) après env 25 km.* Une route paisible aux bonnes senteurs de pin, parfaite pour la petite reine (mais on peut aussi la faire en voiture). En chemin, une petite réserve naturelle et un cimetière russe (Taktom).

TURKU (ÅBO en suédois)

193 000 hab. IND. TÉL. : 02

• Plan *p. 134-135*

Si son centre, au quadrillage rigide et aux immeubles sans âme, s'avère quelconque, Turku a bien d'autres atouts pour séduire le voyageur : de nombreux parcs, quelques pâtés de maisons pittoresques en bois ayant survécu aux incendies, une cathédrale, d'intéressants musées, un château passionnant, l'animation soutenue d'une ville étudiante et les jolis quais du fleuve Aurajoki, théâtres d'une version locale de la *passeggiata* italienne. C'est là que tout se passe, été comme hiver. On s'y prélasse, on s'y rencontre, on s'y amuse, on y boit, on y mange en terrasse ou sur les bateaux-restaurants.
Les alentours de Turku sont riches et variés. L'archipel auquel elle donne son nom étale son puzzle dès les portes de la ville, et le photogénique village de Naantali n'est qu'à 15 km.

UN PEU D'HISTOIRE

C'est en 1556 que le roi de Suède Gustav Vasa érige la Finlande en grand-duché, avec pour capitale Åbo, nom suédois de Turku. Après quelques étripailles sanglantes des rejetons de la famille régnante, le XVIIe s se révèle paisible et la ville se développe, malgré de nombreux incendies dévastateurs. En 1640, la création de son université renforce sa réputation intellectuelle. Mais, en 1812, les nouveaux maîtres russes privent Turku de son titre de capitale au profit d'Helsinki, plus proche de leurs terres. La série de malheurs de la ville ne

LA ROUE TOURNE

En 1828, l'année suivant le grand incendie, le tsar décida de transférer l'université à Helsinki. C'en fut bien fini des espoirs que Turku redevienne la capitale du pays. Les habitants se consolent de leur provincialisme accru en affirmant que leur ville ne fut pas créée de toutes pièces comme Helsinki.

■ Adresses utiles

- i Office de tourisme (C2)
- 1 Consulat français (C2)
- 2 Pharmacie (C1)
- 3 Carfield (location de vélos ; C1)

Où dormir ?

- 10 Camping Ruissalo (hors plan par A2-3)
- 11 Hostel S/S Bore (A3)
- 12 Auberge du couvent de Sainte-Brigitte (B2)
- 13 B & B Tuure (C1)
- 14 Omena Hotelli (C1)
- 15 Villa Rauhala (hors plan par A2-3)
- 16 Centro Hotel (C1)
- 17 Scandic Plaza (C1)
- 18 Park Hotel (C1)

Où manger ?

- 20 Kauppahalli (C2)
- 21 Café Art (C2)
- 22 Tintå (C2)
- 23 Tiirikkala et Mami (C1)
- 24 Maneerat (C2)
- 25 Nerå (B2)
- 26 Kaskis (C-D2)
- 27 Ludu (C2)

Où boire un verre ? Où sortir ? Où danser ?

- 11 Café Navigare (A3)
- 40 Bateaux-bars de la rivière Aura (C2)
- 41 Vaakahuoneen Paviljonki (B2)
- 42 Rantakerttu (B2)
- 43 Bar Ö et Dynamo (C1)
- 44 The Old Bank (C2)
- 45 Uusi Apteekki (C2)
- 47 Panimoravintola Koulu (C2)
- 48 B4R (C2)
- 49 Apollo (C2)
- 50 Forte (C1-2)

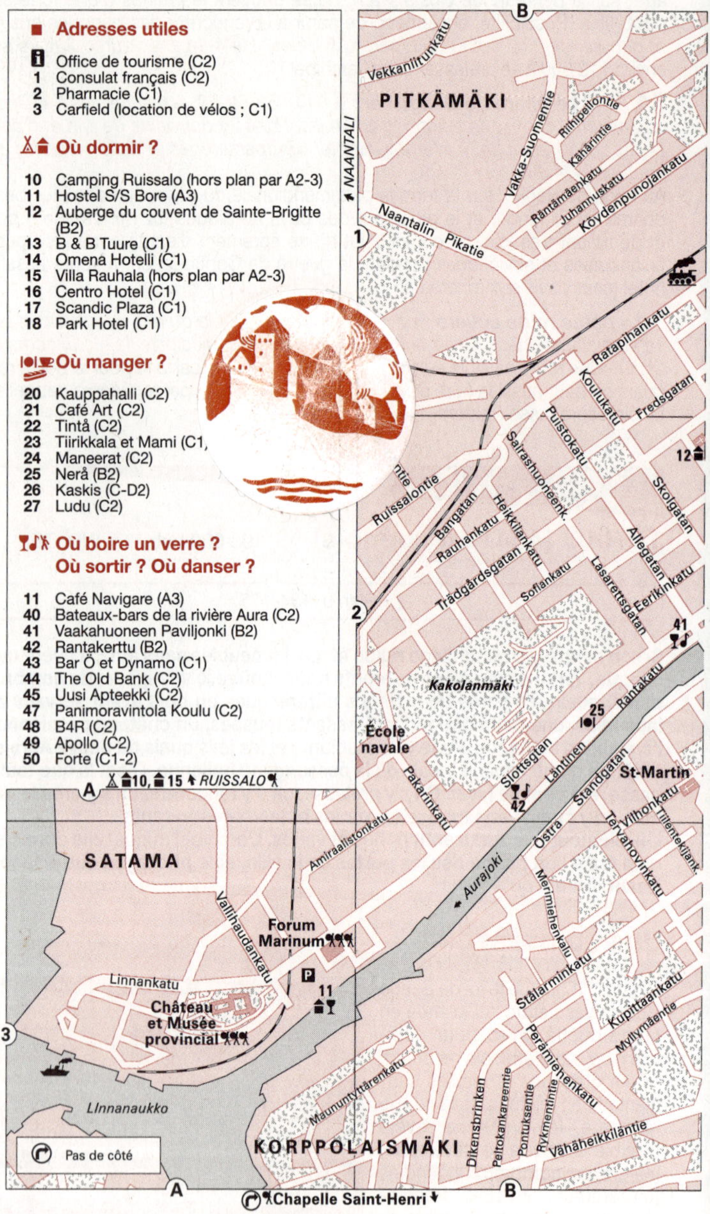

TAMPERE
NORD
POHJOLA
CENTRE
KURJENMÄKI
MÄNTYMÄKI
VÄHÄHEIKKILÄ
Yrjänänkatu
Aninkaistensilta
Lonttistentie
Verkatehtaank.
Jokikatu
Kasarminkatu
Kirkkotie
Tureborgsg.
Kutomonkatu
Tehtaankatu
Vesilinnantie
Pitkäkatu
Bangårdsgatan
Brahenkatu
Läntinen
Kauppiaskatu
Aninkaistenkatu
Nankurink.
Agricolankatu
Hämeentie
Maariankatu
Universitets-gatan
Musée des Beaux-Arts
Musée Sibelius
Ett Hem Museum
Piispankatu
Tuomiokirkkokatu
Tavastgatan
Kiinamyllynkatu
Humalistonkatu
Puutarhakatu
Aurakatu
KAUPPA TORI
Eriks-gatan
TUOMIO KIRKKO SILTA
Cathédrale
Hämeenkatu
Yliopistonkatu
Rantakatu
Aboa Vetus & Ars Nova
Vähä
Kellonsoittajank.
Brunnsg.
Käsityöläiskatu
Kristiinankatu
Uudenmaankatu
Sirkkalagatan
Musée de la pharmacie
Vartiovuori
Österlånggatan
Ursininkatu
Linnankatu
Läntinen
Rantakatu
Kupittaankatu
Samppalinnan Vuori
Kaskenkatu
Musée de l'artisanat de Luostarinmäki
Itäinen
Luostarink.
Sirkkalankatu
Jalavatie
Saarnitie
Kunnallissairaalantie
Pitkäkatu
Martinkatu
Kaskentie
Kurjenmäenkatu
Itäinen
Kupisgatan
Kuninkaankartanonkatu
Luolavuorentie
Lillheikkilävägen
Lylyvägen
Takamaa
Terhokatu
Uittamontie
Kunnallissairaalantie
Vaitaojantie
Puistomäenk.
Askaistentie
Rätialågatan
Luolavuorentie
Puistomåenk.
500 m
C
D
1
2
3

TURKU

s'arrête pas là : un énième incendie la détruit presque entièrement en 1827. On confie à Engel le soin de la redessiner. En homme d'ordre et de méthode, il trace le quadrillage qui organise la ville actuelle.

Arriver – Quitter

En bateau

Le *terminal maritime* est proche du château *(plan A3).* Voir le chapitre « Comment y aller ? » en début de guide.

En train

Gare ferroviaire *(plan B1)* ***:*** *Ratapihankatu 37, en haut de Humalistonkatu.* Consigne.

➢ Env 1 liaison/h avec ***Helsinki*** (trajet : 2h).

➢ Liaisons directes avec plusieurs villes, dont ***Tampere*** (trajet : 1h45).

➢ 1 train auto-couchettes/j. pour ***Rovaniemi*** et ***Oulu.***

En bus

Gare routière *(plan C1)* ***:*** *Aninkaistenkatu 20. À moins de 10 mn à pied du centre-ville ou de la gare.*

➢ Nombreuses liaisons avec ***Helsinki*** (env 2h15), ***Rauma*** (env 1h30), ***Pori*** (2h-2h30) et ***Tampere*** (2-3h).

En avion

✈ ***Aéroport d'Helsinki :*** *à 170 km ; env 2h-2h30 de trajet.*

➢ ***Liaisons avec l'aéroport d'Helsinki :*** env 1 bus/h 5h-20h (21h50 dans le sens Helsinki-Turku). Changement à Espoo, sauf pour les départs minuit-4h.

✈ ***Aéroport de Turku*** *(hors plan par C1)* ***:*** *Lentoasemantie 150, Turku ; à env 8 km au nord de la ville. ☎ 020-708-47-17. • finavia.fi/en/airports/turku •* Liaisons avec Stockholm, Copenhague et Riga, entre autres.

➢ ***Liaison centre-ville/aéroport de Turku :*** avec le bus n° 1, arrêt sur Linnankatu, à côté de l'office de tourisme *(plan C2).* Dessert également le port. Départs ttes les 15-30 mn env 5h20-0h45 depuis l'aéroport, jusqu'à 23h40 depuis la ville. Tarif : 3 €. Sinon taxis (env 28 €).

Adresses et infos utiles

Office de tourisme *(plan C2)* ***:*** *Aurakatu 2. ☎ 262-74-44. • visitturku.fi • Lun-ven 8h30-18h, w-e 9h-16h (oct-mars, 10h-15h le w-e).* Propose notamment des itinéraires thématiques sur la ville (architecture, balades romantiques, sculptures, etc.).

– ***Museum Walk Card :*** *en vente à l'office de tourisme ou sur leur site internet. Tarif : 38 €, valable 3 j.* Permet d'accéder librement à 12 musées de la ville. Idéal pour enchaîner les visites un jour de pluie ! Cette carte n'inclut pas les transports en commun (pour cela, il faut acheter la ***Tourist Card,*** voir plus bas). Pour les gourmets, il existe aussi une ***Food Walk Card*** *(48 €, valable 3 j.),* qui donne droit à 5 repas (boissons en supplément) à choisir parmi 10 restaurants participants (mais pas forcément les plus intéressants, à notre avis !).

■ ***Consulat français*** *(plan C2,* ***1****)* ***:*** *Linnankatu 34 B 15. 040-503-67-57. • panu.routila@gmail.com •*

■ ***Consulat honoraire de Belgique :*** *Läntinen Rantakatu 35. 040-551-98-41. • antti@wihanto.fi •*

■ ***Pharmacie : Yliopiston Apteekki*** *(plan C1,* ***2****), Yliopistonkatu 25. Tlj 7h-23h.*

Se repérer. Se garer. Se déplacer

– *Attention,* les plans de la ville de l'office de tourisme indiquent les noms de rues en 2 langues (finnois et suédois). C'est trompeur car on a parfois l'impression de 2 rues différentes dans le prolongement l'une de l'autre.

Stationnement : payant au centre-ville, 9h-18h ; compter, dans la rue, 1,50-3 €/h selon l'endroit. Exceptions : la zone située autour de la cathédrale *(plan D1)* qui est gratuite mais limitée à 2h (essayer les ruelles un peu plus haut, gratuites et sans limitation de temps) ; le grand parking du *Forum Marinum (plan A3)* est gratuit pendant 8h. C'est le meilleur plan pour faire des économies !

Bus urbains : *• foli.fi/en • Ticket : 3 € (le ticket est valable 2h et inclut les environs) ; réduc.* Tourist Card *valable 24h : 8 € ; réduc ; il existe des cartes valables 2-14 j.*

Taxis : *☎ 0100-41.*

À pied, à bicyclette...

La ville se prête admirablement bien au vélo. Les distances sont courtes et les côtes supportables. Sinon, la plupart des centres d'intérêt sont proches du centre, donc tout à fait accessibles à pied.

Location de vélos : ***Carfield*** *(plan C1, **3**), Läntinen Pitkäkatu 20, près de la gare. 046-811-89-70. • carfield.fi • Juin-août seulement, lun-sam 9h-16h, dim 10h-14h. Env 22 €/j.*

Où dormir à Turku et sur l'île de Ruissalo ?

S'étendant dans le prolongement ouest de la ville, l'île de Ruissalo est le poumon vert et maritime de Turku. Voir « Dans les environs de Turku » pour plus de détails. Quelques hébergements décrits plus loin dans « L'archipel de Turku » permettent de visiter facilement à la fois la ville et son archipel.

Camping

Camping Ruissalo *(hors plan par A2-3, **10**) : Saarontie 25, **île de Ruissalo,** à env 10 km du centre vers l'ouest. 050-559-01-39. • ruissalo.camping@turku.fi • Bus n° 8 depuis le centre-ville (le camping se trouve au terminus). Ouv juin-août (sept pour les chambres et chalets). Compter 31 € pour 2 pers avec tente ; chambres, chalets et villas rudimentaires (lits superposés, sanitaires en commun) 40-80 € (2-4 pers), bien équipés 68-195 € (2-6 pers). Sauna payant.* C'est plus une base de loisirs qu'un simple camping. On s'installe à découvert ou sous les frondaisons, sur des emplacements agréables et proches des petites plages adorables qui ourlent le site. Café et resto. Non loin du camping, petite marina avec des chalets qui bordent le rivage. Tout autour, un tas de sentiers forestiers idéaux pour la rando ou le cyclo.

– Également un camping sympa à ***Naantali,*** à 15 km à l'est de Turku (voir la rubrique consacrée à Naantali).

De bon marché à prix moyens

Hostel S/S Bore *(plan A3, **11**) : Linnankatu 72 ; dans le S/S Bore, pont 3. 040-843-66-11. • hostel.bore@turku.fi • Bus n° 1 depuis l'aéroport et le centre-ville ; arrêt Forum Marinum, situé à 200 m. Réception 24h/24, enregistrement à partir de 15h. Cabine 2 pers avec sdb 74-92 € ; également des quadruples ; draps et petit déj inclus. Réduc avec la carte ISIC. Parking gratuit.* Un *hostel* s'est invité à bord de l'ancien ferry *S/S Bore* (lire la rubrique « À voir », Forum Marinum). Les 130 cabines, pour 1 à 4 personnes, aux lits superposés ou non, ont été conservées dans leur état d'origine, excepté les sanitaires. L'atmosphère est vraiment unique ! Attention, certaines cabines sont sans hublot. Petit déj servi dans l'ancien resto du ferry. La dot habituelle des AJ est bien là : salon commun, frigo et micro-ondes (mais pas de vraie cuisine), machines à laver et même un sauna gratuit le matin (payant le reste de la journée). Également un bar ouvert à tous (voir plus bas). Accueil top. Embarquement recommandé !

Auberge du couvent de Sainte-Brigitte *(Birgittalaissisaret Vieraskoti ;*

*plan B2, **12**) : Ursininkatu 15A. ☎ 250-19-10. • birgittalaissisaret.fi • Double avec sdb 65 €, petit déj inclus. CB refusées.* Eh oui ! Un couvent catholique de brigittines ! Son auberge est ouverte à tous et sans couvre-feu, mais les religieuses exigent le calme après 22h. Dans un édifice neuf et rutilant de propreté, les chambres (de 1 à 3 personnes) sont d'une sobriété toute monacale mais fonctionnelles et de bonne taille. Une adresse originale.

B & B Tuure (*plan C1, **13***) *: Tuureporinkatu 17C. ☎ 233-02-30. • tuure.fi • Réception au 3e étage 8h-21h (mais mieux vaut téléphoner avt). Double 65 €, quadruple 95 €, avec petit déj.* Aux 3e et 4e étages d'un immeuble sans grâce, des chambres claires et fort bien tenues, dont certaines adaptées aux familles. 5 douches et w-c pour tout le monde. Accueil discret et gentil. Buffet petit déj servi dans une agréable salle. Petite cuisine et machine à laver. Là encore, une bonne alternative à l'hôtel.

Omena Hotelli (*plan C1, **14***) *: Humalistonkatu 7. Voir la rubrique « Hébergement » dans le chapitre « Finlande utile ».* Outre une situation intéressante, cet *Omena* a l'avantage d'occuper un immeuble conçu par Alvar Aalto *himself* !

Villa Rauhala (*hors plan par A2-3, **15***) *: Rauhalantie 67, sur l'**île de Ruissalo.** 040-079-18-38. • jm.asplund@kolumbus.fi • À 8 km de Turku. Ouv avr-oct. Doubles 70-80 € ; 2 nuits min. Pas de petit déj.* Pour y accéder, prendre la direction du camping et bifurquer à droite au niveau du jardin botanique (accès autorisé aux voitures se rendant à la villa). Après 700 m, vous atteignez une charmante propriété au bord de l'eau, lovée dans un écrin de verdure. 3 maisons en bois : la villa, demeure de vos hôtes, et 2 autres, plus petites, dont une qui attend que vous y posiez vos sacs. Les 2 chambres à l'étage se partagent une salle de bains et une kitchenette, les 3 du rez-de-chaussée jouissent en privé (sauna en prime !) de ces commodités et d'un peu plus de mobilier. Accueil courtois.

De chic à plus chic

Centro Hotel (*plan C1, **16***) *: Yliopistonkatu 12. ☎ 211-81-00. • centrohotel.com • Doubles 115-135 €. Parking gratuit.* Caché au fond d'une cour (mais grande enseigne depuis la rue), cet hôtel profite d'une tranquillité bien appréciable. Les chambres sont contemporaines, impeccables et joliment rénovées, façon design. Parties communes dans le même esprit. Savoir quand même que l'entrée de gamme, les « *double piccolo* », sont assez... minus (14 m²) ; 10 à 20 € de plus, et vous serez plus à l'aise. Une bonne option.

Scandic Plaza (*plan C1, **17***) *: Yliopistonkatu 29. ☎ 232-00. • scandichotels.fi • Doubles 105-220 €. Parking payant.* Ce digne représentant de la célèbre chaîne cumule les avantages : une situation on ne peut plus centrale, des chambres contemporaines de bon goût et un accueil à la hauteur des prestations. Sauna et fitness compris. Comme d'hab, surveiller les promos sur leur site internet.

Park Hotel (*plan C1, **18***) *: Rauhankatu 1. ☎ 273-25-55. • parkhotelturku.fi • Doubles 125-155 €. Sauna payant. Parking gratuit.* Oui, c'est un peu onéreux. Mais que ne ferait-on pas quand on est las de l'hôtellerie standardisée qui règne dans le pays ? Il s'agit d'une charmante demeure Jugendstil, à la façade recouverte de vigne vierge, au fond d'une impasse très calme. Cependant, adeptes de l'épure, abstenez-vous ! Vous pourriez étouffer dans ces chambres toutes différentes, à l'aménagement kitsch et surchargé (un festival de moulures, lustres, têtes de lit à dorures et statuettes d'animaux). Accueil familial charmant.

Où manger ?

Si le temps le permet, faites comme de nombreux Finlandais en piqueniquant sur les pelouses au bord de la rivière. Sympa et économique. Mais d'autres options bon marché existent.

De bon marché à prix moyens

Kauppahalli (plan C2, **20**) : *Eerikinkatu. Tlj sauf dim 8h-18h (16h sam).* Une des formules les plus économiques et typiques pour déjeuner est de se rendre aux halles, datant de 1896. Ambiance authentique assurée avec ses nombreuses échoppes-comptoirs-traiteurs, ses stands de poisson et même un bar à sushis tout en bois. À goûter en particulier : le boudin noir *(mustamakkara)* à la compote d'airelles rouges (originaire de Tampere) ou la saucisse de porc *(rusinamakkara)* aux raisins secs ou à l'oignon.

Café Art (plan C2, **21**) : *Läntinen Rantakatu 5. 040-158-33-83. Lun-ven 10h-19h, sam 10h-17h, dim 11h-17h.* Ravissant salon de thé situé dans un alignement de maisons Empire, avec une agréable terrasse sur le quai ombragé. Pâtisseries alléchantes pour caler un petit creux ou sandwichs pour un en-cas plus conséquent. Populaire auprès des locaux qui ne s'y trompent pas !

Tintå (plan C2, **22**) : *Läntinen Rantakatu 9. ☎ 230-70-23. Tlj 11h (12h sam-dim)-minuit (2h ven-sam, 22h dim). Lounas (lun-ven 11h-14h30) env 11-14,50 € ; plats et pizzas 14-32 €.* Intérieur hispanisant garni de tables en bois, sol en béton et murs ornés de bouteilles de pinard. Le *Tintå* (allusion – à consonance suédoise – au mot *tinto* en espagnol, qui désigne la couleur du vin rouge) est à la fois un bar à vins et un resto, où l'on sert un excellent *lounas* le midi. Le soir, place aux pizzas originales et autres plats maison – tendance fusion – réalisés avec beaucoup de soin. On peut aussi y venir pour un café et une pâtisserie. Vraiment bien à toute heure !

Tiirikkala (plan C1, **23**) : *Linnankatu 3. ☎ 020-741-73-37. Tlj sauf lun 12h-22h (1h ven-sam). Plats style tapas finlandaises et burgers env 14-17 €.* Un lieu agréable et convivial pour manger ou boire un verre. On commande à la caisse et on vous apporte votre plat, que vous soyez installé sur de hauts tabourets dans la salle du bas, dans les canapés du 1er, sur la terrasse couverte au 2d ou en bord de rivière. Déco dépouillée blanche, lumineuse et égayée par de jolis lustres. Concerts certains soirs en hiver (notamment du jazz le lundi hors saison).

Maneerat (plan C2, **24**) : *Käsityöläiskatu 1. 040-358-02-12. Tlj sauf w-e 11h-18h (21h ven). Plat du jour env 10 € ; carte env 13-20 €.* Ce petit resto thaï ne paie pas de mine de l'extérieur mais fait salle comble tous les midis pour ses petits plats savoureux, copieux et pas chers. Et comme, de plus, l'accueil est sympa, on aurait grand tort de se priver ! Un conseil, arrivez tôt, sous peine de devoir faire la queue.

Ne pas oublier les ***cafétérias de musées*** qui servent des *lounas* d'un excellent rapport qualité-prix dans un cadre souvent sympa. On aime bien celles du musée des Beaux-Arts, du musée de la Pharmacie, de l'Aboa Vetus et celle du château.

De prix moyens à plus chic

Nerå (plan B2, **25**) : *Läntinen Rantakatu 37. ☎ 020-741-57-50. Tlj 11h (13h dim)-22h (23h mer-jeu, 1h ven-sam, 21h dim). Résa conseillée le soir. Lounas (lun-ven 11h-14h30) env 11-14,50 € ; plats et pizzas 14-32 €.* Resto et bar à vins très à la mode, ouvert par les proprios du *Tintå* (voir plus haut). On y retrouve les mêmes qualités que chez son grand frère : du goût et de la convivialité à tarifs abordables, dans un cadre bien léché. Cuisine savoureuse inspirée par l'Italie, avec des pâtes *al dente* originalement garnies, de bonnes pizzas tout en longueur, mais aussi des burgers, viandes et poissons fort réussis. Décor moderne chaleureux avec ses boiseries décapées, ses bonbonnes en guise de lustres, ses miroirs et son béton brut. Également une terrasse fort prisée sur le quai, idéale pour buller face aux bateaux. Accueil gentil et attentif. Une adresse tip top !

Mami (plan C1, **23**) : *Linnankatu 3. ☎ 231-11-11. Tlj sauf dim-lun 11h (13h sam)-22h. Résa conseillée. Lounas (lun-ven 11h-15h) env 11-25 € ;*

plats 24-30 €. L'une des tables réputées de Turku. Après avoir essayé leur *lounas,* on comprend pourquoi : bon, frais, soigné, il surpasse la plupart de ses homologues. On revient avec le même plaisir le soir, pour ses plats plus élaborés mais chichis inutiles, servis dans une petite salle au goût du jour ou sur la belle terrasse au bord de l'eau, face à la cathédrale. Service décontracté et tout sourire.

Kaskis *(plan C-D2,* ***26****) : Kaskenkatu 6A. 044-723-02-00. Tlj sauf dim-mar 18h (15h sam)-23h. Résa indispensable. Plats env 22-35 € ; menu 55-79 €.* Tenu par 3 jeunes gens, dont 2 aux fourneaux, ce resto fait beaucoup parler de lui. C'est bien simple, c'est plein à craquer tous les soirs, et ce d'autant que la salle, au look sobre, est toute petite. Au menu, à peine 3-4 plats, entrées et desserts de saison, à base d'ingrédients locaux rigoureusement sélectionnés, pour le plus grand plaisir des convives qui trouvent ici une cuisine fine et créative. Accueil et service au diapason. Rien à redire !

Ludu *(plan C2,* ***27****) : Linnankatu 17. ☎ 020-734-03-10. Tlj sauf dim-lun 17h-23h. Plats 24-30 €.* Classe et intimiste, un joli resto au décor post-industriel, habillé de noir et blanc du sol au plafond, avec cuisine semi-ouverte, projecteurs et tuyaux apparents. Seulement 3 ou 4 plats à la carte, en fonction de l'inspiration du chef. Les préparations sont savoureuses et recherchées, puisant dans le terroir local. Service très pro. Belle carte des vins, mais les tarifs sont raides !

Où boire un verre ? Où sortir ? Où danser ?

Ville étudiante, Turku offre la vie nocturne la plus dynamique et enthousiasmante du pays. Il n'y a que l'embarras du choix, des bateaux-bars aux discothèques en passant par des reconversions étonnantes (ancienne banque, école, pharmacie, etc.). Certains bars proposent des *happy hours* en fin d'après-midi, d'autres entre 9h et 12h (pas très sain d'encourager la picole dès le matin !). Pour info, les boîtes de nuit font payer un petit droit d'entrée de l'ordre de 5 à 8 €.

Bateaux-bars de la rivière Aura *(Jokiravintola ; plan C2,* ***40****) : alignés sur la berge sud (Itäinen Rantakatu), près du pont au bout d'Aurakatu. D'autres se trouvent plus en aval et sur la berge opposée (Läntinen Rantakatu). Ouv avr-août, horaires selon météo (11h-2h juin-août s'il fait beau).* La population de Turku embarque sur de pittoresques bateaux amarrés à la rive gauche, pour se réchauffer au soleil, papoter entre amis, écouter de la musique et, à l'occasion, se noyer dans des flots de houblon. Les jours de pluie, les salons intérieurs sont là pour prendre le relais. Le mieux est de vous balader le long du quai et d'aborder celui qui vous fait de l'œil. Certains font aussi resto mais ce n'est pas ici que vous ferez le repas du siècle.

Café Navigare *(plan A3,* ***11****) : dans le S/S Bore, 5ᵉ pont (se reporter à la rubrique « Où dormir ? »). Tlj 12h-20h (parfois 22h le w-e).* Pittoresque terrasse sur le pont ou salle au décor rétro-marin en diable. Idéal pour descendre quelques chopines en beuglant des chants de marins... Hissez haut !

Vaakahuoneen Paviljonki *(plan B2,* ***41****) : Linnankatu 40. 044-706-63-60. Mai-août, tlj 11h-23h. Concerts quasi tlj dès 19h.* Installée dans un ancien pavillon métallique comme on en faisait au début du siècle dernier, cette agréable terrasse au bord de la rivière Aurajoki mérite le détour en soirée pour ses concerts gratuits vraiment sympa, qui se déroulent dans une ambiance de guinguette. Une bonne occasion de voir des Finlandais valser ! Clientèle pas toute jeune. Fait aussi resto, mais vraiment médiocre.

Rantakerttu *(plan B2,* ***42****) : Läntinen Rantakatu 55. ☎ 258-80-00. En été, tlj 11h (12h w-e)-22h (23h ven-sam, 21h dim) ; hors saison, jusqu'à 20h (21h ven-sam, 18h dim).* Fréquenté en été pour sa généreuse terrasse en bord de rivière, complétée d'une grande salle dans un beau bâtiment de brique. Belle sélection de bières du pays et d'ailleurs, vins du Nouveau Monde à tarifs raisonnables. Cuisine de bar pour éponger. Ambiance musicale, petits concerts à l'occasion.

Bar Ö (plan C1, **43**) : *Linnankatu 7. 040-023-03-32. Tlj sauf dim 16h-2h (4h30 ven-sam). Concerts ou DJ ven-sam.* Faune détendue et décor bohème pour ce petit bar cosy (fauteuils de récup, objets vintage...). Bon choix de bières artisanales et de cocktails. Leurs *happy hours (16h-18h)* sont une aubaine inespérée : la bière du jour coûte 2 fois moins cher qu'ailleurs !

The Old Bank (plan C2, **44**) : *Aurakatu 3. ☎ 274-57-00. Tlj 12h-minuit (2h mar-jeu, 3h ven-sam). En soirée, âge min : 24 ans.* Célèbre dans toute la Finlande : une banque dans la plus pure tradition début du XXe s, transformée en pub. Hormis le bar au milieu servant près de 200 marques de bières et une cinquantaine de whiskies, tout a été conservé tel quel. Tapis épais, colonnes massives, plafond mouluré, fauteuils profonds, rideaux de velours. L'énorme porte blindée protège aujourd'hui encore les réserves... de liquide ! Explorez les diverses salles, votre verre à la main. Plutôt fréquenté par les 40-50 ans.

Uusi Apteekki (plan C2, **45**) : *Kaskenkatu 1. ☎ 250-25-95. Tlj 14h-2h. Âge min : 20 ans.* Une superbe pharmacie à l'ancienne dont on n'a pas touché la déco... si ce n'est pour remplacer les fioles par une incroyable collection de bouteilles miniatures et de canettes. En guise de remède, un beau choix de bières à la pompe et de whiskies ! Fréquenté par les 30-50 ans en semaine, clientèle plus jeune pour la *Saturday night fever.* Un bon endroit pour fraterniser avec les autochtones, d'autant que l'absence de musique favorise la conversation.

Panimoravintola Koulu (plan C2, **47**) : *Eerikinkatu 18. ☎ 274-57-57. Tlj 11h-minuit (2h ven-sam).* Dans cet ancien lycée pour jeunes filles, les salles sont restées dans leur jus, avec chaises, tables et canapés passés de mode et, çà et là, des cartes de géo ou un tableau noir accrochés aux murs... Mais l'ambiance n'est plus vraiment aux études ! La grande bâtisse rassemble désormais une brasserie, où pas moins de 15 types de bière maison fermentent dans des cuves derrière le comptoir, un bar à vins, une immense cour transformée en *Biergarten* et même une distillerie en automne !

B4R (plan C2, **48**) : *Kristiinankatu 4. 040-571-00-64. Tlj 16h-2h (3h ven-dim). Cocktails 10-12 €.* Un bar à cocktails qui a la cote auprès des jeunes, en particulier en fin de semaine, quand le DJ enflamme l'assistance. Atmosphère *lounge* et *chill-out* avec de longues rangées de canapés et un écran géant pour les événements sportifs.

Apollo (plan C2, **49**) : *Humalistonkatu 6. Ven-sam seulement 22h-5h. Âge min : 20 ou 22 ans selon soir.* L'une des plus grosses boîtes de Turku. Bondée. Concerts réguliers (rock surtout).

Forte (plan C1-2, **50**) : *Kristiinankatu 8. Tlj 22h-4h30. Âge min : 18 ans en sem, 20 ans le w-e.* En sous-sol, l'une des plus vieilles boîtes de Turku, et surtout la seule qui ouvre toutes les nuits, y compris le 24 décembre !

Dynamo (plan C1, **43**) : *Linnankatu 7. Mer-sam 21h-5h. Fermé dim-mar. Âge min : 20 ans.* Ambiance alternative et tranquille. Déco sobre et sombre. Le week-end, population étudiante.

LA FINLANDE DE L'OUEST

À voir

On vous rappelle que la *Museum Walk Card* donne accès à l'ensemble des sites ci-après.

Le musée de l'Artisanat de Luostarinmäki (*Luostarinmäen käsityöläismuseo ; plan D2*) : *Vartiovuorenkatu 2. ☎ 262-03-50. • turku.fi/museo • Mai-août, tlj 10h-18h ; sept, tlj sauf lun 9h-17h ; le reste de l'année, périodes d'ouverture variables, se renseigner. Visites guidées en anglais 10h30-16h30 (incluses dans le billet). Dernière entrée 45 mn avt fermeture. Entrée : 8 € ; réduc. Dépliant en français à l'entrée.* Miraculé du grand incendie de 1827, qui détruisit 2 500 foyers, ce pâté de maisons est tel qu'il fut construit au XVIIIe s par des pêcheurs et des artisans. C'est l'ensemble de maisons en bois le plus ancien, le mieux préservé et le plus homogène de Finlande. Le long des rues en terre, on furète d'une cour ou d'un jardin à l'autre et de maison en maison. Chaque intérieur restitue le cachet d'antan grâce aux meubles, outils et bibelots d'époque. En saison, des artisans font revivre les savoir-faire ancestraux : vannier, brodeuse, bourrelier, potier, relieur...

Avant de partir, une tasse de thé et des *pullat* (brioches maison) vous attendent au ***café Kisälli,*** à l'entrée du musée (mêmes horaires que celui-ci).

Aboa Vetus & Ars Nova *(en latin, « Vieux Turku et Art nouveau » ; plan C2) : Itäinen Rantakatu 4-6. ☎ 020-718-16-40. • aboavetusarsnova.fi • Tlj sauf lun 11h-18h. Entrée : 11 € (comprenant en juil-août, tlj à 11h30, une visite guidée de 1h30 en anglais) ; réduc.*

2 musées pour le prix d'un.

– ***Le musée archéologique :*** subtilement éclairés, les nombreux vestiges médiévaux découverts *in situ* sont prétextes à évoquer les aspects de la vie quotidienne de Turku du XIIIe au XVe s, du commerce à la vie monastique. Entre les pans de murs excavés, panneaux (en anglais), maquettes et autres objets retrouvés donnent une bonne idée de l'activité de la ville au Moyen Âge. Assez pédagogique.

– ***Le musée d'Art moderne :*** un peu décevant car, pour laisser la place aux expos temporaires, la collection du musée n'est présentée que par roulement. Si vous tombez le bon jour, vous pourrez admirer des œuvres de Calder, Picasso, Ernst, Hockney, Dalí, Warhol ou encore Tàpies.

Belle ***cafétéria*** au rez-de-chaussée (mêmes horaires que le musée), où trône une sculpture de Niki de Saint Phalle.

UN MUSÉE PEUT EN CACHER UN AUTRE

Lorsque la Fondation Matti Koivurinta voulut installer ses collections dans un bâtiment de 1928, la construction d'une nouvelle entrée révéla une rue des XVIIe et XVIIIe s ! Pour la préserver et la montrer, on décida de construire, à côté du musée d'Art moderne, un musée archéologique... dont les travaux entraînèrent la découverte d'autres bâtiments du XIVe s ! Ironie de l'histoire : aujourd'hui, ce musée archéologique éclipse totalement la collection d'art moderne...

La cathédrale *(Tuomiokirkko ; plan D1) : entre le fleuve et Hämeenkatu. Tlj 9h-18h (souvent fermé sam ap-m en été, où les mariages se succèdent à la chaîne).* Elle date du XIIIe s et fut agrandie et rénovée au fil des guerres et des incendies. Nef très dépouillée, comme tous les lieux de culte luthérien. Les colonnes gothiques de forme octogonale, les hautes fenêtres du chœur, la galerie qui en fait le tour et les chapelles latérales datent des XIVe et XVe s. Voir la chapelle funéraire et ses sarcophages à droite en entrant, puis celle de saint Jean à gauche, décorée de fresques médiévales. Plusieurs jolies fresques néogothiques. Dans le chœur, autres fresques du XIXe s, bien moins inspirées. Petit *Musée religieux* sur la galerie *(entrée : 2 €, réduc)* présentant quelques belles sculptures en bois (XIVe-XVIe s), des reliques, des vêtements liturgiques et des maquettes. L'extérieur de la cathédrale (qui fait quand même 93 m de haut), de brique et

C'EST COA ÇA ?

En 1924, lors de travaux, un cercueil miniature contenant un squelette de grenouille enveloppé dans un linceul fut exhumé du sol de la cathédrale. En réalité, de nombreux cercueils à grenouilles ont été découverts dans les églises et cimetières finlandais. Il s'agissait d'un rituel très répandu jusqu'au XVIIIe s : inhumer une grenouille devait permettre de conjurer le mauvais sort ou de briser un envoûtement. L'histoire ne précise pas si le pauvre batracien était enterré mort ou vif...

de pierre, est peut-être encore le plus beau. Quant aux cloches, leur sonorité est connue de tout le pays : elles annoncent la mi-journée sur la radio nationale.

Bel ***ensemble architectural*** de style Empire tout autour de la cathédrale. La plupart de ces bâtiments abritent l'université suédoise. Tout à côté, quelques demeures bourgeoises en bois.

Le musée Sibelius *(Sibelius-museo ; plan D1)* **:** *Piispankatu 17. ☎ 020-786-14-72. • sibeliusmuseum.fi • Tte l'année, tlj sauf dim-mar 11h-15h. Entrée : 5 € ; réduc ; gratuit moins de 18 ans. Concerts mer 19h-20h30 sept-avr (sauf déc et janv) 10-12 €.* On trouve dans ce musée 2 expos, la plus importante étant celle consacrée aux instruments de musique : une étonnante collection de plus de 2 000 spécimens (exposés par roulement) provenant de nombreux pays, du XVIe s à nos jours, organisée de façon originale autour d'une salle de concerts. On peut demander son morceau préféré de Sibelius, et la visite s'effectue en musique ! Quelques pièces rares : adorable monocorde du XIXe s, phonographes, radios antédiluviennes ou une surprenante collection d'orgues. Ne manquez pas le *kantele,* l'instrument national, sorte de luth horizontal de 5 à 38 cordes. L'autre expo, elle, porte sans surprise sur Sibelius, avec une salle consacrée à sa vie et à son œuvre, à travers une collection de partitions et de nombreux objets lui ayant appartenu.

Ett Hem Museum *(« Un musée à domicile » ; plan D1)* **:** *Piispankatu 14. ☎ 020-786-14-70. • etthem.fi • Juin-sept seulement, tlj sauf dim-mar 11h-15h. Entrée : 5 € ; réduc.* Cette maison du XIXe s renferme une série de pièces meublées par les époux Jacobsson, qui léguèrent le tout à l'université suédophone de Turku afin de laisser un témoignage de la vie bourgeoise à l'époque. Très belle salle au riche mobilier de style gustavien (néoclassique suédois du XVIIIe s, l'équivalent de notre style Louis XVI). Pour le reste, ce musée de poche présente quelques belles toiles, notamment un paysage d'Edelfelt et quelques œuvres de Gallén-Kallela. Des porcelaines, de remarquables estampes japonaises et divers objets complètent la collection. On a un peu l'impression d'être en visite chez une vieille dame pétrie de tradition bourgeoise.

Le musée de la Pharmacie *(Apteekkimuseo ; plan C2)* **:** *Läntinen Rantakatu 13. ☎ 262-02-80. • turku.fi/museo • Mai-août (et à Noël), tlj sauf lun 10h-18h ; horaires réduits le reste de l'année. Entrée : 6 € ; réduc. Visite guidée de 30 mn en anglais, certains j. à 15h ou 16h (incluse dans le billet).* Tricentenaire, la maison Qwensel est la plus ancienne bâtisse en bois de la ville. Les pièces autrefois dévolues au commerce et au stockage hébergent une superbe pharmacie du XIXe s, originellement établie à Oulu et remontée ici. De très pittoresques laboratoire et salles de décoction, avec toute la panoplie de pots, d'alambics et autres cornues, ainsi que la salle des herbes médicinales, se trouvent derrière la boutique. Meublées dans le style gustavien, une quinzaine de pièces témoignent d'une demeure bourgeoise à l'époque des Lumières. Des papiers peints jusqu'aux détails des meubles, la nature est omniprésente. Remarquez aussi 2 petits tableaux de manoirs brodés... en cheveux !

Dans la petite cour fleurie, à l'arrière de la maison, un charmant ***café*** avec terrasse, parfait pour une pause gourmande.

Le musée des Beaux-Arts *(Taidemuseo ; plan C1)* **:** *Aurakatu 26. ☎ 262-71-00. • turuntaidemuseo.fi • Tlj sauf lun 11h-19h (17h w-e). Entrée : 12 € ; réduc ; gratuit moins de 16 ans.* Dans un splendide bâtiment Jugendstil dominant la ville : hall grandiose, escalier majestueux, verrières lumineuses et belles menuiseries stylisées. On ne pouvait rêver mieux pour accueillir les expos temporaires d'art nordique, contemporain ou plus ancien. Y sont exposées régulièrement des œuvres de grands artistes nationaux tels que Pekka Halonen, Albert Edelfelt, Askeli Gallén-Kallela, Hugo Simberg, Ferdinand Von Wright ou Helene Schjerbeck, entre autres.

Agréable ***cafétéria*** dont le *lounas (lun-sam 11h-14h ; env 8,50-10 €)* vaut le déplacement.

Le château de Turku et le Musée provincial *(Turun linna ja historiallinen museo ; plan A3) : Linnankatu 80. ☎ 262-03-00. • turku.fi/museo • À l'embouchure du fleuve, à 3 km du centre. Bus nº 1 depuis la pl. du Marché. Tlj (sauf lun sept-mai) 10h-18h. Entrée : 12-14 € selon période ; réduc ; gratuit moins de 7 ans. Audioguide en anglais inclus. En été, 3 € pour la visite guidée en anglais et en français. Petit guide payant en français.*

Construite en 1280, cette impressionnante ***forteresse*** de granit rose et gris a suivi les aléas historiques du pays. Ses murs massifs résistèrent à maints et maints sièges, et furent incendiés et ravagés à plusieurs reprises (6 fois rien qu'au XVIe s et la dernière fois en 1941 !). Le château servit également de magasin d'artillerie pendant 3 siècles. On visite une trentaine de salles magnifiquement restaurées. Le spectacle commence dès la loge du portier, ornée de splendides ***fresques murales Renaissance*** (1530). Plus loin, la ***chapelle de Sture*** (1480) abrite de belles sculptures sur bois, notamment un retable gothique comptant seulement 10 apôtres et une statuette de saint Martin de Tours à cheval (ce saint était très populaire en Finlande à l'époque médiévale). Puis, intéressante ***salle des maquettes*** qui permet de visualiser l'évolution architecturale de la forteresse. La ***salle d'État,*** avec ses croisées d'ogives, était le centre politique du pays du XIVe au XVIe s : c'est d'ici que les rois de Suède gouvernaient leur vaste royaume. Dans la ***chapelle des Nonnes,*** remarquer la statue de Job malade, criblé de croûtes et d'abcès. Pauvre Job !

Les parties suivantes, dotées de larges fenêtres, indiquent une évolution vers le style Renaissance : fi des préoccupations défensives, place à la lumière ! Expo d'orfèvrerie, religieuse ou non, collection d'armes, une église dont la chaire de bois imite à merveille le marbre, la salle du Roi avec ses tapisseries, les quartiers de la Reine et encore de vastes salles d'expos temporaires.

L'enceinte secondaire abrite un ***musée historique*** consacré à l'histoire locale, en gros depuis la naissance du château jusqu'au début du XXe s. Belles reconstitutions d'intérieurs, de différents styles : Renaissance, rococo, Empire, etc.

Une visite d'une richesse exceptionnelle, qui mérite qu'on s'y attarde quelques heures !

Forum Marinum *(plan A3) : Linnankatu 72. ☎ 267-95-11. • forum-marinum.fi • Depuis le centre, jolie balade d'env 2 km en longeant le fleuve ou bus nº 1 depuis la pl. du Marché. Tlj (sauf lun sept-mai) 10h-18h. Entrée : 10 € pour le musée seul ; 7 € pour les bateaux seuls (accessibles seulement juin-août) ; billet combiné 18 € (valable 2 j.) ; réduc.*

Ce passionnant musée maritime rappelle que Turku est tournée vers la mer, une orientation qu'un long estuaire à demi bouché par l'archipel tend à camoufler. En été, les bateaux amarrés sont ouverts à la visite. Le splendide voilier ***Suomen Joutsen,*** un ancien navire-école finlandais, baptisé à Saint-Nazaire en 1902, voisine avec un mouilleur de mine et une canonnière. Un peu plus loin, le ***S/S Bore,*** dernier vapeur construit dans la région, en 1960, affiche un sacré CV : ferry entre Turku et Stockholm, bateau-logement en Écosse et au Canada, équipé de moteurs Diesel puis converti en navire de croisière voguant sur la mer Rouge. Sur le dernier pont (nº 6), une expo retrace son histoire. Il accueille aujourd'hui un *hostel* (le *Borea*) et un café (*Navigare* ; voir « Où dormir ? » et « Où boire un verre ?... »).

Le ***Musée maritime*** proprement dit repose sur la terre ferme, dans le bel écrin d'un ancien hangar à grain de 1899. Hormis une étourdissante collection de moteurs de plaisance, peu avare en modèles vintage, l'assemblage de photos, cartes, maquettes et accastillage (militaire notamment) est classique mais bien présenté. Les liens intimes du pays avec l'océan sont abordés sous tous les angles, du XVIIIe s à nos jours : marine marchande, militaire, de croisière, de sauvetage, la vie du port et des manutentionnaires.

D'autres expos, temporaires surtout, s'invitent dans le 2d bâtiment, construit en 1930. Historiques ou artistiques, elles ont toujours un rapport avec la mer. Enfin, un élégant café-resto, le *Göran (tlj 11h-21h ; jusqu'à 19h dim),* abrite un voilier.

Manifestations

– ***Marché médiéval :*** *fin juin ou début juil.* Un week-end, Vanha Suurtori (la vieille place du Marché, proche de la cathédrale) vit à l'heure médiévale : marchands, artisans et gens du peuple y festoient dans la bonne humeur.
– ***Ruisrock :*** *1er et 2e w-e de juil, dans le parc de Ruissalo. • ruisrock.fi •* L'un des plus grands festivals rock de Finlande.
– ***Down by the Laituri :*** *3 j. fin juil. • dbtl.fi •* Festival de musiques variées, connues ou à découvrir, au bord de la rivière (en finnois, *laituri* signifie « quai »).
– ***Festival de Musique classique :*** *pdt 10 j. juste avt la mi-août. ☎ 251-11-62. • turunmusiikkijuhlat.fi •* Concerts en salle et dans les sites historiques. Programmation éclectique, de Bach à Chostakovitch.
– ***Marché au hareng :*** *jeu-dim de la 2de quinzaine d'oct.* Les pêcheurs de l'archipel amarrent leurs bateaux sur l'Aura et vendent leurs spécialités.
– ***Déclaration de paix de Noël :*** *24 déc à 12h.* Sur Vanha Suurtori, autour de la cathédrale, cette tradition médiévale déplace les foules. Au balcon de l'hôtel particulier de Brinkkala (autrefois résidence du gouverneur général russe), une personnalité de la ville lit une déclaration solennelle annonçant la naissance de Jésus. L'hymne national clôt la cérémonie que retransmet la télévision. L'ambiance vaut le coup.

DANS LES ENVIRONS DE TURKU

L'île de Ruissalo (hors plan par A2-3) **:** *longue d'env 7 km, son extrémité est à env 10 km à l'ouest du centre de Turku. Accès : piste cyclable du centre-ville jusqu'au bout de l'île ; bus no 8 de la pl. du Marché (à l'angle d'Eerikinkatu et d'Aurankatu) ; en voiture, prendre vers le port, puis vers l'île de Ruissalo (bien fléché). Voir également « Où dormir à Turku et sur l'île de Ruissalo ? ».*
Autrefois réserve de chasse de la cour de Turku, ses profondes forêts de chênes et ses plages de sable en font une très agréable zone d'excursion et de divertissement.

La chapelle Saint-Henri (Taidekappeli ; hors plan par B3) **:** *Seiskarinkatu 35, Turku. • taidekappeli.fi • À 8 km au sud du centre-ville, par la route 1821, puis fléché sur la gauche. Mai-août, en sem 11h-16h (18h30 jeu), w-e 12h-15h ; le reste de l'année, tlj sauf lun 11h-15h (18h30 jeu), w-e 12h-15h.* Une étonnante chapelle tout en bois, très épurée, dont la forme élancée rappelle celle d'un poisson.

➢ ***Balades à vélo :*** toute la région s'y prête. Le réseau, dense, couvre la ville et ses environs jusqu'à Naantali. Topo détaillé des pistes cyclables sur *• mapmyride.com/fi •*

Balades en bateau : plusieurs excursions sont proposées autour de Turku, de juin à fin octobre. Comme les compagnies et les horaires changent souvent, se renseigner à l'office de tourisme. La plus populaire est celle qui conduit à Naantali (voir à cette ville).

NAANTALI

19 000 hab. IND. TÉL. : 02

Le symbole de cette petite ville située à 15 km au nord-est de Turku est le soleil, comme le souligne une expression finnoise courante : « Briller comme le soleil de Naantali ». De nos jours, Naantali brille aussi par son parc d'attractions dédié au monde des Moumines (voir la rubrique « Livres de route » dans « Finlande utile »)... Du coup, l'été, c'est la grosse affluence et la flambée des prix.

Pour autant, Naantali reste avant tout un délicieux port de plaisance bordé de maisons tout en bois. De juin à début août, c'est un peu le Saint-Trop' local. Mais en dehors de cette période, le calme est de retour.

UN PEU D'HISTOIRE

Le 23 août 1443, Christophe III de Danemark signe la charte d'un couvent dédié à sainte Brigitte. Couvent et bourgade reçoivent le nom latin *Vallis Gratiae* (la « vallée de la Grâce »), en suédois *Nådendal,* déformé par les gosiers finnois en *Naantali.* Le couvent est fermé par la Réforme. Menacée par ses voisines qui essaient d'abroger ses droits de cité, Naantali s'en sort en se reconvertissant dans la chaussette, activité artisanale traditionnelle des nonnettes. Il n'y a pas de sot métier et la ville peut remplir son bas de laine. Elle devient lieu de cure au XIXe s. Aujourd'hui, profitant du voisinage de Turku, elle développe une importante activité industrielle.

Liaisons Turku-Naantali

➢ ***En bateau vapeur :*** *avec le S/S Ukkopekka. ☎ 515-33-00. • ukkopekka.fi • De début juin à mi-août, tlj sauf dim-mar. Billet en vente à l'office de tourisme. À Turku, départ de la rivière Aurajoki, à 11h (parfois un autre départ en début d'ap-m) ; retour à 15h. Trajet : 1h45. Aller simple : 24 € ; A/R : 29 € ; réduc. Bar et resto à bord. Lounas env 14 €.* Les jours où il y a 2 départs, on peut partir par la 1re rotation et revenir par la dernière, ce qui permet de passer 4h sur place ou, mieux encore, pour ne pas avoir l'œil collé sur sa montre, revenir à Turku en bus.

🚌 ***Gare routière :*** *Luostarinkatu, à l'angle de Tullikatu.* Bus nos 6, 7 ou 7A. Départs ttes les 10 mn, retour de Naantali assuré au moins jusqu'à minuit.

➢ ***À vélo :*** une piste cyclable de 15 km relie la ville à Turku. Balade super facile ; suivre l'ancienne route « Aurinkotie ».

Adresses et infos utiles

🛈 ***Office de tourisme :*** *Kaivotori 2. ☎ 435-98-00. • visitnaantali.com • Sur le port de plaisance. Juin-août, lun-ven 9h-18h, w-e 10h-16h ; le reste de l'année, tlj sauf w-e 9h-16h30.*

✉ ***Poste :*** *Tullikatu 11.*

🅿 ***Stationnement :*** seules les rues proches du port et de l'office de tourisme sont payantes, d'autres sont limitées en temps (mettre son disque).

🚴 ***Location de vélos :*** *à l'office de tourisme, en été seulement (12 €/3h, 23 €/j.).*

Où dormir ?

Camping

⛺ ***Naantali Camping :*** *Kopenkatu 20. ☎ 435-08-55. • visitnaantali.com/en/camping • À env 1,5 km au sud du port. Ouv mai-début sept. Pas de résas par tél, seulement en ligne. Compter 28-30 € pour 2 avec tente et voiture. Cottages 60-180 € (2-6 pers). Sauna payant.* Site naturel très agréable, sur une colline plantée de pins qui dévale jusqu'à une plagette en contrebas. Mignons cottages avec terrasse accrochés à flanc de colline. Peu d'équipements, hormis un café, une micro-épicerie, un sauna et une aire de jeux pour enfants.

De prix moyens à chic

🏠 ***Lintula :*** *Fleminginkatu 1. Infos et résas auprès de l'office de tourisme. • info@visitnaantali.com • Compter 70-190 € (2-5 pers).* Un ensemble de petits studios et d'appartements bien situés au cœur du village, et aménagés dans de pittoresques maisons en bois rénovées. Cuisine équipée et salle de bains pour tous, sauna pour les plus chers ; terrasses ou decks en bois pour lézarder. Un bon point de chute en demi-saison, lorsque les prix redeviennent raisonnables.

Où manger ? Où boire un verre ?

Attention, beaucoup de restaurants sont ouverts tous les jours de juin à août, mais uniquement le week-end en dehors de cette période.

Aurinkoinen : *Nuhjalantie 2. 044-724-47-00. Sur la pl. du Marché, aux portes de la vieille ville. Lun-ven 7h30-17h, sam 8h30-16h. Fermé dim. Lounas (10h30-15h en sem) env 8 €.* Cette boulangerie-cafétéria est sans doute l'un des meilleurs plans pour se restaurer bien et pas cher. Les locaux affluent à l'heure du déjeuner pour profiter du bon *lounas* incluant crudités, plat chaud, dessert et café. Également des sandwichs, salades, de super gâteaux et des viennoiseries. Accueil charmant. Un endroit idéal pour se mêler aux habitants. Certes, le quartier n'est pas aussi pittoresque que le port.

Restaurant Uusi Kilta : *Mannerheiminkatu 1. ☎ 435-10-66. Attenant au Café Valborg (même propriétaire). Avr-sept, tlj 12h-23h (minuit ven-sam, 21h dim) ; hors saison, mer-dim seulement. Lounas (en sem 11h30-14h) ; plats 19-32 €.* La meilleure cuisine du port (toutefois, il faut avouer que la concurrence est faible !). Au menu, du poisson (hareng, saumon, perche) et de bonnes viandes. Il ne reste qu'à choisir entre la salle classique et soignée, la vaste terrasse tournée vers les flots ou le coin bar cosy à souhait.

Café Valborg : *Mannerheiminkatu 1. ☎ 435-10-66. Avr-sept, tlj 11h (12h w-e)-minuit (20h dim) ; hors saison, mer-dim seulement. Pizzas env 14-17 €.* On vient y déguster d'originales pizzas, installé dans un salon douillet ou sur l'une des 2 terrasses, dans la cour intérieure ou face au port. Bien aussi pour prendre un simple verre. Accueil sympa.

Merisali : *Nunnakatu 1. ☎ 435-24-51. Sur le vieux port, prendre le quai en planches vers la droite en regardant la mer. Avr-fin oct, tlj 9h-23h (2h ven-sam). Buffets : lun-sam 11h-16h env 16,50 €, 16h-22h env 22 € ; dim 11h-17h env 23 €.* Grande bâtisse centenaire de bois jaune, ceinturée d'une terrasse couverte avec de grosses tables et bancs vernissés. L'intérieur n'est pas en reste, le volume est impressionnant et la déco pittoresque ! Les buffets permettent de goûter à de correctes préparations de poisson (en revanche, pizzas très moyennes). Tarifs assez raisonnables pour un spot si touristique. Les week-ends d'été, concerts gratuits à partir de 22h.

À voir. À écouter. À faire

La vieille ville : bâtie autour du monastère Sainte-Brigitte à partir de 1443 pour répondre aux besoins des pèlerins. Malgré les grands incendies de 1595 et 1628, elle a conservé son plan médiéval. Beaucoup de maisons des XVIIIe et XIXe s portent le nom des bourgeois qui les firent construire. Les plus belles d'entre elles (et il y en a un paquet...) sont situées entre Torikatu et la mer ou autour du Musée municipal. En été, l'office de tourisme organise des visites guidées occasionnelles.

Le Musée municipal *(Naantalin museo)* **:** *Katinhäntä 1. ☎ 435-27-27. Juin-août, tlj sauf lun 11h-18h. Entrée : 5 € ; réduc.* Proche de l'ancienne place du Marché, un ensemble de vieilles maisons encadrant une adorable cour-jardin. Certaines ont été remeublées dans le style XIXe s. De l'autre côté de la rue, la maison Humppi *(mêmes horaires, même ticket)* présente l'histoire de la ville et de son couvent.

L'église : *de mi-mai à fin août, tlj sauf lun 10h-18h.* Datant du XVe s, c'est le seul vestige du monastère Sainte-Brigitte, d'où l'orientation exceptionnelle du chœur vers l'ouest, typique de l'ordre des Brigittines. Harmonieuse dans ses proportions, elle fut privée de ses fresques lors de sa conversion luthérienne. Seules affleurent encore quelques inscriptions. La décoration est pour le moins parcimonieuse : une belle chaire travaillée et un intéressant triptyque du XVe s.

Kultaranta *(Berge dorée) :* *☎ 435-98-00. Juin-août, visite guidée tlj sauf lun à 14h15 (en anglais) et 15h jusqu'à mi-août, puis seulement à 14h (en anglais) de mi-août à fin août ; départ à la porte du jardin. Attention, lorsque le chef de l'État est là, pas de visite ; rens à l'office de tourisme. Tarif : 13 € (19 € avec le transfert en bus depuis Maariankatu) ; réduc. Jardins ouv aux visiteurs ven 18h-20h en été et jeu 18h-20h en hiver.*
Du port, on aperçoit ce manoir de granit gris, résidence d'été du chef de l'État. Lorsque le drapeau flotte, c'est qu'il est là. On ne trouble pas son labeur et on ne visite donc que les jardins de 16 ha, fort agréables au demeurant, avec entre autres une belle roseraie.

– **La sonnerie vespérale :** *en été, chaque soir à 20h.* Sonnerie de trompette donnée du clocher de l'église, selon une tradition remontant à 1924, pour annoncer les vêpres. Le sonneur joue dans 3 directions : la présidence, la ville et la mer.

Le Monde des Moumines *(Muumimaailma) :* *sur l'île de Kailo, à laquelle on accède par une passerelle. ☎ 511-11-11. • moominworld.fi • Début juin-fin août, tlj 10h (11h juin et 2de quinzaine d'août)-18h (17h juin et 2de quinzaine d'août). Accès : 32 € (30 € via Internet) ; pas de réduc mais gratuit moins de 2 ans ! Parking payant (10 €).*
Un parc où petits et grands se pressent pour retrouver ces personnages fort populaires en Finlande, et plus généralement dans les pays nordiques (voir la rubrique « Livres de route » dans « Finlande utile »)... ainsi qu'au Japon. Des multitudes de têtes blondes et des files de poussettes parcourent le parc pour découvrir les maisons de leurs héros, participer aux activités qu'ils proposent et assister à leurs performances théâtrales et musicales.

Agréable plagette derrière l'église : **Nunnalahti** *(crique des Nonnes).*

Fêtes et manifestations

– **Festival international de Musique de chambre :** *pdt 12 j. en juin. • naantalin musiikkijuhlat.fi •* Concerts dans l'église et parfois à Kultaranta. De très grande tenue.
– **La Saint-Jean :** *3e ven de juin.* Fête sur le rocher de Kuparivuori, dans le parc au sud de la ville. On peut même assister au feu organisé sur une plate-forme au milieu de l'eau par le chef de l'État !
– **L'Unikeko** *(le Gros Dormeur) :* *27 juil.* L'événement le plus important de la ville. De grand matin, les habitants en costumes de carnaval choisissent une personnalité qui a beaucoup fait pour la ville, et lui manifestent leur reconnaissance... en la jetant à la mer. Toute la journée, musique, danse et fête.
– **La Sainte-Brigitte** *(Brigitan yö) :* *juil, date variable.* Conformément à la tradition brigittine, c'est un jour de silence. Démonstrations d'art visuel. Les galeries d'art restent ouvertes toute la nuit, les expos envahissent certains jardins privés.

DANS LES ENVIRONS DE NAANTALI

Le manoir de Louhisaari *(Louhisaari linna) :* *Louhisaarentie 244, à* ***Askainen,*** *à 25 km au nord de Naantali. ☎ 431-25-55. • kansallismuseo.fi/en/louhisaari • De*

mi-juin à fin août, tlj sauf lun (tlj en juil) 11h-17h ; fermé le reste de l'année. Tarif : 10 € ; réduc ; gratuit moins de 7 ans. Visite guidée obligatoire (45 mn), dont 1 en anglais à 12h45.
Ce manoir aux murs blanchis à la chaux, encadré de 2 dépendances, arbore une allure sobre et massive. Bâti au milieu du XVIIe s au cœur d'un agréable parc, il est surtout connu pour être la demeure natale du maréchal Mannerheim. C'est aussi l'un des rares lieux offrant un panorama de la vie nobiliaire en Finlande du XVIIe s à l'aube du XXe s. Le rez-de-chaussée, réservé aux domestiques, et le 2e étage où commence la visite ont conservé leur apparence d'origine. La salle des banquets, avec des plafonds peints et des frises relatant la guerre de 1644 entre le Danemark et la Suède, est la plus grande et l'une des plus impressionnantes. La « chambre du Diable » doit son nom au masque de satyre figurant sur le pilier central. Très belles pièces de mobilier, dont de riches cheminées en faïence. Une toile d'époque rappelle que la mer parvenait jusqu'au manoir.

***L'église Saint-Henri** (Pyhän Henrikin kirkko) : à **Nousiainen,** à 24 km au nord-est de Naantali ; dans le village, rester sur la route principale, puis bifurquer à droite dans la Kirkkotie, c'est 2 km plus loin. En été, tlj 10h-17h.*
Cette belle église tout en pierre, à la toiture intégralement en bois, a été érigée à partir de la fin du XIIIe s. Elle rend hommage à Henri, évêque d'Uppsala qui, parti évangéliser la Finlande depuis sa Suède natale, aurait été tué à Kyöliö. L'authenticité de son triste destin (voir encadré), relaté dans un ouvrage du début du XIVe s, a été remise en cause par des chercheurs de l'université d'Helsinki.
En tout cas, Henri est devenu le saint protecteur du pays, et son histoire est contée sur la magnifique tombe de marbre du début du XVe s, plus précisément sur les panneaux latéraux en laiton, dont une copie se trouve au Musée national d'Helsinki. Le tombeau n'a cependant jamais abrité les restes de l'évêque, transférés à la cathédrale de Turku dès son édification.

UNE TIARE BIEN COLLANTE

En 1156, l'épouse d'un aubergiste dénommé Lalli aurait prétendu, à tort, que l'évêque Henri était parti sans payer sa nourriture. Fou de rage, Lalli l'aurait poursuivi sur les eaux gelées du Kyöliönjärvi où il l'aurait décapité. Après son crime, Lalli se serait coiffé de la tiare épiscopale. Mais ensuite, il n'aurait pu l'enlever sans s'arracher la peau du crâne et aurait péri dans les eaux glacées du lac.

L'ARCHIPEL DE TURKU

IND. TÉL. : 02

• Carte *p. 150-151*

Si Åland est trop loin pour vous et si vous êtes fasciné par les paysages marins où la terre et l'eau s'entremêlent jusqu'à l'horizon, venez faire un tour dans l'archipel de Turku. Avec près de 20 000 îles, vous aurez largement de quoi faire, même si beaucoup ne sont que de gros cailloux ! De manière générale, plus on s'éloigne du continent, plus l'atmosphère devient dépaysante. En été, l'archipel est idéal pour de longues balades sous la caresse du soleil et du vent, parmi les cris des goélands. Tandis qu'en hiver, une froide torpeur le saisit et un grand silence s'abat.

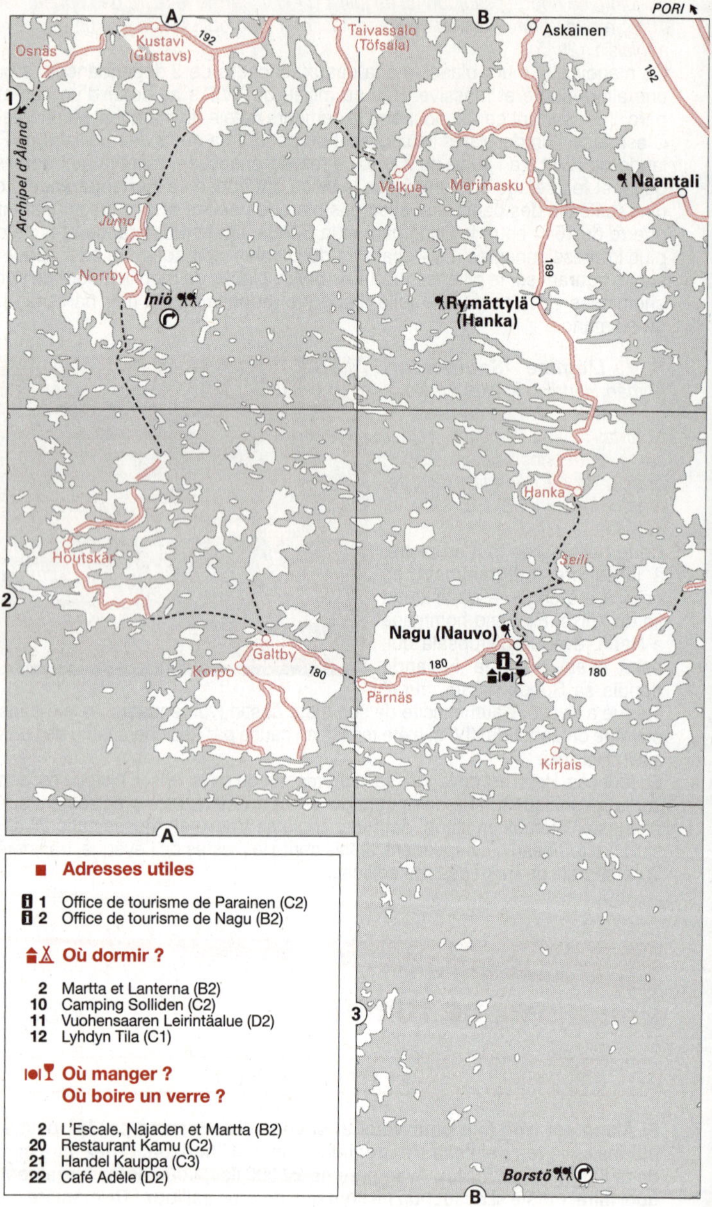

■ Adresses utiles

- 1 Office de tourisme de Parainen (C2)
- 2 Office de tourisme de Nagu (B2)

Où dormir ?

- 2 Martta et Lanterna (B2)
- 10 Camping Solliden (C2)
- 11 Vuohensaaren Leirintäalue (D2)
- 12 Lyhdyn Tila (C1)

Où manger ? Où boire un verre ?

- 2 L'Escale, Najaden et Martta (B2)
- 20 Restaurant Kamu (C2)
- 21 Handel Kauppa (C3)
- 22 Café Adèle (D2)

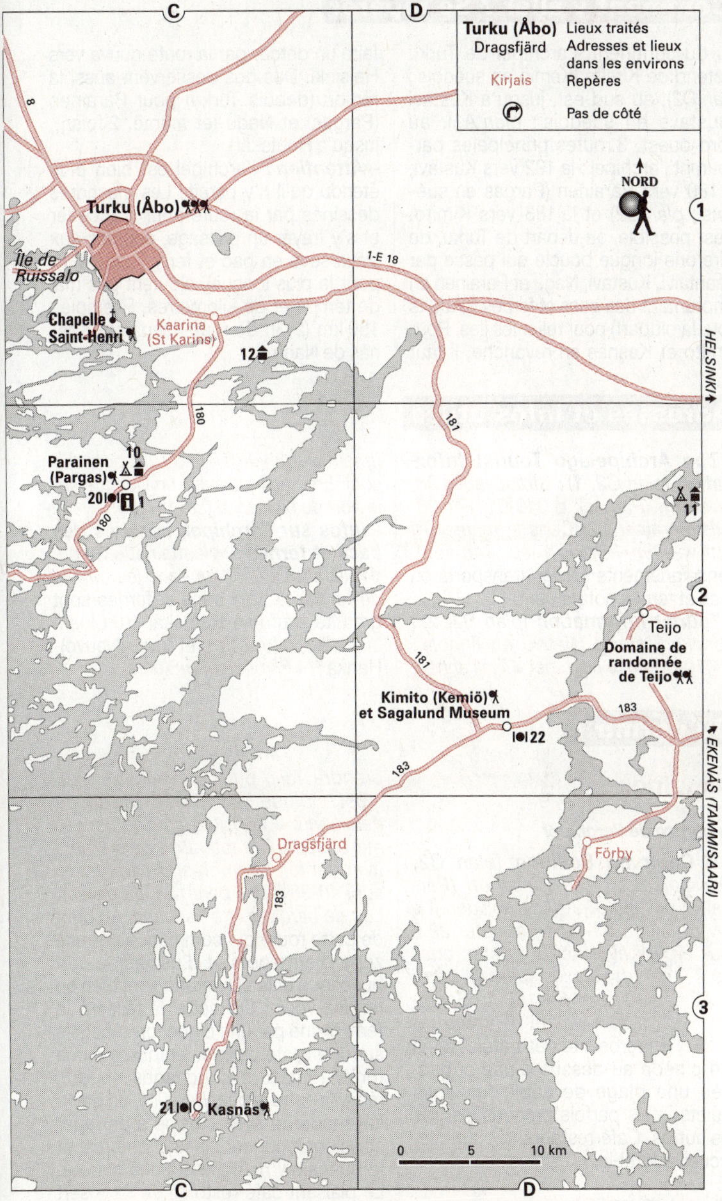

L'ARCHIPEL DE TURKU

Comment y aller ? Se repérer

Vu du continent, l'archipel de Turku s'étend de Kimito (Kemiö en suédois ; *plan D2*), au sud-est, jusqu'à Kustavi (Gustavs en suédois ; *plan A1*), au nord-ouest. 3 routes principales parcourent l'archipel : la 192 vers Kustavi, la 180 vers Parainen (Pargas en suédois ; *plan C2*) et la 183 vers Kimito. Il est possible, au départ de Turku, de faire une longue boucle qui passe par Naantalvi, Kustavi, Nagu et Parainen en empruntant des bacs et ferries (gratuits pour la plupart) pour relier les îles. Pour Kimito et Kasnäs en revanche, il faut faire un détour par la route qui va vers Helsinki. Des bus desservent aussi la région (depuis Turku) pour Parainen (Pargas) et Nagu (et même, 2 fois/j., jusqu'à Houtskär).

– ***Attention :*** l'archipel est bien plus étendu qu'il n'y paraît ! Les méandres dessinés par la route pour y accéder et s'y frayer un passage, couplés aux traversées en bac et ferry (jusqu'à 1h pour la plus longue), ajoutent pas mal de temps et de kilomètres. Exemple : 150 km (2-3h de route) séparent Kasnäs de Nagu.

Adresses et infos utiles

ℹ ***The Archipelago Tourist Information*** *(plan C2,* ***1****) : Strandvägen 28,* ***Parainen*** *(Pargas).* 📱 *040-011-71-23.* • *visitparainen.fi* • *Dans la mairie. Tlj sauf w-e 9h-16h (17h jeu, 14h ven).* Renseignements sur les transports en bacs et ferries notamment.

ℹ ***Tourist Information*** *(plan B2,* ***2****) : Elbacken,* ***Nagu*** *(Nauvo en finnois).* ☎ *410-66-00.* • *nagu.net* • *Tte l'année, tlj sauf w-e 8h-17h (16h30 ven hors saison). En été, il y a aussi un kiosque sur le port de plaisance (tlj 11h-18h).*

– ***Infos sur l'archipel, horaires des bacs et ferries :*** • *lautta.net* • *Sinon, dépliants disponibles dans les offices de tourisme.* Les bacs et ferries sont gratuits sauf Iniö-Houtskär *(10 €/pers ou forfait voiture 40 €)* et Nagu (Nauvo)-Hanka *(14 €/voiture + 8 €/pers).*

Où dormir ?

Campings

Au centre de l'archipel

⛺ 🏠 ***Camping Solliden*** *(plan C2,* ***10****) : Solstrand 7, à* ***Parainen*** *(Pargas).* 📱 *040-540-98-84.* • *solliden.fi* • *Ouv de juin à mi-sept. Compter 29 € pour 2 pers avec tente ; petits chalets 2-3 pers tt simples (juste un frigo) 42-48 €, 4-8 pers 60-160 €. Sauna payant. Loc de kayak et de stand up paddle.* Superbe site très nature, dans une pinède au-dessus d'une crique, avec une plage de sable fin. Jolis chalets, mais parfois proches les uns des autres. Café-restaurant, boutique. Accueil adorable.

À l'est de l'archipel

⛺ 🏠 ***Vuohensaaren Leirintäalue*** *(plan D2,* ***11****) : Satamakatu 102,* ***Salo.*** *À 5 km du bourg ; depuis le centre, prendre Teijo puis Satamakatu, d'où c'est indiqué.* ☎ *731-26-51.* • *vuohensaari.fi* • *Ouv juin-août (plus w-e mai et sept). Compter 24 € pour 2 pers avec tente ; chambres/apparts (sans sdb) 40-85 € (2-6 pers). Sauna payant. Loc de barques et de canoës.* Au bout de cette route qui commence par une zone d'entrepôts et d'usines, le vert bucolique et le bleu marin sont bien au rendez-vous ! Sur cette île reliée à la terre ferme par une digue, on s'installe sur une vaste pelouse entourée d'une forêt. Plusieurs couchages en dur, répartis entre la *beach-house,* un pavillon moderne avec cuisine à partager et balcon pour certaines chambres, et le bungalow rustique et sans cuisine. Le plaisant café-resto *(tlj 9h-22h)* sert de rendez-vous aux autochtones, tout comme, à l'occasion d'animations estivales, le théâtre et le kiosque plongés dans la verdure. Plage.

De prix moyens à chic

Location de chalets ou d'un B & B dans l'archipel : la solution idéale. Pour 1 week-end, 1 semaine, voire 1 seule nuit. Adressez-vous :
- soit aux ***offices de tourisme de Turku ou de l'archipel*** (voir plus haut) ;
- soit directement à l'agence **Suomen Saaristovaraus** *(plan B2, **2** ; Kompassen, 21660 Nagu-Nauvo ; ☎ 410-66-00 ; • saaristovaraus.fi •).*

Au centre de l'archipel

Lyhdyn Tila *(La Ferme de la Lanterne ; plan C1, **12**) : Lyhdyntie 150, à **Kuusisto,** commune de Kaarina (Saint Karins à 15 km de Turku). 040-738-00-32. • lyhdyntila.fi • À la sortie de Kaarina, en allant vers Pargas, prendre à gauche (direction Kuusiston kirkko), puis à droite (Lyhdyntie). Ouv tte l'année. Suite ou appart avec sdb env 100 € ; chalet 2-4 pers 95 € pour 2 (27 €/pers supplémentaire) ; pas de petit déj. Prix dégressifs selon durée du séjour.* Une ferme laitière perdue dans un paysage campagnard bucolique, non loin de la mer. Les appartements et suites, modernes et impeccables, au 1er étage d'un bâtiment indépendant sans cachet, comprennent une cuisinette équipée, un coin salon avec sofa, une table et un balcon. On préfère toutefois le chalet en rondins blotti dans la forêt.

Martta *(plan B2, **2**) : Kirkvallen 6, à **Nagu.** ☎ 465-14-09. • majatalomartta.fi • Doubles avec sdb à partager sur le palier 90-120 € ; également 1 familiale ; petit déj inclus en été. Sauna.* Face à l'église du village, cette belle maison couleur abricot et presque bicentenaire cache bien son grand âge. La quinzaine de chambres, réparties dans 2 bâtiments, petites mais joliment arrangées, ont le charme de la vie campagnarde d'antan. Accueil charmant. Quant à la table, c'est l'une des plus réputées du coin (voir « Où manger ? Où boire un verre ? »).

Lanterna *(plan B2, **2**) : Puistotie 5, à **Nagu.** ☎ 463-18-14. 040-755-14-19. • lanterna.ws • Ouv tte l'année. Doubles avec ou sans sdb 100-130 €.* Séparée d'un atelier de poterie et d'une boutique par une jolie petite cour, la maison principale, en bois ocre, abrite une poignée de chambres bien tenues et confortables... et surtout à 2 pas du port.

Où manger ? Où boire un verre ?

Au centre de l'archipel

Restaurant Kamu *(plan C2, **20**) : Skräbbölentie 2, à **Parainen.** 050-452-40-49. Se garer sur le parking du magasin Tapiola, le resto est à côté. En été, tlj 11h (12h w-e)-21h (22h ven-sam, 18h dim). Lounas 9,50-10,50 € ; pizzas 14-18 € ; plats 15,50-32 €.* Si vous passez par ici à l'heure de faire ripaille, on vous conseille ce resto tenu par 2 couples amis de longue date : on y mange très bien (n'hésitez pas à prendre le *lounas* !), dans un cadre contemporain agréable et chaleureux avec ses murs de brique. L'accueil est à l'avenant : fort courtois.

Martta *(plan B2, **2**) : à **Nagu.** Voir « Où dormir ? ». Lounas en sem (de juil à mi-août seulement) env 10 € ; plats 12-25 €.* Cuisine délicieuse servie dans l'une des coquettes salles de la maison bicentenaire ou en terrasse. Les boulettes de viande sont une des spécialités maison ainsi que les soupes, très généreuses. Le tout est accompagné d'un pain si bon qu'on en ferait presque son repas ! Bref, une excellente adresse et un accueil aux petits oignons.

L'Escale et Najaden *(plan B2, **2**) : Strandvägen 4, à **Nagu.** 040-744-17-44. En saison, tlj 11h-22h, minuit le w-e. Lounas (lun-ven 11h30-14h) env 15 € ; pizzas 12,50-16 € ; plats 17-29 €.* La salle de *L'Escale,* tout en bois, est très chaleureuse avec sa déco marine et ses tables bien mises. La cuisine, de bonne qualité, est sous influence française, comme en attestent les escargots à l'ail, voisinant avec les pâtes et les perches de l'archipel sauce chanterelle. La carte des vins fait également la part belle aux vignobles hexagonaux mais souffre comme ailleurs des tarifs locaux, assaisonnés de taxes. Entrées et « bistro portions » conviendront pour les petits appétits et les repas sur le pouce. En saison, l'agréable terrasse se déploie et le bateau-pizzeria *Najaden* prolonge l'ensemble de sa proue vitrée et de sa terrasse sur l'eau *(tlj 12h-22h puis bar).*

Au sud-est de l'archipel

Handel Kauppa *(plan C3, 21)* : *Kasnäsvägen 1294,* **Kasnäs.** ☎ *521-01-00.* Lounas *15 € lun-ven 11h-15h, 20 € sam 11h-16h, 23 € dim 12h-16h ; le soir, plats 15-32 € et pizzas 9-15 €.* Tout au bout de l'île. Encore ouvert quand tout est fermé. Vaste salle un peu froide. Excellent *lounas* composé de poissons, viandes et salades. À la carte, choix court mais convaincant. Attention à ne pas vous laisser charmer par les lumières de l'interminable couchant depuis la très agréable véranda donnant sur l'eau, à l'abri des pins : le bac pour quitter l'île fait relâche entre 23h et 5h.

À voir. À faire

Itinéraires de découverte dans l'archipel

Le grand tour de l'archipel (archipelago trail) : *ou presque... Voir « Comment y aller ? Se repérer » plus haut.* Cette boucle d'environ 250 km parcourt le centre et l'ouest de l'archipel via Kustavi, Iniö (voir ci-après), Houtskär, Korpo, Nagu et Parainen. N'offrant rien de spectaculaire en tant que telle, elle garantit un bain de nature au milieu d'îles verdoyantes. Et puis, ici et là, une belle église en bois, un moulin à vent, des bouffées d'air marin vivifiant quand on se rapproche des côtes déchiquetées et déboule dans les petits ports.
– ***Tuyaux :*** si cet itinéraire est envisageable en 1 journée de voiture en démarrant tôt, ce n'est franchement pas recommandé, d'autant que l'archipel se conjugue avec détente et musarderie... Si vous y tenez vraiment, commencez plutôt par Kustavi *(à env 1h45 de route de Turku, bac à 8h10, 10h10 – ce qui est déjà tard –, etc.)* car, dans l'autre sens, le dernier ferry pour Iniö depuis Houtskär appareille à 16h15.
– ***Faire étape :*** les *B & B* et campings ne manquent pas sur Jumo, Iniö, Houtskär et Korpo ; pour un minimum d'animation, optez pour Nagu (voir « Où dormir ? » et « Où manger ? Où boire un verre ? »).

Le « petit tour » (archipelago trail shortcut) : *entre Nagu et Rymättylä (Hanka) via l'île de Seili. Rens : 040-072-06-06. ● ostern.fi ● De mi-mai à début sept seulement, avec le ferry Östern.* Facile à réaliser, cette boucle se cantonne au centre de l'archipel. Au-delà des charmes de Nagu et Rymättylä (voir plus loin), son intérêt est aussi la découverte de l'île de Seili, où l'on peut faire escale (belle nature, coquette petite église en bois)... mais sans sa voiture, qu'il faut donc laisser (et récupérer ensuite) à Hanka (sur l'île de Rymättylä) ou à Nagu. Bref, si vous décidez de mettre pied sur Seili, programmez bien votre journée en fonction des horaires du bac car il n'y a que 3 rotations par jour : à 10h20, 13h50 et 16h50 depuis Hanka. Sinon, à 8h30, 12h10 et 15h20 depuis Nagu.

Au centre de l'archipel

Pour parcourir la route de l'archipel, il faudra emprunter le ferry Parainen-Nagu *(gratuit ; 10 mn de traversée. Fonctionne en permanence ; départs ttes les heures la nuit).*

Parainen *(Pargas ; plan C2)* : le bourg de l'archipel avec commerces, banques et quelques boutiques de déco. On pourra y visiter le ***Pargas Folklore Museum*** *(tlj juin-août 11h-16h ; visites guidées, seulement en anglais : 3 €, par des guides très motivés).* 5 maisons des XVIIe et XVIIIe s en provenance de différentes régions finlandaises ont été reconstruites autour d'une vaste pelouse.

Le port de Nagu (plan B2) **:** LA station touristique de cette partie de l'archipel. Modeste mais très mignonne avec sa baie qui se referme, elle offre tout ce qu'il faut : restos, quelques bars et boutiques, lieux d'hébergement et... un peu d'animation ! À découvrir aussi, la jolie petite église en pierre du XVe s, entourée de son cimetière. Bien pour faire étape. C'est également d'ici qu'on peut prendre le bac pour Seili et Rymättylä *(archipelago trail shortcut)*.

Börjes Fisk : *dans un kiosque au bout du port, sur la gauche en regardant la mer. Juin-août, tlj 8h-17h.* Börjes, figure locale bien connue, vend ici depuis plus de 30 ans du saumon qu'il fume lui-même de façon artisanale. Qualité garantie.

L'église de Rymättylä (Rymättylän kirkko ; plan B1) **:** *sur l'île du même nom, passer par Naantali. De juin à mi-août, tlj 11h-16h (en principe).* Adorable église médiévale de pierre grise, couverte de tuiles de bois vernies en forme d'écailles et dédiée à saint Jacques. À l'intérieur, des fresques du début du XVIe s, très bien restaurées en 1927, plusieurs sculptures médiévales et de beaux bancs en bois peint du début du XIXe s.

À l'ouest de l'archipel

Iniö (plan A1) **:** une île ravissante, très pittoresque, avec ses petits ports aux pontons vermoulus, sa fière église et ses hameaux perdus. On y accède en bac de Houtskär *(4 rotations/j. ; env 1h de traversée)* au sud, ou de Kustavi au nord *(6 rotations/j. ; env 30 mn).*

Au sud-est de l'archipel

Sagalunds Museum (plan D2) **:** *Museivägen 7, à* ***Kimito.*** *☎ 421-738. • sagalund.fi • Juin-août, tlj 11h-16h. Entrée : 8 € ; réduc ; visite guidée de 1h en anglais incluse (départs ttes les 2h, 11h-15h). Pique-nique possible dans le parc.* Un grand musée en plein air qui propose de nombreuses activités pour les enfants et un voyage dans le passé à travers des démonstrations des savoir-faire d'autrefois. La visite guidée permet de comprendre l'histoire et l'organisation du site : une vingtaine de maisons disséminées dans la forêt et dans un jardin (école, tribunal, ferme, moulin, forge, etc.) ont été reconstituées avec soin.

Le bâtiment principal, la villa Sagalund, fut construit en 1911 pour Nils Oscar Janssen, enseignant et fondateur du musée, ainsi que pour l'écrivain et pédagogue Adèle Weman, pionniers dans le domaine de l'éducation des enfants. Outre leurs appartements respectifs, la villa abrite un agréable salon de thé et une boutique très bien achalandée (tissus, livres, jouets anciens et bijoux en argent).

Café Adèle (plan D2, **22**) **:** *tlj 11h-19h. 040-777-57-45. Lounas (en sem 11h-14h) env 12 € ; w-e menu 20 € (35 € dim).* Installé dans le salon où l'écrivaine avait l'habitude de recevoir ses amis artistes, au milieu des murs tapissés de livres et de gravures. Les plats sont maison et cuisinés avec des produits frais, de saison. On peut aussi s'installer dans le jardin à côté d'une serre et dans lequel se trouve un drôle de bœuf peint à la manière de Niki de Saint Phalle.

Kasnäs (plan C3) **:** *à la pointe sud de l'est de l'archipel, à env 100 km de Turku.* Au bout de la route, ce petit port propose diverses attractions : grande marina, possibilités d'excursions et d'activités sur l'île de Rosala (reconstitution d'un village viking), ou encore phare de Bengtskär.

Le domaine de randonnée de Teijo (Teijon retkeilyalue ; plan D2) **:** *à 27 km de Kimito. Prendre la route 183 vers l'est (au lieu de filer sur Kasnäs) sur 19 km, puis tourner à gauche.* Ces rives verdoyantes et l'arrière-pays boisé, avec ses lacs et ses collines de roche, évoquent les forêts du Nord. Les lacs sont reliés par de petits cours d'eau qui se déversent dans la mer en dévalant de grandes dalles rocheuses. Sentiers balisés. Parcours de découverte près du manoir de Teijo.

Au large de l'archipel

Le parc national de l'archipel marin *(Saaristomeren kansallispuisto)* **:** *infos sur ● nationalparks.fi/en/archipelagonp ●* Il s'agit de toute la zone directement au large de l'archipel, classée réserve naturelle marine depuis 1994. Totalisant 5 400 km² (dont 4 580 km² d'eau), elle englobe plusieurs îles et îlots où se reproduisent des oiseaux de mer (guillemots, sternes, eiders, goélands...). Certes, pas très facile à visiter sans bateau... Noter qu'une partie de la réserve est interdite pendant la période de reproduction, du 15 avril au 31 juillet.

Borstö *(plan B3)* **:** une toute petite île au sud de l'archipel, habitée par une poignée de familles. Un minuscule bateau postal part de Kirjais *(plan B2)* pour desservir une dizaine d'îles perdues. Compter pas moins de 5h20 de navigation. Soit on revient avec le même, soit on débarque et on plante sa tente jusqu'au lendemain. Pour comprendre pourquoi et comment les hommes s'accrochent à leur rocher, loin de l'agitation du monde.

Utö *(hors plan par A3)* **:** lointaine, c'est la plus méridionale des îles peuplées du pays. Y accéder participe de l'aventure ! ***M/S Eivor – M/S Baldur*** *: 044-500-05-03. ● meritie.fi ● Juin-août, départ tlj sauf dim de Pärnäs (plan B2), 4h30 de navigation via 3 îles isolées ; départ tlj depuis Utö ; le reste de l'année, pas de liaison le mar (ni dim au départ de Pärnäs) ; GRATUIT.*
Les horaires « obligent » à passer la nuit sur Utö (plusieurs endroits où loger) ou à bord du bateau *(infos sur ● utohotel.fi ●)*, sinon on plante sa tente. L'île compte l'une des 2 églises-phares de Finlande avec celle de Suomenlinna (voir « Dans les environs d'Helsinki »). Les Finlandais y viennent volontiers convoler en justes noces. Remarquer aussi sa petite chapelle construite pour les anciens qui ne pouvaient plus monter au 3ᵉ étage du phare, où était aménagée l'église !

LES ÎLES D'ÅLAND

● Carte L'archipel d'Åland *p. 158-159*

Les 6 500 îles et îlots d'Åland (bien prononcer « Ôlande »), ou *Ahvenanmaa* en finnois, jouissent d'un drôle de statut. Territoire finlandais autonome proche de la côte suédoise, l'archipel est doté de son parlement et de son drapeau, et on y parle exclusivement le suédois, seule langue officielle. Åland se prête à musarder dans le vent léger et l'air lumineux, en s'émerveillant d'un moulin à vent, d'une église en granit, d'un vestige viking ou d'un délicat paysage marin. Laissez-vous bercer par son rythme paisible, la gentillesse et le sens de l'hospitalité de ses habitants. Ceux-ci sont à peine plus de 29 000 sur un territoire de 1 500 km², c'est dire que l'on ne s'y bouscule pas. Et on y prend le temps de vivre. Le voyage en bateau depuis Turku a quelque chose d'initiatique : pendant plus de 5h, on navigue dans un entrelacs de terre et d'eau, parmi des îles de toutes tailles et de toutes formes créées pour des Robinsons du dimanche : plates-formes herbeuses, criques abritées, plages de sable fin, tapis de myrtilles... Avant que bâtiments et enclos de pisciculture n'annoncent l'approche de la société des hommes, l'univers se résume à une équation simple à peine altérée par le triangle d'une voile lointaine : le minéral, le végétal et l'aquatique.

LA FINLANDE DE L'OUEST

UN ÉTAT DANS L'ÉTAT

Åland est doté d'un régime d'autonomie élargie. L'archipel possède son propre Parlement provincial de 30 membres *(Landsting)*, dont les compétences législatives couvrent les domaines internes (santé, police, culture, éducation). En 1954, il s'est doté d'un drapeau (croix nordique jaune bordée de rouge sur fond bleu). Il est autorisé à émettre ses propres timbres depuis 1984.

LA GUERRE DU *SNUS* AURA-T-ELLE LIEU ?

Une pomme de discorde entre Åland et l'Union européenne : le snus, *un tabac à sucer interdit par l'Union, très populaire sur l'archipel ! Particulièrement irrités, les insulaires menacent de ne pas ratifier le prochain traité qui leur sera soumis : en effet, de par le statut d'autonomie d'Åland, le Parlement local doit approuver tout traité international ! Français, ne souriez pas : que feriez-vous si Bruxelles interdisait le camembert au lait cru ?*

La loi régissant l'autonomie de l'archipel stipule que, lorsque la Finlande est partie prenante dans un traité international, le consentement du Parlement ålandais est nécessaire pour que ledit traité entre en vigueur en Åland. Du coup, Åland a organisé un référendum sur l'adhésion à l'Union européenne en 1994. De longues négociations l'avaient précédé, car les Ålandais tenaient pour vitale la pérennité du commerce *duty free,* qu'il était prévu de supprimer sur toutes les liaisons intérieures à l'Union. Résultat : Åland ne se voit pas appliquer les règles d'imposition et de taxation de l'Union, et, depuis juillet 1999, l'archipel est un nouveau paradis fiscal : seuls les ferries faisant escale dans un port ålandais sont autorisés à conserver une boutique *duty free.* Comme, dans les pays nordiques, les taxes sur l'alcool sont astronomiques et que la recherche de l'ivresse constitue un loisir fort prisé, les grands bateaux se succèdent jour et nuit dans les ports de Mariehamn, Långnäs ou Eckerö, bourrés de Suédois ou de Finlandais qui ne demandent qu'à le devenir eux aussi !

Par ailleurs, contrairement aux clauses applicables aux pays de l'Union, il faut avoir la nationalité ålandaise pour pouvoir acquérir un bien immobilier dans l'archipel.

– ***Site officiel :*** ● aland.ax ● Pour tout savoir sur les spécificités culturelles et politiques de l'archipel. On en profite pour noter que Åland s'est vu attribuer par l'*International Standard Organization* un code pays officiel, le « ax » !

ÉCONOMIE

L'économie, dépendante des échanges avec le sud de la Finlande et la région de Stockholm, est dominée par les secteurs des services, du commerce et des transports. Les transports maritimes représentent à eux seuls presque 40 % du produit régional brut. Mais les mutations que connaît ce secteur constituent une menace réelle sur le marché du travail, et en conséquence sur l'économie de l'archipel. En effet, si une forte expansion touristique contribue à assurer sa prospérité (en été, les chalets et les hôtels font le plein, et beaucoup de voyageurs amarrent leurs bateaux, voire leurs yachts, dans l'un des 21 ports de plaisance), d'une part le secteur de l'industrie est très modeste, d'autre part l'agriculture et la pêche ont un médiocre rendement économique.

Le taux de chômage est faible (environ 4 %), mais c'est la conséquence de l'exode, surtout rural, qui constitue un réel souci pour le gouvernement local : en un siècle, la population de Mariehamn (seule ville de l'archipel) a presque décuplé pour accueillir 40 % de la population totale, alors que celle des autres îles diminuait de moitié. Lorsqu'un jeune quitte son île lointaine pour aller au lycée ou à l'université en Suède, c'est bien rare qu'il fasse le chemin en sens inverse. Handicap majeur : ici, le travail est essentiellement saisonnier, ce qui rebute ceux du continent, même séduits par le calme et la pureté du paysage.

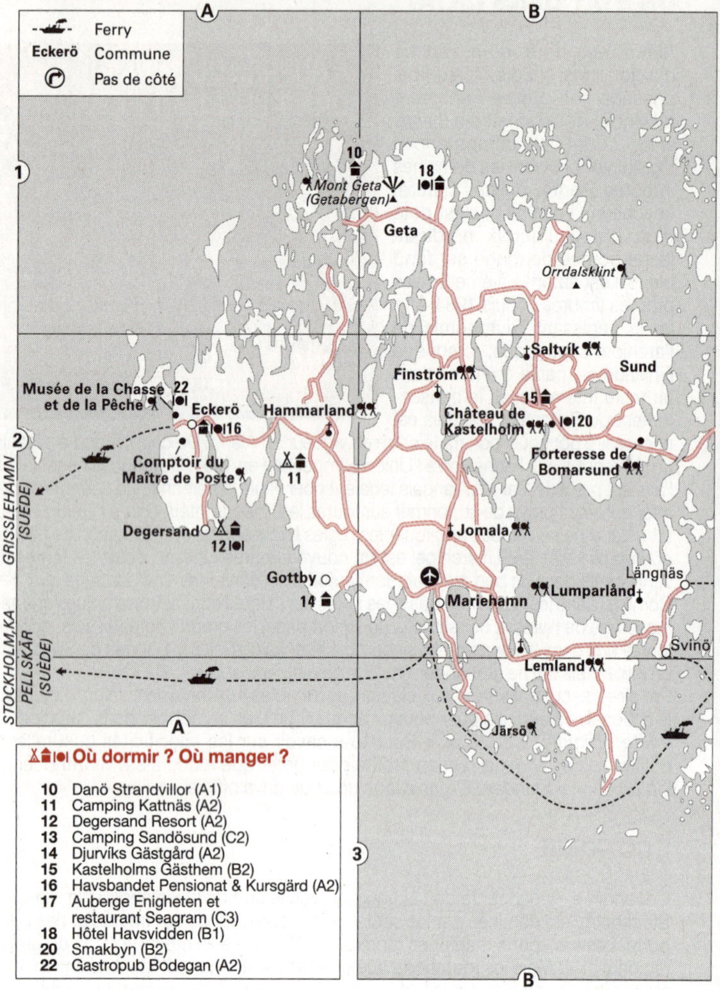

GASTRONOMIE

Une spécialité locale, les crêpes d'Åland *(Ålands pannkakor)*. Épaisses, cuites au four, nourrissantes, servies avec de la soupe de prune et de la chantilly. Seulement si vous aimez la cardamome.

Les îles sont considérées comme le verger de pommiers de la Finlande. En raison de leur climat (printemps frais mais automne prolongé et doux), on y récolte les 2/3 des pommes du pays dont est fait un délicieux jus très doux et très peu sucré. Vous en trouverez facilement dans l'île.

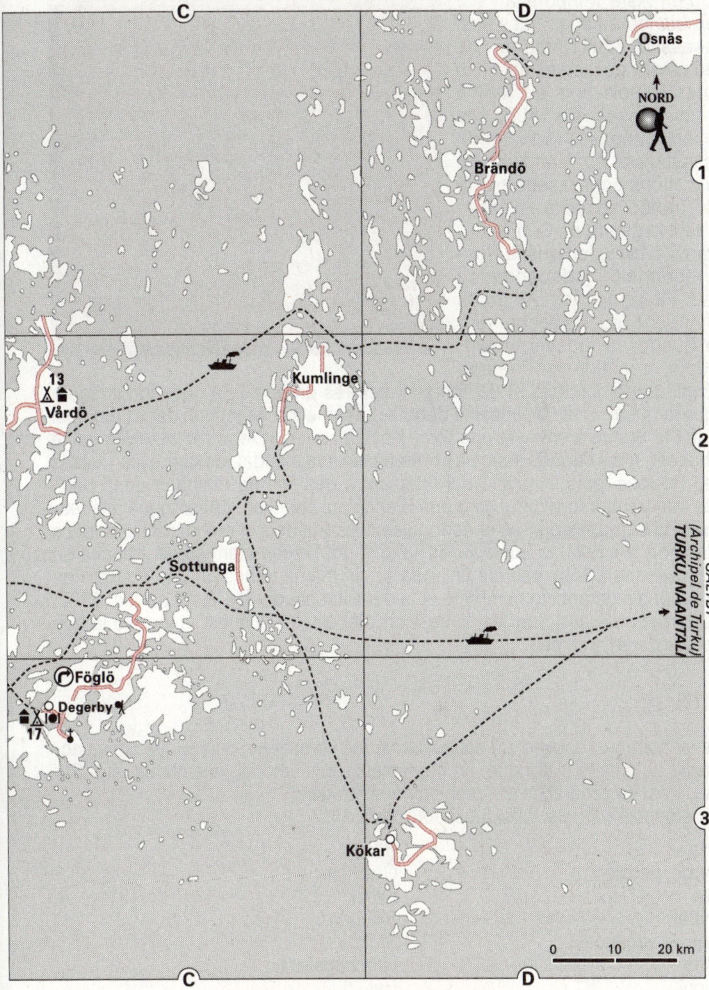

L'ARCHIPEL D'ÅLAND

HISTOIRE

La création de l'archipel est récente, car les 1res terres ont émergé voici environ 10 000 ans. Depuis que les énormes glaciers de la dernière glaciation ont fondu, le bouclier granitique autrefois comprimé remonte à la vitesse de 1 m par siècle. Avec le temps, de nouveaux îlots émergent ! Voici 7 000 ans, pêcheurs et chasseurs, attirés par les poissons, oiseaux et phoques, colonisent l'île principale. Sous la domination viking, Åland devient une plaque tournante du commerce nordique, entretenant des relations commerciales

jusqu'en Asie Mineure à l'est et en Irlande à l'ouest. Les îles, possession du royaume de Suède, sont dévastées au XVe s par les Danois puis au XVIIe s par les Russes. En 1809, ces derniers annexent la Finlande et s'installent en Åland. Leurs fortifications sont rasées par la flotte franco-anglaise en 1854, pendant la guerre de Crimée.
En janvier 1918, lorsque la Russie reconnaît l'indépendance de la Finlande, les Ålandais demandent leur rattachement à la Suède. Le gouvernement suédois, coalition hétérogène de sociaux-démocrates et de libéraux, est très divisé sur la question, jusqu'à ce que la guerre civile finlandaise débute. La rumeur d'exactions dans l'archipel conduit la Suède à envoyer une force navale en vue d'évacuer les civils qui le souhaitent, mais l'armée suédoise outrepasse son mandat, désarme les Russes et les Rouges, puis s'installe durablement à des fins de maintien de la paix. Cette intervention provoque l'ire des Blancs qui appellent l'Allemagne à la rescousse. Les troupes du Kaiser éconduisent les Suédois et restituent l'archipel à la Finlande. En 1921, la Société des nations, tout récemment créée, tranche en reconnaissant la souveraineté finlandaise, en même temps qu'une convention internationale garantit la neutralité et la démilitarisation des îles. Le 9 juin 1922, le parlement d'Åland tient sa 1re session. Depuis, le 9 juin est le jour de la fête nationale dans l'archipel.

UNE VEUVE ÂGÉE ATTRAYANTE

En juillet 2010, en explorant une épave au large de Mariehamn, un plongeur découvre une trentaine de bouteilles. Il en ouvre une, et là, surprise : un véritable nectar, d'une robe d'un or sombre, très sucré, avec des arômes de chêne, et de très fines bulles. En fait, des bouteilles de veuve-cliquot produites vers 1780, probablement un cadeau de Louis XVI à Catherine II de Russie, jamais arrivé à bon port... Ce champagne a été préservé grâce à l'obscurité et aux basses températures.

LANGUE

Vous rencontrerez souvent un panneau marqué Fornminne, qui indique une curiosité telle qu'un site historique, un monument, un mémorial, une statue, etc. Sur Åland, c'est en général un site préhistorique ou viking.
Uniquement le suédois. Quelques mots utiles :

Sauna	*Bastu*
Auberge, pension	*Gästhem*
Église	*Kyrka*
Archipel	*Skärgård*
Village de vacances	*Stugby*
Sentier	*Vandringsled*
Bonjour	*Hej*
Au revoir	*Hej då*
Oui/non	*Ja/nej*
Merci	*Tack*
Pardon	*Förlåt*
Excusez-moi	*Ursäkta*
Lundi	*Måndag*
Mardi	*Tisdag*
Mercredi	*Onsdag*
Jeudi	*Torsdag*
Vendredi	*Fredag*
Samedi	*Lördag*
Dimanche	*Söndag*
Plat du jour	*Dagens kott*

Arriver – Quitter

Par les ferries internationaux

- Des ferries relient Mariehamn, capitale de l'archipel, aux ports suédois de Stockholm et de Kapellskär et aux ports finlandais de Turku et Helsinki. Se reporter au chapitre « Comment y aller ? » en début de guide.
ATTENTION : en arrivant d'Helsinki, le bateau accoste à 4h30 du matin et vous devez attendre 7h30 pour trouver quoi que ce soit d'ouvert !
- Une ligne secondaire relie en 3h la plus occidentale des îles, Eckerö, au petit port suédois de Grisslehamn. Jusqu'à 5 bateaux/j. en saison. Résa fortement conseillée. Voir « Comment y aller ? » en début de guide.

Par les ferries locaux

2 trajets possibles :
- *Direct par le sud :* à partir de Långnäs (commune de Lumparland ; *plan L'archipel d'Åland B2*), un ferry vous conduit directement à Galtby dans l'archipel de Turku *(plan L'archipel de Turku A2)* en 4h30 (1-2 traversées/j.), à 80 km de Turku par la route via 2 bacs. Attention toutefois, les véhicules des touristes ne sont jamais prioritaires. Dans certains cas, vous pouvez avoir à attendre le bateau suivant. Mieux vaut donc réserver.
- *En musardant par le nord :* cet autre parcours plus lent permet de découvrir Brändö, une île perdue. À partir d'Åland, prenez le bac pour l'île de Vårdö, qui fonctionne 24h/24 sauf aux heures de pause repas. Sur cette île, à Hummelvík, un ferry vous conduit jusqu'à Torsholma au sud de l'île de Brändö après 3 escales en 2h45 (3 traversées/j. en sem, 2/j. le w-e). Parcourez Brändö jusqu'à Långö (20 km) d'où un ferry vous conduit à Osnäs dans l'archipel de Turku *(plan L'archipel de Turku A1)* en 45 mn (3-4 traversées/j.), d'où vous êtes à 75 km de Turku par la route via un bac. Pour tous ces parcours, sauf sur Brändö, bus en correspondance à l'arrivée et au départ du ferry.

■ ***Ålandstrafiken :*** ☎ *(018) 52-600.* • *alandstrafiken.ax* • Pour toute information ou résa sur les relations entre les îles de l'archipel (ferries, bacs et bus), y compris les plus éloignées.

En bus

Il n'y a pas de liaison en bus entre Mariehamn et le continent. La seule possibilité est de combiner ferries et taxis collectifs, et le bus à l'approche de Turku. Si vraiment vous persistez dans votre idée, adressez-vous à l'office de tourisme de Mariehamn pour organiser cette odyssée.

En avion

✈ ***Aéroport de Mariehamn*** *(plan L'archipel d'Åland B2) : Flygfältsvägen 61.* ☎ *020-708-44-02.* • *finavia.fi/en/airports/mariehamn* •

■ ***Finnair :*** vols quotidiens avec Helsinki.

Argent, banques, change

Attention ! Il n'y a pas de distributeur de billets sur les îles lointaines (par exemple, Föglö ou Kökar). Les couronnes suédoises sont acceptées un peu partout.

Poste

Les timbres finlandais n'ont pas cours ici. Pensez-y !

Radio

Radio Åland émet sur 91.3 MHz ; • *alandsradio.ax* • En été, à l'attention des touristes, infos, météo et conseils touristiques en finnois, suédois, anglais et allemand.

Transports intérieurs

Le réseau de bus et de bacs

Au départ de Mariehamn, 5 lignes de bus desservent l'île principale ainsi que les îles proches via les bacs locaux : n° 1 vers Eckerö à l'ouest, n° 2 vers Geta au nord-ouest, n° 3 vers Saltvik et Ödkarby au nord, n° 4 vers Vårdö et Sandö au nord-est, n° 5 vers Lemland et Lumparland au sud-est. Nombreuses rotations en semaine, beaucoup moins le week-end. Renseignements : *Ålandstrafiken* (voir plus haut « Arriver – Quitter »). Les lignes 2, 3, et 4 passent par Godby. Enfin, la ligne 8 relie Mariehamn à Järsö. Tarifs : 2-4,80 € selon trajet ; vélo 7 €. ATTENTION au service d'été, de début juin à mi-août : les rotations sont moins nombreuses et certaines lignes ne fonctionnent que partiellement le week-end. Certains bacs, considérés comme la continuation de la route, sont gratuits et fonctionnent 24h/24 *(cable ferry)*. En revanche, les autres sont payants et ont des horaires précis. C'est le cas pour rallier Brandö, Föglö, Kumlinge, Kötar, Sottunga et Vårdö.

Du jarret !

Une fois sur place, louez donc des vélos. Le relief est peu accidenté (la route du mont Geta culmine à 99 m), les distances sont courtes et, quoiqu'il n'y ait pas de vraies pistes cyclables en dehors des villes, l'archipel est aménagé pour les fans de la petite reine. Des itinéraires balisés permettent aux cyclistes d'éviter au maximum les routes principales en les aiguillant vers les chemins moins fréquentés. 2 petits bacs réservés aux cycles et aux piétons complètent le dispositif en évitant de fastidieux détours. On trouve 2 agences de location à Mariehamn aux ports Ouest et Est.

Les pièges de la toponymie

Les indications touristiques (y compris les nôtres) font en général référence à la commune... rarement reprise sur les panneaux indicateurs. Par exemple, Eckerö est fléché au départ de Mariehamn et vous trouverez le panneau marquant le début du territoire de la commune mais, une fois sur place, seuls les hameaux sont indiqués : Storby (« Le Grand Village », Eckerö), Kyrkoby (« Le Village de l'Église »)... Les cartes fournies par l'office de tourisme sont suffisantes pour s'y retrouver.

Chalets

Si vous séjournez plusieurs jours (au moins 1 semaine en été), il peut être intéressant de louer un chalet. On en trouve à tous les prix, pour accueillir en général de 2 à 6 personnes. On peut réserver auprès des 2 agences suivantes :

- ***Eckerö Linjen :*** • *alandsresor.fi* •
- ***Viking Line :*** • *vikingline.fi* •

Attention, de juillet à mi-août, c'est la pleine saison, les locations se font uniquement à la semaine. Le reste de l'année, c'est plus souple. Réservez très à l'avance.

MARIEHAMN (MAARIANHAMINA en finnois)

10 600 hab. IND. TÉL. : 018

Construite en 1861 en l'honneur de la tsarine Marie, cette bourgade, sur une longue et étroite péninsule coincée entre ses 2 ports, a été surnommée « la

petite Grande Ville » ou encore « la ville aux Mille Tilleuls », car toutes les rues du quadrillage central en sont bordées. En dehors du centre, Mariehamn semble bâtie dans un immense parc arboré. De nombreuses promenades sont réservées aux piétons et cyclistes. Le quartier sud recèle quelques surprises architecturales. En particulier, les maisons aux nos 5 et 9 de Södragatan sont de purs joyaux d'architecture en bois finlandaise de la fin du XIXe s. N'ayez pas peur de vous glisser dans les impasses à la recherche de la maison de vos rêves. Ici, aucun molosse ne vous montrera ses crocs.

Adresses utiles

Office de tourisme : *Storagatan 8. ☎ 24-000. • visitaland.com • Début juin-août, tlj 9h-18h (17h début juin et fin août) ; le reste de l'année, en sem seulement ainsi que, mai et sept, sam.*

Poste : *à l'angle de Nygatan et de Torggatan. Lun-ven 9h-17h, sam 10h30-13h30 ; fermé dim.*

Gare routière *(Ålandstrafiken) : Stymansgatan 2. ☎ 525-100. Juin-juil seulement, tlj sauf w-e.*

Consulat honoraire de France : *Mme Naucler Elisabeth. 📱 050-512-19-84. • elisabeth.naucler@postit.ax •* En cas d'urgence seulement.

Pharmacie : *Norragatan 17. ☎ 16-511. Lun-ven 8h30-17h ; certains sam 10h-15h ; certains dim 11h-15h.*

Location de vélos et de bateaux : ***Ro-No Rent,*** *dans chaque port. ☎ 12-820. 📱 040-052-93-15. • rono.ax • Vélos à partir de 12 €/j. Canoës 42 €/4h, 62 €/8h.* Également tandems, vélos pour enfants, etc.

Où dormir ?

En raison de sa position centrale, Mariehamn est un bon point de départ pour les excursions dans l'archipel. Y loger n'est pas désagréable, mais les amoureux de Dame Nature, venus découvrir ses charmes, préféreront se nicher dans des parties plus sauvages de l'île.

Camping

Camping Gröna Udden : *à 15 mn à pied de l'arrivée des bateaux (suivre Storagatan puis fléchage) et déjà dans la verdure. ☎ 528-700. • gronaudden.com • Ouv début mai-début sept. Compter env 20-30 € pour 2 avec tente ; chalets avec terrasse 2-4 pers 75-120 € ; doubles 65-85 €, sans linge ni petit déj. Linge en supplément. Sauna payant. Loc de vélos.* Grande pelouse ombragée en légère pente jusqu'à la mer dominée par les chalets. Plage agréable pour se baigner. Café-pizzeria.

Prix moyens

Övernäsgården : *Östernasvägen. ☎ 12-525. • overnasgarden.ax • Ouv de fin avr à mi-sept. Doubles 50-90 €, petit déj compris ; chalets 2-4 pers 75-155 €. Loc de vélos.* Situé à proximité du camping, au bord de l'eau. L'adresse est tenue par un bourlingueur qui a su créer une vraie adresse routarde, surtout par son ambiance conviviale et décontractée. Chambres à la déco réduite dans 2 bâtiments dont l'un plus moderne. Chalets bien équipés (coin cuisine et douche) sur un grand terrain qui descend vers une petite plage agréable.

Strandbergs Stugor : *Varvsvägen L183. ☎ 22-855. • strandbergsstugor.com • Ouv de mi-avr à mi-sept. Chalets 2-7 pers 50-170 €/j. Linge en sus. Sauna payant. Loc de vélos.* Des chalets différents de style typiquement nordique, dont les plus cosy et les mieux équipés (donc les plus chers...) possèdent salle de bains et cuisine. Comme ils sont assez proches les uns des autres, ça manque un peu d'intimité, mais, au moins, on fait vite connaissance ! Préférez ceux situés près de l'eau, plus espacés. Ambiance familiale. Miniplage privée donnant hélas sur le port industriel, piscine à disposition, barques et vélos à louer.

Gästhem Neptun : *Neptunigatan 41. 📱 457-344-63-00. • gasthemneptun.com • Doubles 79-89 €,*

LA FINLANDE DE L'OUEST

3-4 pers 119-149 €. Douche et w-c dans le couloir. Cuisine à dispo. Attention, petit déj seulement juin-août (inclus dans le prix). Loc de vélos. Belle situation à 150 m du port Ouest. Un hébergement qui rappelle une AJ dans des bâtiments modernes. Ambiance sympathique, comme l'accueil. Le petit déj est sommaire mais plus copieux que le continental de base. Vous pourrez le prendre au soleil dans le jardin.

De prix moyens à chic

Adlon Hotel : *Hamngatan 7. ☎ 15-400. • alandhotels.fi • Doubles 89-160 €. Sauna payant. Piscine.* Bien situé sur le port. Les chambres du bâtiment principal, dont l'architecture n'incite pas à la gaieté, sont d'un standing un peu impersonnel. Préférez celles avec vue sur le port. Les plus agréables sont situées en angle.

Où manger ?

À Mariehamn, l'animation (surtout vespérale et nocturne) est localisée près des 2 ports de plaisance, à l'est et à l'ouest. Le port Ouest, qui accueille des voiliers de plus fort tonnage, s'avère plus huppé que le port Est.

Bon marché

Bagarstugan : *Ekomnomiagatan 2. ☎ 19-880. Tlj sauf dim 10h-18h, sam 11h-16h. Plats 7-13 €.* Un ravissant salon de thé dans une maison de 1866, au calme et à l'écart dans la grande cour Lilla Torget que se partagent les terrasses de l'*Indigo* et du *Dino's Bar.* Difficile de se décider entre les 3 chaleureux salons décorés à l'ancienne de façon très cosy ou la terrasse fleurie. Même hésitation pour choisir parmi les soupes, tartes, salades et gâteaux joliment présentés et préparés à base de produits frais. Service tout en sourire.

Svarta Katten *(Le Chat Noir)* **:** *Norragatan 15. ☎ 21-599. Tlj sauf dim 10h-17h (18h en été ; 16h sam). Paninis, sandwichs ou salades 5,80-9,50 €.* Salon de thé avec un jardinet ombragé. Adorable maison en bois style maison de poupée. Un lieu charmant avec ses tapisseries vieillottes et son poêle. Il est tenu par de jeunes femmes gracieuses qui s'affairent aux fourneaux pour préparer moult gâteaux maison et de délicieux *pannkakor.*

Pub Niska : *dans le quartier maritime. ☎ 19-151. Tlj 11h-21h. Pizzas 11,50-13,50 €, salade env 12 €.* Immanquable avec sa terrasse façon cale de bateau, son mobilier à base de caisses et ses cheminées de steamer. C'est le resto du médiatique chef finlandais Micke Björklund, qui propose ici de délicieuses pizzas à la pâte bien craquante, cuites au feu de bois et garnies d'ingrédients locaux.

Restaurant de l'hôtel Arkipelag : *Strandgatan 31 (port Est). ☎ 24-020. Lounas (lun-ven 10h30-14h) env 12 €, à l'excellent rapport qualité-prix ; plats 20-32 €.* Histoire de dire que vous avez mangé dans l'hôtel le plus chic de la ville.

De prix moyens à chic

Bar-restaurant Indigo : *Nygatan 1. ☎ 16-550. Tlj sauf dim 11h (17h sam)-minuit (3h ven-sam). Plats 22,50-34,90 €.* C'est l'adresse où se retrouvent les jeunes de la ville quand ils veulent se faire une dînette dans une ambiance cosy et tendance. Le bas abrite la partie resto dans un décor de brique tandis que le 1er accueille la partie *lounge.* Dès que la lumière se tamise, le coin bar se remplit d'oiseaux de nuit. Côté cuisine, les plats sont soignés. La tendance est internationale style *world food,* mais on retrouve aussi quelques réinterprétations des ingrédients traditionnels, tel le poisson. La carte brasserie *(bistromeny)* est un peu moins chère. Terrasse et bar dans la cour (voir aussi « Où sortir ? Où danser ? »).

ÅSS Paviljong : *Strandpromenaden, Vesterhamn (port Ouest). ☎ 19-141. Ouv mai-sept. Tlj 11h-22h. Le midi (11h-14h), plat du jour env 12 € ; le soir, fin juin-début août,* *plats 28-34 €.* Superbe pavillon en bois blanc et rouge surplombant le port Ouest, dessiné par l'architecte Lars Sonck dans le style romantisme national. C'est le restaurant du club de voile d'Åland, mais aussi le plus ancien de la ville. La salle est joliment décorée de photos anciennes. S'il fait beau, installez-vous en terrasse et profitez des rayons du soleil. En été, les plats proposés sont copieux et caloriques, mais sans grande finesse.

Nautical : *Hamngatan 2 (port Ouest). ☎ 19-931. Lun-ven 11h-minuit, sam 17h-1h ; fermé dim. Lounas (lun-ven 11h-14h) 18-23 € ; plats 28-41 €.* Service stylé, nappes blanches, musique d'ameublement et tout le toutim. Vue sur le port et le voilier *Pommern.* Une des meilleures tables de la ville, localement connue comme de tradition française. Le *lounas* y est plus cher qu'ailleurs, mais la qualité est au rendez-vous. À la carte, les plats originaux pourront être rehaussés de crus français, ce qui est plutôt rare par ici. Il n'y a pas de mal à se faire du bien !

Où sortir ? Où danser ?

Ne comptez pas trop faire de rencontres en semaine. En revanche, le vendredi et samedi, pas de problème, les insulaires sont de sortie. Au milieu de la nuit, tous les rescapés de la fête se replient à l'*Arkipelag.*

Hôtel Arkipelag : *Strandgatan 31. Tlj 22h-4h. Entrée payante le w-e. Âge min : 18 ans.* LE night-club de l'archipel, tous les Ålandais vous le diront. Musiciens du jeudi au samedi. Le reste du temps, programmation soignée pour clientèle tous âges confondus.

Bar Dino's : *Strandgatan 12. ☎ 13-939. Tlj jusqu'à min 22h (minuit mer-jeu, 2h ven-sam).* Concerts rock live tous les soirs en été. Fait aussi resto : grosses salades, burgers et pâtes correctement préparés à prix moyens. Cadre noir soigné avec des photos des groupes en noir et blanc.

Park Bar : *Norra Esplanadgatan 3. ☎ 527-555. Tlj 11h-2h. Concerts en été mer-sam à partir de 22h.* Joli pub avec terrasse. Une clientèle de trentenaires (et plus) s'y retrouve pour papoter autour d'une pinte (avec modération) et écouter des groupes de styles différents, avec une prédilection pour le jazz-rock.

Indigo : *voir « Où manger ? ». Mer-sam 15h-minuit (3h ven-sam).* L'étage du resto accueille un agréable bar-*lounge* dans une ambiance tamisée.

À voir

Le Musée maritime d'Åland *(Sjöfartsmuseum)* **:** *Hamngatan 2, sur le port Ouest. ☎ 19-930. • sjofartsmuseum.ax • Juin-août, tlj 10h-17h ; le reste de l'année, tlj 11h-16h. Entrée : 14 € (ticket combiné avec le bateau-musée* Le Pommern*) ; possibilité de venir en 2 fois ; réduc ; gratuit moins de 7 ans. Textes en anglais. Nombreuses animations et textes pour les enfants.*
Ce beau musée est consacré à l'histoire maritime des îles d'Åland. Très bien fait, vraiment intéressant, il évoque, à travers une très belle muséographie, les progrès techniques de la marine depuis les bateaux à voiles (très belles maquettes) jusqu'aux paquebots à vapeur ainsi que la vie quotidienne à bord (reconstitution des appartements du capitaine et des cabines de l'équipage). Plein d'autres thèmes encore sont présentés à l'aide d'objets soigneusement choisis sous l'œil attentif d'impressionnantes figures de proue. Également des expos temporaires.

Le bateau-musée Le Pommern (Museifartyget Pommern) : *juste à côté du Musée maritime d'Åland. ☎ 19-930. • visitaland.com/pommern • Mêmes horaires et même ticket que le Musée maritime d'Åland mais ouv seulement mai-sept.* Là encore, une visite à ne pas manquer. Ce superbe 4-mâts à coque d'acier n'a pas navigué depuis 1939, mais on dirait que l'équipage vient de le quitter. Prenez votre temps pour le visiter du pont jusqu'aux cales, là où était amassé le blé transporté entre l'Australie et l'Angleterre. On peut se balader partout, se prendre pour le cuisinier dans la cambuse, s'asseoir à la table de l'équipage... On remarquera que le capitaine avait une vraie salle de bains avec baignoire et toilettes ! Dans les cales, film de 20 mn sur un voyage du *Pommern* en 1936, expos sur la vie à bord et sur les marchandises transportées. Passionnant !

Le quartier maritime (Sjövarteret) : *sur le port Est.* Un joli ensemble de petites maisons rouges et de hangars à bateaux couverts qui continuent à vivre au gré de la restauration de bateaux anciens et accueillent également des boutiques d'artisanat *(design finlandais avec* SALT *; ouv 10h-17h, dim 11h-14h),* un petit musée, ainsi qu'un resto (voir plus haut « Où manger ? »). Agréable balade à faire sur les quais jusqu'au bout de la jetée coiffée d'une chapelle. L'ensemble est très photogénique.

Le musée d'Åland (*Ålands Konst Museum*) **:** *Storagatan 1. ☎ 25-426. • konstmuseum.ax • Mai-sept, tlj 10h-17h ; le reste de l'année, tlj sauf lun 11h-17h (20h jeu). Entrée : 8 € ; réduc ; gratuit le 1er jeu du mois.* Entièrement rénové, le musée présente une collection de sculptures et de peintures consacrée à l'archipel d'Åland. Également des expos temporaires.

LES AUTRES COMMUNES D'ÅLAND

IND. TÉL. : 018

Après avoir épuisé les joies de Mariehamn, seule ville de l'archipel, vous aurez peut-être envie de mieux profiter de la mer ou de vous isoler un peu. Les meilleurs équipements touristiques sont sur la côte ouest, près d'Eckerö, et les sites les plus originaux au nord ou à l'est.

Où dormir ? Où manger ?

Campings

Camping Kattnäs (*plan L'archipel d'Åland A2,* **11**) **:** *Kattnäsvägen 285,* ***Hammarland.*** *☎ 37-687. • kattnas.ax • Ouv d'avr à mi-sept. Réception ouv 9h30-12h, 17h-19h. Compter env 21 € pour 2 avec tente (possibilité de petit déj) ; chalet 2 pers env 62 €, linge et petit déj inclus. Sauna payant.* Belle situation au terminus d'une route, sur un promontoire dans la verdure. Chalets mignons comme tout. Plage, bateaux à louer. Du fait des prix raisonnables, le site est très fréquenté, avec beaucoup de caravanes. Pour planter décemment sa tente, arriver tôt.

Camping Sandösund (*plan L'archipel d'Åland C2,* **13**) **:** ***Sandö,*** *sur l'****île de Vårdö,*** *accessible par bac fonctionnant jour et nuit. Bien indiqué, au bout d'un chemin de terre ; arrêt de bus sur la route. ☎ 47-750. • sandosund.com • Ouv de mai à mi-sept. Compter 12-14 € pour 2 avec tente ; chalets 2-4 pers 42-52 €, draps en sus. Sauna payant. Loc de vélos et de kayaks.* Notre coup de cœur dans l'archipel, loin de tout, magnifiquement situé dans un entrelacs de terre et d'eau, avec 2 belles plages. Un antidote idéal au stress de la vie urbaine. La gentillesse, la disponibilité et le dynamisme d'Olof et de sa femme remportent les suffrages de nos lecteurs. Ils pourront vous renseigner sur les meilleurs itinéraires de navigation, ainsi que sur les îlots où débarquer. Les chalets disposent pour certains d'un coin cuisine et de tables pour déjeuner confortablement à l'extérieur. Quant aux tentes, l'espace ne manque pas pour s'isoler. Sans oublier les chambres doubles plutôt spacieuses avec toilettes et douches et même une petite terrasse.

Sauna flottant, barbecue. Attention si vous n'êtes pas véhiculé : la plus proche supérette est à 6 km ! Heureusement, Olof vend quelques produits de base et assure aussi une petite restauration bien sympathique.

Degersand Resort *(plan L'archipel d'Åland A2, **12**) : à **Eckerö**. ☎ 38-004. • degersand.ax • Ouv juin-sept. Compter 26 € pour 2 avec tente. Chalets 2-4 pers 130-180 €/nuit. Sauna payant.* Au sud d'Eckerö, après Trops, poursuivre 2 km sur le chemin de terre pour arriver sur une très belle plage de sable orientée plein sud. Un appel au farniente. Idéale aussi pour la baignade car en pente douce. Le camping est installé au bord de l'eau sous les pins, tandis que les cottages confortables (avec toilettes, coin cuisine et terrasses) semblent former une haie d'honneur. Également un agréable resto avec une grande terrasse et des jeux pour enfants (les parents peuvent manger tranquillement !). Un emplacement rêvé pour profiter de la mer, bien au calme.

De bon marché à prix moyens

Nous avons mentionné, dans l'introduction à l'archipel, les agences auprès desquelles on peut louer un chalet. Voici quelques adresses :

Djurvíks Gästgård *(plan L'archipel d'Åland A2, **14**) : Gottbyvägen 420, **Gottby**. ☎ 32-433. • djurvik.ax • À 13 km de Mariehamn. Ouv mai-oct. Doubles 50-90 €, sans petit déj ; chalets 2-4 pers 85-115 € ; 1 seul chalet avec cuisine 100-140 € ; linge 12 €.* Les chalets, coquets et bien espacés, sont disséminés sur une immense pelouse ombragée descendant vers une petite plage. Le confort y est simple, mais ils sont plus spacieux qu'un bungalow de camping, équipés de lits superposés et d'un petit frigo (dans certains, mezzanine pour les enfants). Sauna inclus dans le prix, terrain de pétanque, gril et barques à disposition. Un grand bâtiment abrite une cuisine commune super moderne, un salon agréable et une salle à manger avec terrasse et vue sur la mer. Si vous désirez en savoir plus sur les îles d'Åland, n'hésitez pas à discuter avec votre hôte. Il est député au Parlement.

Danö Strandvillor *(plan L'archipel d'Åland A-B1, **10**) : Danövägen 385, **Geta**. ☎ 48-228. 040-833-92-36. • strandvillor.com • Suivre direction Geta, puis Danö. Ouv tte l'année. Attention, pas de réception sur place ; prendre rdv avt. Chalets 6-8 pers env 1 200-1 600 €/sem (du sam au sam) ; juil, w-e ou 2 j. en milieu de sem env 500 €.* Chalets verts en bois perdus en pleine nature, au bout d'une piste en terre. Le nec plus ultra du cottage : 108 m² sur 2 étages joliment décorés, face à la mer. Très bien équipés, tous possèdent un sauna privé et disposent d'un bateau à rames. Idéal pour les enfants, car les rochers ne sont pas dangereux et la plage est en pente douce. Charme absolu, sublime quelle que soit la saison !

Kastelholms Gästhem *(plan L'archipel d'Åland B2, **15**) : Tosarbyvägen 47, à **Kastelholm**. ☎ 43-841. 040-674-23-18. Ouv mai-fin sept. Doubles 85-100 € avec ou sans sdb, petit déj compris. Barbecue à disposition.* Dans un beau jardin fleuri et arboré, 2 maisons se partagent une dizaine de chambres familiales, coquettes, dans des tons bleus, avec des lits superposés. Le petit déjeuner se prend dans une jolie et spacieuse salle à manger équipée d'une grande cuisine, ou sur la terrasse pour profiter de l'environnement. Une adresse vraiment agréable non loin du château.

Havsbandet Pensionat & Kursgärd *(plan L'archipel d'Åland A2, **16**) : Sandmovägen 85, à **Eckerö**. ☎ 38-200. • elvira.ax • Ouv juin-août. Doubles 90-130 € avec vue mer ou jardin, petit déj inclus ; sauna payant. Dîner seulement (18h-21h), plats 16-27 €.* Non loin du Comptoir du Maître de poste, un hôtel d'une vingtaine de chambres dont la décoration vintage années 1950, un peu décalée, avec des vinyles et des livres dans les parties communes, change des hôtels standard. De plus, l'hôtel bénéficie d'un emplacement idéal, avec un jardin qui descend vers une belle plage et dont on profite depuis les baies vitrées du resto.

Plus chic

Hôtel Havsvidden *(plan L'archipel d'Åland B1, **18**) : à **Geta,** suivre le panneau « Konferenshotell Havsvidden ». ☎ 49-408. ● havsvidden.com ● Perdu au bout d'un chemin de 7 km, non goudronné sur la fin. Doubles env 160-200 €, petit déj compris. Maisons 440-660 €/nuit. Promos intéressantes sur le site internet. Plats 19-22 € le midi, 27-32 € le soir.* Cher, mais la situation est unique ! On a vraiment l'impression d'être seul au monde. Il s'agit en fait d'un domaine qui propose des chambres très sobres, mais aussi et surtout de superbes maisons avec tout le confort dont on peut rêver (sauna et jacuzzi privés), intérieur au design finlandais dont les grandes baies vitrées ouvrent sur l'horizon tandis que les terrasses surplombent la mer. Sauna perdu sous les pins et piscine couverte dans un site incroyable, perché sur la roche au-dessus de la mer. Vue superbe depuis la terrasse. Même tonalité au restaurant : décor épuré dans les tons blancs, gris et noirs avec vue imprenable sur la mer. Pour nos lecteurs qui ont les moyens de se prendre pour un VIP...

LA FINLANDE DE L'OUEST

À voir

Attention, les bacs entre Geta et Hammarland et entre Bomarsund et Lumparland ne passent que les piétons et les cycles.

Les églises : sur la douzaine d'églises médiévales que comporte l'archipel, voici notre sélection. Elles sont en général ouvertes de 10h à 16h.

– ***Finström*** *(plan L'archipel d'Åland B2) : en pleine nature, à 5 km au nord-ouest de Gottby (route 4 puis suivre le fléchage).* Notre préférée, pour son site enchanteur près d'un lac, l'ombrage et la quiétude de son cimetière, les 4 clochetons d'angle de son clocher, et les peintures murales médiévales dans un état de conservation assez étonnant. Statues de bois polychrome, dont celle de saint Michel, patron de l'église, terrassant le dragon. Dans le vestibule, buffet d'orgue ancien de facture très artisanale.

– ***Hammarland*** *(plan L'archipel d'Åland A2) : dans le hameau de **Kattby,** panneau (discret) « Hammarland kyrka ».* Dédiée à sainte Catherine. On envie presque les défunts enterrés dans le charmant cimetière qui entoure l'église. La pierre ocre-rose des moellons et leur ciment blanc tranchent harmonieusement sur l'écrin de verdure. Proportions élégantes compensant la rigidité des lignes. Intérieur lumineux. Beau plafond peint de motifs végétaux du XVe s et balcon avec orgue.

– ***Jomala*** *(plan L'archipel d'Åland B2) :* la plus ancienne. L'église Saint-Olof a été édifiée vers 1100 (à l'exception du transept qui est un ajout du XIXe s), ce qui en fait l'une des plus vieilles des pays nordiques. Remarquer le bulbe du clocher, de très vieilles sculptures sur bois dont une Madone du début du XIVe s, ainsi que les vestiges de fresques murales.

– ***Saltvík*** *(plan L'archipel d'Åland B2) :* Sainte-Marie a été érigée sur un ancien lieu de culte et de sacrifice païen. Est-ce la présence proche d'une antique nécropole de 180 tumuli (panneau « Fornminne » juste avant d'arriver), le sobre monument de granit rappelant la tenue du Parlement local *(ting)* en ces lieux, ou l'ascétisme des quelques croix noires métalliques plantées à même la pelouse à l'ombre des grands arbres séculaires ? En tout cas, l'endroit dégage un mystère propre à faire vagabonder l'imagination.

En s'en retournant, les amateurs de vieilles pierres iront tout droit en rejoignant la grand-route, puis suivront le fléchage « Borgboda » jusqu'aux *ruines d'une forteresse viking.* On ne voit pas grand-chose, mais l'endroit dégage une atmosphère romantique.

– ***Lemland*** *(plan L'archipel d'Åland B2-3) :* l'extérieur de l'église Sainte-Brigitte, avec sa surprenante petite flèche qui répond au clocher, tranche avec les autres édifices de l'archipel. Bien qu'ancienne (la nef date du XIIe s), elle a connu de multiples modifications. L'intérieur, assez disparate, est dominé par un très expressif crucifix et par une belle fresque dépeignant la légende de saint Nicolas. Ces œuvres datent du XIVe s, comme les 3 belles sculptures en bois, bizarrement cachées dans une niche du mur sud.

– ***Lumparland*** *(plan L'archipel d'Åland B2)* **:** l'église Saint-André est la plus vieille église en bois de l'archipel. Toute blanche, toute petite, bref toute mignonne. Son clocher est surmonté d'un coq. À l'intérieur, noter son plafond arrondi et la galerie décorée des portraits des 12 apôtres.

Le château de Kastelholm *(Kastelholm slott ; plan L'archipel d'Åland B2)* **:** *☎ 432-150. • kastelholm.ax • De mai à mi-sept, tlj 10h-17h (18h juil) ; dernière admission 30 mn avt fermeture. Entrée : 8 € ; billet famille 20 € ; réduc. Demander le livret en anglais à l'entrée sinon, panneau explicatif dans chaque pièce.* C'est le principal site touristique de l'archipel. Le château, mentionné dès le XIVe s, a eu une importance stratégique pour le contrôle de la Baltique jusqu'à la fin du XVIIe s, avant d'être ravagé par un incendie en 1745. Le site vaut le coup d'œil et a fait l'objet d'une restauration qui permet de faire le tour des remparts et d'apprécier l'épaisseur des murs (3 m). Pour le meilleur point de vue en arrivant de Mariehamn, prendre la direction du château puis faire quelques centaines de mètres en direction de Kastelholm Gård. Belles reconstitutions de salles d'époque, réalisées avec sobriété.

Le musée de plein air de la ferme de Jan Karl *(Jan Karlsgården Friluftsmuseum)* **:** *juste à côté du château de Kastelholm. • museum.ax • De mai à mi-sept, tlj 10h-17h (en été, quand les bâtiments sont fermés, le terrain reste libre d'accès jusqu'à 21h). GRATUIT. Snack et resto (ouv avr-oct, jusqu'à 20h).* C'est un musée de plein air dans un beau site surmonté de 3 moulins à vent et descendant jusqu'à la mer. Tous les bâtiments typiques de l'archipel sont représentés : une ferme du XIXe s avec ses étables, la maison d'été, le chalet de pêche. Intéressant. Les soirs d'été, son exposition plein ouest rend la visite très agréable.

– Enfin, ***Vita Björn*** (« l'Ours Blanc ») est une prison-musée. *De mai à mi-sept, tlj 10h-17h. Entrée : 2 € ; réduc.* Geôle bâtie en 1784 et en service jusqu'en 1975. On y a reconstitué dans 4 cellules (et le logement du gardien) les conditions de détention de 1800 à 1950. Édifiant.

Smakbyn *(plan L'archipel d'Åland B2,* ***20****)* **:** *Slottvägen 134. De l'autre côté de la route, à proximité du château de Kastelholm. ☎ 43-666. • smakbyn.ax • Lunch lun-ven 13-17 € ; le soir, plats 28-34 €.* À l'initiative du célèbre chef Mike, ce vaste bâtiment regroupe une boutique de produits du terroir, un bar, et un restaurant dans une grande salle lumineuse, à la déco contemporaine, avec vue sur la cuisine ouverte où sont préparés les plats qui font la réputation du chef. Il s'agit d'une cuisine de saison basée sur de beaux produits et tournée vers la mer. La maison abrite aussi une distillerie qui produit de l'apelbrand (un cousin du calvados) conservé à la cave dans des barriques, et un original vin de pomme. Propose des dégustations *(tlj sauf dim à 14h, en anglais ; compter env 28 €/pers quand même !).*

La forteresse de Bomarsund *(Bomarsunds fästning ; plan L'archipel d'Åland B2)* **:** édifiée par les Russes et détruite avant même son achèvement par les Français et les Anglais pendant la guerre de Crimée (1854). La route 2 traverse le site sur plus de 4 km entre Finby et Prästö. C'est dire le gigantisme de la construction qui comprenait de nombreux bâtiments.

2 petits musées racontent l'histoire de la forteresse. Le 1er *(GRATUIT),* perché sur une butte, juste à gauche après le pont, expose des gravures et des objets *(ouv juin et août, lun-ven 10h-17h ; tlj en juil).* Procurez-vous le dépliant en français sur la forteresse pour mieux comprendre le site. Le 2d musée, un peu plus loin sur la droite, est installé dans l'ancienne station télégraphique russe et évoque la forteresse d'un point de vue plus technique *(ouv en été seulement, tlj 11h-16h ; tarif : 2 €).*

Pour se rendre compte de l'étendue du site, monter au Djävulsberget (chemin de terre à droite, à 300 m du 1er musée en direction de Finby) d'où l'on a une belle vue sur l'imbroglio de terre et d'eau. Les amateurs pourront faire une balade fléchée qui conduit aux ruines des divers bâtiments de la forteresse dont le cimetière de 5 communautés religieuses (5 km environ, compter 2h30 environ). Assez émouvant par endroits.

Pour ceux que la visite aurait affamés, le ***Café Furulunds Garden,*** à l'entrée du camping, sert des plats thaïs *(tlj de mi-mai à mi-sept, 9h-19h30).*

Le Comptoir du Maître de poste *(Postmästrens contoire ; plan L'archipel d'Åland A2)* **:** *à* ***Eckerö (Storby).*** *Abrite un petit musée de la Poste maritime.* *• postochtullhuset.ax • Mai-sept, tlj 10h-18h. GRATUIT.* L'ancienne Maison de la poste et des douanes est un bâtiment de style Empire dû à Engel, l'architecte de la place du Sénat à Helsinki, complètement incongru dans le site de Storby. Il rappelle l'époque où Eckerö, commune la plus occidentale de Finlande, était l'une des stations importantes de l'ancienne route postale. Par tous les temps, pendant des siècles, les bateaux postaux rallièrent Grisslehamn, sur la terre suédoise. C'est ce qu'illustre la petite expo commentée uniquement en suédois. On trouvera juste à côté une boutique d'artisanat et un chocolatier (pas donné), mais qui propose des associations de goûts originales. Au rez-de-chaussée du bâtiment central, reconstitution de la chambre du Maître de poste, tandis que le 1er étage accueille des expos temporaires.

Le musée de la Chasse et de la Pêche *(Ålands jakt och fiskemuseum ; plan L'archipel d'Åland A2)* **:** *Fiskeläget 37, à* ***Eckerö*** *(en direction de Käringsundby). ☎ 38-299. • jaktfiskemuseum.ax • De mi-mai à fin août, tlj 10h-17h (18h de mi-juin à mi-août). Entrée : 7 € ; réduc. Explications en anglais.* Retrace l'importance historique et économique de la chasse et de la pêche sur Åland ou comment l'ingéniosité permet de survivre dans des conditions difficiles (nombreux objets, photos et animaux empaillés). Un peu foutraque mais pas inintéressant. Expositions temporaires variées.

Juste à côté, ***Viltsafari*** propose une balade en train tiré par un tracteur pour dire bonjour aux autruches et aux cervidés qui vivent dans l'enclos *(• granbergs.ax/viltsafari • ; entrée : 12 € ; 6-8,50 € pour les 3-14 ans).*

Gastropub Bodegan *(plan L'archipel d'Åland A2,* ***22****)* **:** *dans le petit port de Karingsunds. ☎ 38-530. Tlj 11h-19h, un peu plus tard le w-e. Plat du jour (le midi) env 10,50 €, sinon plats env 15-20 €.* Installé dans l'ancien entrepôt de sel, un adorable resto à l'intérieur coquet avec une terrasse sur le ponton au-dessus de l'eau. Un emplacement idéal donc pour savourer une bonne cuisine de bistrot à la finlandaise (*fish & chips,* burger, steak sauce béarnaise, saumon *gravlax*) ou boire un pot en fin de journée quand le soleil ne veut pas se coucher et se contente juste de décliner. On a adoré !

Le mont Geta *(Getabergen ; plan L'archipel d'Åland B1)* **:** prendre la route 4, direction Soltuna. La récompense est au sommet, au bout de la route de terre : panorama sur la côte nord de l'île. Par beau temps, on aperçoit la côte suédoise à l'ouest. Tour d'observation. Sentier jusqu'à une petite grotte, puis jusqu'à la côte : compter 1h30 à 2h aller-retour. Départ derrière le resto *Soltuna.*

Restaurant Soltuna : *Västergeta,* ***Geta.*** *☎ 49-530. Ouv de mi-avr à mi-sept.* Possède une agréable terrasse ; *lounas* à prix abordable et cuisine sans surprise.

L'Orrdalsklint *(129 m ; plan L'archipel d'Åland B1)* **:** point culminant de l'archipel. À Saltvík, prendre vers le nord, tourner à droite vers Hamnsundet, encore à droite vers Fagervík jusqu'à un panneau en bois portant le nom du mont et la mention « Vandringsled », d'où démarre le sentier. Ou bien prendre vers

Orrdal-Längbergsöda et suivre le balisage jusqu'au parking. Dans les 2 cas, belle ascension à travers la forêt. Compter une bonne heure et demie.

Järsö *(plan L'archipel d'Åland B3)* **:** la route de Mariehamn à Järsö (7 km) est sans doute l'une des plus belles de l'archipel. Elle serpente le long d'un chapelet d'îlots parsemés de coquettes maisons colorées. À la bifurcation située au pied de la tour de télécoms, prendre à droite (direction Langnäs), puis tout de suite à gauche (Stadens Fritidsområde). Plusieurs sentiers sont sommairement aménagés au départ d'un petit parking. Rochers, feuillus et résineux se donnent la réplique jusqu'à la mer, au milieu de paisibles moutons.

Festivals

– ***Les Mats de la Saint-Jean* :** *le w-e suivant le 21 juin (solstice d'été).* Une tradition typiquement ålandaise. Chaque village décore le sommet d'un mât pouvant aller jusqu'à 25 m d'objets symboliques puis le dresse au cours d'une fête qui rassemble les habitants.
– ***Festival d'Orgue* :** *juste après la Saint-Jean (fin juin), dans les églises anciennes. Concerts payants.* Organistes venant de toute l'Europe.
– ***Ålands Sjödagarnas*** *(Journées de la mer)* **:** *2de quinzaine de juil.* Ambiance de kermesse, activités diverses, régates et concerts en soirée.
– ***Vikinga Marknaden*** *(marché viking)* **:** *à* ***Kvarnbo*** *(Saltvik), le dernier w-e de juil.* • *fibula.ax* • *Entrée : 14 € ; forfait famille, réduc.* Grande kermesse locale consacrée à la culture viking. Les locaux se costument et rencontrent leurs congénères (authentiques ou autoproclamés) venus de Scandinavie, des pays baltes ou d'Écosse. Nombreuses démonstrations, musique, artisans et spectacles, dans un grand campement parsemé de huttes, ceint de palissades, le tout dans une atmosphère bon enfant.

FÖGLÖ

580 hab. IND. TÉL. : 018

Parmi les îles périphériques de l'archipel, Föglö mérite une place à part car c'est la plus facilement accessible. C'est en réalité un ensemble d'îles et d'îlots, dont les plus importants sont reliés par des chaussées.

Arriver – Quitter

Ferry depuis Svinö. Agréable traversée de 30 mn. Tarif : 17-22 € A/R selon saison avec la voiture (4-6 € avec un vélo).

Où dormir ? Où manger ?

Auberge Enigheten *(plan L'archipel d'Åland C3,* ***17****)* **:** *à* ***Degerby.*** ☎ *50-310.* *040-554-29-37.* • *enigheten.ax* • *À 1 km sur la gauche en quittant le ferry. Ouv juin-début sept. Résa indispensable. Compter 30 € pour 2 en camping ; 30 €/pers en dortoir (draps 10 € ; petit déj en sus) ; doubles 90-110 €, sauna et petit déj inclus ; toilettes et douches dans un bâtiment séparé. Resto tlj 11h-21h30 (17h lun). Plats 10-28 €. Loc de vélos et de kayaks.* Un lieu hors du temps que cette auberge tout à fait romantique, conservée telle qu'elle a été construite au XVIIIe s quand elle faisait fonction de cour de justice. Les différents bâtiments abritent des dortoirs adorables, une salle à manger, des chambres et un resto, le tout meublé comme autrefois. On se croirait dans un musée ! De plus, l'accueil est simple et chaleureux. On peut même planter sa tente près du moulin d'où débute un petit sentier nature. Un coup de cœur.

Restaurant Seagram *(plan L'archipel d'Åland C3,* ***17****)* : *à* **Degerby.** ☎ *51-092. Ouv mai-août, tlj sauf dim 11h (14h sam)-20h. Lounas 10,50-14 € ; plats 18-35 €.* Föglö présente la particularité d'avoir non seulement l'auberge de charme de l'archipel, mais aussi un très bon resto. Peu de choix à la carte mais cuisine exquise. Le midi, buffet de poisson avec une dizaine de préparations diverses à choisir sous l'œil des oiseaux empaillés. Agréable terrasse à 20 m de la plage.

À voir

Le site : ici comme partout, terre et eau s'entremêlent, dessinant des paysages reposants sans cesse renouvelés. 2 parcours de découverte possibles : un de 5 km au départ d'***Isakssons Stugby*** (un ensemble de cottages situé à Hastersboda, à l'est de l'archipel), l'autre de 7 km au départ du pylône de Jyddö, à 13 km au nord-est de Degerby via un bac.

Le village de Degerby *(plan L'archipel d'Åland C3)* : fait inhabituel dans un pays de fermiers où l'habitat est dispersé, les maisons de Degerby, la « capitale » de l'île, sont rapprochées car leurs propriétaires étaient fonctionnaires. Certaines ont de nettes influences de styles Empire ou romantisme national, et l'ensemble ne manque pas de charme avec ces maisons coquettes et leurs jardins fleuris.

L'église Sainte-Marie-Madeleine *(plan L'archipel d'Åland C3)* : très jolie église du XIVe s, en haut d'une butte et accompagnée de son cimetière si paisible, entouré d'un muret de pierre. Sa tour servait de tour de guet et de défense. L'église fut agrandie au XIXe s par l'ajout d'un transept. À l'intérieur, beau crucifix en argent.

VERS LE NORD

Proche des archipels, la petite province maritime de Satakunta est célèbre pour la vieille ville de Rauma, inscrite au Patrimoine mondial de l'Unesco, et pour le festival international de Jazz de Pori. Plus au nord s'étend l'Ostrobotnie, avec ses côtes au climat chaud l'été et rude l'hiver, et son arrière-pays tourné vers l'agriculture, moins riche en lacs que le reste de la Finlande.

RAUMA

40 000 hab. — IND. TÉL. : 02

• Plan *p. 174-175*

La vieille ville de Rauma, avec ses 600 maisons en bois des XVIIe et XVIIIe s aux façades délicieusement colorées, est, avec Naantali et Porvoo, l'une des cités historiques les mieux conservées de Finlande. C'est en tout cas l'ensemble le plus vaste. Sa grande particularité : elle n'a pas brûlé. Enfin... moins souvent que les autres. Ses vieux quartiers et son dédale de ruelles ont été

reconstruits après le dernier grand incendie, celui de 1682. Ce privilège lui a valu d'être inscrite depuis 1991 sur la liste du Patrimoine mondial de l'Unesco. Avec son charme suranné, Rauma semble avoir échappé à la frénésie de modernisation qui s'est emparée du pays, restant comme à l'écart, confite dans un passé croquignol dont les habitants sont très fiers.
De son histoire portuaire, elle a gardé les sonorités d'un dialecte étonnant, le *rauman giäl.* Dérivé du finnois, il est truffé d'emprunts au suédois et à l'anglais, voire au vieux flamand et à l'estonien.
Le plaisir éprouvé à errer dans les rues au tracé irrégulier du vieux Rauma, bien vivant plutôt que simple bourgade-musée, justifie amplement votre venue.

UN PEU D'HISTOIRE

La 3e plus vieille ville de Finlande se développe autour du couvent des Franciscains au XVe s. Elle obtient ses droits de cité en 1442, tire sa richesse de l'exportation du bois et affrète ses propres voiliers. En 1550, un décret du roi Gustave Vasa oblige les habitants de Rauma à s'installer dans la nouvelle ville d'Helsinki mais cela n'affecte pas trop le bourg, puisque le retour au bercail est autorisé dès 1557.

QUAND LA MER SE RETIRE... POUR DE BON !

Les curieux se demanderont pourquoi la vieille ville, ancien port marchand, est si éloignée de la mer. La géologie nous donne la clé de l'énigme : le sol, tassé par le poids des glaciers de la dernière période glaciaire, remonte de près de 1 m par siècle depuis la fin de leur fonte, ce qui fait apparaître de nouvelles terres... et éloigne d'autant le vieux Rauma du bord de l'eau !

Aujourd'hui, Rauma reste un port maritime important, leader finlandais de l'exportation de papier. L'implantation d'une centrale nucléaire sur une île voisine, en 1979, participe également à son essor économique. À ce propos, la construction du 3e réacteur (de type EPR) a fait couler beaucoup d'encre. Les travaux ont pris énormément de retard : prévu à l'origine pour 2009, le réacteur devait entrer en action à l'automne 2020... et le coût initial a littéralement explosé, passant de 3 à près de 10 milliards d'euros ! Au printemps 2020, une fuite constatée au niveau d'une vanne repoussait un peu plus son inauguration... pas avant 2022 aux dernières nouvelles.

Arriver – Quitter

Gare routière *(plan B1)* **:** *Tehtaankatu 5. À env 300 m de l'angle nord-ouest de la vieille ville.* Consigne. Nombreuses liaisons avec ***Turku*** (trajet 1h30), ***Pori*** (1h), ***Tampere*** (2h30) et ***Helsinki*** (min 4h).

Adresses et info utiles

Office de tourisme *(plan B2)* **:** *Valtakatu 2, dans la Rauma moderne, tt près du canal. ☎ 834-50-00. • rauma.fi/en • Tte l'année, tlj sauf w-e ; juin-août, 8h-16h (17h mar, 15h ven).* Également une antenne de l'office de tourisme au rez-de-chaussée de l'ancien hôtel de ville (***Vanha Raatihuone*** ; se reporter à la rubrique « À voir »). *Juin-août seulement, tlj 9h-16h (17h mar, 15h ven).*

***Stationnement* :** *bonne nouvelle, il est gratuit, mais limité à 2h consécutives dans les ruelles de la vieille ville (1h autour de la pl. du Marché).*

Hôpital *(plan D2)* **:** *Steniuksenkatu 2. ☎ 835-26-70 pour les urgences.*

LA FINLANDE DE L'OUEST

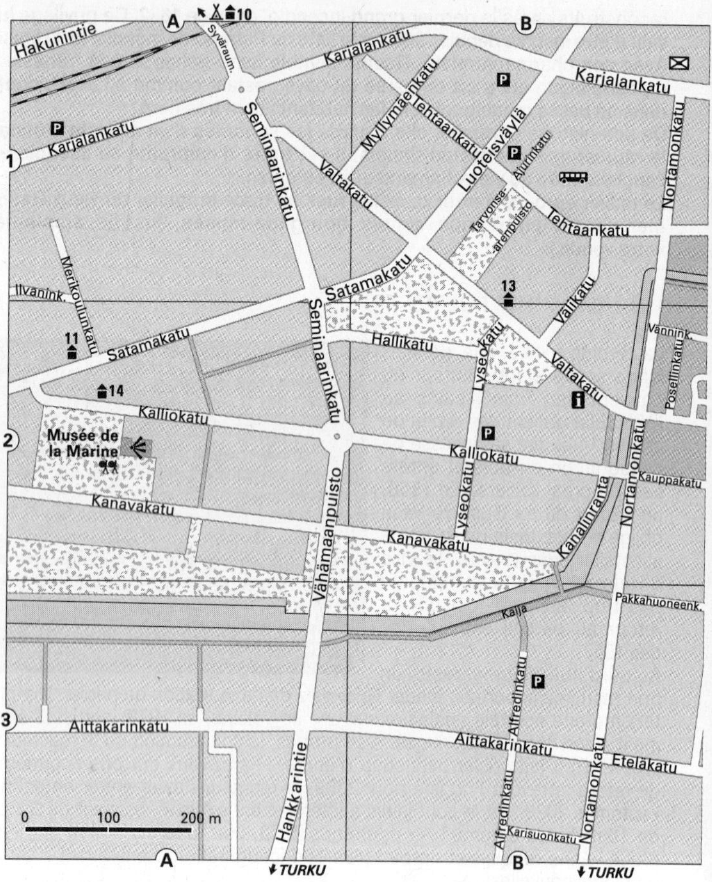

■ **Adresse utile**

- Office de tourisme (B2)

Où dormir ?

- **10** Poroholma Resort (hors plan par A1)
- **11** Haus Anna (A2)
- **12** Hotelli Vanha Rauma (D2)
- **13** Hotel Raumanlinna (B1-2)
- **14** Hotel Kallihovi (A2)

Où manger ?

- **20** Café Sali (C2)

Où dormir ?

Attention, pendant le festival *RMJ Midsummer* en juin, les prix s'envolent. D'ailleurs, il est quasi impossible de trouver une chambre si on ne s'y prend pas très à l'avance, d'autant que l'offre d'hébergement est très restreinte...

Camping

Poroholma Resort *(hors plan par A1,* ***10****) : Poroholmantie 8, à 2 km à l'ouest de la vieille ville. ☎ 533-55-22. • poroholma.fi • Pas de bus (mais petit*

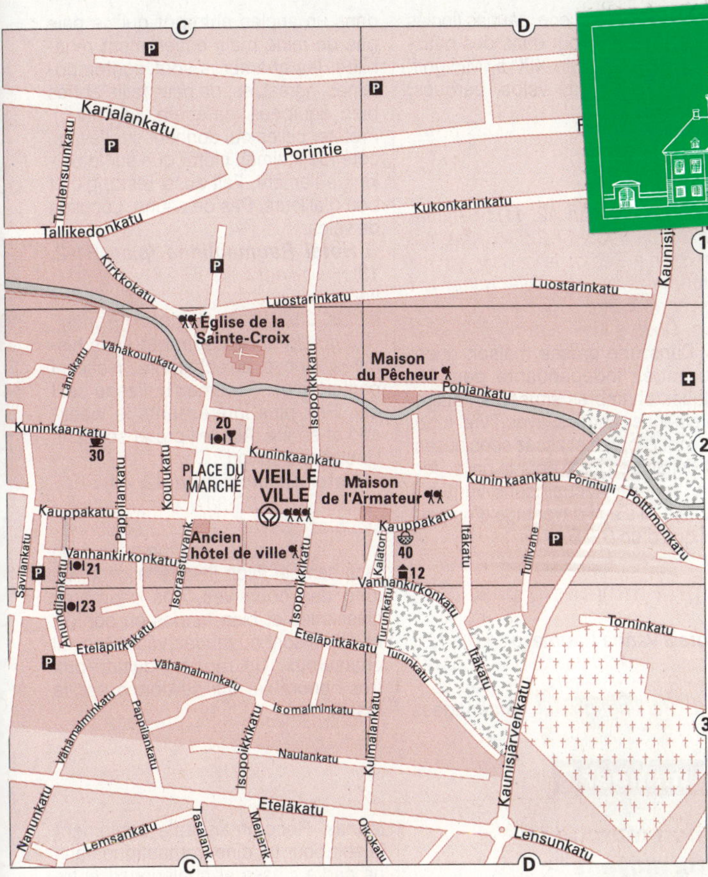

RAUMA

21 Savila (C2)
23 Wanhan Rauman Kellari (C3)

Où manger une douceur ?
Où boire un verre ?

20 Café Sali (C2)

30 Kontion Kahvila (C2)

Achats

40 Nypläājät (D2)

train touristique, en juil seulement, pour 5 € A/R depuis le centre-ville). Ouv mai-sept. Compter 28 € pour 2 avec tente ; chalets (2-5 pers) 70-170 €. L'un des plus luxueux campings de Finlande (5 étoiles, mazette !). C'est loin d'être le plus charmant, le plus calme et le plus intime, mais le site est superbe, au fond d'une baie occupée par un petit port de plaisance et une belle plage en croissant de lune. Emplacements délimités au cordeau, chalets bien équipés pour les plus chers, rustiques et avec sanitaires en commun pour les autres. Et, surtout, de nombreux services : plusieurs cafés et restos (notamment un sur un voilier !), épicerie, saunas (inclus dans le prix)... le tout dans des bâtisses en bois de style XIXe s. Minigolf, cuisine, location de vélos, barques, kayaks, etc.

Prix moyens

Haus Anna (plan A2, **11**) : *Satamakatu 7. 050-551-12-22. • hausanna.fi • À 5 mn à pied de la vieille ville. Ouv de mi-mai à mi-oct. Téléphoner avt d'arriver pour être sûr de trouver quelqu'un. Double avec sdb 65 € ; 2 nuits min.* Dans une grosse maison grise, avec entrée indépendante pour les quelques chambres situées à l'étage. Sobrement arrangées, avec TV et frigo, elles sont propres et assez spacieuses. Petit déj un peu juste pour le pays. Jardin à l'arrière. Accueil sans véritable caractère : il s'agit davantage d'un petit hôtel que d'un *B & B*.

De prix moyens à chic

Hotelli Vanha Rauma (plan D2, **12**) : *Vanhankirkonkatu 26. ☎ 83-76-22-00. • hotelvanharauma.fi • Doubles 120-160 €. Parking gratuit.* Aménagées dans un ancien entrepôt qui ne paie pas de mine mais entièrement réhabilité, les chambres sont contemporaines, agréables, de belle taille et très bien équipées (cafetière, minibar...). Préférer celles qui donnent sur l'avant, côté rue (calme), plutôt que sur le parking à l'arrière. Fait aussi resto, plutôt bon d'ailleurs. Pas de sauna. Location de vélos.

Hotel Raumanlinna (plan B1-2, **13**) : *Valtakatu 5. ☎ 83-221. • raumanlinna.fi • Doubles 100-150 €. Sauna inclus (lun-jeu seulement). Parking gratuit.* Un hôtel central et sans histoires, rénové, aux chambres nickel et confortables. Généreux buffet au petit déj. Prix plus intéressants le week-end et en été. Accueil pro et souriant. Une bonne option.

Hotel Kallihovi (plan A2, **14**) : *Kalliokatu 25. ☎ 83-881. • kalliohovi.fi • Doubles 90-180 €. Sauna et parking gratuits.* Le musée maritime situé en face semble avoir inspiré la déco. Le long des coursives, des chambres classiques et bien tenues où confort et calme sont au rendez-vous. Accueil chaleureux. Un rapport qualité-prix très honorable, qui ne donne pas le mal de mer.

Où manger ?

De bon marché à prix moyens

Café Sali (plan C2, **20**) : *Kuninkaankatu 22. ☎ 010-423-31-61. Lun-ven 11h-18h, w-e 10h-16h. Lounas (tlj sauf w-e) 8,50-12 € ; sandwichs et salades env 6-14 €.* Café-bar à la déco sobre et branchée, qui déploie une sympathique terrasse bordant la place du Marché. Propose, entre autres, d'excellents sandwichs et de grosses salades. Parfait si vous cherchez quelque chose de simple et d'économique le midi !

Savila (plan C2, **21**) : *Vanhankirkonkatu 1. ☎ 822-66-10. Tlj sauf dim 10h30 (11h sam)-21h (21h30 ven-sam). Lounas env 11-14 € ; plats 14-30 €.* Un incontournable de la ville, populaire le midi pour son copieux *lounas*. Recommandable également le soir pour un dîner romantique dans un cadre classe et chaleureux, entre murs beiges, tapisseries à motifs discrets et nappes en tissu. Bonnes spécialités grillées (steak, canard, poisson du jour...), mais aussi du cerf ou de l'agneau, le tout fort bien apprêté. Chaque plat est accompagné d'un buffet d'entrées et de petits gâteaux avec le café. De la bonne cuisine familiale, à l'image de l'accueil et, au final, un rapport qualité-prix admirable.

De prix moyens à chic

Wanhan Rauman Kellari (plan C3, **23**) : *Anundilankatu 8. ☎ 866-67-00. Tlj 11h-22h (23h ven-sam). Lounas env 11,50 € ; plats 16-35 €.* La « Cave du Vieux Rauma », en sous-sol, est d'un chic décontracté. Mais sur le toit, la terrasse *(ouv jusqu'à 18h)* est fort agréable aux beaux jours. Cuisine classique où le poisson du jour grillé, le lavaret et le saumon complètent un large choix de viandes.

Où manger une douceur ? Où boire un verre ?

Kontion Kahvila *(plan C2, **30**)* **:** *Kuninkaankatu 9. ☎ 822-14-22. Lun-ven 7h30-18h, sam 8h-16h, dim 11h-16h.* Un salon de thé rétro où l'on se revoit enfant, le nez dépassant à peine du comptoir, les yeux convoitant pâtisseries et gâteaux en vitrine. *Kontio* signifie « ours » en finnois, et, du coup, la bête est partout, sur l'enseigne, les murs, et parfois même à la table voisine, quand 2 imposants nounours en peluche y dégustent le thé... Belle terrasse fleurie dans la cour.

Café Sali *(plan C2, **20**)* **:** *voir plus haut « Où manger ? ».* On vous le recommande pour un en-cas le midi, mais l'endroit est idéal aussi pour prendre un café ou un verre, grâce notamment à sa terrasse devant la place du Marché. Parfois aussi un petit concert.

Achats

Nypläājät *(plan D2, **40**)* **:** *Kauppakatu 29. ☎ 822-00-87. Juin-août, lun-ven 10h-15h, sam 10h-14h ; le reste de l'année, sam seulement 10h-14h.* Toute petite boutique spécialisée dans la dentelle *(pitsi)*. Pas donné mais de qualité, comme vous le constaterez en observant la dentellière au travail (démonstration les jours d'ouverture).

LA FINLANDE DE L'OUEST

À voir

De juillet à début août, des visites guidées de la ville sont organisées (en anglais) le dimanche matin. Départ devant l'ancien hôtel de ville *(Vanha Raatihuone)*, voir plus loin *(compter 10 € et 1h30)*.

La vieille ville *(plan C-D2-3)* **:** l'entrelacs de rues et ruelles, quasi exclusivement bordé de maisons en bois peint datant du XVIIe au XIXe s, ramène le promeneur quelques siècles en arrière. Certaines demeures sont embellies dans le style romantisme national. En saison, des orfèvres, dentellières et autres artisans s'installent dans de petits ateliers comme le faisaient leurs arrière-grands-parents. N'hésitez pas à vous perdre et à sortir des axes principaux pour déguster à votre rythme le charme à l'ancienne de cette ville hors normes.

L'église de la Sainte-Croix *(Pyhän Ristin kirkko ; plan C2)* **:** *Luostorinkatu 1. Mai-sept, tlj 10h (11h sam)-17h (15h sam, 16h dim) ; hors saison, ouverture variable, rens auprès de l'office de tourisme.* D'abord église d'un couvent franciscain au milieu du XIVe s, elle fut convertie au luthéranisme au XVIIe s, mais les murs et la voûte du chœur ont conservé leurs incroyables fresques naïves d'origine, racontant la vie de la Vierge. Construite en 1816, sa tour blanche coiffée d'un clocheton en bois servait de repère aux navigateurs. À voir encore, à gauche du chœur, la *Crucifixion* peinte en 1572, plus vieux tableau votif du pays, un triptyque du XVe s dans la nef latérale et l'un des meilleurs orgues baroques du pays datant de 1786.

L'ancien hôtel de ville *(Vanha Raatihuone ; plan C2)* **:** *Kauppakatu 13. Juin-août, tlj sauf lun (tlj juil) 10h-17h ; sept-mai, mar-ven 12h-17h, w-e 11h-16h (fermé lun). Entrée : 6 € ; billet combiné 8 € (7 € hors saison) avec Marela et Kirsti ; réduc ; gratuit moins de 18 ans.* Dans cette petite bâtisse ocre de 1776 surmontée d'un clocheton, les salles du rez-de-chaussée sont consacrées à la dentelle au fuseau, production majeure de la ville qui compta jusqu'à 600 coussins de dentellière à la fin du XVIIIe s. Cet art est toujours pratiqué de nos jours grâce aux efforts de la municipalité. Au 1er étage, expos temporaires liées à l'histoire locale.

La maison de l'Armateur (Marela ; plan D2) : *Kauppakatu 24. Juin-août, tlj sauf lun 10h-17h ; sept-mai, mar-ven 12h-17h, w-e 11h-16h (fermé lun). Mêmes tarifs que l'ancien hôtel de ville.* Très bel exemple de demeure néo-Renaissance de la fin du XIXe s, autrefois propriété d'un riche armateur. Derrière une large façade rénovée, l'intérieur a été meublé dans le style d'alors. Au gré des très cossus salons, chambres, salle à manger et bureau, on apprécie de jolis plafonds à caissons, une collection de marines et des poêles ouvragés dont un très beau modèle provenant de la fabrique Arabia. Également de petites expos temporaires. À l'arrière, une remise avec un voilier de pêcheurs de 1926. Vraiment intéressant.

La maison du Pêcheur (Kirsti ; plan D2) : *Pohjankatu 3. Mêmes horaires et tarifs que la maison de l'Armateur. Fermé sept-mai.* Joliment située au bord d'un ruisseau, avec un jardinet fleuri qui dégringole jusqu'à la berge, cette bâtisse pittoresque appartint pendant 2 siècles à la même lignée de femmes, qui vécurent ici avec leurs maris respectifs. Pendant populo de la bourgeoise *Marela* (la maison de l'Armateur) ; chacune de ses pièces restitue fidèlement une tranche de l'habitat populaire de la fin du XIXe s aux années 1960. Mignon.

Le musée de la Marine (Rauman merimuseo ; plan A2) : *Kalliokatu 34. ☎ 822-49-11. • rmm.fi • De juin à mi-août, tlj 11h-17h ; mai et 2de quinzaine d'août, tlj sauf dim-lun 12h (11h sam)-16h (17h sam) ; sept-avr, ouv sam seulement 11h-17h. Entrée : 9 € ; réduc. Guide gratuit en anglais, sur tablette ou à télécharger.*
D'architecture typiquement 1900, cette ancienne école de navigation aux allures de phare prête un écrin fantastique à ce petit musée maritime à l'ambiance délicieusement patinée et rétro. La muséographie soignée combine vitrines à l'ancienne en acajou, effets sonores (cris de mouettes, bruits de chantier naval) et écrans interactifs pour présenter matériel d'accastillage, figures de proue, scaphandres, compas et sextants, globes terrestres (du XIXe s), maquettes, etc. La tour, quant à elle, accueille des expos temporaires et offre une vue à 360°.

Fêtes et manifestations

– **RMJ Midsummer :** *w-e du Midsummer, autour des 24-25 juin.* Stars nationales et internationales viennent faire le show. De grosses pointures qui attirent beaucoup de monde.
– **Rauman Pitsiviikko** (Semaine de la dentelle) : *dernière sem de juil.* L'une des plus grandes fêtes estivales de la ville ; elle se termine le dernier vendredi de juillet par le *Mustan Pitsin yö* (Nuit de la dentelle noire), pendant lequel les participants (y compris les routards de passage !) sont invités à porter un vêtement ou un accessoire fait de dentelle de cette couleur. Animations de toutes sortes, nombreux concerts, restos et bars ouverts plus tard que d'habitude (surtout le dernier soir !).
– **Rauma Blues :** *3 j. en août. • raumablues.fi •* Belle programmation musicale, riche de nombreux artistes internationaux.

DANS LES ENVIRONS DE RAUMA

Le site funéraire de Sammallahdenmäki : *de Rauma, prendre la route 12 en direction de Tampere jusqu'à Lappi (20 km), puis la 2070 vers Eurajoki, sur 3,5 km. 044-793-35-32. GRATUIT. Sur le parking, dans une boîte sous le grand panneau, brochure en anglais avec plan du site.* Dans un

LA FINLANDE DE L'OUEST

paysage austère et rocailleux, une trentaine de tumuli en granit répartis sur une distance de 1 km témoignent des pratiques funéraires de l'âge du bronze. Un bracelet et quelques ossements ont permis de dater le site autour de 1300-1000 av. J.-C. Avouons que le néophyte ne trouvera ici que de gros tas de pierres. Mais il s'imprégnera d'une atmosphère étrange, distillée par une nature qui a repris ses droits en couvrant le tout de mousses argentées et de lichens verts. D'ailleurs, en finnois, *sammal* signifie « mousse ».

MAUVAIS JOUEURS

Une légende populaire raconte que Sammallahdenmäki fut le théâtre d'un concours opposant les hommes et les trolls, afin de mesurer leurs talents de bâtisseurs. Il s'agissait de savoir lesquels construiraient le plus vite une église... La cloche devant annoncer le vainqueur sonna le triomphe des hommes... qui s'étaient, en fait, contentés d'attacher une cloche à 2 poteaux croisés juste après le début des travaux. Cela provoqua la colère des trolls mais, comme convenu, ceux-ci abandonnèrent leur ouvrage en l'état, d'où le tumulus qu'on peut voir sur le site...

PORI (BJÖRNEBORG en suédois)

84 500 hab. IND. TÉL. : 02

Sur la route de la côte, une rapide halte à Pori permet d'apprécier ses espaces verts et ses quelques bâtiments Empire. On y reviendra pour le festival de Jazz qui fait vibrer la ville nuit et jour à la mi-juillet.

UN PEU D'HISTOIRE

En 1558, le duc de Finlande Johan décide de créer un centre de commerce dans le golfe de Botnie, à l'embouchure de la Kokemäenjoki. Jusqu'au début du XVIIe s, Pori reste la ville la plus septentrionale de Finlande. Elle connaît un développement rapide, malgré les incendies, plaie de toutes les villes du pays. Après celui de 1852 qui réduit les ¾ de la ville en cendres, elle est reconstruite selon un plan géométrique, comme Turku et tant d'autres. Pourtant, c'est un phénomène tout à fait naturel qui a le plus profondément transformé Pori : avec le soulèvement régulier du sol (voir « isostasie » dans la rubrique « Géographie » du chapitre « Hommes, culture, environnement »), cette ville maritime est devenue fluviale, et la mer se trouve aujourd'hui à 12 km du centre !

Arriver – Quitter

Gares routière et ferroviaire : *Asemaaukio.*

➢ Bus directs et fréquents avec ***Rauma*** (trajet 1h) et ***Helsinki*** (4h). Quelques bus directs aussi pour ***Tampere*** (1h40) ; ou alors il faut passer par ***Huittinen*** (sur la route Turku-Tampere), ce qui allonge le temps de trajet.

➢ Env 5-6 trains directs/j. pour ***Tampere*** (1h30) et ***Helsinki*** (3h40). À ***Tampere,*** correspondances pour de nombreuses villes, dont ***Jyväskylä, Oulu*** et ***Rovaniemi.***

Adresses utiles

Office de tourisme : *Itäpuisto 7. ☎ 621-79-00. • visitpori.fi • Tte l'année, lun-ven 9h-16h30 (plus w-e en juil seulement 10h-15h).*

Poste : *Yrjönkatu 6.*

Urgences médicales : *☎ 627-68-68.*

Où dormir ?

– *Attention :* les prix indiqués peuvent doubler pendant le festival de Jazz. Si vous comptez venir à cette période, il est impératif de réserver des semaines, voire des mois à l'avance, ce malgré les écoles, particuliers et même wagons-lits mis à contribution.

Camping

Yyteri Camping : *Yyterinsantojentie 1, à* ***Yyteri,*** *à 20 km au nord-ouest (en dehors de la période du festival, il n'y a pas de camping à Pori même). ☎ 020-716-97-73. • yytericamping.fi • Ouv tte l'année. Compter 28-34 € pour 2 avec tente et voiture ; cottages (2-6 pers) 80-200 €. Sauna payant. Loc de vélos.* Agréablement situé, dans une pinède, à proximité de la superbe plage de sable fin d'Yyteri, très courue des Finlandais. Fort bien équipé, beaucoup d'espace et de l'ombre à profusion. Il y a même un petit lac entouré de transats. Le terrain n'est toutefois pas des plus facile pour les tentes, à cause des racines d'arbres, mais on y arrive. Resto-bar *(tlj 8h-21h en saison).* Minigolf et tennis.

De bon marché à prix moyens

Hostel River : *Karjapiha 2. 044-335-33-26. • hostelriver.fi • En bordure ouest du centre-ville, près de la rivière. Dortoir 30 € ; double 70 € ; petit déj en sus.* L'option bon marché de Pori. Dans un quartier qui a vu pousser les immeubles comme des champignons, cette jolie maison en bois miraculeusement épargnée propose des chambres de 1 à 5 lits, fort bien tenues et agréables (avec petit bureau). Parties communes envahies de souvenirs, maquettes de bateaux et mobilier ancien. Cuisine à dispo et sanitaires communs impeccables. Accueil en finnois. En prime, un sauna, une machine à laver (tous 2 payants) et des vélos en location.

Hostel Buisto : *Itäpuisto 13. 050-413-32-12. • torgethotel.fi/hostelli • Téléphoner avt car il n'y a pas toujours quelqu'un à la réception. Double 58 €, sdb sur le palier ; pas de petit déj. Parking gratuit.* Une petite adresse centrale, agréable et pas chère. Propose des chambres simples mais entièrement rénovées et relookées, à la déco fraîche et contemporaine. Certaines peuvent accueillir jusqu'à 7 personnes. La cuisine à dispo compense l'absence de petit déj. Accueil aimable et familial.

Prix moyens

Les sempiternelles chaînes *Omena, Sokos, Cumulus* et *Scandic* sont présentes. Pour sortir de ces sentiers battus, on vous recommande, dans le centre :

Amado Hotel : *Keskusaukio 2. ☎ 631-01-00. • amado.fi • Doubles env 100-115 €, petit déj et sauna inclus. Parking (peu de places) gratuit.* La façade n'est pas spécialement engageante mais l'intérieur se révèle plus chaleureux, avec des chambres calmes et bien nettes, meublées sobrement. Fait aussi restaurant (cuisine aux accents italiens).

Où manger ? Où boire un verre ?

Pendant le festival de Jazz en juillet, quantité de stands fleurissent dans les rues Eteläranta et Teatterikatu. Pour tous les goûts, pour toutes les bourses. Très vivant.

Elba Café & Wine : *Gallen-Kallelankatu 5. 040-090-83-00. Tlj sauf dim-lun 11h-20h (22h mer-jeu, minuit ven-sam, 16h dim).* Lounas *(11h-15h en sem) env 11 € ; sandwichs et salades 7-13 € ; brunchs dim 16-19 €.* Un café-bar à vins mignon comme tout, avec sa mezzanine et sa bibliothèque en trompe l'œil. Il est tenu par de jeunes gens adorables. Succulente petite restauration transalpine *(bruschette, focacce)* dans une vitrine et plats du jour préparés à la commande. Joli choix de vins du monde entier, et bons cappuccinos.

Raatihuoneen Kellari *(Caveau de l'Hôtel de Ville) : Hallituskatu 9. ☎ 633-48-04. Tlj sauf dim 11h (15h sam)-23h (minuit ven-sam). Lounas en sem env 15 € ; plats env 24-35 € ; menu env 48 €.* Une charmante salle au plafond voûté de brique rouge, avec éclairage intime et chaleureux. S'il fait beau, vous pourrez préférer la terrasse, ombragée le midi. Atmosphère musicale jazz (bien sûr !). Bonnes spécialités finlandaises, plutôt gastronomiques et récompensées par la Chaîne des rôtisseurs. Carte des vins courte mais voyageant aux 4 coins du monde.

À voir. À faire

Les **bâtiments Empire** de Hallituskatu, comme le théâtre ou l'hôtel de ville. Engel et son école sont passés par là. Que cela ne vous empêche pas de jeter un coup d'œil au bel ***immeuble Art nouveau,*** au n° 1 de la même rue.

Le mausolée Juselius *(Juseliuksen mausoleumi) : dans le cimetière Käppärä (à l'ouest du centre), entrée par Maantiekatu. Mai-août, tlj 11h-16h ; le reste de l'année, ouv seulement dim 12h-15h.* Cette chapelle, dont la coupole surmontée d'une flèche émerge des rangées de tombes, fut commanditée en 1898 par un homme d'affaires local, Fritz Arthur Juselius. Inconsolable de la perte de sa fille Sigrid, décédée à 11 ans, il fit appel à l'architecte d'église en vogue à l'époque, Josef Steinbäck, puis, pour la décoration intérieure, au maître incontesté de la peinture de l'époque, Akseli Gallén-Kallela, lui-même natif de la ville. Celui-ci y peignit quelques-unes de ses plus belles fresques monumentales, restaurées dans les années 1930 par son fils. Un peu morbide, mais mérite un coup d'œil.

Le musée du Satakunta (Satakunnan museo) : *Hallituskatu 11. ☎ 621-10-63. • pori.fi/satakunnan-museo • Tlj sauf lun 11h-18h (20h mer). Entrée : 8 € ; réduc.* Passons très vite sur la 1re section, tout en finnois, consacrée aux personnalités ayant écrit l'histoire de la région. La section principale, sur 3 niveaux, est nettement plus passionnante, d'autant qu'elle est interactive (vidéos, écrans tactiles, effets sonores) et traduite en anglais. On y découvre un panorama complet des us et coutumes de la province de Satakunta, de l'âge du bronze à nos jours. Tout y passe : artisanat, commerce, chasse, pêche, bref la vie quotidienne des habitants. Très beaux costumes, en particulier. Mais aussi un amusant cabinet de curiosités, du mobilier, des intérieurs reconstitués... Également des expos temporaires.

Le musée d'Art de Pori *(Porin taidemuseo) : Eteläranta. 044-701-10-80. • poriartmuseum.fi • Tlj sauf lun 11h-18h (20h mer). Entrée : 8 € ; réduc ; gratuit mer 18h-20h. Cafétéria proposant lounas en sem env 10 €, brunch le w-e 14 €.* Ancien entrepôt de style Empire, admirablement implanté sur les quais. Il accueille 2 ou 3 expos temporaires d'art contemporain (international et finlandais) d'intérêt très variable.

Kirjurinluoto : au confluent des 2 rivières. Cette île reliée à la ville par des passerelles permet une agréable balade et propose sa belle plage sur la Kokemäenjoki. C'est là que se déroulent les principaux concerts du festival.

Festival

– **Pori Jazz Festival :** *env 10 j. mi-juil. • porijazz.fi • Billets 12-70 €, mais quelques concerts sont gratuits.* Avec plus d'une centaine de concerts se déroulant sur différentes scènes installées sur l'île de Kirjurinluoto, ce grand festival international qui existe depuis 1966 rassemble de belles pointures et un public d'environ 150 000 personnes chaque année. Même sans être un fondu de jazz, on se sent porté par l'atmosphère particulière qui y règne. Sachez qu'il est interdit d'apporter ses propres boissons alcoolisées (il y a des buvettes prévues pour ça).

L'OSTROBOTNIE

IND. TÉL. : 06

Entre Pori et Oulu s'étend une région peu connue, l'Ostrobotnie, en finnois *Pohjanmaa,* le pays du Nord. C'est la Finlande profonde, agricole, baignée par la côte la plus ensoleillée du pays. On peut apprécier son paysage marin et y bronzer tranquille sur le sable fin, avant de consacrer sa soirée à un festival de musique.

Adresse utile

i ***Tourisme de Botnie :*** *Raastuvankatu 30, à* ***Vaasa.*** *☎ 325-11-25.*

Festivals

La Finlande peut se visiter en omettant l'Ostrobotnie, mais nos lecteurs mélomanes seront attirés par ses festivals.

– ***Korsholman Musiikkijuhlat*** *(festival de Musique de chambre de Korsholm) : 10 j. fin juil-début août, dans la banlieue de Vaasa. ☎ 322-23-90. • korsholmmusicfestival.fi •* L'occasion d'écouter, en plus du répertoire habituel, d'excellents compositeurs finlandais, au 1er rang desquels Eino Juhani Rautavaara et Aulis Sallinen.

– ***Kaustinen Folk Music Festival*** *(festival de Musique folklorique de Kaustinen) : pdt 1 sem mi-juil. À* ***Kaustinen,*** *à 44 km au sud-est de Kokkola, ville côtière elle-même à 120 km au nord de Vaasa. 📱 040-172-95-66. • kaustinen.net •* Beaucoup d'artistes finlandais chez qui l'accordéon (chromatique) est à l'honneur. Invités du monde entier, avec volet gastronomique. Ateliers de musique et de chant.

LA FINLANDE DE L'OUEST

LA FINLANDE CENTRALE

Le calme des grands systèmes lacustres et les longues promenades en forêt font le charme de cette région qui s'étend de Tampere à Jyväskylä et à Lahti. Quelques très beaux musées, d'étonnantes réalisations architecturales et de riches souvenirs du passé y attendent également l'amateur d'art et d'histoire, en particulier à Tampere.

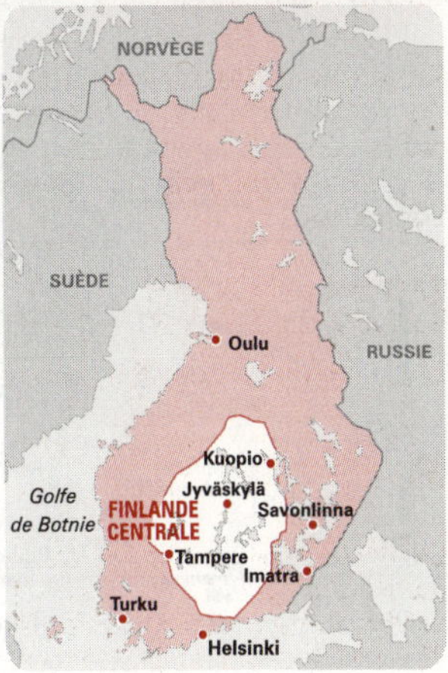

TAMPERE (TAMMERFORS en suédois)

238 500 hab. IND. TÉL. : 03

• Plan *p. 184-185*

Au cœur de la 2e agglomération de Finlande, Tampere est un pôle industriel actif. Sa topographie singulière d'isthme bâti entre 2 lacs et son ancien patrimoine industriel, réhabilité en musées et zones de divertissement, font du « Manchester finlandais » l'une des villes les plus intéressantes et surprenantes du pays. Jetez un coup d'œil du pont de Hämeenkatu : grâce à l'unité donnée par la brique rouge, les murs et les cheminées s'intègrent parfaitement au paysage des rapides et aux parterres fleuris.
Quelques témoignages de quartiers ouvriers en bois du XIXe s (et début XXe s) complètent à propos cet esthétisme imposant, lié à la révolution industrielle. Sans compter les riches musées, la profusion de festivals et l'animation de la vie estudiantine, qui apportent un supplément d'intérêt et de rythme à l'exploration de la ville.

UN PEU D'HISTOIRE

Le roi de Suède Gustav III décide en 1779 d'implanter une ville nouvelle sur la langue de terre séparant les lacs Näsijärvi et Pyhäjärvi. La différence de niveau de 18 m entre ces 2 étendues d'eau donne naissance aux rapides Tammerkoski, exploités dès 1783 avec l'installation de la 1re usine de papier.

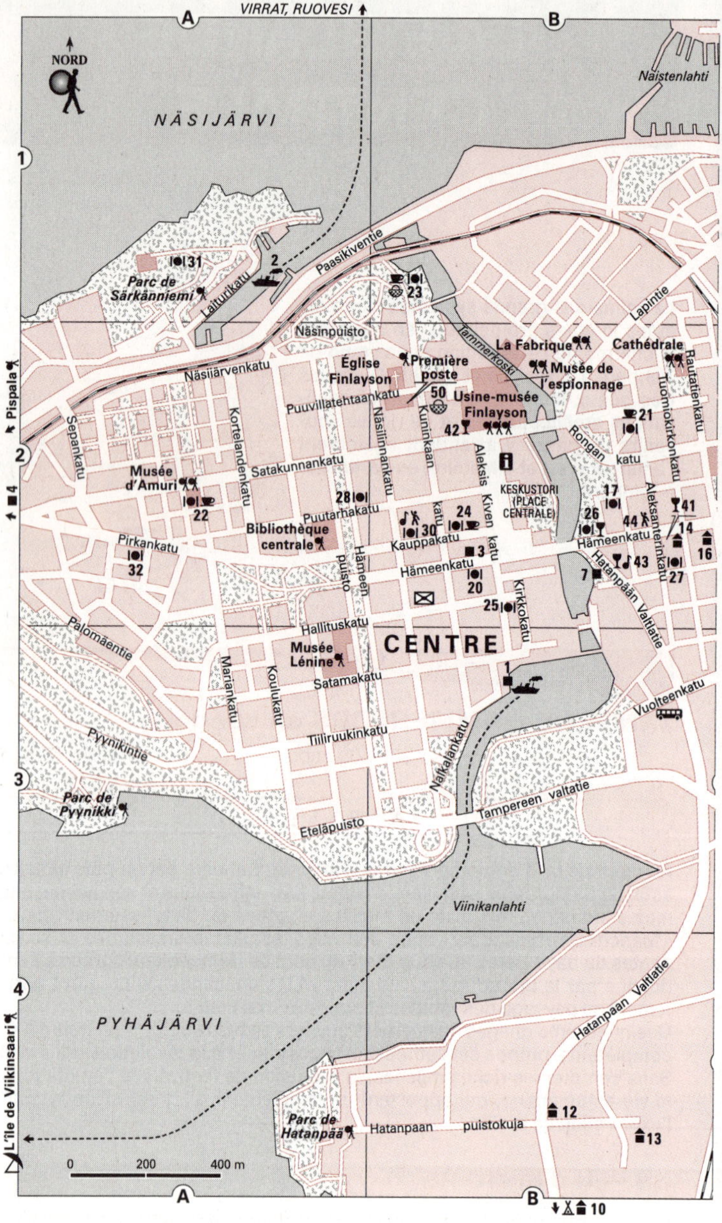
VIRRAT, RUOVESI
NORD
NÄSIJÄRVI
Näistenlahti
Parc de Särkänniemi
31
2
Laiturikatu
Paasikiventie
23
Näsinpuisto
Näsiärvenkatu
Tammerkoski
La Fabrique
Cathédrale
Lapintie
Église Finlayson
Première poste
Musée de l'espionnage
Puuvillatehtaankatu
50
Usine-musée Finlayson
42
21
Rautatienkatu
Tuomiokirkonkatu
Pispala
Sepankatu
Kortelandenkatu
Näsilinnankatu
Kuninkaankatu
Aleksis Kiven katu
Rongan katu
Satakunnankatu
Musée d'Amuri
22
KESKUSTORI (PLACE CENTRALE)
17
41
Aleksanterinkatu
28
Puutarhakatu
24
26
44
14
Bibliothèque centrale
30
Kauppakatu
Hämeenkatu
16
Pirkankatu
32
3
7
43
27
Hämeenpuisto
Hämeenkatu
Hatanpään Valtatie
20
25
Kirkkokatu
Palomäentie
Hallituskatu
CENTRE
Musée Lénine
1
Mariankatu
Koulukatu
Satamakatu
Vuolteenkatu
Pyynikintie
Tiiliruukinkatu
Naikalankatu
Parc de Pyynikki
Tampereen valtatie
Eteläpuisto
Viinikanlahti
PYHÄJÄRVI
Hatanpaan Valtatie
L'île de Viikinsaari
Parc de Hatanpää
Hatanpaan puistokuja
12
13
0
200
400 m
10

Adresses utiles

- Office de tourisme (B2)
- 1 Bureau de la compagnie Hopealinja et port de Laukontori (B3)
- 2 Port de Mustahlati (A1)
- 3 Pharmacie de l'Université (B2)
- 4 Sauna public de Rajaportti (hors plan par A2)
- 5 Sauna public de Rauhaniemi (hors plan par C1)
- 7 Bus pour l'aéroport (B2)

Où dormir ?

- 10 Härmälä Camping (hors plan par B4)
- 11 Dream Hostel et Dream Hotel (C2)
- 12 Hotelli Ville (B4)
- 13 Mango Hotel (B4)
- 14 Omena Hotelli (B2)
- 15 Hotel Kauppi (C1)
- 16 Scandic Tampere City (B2)
- 17 Apartment Hotel Tampere (B2)

Où manger ?

- 20 Kauppahalli (halles couvertes) et 4 Vuodenaikaa (B2)
- 21 Runo (B2)
- 22 Amurin Helmi (cafétéria du musée d'Amuri ; A2)
- 23 Tallipihan Kahvila (B1)
- 24 Venla (B2)
- 25 Pikkubistro Kattilla (B2)
- 26 Puisto (B2)
- 27 Pizzeria Napoli et 2h+k Keittiö (B2)
- 28 Tuulensuu (A2)
- 30 Tiiliholvi (B2)
- 31 Näsinneula (A1)
- 32 Heinätori (A2)

Où boire un verre ? Où sortir ?

- 30 Yo-Talo (B2)
- 40 Telakka (C2)
- 41 Café Europa (B2)
- 42 Panimoravintola Plevna (B2)
- 43 Paapa Music Pub (B2)
- 44 Doris (B2)

Achats

- 23 Tallipihan – Stables yards (B1)
- 50 Finlayson (B2)

TAMPERE

On ne peut parler de Tampere sans évoquer l'usine de textile fondée par l'Écossais Finlayson en 1820. Revendue à la famille Nottbeck en 1836, elle s'agrandit au point de devenir une ville dans la ville avec son église, sa police, son école, son hôpital... En véritable pionnière, la fabrique est éclairée à l'électricité dès 1882, soit 3 ans seulement après l'invention de l'ampoule à incandescence. Une 1re dans la zone nordique ! Durant ses années de clandestinité, Lénine fait plusieurs séjours à Tampere. Lors de la guerre civile de 1918, la ville devient le quartier général des Rouges et subit de sérieux dégâts lorsque les troupes de Mannerheim la reconquièrent après des combats impitoyables : au matin du 6 avril, plus de 3 000 morts jonchent les rues sinistrées...

Arriver – Quitter

En avion

✈ ***Aéroport de Tampere*** *(hors plan par B3)* **:** *Tornikaari 50, à **Pirkkala,** à env 15 km au sud-ouest de la ville.* ☎ *020-708-55-21.* • *finavia.fi/en/airports/tampere-pirkkala • Bus nº 1A entre l'aéroport et le centre-ville. Se prend dans la Hatanpään Valtlatie (plan B2,* **7***). Billet : 7,50 € ; env 15 mn de trajet. Sinon, prendre un airport taxi (env 22 €/pers).* ☎ *01-00-41-31.*

➢ Vols pour Helsinki, Rovaniemi, Oulu, Kuopio, Kittilä, Stockholm et d'autres villes européennes.

En train

Gare ferroviaire *(plan C2)* **:** *Rauta-tienkatu 25.* Consigne 24h/24.

➢ 1-3 trains/h pour ***Helsinki*** (1h40-2h), env 12 départs/j. pour ***Turku*** (1h40 pour les rapides), 10/j. pour ***Jyväskylä*** (1h30) et ***Pori*** (1h30), 8/j. pour ***Oulu*** (4-5h), 5-6/j. (3-5 le w-e) pour ***Rovaniemi*** (6h-9h) et env 2 pour ***Kolari*** (10-11h).

En bus

Gare routière *(plan B3)* **:** *Hatanpään valtatie 7.*

➢ Nombreux bus pour ***Helsinki*** (2h30) et ***Turku*** (env 2h30), 10-12 bus/j. pour ***Jyväskylä*** (2h30) et ***Lahti*** (2h).

Adresses et infos utiles

Informations générales

Office de tourisme *(plan B2)* **:** *Frenckellinaukio 2B.* ☎ *56-56-68-00.* • *visittampere.fi • Petit guichet sur la gauche, dans le bureau des transports publics. Ouv de mi-juin à fin août seulement, tlj sauf w-e 10h-15h45.* Lorsque le bureau est fermé, on peut se renseigner auprès d'employés qui sillonnent le centre-ville à vélo.

■ ***Consulat honoraire de France :*** *M. Wuornpää Esa,* *050-302-59-00.* • *esa.wuorenpaa@wuorenpaa.com* • En cas d'urgence seulement.

Transports

Un tram traversant la ville d'est en ouest devrait être mis en service en 2021.

■ ***Bus urbains :*** • *joukkoliikenne.tampere.fi/en • Trajet simple 3,50 € en zone 1 ; ticket touristique « Vuorokausilippu » (nombre de voyages illimité) 8 €/j., puis 4 €/j. supplémentaire ; réduc.* En vente à l'office de tourisme ou dans les magasins *R-Kioski* des gares routière et ferroviaire.

Location de vélos : *juin-oct, accès possible au réseau* Citybike *(5 €/j., à quoi il faut ajouter 40 € de garantie ; s'adresser aux* R-Kioski *des gares routière et ferroviaire).* Super pour ceux qui séjournent un temps à Tampere !

Taxis : ☎ *0100-41-31.*

Parking dans la rue : *payant partout dans le centre (tlj sauf dim 8h-20h ou 18h selon zone – 18h ou 16h sam ; tarif : 1,60-3,20 €/h et pour une durée max de 2 ou 4h).* C'est gratuit (mais avec le disque) dans la zone située à l'ouest de la gare au-delà de Tammelan puistokatu *(plan C1-2)*, et dans le quartier qui s'étend au-delà de Hämeenpuisto, à l'ouest du centre-ville *(plan A2-3)*. Sinon, compter 20-30 €/24h dans un parking couvert du centre.

Santé

Urgences : *24h/24 à l'hôpital universitaire « TAYS » (Teiskontie 35 ; hors plan par D2 ; ☎ 311-611), direction Jyväskylä-Lahti (passer sous la gare, continuer en direction de Jyväskylä ; hôpital indiqué à gauche « Ensiapu », ce qui signifie « Premiers secours »).*

■ **Pharmacie de l'Université** *(Yliopiston Apteekki ; plan B2,* **3***) : Hämeenkatu 16. ☎ 0300-20-200 (surtaxe de 0,40 €/mn). Tlj 7h-minuit.*

Saunas publics

On trouve à Tampere 2 des plus remarquables saunas de Finlande. Si vous n'avez jamais osé vous lancer, c'est maintenant ou jamais... Et si vous êtes déjà un habitué de la chose, vous découvrirez les bienfaits d'un authentique sauna chauffé au bois ou de l'*avantouinti*, c'est-à-dire du plongeon dans le lac.

■ ***Sauna public de Rajaportti*** *(hors plan par A2,* **4***) : Pispalan valtatie 9. 050-310-26-11. • rajaportti.fi • À l'ouest du centre ; nombreux bus au départ de Keskustori (n°s 8, 11, 14, 17, 26... ; arrêt Rajaportti). Lun et mer 18h-22h, ven-sam 14h-22h. Café ouv lun et mer 15h30-23h, ven-sam 13h30-23h. Entrée : 6 € lun et mer, 10 € ven-sam ; réduc.* Le plus ancien sauna public de Finlande (1906), chauffé au bois, éclairé à la bougie. Un monument ! Tout le cérémonial est resté inchangé, jusqu'à la douche qui se prend au seau d'eau. Un grand moment !

■ ***Sauna public de Rauhaniemi*** *(hors plan par C1,* **5***) : Rauhaniementie 24. ☎ 261-43-71. • rauhaniemi.net • Bus n° 2 au départ de Keskustori ; descendre au terminus Rauhaniemi. Lun-ven 15h-20h (20h30 mar et ven), w-e 13h-19h30 (21h mai-sept). Entrée : 7 € ; réduc. Maillot de bain obligatoire.* Datant de 1929, il a lui aussi gardé son aspect d'origine. À la différence du sauna public de Rajaportti, il est mixte et sa situation au bord d'un magnifique lac permet, entre 2 bains de vapeur, de pratiquer l'*avantouinti.* Rafraîchissant en été, l'effet est plutôt saisissant en hiver, quand le lac est gelé ! Avis aux amateurs...

Où dormir ?

L'agence ***Ikaalisten kylpyläkaupunki*** *(☎ 450-12-21 ; • kylpylakaupunki.fi •)* peut vous aiguiller vers un chalet en pleine nature, dans un parc national ou près d'un lac (voire les 2...), pour passer quelques jours sereins à proximité de Tampere. Sinon, vous pouvez réserver directement auprès de propriétaires sur le site *• mokkiavain.fi •*, qui compte plus de 150 chalets au catalogue.

Camping

Härmälä Camping *(hors plan par B4,* **10***) : Leirintäkatu 8. ☎ 020-719-97-77. • suomicamping.fi/harmala • À env 5 km au sud du centre. Sortir par Hatanpään valtatie, puis suivre le fléchage. Arrêt Leirintäkatu des bus n°s 1, 1A, 1B et 1C à 200 m. Ouv de mi-mai à fin sept. Compter 26-32 € pour 2 pers avec tente ; chalets pour 2-5 pers 40-90 €. Sauna payant.* Agréable et très bien situé, au calme, sur une colline arborée dévalant jusqu'à un lac. Les *mökit* (chalets) pour 2 personnes sont riquiqui : 5 m² seulement et lits jumeaux. Minigolf, sauna, cuisine commune, location d'embarcations à pédales, canoës et vélos, épicerie de dépannage et, en saison, pizzeria. Sanitaires corrects. Accueil charmant.

De bon marché à prix moyens

Dream Hostel *(plan C2,* **11***) : Akerlundinkatu 2. 045-236-05-17. • dreamhostel.fi • Réception au café Tullin, au coin de la rue. Chambres et dortoirs 4-16 lits 23-36 €/pers,*

LA FINLANDE CENTRALE

2 doubles 65-80 € ; sdb communes et draps inclus. Réduc avec la carte ISIC. Cette AJ exploite au mieux une surface restreinte, d'où la saturation des espaces communs (cuisine américaine commune, petit salon) quand il y a foule. Mais c'est le seul bémol car l'aménagement général, nickel et du dernier cri, et l'excellent accueil rendent le séjour plaisant. 90 lits répartis en dortoirs, 2 chambres doubles et une dizaine de quadruples. Sanitaires à partager en nombre suffisant, casiers pour tout le monde. Sauna dispo au café. Laverie, location de vélos, etc. Tuyaux en tout genre sur la ville. Propose également une partie « hôtel » à l'étage (voir « De prix moyens à chic » ci-après).

Hotelli Ville *(plan B4,* ***12****) : Hatanpään valtatie 40. 044-500-20-88. • hotelliville.fi • Résa par tél (payante) ou en ligne (gratuite) obligatoire ; réception située dans le pub* Ville & Vilja *(tlj 15h-minuit). Doubles sans sdb 42 €, avec sdb 64-70 €. Pas de petit déj. Parking gratuit.* Hôtel self-service aménagé dans une usine reconvertie, non loin du parc de Hatanpää. Ameublement contemporain, dans les tons clairs. Toutes les chambres, de bonne taille, sont équipées de TV, micro-ondes, bouilloire et frigo. Les plus chères disposent même d'une cuisine entièrement équipée. Ensemble certes assez impersonnel mais, pour le prix, difficile de faire mieux ! Pub avec terrasse au rez-de-chaussée.

Mango Hotel *(plan B4,* ***13****) : Hatanpään puistokuja 36. ☎ 010-666-21-11. • mangohotel.fi • Doubles 79-90 €. Parking gratuit.* Dans une grosse bâtisse grise au milieu d'une zone d'entrepôts et de concessions automobiles, un autre hôtel self-service pratique pour les budgets peu extensibles. Le code de la chambre est donné au moment de la résa ou sur place en utilisant l'ordinateur à côté de l'entrée... après avoir inséré sa carte de paiement pour y accéder ! La déco arabo-indienne est certes kitsch (mobilier en bois abondamment sculpté dans les chambres), mais l'ensemble est très bien tenu, avec tout le confort (TV, salle de bains, AC, frigo). Resto (indien) à côté.

Omena Hotelli *(plan B2,* ***14****) : Hämeenkatu 7. • omenahotels.com • Voir leur description dans la rubrique « Hébergement » de « Finlande utile ».* Très central.

De prix moyens à chic

Hotel Kauppi *(plan C1,* ***15****) : Kalevan Puistotie 2. ☎ 253-53-53. • avainhotellit.fi/kauppi • Réception 6h-20h. Doubles 80-125 €, sauna (tlj sauf dim) et piscine inclus. Parking gratuit.* Hôtel un peu excentré, coincé entre une station-service et une bretelle de voie rapide. Sans charme donc, mais on y trouve son compte car l'accueil est sympa et les chambres fonctionnelles, confortables et calmes, malgré l'environnement. Les plus chères ont été restaurées dans un style sobre et actuel, les moins chères sont un peu vieillottes. Sauna et piscine intérieure.

Dream Hotel *(plan C2,* ***11****) : voir le* Dream Hostel *dans la catégorie « De bon marché à prix moyens ». Doubles avec sdb env 82-120 € ; petit déj inclus.* On vous parle de l'*hostel* plus haut, mais on trouve aussi, à l'étage de ce dernier, une partie hôtel flambant neuve comptant une vingtaine de chambres pas très spacieuses mais très agréables et absolument impeccables, avec plancher en pin clair, excellente literie et salle de bains rutilante. Une précision : les chambres *twin* n'ont pas de fenêtre. Cuisine à disposition ; sauna au *café Tulli* qui fait office de réception.

Scandic Tampere City *(plan B2,* ***16****) : Hämeenkatu 1. ☎ 244-61-11. • scandichotels.com • Doubles 110-160 € (souvent autour de 100-110 € en été).* Si vous pouvez bénéficier d'un bon prix l'été, n'hésitez pas car ce *Scandic,* malgré son emplacement pas top (à proximité d'une voie passante et du chemin de fer), est particulièrement attrayant, avec son design réussi et ses lignes épurées partout, des espaces communs aux chambres. De plus, le confort est total et le petit déj-buffet super varié. Pas d'inquiétude, l'insonorisation est de qualité ! Sauna, fitness.

Apartment Hotel Tampere *(plan B2,* ***17****) : Kyttälänkatu 4. 050-565-91-50. • tampereenhuoneistohotelli.*

fi • Studios et apparts pour 2 pers 79-120 € ; séjour 2 nuits min ; tarifs dégressifs. Réception 10h-16h ou sur rdv. Agence qui loue différents types d'appartements (de 19 à 87 m²) dans le centre-ville, et notamment dans l'immeuble de la réception, fort bien situé. Déco et équipements modernes. Intéressant si l'on reste plusieurs jours.

Où manger ?

Bon marché

Kauppahalli *(halles couvertes ; plan B2,* ***20****) : Hämeenkatu 19. Lun-ven 8h-18h, sam 8h-16h. Fermé dim.* Parfait pour déjeuner au meilleur prix dans une ambiance finlandaise ! C'est aussi l'endroit idéal pour déguster des produits frais et la spécialité de Tampere : le boudin noir *mustamakkara* et sa compote d'airelles rouges. On vous conseille notamment le stand **Kotilounas** *(nº 146 ; formules 7-11 € incluant plat, pain et boissons froides ou chaudes),* sans oublier le **4 Vuodenaikaa** (voir plus bas).

Venla *(plan B2,* ***24****) : Kauppakatu 6. ☎ 212-55-05. Tlj sauf dim 9h30 (10h30 sam)-20h (19h lun et sam). Plats et lounas env 7-13 €.* Salon de thé très couru, le midi, pour son *lounas* exquis et varié : la preuve, dès le coup de feu, une file d'attente squatte le trottoir ! Outre les quiches, *focacce* et plats du jour, on peut composer son grand bol de salade ou de pâtes avec les ingrédients de son choix (mais encore faut-il comprendre le finnois !). À déguster dans une salle plaisante, beige du sol au plafond et meublée de fauteuils en rotin, un genre de café viennois version décontractée. Quelques tables dans un patio couvert, à l'arrière. Idéal aussi pour une part de gâteau et un bon thé ou café à l'heure du goûter. Impeccable !

Runo *(plan B2,* ***21****) : Ojakatu 3. ☎ 213-39-31. Tlj 8h (9h dim)-19h. Env 7-11 €.* On se croirait chez un antiquaire, entre ces statues, grands bougeoirs et mobilier de récup qui s'entassent joyeusement. Dans ce café bohème, assis entre le piano et l'expo peinture du moment, on savoure les bonnes quiches du jour, les sandwichs minute et les bons gâteaux, accompagnés d'un large choix de cafés et thés de qualité, ou... de limonade finlandaise. Très relax.

Amurin Helmi *(plan A2,* ***22****) : Satakunnankatu 49. ☎ 56-56-66-34. Tlj 7h (8h w-e)-18h (17h de mi-sept à mi-mai). Lounas (lun-ven 10h30-14h) env 7,50-9,50 €.* C'est la cafétéria du musée d'Amuri. Toute une gamme de pains et de viennoiseries, souvent à l'ancienne, à l'image de la déco et en phase avec le musée. Le *lounas,* très apprécié par les employés du coin, propose d'excellentes soupes en plat principal. Terrasse au calme dans la cour.

Tallipihan Kahvila *(plan B1,* ***23****) : Kuninkaankatu 4. 📱 040-097-35-17. Tlj 8h (9h w-e)-18h. Lounas 8,50-10 € ; plats 11-14 €.* Derrière l'église de l'usine Finlayson, au milieu d'une mignonne rangée de maisonnettes alignées au pied du parc Näsi (Näsinpuisto), cette maison de poupée distille une atmosphère campagnarde des plus agréable. Des gâteaux joufflus et de bonnes soupes y sont servis dans de petites pièces tapissées de papiers rétros et chauffées par un vieux poêle de faïence. Belle et vaste terrasse à l'arrière.

De bon marché à prix moyens

4 Vuodenaikaa *(plan B2,* ***20****) : Hämeenkatu 19 (aux halles couvertes). ☎ 212-47-12. Tlj sauf dim 11h-15h45 (15h30 sam). Plats 10-22 €.* Aux « Quatre Saisons », les prix varient avec... les saisons mais aussi avec le cours du jour, puisque le patron (un Franco-Finlandais) se fournit directement aux halles. Cuisine d'inspiration française (mais utilisant au maximum les produits locaux), avec toujours un plat de viande et de poisson à prix raisonnables et, en vedette, la bouillabaisse. Souvent aussi

LA FINLANDE CENTRALE

des escargots, steak de cheval... De plus, l'ambiance est très conviviale : on s'installe à des tables communes face aux étals et on profite de l'effervescence du lieu. Parfait !

Pikkubistro Kattilla (plan B2, **25**) : *Aleksis Kivenkatu 13. 040-055-25-12. Tlj sauf dim 11h (12h sam)-22h (15h lun, 23h ven-sam). Lounas (lun-ven 11h-15h) 10,50 € ; le soir, plats 22-26 €.* Un bel endroit au décor vintage, fleuri et vitré sur le pourtour, qui fait penser à un petit jardin d'hiver : gerbes de fleurs, lanternes et chaises de bois torsadé donnent un charme évident aux lieux. Mais c'est surtout le *lounas* qui attire les fidèles en nombre, et c'est vrai qu'il est savoureux et d'un remarquable rapport qualité-prix. Arrivez tôt si vous ne voulez pas faire la queue sur le trottoir ! Service soigné, tout comme la cuisine, fraîche et inventive. Un très bon plan.

Puisto (plan B2, **26**) : *Koskipuisto. ☎ 010-767-23-70. Tlj 8h (w-e 10h)-23h (21h dim). Lounas (11h-14h en sem) env 11 € ; plats 13,50-24 € ; menus 38-45 €.* Dans une grande rotonde vitrée et habillée de bois, bordée par le canal et décorée dans un style zen. On entre par la partie café-épicerie fine, où l'on peut grignoter une part de pizza ou picorer d'alléchants *pintxos* (petites tapas). À l'arrière, une salle élégante pour s'asseoir devant un burger de viande locale, un risotto ou un poisson du jour. Le tout à base de produits de qualité et accompagné de pain cuit sur place. Nombreuses options vegan et/ou sans gluten. Belle terrasse à l'emplacement rêvé pour écluser une bière ou siroter un excellent café. Service top. Un lieu qui ne désemplit pas, et on comprend pourquoi !

Pizzeria Napoli (plan B2, **27**) : *Aleksanderinkatu 31. ☎ 223-88-87. Tlj 10h45 (12h w-e)-23h (minuit w-e). Pizzas et pâtes 12,90-15,50 €.* Le tour du monde en 100 pizzas, en passant par la Finlande pour celles à base de cerf, renne ou élan ! Les portions énormes, y compris pour les pâtes, et le buffet de salades inclus attirent les convives dans une grande salle à l'italienne (toiles cirées à carreaux, murs chaulés...). Malgré quelques libertés prises avec la cuisine transalpine, le résultat est très honorable.

Tuulensuu (plan A2, **28**) : *Hämeenpuisto 23. ☎ 214-15-53. Tlj 15h (12h sam)-2h (0h30 dim-mar). Lounas 7,50-12,50 € ; plats 16,50-25,50 €.* On ne vient pas pour le cadre, sans surprise, mais pour le choix de bières (environ 12 pressions et près de 300 bouteilles !) et pour la cuisine « gastropub » qui fait mieux que le sempiternel burger. Dans l'assiette, du classique quand même *(schnitzel)*, de l'original (la mitraillette, le hot dog belge), de l'imprévu et même parfois du soigné. Tout est bon, copieux, et de plus proposé avec la bière la plus adéquate ! Pas mal d'ambiance le week-end, plus tranquille en semaine.

2h+k Keittiö (plan B2, **27**) : *Aleksanterinkatu 33. ☎ 213-11-31. Tlj 15h (12h sam)-23h (minuit ven-sam). Plats 17-32 €.* Un resto dont la façade ne paie pas de mine, au nom un peu alambiqué, et qui se ferait presque oublier ! Ne pas hésiter à pousser la porte pour découvrir 2 salles cosy aux murs de brique, et profiter d'une cuisine surprenante, goûteuse et très personnelle. Une adresse intimiste, une belle découverte.

De chic à plus chic

Tiiliholvi (plan B2, **30**) : *Kauppakatu 10. ☎ 020-766-90-61 (surtaxé). Au sous-sol, en dessous du Yo-Talo (voir « Où boire un verre ? Où sortir ? »). Tlj sauf dim 11h (15h sam)-23h (minuit ven-sam). Lounas (lun-ven 11h-14h30) 25-42 € ; plats 20-30 € ; le soir, menus 55-80 €.* Dans une ancienne banque reconvertie en une élégante cave voûtée en brique rouge aux lumières tamisées, ce lieu intime et cosy est l'une des bonnes tables de la ville. Peu de plats à la carte, mais tous cuisinés avec savoir-faire et qui changent en fonction de la saison. Un plaisir pour les papilles ! Belle carte des vins et possibilité de menus « accord mets et vins ».

Näsinneula (plan A1, **31**) : *Laiturikatu 1 ; tour de Särkänniemi (voir la rubrique « À faire », parc de Särkänniemi). ☎ 207-13-02-34. Lun-sam 11h-22h30, dim 12h-20h30. Lounas (lun-ven 11h-16h) env 38 € ; plats 30-35 € ; menus 68-95 €.* Du haut de ses 124 m, ce restaurant tournant offre un panorama étourdissant sur la ville et les lacs. Cuisine de qualité, de style international (quoique utilisant beaucoup de produits finlandais) et estampillée par la Chaîne des rôtisseurs. Accueil élégant.

Heinätori (plan A2, **32**) : *Pyynikintori 5. ☎ 212-12-05. Mar-ven 12h-22h, sam 13h-22h, dim 13h-17h. Fermé lun. Congés : 2 sem en juin. Plats 18-28 € ; menu 45 €.* Ancienne pesée du marché au foin puis gare routière, cette maisonnette a entamé une nouvelle vie, garnie de fourneaux cette fois ! L'élégante sobriété de l'aménagement en blanc, taupe et brique s'accorde à la cuisine, qui privilégie la qualité et l'origine locale des produits, sans se perdre en appellations et combinaisons de saveurs alambiquées. Parmi les 6 ou 7 plats à la carte, saumon fumé à la sauce hollandaise et foies de volaille au bacon et confiture d'airelles sont des valeurs sûres.

Où boire un verre ? Où sortir ?

Ville universitaire, Tampere s'avère d'une grande richesse en lieux nocturnes.

Telakka (plan C2, **40**) : *Tullikamarin Aukio 3. ☎ 225-07-00. • telakka.eu • Tlj 11h-1h (3h ven-sam). Âge min : 18 ans.* En plus de son resto-bar coloré et plein d'animation (mais dont la cuisine n'a aucun intérêt !), cet ancien entrepôt de brique aux grosses poutres et au plancher patiné affiche une vocation culturelle avec son théâtre et ses concerts plusieurs fois par semaine *(6-14 €)*. Un endroit festif, à la clientèle mélangée, à l'image de la vaste terrasse au mobilier multicolore.

Café Europa (plan B2, **41**) : *Aleksanterinkatu 29. ☎ 223-55-26. Tlj 12h (13h dim)-minuit (2h mer-jeu, 3h ven-sam). Âge min : 20 ans.* Un vaste bric-à-brac où se côtoient les étudiants de la ville. Mélange de parquet multicolore, de meubles anciens, de canapés et de fauteuils défoncés, tout un poème... Salades et sandwichs pour combler les petites faims. DJ les vendredi et samedi soir, parfois des concerts. Une bonne ambiance !

Panimoravintola Plevna (plan B2, **42**) : *Itäinenkatu 8. ☎ 260-12-00. Tlj 11h (12h dim)-minuit (2h ven-sam).* Un pub très animé et tout en longueur, aménagé dans l'ancienne usine de textile. Beaucoup de monde, pas mal de bruit, moult écrans pour retransmettre les événements sportifs, une bonne carte de bières brassées sur place. Un business qui marche.

Paapa Music Pub (plan B2, **43**) : *Koskikatu 9. ☎ 010-292-50-02. Tlj 12h (16h dim en hiver)-minuit (2h ven-sam).* Dans l'atmosphère chaude et enthousiaste qui s'impose, des concerts gratuits tous les soirs sauf les dimanche et lundi, de jazz, blues, rock, country... Groupes généralement de bonne tenue et cadre bien sympa.

Yo-Talo (plan B2, **30**) : *Kauppakatu 10. • yo-talo.com • Lun-jeu 20h-2h, ven-sam 22h-4h (sauf si soirée privée). Fermé dim. Âge min : 18 ans.* Une boîte fréquentée surtout par les étudiants, qui y organisent aussi des soirées privées. Au programme, pas mal de concerts : surtout metal, et parfois rock, blues, punk, pop, world... Grosse ambiance.

Doris (plan B2, **44**) : *Aleksanterinkatu 20. Tlj 23h-5h. Entrée parfois payante. Âge min : 20 ans.* Plutôt rock. Soirées DJ également.

Achats

Finlayson (plan B2, **50**) : *Kuninkaankatu 3. ☎ 020-721-37-50. Tlj 10h (12h dim)-18h (16h w-e).* Boutique de la fameuse usine textile de la ville, même si la production est désormais délocalisée. On y vend serviettes, toiles cirées, maniques, taies, housses, literie, etc. Bel exemple de compromis entre tradition et modernité. À l'arrière du magasin se trouvent les anciens modèles, moins chers.

Tallipiha – Stables yards (plan B1, **23**) : *Kuninkaankatu 4. Tlj 11h-18h (16h* *w-e).* Sur le site des anciennes écuries du patron de *Finlayson,* des maisonnettes abritent boutiques et ateliers d'artisans : objets en verre, céramique, chocolatier, souvenirs en tout genre... Un petit marché de Noël y est organisé. Voir également la rubrique « Où manger ? ».

À voir

La ville s'ordonne le long de Hämeenkatu, la grande avenue qui part de la gare, et dans les zones semi-piétonnes adjacentes. La plupart des centres d'intérêt sont accessibles à pied. Certains jours en juillet-août, des tours guidés gratuits *(durée env 45 mn, en anglais)* permettent d'en apprendre un peu plus sur l'histoire de la ville. Se renseigner auprès de l'office de tourisme ou au *050-911-29-05.*

Dans le secteur de Keskustori *(place centrale ; plan B2)* **:** sur le pont ***Hämeenkatu,*** qui enjambe le Tammerkoski, 4 grandes et massives statues de Wäino Aaltonen symbolisent les forces vives du pays : le commerçant, le chasseur, le collecteur d'impôts et la jeune Vierge finlandaise. Au nord de la place, la charmante ***vanha kirkko*** *(vieille église ; tlj sauf lun-mar 10h-15h)* apparaît un peu incongrue, en plein milieu de cette ville moderne et industrielle. Construite en bois, de taille plus que modeste, elle est flanquée d'un campanile d'Engel, au bel intérieur or et blanc.

L'usine-musée Finlayson *(plan B2)* **:** *accès principal par Satakunnankatu.* Véritable ville dans la ville, cette usine textile compta jusqu'à 3 300 employés dans les années 1920-1930. Difficile d'imaginer aujourd'hui le grouillement de cette ruche et les vagues d'ouvriers qui franchissaient quotidiennement son grand portail. Car si la physionomie du site n'a guère changé, l'ambiance n'est évidemment plus du tout la même. Les divers bâtiments accueillent aujourd'hui des bars, des restos, un cinéma multiplexe, un centre culturel et, surtout, le musée *Työväenmuseo Werstas* (voir ci-après), qui retrace la saga Finlayson, et plus largement celle de Tampere et de ses habitants.

– Le musée du Travail ouvrier finlandais (Työväenmuseo Werstas) : Väinö Linnan aukio 8. ☎ 010-420-92-20. • werstas.fi • Tlj sauf lun 11h-18h. GRATUIT.

Divisée en 3 sections abordant la même thématique sous des angles légèrement différents, la visite débute par l'exposition ***Meirän kaupunki*** (« Notre ville »), centrée sur l'histoire sociale de Tampere (témoignages sur l'évolution des conditions de vie et de travail, traditions et luttes ouvrières, etc.). De fidèles reconstitutions, comme le magasin coopératif ou la banque des ouvriers, complètent cette scénographie moderne, aérée... et apolitique !

L'industrie textile naît à Turku au XVIe s, mais l'augmentation de la demande russe après la conquête de 1812 favorise le développement de Tampere, qui fait le plein d'énergie grâce à ses rapides. James Finlayson ouvre sa 1re fabrique en 1820 et, 30 ans à peine après l'Angleterre, mécanise la production. ***Tampere devient la ville la plus industrialisée et moderne de Finlande.*** L'épopée Finlayson s'achève en 1991, comme celle de beaucoup de fabriques textiles locales.

C'est la passionnante histoire de cette industrie que nous raconte cette émouvante section. On peut y voir, entre autres, une surprenante collection de machines des 2 derniers siècles : métiers à tisser, bobineuses et cardeuses mécaniques, machines à rubans et à dentelles, et autres tricoteuses à chaussettes. On les entend presque cliqueter...

La 2e section, le ***Höyrykone Museo,*** expose plusieurs ***machines à vapeur,*** dont l'étonnante Sulzer, un monstre de fonte qui fournissait l'énergie nécessaire à la filature, soit la force de 1 650 chevaux ou de 25 000 hommes ! Réellement impressionnant.

La 3e section, le ***Vapauden Museo*** (« musée de la Liberté »), met en lumière l'impact des événements historiques sur la vie des classes laborieuses, des années 1900 à nos jours. La quantité et la qualité des pièces exposées, assorties de riches commentaires (en anglais), rendent cette visite passionnante : objets du quotidien, photos et documents rares, publicités et affiches de propagande... Les 2 guerres mondiales sont largement évoquées, ainsi que la guerre civile, témoignages glaçants et photos bouleversantes à l'appui...

Le musée de l'Espionnage *(Vakoilumuseo ; plan B2)* **:** *dans la cour de l'usine Finlayson, entrée par le bâtiment Media 54 (fléché). ☎ 212-30-07. • vakoilumuseo.fi • Lun-sam 10h (12h sept-mai)-18h, dim 12h-18h. Entrée : 9 € ; réduc. Livret en français à l'accueil.* CIA, KGB, Stasi, Mossad... Après cette visite, les stratagèmes des services de renseignements de ce monde n'auront plus de secrets pour vous : mouchards et caméras espions, engins de cryptage et de déchiffrage, armes cachées, cannes à pointe empoisonnée... Le contexte de la guerre froide, période délicate pour une Finlande alors coincée entre l'Empire soviétique et l'Occident, est reconstitué à travers les vies d'espions célèbres ou inconnus du grand public. Instructif sur le plan des faits historiques, mais on peut aussi s'amuser grâce aux activités proposées : écriture à l'encre invisible, piratage de données, tunnel obscur, déformeur de voix... Un bon entraînement pour les fans de James Bond et pour les bambins !

La ***1re poste de Tampere*** *(plan B2),* une longue maison de bois jaune ouverte en 1867, se trouve à l'angle de Puuvillatehtaankatu et Kuninkaankatu. En face, la petite ***église Finlayson,*** de 1879, reste très populaire pour les mariages. Un peu plus loin, la rue ***Kuninkaankatu*** est bordée par le manoir où logeaient les patrons de l'usine, aujourd'hui reconverti en restaurant, et les anciennes écuries, *Tallipiha* (voir la rubrique « Achats »).

La Fabrique *(Vapriikki ; plan B2)* **:** *Alaverstaanraitti 5. ☎ 56-56-69-66. • vapriikki.fi • Tlj sauf lun 10h-18h. Entrée : 13 € (valable pour l'ensemble des musées) ; réduc.* Les anciens ateliers mécaniques des usines Tampella ont été transformés en un immense espace muséographique. Le mélange d'expos permanentes et temporaires, d'intérêt inégal, est un peu déconcertant, mais le lieu vaut le détour pour le grandiose de ce bâtiment industriel remarquablement réhabilité. Au passage, jetez un œil au sol de certaines salles fait de briques en bois posées verticalement : il permettait de minimiser la casse et c'était facile à remplacer.
Au rez-de-chaussée, au fil des expos ***Tammerkoski*** et ***Tampere 1918,*** bonne introduction sur l'histoire de Tampere, son industrialisation et son rapide développement. Une partie aborde les affrontements fratricides entre Rouges et Blancs d'avril 1918. Puis le moral revient avec la résurrection de Tampere et l'essor de son activité économico-industrielle, souvent innovante dans bien des domaines, des submersibles *Mir* au tranquillisant *Hota,* consommé par presque tous les Finlandais (même les plus tranquilles...) jusque dans les années 1960. On rappelle aussi que la ville de Nokia n'est qu'à 17 km à l'ouest.
Aux étages, les passionnés visiteront peut-être le ***musée du Jouet finlandais*** *(Suomen Pelimuseo),* le ***musée de la Poupée*** *(Nukkekekkerit)* ou le ***musée finlandais du Hockey*** *(Jääkiekkomuseo).* Également une petite section d'***histoire naturelle.***

La cathédrale *(Tuomiokirkko ; plan B2)* **:** *Tuomiokirkonkatu 3. Mai-août, tlj 10h-17h ; le reste de l'année, tlj 11h-15h. Petit dépliant en français.* Quintessence du Jugendstil et du romantisme national, œuvre de Lars Sonck, terminée en 1907 alors que la Finlande faisait encore partie de l'Empire russe. Mieux vaut arriver par la Tuomiokirkonkatu, d'où la vue d'ensemble est la plus frappante. Dès l'abord, on remarque l'originalité des formes des fenêtres et du clocher, ainsi que du savant motif géométrique des moellons de la façade. À l'intérieur, allez jusqu'à l'autel et retournez-vous : ici, tout est différent. Les proportions : la cathédrale est aussi large que longue. Le rythme de l'ensemble : 2 énormes piliers soutiennent tout l'édifice, dégageant l'espace central. Ensuite, on ne peut qu'être frappé par l'absence de motifs et de référents religieux (pas même un crucifix !). Les rares symboles se font très discrets et pas toujours en accord avec l'iconographie officielle. La nature et la végétation dominent : vitraux, piliers, portes, fenêtres sont ornés de fleurs stylisées, caractéristiques de l'Art nouveau. *La Cène,* représentée sur la galerie haute, est symbolisée par un pélican nourrissant son petit de son propre sang. Certaines fresques sont particulièrement osées, tant par ce qu'elles figurent que par l'interprétation qui doit en être faite. Celle qui orne la bordure de la tribune représente 12 garçons nus, ce qui fit particulièrement scandale à l'époque. Ils portent une longue branche d'églantier et symbolisent les 12 façons de porter le fardeau de la vie, que vient toutefois contrebalancer la rose, symbole de beauté et d'espoir. Une autre fresque, *Le Jardin de la Mort,* choqua parce qu'elle illustre la mort de manière provocante. Mais la plus célèbre reste la ***fresque de L'Ange blessé,*** située également sur la galerie haute, qui pourrait être une allégorie de la Finlande meurtrie par le processus de russification (elle fut réalisée en 1906). Un dernier petit coup d'œil à la clé de voûte, avec son auréole de petites ailes au centre desquelles un serpent tient une pomme dans la gueule. Elle exprimerait la part de mal qui est en chacun de nous et qu'il suffit de combattre en s'entourant de bien. Métaphore un peu emberlificotée ou représentation un peu trop réaliste, en tout cas cette voûte provoqua elle aussi la stupeur et suscita la critique (il fut question de la peindre !). Des concerts y sont souvent donnés : programme sur place ou à l'office de tourisme.

Le musée d'Amuri de l'habitat ouvrier *(Amurin työläismuseokortteli ; plan A2)* **:** *Satakunnankatu 49. ☎ 56-56-66-90. • museokortteli.fi • Juin-début sept, tlj sauf lun 10h-18h. Entrée : 8 € ; réduc ; entrée gratuite ven 15h-18h. Brochure en français, sinon il y a une visite guidée en anglais le dim à 12h.* Sauvé de la démolition, tout un pâté de maisons de l'ancien quartier ouvrier Amuri a été converti en musée de l'habitat ouvrier. Chacune des 38 pièces reconstitue méticuleusement un intérieur populaire ou plus cossu, en montrant l'évolution des conditions de vie entre 1882 et 1973, à travers le souvenir de familles ayant habité le quartier. Les Finlandais sont très forts pour redonner vie au passé, sans le trahir : le jour de l'inauguration, les anciens y reconnurent toute leur enfance... sauf l'odeur et les rats ! Le couvert est mis sur les tables, le linge pend aux étendages, des jouets traînent par-ci, par-là : on s'y croirait ! Et puis la visite sera l'occasion de réfléchir à la condition sociale, d'autant que Tampere fut au cœur de la lutte des classes. Chaque maison comprenait 4 chambres dont chacune était occupée par une famille ; tout le monde se partageait la cuisine. Jeter un œil aux toilettes publiques, avec 4 sièges... côte à côte, et au sauna reconstitué, qui servait aussi de salle de bains. Sur place, une coquette cafétéria (voir « Où manger ? »).

La bibliothèque centrale *(Pääkirjasto ; plan A2)* **:** *Pirkankatu 2, à l'angle avec Hämeenpuisto. ☎ 565-611. • kirjasto.tampere.fi • Tlj sauf dim 10h-19h (16h sam) ; ferme 1h plus tard sept-mai. Cafétéria au 1er étage.* Avec ses allures de soucoupes volantes savamment empilées, cette bibliothèque construite en 1986 est surnommée *metso* (le « coq de bruyère »), car, vue d'en haut, elle rappelle un tétras en train de se pavaner. Expos temporaires.

Le musée Lénine *(Lenin-museo ; plan A3)* **:** *Hämeenpuisto 28. ☎ 010-420-92-22. • lenin.fi • À 200 m de Hämeenkatu. Juin-août, tlj 11h-18h ; le reste de l'année, tlj sauf lun 11h-17h. Entrée : 8 € ; réduc ; gratuit moins de 18 ans.* Installé au 3e étage de la Maison du peuple, ce musée raconte la vie de Lénine, et les rapports entre la Finlande et la Russie du début du XXe s à nos jours. On y voit une partie du mobilier du logement où Lénine séjourna pour la dernière fois en 1917, notamment le bureau sur lequel il aurait achevé, dit-on, d'écrire *L'État et la Révolution.* Ici même eurent lieu 2 conférences historiques, en 1905 et en 1906. En effet, c'est à Tampere que, de 1905 à 1907, Lénine prépara la Révolution et qu'il rencontra Staline pour la 1re fois. C'est ici que, profitant de l'autonomie de la Finlande au sein de l'État tsariste, il se réfugia à chaque menace d'arrestation. Il en conçut une reconnaissance telle qu'il promit à ses amis finlandais leur indépendance vis-à-vis de la Russie, d'autant qu'il lui semblait évident, tout comme aux Rouges de Tampere, que le nouvel État finlandais demanderait son rattachement à la Fédération socialiste à venir. Il tint parole et la Finlande devint indépendante... mais le resta. À l'entrée, une boutique incontournable pour les fans d'Ostalgie (objets et affiches de propagande).

L'église de Kaleva *(Kalevan kirkko ; plan D2)* **:** *tt au bout d'Itsenäisyydenkatu. Tlj 11h-15h.* Un aboutissement de l'art finlandais de la 2de moitié du XXe s. Gigantesque construction aux murs à pans convexes ou concaves qui évoque tout, sauf une église : un hôtel ultramoderne ? Un silo à grains ? Choc en entrant : encore plus spacieux, plus haut, plus pur, plus harmonieux. Murs en béton traité, couleur de lin écru. Sol en carrelage, couleur sable mouillé. Mobilier et buffet d'orgue en pin finlandais. Pente très douce et léger effet d'entonnoir des bancs, happant le regard jusqu'à la sculpture centrale qui s'élance vers le ciel au-dessus de l'autel : *Le Roseau brisé,* d'après la parole d'Isaïe. À droite, près de l'orgue, les stalles du chœur montent à l'assaut du mur. La lumière entre à flots par les 18 gigantesques fenêtres aussi hautes que l'église. Les courbures des murs équilibrent la rigueur des bancs droits et confèrent à l'ensemble la forme d'un poisson, symbole par lequel les 1ers chrétiens désignaient le Christ. Un ascenseur et un escalier permettent d'accéder au dernier étage. Tout, bâtiment et aménagements, est signé Reima Pietilä et date de 1966. Inconditionnels du gothique, passez votre chemin.

Pispala *(hors plan par A2)* **:** *à env 3 km à l'ouest du centre.* Ancien quartier ouvrier aux maisonnettes en bois préservées. N'hésitez pas à venir vous perdre dans ses ruelles, gravir ses escaliers abrupts. Belle route en corniche au-dessus du Pyhäjärvi. Le quartier abrite également le centre d'art contemporain ***Hirvitalo,*** qui organise souvent des expos et événements culturels en tout genre *(Hirvikatu 10 ; • hirvikatu10.net • ; bus no 25 ; tlj sauf lun 14h-19h ; GRATUIT).*

À faire

Le parc de Pyynikki *(plan A3)* **:** une colline au bord du Pyhäjärvi, superbe endroit, idéal pour la balade, la baignade et le pique-nique. Théâtre d'été *(Kesäteatteri)* avec auditorium tournant, mais les pièces sont uniquement en finnois. Vive les spectacles de mime, scrogneugneu ! *Billets vendus au Théâtre populaire : ☎ 010-229-21-11.*

Le parc de Hatanpää *(Hatanpäänpuisto ; plan A4)* **:** *au bout de Hatanpään puistokuja, au bord de l'eau. Sortir par Hatanpään valtatie, puis suivre le panneau à droite pour l'hôpital.* Ce parc abrite un charmant manoir de la fin du XIXe s (ne se visite pas) et un adorable arboretum (avec son beau bassin moucheté de nénuphars et ses allées de rosiers qui dégringolent vers le lac). On y trouve un café croquignolet idéal pour lézarder. Idyllique !

Le parc de Särkänniemi *(plan A1)* **:** *• sarkanniemi.fi • Tlj juin-fin août et certains w-e sept-oct et mai. Horaires très alambiqués : consulter le site internet. Compter 8,90-16 €/attraction. Sinon, forfaits pour la totale : 26-45 €/j. ; réduc.* La promenade favorite des familles de Tampere. Dernière attraction en date et bien dans l'air du temps, ***Angry Birds Land.*** On y retrouve les oiseaux énervés et les cochons verts du jeu vidéo *made in Finland.* Mais ce n'est pas tout, loin de là, puisqu'au bord du Näsijärvi, il y a aussi un *aquarium* avec près de 200 espèces de poissons, un *planétarium* très réussi (représentations toutes les heures), et la fameuse *tour de Näsinneula (avr-sept, tlj 11h-23h30 ; oct-mars, dim-lun seulement 11h-21h30 ; accès : 6 €).* Haute de 168 m (c'est la plus élevée de Finlande), elle fut construite en... 33 jours et abrite le restaurant tournant *Näsinneula* (voir plus haut « Où manger ? »). Superbe vue sur le site exceptionnel de la ville qui s'étend entre ses 2 lacs... mais, en été, beaucoup de monde...

L'île de Viikinsaari (hors plan par A4) **:** *liaisons en bateau-navette depuis le* ***port de Laukontori*** *(plan B3,* ***1****) avec* Suomen Hopealinja *(voir « Croisières » plus bas). De juin à mi-août, départ à l'heure pile mar-ven 10h-22h30, dim 10h-18h30 ; retour à la demie. Billet : 13 € ; réduc.*
Balades en forêt, minigolf, sauna, petites plages de sable, etc. Resto et cafétéria sur place. Très prisé des familles, surtout le week-end.

Croisières : *avec la compagnie* Hopealinja *(Laukontori 10 ; plan B3,* ***1****).* ☎ *010-422-56-00.* • *hopealinja.fi* • *Opère juin-août seulement. Bureau ouv tlj sauf w-e 9h-16h ; également un kiosque sur le quai, ouv 9h30-18h (fermé lun, mer, mar ap-m et sam mat).*
Parmi les nombreuses formules, voici les 2 plus fameuses :
– ***Runoilijan Tie*** (La Voie du Poète ; plan A1, **2**) **:** *Mustahlati satama. De début juin à mi-août, départ mar et jeu à 9h30 de Tampere ; retour mer et ven. Billet : 60 €, déj inclus ; réduc.* Cette belle croisière tire son nom du grand poète finlandais Runeberg, qui l'emprunta souvent. Elle conduit vers le nord jusqu'à Virrat en passant par Ruovesi, tout le long du ***Näsijärvi*** puis à travers une série de goulets. Environ 8h de navigation. Retour en bus.
– ***Suomen Hopealinja*** (La Ligne d'Argent ; plan B3, **1**) **:** *Laukontori 10A. Début juin-fin août, tlj à 9h30. Billet : 60 €.* Rallie Hämeenlinna en un peu plus de 8h.

Fêtes et manifestations

De nombreux concerts sont organisés en été sur la place principale *(Keskustori).* Sinon, pas mal de festivals tout au long de l'année, voici les principaux :
– ***Festival international du Court Métrage :*** *4-5 j. en mars.* ☎ *223-56-81.* • *tamperefilmfestival.fi* • Tous les styles de « court » en provenance d'une quarantaine de pays. Compétition et programmes grand public.
– ***Pirkan Hiihto :*** *1er dim de mars.* • *pirkankierros.fi* • L'arrivée de la course de ski de fond la plus longue de Finlande (90 km) est jugée à Tampere.
– ***Tammerfest :*** *pdt 4 j. mi-juil.* • *tammerfest.fi* • Un festival qui anime toute la ville. Parcs, rues, terrasses et clubs ne désemplissent pas. Concerts et divers événements un peu partout dans Tampere.
– ***Festival international de Théâtre :*** *6 j. début août.* ☎ *222-85-36.* • *teatterikesa.fi* • Le théâtre est partout : places, parcs, restaurants, églises et rues. Troupes nationales et étrangères.
– ***Tampere Jazz Happening :*** *4 j. début nov.* • *tamperejazz.fi* • La quintessence du jazz moderne, avec variations rock, punk et ethniques. Une programmation souvent en avance sur les modes et insoucieuse des frontières musicales.

DANS LES ENVIRONS DE TAMPERE

Les parcs nationaux

Voici 2 opportunités d'escapade dans la nature situées au nord de Tampere.
➢ ***Accès :*** en voiture, sortir de la ville par la route 3 en direction de Parkano, bifurquer sur la 330 jusqu'à Kuru, puis suivre nos indications ; en train, via la gare de Parkano (à 7 km du parc de Seitseminen).

Le parc national de Seitseminen (Seitseminen kansallispuisto) **:** *à 78 km de Tampere. Depuis Kuru, prendre la route 332 vers Parkano, jusqu'au fléchage indiquant le centre d'info. Pas de transports en commun.* ☎ *020-564-52-70.* • *nationalparks.fi/en/seitseminennp* • ***Parc*** *ouv tte l'année.* ***Centre d'info*** *ouv juin-août, tlj 10h-17h ; mai et sept-oct, tlj 9h-16h ; mars-avr et de nov à mi-déc, tlj 10h-16h ; le reste de*

l'année, se renseigner. ***Koveron kruununmetsätorppa*** *(métairie royale) ouv de juin à mi-août, mer-dim seulement 11h-17h. GRATUIT. Vélos à louer au centre d'info.*
Ce parc de 45 km² est idéal pour se mettre en jambes, avec ses sentiers nature de moins de 3 km et ses boucles en Eskers *(Harjukierros)* et forêt primaire *(Ikimetsäkierros)* de 6-7 km. Le centre d'info, très efficace, incorpore un café-resto et des expos temporaires sur la nature. À 7 km au sud de ce dernier, la *métairie royale*, restaurée telle qu'en 1930, permet de se familiariser avec les méthodes de fermage traditionnelles. Attention à la voracité des moustiques, surtout fin juin-juillet : partir équipé (voir « Dangers et enquiquinements » dans « Finlande utile », en début d'ouvrage) !

Restaurant du centre d'info : *lounas 11h-15h ; gâteaux et sandwichs à tte heure.*

Le parc national de Helvetinjärvi *(Helvetinjärven kansallispuisto)* **:** *à 95 km de Tampere. Accès seulement en voiture : depuis Kuru, prendre la 337 direction Ruovesi, puis la 66 vers Virrat jusqu'au fléchage indiquant le parc. • nationalparks.fi/en/helvetinjarvinp •* Du parking de Kankimäki, 5 km aller-retour jusqu'à la gorge de Helvetinkolu. Le chemin devient moins fréquenté si vous continuez jusqu'au Luomajärvi, à travers de belles forêts primaires (9,5 km aller-retour supplémentaires).

Les musées de Mänttä

À l'écart de la route reliant Tampere à Jyväskylä, respectivement à 90 km au nord-est et 92 km à l'ouest de ces villes, rien ne prédisposait cette bourgade à devenir une étape pour les amateurs d'art. C'était sans compter sur l'arrivée de Gustaf Adolf Serlachius, en 1868. Industriel, il créa une importante papeterie qui fonctionne toujours ; humaniste et esthète, il constitua aussi une collection d'art devenue l'une des plus réputées du pays.
➢ ***Accès :*** l'idéal est la voiture, mais ***Mänttä*** est desservie aussi par les bus depuis ***Tampere*** *(plusieurs départs/j., lun-ven surtout, directs ou via Orivesi ; 1h30-2h de trajet)* et ***Jyväskylä*** *(lun-ven 3-4 bus/j., sam seulement 1 liaison, env 1h45 de trajet). Loc de vélos à la journée : auprès des 2 musées.*

Le musée d'Art Gösta Serlachius *(Gösta Serlachiuksen taidemuseo)* **:** *à la sortie de Mänttä, sur la route 347 en allant vers Vilppula (ouest). ☎ 488-68-00. • serlachius.fi • Juin-août, tlj 10h-18h ; sept-mai, tlj sauf lun 11h-18h. Entrée : 10 € ; réduc ; gratuit moins de 18 ans. Ticket valable pour le Museum Gustaf.*
Dans ce splendide parc qui domine le lac, un manoir en brique de 1935 est relié par un passage vitré à un long pavillon en bois très design. Ce dernier abrite des expos temporaires d'art contemporain, autour d'un thème ou d'un artiste. Vraiment un bel espace, mettant superbement en valeur les œuvres et installations exposées. Pour le fonds Serlachius, en revanche, direction le manoir, où se tiennent sur 2 niveaux des expos puisant dans la collection de l'illustre industriel : principalement des œuvres d'artistes finlandais de 1860 à 1930, tels Albert Edelfelt, Helene Schjerfbeck ou encore Akseli Gallén-Kallela, dont on peut admirer le célèbre tableau montrant un Sibelius passablement éméché en compagnie du peintre lui-même. Également quelques maîtres plus connus dans nos contrées : Monet, Corot, Courbet, Zurbaran, entre autres.

Café Autereentupa : *dans la maison de l'intendant. Ouv juin-août seulement.* Un peu à l'écart du musée, agréable café à l'intérieur rustique tout en bois, avec une terrasse. Pour la pause-café ou pour grignoter un morceau (salades, soupes, sandwichs et boulettes maison).

Serlachius Ravintola Gösta : *dans le musée. Mêmes horaires que celui-ci. De mi-juin à fin août, tlj 11h-18h. Plats 20-32 € ; menus 38-49 €.* Resto tenu par 2 chefs finlandais de renom, sis dans un très bel espace design avec des chaises à dossier incliné… qui surprennent lorsqu'on s'y assied ! Pour ceux qui veulent compléter les nourritures spirituelles par des nourritures bien terrestres.

Serlachius Museum Gustaf : *juste au sud du centre de Mänttä et de la route 347 (suivre le fléchage). Mêmes horaires et billet d'entrée que le Museum Gösta. Audioguide en anglais inclus.* Aménagé dans le siège de la société (datant de 1934), ce musée est consacré à la famille Serlachius, et plus particulièrement à l'impulsif Gustaf, créateur de la papeterie. Outre les expos temporaires d'art local, on visite l'exposition permanente « *Paper Devil* », qui relate, à travers plusieurs salles obscures peuplées de mannequins en papier mâché, l'épopée de la fabrique et l'existence de Gustaf, mis en scène à différents âges de sa vie, jusqu'au fauteuil roulant. On peut ensuite aller jeter un œil à la reconstitution d'une ancienne pharmacie (le 1er métier de Gustaf). À l'étage, conservés dans leur jus, la salle de réunion et le bureau de la direction (utilisé jusque dans les années 1980), aux insolites meubles sculptés de scènes relatives à la fabrication du papier et à l'industrie forestière (l'une d'elles illustre un ouvrier se faisant écraser par un tronc d'arbre !). Le même artiste, Hannes Autere, a œuvré dans la jolie église toute proche *(tlj en été seulement, 10h-16h30).*

Cafe Alex : *Kauppakatu 23. Lun-ven 6h30-21h, w-e 8h-18h (16h hors été). Compter 8-12 €.* Si vous cherchez à combler un petit creux entre les 2 musées, voici le plus mignon café du bourg... Au menu, quelques gâteaux, tartines, sandwichs, burgers et salades.

DE LAHTI À JYVÄSKYLÄ, PAR LA RIVE OUEST DU LAC PÄIJÄNNE

IND. TÉL. : 03 ou 014

• Plan Jyväskylä *p. 201*

Le lac Päijänne s'étire sur 119 km entre Jyväskylä au nord et Lahti au sud. Plus profond et 2e plus grand lac de Finlande, il est 2 fois plus étendu que le Léman et alimente Helsinki en eau potable grâce à un aqueduc long de 120 km. Le parc national du Päijänne protège sa partie sud. Le week-end, nombre d'habitants de la capitale investissent la multitude de chalets et résidences secondaires qui se cachent dans les forêts encore omniprésentes de la région, traversée chaque année par le rallye automobile des Mille Lacs.
Moderne et géométrique, Lahti offre pour seule coquetterie la rive sud du lac Päijänne, dotée d'un port de plaisance, de bateaux-bars et du magnifique *Sibelius Hall* (voir « Fêtes et manifestations »). Si la ville vaut aussi le détour pour sa remarquable église de la Croix, dessinée par Aalto, nous la mentionnons surtout parce qu'elle constitue un nœud ferroviaire et routier majeur au sud du lac et proche de la capitale. Elle compense son manque d'esthétique par une animation appréciable, et sa situation en fait une base idéale pour explorer la région.
Jyväskylä (prononcer « Yu-vas-sku-la »), quant à elle, est une ville industrielle et universitaire qui présente peu d'intérêt touristique

QUI VOLE UN ŒUF...

Il y a quelques années, Jyväskylä a connu une belle notoriété à la suite d'un fait divers peu banal. Bénéficiant de l'indulgence de la directrice d'un supermarché, un écureuil se faufilait quotidiennement jusqu'au rayon des friandises, chapardait des œufs en chocolat et repartait illico consommer son butin à l'air libre. Il s'est finalement vu interdire l'entrée du magasin, par décision des autorités sanitaires !

si ce n'est l'empreinte qu'Alvar Aalto y a laissée, matérialisée par un musée retraçant toute son œuvre. Non loin, la magnifique église de Pietäjävesi mérite une petite virée.

Arriver – Quitter

Gares ferroviaire et routière de Lahti : *Mannerheiminkatu 15, dans le Travel Centre. À env 500 m au sud du centre-ville.*

Gares ferroviaire et routière de Jyväskylä *(plan Jyväskylä B2)* ***:*** *Hannikaisenkatu 20.*

➢ ***En train :***

– ***Liaisons avec Lahti : Helsinki,*** 2 trains/h (env 1h) ; ***Jyväskylä,*** env 12 trains/j. (env 4h) ; env 7-8 directs/j. avec la Carélie, ***Imatra*** (1h35), ***Joensuu*** (min 3h40).

– ***Liaisons avec Jyväskylä :*** env 8 directs/j. pour ***Tampere*** (1h30), une dizaine pour ***Helsinki*** (3h30-4h), 4-6/j. pour ***Turku*** (3h30-4h). Pour les autres destinations, changement facile à ***Tampere*** ou à ***Pieksämäki.***

➢ ***En bus :***

– ***Liaisons avec Lahti : Helsinki,*** ttes les 30 mn en journée (env 1h30) ; ***aéroport d'Helsinki,*** excellentes liaisons y compris la nuit (durée 1h15) ; ***Jyväskylä,*** idem (2h30-3h de trajet) ; ***Tampere*** (2h) ; ***Turku*** (3h15) ; ***Jämsä*** (min 1h45).

– ***Liaisons avec Jyväskylä :*** nombreux directs avec Helsinki (env 4h-4h30) ; ***Tampere*** (2h30) ; ***Kuopio*** (2h-2h30) ; ***Oulu,*** 6 directs/j. (4-5h), ainsi que 3 avec Kajaani (min 4h15) et 1 avec Rovaniemi (8-9h).

➢ ***En voiture :*** Lahti est à 120 km d'Helsinki par l'autoroute 4 (E 75). La route 24 rejoint Jyväskylä.

Adresses utiles

À Lahti et sur la rive ouest du lac

Office de tourisme de Lahti : *Vesijärvenkatu 9C (en plein centre ; à l'angle avec Alexanterinkatu). ☎ 0300-47-22-22 (n° surtaxé). • visitlahti.fi • Lun-ven 8h-16h (17h lun) ; fermé w-e.*

Office de tourisme de Jämsä : *Seppolantie 5, 2e étage. Dans le centre. 040-712-26-45. • jamsek.fi • Tlj sauf w-e 9h-16h (15h ven).*

✉ ***Poste de Lahti :*** *dans le magasin R-Kioski, Torikatu 1 (sur la pl. Kauppatori).*

À Jyväskylä

Office de tourisme *(plan Jyväskylä B2)* ***:*** *Asemakatu 7. ☎ (014) 266-01-13. • visit.jyvaskyla.fi • Tlj sauf w-e 10h-16h.* Bureau *Linkki* juste à côté pour acheter ses billets de bus.

■ ***Consulat honoraire de France :*** *Mme Merisalo Outi. 040-805-32-11. • omerisalo@gmail.com •* En cas d'urgence seulement.

■ ***Pharmacie*** *(plan Jyväskylä B2,* ***1****)* ***:*** *Yliopiston Apteekki, Kauppakatu 39. Tlj 7h-23h.*

Où dormir ?

À Lahti et sur la rive ouest du lac

Beaucoup de chalets et de villas à louer pour les amateurs de calme et de grands espaces. Une liste est disponible dans les offices de tourisme de Lahti et de Jämsä.

De bon marché à prix moyens

Patria Hostel : *Vesijärvenkatu 3, à* ***Lahti.*** *☎ (03) 782-37-83. • info@patriahostel.fi • Entre la gare et le centre. Réception au 1er étage, 6h-22h (dim sur rdv). Chambres simples ou doubles*

42-59 €, café et pâtisserie inclus. Le bâtiment n'est pas très engageant mais les chambres (3 doubles et une douzaine de simples), avec lavabo, TV et bonne literie, sont très bien tenues. Celles situées à l'avant sont un peu bruyantes : l'établissement est situé à un carrefour important. Douches communes bien tenues. Cuisine à dispo. Accueil aimable de la propriétaire, qui ne parle que le finnois et quelques petits mots d'anglais.

Hoimelantila : *Hoimelantie 49, à* ***Asikkala (Vääsky).*** *040-530-19-27. • hoimela.com • À 7 km au nord de Vääsky, par la route 314 en direction de Sÿsma ; panneau discret sur la droite, env 400 m après celui d'Asikkalan kirkko. Ouv juin-sept. Chalet pour 2 avec cuisine 70 € ; 80 € pour 4 ; supplément de 10 €/pers pour le linge. Pas de petit déj.* C'est la Finlande telle qu'on l'imagine ! Si vous cherchez du pur et du vrai, cette charmante propriété est faite pour vous. Dans un petit domaine fleuri et boisé au bord du lac Päijänne, plusieurs *mökit* (chalets traditionnels) pour 2 à 4 personnes, très douillets sur le plan du confort, au cadre rustico-tendance fort réussi. Parfait pour pratiquer l'art de vivre à la finlandaise ! Pour couronner le tout, un sauna 100 % à l'ancienne (au bois, baquets et seaux pour la douche !), à faire suivre d'un plongeon rituel dans le lac, et du sirotage d'une *Lapin Kulta* (pendant, par exemple, que grillent les saucisses). La belle vie, quoi ! Accueil timide mais délicieux d'une jeune famille.

Chic

Patapirtti – Uusi-Yijälän Tila : *Jyväskyläntie 848, à env 8 km de* ***Jämsä*** *en allant vers Jyväskylä. 045-651-14-05. • patapirtti.fi • À 800 m de la route 9 reliant Jämsä à Jyväskylä (fléchage discret). Resto mar-sam 17h (12h sam)-22h ; dim sur résa pour les hôtes. Fermé en juin. Doubles 130-160 €, sauna et canoë compris ; tarifs dégressifs (2e nuit à 100 €). Plats 21-38 € ; table d'hôtes env 52 €.* Non loin des modestes pistes de ski de Himos, une impeccable maison de famille traditionnelle, plus que bicentenaire. Jolies chambres à thème, à la déco fraîche et soignée, dont certaines peuvent accommoder une petite famille. Salle à manger rustique avec une grande cheminée pour déguster le plantureux petit déj, et terrasse où il fait bon se poser pour contempler le lac. La cuisine privilégie les bons produits de la ferme. Goûtez aux vins de baies de la maison, uniques. Accueil souriant et vraiment très chaleureux de Tarja, la dynamique patronne, et de son mari. Une adresse nature, où l'on se sent bien.

À Jyväskylä et dans les environs

La ville n'ayant pas un charme fou, les routards motorisés gagneront à loger dans les environs, en pleine nature. C'est un des attraits de cette région.

De prix moyens à chic

Omena Hotelli *(plan Jyväskylä B2,* ***11****) : Vapaudenkatu 57. • omena hotels.com • Voir la description dans la rubrique « Hébergement » de « Finlande utile ».* Hyper central, avec des chambres conçues pour 4 personnes.

Hotelli Yöpuu *(plan Jyväskylä B2,* ***12****) : Yliopistonkatu 23. ☎ (014) 33-39-00. • hotelliyopuu.fi • Doubles 135-160 € avec parking et 1h de sauna (et bien sûr le petit déj).* Un hôtel familial aux chambres agréables et impeccables, chacune avec sa personnalité : la romantique, avec son lit à baldaquin et ses anges sur le plafond ; l'extravagante, zébrée du tapis à la descente de lit ; la sobre, dans ses tons bleutés ; ou encore l'*Aalto,* aux tonalités claires, avec un paravent en lattes de bois... De plus, excellent confort (minibar et AC) et accueil parfait. Sans oublier le resto *Pöllöwaari* (voir « Où manger ? »).

Taulun Kartano : *Tauluntie 596, à* ***Kankainen,*** *36 km à l'est de Jyväskylä. ☎ 020-735-34-02. • taulunkartano.fi • Quitter la ville en direction de Kuopio par la route 9 ou E 63, puis route 13 en direction de Mikkeli ; fléché depuis la route. Doubles 100-125 €. Repas sur résa (☎ 020-735-34-00).* En pleine nature et à proximité d'un lac,

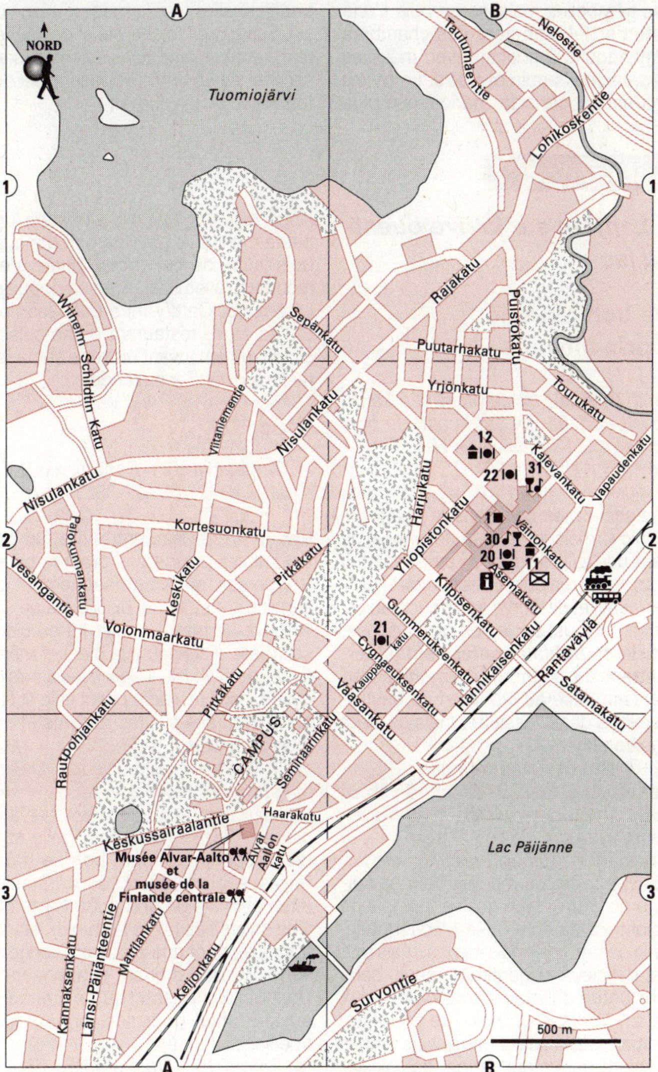

JYVÄSKYLÄ

Adresses utiles

- Office de tourisme (B2)
- 1 Pharmacie (B2)

Où dormir ?

- 11 Omena Hotelli (B2)
- 12 Hotelli Yöpuu (B2)

Où manger ?

- 12 Ravintola Pöllöwaari (B2)
- 20 Wilhelmiinan Konditoria (B2)
- 21 Katriina (B2)
- 22 Ravintola Kissanviikset (B2)

Où boire un verre ? Où sortir ?

- 30 Freetime (B2)
- 31 Poppari Jazz Bar (B2)

ces très belles maisons en bois (l'une date de 1849) abritent des chambres romantiques à souhait avec meubles anciens, baldaquin et poêle. Formules spa-sauna dans le manoir ou, plus traditionnelles, sur la berge du lac voisin. Beaucoup de charme et de cachet, comme un voyage dans le temps, sans sacrifier au confort. Propose aussi des tours à vélo ou à cheval.

Où manger ?

À Lahti et sur la rive ouest du lac

De bon marché à prix moyens

Casseli : *Borupinraitti 4, à* ***Lahti.*** *☎ 010-422-59-50. Sur le port de plaisance, à côté du Sibelius Hall. Tlj sauf dim 11h (12h sam)-22h (15h lun).* Lounas *(lun-ven 11h-14h30) 14-16 €.* On le signale plus bas dans la catégorie « Chic », mais il propose aussi le midi, dans une salle soignée à l'arrière (certes sans vue...), un buffet très complet (salades, plats et desserts) à prix abordables.

Toujours sur le port de plaisance, plusieurs ***bateaux-cafés-restos*** permettent de grignoter un morceau en terrasse, face au lac. Rien de gastronomique dans l'assiette, mais ce n'est pas trop cher.

Popot : *Rautatienkatu 26, à* ***Lahti.*** *☎ 010-279-29-35. Tlj sauf dim 11h (14h sam)-23h (minuit ven-sam).* Lounas *(lun-ven 11h-14h30) 11-15,50 € ; plats 17-28 € ; menus 45-55 €.* Adresse réputée pour sa cuisine de bistrot bien ficelée, qui louche volontiers du côté de la Méditerranée. Rien de très finlandais, certes, mais tout est délicieux et gentiment servi, dans une petite salle au cadre chaleureux ou en terrasse dans la rue piétonne. Remarquable sélection de vins, servis au centilitre (ce qui permet de calculer sa conso au plus juste). Un resto qui marche fort auprès des locaux.

Vaaksyn Majakkapaviljonki : *à* ***Asikkala (Vääksy),*** *Kanavalahti. ☎ (03) 766-20-08. À env 27 km au nord de Lahti, au niveau du canal de Vääksy qui perce l'isthme traversant le lac Päijänne. En été, tlj 8h-22h (minuit w-e) ; le reste de l'année, tlj 8h-19h env.* Lounas *(11h-15h – 16h dim), pizzas, salades et petits plats 11-16 €.* Jouxtant une petite marina, le pavillon octogonal en bois jaune de cet ancien phare s'est reconverti avec succès en un populaire café-resto. On s'y mire dans les flots du lac en se restaurant d'une cuisine simple ou en buvant un verre sur la terrasse au mobilier en rondins.

Chic

Taivaanranta : *Rautatienkatu 13, à* ***Lahti.*** *042-492-52-30. Tlj sauf dim 11h-minuit (23h lun-mar). Congés : juil. Plats 21-31 €.* Au centre-ville, un restaurant qui brasse ses propres bières (suggérées en accompagnement de certains plats), et qui distille même son whisky ! Au menu, poulet frit au cidre, saucisses d'agneau à la bière et même un steak au whisky ! Cela frôle la cuisine gastro, dans un cadre plutôt chic et élégant, avec ses cuivres rutilants et ses murs anthracite.

Casseli : *voir plus haut « De bon marché à prix moyens ». Résa conseillée les soirs de concert. Plats 14-35 € ; menus 42-52 €.* Côté lac, belle salle bleue contemporaine, bordée d'une terrasse aux beaux jours. Cuisine internationale de bon goût. Carte des vins diversifiée (avec de beaux blancs français), dont une partie est servie au verre. Service souriant et attentionné. Une belle adresse, qu'on conseille aussi le midi pour son *lounas* dans une salle à l'arrière.

Patapirtti – Uusi-Yrjälän Tila : *à* ***Jämsä*** *(voir « Où dormir ? »).*

À Jyväskylä

Bon marché

Wilhelmiinan Konditoria *(plan Jyväskylä B2,* ***20****) :* *Asemakatu 6. ☎ 010-397-12-00. Lun-ven 7h-20h,*

LA FINLANDE CENTRALE

sam 9h-20h, dim 10h-18h. Sandwichs et snacks 4,50-11 € ; lounas 9,50-13 €. Abrité dans une élégante bâtisse de 1899, voici l'endroit idéal pour un en-cas de qualité ou une pause goûter d'anthologie : sandwichs confectionnés avec du bon pain maison, quiches, salades... Et que dire de cette vitrine débordante d'alléchants gâteaux ? Le choix est cornélien, car tous sont exquis, surtout accompagnés d'un jus frais, d'un smoothie ou d'un bon café. Salle d'un classicisme de bon aloi rehaussée de touches de modernité. Tout au fond, une succession de petits salons intimes avec canapés douillets, où l'on se sent comme chez soi. Accueil aimable. Parfait !

|●| ***Katriina*** *(plan Jyväskylä B2, **21**) : Kauppakatu 11. ☎ (014) 449-88-80. Tlj sauf dim 11h (12h sam)-18h30. Lounas végétarien 8,50-13 € selon nombre de plats.* Une cafétéria vegan et proprette où l'on sert soupes, plats du jour et buffet de salades. Simple, sain et économique.

De prix moyens à chic

|●| ***Ravintola Kissanviikset*** *(plan Jyväskylä B2, **22**) : Puistokatu 3. ☎ 010-666-51-50. Tlj 11h (13h w-e)-23h (23h30 ven-sam, 21h30 dim). Plats 23-38 €.* Minouphobes, abstenez-vous ! Aux « Moustaches du Chat », étonnez-vous que l'élégant félin traîne par-ci par-là, sur le menu, le paillasson, en poignée de porte, en statues, en figurines... mais – rassurez-vous – pas dans l'assiette ! La cuisine est européenne-internationale, avec cependant 1 ou 2 spécialités maison, comme le sandwich de steak pané aux crevettes à la sauce béarnaise (maison aussi) et aux fruits. Et, bien sûr, le filet de renne ! C'est fin, bien préparé et servi avec gentillesse dans un cadre romantique. C'est aussi l'un des plus vieux restos de Jyväskylä.

|●| ***Ravintola Pöllöwaari*** *(plan Jyväskylä B2, **12**) : Yliopistonkatu 23. ☎ (014) 33-39-00. Intégré à l'hôtel* Yöpuu *(voir « Où dormir ? »). Tlj sauf dim 11h (14h sam)-22h. Le midi, plats 20 € et menus (lun-ven 11h-15h) 25-46 € ; le soir, plats 24-32 € ; menus 50-79 €.* Une des bonnes surprises de la ville, tant pour la déco (meubles anciens, lustres, plancher et rideaux épais) que pour la cuisine, préparée avec finesse. Approche gastronomique piochant surtout dans les traditions françaises et scandinaves. Un vrai régal ! Sans doute la meilleure table de Jyväskylä.

LA FINLANDE CENTRALE

Où boire un verre ? Où sortir ?

À Lahti

C'est surtout aux terrasses des bateaux-cafés-restaurants du port de plaisance que l'on se détend autour d'un verre. Très agréable, mais l'affluence est tributaire de la météo. L'avenue principale, Aleksanderinkatu, concentre également une brochette de restos-bars à la mode, pris d'assaut le week-end. Sinon, on peut rejoindre les bars situés dans la *Vapaudenkatu,* à 100 m de la place principale *(Kauppatori),* comme le ***Teerenpeli*** au n° 16, qui brasse ses propres bières.

À Jyväskylä

Petite ville universitaire, Jyväskylä connaît une relative animation dès la nuit tombée, en particulier dans son petit périmètre piéton, avec des pubs comme *The Old English* ou l'*Hemingway's.*

🍸 ♪ ***Freetime*** *(plan Jyväskylä B2, **30**) : Kauppakatu 28. 📱 050-513-04-58. Tlj 21h (23h dim)-4h.* Vaste bar-disco à l'étage d'un bâtiment où pas mal de jeunes viennent finir leur soirée. Musique tendance rock. L'ambiance bat son plein de minuit à 2h. On peut danser, certes, mais aussi se la jouer karaoké et même casino (visez la table de jeu dans l'alcôve) !

🍸 ♪ ⛱ ***Poppari Jazz Bar*** *(plan Jyväskylä B2, **31**) : Puistokatu 2-4 (au bout de Kauppakatu, entrée sur Ilmarisenkatu). 📱 050-054-76-32. • ravintolapoppari.fi • Tlj sauf dim 16h (19h sam)-3h*

(4h30 ven-sam). Certes, on y joue du jazz... mais seulement le jeudi. Les autres soirs, c'est pop, folk, musiques du monde, guitare acoustique... ça dépend. Très sympa aussi quand il n'y a pas de concert.

À voir. À faire

À Lahti

L'église de la Croix (Ristinkirkko) **:** *Kirkkokatu 4 ; dans le centre. 050-577-29-28. Tlj 10h-15h.* L'extrême sobriété de l'édifice, à l'extérieur comme à l'intérieur, vous laissera de marbre ou admiratif. Conçue par Aalto, l'église a été achevée après sa mort, en 1978, par sa 2de épouse, Elissa. La façade principale est simplement ornée d'une grande croix composée de 52 fenêtres, symbolisant les semaines d'une année. La nef, de forme triangulaire, se rétrécit jusqu'à l'autel qui capte ainsi tous les regards. Remarquez la grande pureté des lignes, le dépouillement érigé en modèle. Ici, pas de vitraux mais des baies vitrées, pas de statues ni de couleurs, juste le blanc des murs et le bois clair des bancs. L'orgue magnifique est parfaitement intégré à l'ensemble. Autour de l'église reposent 600 soldats finlandais tombés au cours de la Seconde Guerre mondiale.

Le musée du Ski (Hiihtomuseo) ***et les tremplins de saut à skis :*** *Lahti Sports Centre, Salpausselänkatu 8 ; à 1,5 km à l'ouest du centre-ville. 050-398-55-23. • lahdenmuseot.fi • Tlj sauf lun 9h-17h, w-e 11h-16h ; tremplin ouv juin-août, tlj aux mêmes horaires que le musée. Entrée : 10 € ; réduc.*
Pour les férus de ski nordique et de saut à skis, une expo qui entend faire le tour de la question. Elle est complétée par un simulateur de saut en 3D pour se jauger sans se blesser, par un stand de tir de biathlon, et par le panorama très étendu sur la ville et le lac Päijänne depuis le sommet du tremplin de 73 m (grimpette en ascenseur).

Le Musée historique (Lahden historiallinen museo) **:** *Lahdenkatu 4. ☎ (03) 814-45-36. • lahdenmuseot.fi •* ***Devait rouvrir ses portes courant 2021, après travaux.*** Dans un bâtiment rose de 1897, ce musée abrite la collection d'Harri Holma, ambassadeur de Finlande à Berlin, Paris et Rome dans la 1re moitié du XXe s. À voir : du mobilier européen gothique tardif et Renaissance, Louis XV et Louis XVI, des statues médiévales polychromes, une salle d'armes...

Croisières sur le lac Päijänne : le meilleur moyen de profiter des paysages sauvages que réserve le lac. *Horaires et tarifs disponibles dans les offices de tourisme.*
– **Compagnie Päijänne Risteilyt Hilden Oy :** *Satamakatu 5, sur le port. ☎ 010-320-88-20. • paijanne-risteilythilden.fi •* ***Grande traversée Lahti-Jyväskylä*** *: de mi-juin à début août, départ mar à 9h depuis Lahti, mer à 9h depuis Jyväskylä ; durée 10h ; prix env 110 € (réduc). Plus courte, la* ***croisière vers le canal de Vääsky*** *: fin mai-début sept, départ jeu-sam à 14h (retour à 17h30 ; w-e seulement en sept) ; compter 28 € ; réduc moins de 12 ans. Juin-août, certains j., également la* ***croisière vers Heinola,*** *départ à 9h et retour à Lahti à 19h ; billet env 62 € (42 € l'aller simple). Restauration à bord.*

Sur la rive ouest du lac en allant vers Jyväskylä

L'église de Hollola (Hollolan kirkko) **:** *à* ***Hollolan Kirkonkyla,*** *à 17 km au nord-ouest de Lahti par la route 12 et 11 km de Hololla-centre. Tlj 11h-16h.* Une merveille d'église médiévale, avec ses pierres massives, sa silhouette trapue, ses fresques à la sanguine, ses arches peintes et de remarquables sculptures en bois. Elle date de la fin du XIVe s, sauf le clocher néoclassique qui marque l'entrée du cimetière, une œuvre de notre ami Engel, déjà maintes fois cité à propos d'Helsinki. Ne manquez pas de faire un petit tour au cimetière et dans le joli village, admirablement préservé.

Pulkkilanharju : *à Vääksy, quitter la route 24 pour prendre, à droite, la route 314 en direction de Sysmä, et continuer 15 km jusqu'au parking de Karisalmi.* Si vous ne faites pas l'excursion à Kelvenne (voir ci-après), ce très bel esker, de longueur à peu près identique, constituera un beau lot de consolation. Du parking, situé à peu près en son milieu, un sentier trace une boucle de 2 km.

Croisière jusqu'à l'île Kelvenne : *depuis le port de* ***Padasjoki,*** *à env 4 km du centre (au niveau de l'église, prendre la direction « Päijanteen Kansallispuisto National Park »). 2 compagnies :* ***M/S Elbatar,*** *040-035-19-59. • elbatar.fi • Juil-août seulement, jeu à 9h ; retour à 18h. Et* ***Kulkee Vetten Halki,*** *040-505-55-60. • kulkeevettenhalki.fi • Juil-début août, les mar, mer et sam à 10h et 14h30. Même prix pour les 2 compagnies : billet A/R 23 € ; ½ tarif 4-12 ans.*
Outre le paisible parcours sur le lac Päijänne, cette balade donne accès à une île inhabitée de 8 km de long qui constitue l'un des plus beaux eskers du pays. Pour en savoir plus sur ce phénomène géologique, voir « Punkaharju », dans le chapitre « Le lac Saimaa ». Les horaires de bateau laissent de longues heures pour se balader sur l'île. Un sentier la sillonne, grimpe à certains endroits sur les pentes avant de retomber d'un côté ou de l'autre. Prévoir le pique-nique ou réserver un repas à bord.

À Jyväskylä

Le musée Alvar-Aalto *(Alvar Aalto-museo ; plan Jyväskylä A3)* **:** *Alvar Aallon katu 7. ☎ (014) 266-71-13. • alvaraalto.fi • Tlj sauf lun 10h (11h sept-mai)-18h. Entrée : 8 € ; réduc ; gratuit moins de 18 ans et pour ts le ven sept-mai. C'est ici, ou via leur site, que se fait la résa obligatoire pour visiter la* ***maison expérimentale de Muuratsalo*** *(Muuratsalon koetalo), voir plus loin « Dans les environs de Jyväskylä ».*
Alvar Aalto, père de l'architecture et du design finlandais, dessina au début des années 1970 les plans de ce bâtiment destiné alors à être un musée d'art et d'architecture, ce qu'il fut jusqu'en 1998.
L'étage abrite une expo dédiée à Aalto, avec de grands panneaux qui égrènent l'évolution de son style parmi les mouvements architecturaux et esthétiques de son temps. Une trentaine de réalisations s'étalant sur 50 ans sont amplement détaillées, maquettes et plans à l'appui. Elles sont exposées selon une thématique qui change régulièrement. Plusieurs espaces tels que pensés par le maître ont été reconstitués : une salle à manger, un salon, une salle de jeux pour enfants et, plus étrange, une chambre de sanatorium... Les célèbres chaises et fauteuils sont bien là, leurs composants et mode de fabrication disséqués. Le rez-de-chaussée accueille un café et une boutique d'articles de maison.

Les réalisations d'Aalto à Jyväskylä : *on en compte env 30, disséminées dans la ville et ses environs (voir plus loin). Se procurer la brochure (1 €) traduite en français à l'office de tourisme. Attention, elles ne se visitent pas forcément...* En voici quelques emblématiques : la ***Maison des ouvriers*** *(plan Jyväskylä B2),* qui abrite actuellement le pub *Revolution* à l'angle de Kauppakatu et de Väinonkatu ; le ***Kaupunginteatteri*** (théâtre municipal ; *plan Jyväskylä B2*), Vapaudenkatu 36 ; l'***ancien siège de la police,*** dans Kilpisenkatu *(plan Jyväskylä B2)* ; la ***villa Karpio*** (à côté du musée), le ***campus de l'université*** *(plan Jyväskylä A2-3),* ou encore la ***résidence*** Aira non loin du centre, au nord.

Le musée de la Finlande centrale *(Keski-Suomen museo ; plan Jyväskylä A3) : Alvar Aallon katu 7. ☎ (014) 266-43-46. • jkl.fi/keskisuomenmuseo • Tlj sauf lun 11h (10h en sem juil-août)-18h. Entrée : 8 € ; réduc ; gratuit moins de 18 ans.* Voisin du musée Alvar-Aalto, le bâtiment a d'ailleurs été conçu par cet architecte, même si son agrandissement en 1988 a sensiblement modifié son allure et son équilibre. L'expo permanente retrace l'évolution historique, urbanistique et sociologique de Jyväskylä et de la Finlande centrale depuis la Préhistoire (les 1res traces d'humains remontent à 7 000 ans av. J.-C.). Chasse, pêche, environnement, vie quotidienne sont autant de thèmes abordés et admirablement mis en scène.

Dans les environs de Jyväskylä

Croisière jusqu'à l'île Kelvenne *(plan Jyväskylä A-B3) : voir plus haut.*

La maison expérimentale de Muuratsalo *(Muuratsalon koetalo) : sur l'île de* ***Muuratsalo,*** *à env 20 km de Jyväskylä. • alvaraalto.fi • Prendre l'autoroute 9 vers le sud sur 6 km puis, à gauche, la route 6110 jusqu'à Säynätsalo, puis Muuratsalo. Visite (en anglais, livret en français disponible) de juin à mi-sept : tlj sauf w-e à 13h30 en août ; lun, mer et ven seulement le reste de la saison.* ***Attention*** *: résa impérative (min 2-3 j. avt, plus en août) au musée Alvar-Aalto où via son site. Tarif : 20 € ; réduc. Durée : 2h.*
Construite en 1952-1954, la maison d'été du couple Aalto incarne à la perfection l'œuvre de l'architecte. C'est aujourd'hui un lieu de pèlerinage pour les fans d'archi. On verra aussi « *Nemo propheta in patria* », le bateau dessiné par Aalto.

La vieille église de Petäjävesi *(Petäjäveden vanha kirkko) : à* ***Petäjävesi,*** *à 36 km à l'ouest de Jyväskylä par la route 23 en direction de Pori ; panneau « Vanha kirkko ». 040-582-24-61. • petajavesioldchurch.fi • Juin-août, tlj 10h-18h (service religieux dim en été à 10h) ; le reste de l'année, seulement sur résa (pour groupes ou individuels). Entrée : 7 € ; réduc. Visite guidée gratuite sur demande, ou brochure en français. Concerts de mi-juil à fin août, mer à 18h (12-22 €).*
L'Unesco, qui l'a classée au Patrimoine mondial, nous apprend que « construite en rondins de conifères en 1763-1765, c'est une église luthérienne rurale représentative d'une tradition architecturale propre à l'est de la Scandinavie, qui associe la conception Renaissance de l'église de plan centré et les formes plus anciennes dérivées des plafonds aux voûtes d'arêtes de la période gothique ». Nous, on préfère vous parler de l'émotion qui naît de cet art simple et pourtant expert. De l'intérieur tout en bois, du sol au plafond. Des peintures naïves de Luther et de Moïse, derrière l'autel. De la chaire rustique supportée par un saint Christophe (le saint patron des routards !). Du « trône des pécheurs » (en fait plutôt un escabeau) où les voleurs pris en faute devaient s'asseoir, d'autant plus haut que leur faute était lourde. Du clair-obscur qui favorise le recueillement. Du fils qui, en 1821, améliore le chef-d'œuvre de son père en ajoutant un campanile et en élargissant les fenêtres, sans rien soustraire à la beauté primitive...

L'église de Muurame *(Muuramen kirkko) : Kirkkotie 1, à* ***Muurame,*** *à 16 km au sud par la route 9. Un peu en dehors du village, sur une colline, suivre « Kirkko ». De juin à mi-août, tlj sauf w-e 10h-17h.* La 1re église dessinée par Alvar Aalto, construite entre 1926 et 1929. L'intérieur fut hélas fortement remanié dans les années 1970, et l'extérieur n'a rien de bien remarquable...

Le musée de l'Aviation de Finlande centrale *(Keski-Suomen Ilmailumuseo) : Tikkakoskentie 125, à 17 km au nord de Jyväskylä ; à côté du petit aéroport. ☎ (014) 375-21-25. • ilmavoimamuseo.fi • Accès par les bus nos 22 ou 36. En voiture, prendre la E 75 en direction d'Oulu. De juin à mi-août, tlj 10h-20h ; le reste de l'année, tlj 11h-17h. Entrée : 10 € ; réduc.*

Ce musée rassemble de belles bêtes qui raviront les passionnés : Fokker, Messerschmitt, avions de la Première Guerre mondiale, etc. 7 d'entre eux sont les derniers modèles existant au monde, tels le Gourdou-Leseurre B.3 ou le Martinsyde F.4 Buzzard, dernier de la marque ! Mais il ne faut pas manquer le tout 1er appareil de la flotte finlandaise, un Thulin D (appareil suédois dérivé du Morane-Saulnier Parasol L) offert aux Blancs en 1918 par le comte Eric von Rosen, dont l'emblème était le svastika. Petits et grands ne manqueront pas de prendre place dans les différents cockpits en libre accès.

UNE CROIX LOURDE À PORTER

En visitant les musées militaires de Finlande, on remarque que le svastika est un motif récurrent. Toutefois, l'orientation du svastika finlandais est différente de celle de la croix gammée nazie. Pas de confusion : la Finlande n'a jamais adopté l'idéologie nazie. Un svastika bleu, hérité du comte Eric von Rosen, servait d'emblème à l'aviation nationale depuis mars 1918, bien avant la naissance du nazisme. Ce symbole est d'ailleurs un motif traditionnel très ancien des peuples finno-ougriens. Il a été abandonné sur les ailes des avions en 1945... pour les raisons que vous devinez.

Fêtes et manifestations

– ***Fête du Port de Jyväskylä*** *(Sataman Yö)* **:** *2e w-e de juin, pdt 4 j.* Un festival autour du port, rythmé par la musique. Des restos en plein air ou sous chapiteau, des orchestres partout et un grand marché.

– ***Festival de Théâtre muet de Jyväskylä*** *(Jyväskylän Kesä)* **:** *1 sem début juil.* • *jyvaskylankesa.fi* •

– ***Rallye automobile des Mille Lacs*** *(Neste Oil Rally Finland)* **:** *fin juil-début août, pdt 4 j.* • *nesterallyfinland.fi* • Sa réputation légendaire est fondée sur la spécificité des routes de terre battue qui posent de sérieux problèmes aux voitures !

– ***Sibelius Festivaali* :** *1re ou 2e sem de sept au Sibelius Hall de Lahti, pdt 4 j.* • *sinfonialahti.fi* • *Bus spécial affrété au départ d'Helsinki.* Un rendez-vous majeur pour tous les mélomanes.

HÄMEENLINNA (TAVASTEHUS en suédois)

67 700 hab. IND. TÉL. : 03

Autrefois chef-lieu de l'ancienne province de Tavastie, d'où son nom suédois, la capitale de la province du Häme est l'une des plus vieilles villes de Finlande. De ce passé lointain, il ne reste que le « château médiéval du Häme », ce que signifie d'ailleurs *Hämeenlinna.* La ville doit aussi sa réputation à Sibelius, qui y naquit, et à la réserve d'Aulanko. Doucement pentue, dominant la rivière Vanajavesi, elle offre de jolis points de vue et une halte apaisante entre Helsinki et Tampere. Si le centre-ville est quelconque, il reste tout de même, près du château, un petit quartier typique où subsistent des maisonnettes en bois.

Arriver – Quitter

Gare ferroviaire* :** *Hämeentie 16.* Nombreux trains pour ***Helsinki (1h-1h15) et ***Tampere*** (40 mn).

Gare routière* :** *Eteläkatu 1.* Très nombreux bus pour ***Helsinki (1h15-1h30) et ***Tampere*** (1h). Également des départs pour ***Lahti*** (1h10) et ***Turku*** (2h).

Adresses utiles

Office de tourisme : *Raatihuoneenkatu 11. 050-588-81-83. • hameenlinna.fi • Au bord de la pl. principale ; en face de l'église. Lun-ven 9h-16h.*

Poste : *dans le K-Citymarket, Hämeensaarenti 7.*

Où dormir ?

Hotelli Emilia : *Raatihuoneenkatu 23. ☎ 612-21-06. • hotelliemilia.fi • Doubles env 110-135 €. Parking payant.* Dans une rue piétonne et commerçante, cet hôtel propose des chambres impeccables, bien équipées, à la déco plaisante. Sauna. Accueil souriant. Boîte de nuit les vendredi et samedi *(23h-4h ; âge min 22 ans).*

Où manger ? Où boire un verre ?

Popino Restaurant : *Linnankatu 6, à 50 m de l'office de tourisme. ☎ 653-25-55. Lun-sam 11h-22h, dim 12h-20h. Lounas 12,50-17 € ; pizzas et pâtes 15-18 €, plats 20-32 €.* Un resto aux accents italiens qu'on vous recommande surtout pour ses pizzas gargantuesques (buffet de salades inclus). Parfait pour les affamés. Le reste (viandes, poissons et même des options indiennes et mexicaines) vaut moins le détour.

Restaurant Piparkakkutalo *(La Maison du Pain d'Épice)* **:** *Kirkkorinne 2. ☎ 648-040. Tlj sauf dim-lun 11h (12h sam)-22h (23h ven-sam). Résa conseillée le soir. Lounas 23 € ; plats 21-35 € ; menus 39-58 €.* Juste derrière l'église, une ravissante demeure en bois du début du XXe s qui fait penser à une maison de poupée. La salle, à l'étage, style un peu Belle Époque, est dans la même veine. On y mange une cuisine bien tournée et l'accueil est charmant. Au rez-de-chaussée, sympathique pub (l'***Albertin Kellari***) pour prendre un godet.

Paviljonki : *sur un coin de la pl. centrale. Mai-sept, tlj 11h-minuit.* Un mini *Biergarten* où il fait bon s'installer pour prendre un verre, du moins si la météo le permet.

À voir

La maison natale de Jean Sibelius (Sibeliuksen syntymäkoti) **:** *Hallituskatu 11. ☎ 621-27-55. En plein centre, à 1 bloc de la place. Mai-août, tlj 10h-16h ; le reste de l'année, tlj sauf lun 12h-16h. Entrée : 5 € ; réduc. Juin-fin août, dim à 14h concert suivi d'une visite guidée de 30 mn : 10 € ; réduc.* C'est dans cette vieille baraque de bois, désormais cernée d'immeubles modernes (cherchez l'intrus !), que le compositeur national passa les 30 premiers mois de sa vie (de 1865 à 1868), avant que son père ne décède. Comme celui-ci avait des dettes, la maison fut vidée et le petit Jean dut aller vivre chez sa tante, quelques maisons plus loin, dans la rue qui, aujourd'hui, porte son nom (Sibeliuksenkatu). On visite 4 pièces, dont le cabinet médical de son père et la chambre où l'on suppose que Sibelius est né. Dans les 2 autres pièces, la guitare de papa, une réplique du piano de mamie et l'harmonium de voyage de tatie (qui était prof de musique). Pas de doute, Sibelius était prédestiné à devenir musicien...

La forteresse du Häme (Hämeen linna) **:** *à 1 km au nord du centre-ville, le long de la rivière. ☎ 675-68-20. • museovirasto.fi • Juin-août, tlj 10h-17h ; le reste de l'année, tlj sauf lun 10h (11h w-e)-16h. Fermé 2de quinzaine de déc. Entrée : 12 € ; réduc et forfait famille. Billet combiné avec le Musée militaire et le musée de*

la Prison : 19 € ; réduc. Possibilité de visite guidée en anglais ttes les heures de juin à mi-août, sans supplément ; feuillet explicatif en français.
Un massif château du XIIIe s entouré de bâtiments du XVIIIe s. Le tout appuyé à la rivière, principale voie de communication jusqu'à la mer à cette époque et rempart naturel contre les assaillants. Car la vocation du château fut d'abord militaire. Les Suédois posent la 1re pierre vers 1290, alors qu'ils guerroient contre les Russes pour leur disputer la Finlande. Ce n'est qu'en 1323, par le traité de Pähkinäsaari, qu'une frontière est établie, très loin à l'est du château, dont l'intérêt militaire décroît. Les briques succèdent alors aux pierres naturelles dans l'édification de la façade. En 1700 commence la guerre du Nord entre la Suède et une coalition menée par les Russes ; c'est alors que le château s'entoure de remparts en étoile à la Vauban. En 1808, les Russes s'en emparent et, en 1881, il est transformé en prison pour femmes... qui fonctionnera jusque dans la 2de moitié du XXe s. Après plus de 20 ans de travaux de restauration, exécutés par les prisonniers de la prison municipale qui se trouvait juste à côté (et qui se visite désormais), il est reconverti en musée.
La visite se déroule dans un dédale de salles et de passages. Ne pas hésiter à se faufiler et à pousser les portes.
Les concepteurs du château s'étaient dès l'origine attachés au confort de ses hôtes. Noter les murs blanchis à la chaux, les plafonds en bois, ou encore le système de chauffage de certaines chambres, constitué soit d'un poêle à pierres réfractaires inspiré du système traditionnel de chauffage des saunas, soit d'un système de chauffage central analogue à celui utilisé par les Romains. Les seuls qui n'y trouvaient pas leur compte étaient les occupants du cachot : à l'époque, il n'y avait qu'un seul accès par le plafond et une poulie servait d'ascenseur, inutile de rêver à une évasion ! Comme tout château, celui-ci possède ses fantômes. L'un d'eux est un chat, dont on peut voir les empreintes sur une dalle, près de la petite porte d'entrée, dans la salle royale. Celle-ci s'est effondrée en 1599 à la suite de l'explosion de la tour à munitions et l'on se contenta de la reconstruire avec un simple plafond en bois ; le plafond voûté actuel est une reconstitution récente. À voir encore, la chapelle catholique, 2 expos permanentes (sur l'histoire du château et l'utilisation de la brique), des expos temporaires et, enfin, la boulangerie du XVIIIe s, reconstruite d'après dessins : 6 fours de 12 m² permettaient de produire chacun 600 kg de pain par fournée !

C'EST À BOIRE QU'IL LEUR FAUT !

La cour d'honneur du château de Hämeenlinna était inclinée afin de recueillir l'eau de pluie dans un puits. Mais, cochons et volailles s'ébattant librement dans la cour, le puits se transforma vite en cloaque et son eau n'était plus potable. Par chance, on brassait de la bière non loin ! Résultat : chacun en buvait 3,5 l par jour !

Le musée de la Prison (Vankilamuseo) **:** *à côté de la forteresse. 046-556-70-03. • kansallismuseo.fi/en/vankila • Mai-août, tlj 10h-17h. Entrée : 10 € ; réduc. Billet combiné avec la forteresse et le Musée militaire : 19 €.* Cette ancienne prison, en activité jusqu'en 1993, a été reconvertie en un musée qui serait le plus grand du genre en Europe. Le décor et l'ambiance n'ont guère changé : du bureau des matons aux cellules réparties le long de couloirs glaçants, jusqu'aux graffitis d'origine qui couvrent certains murs et plafonds, on s'y croirait ! Une expo composée de panneaux et d'objets personnels détaille la vie quotidienne des prisonniers. L'expérience n'est pas dénuée d'intérêt.

Le musée Skogster (museo Skogster) **:** *Raatihuoneenkatu 8. ☎ 621-25-28. À 100 m de la pl. centrale. Tlj sauf lun 11h-17h (19h mer). GRATUIT.* Un petit musée qui présente l'histoire de la ville à travers un petit film *(en anglais)* et quelques objets hétéroclites accompagnés d'anecdotes historiques. À l'étage, une expo consacrée aux... maladies infectieuses, et notamment aux ravages de la tuberculose, qui tuait un Finlandais par heure dans les années 1930.

DANS LES ENVIRONS DE HÄMEENLINNA

🏛🏛🏛 © ***L'église Sainte-Croix de Hattula*** *(Hattulan Pyhän Ristin kirkko)* **:** *Vanhankirkontie 41,* ***Hattula.*** *À 9 km au nord de Hämeenlinna ; prendre l'autoroute E 12 en direction de Tampere, sortie 26, puis fléché. De mi-mai à mi-août (sauf à la Saint-Jean), tlj 11h-17h. GRATUIT. Possibilité de visite guidée : 2 €.* Cette église en brique du début du XIVe s est l'une des plus anciennes du pays. L'intérieur est entièrement recouvert de ***fresques du XVIe s,*** souvent naïves mais toujours émouvantes. Tous les grands événements de la Bible y sont contés, en commençant par Adam et Ève (à droite de l'autel) : à la place de leurs traditionnelles feuilles de vigne, on les a affublés ici de *vihta,* ces bouquets de rameaux de bouleau utilisés au sauna ! On repérera aussi, sur le mur latéral droit : Jésus au Temple, la Fuite en Égypte, le massacre d'Hérode, la Cène et, au-dessus, Jésus entrant à Jérusalem. Cette bande dessinée murale se termine par le Jugement dernier, à gauche de l'autel. Les peintures des voûtes et des piliers sont consacrées aux saints. Et comme les saintes sont les plus proches de l'autel, on estime que ces fresques ont été peintes par des nonnes. Éclatante, la chaire du XVIIIe s repose entièrement sur la tête de saint Christophe. Son ***pupitre en bois*** (1550) est le plus vieux de Finlande. Dans la sacristie, une énigmatique fresque au-dessus de la porte latérale. La voûte située près de l'autel retrace la découverte de la sainte Croix par Hélène, mère de l'empereur romain Constantin. C'est justement cet épisode qui a donné son nom à l'église, puisqu'un morceau de la sainte Croix aurait été conservé ici au Moyen Âge.

🏛 ***Le parc de promenade d'Aulanko*** *(Aulangon ulkoilualue)* **:** *à 4 km au nord de Hämeenlinna. Bus nos 2 ou 13 depuis le centre-ville (ils vous déposent à l'hôtel Rantasipi, d'où il faut marcher 5 mn).* Le parc d'Aulanko a été ouvert au public selon les dernières volontés du colonel Hugo Standertskjöld (1844-1931), propriétaire des lieux. Il était devenu l'un des hommes les plus riches de Finlande en développant ses usines d'armement. Ce beau parc à l'anglaise se visite à pied ou en voiture. Du belvédère, belle vue sur la campagne environnante.

🏛🏛 ***Le domaine de Visavuori – Maison d'architecte d'Emil Wikström*** *(Emil Wikströmin taiteilijakoti)* **:** *Visavuorentie 80,* ***Valkeakoski.*** ☎ *543-65-28.* • *visavuori.com* • *À 30 km au nord de Hämeenlinna. Prendre l'autoroute de Tampere, puis la sortie 29 ; le domaine (bien fléché) est 5 km plus loin. De mi-juin à août, tlj 11h-18h ; le reste de l'année, tlj sauf lun-mar 10h-16h ; fermé 1re quinzaine de janv. Entrée : 10 € ; réduc. Feuillet en français.*

En pleine nature et bordé par les eaux du lac Vanajavesi, le domaine de Visavuori a été conçu par le grand sculpteur finlandais Emil Wikström (1864-1942) pour servir d'écrin à sa production artistique. Un petit observatoire confère à l'atelier (bâti en 1903) son étonnante silhouette. C'est là que sont exposées une centaine de statues du maître des lieux. Les motifs issus du *Kalevala* constituent un thème de choix dans l'œuvre de Wikström, dont l'expressivité compense une certaine grandiloquence. D'autres sculptures le rapprochent plus de Rodin, dont il fut contemporain. Mais ce qui séduit aussi, c'est cette atmosphère surannée qui émane des pièces de l'atelier, demeurées telles que l'artiste les avait voulues. Sa demeure, située juste à côté, est restée en l'état (se visite également) avec ses chambres à coucher, son salon, sa cuisine et sa salle à manger. Voir aussi le musée qui abrite des expos temporaires et une sélection d'œuvres de Kari Suomalaien, le petit-fils d'Emil Vikström et le plus célèbre dessinateur de B.D. du pays. Enfin, la balade dans le jardin autour du domaine livre quelques vues bien jolies sur le lac.

La fabrique et le musée d'Iittala *(Iittalan Lasimaki)* **:** *Könnölänmäentie 2,* ***Iittala*** *; à 25 km au nord de Hämeenlinna sur l'autoroute de Tampere (sortie 28).* ☎ *020-439-62-30.* ● *iittalanlasimaki.fi* ● *Visite libre de la fabrique tlj 10h-18h (possibilité de visite guidée sur résa, 50 €/groupe de 10 pers) ; fermée juil. Musée ouv tlj sauf lun juin-août (sept-mai, le w-e seulement) 11h-17h. Entrée : 5 € (donne droit à 15 % de réduc sur les achats au magasin) ; réduc.*
En 1881, dans ce petit village à 130 km au nord d'Helsinki, Petrus Magnus Abrahamsson fonde une fabrique de verre en faisant venir des souffleurs de Suède. C'est le début d'une grande saga industrielle. Dans les années 1920 et 1930, elle verra naître des produits artistiques à destination domestique, comme le célèbre vase *Savoy* conçu par Alvar Aalto. Aujourd'hui propriété du groupe Fiskars, la compagnie commercialise ses produits sous diverses sous-marques comme Arabia, Hackman, et bien sûr Iittala, au fameux logo « i » créé par le designer Timo Sarpaneva.
Une halte s'impose ici pour les amoureux de design finlandais. Outre le magasin d'usine (voir ci-après), on peut observer dans la fabrique le fascinant travail du verre, soufflé devant vos yeux ébahis, depuis une plate-forme aménagée pour les visiteurs. Le musée intéressera surtout les passionnés des arts de la table.

Magasin d'usine **:** ☎ *020-439-35-12. De mi-mai à août, tlj 10h-20h ; le reste de l'année, tlj 10h-18h.* Propose des articles de 2d choix (étiquettes jaunes) 20 % moins chers que dans le commerce. Certes, ils ont de petits défauts, mais cela vaut le coup. On y trouve pêle-mêle des vases *Savoy* de toutes les couleurs, de la vaisselle dessinée par Aino Aalto (la 1re épouse d'Alvar), des coupes Mariskooli, de la vaisselle Arabia, des objets Hackman et, bien sûr, les innombrables créations portant le « i » de Iittala.

LE LAC SAIMAA

C'est le plus grand lac de Finlande et le 4e d'Europe : un labyrinthe bleu de 4 380 km², comptant 13 710 îles et 14 850 km de côtes ! C'est dire que, ici plus encore qu'ailleurs, l'intrication de terre et d'eau est totale. Plus qu'un lac, le Saimaa est un système lacustre où votre bateau enchaînera plans d'eau, chenaux et canaux, passant de temps à autre sous un pont routier reliant 2 crêtes morainiques, ces eskers (en finnois *harjut*) qui sculptent le paysage et le rendent inimitable. Cette contrée privilégiée pour les canoéistes, plaisanciers et pêcheurs abrite pas mal de curiosités, dont les plus spectaculaires rapides du pays et son plus célèbre château, où se déroule un festival d'opéra de renommée mondiale.

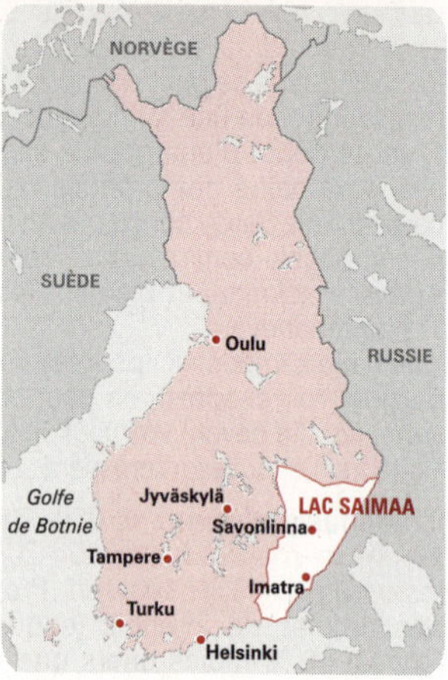

AU CŒUR DU SAIMAA

IND. TÉL. : 05

De Lappeenranta ou Imatra, pour gagner Savonlinna ou Mikkeli, les routes qui traversent le système lacustre du Saimaa (via Lohilahti, Sulkava ou Puumala) sont les plus agréables. À chaque fois, la même question : est-ce un nouveau lac ou celui perdu de vue au virage précédent ? Tout le reste est recouvert par la forêt, qui laisse parfois entrevoir amoncellements de rochers et parois abruptes. De temps à autre, un arrêt de bus signale la présence d'un groupe de fermes. Ponts ou bacs gratuits.

– ***Infos :*** *● gosaimaa.com ●*

Où dormir ?

La région s'étendant sur des centaines de kilomètres carrés, avec un habitat très dispersé, il n'est pas difficile, en se perdant sur les routes secondaires, de trouver de-ci de-là un hébergement en pleine nature.

Reposen Lomamökit : *Jänniementie 437, à* ***Hurissalo.*** *☎ (015) 456-139. 050-065-15-09. ● reposenlomamokit.fi ● Fléché depuis la route 62 de Mikkeli à Puumala. Mikkeli est à 40 km et Helsinki à 270 km. Chalets env 85-200 €. Barque à disposition. Loc de vélos, canoës, bateaux à moteur et motoneige.* Chalets disséminés (les voisins sont en moyenne à 500 m !) sur une presqu'île entourée par le Saimaa, à 15 mn de voiture de tout village. Excellent équipement, spécifique à chaque chalet, en général avec électricité par panneau solaire, toilettes sèches, sauna au feu de bois et coin barbecue. Paysage d'un calme absolu. De quoi retrouver en quelques jours la sérénité que l'on croyait inaccessible à jamais.

LAPPEENRANTA

Ville frontière maintes fois disputée et détruite, au charme (très) discret. Sa forteresse, à 500 m du centre, sur une colline dominant le port de plaisance, est un lieu hors du temps. En été, on y croise beaucoup de flâneurs entre 2 croisières, attirés par les beaux points de vue, les ateliers d'artistes, la plus vieille église orthodoxe de Finlande *(face au musée des Beaux-Arts ; de début juin à mi-août, tlj sauf lun 10h-17h)* et 3 modestes musées *(env 10 € le ticket groupé ; réduc)* : le **musée de Carélie du Sud** *(*Etelä-Karjalan museo *; Kristiinankatu 15 ; ☎ 616-22-55)* ; le **musée des Beaux-Arts de Carélie du Sud** *(*Lappeenrannan Taidemuseo *; Kristiinankatu 8-10 ; ☎ 616-22-61)* ; le **musée de la Cavalerie** *(*Ratsuväkimuseo *; Kristiinankatu 2 ; ☎ 616-22-57).*

Office de tourisme : *Brahenkatu 5. ☎ 667-788. • lappeenranta.fi • visitlappeenranta.fi • Tlj sauf dim.*

➢ ***Excursion à Vyborg*** *(l'ancienne Viipuri, en Russie)* ***et à Saint-Pétersbourg :*** *Saimaan Matkaverkko, Kipparinkatu 1, Lappeenranta. ☎ 541-01-00. • saimaatravel.fi • De mi-mai à mi-sept ; départs certains j. seulement. Résa indispensable 3 j. avt le voyage. Pour Vybord, 3 formules : A/R dans la journée (départ à 8h, retour à 22h), 59-89 € selon saison ; retour le lendemain avec nuit comprise, 125-175 € selon saison et hôtel choisi ; réduc moins de 15 ans ; également une croisière de 3 j. Pour Saint-Pétersbourg, escapade de 3 j. (2 nuits) et compter 245-405 € selon saison et hôtel choisi. Repas en supplément (mais petit déj inclus). Taxe portuaire 10 € et frais de dossier 15 €. Passeport obligatoire, valide 6 mois après la date de retour, mais pas besoin de visa.*
Un grand moment de détente que cette croisière de 6h dans chaque sens sur le canal du Saimaa, avec passage de 8 écluses. À Vybord, 2h de visite guidée de la ville (avec supplément). Pour Saint-Pétersbourg, la traversée de la frontière se fait par navigation entre Lappeenranta et Vyborg, le reste du trajet en bus. Séjour à Saint-Pétersbourg du jour d'arrivée à 18h au surlendemain à 12h. Croisière sur la Neva et possibilité de visite du musée de l'Ermitage avec un guide (en supplément).

Les peintures rupestres d'Astuvansalmi : *à 110 km au nord-ouest de Lappeenranta. Par les routes 13 et 15 ; à Ristiina, suivre la route 4323 (Suurlahdentie).* C'est l'occasion d'une belle balade dans ces terres déchiquetées par les lacs. Approche finale dans un univers lacustre archétypique par un sentier agréable de 6 km aller et retour, jusqu'au rocher appelé la Falaise-Dieu *(Kalliojumala).* Ce sont les peintures rupestres les plus importantes des pays nordiques, vieilles de plus de 5 000 ans et situées, pour les plus anciennes, à 12 m au-dessus du niveau du lac et, pour les plus récentes, à 8 m.

IMATRA

29 400 hab. — IND. TÉL. : 05

Des avenues interminables bordées d'une végétation verdoyante, des pavillons cachés dans leurs bosquets de bouleaux, des zones industrielles entourées de verdure, toute une conception de la cité... Le pouls de la ville bat sur la partie piétonne de Koskenparras et sur le pont en son prolongement, point d'observation des rapides de la Vuoksi. Mais calculez bien votre coup : les rapides ne sont alimentés en eau qu'une fois par semaine pendant 20 mn, et c'est vraiment le seul intérêt de la ville.

UN PEU D'HISTOIRE

De tout temps, les rapides de la Vuoksi ont attiré artistes et têtes couronnées, inspirant une toile à l'inévitable Akseli Gallén-Kallela et conduisant en 1842 le tsar Nicolas Ier à protéger le site. Depuis la construction du barrage en 1929, la majeure partie des eaux de la Vuoksi est déviée vers les turbines. Aujourd'hui, Imatra est une ville industrielle sur laquelle plane, plus ou moins présent selon le sens et la force du vent, un persistant relent de matière organique en décomposition que les habitants appellent « l'odeur de la richesse » : celle des grandes usines de pâte à papier.

Arriver – Quitter

Gare ferroviaire : *Koskikatu 1. À 3 km du centre (prendre le bus n° 1 pour le rejoindre).*
Gare routière : *à côté de la gare ferroviaire.*

➢ ***Trains*** et ***bus*** avec le Nord (Joensuu, Lieksa, Oulu) et l'Ouest (Lappeenranta, Lahti, Helsinki). Correspondances avec Savonlinna, Jyväskylä, Turku.

Adresses utiles

✉ ***Poste :*** *Koskenparras 3. Dans le* Supermarket. *Tlj 8h (10h dim)-21h (18h w-e).*

Hôpital Honkaharjun Sairaala : *Honkaharju 4. ☎ 020-617-70-00.*

Où dormir ?

Hostel Ukonlinna : *Leiritie 8. ☎ 010-322-77-11. • hihostels.com/hostels/imatra-ukonlinna • À 5 bons km au nord-ouest du centre et à 3 km de la gare. Bus n° 3 de la gare en direction d'Imatran Kylpylä. Ouv tte l'année. Accueil jusqu'à 18h. Membre du réseau* Hostelling International. *Lit en dortoir 32 € ; appartements jusqu'à 5 pers 145-165 € ; pas de petit déj.* Possibilités d'accueil limitées, dans des chambrettes ou appartements exigus de 1 à 5 personnes. Sanitaires et douches en commun (sauf pour les apparts), sommaires mais propres. Salle commune avec TV et cuisine. Ce n'est pas folichon, mais cela fera l'affaire pour une étape, d'autant que le site est enchanteur, au plus profond d'un bois et sur une crique du Saimaa. Jolie plage de sable déroulée devant l'AJ.

Scandic Imatran Valtionhotelli *(hôtel d'État) : Torkkelinkatu 2. ☎ 625-20-00. • scandichotels.fi • Dans le château, doubles 160-200 € ; dans l'annexe* Kylpylâ Spa, *135-180 € ; réduc le w-e. Sauna inclus.* Une sorte de palais de conte de fées, de style Art nouveau, autrefois très prisé par l'aristocratie de Saint-Pétersbourg. Les parties communes sont pleines de cachet, à l'inverse des chambres, relativement classiques. Dans l'annexe, elles sont un poil vieillissantes. Un endroit paisible, au bord du parc qui surplombe les rapides. Spa, piscine et resto.

Où manger ?

Dans le prolongement du pont donnant sur les rapides, Imatrankoskentie devient Koskenparras, cœur de la vie d'Imatra, puis Lappeentie. Vous y trouverez banques, bars et restos.

Bon marché

Kulmahuone : *Esterinkatu, petite rue perpendiculaire sur la gauche, au niveau de Lappeentie 18, en venant de* *la rivière.* ☎ *476-11-50. En sem 10h-14h30 ; fermé w-e. Lounas env 11 €.* Une toute petite cafétéria, idéale pour déjeuner : 2 ou 3 plats chauds au choix, revigorants plus que raffinés. Café, gâteaux, petit déj.

De prix moyens à chic

Buttenhoff : *Koskenparras 4.* ☎ *476-14-33. Tlj sauf dim, 12h-21h (22h en été). Lounas env 12-14,50 € ; plats 20-38 € ; menu env 62 €.* À l'étage du *Café Julia,* très connu pour ses cafés et ses parts de cake, une institution au décor rougeoyant et surchargé qui plaît beaucoup aux notables du coin. Lorsque l'assiette arrive, on ne regrette rien : rétines puis papilles sont à la fête. Rien ? Si, quand même, la taille des portions, un peu nouvelle cuisine. Les gros mangeurs choisiront un des plats qui leur sont expressément destinés. Sinon, on peut se contenter du *lounas,* d'un bon rapport qualité-prix (plusieurs choix chaque jour), servi, si on le souhaite, sur l'agréable terrasse du café.

À voir

Les rapides d'Imatra : *infos sur le site • gosaimaa.com • En principe, le spectacle a lieu sam à 18h de fin juin à mi-août, mais les horaires peuvent varier. GRATUIT.* Ce sont les rapides les plus spectaculaires de Finlande, ne serait-ce qu'en raison de leur mode de « fonctionnement », lorsque le barrage ouvre toutes grandes ses vannes pour alimenter le lit asséché de la rivière Vuoksi, déversoir du Saimaa dans le lac Ladoga en Russie. Meilleurs points d'observation : le pont d'Imatrakoskentie ou les sentiers du parc de la Couronne qui longent les rapides (pensez à prendre votre antimoustiques...). Arrivez tôt, les places sont chères ! Au début, l'eau ne fait que remplir paresseusement une cuvette naturelle au pied de l'ouvrage. Quand elle déborde, le lit de la rivière est envahi. Le flot grossit, jusqu'à 500 m^3 par seconde, bousculant les arbustes en bordure et emplissant l'air de son fracas et de ses embruns. Vous en prenez plein les mirettes, plein la figure, plein les oreilles, mais le spectacle est fascinant ! Au bout de 20 mn, tout se calme au même rythme que ça avait commencé. La fête est finie. En principe, séances à 21h à Noël et traditionnellement à minuit à la Saint-Sylvestre. Les forces de la nature combinées à la puissance de la musique de Sibelius et à la magie pyrotechnique confinent au grandiose.

Le parc de la Couronne *(Kruununpuisto)* **:** beau parc fondé par Nicolas Ier en 1842, de part et d'autre des rapides, et parcouru de sentiers aménagés. Romantique à souhait, avec ses quelques kiosques offrant une vue plongeante sur les rapides. Curiosités naturelles tels les chaudrons du Diable (cavités creusées dans la roche par l'érosion des tourbillons d'eau, fermez vos cahiers et répétez).

DANS LES ENVIRONS D'IMATRA

L'église des Trois-Croix *(Kolmen Ristin kirkko)* **:** *Ruokolahdentie 27, Imatra. À env 8 km au nord-est du centre. Du centre-ville, emprunter la direction de Joensuu, puis suivre le fléchage. En été, tlj sauf lun-mar 10h-18h.* Encore un chef-d'œuvre d'Aalto, terminé en 1957. Au milieu d'un petit parc, un bâtiment blanc aux formes novatrices, surmonté d'une haute tour en forme de flèche fichée à terre. Poussez la porte pour apprécier la spécificité d'Aalto : asymétrie, courbes, luminosité. Sur les 103 fenêtres, 2 seulement sont identiques. Modulable, l'église peut être divisée en 3 parties selon les besoins de la paroisse.

L'église de Ruokolahti *(Ruokolahden kirkko)* **:** *à 14 km au nord du centre d'Imatra et à 6 km de l'église des Trois-Croix. Prendre la direction de Joensuu, puis tourner à gauche vers Mikkeli (route 62).* L'église apparaît vers la gauche, de l'autre côté d'un petit lac, au milieu d'un écrin de verdure. Ce site d'harmonie et de beauté tout simple, très photogénique, a inspiré Edelfelt. L'église elle-même ne présente pas un intérêt majeur, mais le cimetière vaut le détour. Ravissant campanile en bois défiant les siècles, couvert d'une carapace d'écailles semblable à celle d'une *stavkirke* norvégienne. Les carrés de tombes militaires soigneusement fleuries rappellent les ravages des années noires 1939-1944. À 100 m de l'église, l'ancien grenier public a été transformé en ***musée du Patrimoine local de Ruokolahti*** (Ruokolahden kotiseutumuseo ; *040-015-14-85 ; de mi-juin à mi-août, tlj sauf lun-mar 11h-17h ; entrée : 3 €).* De 1861 à 1936, les fermiers payaient une redevance pour y entreposer leur grain. Aujourd'hui, on y entasse de nombreux objets anciens (chaire de bois peint 2 fois centenaire, chasuble brodée du même âge, vieil orgue, etc.). À l'étage, mémorial consacré à la guerre finno-soviétique.

La réserve d'oiseaux de Siikalahti *(Siikalahti Wetland)* **:** *à 65 km au nord-est d'Imatra, à 3 km de la route 6, bien fléché. • nationalparks.fi/siikalahti • Après 800 m de cheminement, on arrive à une tour d'observation. GRATUIT.* Principal rendez-vous des ornithologues finlandais. Baie peu profonde du lac Simpele abritant près de 70 espèces nicheuses. Grand rassemblement de migrateurs au printemps et en automne. Même à la morte saison et sans jumelles, promenade agréable et coup d'œil intéressant.

LE LAC SAIMAA

PUNKAHARJU

4 050 hab. IND. TÉL. : 015

• Plan *p. 218-219*

L'une des plus insolites curiosités de Finlande, héritage de l'ère glaciaire : des digues naturelles, phénomène géologique que les scientifiques nomment « esker » ou parfois « ös », et que l'on appelle en finnois *harju.* Comment se sont-elles formées ? La base des glaciers était percée de tunnels par lesquels s'écoulait l'eau de fonte. En se retirant, les glaciers ont laissé derrière eux quantité de débris accumulés dans ces tunnels, qui ont constitué, comme par moulage, ces bandes de sable et de graviers stratifiés très étroites et qui peuvent mesurer plusieurs dizaines de kilomètres de long. À Punkaharju, l'esker mesure 7 km de long et ne permet que le passage de la route et de la voie ferrée, entre les pins qui dévalent sur ses pentes. Nous en devons la parfaite conservation au tsar Alexandre Ier, qui, en 1809, s'alarma des déprédations du site et ordonna qu'il soit transféré dans le domaine impérial ! Superbe panorama sur les lacs et les îlots qui le parsèment. Et ne ratez pas le coucher de soleil !

Arriver – Quitter

➢ ***En voiture :*** le plus pratique, car le site est étendu.

➢ ***En bus :*** 1 bus/j. sauf w-e avec ***Helsinki*** (via ***Savonlinna***) et ***Lappeenranta*** (via ***Imatra***). Différents arrêts.

➢ ***En train :*** Punkaharju se situe sur la ligne Parikkala-Savonlinna. À Parikkala, correspondances avec ***Joensuu, Imatra*** et ***Helsinki.*** 3 arrêts possibles : du nord au sud, à *Retretti (plan A1),* à Lusto, près du musée finlandais de la Forêt *(plan B1)* et au village *(plan D3).*

➢ ***En bateau :*** de Savonlinna (départ à 10h et retour à 18h, fin juin-fin août, 3 fois/sem), avec *VIP Cruise (rens : 050-025-00-75 ; • vipcruise.info •)* ; ou à l'*Hotelli Punkaharju (plan B1, **13** ; ☎ 51-13-11).* En été seulement, 3 fois/

sem. Env 55 € A/R (½ tarif 5-17 ans) pour une belle balade de 8h en tout, dont 3h sur place. Débarcadère au *Punkaharju Resort (plan A1, **10**)* ou à l'*Hotelli Punkaharju (plan B1, **13**)*.

Adresses et infos utiles

- ***Office de tourisme*** *(plan B1)* **:** *Lustontie 1. ☎ 34-51-00. • visitpunkaharju.fi • Dans le musée finlandais de la Forêt, à Lusto, près de la gare. Tlj 10h-17h (19h juin-août) ; fermé lun oct-avr.* Personnel très compétent.
- Au village même *(plan D3)*, un distributeur automatique et une pharmacie.

Où dormir ?

Camping

Punkaharju Resort *(plan A1, **10**)* **:** *Tuunaansaarentie 4. ☎ 29-007-40-50. • punkaharjuresort.fi • Ouv tte l'année. Compter 22-28 € pour 2 avec tente (veiller à se placer loin du bar, bruyant la nuit) ; chalets 39-210 €/nuit (2-4 pers), basiques, ou avec cuisine, sdb et sauna. Loc de vélos et de barques.* Immense complexe de vacances, situé en forêt et au bord du lac. Emplacements agréables en terrain dégagé, sous les frondaisons ou au bord de l'eau. Beaucoup de monde en été, surtout pendant le festival international d'Opéra de Savonlinna. On a vu plus calme ! Et, en plus, les prix sont alors majorés. Plage, tennis, boutiques, resto, etc.

De bon marché à prix moyens

Hostel Mannila *(ferme de tourisme)* ***et Hotel Rantakatti*** *(plan A2, **11**)* **:** *Koskelonniementie 127, à **Vaahersalo.** ☎ 64-42-65* (B & B) *ou 64-44-00 (hôtel-resto). • rantakatti.fi • À 6,5 km env de Lusto ; prendre la route de Vaahersalo, puis suivre le fléchage « Mannila ». Compter 18 € pour 2 avec tente ; dortoir (4 pers) 30 €/pers ;* B & B *80-90 € pour 2 avec ou sans sanitaires privés ; à l'hôtel, 90-110 € ; tarifs dégressifs. Sauna payant. Loc de barques.* Lounas *env 14 € et dîner env 22 €.* Une adresse double, à l'écart de tout. Choisissez soit la ferme avec plusieurs corps de bâtiment entre lac et forêt, où poneys, chevaux, oies et autres animaux amuseront les enfants, soit, un petit kilomètre plus loin, le resto et l'hôtel situés au bord de l'eau, avec une agréable véranda et une belle terrasse face au lac. Ambiance familiale, accueil chaleureux et disponible.

Hepokatti *(plan A2, **12**)* **:** *Suolahdentie 8. 045-342-97-97. • majoitushepokatti.fi • À 6 km env de Lusto ; prendre la route de Vaahersalo, puis indiqué sur la droite. Ouv mai-août. Compter 24 € pour 2 avec tente. Doubles 86-105 € avec ou sans sanitaires privés ; tarifs dégressifs. Le midi, soupe env 9,80 €. Pas de dîner. Sauna payant.* Cette ancienne ferme traditionnelle, en activité jusque dans les années 1980, est restée dans le giron familial. Mais la nouvelle génération a transformé le lieu en aménageant des chambres dans différents bâtiments. Celles logées dans l'ancienne grange en bois (qui compte plus de 100 printemps !) sont fort simples (pas de fenêtre et les sanitaires se trouvent de l'autre côté du jardin pour les moins chères), mais l'endroit a gardé un charme terriblement bucolique. Et l'accueil est charmant. Ravissant petit salon de thé avec gâteaux préparés avec amour...

De chic à plus chic

Hotelli Punkaharju *(plan B1, **13**)* **:** *Harjutie 596. ☎ 51-13-11. • hotellipunkaharju.fi • Resto ouv début juin-début sept. Chalets en bois avec sdb commune 145-165 € pour 2 ; à l'hôtel, compter 165-280 € pour 2 ; dans la villa Keisarinna, doubles 165-210 €. Menu déj env 30 €, le soir menu env 60 € et carte. Loc de barques.* Le

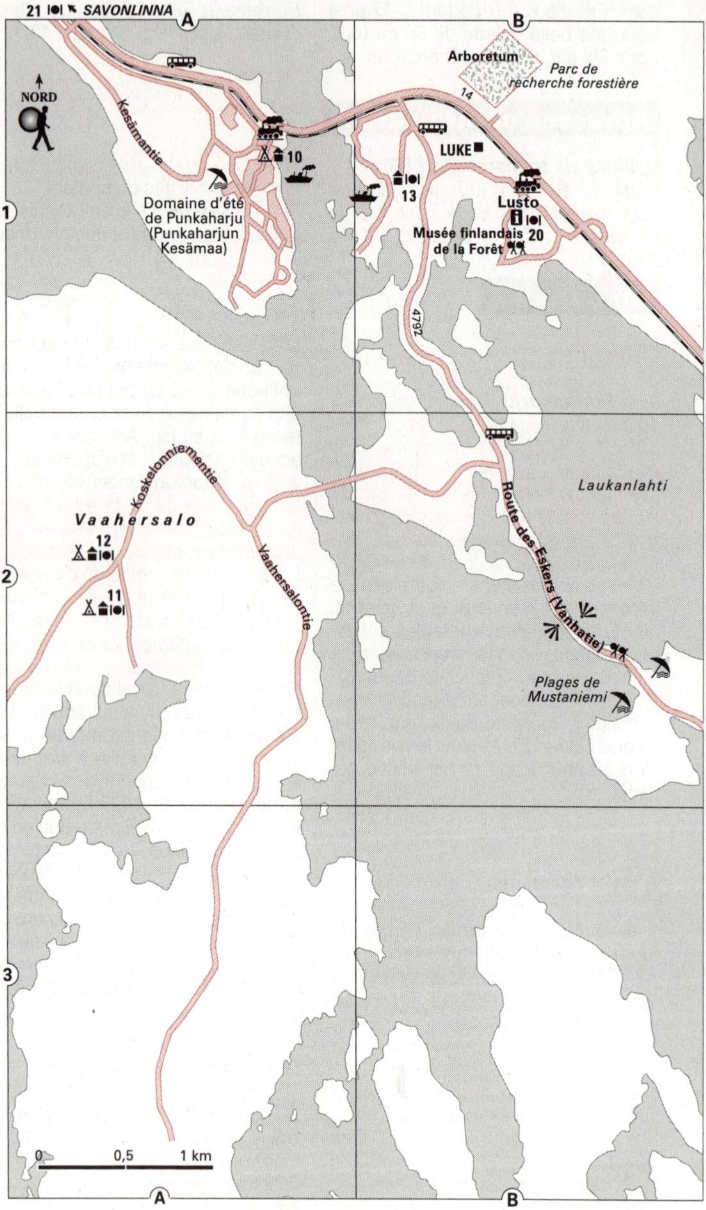
21 SAVONLINNA
A
B
NORD
Kesämantie
10
Domaine d'été
de Punkaharju
(Punkaharjun
Kesämaa)
Arboretum
Parc de
recherche forestière
14
LUKE
13
Lusto
20
Musée finlandais
de la Forêt
4792
Laukanlahti
Koskelonniementie
Vaahersalo
12
11
Vaahersalontie
Route des Eskers (Vanhatie)
Plages de
Mustaniemi
1
2
3
0
0,5
1 km

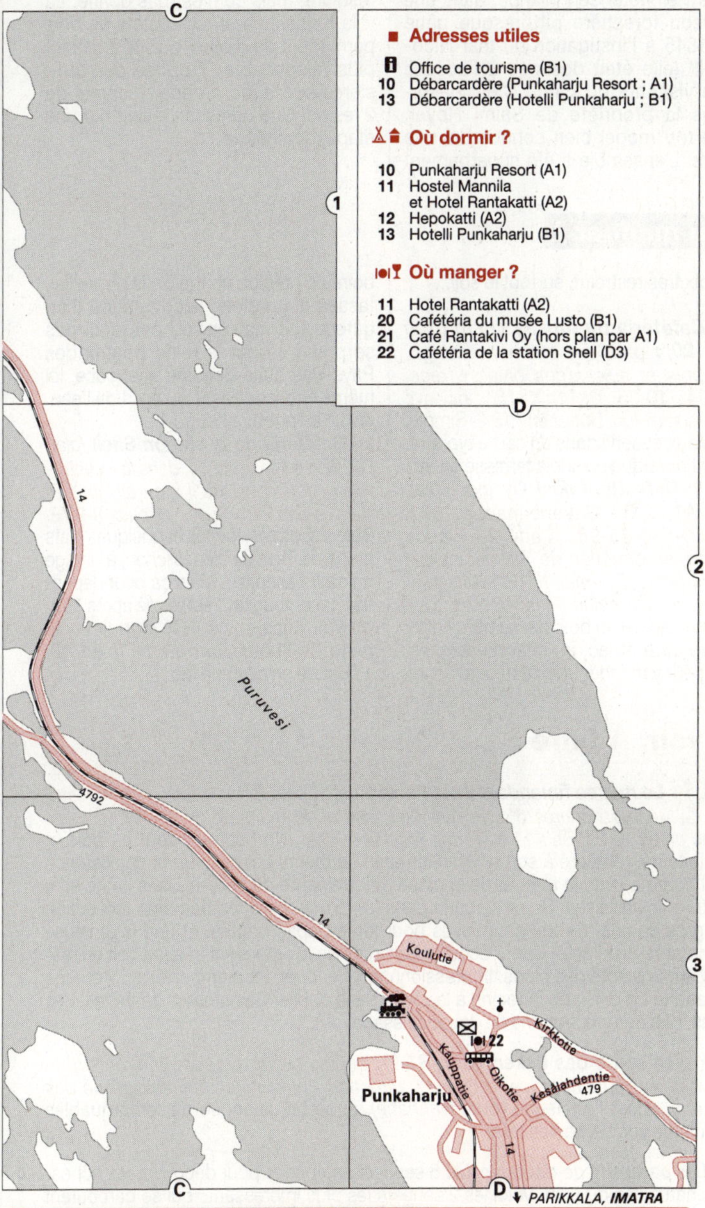

■ **Adresses utiles**

- Office de tourisme (B1)
- **10** Débarcardère (Punkaharju Resort ; A1)
- **13** Débarcardère (Hotelli Punkaharju ; B1)

Où dormir ?

- **10** Punkaharju Resort (A1)
- **11** Hostel Mannila et Hotel Rantakatti (A2)
- **12** Hepokatti (A2)
- **13** Hotelli Punkaharju (B1)

Où manger ?

- **11** Hotel Rantakatti (A2)
- **20** Cafétéria du musée Lusto (B1)
- **21** Café Rantakivi Oy (hors plan par A1)
- **22** Cafétéria de la station Shell (D3)

PUNKAHARJU

plus vieil hôtel de Finlande, dans une maison forestière pittoresque bâtie en 1845 à l'instigation du tsar Nicolas Ier (elle était destinée à l'accueil des visiteurs du parc). C'est désormais la propriété de Saimi Hoyer, une top model bien connue dans le pays. L'ensemble a été superbement restauré, mais ce n'est pas donné. La villa Keisarinna et les chalets en bois permettent de profiter du site à un tarif plus raisonnable. Propose des croisières sur le lac. Sauna. Dispose de 2 restos. Une adresse idéale pour une étape romantique.

Où manger ?

Choix très restreint, surtout le soir...

Cafétéria du musée Lusto *(plan B1,* ***20****) : dans un bâtiment design, en bois et aux larges baies vitrées. ☎ 345-10-35. Tlj 11h30-15h ; oct-avr, fermé sam-lun. Buffet env 15 €.* Simple, copieux et servi dans un cadre typiquement nordique ou sur la terrasse en été.

Café Rantakivi Oy *(hors plan par A1,* ***21****) : Savonlinnantie 2871. 050-530-55-98. À env 2,5 km de Lusto, en direction de Savonlinna par la route 14. Ouv mai, tlj 12h-20h ; juin-août, tlj 11h-minuit. Plats 16-32 €.* Une petite cahute en bois qui semble flotter entre terre et lac, au charme suranné. On peut y manger un plat à toute heure, boire un café ou un thé dans de vieilles tasses d'autrefois, accompagné d'un gâteau fait maison, ou pourquoi pas se prendre pour la reine Béatrix des Pays-Bas qui a dégusté une glace, ici même, sur la terrasse au bord de l'eau, en 1996 (photo à l'appui !).

Cafétéria de la station Shell *(plan D3,* ***22****) : sur la route 14, dans le « centre-ville », si tant est qu'il y en ait un... Tlj jusqu'à env 21h. Snack et plats 9-20 €.* Burgers, pizzas, *lounas* et quelques plats préparés. Rien de bien folichon, à l'image du cadre aseptisé. Mais ça peut dépanner, car autour, tout est fermé après 19h.

Voir aussi dans « Où dormir ? » le resto de l'hôtel **Rantakatti** *(plan A2,* ***11****)*, situé en bord de lac.

À voir. À faire

Le musée finlandais de la Forêt *(Lusto ; plan B1) : ☎ 34-51-00. • lusto.fi • Mêmes horaires d'ouverture que l'office de tourisme (voir « Adresses et infos utiles »). Entrée : 11 € ; réduc ; forfait famille.* Un bâtiment tout en bois et parfaitement intégré à son environnement ! Le thème est celui de la coexistence de l'homme avec la forêt et de la place déterminante de celle-ci dans l'âme et la culture finlandaises. Super cabane dans les arbres pour les bambins, collection de gros engins, de tronçonneuses pour leurs papas poètes, et une ingénieuse « chambre du silence » pour écouter les bruits de la nature finlandaise : on en ressort sur la pointe des pieds. Impressionnant : l'énorme loup empaillé, ainsi qu'une « tranche de pin », de la racine à la cime. Sans oublier des ateliers de travail, des films, des démonstrations de dégauchissage, etc.

La route des Eskers *(plan B1-2) : depuis Lusto, prendre la direction de Savonlinna, puis bifurquer à gauche, direction Punkaharju-Harjualue (zone des eskers).* C'est l'ancienne route *(vanhatie)*, superbe, jalonnée de remarquables points de vue ! À ne pas rater.

Les parcours de découverte : 5 sentiers aménagés pour découvrir les richesses naturelles du coin. Voici les 2 sentiers les plus intéressants qui se parcourent en boucle (feuillets gratuits disponibles à l'office de tourisme) :

– *Le Kokonharju nature trail, ou sentier des essences d'arbres (plan B1) :* long de 3 km (balisage jaune), il débute au niveau de l'arboretum, face à l'Institut finlandais pour la recherche forestière (LUKE ; *plan B1*). Il permet d'admirer une quarantaine

d'espèces de conifères (pins, mélèzes, épicéas, sapins...) et une vingtaine de feuillus (chênes, bouleaux...). Pourquoi une si grande diversité ? Grâce au centre de recherches de l'institut, qui étudie l'acclimatement des espèces exotiques en Finlande. On peut visiter l'arboretum voisin (gratuit) et s'amuser à chercher le plus grand pin du pays, qui culmine à plus de 40 m.
- *Le sentier des eskers (plan B1-2) :* sur 3,5 km (balisage blanc), il permet de parcourir ces impressionnantes bandes de terre et de roche qui serpentent entre les lacs. Départ à proximité du musée finlandais de la Forêt.

Croisière en bateau : *avec* VIP Cruise *(☏ 050-025-00-75 ; • vipcruise.info •) ou rens à l'*Hotelli Punkaharju *(plan B1,* ***13****), ☎ 51-13-11. En été seulement, 3 fois/sem. Env 23 € (½ tarif 5-17 ans). Durée : 1h30. Départ depuis le* Punkaharju Resort *(plan A1,* ***10****) et l'*Hotelli Punkaharju.

Où se baigner ?

Les plages de Mustaniemi *(plan B2)* ***:*** *par la Vanhatie ; à mi-chemin entre le village et Lusto, par la route 4792 (Vanhatie).* Petites plages dont l'une propose des cabines en bois pour se changer. Kiosque sur le parking pour étancher sa soif.

Le domaine d'été de Punkaharju *(Punkaharjun Kesämaa ; plan A1)* ***:*** *au* Punkaharju Resort *(voir « Où dormir ? », plus haut). ☏ 029-007-40-50. • punkaharjuresort.fi • De mi-juin à mi-août, tlj 12h-17h (10h-19h fin juin-début août). Entrée : 18-20 € selon saison (petite réduc à partir de 16h) ; forfait famille.* Un grand complexe de jeux d'eau avec toboggans, piscine, *big splash,* etc. Cher. Pourquoi pas, si vos enfants vous tannent ? Mais franchement, le lac offre un cadre bien plus agréable pour faire trempette.

SAVONLINNA

26 700 hab. IND. TÉL. : 015

• Plan *p. 222-223*

Ici, c'est l'eau qui découpe le paysage. Le lac Saimaa règne en maître, occupant plus de la moitié de la superficie de la ville ! Le centre de Savonlinna est bâti sur 4 îles reliées par des ponts. Outre la beauté de ses alentours et sa célèbre forteresse médiévale destinée à défendre la province de Savonie (*Savonlinna* signifie « le château de Savonie »), la ville offre au voyageur son festival international d'Opéra, qui attire les foules durant tout le mois de juillet. Attention, si l'hébergement et la restauration dans cette ville sont déjà onéreux en temps normal, à cette période, tout est beaucoup plus cher.

UN PEU D'HISTOIRE

Au XVe s, le vice-roi de Suède, commandant de la place de Vyborg, s'avise de construire une nouvelle forteresse pour défendre sa frontière contre les Russes. À l'ombre du château, des marchands s'installent. La bourgade reçoit ses droits de cité en 1639. Ça ne lui porte pas chance, elle est détruite à chaque escarmouche. Le château résiste et reste suédois jusqu'en 1714. Cette année-là, les armées de Pierre le Grand s'en emparent. Il n'est rendu qu'à

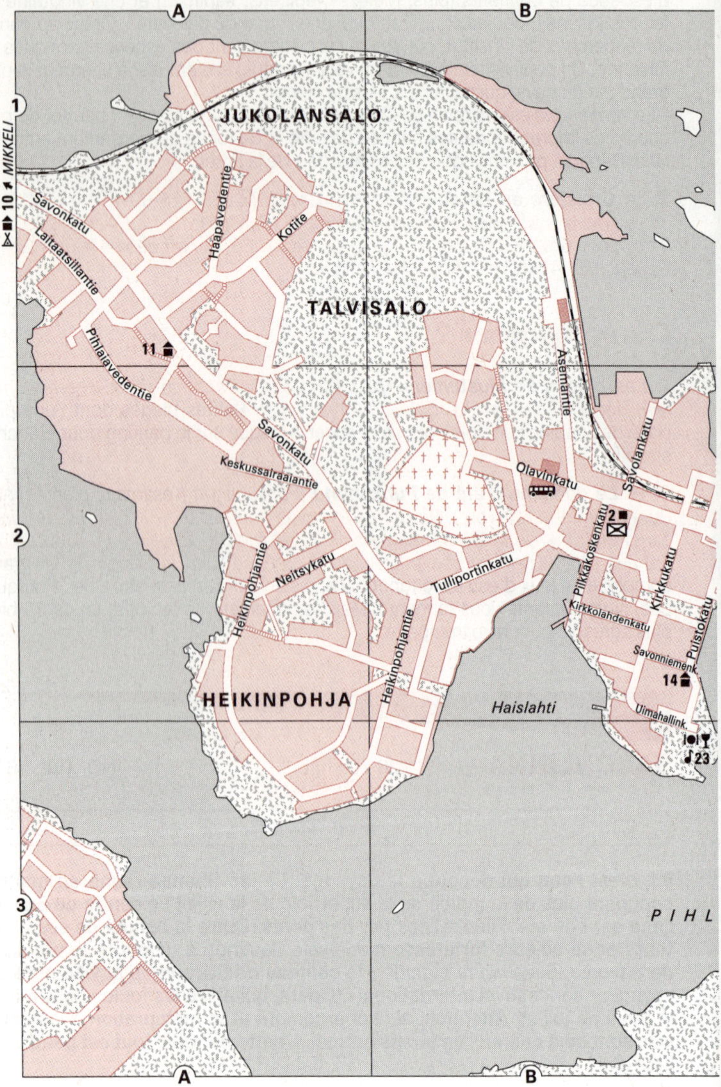

■	**Adresses utiles**	
	🛈 Office de tourisme (C3)	
	1 Bureau du festival international d'Opéra (C2)	
	2 Intersport (location de vélos ; B2)	
⛺ 🏠	**Où dormir ?**	
	10 Camping Vuohimäki (hors plan par A1)	

11 Kesähotelli Malakias (A1)
12 Kesähotelli Vuorilinna (C2)
13 Perhehotelli Hospitz (C3)
14 Kesähotelli Villa Aria (B2)
15 Lossiranta Lodge (C2)
16 Ferme de vacances Lomamokkila (hors plan par D2)

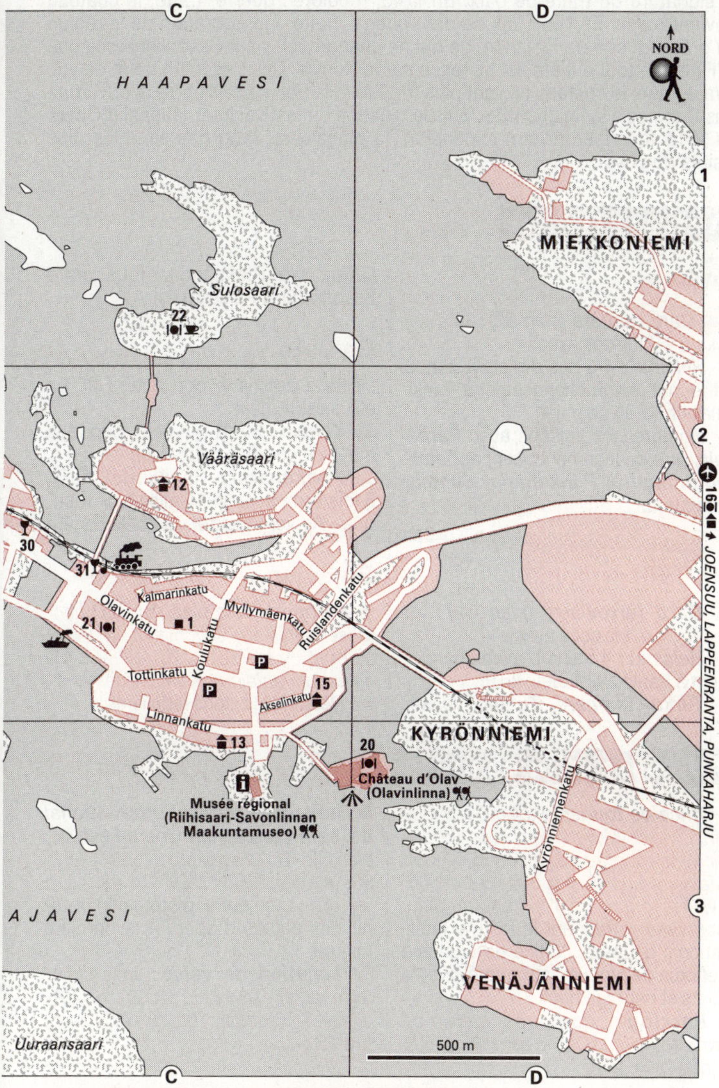

SAVONLINNA

Où manger ?
Où déguster une douceur ?

- 20 Cafétéria du château (D3)
- 21 Majakka (C2)
- 22 Lettukahvila Kalliolinna (C1)
- 23 Huvila (B3)

Où boire un verre ?
Où assister à un concert ?

- 23 Huvila (B3)
- 30 Olutravintola Sillansuu (C2)
- 31 Happytime (C2)

la signature du traité de paix. En 1743, rebelote : guerre, traité, le château devient russe. En 1809, dix de der : guerre, traité, incorporation de la région au grand-duché de Finlande, ce qui ne change rien pour Savonlinna puisque la Finlande tout entière est annexée par la Russie. Dès lors, d'un point de vue stratégique, le château ne vaut plus tripette et la bourgade s'étiole. L'ouverture des thermes à la fin du XIXe s, puis la création du festival international d'Opéra en 1912 favoriseront son expansion, la plaçant au rang des sites les plus visités du pays.

Arriver – Quitter

En bus

Gare routière *(plan B2)* **:** *Tulliportinkatu 1.* Liaisons avec :

➢ ***Helsinki :*** 4-5 bus directs/j. dont 3 tôt le mat, sinon changement à Parikkala : 4h30-6h de trajet.

➢ Nombreuses liaisons avec ***Parikkala,*** puis changement pour ***Lappeenranta, Imatra, Punkaharju, Kuopio, Joensuu...***

En train

Gare ferroviaire *(plan C2)* **:** *au centre-ville.* Liaisons avec :

➢ ***Helsinki :*** 4 trains/j. avec changement à Parikkala. Trajet : 4h15.

➢ ***Turku, Tampere, Kuopio, Vaasa, Oulu :*** via Pieksämäki (bus entre Savonlinna et Pieksämäki).

En bateau

Départs depuis le port *(plan C2).* En été, liaisons avec :

➢ ***Kuopio :*** 3 A/R par sem, départ le mat (voir détails à cette ville).

➢ ***Punkaharju :*** fin juin-fin août, 3 fois/sem, avec *VIP Cruise* (voir rubrique « Arriver – Quitter » à Punkaharju).

En avion

Aéroport *(hors plan par D2)* **:** *Lentoasemantie 50, Savonlinna ; à 15 km au nord de la ville. ☎ 020-708-81-01. • finavia.fi/en/airports/savonlinna •*

➢ ***Helsinki :*** liaisons régulières.

Adresses et infos utiles

Office de tourisme *(plan C3)* **:** *dans l'enceinte du Musée régional de Savonlinna ; se reporter à la rubrique « À voir. À faire », plus loin. 044-417-44-66. • visitsavonlinna.fi • Mêmes horaires d'ouverture.* Pendant le festival international d'Opéra, l'office de tourisme s'efforce de procurer aux imprévoyants billets et hébergement.

Parking : *quelques parkings gratuits (plan C2) à proximité du centre-ville.*

■ ***Bureau du festival international d'Opéra*** *(Savonlinna Opera Festival ; plan C2,* ***1****)* **:** *Olavinkatu 27. ☎ 47-67-50. • operafestival.fi • Tlj sauf w-e 9h-16h.* Une autre piste pour obtenir des places d'opéra à la dernière minute.

Location de vélos : ***Intersport*** *(plan B2,* ***2****), Olavinkatu 52. ☎ 010-281-57-00. Tlj sauf dim 10h-18h (16h sam). Env 22 €/j.*

Où dormir ?

Attention, il est difficile de trouver un lit en ville pendant le festival international d'Opéra. De plus, les prix doublent ! De nombreux hébergements sont fermés en dehors de la haute saison (de juin à fin août).

Camping

Camping Vuohimäki *(hors plan par A1,* ***10****)* **:** *☎ 53-73-53. • savonlinna@suncamping.fi • À 7 km à l'ouest, en direction de Mikkeli, puis* *plusieurs panneaux. Bus n° 3, demander l'arrêt au chauffeur (arrêt à 200 m du camping). Dernier bus vers 18h30 (13h sam et 17h dim). Ouv de juin à mi-août. Compter env 31 € pour 2 avec tente ; cabine et chalets 4-6 pers 52-98 €. Sauna payant.* Dans un site charmant, au milieu d'une forêt avec une plage sur un lac superbe. Toutes sortes d'hébergements possibles sur cette « colline de la Chèvre » : des emplacements agréables, toute la gamme des chalets classiques (les plus chers avec cuisine et salle de bains). Certains chalets commencent tout de même un peu à vieillir... Minigolf, billard, snack, douches chaudes et tutti quanti. On plante sa tente sur une vaste pelouse. Conseillé surtout à ceux qui sont véhiculés, car en bus c'est un peu galère.

De bon marché à prix moyens

– Sachez que l'AJ nommée *Savonlinna-Oravi* est, comme son nom ne l'indique pas clairement, située à Oravi, à 40 km au nord, et que ses prestations sont minimales *(ouv en été seulement).*

Kesähotelli Malakias *(plan A1, **11**) : Pihlajavedenkuja 6. ☎ 533-283. • myynti@spahotelcasino.fi • À env 2 km du centre. De Olavinkatu, bus nos 2, 3 ou 4. Attention, ouv en juil seulement. Accueil 8h-22h. Doubles 85-100 € ; lit 32 € en AJ, avec draps ; pas de petit déj.* Dans un immeuble moderne situé dans une rue tranquille, des studios impeccables ou des appartements sans fioritures comprenant 2 chambres, une cuisine et une salle de bains.

Kesähotelli Vuorilinna *(plan C2, **12**) : Kylpylaitoksentie 7, Kasinosaari. ☎ 73-950. • spahotelcasino.fi • De la gare Savonlinna-Kauppatori, emprunter la passerelle de bois, c'est en face, juste derrière l'hôtel* Spa Casino *où se trouve la réception. Ouv seulement juin-août. Compter env 70-85 € pour 2, draps inclus. Parking gratuit.* Confortables appartements d'étudiants comprenant 2 chambres avec lits séparés (pas de TV), une salle de bains et une cuisine. Fonctionnel, nickel et bien pratique.

Kesähotelli Villa Aria *(plan B2, **14**) : Puistokatu 15. ☎ 515-555. • savonmafia.fi • Ouv de mi-juin à mi-août. Résa à l'avance via l'office de tourisme ou le* Savo Centre *(☎ 020-744-34-40). Doubles env 88-100 €, petit déj inclus.* Bel hôtel situé dans une maison de maître en bordure du lac. Chambres ou appartements bien agencés, tous dotés d'une cuisinette (certains disposent d'une mezzanine : impeccable pour les familles). Dans les moins chères, il faudra s'accommoder d'une salle de bains taille réduite. Calme assuré, et la vue sur le port est magnifique.

Chic

Perhehotelli Hospitz *(plan C3, **13**) : Linnankatu 20, à 2 pas du château. ☎ 515-661. • hospitz.com • Ouv tte l'année. Doubles env 100-145 €, petit déj compris. Parking gratuit.* Un petit hôtel familial très cosy dans une vieille maison au bord du lac. Chambres agréables, façon bonbonnière (papier peint fleuri, coussins cramoisis et doubles rideaux colorés), parfois en rez-de-jardin, parfois avec balcon. Quelques-unes pour 4 personnes, dont une avec une petite cuisine. Sauna. Resto en juillet ; le reste de l'année, on peut boire un verre dans la belle salle à manger, très victorienne, ou sur l'herbe au bord de l'eau. Un endroit et un accueil fort charmants.

Lossiranta Lodge *(plan C2, **15**) : Aino Acktén Puistotie. 📱 044-511-23-23. • lossiranta.net • Ouv tte l'année. Doubles env 100-170 € (hors de prix pdt le festival !), petit déj inclus.* Un établissement qui vaut la peine rien que pour l'emplacement. La bâtisse en longueur (genre motel) se contente de 5 jolies chambres avec kitchenette, toutes de plain-pied et donnant sur un jardin agréable situé en face de la forteresse. Intime, cosy et chaleureux, comme l'accueil. Cafétéria en terrasse. Quelques chambres également situées dans un bâtiment à 300 m de là, mais la vue est beaucoup moins charmante.

Où dormir dans les environs ?

🏠 🍽 ***Ferme de vacances Lomamokkila*** *(hors plan par D2,* ***16****) : Mikonkiventie 209, à 12 km au nord. ☎ 523-117. • lomamokkila.fi • En sortant de Savonlinna, direction Lappeenranta puis Enonkoski à gauche (c'est 6 km plus loin, fléché sur la droite). Ouv tte l'année. En sem, quelques rares bus du centre-ville. Doubles 65-110 €, petit déj compris ; chalets 2-8 pers env 60-190 €/nuit. Sur résa et en été seulement (tlj sauf dim et lun), dîner env 20 €. Sauna payant, loc de vélos.* Une adresse d'exception, perdue au milieu de la campagne, au bord d'un lac, dans un endroit sauvage et beau, propice à l'ivresse contemplative. Chaque chalet, isolé de ses voisins par la forêt, se révèle très cosy et dispose de son sauna et de sa barque privés. Les chambres, agréables, se répartissent entre une dépendance (salle de bains en commun) et l'habitation principale. L'endroit est tenu par un couple de jeunes agriculteurs, aimables comme tout. Les petits déj et les repas à base de produits de la ferme se prennent dans une salle charmante et lumineuse. Terrain de beach-volley, court de tennis. Un coup de cœur !

Où manger ? Où déguster une douceur ?

De bon marché à prix moyens

🍽 ***Cafétéria du château*** *(plan D3,* ***20****) : dans le château, bien sûr (lire « À voir. À faire »). Tlj mai-août seulement.* Lounas *(11h-15h) env 14 €.* Après la visite, on ne peut que vous conseiller d'y essayer le copieux menu du midi. Un cadre très médiéval avec ses murs de vieilles pierres, nus et épurés.

🍽 ⛱ ***Majakka*** *(plan C2,* ***21****) : Satamakatu 11. ☎ 010-764-24-30. Sur le port. Lun-sam 11h-23h (minuit ven-sam), dim 12h-22h. Plats 17-30 €.* Certainement le resto préféré des locaux et des touristes. Déco rustico-marine classique, atmosphère décontractée et prix raisonnables. Bons plats de poisson (perche ou friture du lac) toujours très frais, mais aussi des pâtes, de la bonne viande et des plats végétariens. Sympathique terrasse au bord de la rue.

🍽 ☕ ***Lettukahvila Kalliolinna*** *(plan C1,* ***22****) : sur l'île de Sulosaari. 📱 040-828-66-00. Ouv de fin mai à mi-août, tlj 10h-19h. Compter 15-20 €.* Une adorable maisonnette en bois, rose bonbon, abritée sous les conifères et les bouleaux, à laquelle on accède à pied, par un ponton. Pas de plats mijotés, juste des crêpes salées et sucrées et de bons gâteaux faits maison. Idéal pour une petite pause autour d'un thé.

Chic

🍽 🍸 ♪ ⛱ ***Huvila*** *(plan B3,* ***23****) : Puistokatu 4. ☎ 555-05-55. Tlj sauf dim hors saison 16h-22h (minuit ven-sam). Plats 26-37 € ; menus env 47-60 €.* À l'écart de l'activité, une villa chic, posée au bord de l'eau, qui propose une cuisine gastro franchement réussie, tant au niveau des cuissons que des présentations et des accompagnements. Cadre de bistrot chic, à moins de préférer la magnifique terrasse pour se laisser bercer par le tchou-tchou régulier des bateaux à aubes qui passent à proximité. Parfois des concerts en plein air, à partir de 21h en été, que l'on arrosera d'une bière artisanale. Parfait pour une pause romantique.

Où boire un verre ? Où assister à un concert ?

🍸 ***Olutravintola Sillansuu*** *(plan C2,* ***30****) : Verkkosaarenkatu 1. ☎ 531-451. Tlj 14h-2h du mat (minuit dim-lun).* LE pub par excellence, qui cache dans ses cales une centaine de bières différentes et une soixantaine de whiskies ! Incontournable.

LE LAC SAIMAA

🍸 ♪ **Happytime** *(plan C2, **31**) : Olavinkatu 35, à côté de l'escalier qui mène à la gare. Tlj sauf lun 18h (16h ven-sam)-2h (3h ven-sam).* Grand pub chaleureux avec ses banquettes, fauteuils, tabourets et tables en bois. On y écluse force bières sur fond de musique pop-rock. Billards, black jack. Parfois des concerts le week-end.

♪ Quelques concerts également au restaurant ***Huvila*** *(plan B3, **23**)*, voir plus haut.

À voir. À faire

Le château d'Olav *(Olavinlinna ; plan C-D3) : ☎ 531-164. • olavinlinna.fi • Juin-août, tlj 11h (10h juil)-18h ; le reste de l'année, en sem 10h-16h, w-e 11h-16h ; fermeture du guichet 1h avt. Entrée : 12 € ; réduc. Billet combiné avec le Musée régional : 13 € ; réduc. Visite guidée de 1h (obligatoire pour accéder aux salles), ttes les heures, possible en français sur résa 1 sem avt. Feuillet en français.*
Un cadre unique. Sur sa petite île, cette forteresse qui semble surgir des eaux profondes du lac est l'image symbole de la ville. On parcourt le chemin de ronde, on embrasse le panorama, on grimpe de raides escaliers, on emprunte des passages creusés dans l'épaisseur de murs de 8 m de base et l'on traverse des salles vidées en 1840 par les derniers soldats. Seule une statue de saint Olav, patron du château, peuple les lieux. Mais le guide fera revivre l'histoire en vous livrant de savoureuses anecdotes. Un petit musée retrace l'histoire du château.

DES GUETTEURS MIS EN BIÈRE

Les défenseurs de la forteresse d'Olav avaient droit à 5 l de bière par jour (7 l le dimanche) tant leur nourriture était salée pour les besoins de conservation. Difficile de rester éveillé à son poste de guet dans ces conditions, et la tradition veut que, si un garde trouvait endormi celui qu'il était venu relever, il était autorisé à le balancer par-dessus les créneaux !

Le Musée régional de Savonlinna *(Riihisaari – Savonlinnan Maakuntamuseo ; plan C3) : 📱 044-417-44-66. • savonlinna.fi/riihisaari • À côté du château. Tlj (sauf lun sept-mai) 10h-17h. Entrée : 8 € (de mi-mai à fin août, le billet inclut l'accès aux bateaux-musées amarrés à côté ; 2 € pour voir seulement les bateaux) ; réduc ; gratuit moins de 18 ans. Billet combiné avec la visite du château : 13 € ; réduc.*
C'est aussi l'un des centres d'information du parc national de Linnansaari *(Saimaa Nature Culture Riihisaari)*. Un musée bien fait, consacré au patrimoine régional. Présentation des ressources naturelles et de leur utilisation (bois, écorce de bouleau, fabrication du goudron), reconstitution d'une ferme, petit historique de la ville depuis les peintures rupestres jusqu'à aujourd'hui. En complément, une section consacrée à la faune et à la flore, avec bornes interactives et topo sur les 320 phoques d'eau douce du Saimaa. L'été, avec le billet d'entrée, on peut visiter de fond en comble (du moins de la cale aux cabines !) un vapeur style Louisiane de 1904 et une goélette de 1874 amarrés à proximité du musée. Expos temporaires à l'étage.

Une poignée de vieilles maisons en bois : *sur Linnankatu (plan C2-3) et le long du lac, du côté du château.* Quelques petites maisons en bois au cachet unique. Puis retour sur Olavinkatu pour jeter un coup d'œil à la petite ***église*** (anciennement orthodoxe).

Croisières sur le lac : de mi-juin à mi-août, plusieurs compagnies proposent tous les jours différentes croisières *(compter env 17-27 € ; ½ tarif 4-14 ans ; durée : 1-2h)*. Départs au niveau du port *(plan C2)*, près de la place du Marché.

Festival

Savonlinna Opera Festival : *début juil-début août, l'un des plus cotés d'Europe, avec pour cadre magique le château médiéval entouré par le Saimaa. ☎ 476-750. • operafestival.fi •* Un site unique et fascinant dont l'acoustique est extraordinaire. Même béotien, vous en garderez un souvenir inoubliable. Chaque année, les plus grands artistes y servent les plus grandes œuvres : opéras et concerts, des spectacles pour les enfants et 70 000 billets vendus. Mais il est impératif de s'y prendre longtemps à l'avance ! Avec un peu de chance, on peut assister à une répétition en visitant le château.

KERIMÄKI

5 860 hab. IND. TÉL. : 015

Un petit village à 23 km au nord-est de Savonlinna, célèbre pour son église en bois. On y va surtout pour son choix d'hébergement de qualité et au calme. Les effets du festival international d'Opéra de Savonlinna se font sentir jusqu'ici : en juillet, il est donc impératif de réserver.

Arriver – Quitter

➢ **En bus de Savonlinna :** lun-ven, 1 bus/h, 8h-17h ; fréquence réduite sam ; pas de bus le dim. Trajet : 30 mn.

Pas de bus direct de Punkaharju, il faut passer par Savonlinna.

Adresses utiles

Office de tourisme : *Puruvedentie 59. 044-417-50-02. • kerimaki.fi • visitsavonlinna.fi • De mi-juin à mi-août, tlj 11h-17h ; le reste de l'année, horaires variables.*

Poste : *au* R-Kioski, *au rond-point du village. Tlj 8h (9h dim)-21h.*

Distributeur : *à côté de* K-Market, *près de l'église.*

Où dormir ?

De bon marché à prix moyens

Lomatila Ollila : *Ruokolahdentie 506. 040-501-12-91. • ollila.fi • À 6 km sur la route de Punkaharju ; bus de Savonlinna le mat seulement. Ouv juin-août. Chalets 60-90 € 2-4 pers (petit déj 9 € et draps 9 € en supplément pour les chalets les moins chers). Également doubles env 100-115 €, petit déj compris.* En pleine campagne, au bord d'un lac et dans un calme absolu, un ensemble de chalets en bois, simples (toilettes et douche extérieures) et charmants. Sauna devant le lac. Cuisine à disposition, située dans une sorte de grange au style vieillot, avec cheminée et barbecue. À 150 m de là, dans la maison d'habitation, les propriétaires proposent une poignée de chambres agréables. Petit déjeuner servi dans une jolie salle où l'on peut, le soir venu, se réchauffer au coin du feu. Une excellente adresse pour se reposer.

Majatalo Korkea Tupa : *Ruokolahdentie 545. ☎ 544-827. 040-095-42-44. • korkeatupa.fi • À 6,5 km sur la route de Punkaharju. Ouv juin-août ;*

le reste du temps, sur résa. Double et chalets 2-6 pers 60-105 € (draps 7 €) ; petit déj 9 €. Sauna payant. Tenu par un couple charmant. Frigo dans chaque chambre, cuisine et sanitaires dans un bâtiment tout proche. Billard. Pour le sauna, il faut traverser la route en face (il est près du lac). Souvent des concerts dans une grange attenante. Possibilité de lunch et de dîner sur commande. Petit bémol : la présence de la route à proximité.

De prix moyens à chic

Kerimaa Hotel : *Kerimantie 65. ☎ 555-02-00. • kerimaa.net • À 7 km à l'ouest de Kerimäki, direction Savonlinna, indiqué par un panneau. Arrêt de bus sur la route principale, puis 1 km à pied ! Réception jusqu'à 20h en saison (21h w-e). Chalets et appartements 2-4 pers (80-210 €) à... 12 pers ; petit déj 12 € (inclus pour les appartements). Draps 10 €.* Les chalets sont disséminés dans la forêt, avec 2 lacs à proximité ainsi qu'un superbe golf, *Kerigolf,* l'un des plus beaux et le plus difficile de Finlande *(☎ 252-600 ; parcours de 10 km sur terrain vallonné).* Beaucoup d'espace, très calme et silencieux, sauf les jours de célébration d'un mariage ! La plupart des chalets sont bâtis à l'ancienne avec de gros rondins. Les plus luxueux offrent un confort total : cuisine, cheminée, salle de bains, chauffage, sauna, etc. Belle déco intérieure boisée. Resto sur place.

À voir

L'église : *juin-août, tlj 10h-18h (19h juil, 16h 1er-19 juin).* Construite de 1844 à 1847, c'est la plus grande église en bois du monde, où 3 000 personnes peuvent s'asseoir (1 670 m de bancs !). Du fait de son excellente acoustique, des concerts y sont donnés, notamment pendant le festival international d'Opéra de Savonlinna. Noter le curieux assemblage de la charpente, les 2 étages de balcons et le colossal système de chauffage... tellement dispendieux que, en 1953, on décida de construire une église d'hiver (plus petite !). La décoration extérieure est peu inspirée, mais le beffroi, dont l'architecture mélange la pierre et le bois, mérite un coup d'œil.

DE LA MESURE AVANT TOUTE CHOSE

On dit que l'architecte de l'église de Kerimäki dut refaire tous ses plans car les fidèles la trouvaient trop petite. Au bout du compte, ils firent construire un édifice pouvant accueillir la moitié de la population de la ville... Le bâtiment est tellement grand que l'on prétend que les ouvriers auraient lu en mètres le plan coté en pieds par l'architecte !

LE PARC NATIONAL DE LINNANSAARI IND. TÉL. : 015

Plus d'une centaine d'îles et d'îlots rocheux, paysage typique de la nature lacustre du Saimaa. Le site, exceptionnel, abrite une espèce rare et protégée, le phoque du Saimaa. C'est le phoque d'eau douce le plus menacé au monde car, chassé jusqu'en 1955, il a été ensuite victime d'une pollution au mercure et de l'augmentation de l'activité humaine. S'il n'a aujourd'hui plus de prédateurs, l'augmentation de sa population reste lente

car son taux de reproduction est faible. De ce fait, à part en mai (lors de la mue), il serait bien exceptionnel que vous ayez l'occasion d'en apercevoir un...

Comment y aller depuis Savonlinna ?

De Porosalmi à l'ouest et d'Oravi à l'est, des liaisons régulières permettent d'accéder à l'île principale du parc et, pour un aller-retour dans la journée, de passer environ 6h sur l'île. Vous pouvez aussi recourir à un bateau-taxi si les horaires des lignes régulières vous semblent trop contraignants. Pour accéder aux embarcadères, pas de bus en été mais seulement pendant les périodes scolaires, mieux vaut être motorisé.

➢ ***Via Porosalmi :*** de Savonlinna, sortir par la route de Mikkeli et prendre à droite jusqu'à Rantasalmi (env 40 km en tt) où se trouve le centre nature du parc, puis continuer pdt 10 km jusqu'à Porosalmi. De fin juin à mi-août, 2 A/R en bateau (1 le mat et 1 l'ap-m). A/R : env 32 € ; réduc. *Pour un bateau-taxi, 040-55-60-119 (Jari Heiskanen) ou 050-331-89-76 (Pertti Paldanius). Résa la veille.*

➢ ***Via Oravi :*** de Savonlinna, prendre vers Lappeenranta puis tourner à gauche vers Enonkoski ; à Rinkilä, prendre encore à gauche et continuer jusqu'à Oravi (trajet d'env 40 km au total). Mai-sept, 3-4 bateaux/j. A/R : env 22 € ; réduc.

– Autre possibilité : les excursions organisées au départ des grands hôtels.

Adresses et info utiles

Saimaa Nature Culture Riihisaari : *dans les locaux du Musée régional de Savonlinna (Riihisaari – Savonlinnan Maakuntamuseo), à Savonlinna. Lire rubrique « À voir. À faire » de cette ville. Mêmes horaires d'ouverture que le musée. • nationalparks.fi/en/saimaanaturecentre •* Toutes les infos nécessaires pour préparer une virée dans le parc.

Oravi Outdoor Centre : *Kiramontie 17. ☎ 647-290. • oravivillage.com • Tlj 9h-17h (21h fin juin-fin août).* Infos sur les possibilités d'hébergement, de restauration, de transport et de navigation qu'offre la bourgade.

– Sur l'île principale, à 50 m de l'arrivée du bateau, kiosque proposant café, boissons, snack et poisson grillé. Vente de spray antimoustiques également.

Où dormir ?

Camping Sammakkoniemi : *sur l'île principale, Linnansaari, à l'arrivée des bateaux en provenance d'Oravi ou de Porosalmi. Rens à l'Oravi Outdoor Centre (voir plus haut). Emplacement env 10 € ; début mai-fin sept, petits chalets 49 € (jusqu'à 4 pers). Sauna payant.* Plusieurs foyers pour allumer un feu et cuisiner. N'oubliez pas d'apporter vos victuailles. Pas d'électricité et toilettes sèches.

Plus de 20 autres emplacements pour camper, soit à l'extrémité de l'île principale, soit sur les autres îles. Vous pouvez y planter votre tente gratuitement.

Où dormir ? Où manger dans les environs ?

Saimaa Holiday Oravi Outdoor Centre Nature : *Kiramontie 15, à* ***Oravi.*** *☎ 647-290. • oravivillage.com • Ouv tte l'année. Réception 9h-17h (20h en été). Petits apparts avec cuisine pour 2-4 pers 75-165 €. Possibilité de petit déj. Sauna payant. Loc de canoës.* Une AJ d'une trentaine de lits répartis en une douzaine de chambres. Sauna et cafétéria.

Holiday Centre Lomakeskus Järvisydän : *Porosalmentie 313, à* ***Porosalmi.*** *☎ 020-729-17-60. • jarvisydan.com • À 7 km au nord de Rantasalmi, indiqué sur la droite ; puis 3 km de piste. Ouv tte l'année. Doubles 130-200 €, petit déj en sus. Chalets 2-4 pers 220-270 €/nuit, linge inclus ; petit déj en supplément.* Lounas *18-21 € ; plats 15-39 € ; menu env 45 €. Sauna payant (assez cher).* Des chalets de toutes tailles, de tout confort et tournés vers le lac. L'ensemble fait petit village. Dans un bâtiment récent en pierre, chambres confortables et charmantes (vue sur le lac pour les plus chères). Le bâtiment principal est une sombre bâtisse en bois à la déco moyenâgeuse. C'est là que sont servis petits déjeuners, menus plantureux et buffets. Sur place, des bateaux vous attendent pour des excursions dans les îles. C'est un peu la grosse armada tout de même...

Hako Apajan Aikhituvat : *à* ***Porosalmi.*** *040-093-99-70. • porosalmi.net/hakoapaja • Ouv mai-oct. Chalets 2-6 pers 85-140 €, supplément de 15 €/nuit le w-e. Draps non fournis. Café et expo ouv de la Saint-Jean à fin juil, tlj 11h-19h.* Attention, adresse hors normes ! Un ensemble de chalets et un café bâtis entièrement en antiques rondins de bois par Esa, un courageux gaillard et un sacré bricoleur. C'est lui qui a remonté du fond du lac tout le bois de construction ! Résultat, ces rondins âgés de 2 000 à 4 000 ans ont repris du service ! Le matériau est vieux, certes, mais l'architecture est moderne et réussie. Une exposition *(entrée chère : 12 € ; réduc)* relate ce travail titanesque. Tapis au fond des bois, quelques chalets douillets, avec cuisine, cheminée et sauna privé. Accès au lac pour se consoler de l'absence de douche. Quant aux w-c, ils sont à l'ancienne, dans un cabanon... Idéal pour prendre un vrai bain de nature ! En juillet, possibilité de dîner certains soirs. Ne pas hésiter à y passer pour prendre juste un café.

À voir. À faire

Il est possible de passer un après-midi sur l'île principale, *Linnansaari,* mais mieux vaut envisager une nuitée si l'on veut en faire tranquillement le tour, louer un canoë et partir à la découverte des autres îles. Les brochures gratuites, avec leurs cartes sommaires, sont suffisantes pour se repérer, sauf si vous partez en canoë. Nous vous conseillons alors d'acheter la carte étanche vendue 5 € aux points d'info ou au terrain de camping.

La ferme Louhimaa : *sur l'île principale. GRATUIT.* Ancienne ferme de métayage établie sur l'île en 1850.

Les sentiers balisés : sur l'île principale, plusieurs sentiers (jusqu'à 7 km). Les plus longs vous font faire le tour partiel de l'île. Sentier nature de 2 km avec des panneaux sur la faune et la flore. Attention à la présence des satanés moustiques...

À la découverte du Saimaa : *loc de barques et de canoës soit sur l'île principale, soit à Oravi. Compter env 17 €/h, 45 €/j.* Ici, pas de rivière à suivre. La liberté totale. Des possibilités infinies, des centaines d'îles, des plages et des ports naturels à foison. Des chenaux vous emmènent vers d'autres parties du Saimaa tel le Kolovesi où vous attend un autre parc national analogue à Linnansaari (minimum 5 jours aller-retour). Dans les parcs, camping aux emplacements réservés. En dehors des parcs, le droit de tout le monde s'applique (voir la rubrique « Savoir-vivre et coutumes » de « Hommes, culture, environnement »). Emportez votre nourriture et votre canne à pêche...

KUOPIO

118 200 hab. IND. TÉL. : 017

• Plan p. 233

7e ville de Finlande par la population, Kuopio est une cité universitaire animée (moins en été). Entourée par les eaux du grand lac Kallävesi, elle s'ordonne entre une Grand-Place où se tient le marché, quelques rues anciennes et les rives du lac, bordées de douces promenades. Rien d'inoubliable, mais l'escale n'est pas désagréable pour autant.

Arriver – Quitter

✈ ***Aéroport*** *(hors plan par A1)* **:** *à* ***Toivala,*** *à 17 km au nord-est de Kuopio. ☎ 020-708-72-02. • finavia.fi/en/kuopio • Bus n° 40 pour le centre (• vilkku.kuopio.fi/english •), lun-ven seulement, ttes les heures env, 6h15-19h35 (sauf 11h15) ; arrêt dans la rue Maljalahdenkatu, derrière l'hôtel de ville (plan A1) ; du centre-ville vers l'aéroport, 6h05-19h05. Tarif : env 6 €. En taxi, compter env 35 €.* Vols quotidiens pour ***Helsinki.***

Gare ferroviaire *(plan A1)* **:** *Asemakatu 1.* Consignes automatiques, location de voitures *Europcar.* Compter env 5-7 trains/j. pour ***Helsinki*** (4-5h de trajet), 3-4/j. pour ***Oulu*** (4-5h), 4-6/j. pour ***Kaajani*** (1h45-2h) et 1/j. pour ***Rovaniemi*** (6h45). Pour les autres villes, changement obligatoire.

Gare routière *(plan A1)* **:** *Puijonkatu 45, derrière la gare ferroviaire, de l'autre côté des voies. Les billets s'achètent soit dans le bâtiment bleu de l'autre côté du chantier (plan A1,* ***2*** *; lun-ven 8h-16h30 en été, dès 7h45 en hiver), soit à bord.* Nombreux bus quotidiens pour ***Helsinki*** 7h-18h (trajet : 5h15-6h20), la plupart via ***Savonlinna*** et Mikkeli ; pour ***Joensuu*** 6h-18h20 (trajet : 2h-2h50) ; ***Jyväskylä*** 8h-18h25 (trajet : 2h-2h15) ; 4 bus/j. pour ***Tampere*** (trajet : 4h15) et ***Oulu*** (trajet : 4h30-4h50) via ***Kajaani*** et 1-2/j. sauf sam pour ***Nurmes*** (trajet : 2h10).

Adresses et info utiles

Office de tourisme *(plan A1-2)* **:** *Kauppakatu 45 (au sous-sol du Shopping Apaja Centre). ☎ 182-584. • kuopiotahko.fi/en • Au bord de la Grand-Place. Lun 9h-17h, mar-jeu 9h-16h, ven 9h-15h.*

Stationnement : on peut se garer gratuitement (à concurrence de 10h maximum) sur le petit parking situé au bout de Kirkkokatu, face au lac *(plan B2).* Évidemment, les places sont très recherchées.

Taxis : *Savon Taksidata, ☎ 0800-302-250.*

Location de vélos : ***Café Asema B & B*** *(café de la gare ; plan A1,* ***13****), Asemakatu 1. 📱 044-788-11-10. • cafeasema.fi • Tlj 7h (8h w-e)-19h. Compter env 18 €/j.*

Urgences 24h/24 et médecin de garde : ***hôpital universitaire de Kuopio*** *(hors plan par A1), Puijonlaaksontie 2. ☎ 112 ou 173-311.*

Où dormir ?

Camping

Camping Matkailukeskus Rauhalahti *(hors plan par A2,* ***10****)* **:** *Rauhankatu 3. ☎ 473-000. • visitrauhalahti.fi • Au bord du lac Kallävesi, à 6,5 km au sud du centre. De la pl. Tori, bus nos 7 ou 16. Ouv fin mai-fin août ;*

KUOPIO

Adresses utiles

- Office de tourisme (A1-2)
- **1** Départ des croisières (B2)
- **2** Vente des billets de bus (A1)
- **3** Survol en hydravion (B2)
- **13** Café Asema B & B (location de vélos ; A1)
- Hôpital universitaire de Kuopio (hors plan par A1)

Où dormir ?

- **10** Camping Matkailukeskus Rauhalahti (hors plan par A2)
- **11** Hostelli Hermanni (hors plan par A2)
- **12** Hostelli Matkustajakoti (A1)
- **13** Cafe Asema B & B (A1)
- **14** Hotellilaiva Wuoksi (B2)
- **16** Hotelli Jahtihovi (B2)
- **17** Scandic Hotel (B2)

Où manger ?

- **20** Boulangerie Hanna Partanen (A1)
- **21** Kallavesj (A2)
- **22** Sampo (B1)
- **23** Isä Camillo (B1)
- **24** Kummisetä (A2)
- **25** Musta Lammas (B2)
- **26** Lounas-Salonki (A2)
- **27** Kahvila Kaneli (A2)
- **28** Trattoria Sorrento (B2)

Où boire un verre ?
Où sortir ?

- **21** Henry's Pub (A2)
- **23** Pannuhuone (B1)
- **31** Albatrossi (B1)
- **32** Ale Pupi (A2)
- **33** Pub Malja (B1-2)
- **34** Cafe Satama (B1)

tte l'année pour les chalets chauffés (mais réception ouv lun-ven 8h-16h seulement). Compter env 27-29 € pour 2 avec tente ; bungalows simples (2-4 pers) 39-75 €, bien équipés pour 4 pers 125-210 € (les plus chers avec sauna). Cet immense complexe familial réunit un hôtel un peu morne et un très vaste camping aux nombreux services : resto, épicerie, sauna, cuisine, lave-linge et sèche-linge... On peut louer canoës, barques, kayaks et SUP, vélos et *fatbikes* (plutôt chers), mais aussi profiter de la petite plage, des tennis et bowling voisins. Il y a même un miniparc animalier ! L'espace ne manque pas, mais les chalets basiques sont vraiment spartiates. Ceux qui ont le temps rejoindront le centre-ville en bateau *(fin juin-début août, 4-5 rotations/j., 9 € l'aller ; • koskilaiva.com •).*

De bon marché à prix moyens

Hostelli Hermanni *(hors plan par A2,* ***11****) : Hermanninaukio 3E. 040-910-90-83. • hostellihermanni.fi • À 1 km du centre, dans le prolongement de Haapaniementie. Téléphoner pour le check-in (porte à code). En dortoir 4-5 lits, 35 €/pers ; double 65 €, triple 75 €. Douche et w-c communs. Linge inclus. Parking gratuit (5 places).* Cette auberge est gérée par Olga et un personnel (surtout) russophone. Très propre, elle dispose de petites chambres de 1 à 5 lits, avec TV mais sans lavabo. 2 cuisines communes, lave-linge, sèche-linge *(payant)* et même des petits frigos à louer !

Hostelli Matkustajakoti *(plan A1,* ***12****) : Vuorikatu 35. 040-910-90-83. • hostellimatkustajakoti.fi • À env 150 m de la gare ferroviaire. Téléphoner pour le check-in (porte à code). Double avec sanitaires communs 65 €. Pas de dortoir. Linge de lit inclus.* Plus qu'une AJ, c'est un petit hôtel bon marché et bien tenu, central et néanmoins au calme (même direction que l'*Hostelli Hermanni*). L'établissement propose des chambres de 1 ou 2 personnes avec lavabo, TV, frigo, bouilloire et micro-ondes. En revanche, pas de cuisine commune.

Cafe Asema B & B *(plan A1,* ***13****) : Asemakatu 1. 044-788-11-10. • cafeasema.fi • Café tlj 7h (8h w-e)-19h. Double 95 €, petit déj inclus. Parking gratuit.* Les 4 chambres (2 doubles, 2 quadruples) sont au-dessus du café-buffet de la gare ! Simples, propres, avec frigo, bouilloire et TV, elles sont plus fonctionnelles que jolies, mais la sympathique proprio a des projets côté déco... La plus agréable a un bow-window.

De prix moyens à chic

Hotellilaiva Wuoksi *(plan B2,* ***14****) : Koljonniemenkatu 1 (sur le quai en face). 040-072-06-00. • wuoksi.fi • Doubles 79-119 €, petit déj inclus.* Cet ancien bateau russe a jeté l'ancre à Kuopio fin 2017. On dort dans l'une des 22 cabines, plus ou moins chères (et petites) selon qu'elles se trouvent sur le pont supérieur (fenêtre carrée) ou inférieur (hublot). Chacune dispose d'une douche-lavabo, TV, chauffage et couchette dépliante pour une 3e personne. Étroit mais rigolo !

Hotelli Jahtihovi *(plan B2,* ***16****) : Snellmaninkatu 23. ☎ 264-44-00. • jahtihovi.fi • À 200 m du port, dans une rue calme. Doubles 105-150 €, petit déj inclus (les plus chères avec sauna). Réduc le w-e. Parking gratuit.* L'hôtel est sans prétention, avec des chambres de différentes catégories : les *economy* (côté cour) et *standard* (côté rue), très similaires, sont un peu datées, sans gravité. Les *superior* ne sont pas géantes, mais nettement plus récentes, avec kitchenette et petit sauna dans certaines. Il y a aussi quelques apparts : préférez le n° 308, plus spacieux et pourtant au même prix (et avec machine à laver le linge !). Point faible pour la salle des petits déj, un peu vieillotte.

De chic à plus chic

Scandic Hotel *(plan B2,* ***17****) : Satamakatu 1. ☎ 195-111. • scandichotels.com • Au bord du lac. Doubles env 120-180 €. Parking gratuit.* Ce clone de la famille *Scandic* offre des chambres récemment refaites, d'un confort parfait, et des installations au top : sauna, piscine... Les plus chères ont vue directe sur le lac et la promenade qui le borde à travers leurs vastes baies vitrées. En période creuse, les tarifs sont vraiment intéressants.

Où manger ?

Bon marché

Les curieux goûteront à la spécialité du coin : le *kalakukko,* un pain de seigle fourré aux petits poissons du lac et à la viande de porc... Tout le monde n'aime pas ! Les meilleurs sont en vente à la ***boulangerie Hanna Partanen*** *(plan A1,* ***20*** *; Kasarmikatu 15 ; entrée par le fournil, dans la cour ; tlj sauf dim 6h-20h30, jusqu'à 14h sam).* On peut aussi goûter aux *lihapiirakka,* des barquettes caréliennes à la viande.

IOI ***Kallavesj*** *(plan A2,* ***21****) : Käsityökatu 19. Juste à côté du Henry's Pub, dans la petite rue donnant sur Kauppakatu. Tlj sauf dim 10h30 (11h30 sam)-14h30. Lounas env 11 €.* Cette cantine est populaire pour son *lounas* très abordable proposant chaque jour une salade, une soupe, un plat et un dessert différents.

IOI ***Lounas-Salonki*** *(plan A2,* ***26****) : Kasarmikatu 12. ☎ 281-12-10. Tlj 11h (12h dim)-16h. Lounas 9,50-10,50 €.* On aime bien les 2 petites salles claires de cette vieille bicoque en bois, façon salon de grand-mère aux meubles à la française, tapis au sol et cadres aux murs. L'été, il y a aussi quelques tables en terrasse et dans le jardinet. Le *lounas,* proposant un choix de 3 plats (dont un végétarien), est d'un excellent rapport qualité-prix. C'est simple mais bon. Goûtez la bière maison (non alcoolisée) !

IOI ***Kahvila Kaneli*** *(plan A2,* ***27****) : Kauppakatu 22. 040-017-22-83. Tlj sauf dim-lun 11h-17h, sam 12h-16h. Quiches 5,50-7 €, salades 8,50-11 €.* Le cadre est cosy, mignon, la musique rétro, la déco vintage, les tables appuyées sur de vieilles machines à coudre. Une bonne petite quiche, une salade, un café *latte,* un thé, un gâteau (volontiers chocolaté) et ça repart. Tables sur la rue piétonne aux beaux jours.

De bon marché à prix moyens

IOI ***Sampo*** *(plan B1,* ***22****) : Kauppakatu 13. ☎ 261-46-77. Lun-sam 11h-minuit, dim 12h-20h. Plats 9-21 €.* Ce resto fondé en 1931 distille une sympathique atmosphère de bistrot, avec ses nappes blanches, ses banquettes, son vieux piano et son juke-box jouant des romances finlandaises, mélancoliques à faire sangloter la friture de votre assiette. On y mange surtout du *muikku* (corégone blanc), un petit poisson du lac, et des saucisses-purée...

IOI ***Trattoria Sorrento*** *(plan B2,* ***28****) : Snellmaninkatu 22. 045-896-60-09. Lun-jeu 10h30-21h ; ven 10h30-22h ; sam 12h-22h ; fermé dim. Lounas (lun-ven 10h30-14h). Pizzas 12-18 € ; pâtes env 13-20 €.* Le boss, un napolitain « de là-bas », est un vrai polyglotte : jovial, il vous accueille en français et exhibe fièrement son diplôme de vernaculaire kuopien ! Il n'en a pas pour autant perdu ses racines. Les pizzas sont vraiment bonnes et d'un très bon rapport qualité-prix. Les pâtes sont moins convaincantes.

IOI ***Isä Camillo*** *(plan B1,* ***23****) : Kauppakatu 25-27. ☎ 581-04-50. Tlj sauf dim 11h (14h sam)-21h (22h mer-jeu, minuit ven-sam) ; les cuisines ferment 30 mn plus tôt (1h30 le w-e) ! Lounas (lun-ven 11h-14h) env 10-11,50 € ; plats 17-31 € ; menus 43-50 €.* Parmi les bonnes tables de la ville, ce joli resto plutôt chic, installé dans une ancienne banque aux grandes baies vitrées d'époque, s'affirme bien dans l'air du temps. La cuisine est méditerranéenne, aux fortes influences italiennes, voire provençales. Terrasse arborée en été.

IOI ***Kummisetä*** *(plan A2,* ***24****) : Minna Canthinkatu 44. ☎ 369-98-80. Tlj sauf dim 15h-23h ; les cuisines ferment 1h avt. Fin juin-début août, lounas (12h-15h) 9,50-14 € ; plats 18-34 €.* L'hiver, c'est le vieux bâtiment à l'intérieur boisé et ses 2 salles élégantes à l'éclairage tamisé (avec un poêle en faïence... bleu !), qui attirent les suffrages. L'été, la vaste terrasse à l'arrière prend le relais avec son barbecue pour les grillades. Carte courte pour une cuisine fine de produits régionaux bien travaillés, de bons steaks et des salades estivales. Bar attenant avec groupe certains soirs de week-end.

De chic à plus chic

Musta Lammas *(plan B2, **25**) : Satamakatu 4. ☎ 581-04-58. Mer-sam 17h-22h, fermé dim-mar ; en juil, terrasse en rooftop dès 14h ven-sam s'il fait beau. Plat env 30 € ; menu env 65 €.* Connu dans tout le pays pour sa cuisine de haut niveau, ce resto de référence a élu domicile dans les salles en brique voûtées d'une ancienne brasserie. L'ambiance est feutrée, le service attentif. La carte, très (très) courte, met en valeur les produits locaux (tendance bio), sublimés par une très belle, très cosmopolite (et très chère !) carte des vins.

Où boire un verre ? Où sortir ?

La plupart des bistrots et boîtes s'alignent sur Kauppakatu. On y trouve notamment, au nº 32, ***Ale Pupi*** *(plan A2, **32** ; tlj 9h-2h),* un *sports bar* aux prix raisonnables, apprécié des étudiants dans l'année. Ils fréquentent aussi le **Pub Malja,** au nº 29 *(plan B1-2, **33** ; lun-jeu 14h-2h, ven 14h-3h, sam 12h-3h, dim 19h-2h),* qui offre un joli choix de bières à la pression et une vaste terrasse côté rue en été. Pour écouter un bon rock (tendance hard), on file au très festif **Henry's Pub** *(en sous-sol, au nº 18 – l'entrée est dans la ruelle Käsityökatu ; plan A2, **21** ; • henryspub.net • ; tlj 21h-4h, ven-sam à partir de 22h).* Des groupes s'y produisent le vendredi et le samedi, parfois aussi le mercredi et le jeudi, à partir de 22h *(6-14 €).* Autre option pour s'offrir une bière et s'éclater les tympans : une escale au bar en sous-sol du resto *Isä Camillo,* ***Pannuhuone*** *(plan B1, **23** ; tlj sauf dim-lun 18h-2h),* alias « La Chaufferie » ! Des concerts (gratuits ou payants) donnent vie à l'endroit le vendredi toute l'année à partir de 21h, souvent aussi le jeudi et/ou le samedi. Là, ce serait plutôt folk finlandaise. Plus près du port, le petit **Cafe Satama,** à la déco marine, est parfait pour écluser un gorgeon sur sa large terrasse estivale *(plan B1, **34** ; ouv ven-sam seulement 16h-2h).* Et si l'envie vous prend de remuer sur des rythmes des 90's ou du Top 50 local, il y a le proche ***Albatrossi*** *(plan B1, **31** ; Makasiininkatu 1 ; fin avr-fin sept, jeu-sam 21h-5h).* C'est non seulement l'un des rares bars au bord du lac, mais surtout la plus grande boîte de Kuopio, installée dans un ancien (long) entrepôt. Les DJs mettent le feu les vendredi-samedi, parfois aussi le jeudi.

À voir

Tori *(place du Marché ; plan A1-2) :* la Grand-Place de Kuopio n'a conservé que 2 bâtiments anciens : l'hôtel de ville fin XIXe s côté nord, et le lycée dû à Engel (à qui l'on doit la majeure partie des bâtiments historiques d'Helsinki) côté sud. Au pied de ce dernier, se dresse la belle halle du ***marché couvert*** *(en été, tlj sauf dim 8h-17h, jusqu'à 15h sam ; horaires réduits hors saison)* édifiée dans le style romantisme national. Grenouilles, écureuils et chauves-souris ornent ses façades et portes ! On y trouve (notamment) un sympathique café, le *Trube Halli-Kahvila (aux horaires du marché)* qui propose quiches et jolis gâteaux.

La cathédrale luthérienne *(Tuomiokirkko ; plan B2) : Kauppakatu, à l'angle de Vuorikatu. Juin-août, tlj 10h-18h (23h mer et ven) ; le reste de l'année, tlj 10h-15h (23h mer et ven).* Dominant de sa butte un petit jardin public tiré au cordeau, elle ne manque pas d'allure, cette église de 1816 au toit oxydé et à la robe blanche mouchetée de pierres de granit. L'intérieur, extrêmement dépouillé, ne vous retiendra guère.

Le Musée municipal *(Kuopion museo ; plan B1) : Kauppakatu 23. ☎ 182-603. • kuopionmuseo.fi •* ***Devrait rouvrir ses portes courant 2021, après rénovation.*** Dans un beau bâtiment de style romantisme national (début XXe s), un musée historique, d'art et de traditions populaires. Photos et objets traditionnels.

Le centre Vb (*Vb Valokuvakeskus ; plan B2*) **:** *Kuninkaankatu 14-16. 044-744-64-24. • vb-valokuvakeskus.fi • De mi-juin à sept, tlj 12h-18h (16h le w-e) ; le reste de l'année, ouv variable. Entrée : 8 € ; réduc.* Occupant une ancienne demeure bien restaurée, ce centre propose des expos photographiques temporaires de qualité. L'été, un café s'installe dans l'agréable jardin.

Le musée du Quartier de Kuopio (*Kuopionkorttelimuseo ; plan B2*) **:** *Kirkkokatu 22. ☎ 182-625. • kuopionkorttelimuseo.fi • De mi-mai à fin août, tlj sauf lun 10h-17h (19h mer) ; le reste de l'année, tlj sauf dim-lun 10h-15h. Entrée : 8 € ; réduc ; gratuit moins de 18 ans. Demandez le plan du musée en français.*
Aux 5 maisons formant à l'origine cet angle de rue, on en a ajouté 6 autres provenant d'autres quartiers de la ville, de façon à reconstituer un pâté de maisons homogène. La plupart se visitent. Les intérieurs reproduisent fidèlement le mode de vie des habitants du milieu du XIXe s aux années 1930 : ameublement, objets domestiques, papiers peints, etc. correspondent aux différentes périodes. De l'intérieur bourgeois à la demeure ouvrière, on possède ainsi un éventail complet de l'habitat sur un siècle. Il y a aussi une pharmacie (avec ses ventouses en cornes de vache !) et une grande expo de photos retraçant l'histoire de la ville.
I●I L'une des maisons abrite une agréable ***cafétéria*** *(10h-17h ; lounas 11h-15h).* Ne manquez pas de goûter à l'*ohrarieska,* le pain fait maison à base d'orge.

L'allée commerçante du Petit-Pierre (*Pikku-Pietarin Torikuja ; plan A1*) **:** *dans une ruelle entre Puistokatu 21 et Hatsalankatu 24. • pikkupietarintorikuja.fi • Tlj sauf w-e 10h-17h (19h jeu en juil-août, 15h sam).* Une dizaine de boutiques et ateliers d'artisans se sont installés dans un long bâtiment en bois rouge de 1903 donnant sur cette ruelle. Il y a même un agréable café (avec terrasse à l'arrière).

Le musée de l'Église orthodoxe (*Suomen ortodoksinen kirkkomuseo ; plan A1*) **:** *Karjalankatu 1. ☎ 020-610-02-66. • riisa.fi • À 10 mn à pied du centre. Bus no 6. Tlj sauf dim-lun et ven 10h-16h. Entrée : 10 € ; réduc ; gratuit moins de 18 ans.* La Carélie, avec ses 22 000 fidèles, forme le 2e des 3 diocèses orthodoxes de Finlande et abrite le siège de l'archevêché national. Les belles collections d'objets cultuels exposés ici proviennent pour la plupart des monastères de Carélie et de la bande de Petsamo, territoires annexés par l'URSS à la fin de la Seconde Guerre mondiale. Au rez-de-chaussée, on découvre le grand cénotaphe en argent de saint Arsène, fondateur du monastère de Konevitsa (sur une île du lac Ladoga), puis des vêtements liturgiques et explications des rites orthodoxes. À l'étage, c'est le cénotaphe en or des fondateurs du monastère de Valamo qui est exposé, auprès d'une bible enluminée (que l'on peut « feuilleter » grâce à un écran tactile) et d'icônes. Les plus belles sont regroupées dans une salle voisine ; les plus anciennes remontent au XVIIIe s, période à laquelle elles étaient souvent habillées, voire agrémentées de perles de rocaille. Expos temporaires également.

La tour de Puijo (*hors plan par A1*) **:** *Puijontie 135, à 2 km au nord de la gare. 044-552-48-87. • puijopeak.fi • 2 bus/j. depuis le centre (le mat), mais la ligne est parfois suspendue. On peut y aller à pied par plusieurs sentiers. Tlj 10h-18h. Entrée : 7 € ; réduc.*
Cette affreuse tour de béton, haute de 75 m, n'a qu'un mérite : offrir le plus beau panorama de la région, 224 m au-dessus du lac Kallävesi. Au sommet, un restaurant tournant, trop cher pour la qualité des plats servis. Et, tout autour, 500 ha de forêt d'épicéas pour de belles balades balisées (carte des sentiers à l'office de tourisme).

À faire

***Croisières sur le lac* :** plusieurs compagnies proposent des balades sur le lac en été, souvent avec repas à bord. Rien de spectaculaire, on ne va pas bien loin. À choisir, on préfère le *M/S Koski,* en bois, plus joli que les autres.

• koskilaiva.com • *De mi-mai à fin août, tlj à 11h, 13h, 15h, 17h et 19h (durée : 1h30-2h). Billet : env 19 € ; forfait famille env 40 € ; réduc. Achat des billets et départ sur le port (plan B2,* **1***).*

Croisière vers Savonlinna : avec Saimaaan Laivamatkat. ☎ *(015) 250-250.* • *mspuijo.fi* • *Début juil-début août, départ mar, jeu et sam à 9h de Kuopio, arrivée à Savonlinna à 19h30 ; retour lun, mer et ven. 95 €/pers l'aller ; enfants ½ tarif.* Voyage de 1 journée sur un authentique *steamship,* le long des lacs, de vieux canaux et au gré des écluses. Une excellente alternative au bus pour ceux qui ont le budget ! Des versions avec retour en voiture *(130 €)* ou excursion de 2 jours *(150-190 €)* sont aussi proposées, de même que des croisières plus courtes d'une demi-journée sur une partie de l'itinéraire avec retour en bus *(env 62 €).*

Excursion vers le monastère de Valamo : *avec la compagnie* Saimaaan Laivamatkat, *Puistokatu 1.* ☎ *(015) 250-250.* • *mspuijo.fi* • *Fin juin-début août. Départ de Kuopio en bateau mar, jeu et sam à 9h avec retour en bus vers 16h45, ou départ en bus lun, mer et ven à 12h avec retour en bateau à 19h30. Billet : 82 € ; réduc. Sur 2 j. : 130-160 €.* Après avoir quitté les territoires annexés par l'URSS, de nombreux moines vinrent s'installer dans la région de Kuopio. La visite du monastère de Nouveau-Valamo donne l'occasion d'une belle balade sur les lacs. Restauration à bord, mais les fauchés apporteront de quoi manger.

Survol en hydravion : *avec* Vesilento Taxi. *050-572-65-52.* • *weflyfinland.fi* • *De début juin à mi-août. Départ du port (plan B2,* **3***). Compter 70 €/pers pour 15 mn de vol (min 3 pers).* C'est des airs que l'on découvre le mieux le pays des Lacs !

Manifestations

– ***Soirées traditionnelles de Jätkänkämppä*** *(la cabane du Bûcheron)* **:** *au* Spa Hotel Rauhalahti, *à 6,5 km au sud de la ville, à côté du camping (bus n° 7).* • *rauhalahti.fi* • *Tte l'année le mar, ainsi que jeu juin-août. Compter env 25 € pour le dîner, 15 € pour le sauna (38 € pour les 2) ; ½ tarif pour les 4-14 ans.* Une cabane de bûcheron des années 1950 a été reconstruite sur la péninsule boisée proche de l'hôtel, classée réserve naturelle. Transformée en resto, elle accueille des « soirées finlandaises » avec musique traditionnelle. On peut se contenter du sauna à fumée (le plus grand du monde : il peut accueillir 100 personnes) ou assister gratuitement au spectacle de bûcherons à 18h et 20h en été. L'hiver, un trou est creusé dans la glace juste devant !

VOUS AVEZ DIT *KURLAUS* ?

Les Finlandais adorent les compétitions sportives. Y compris farfelues. Histoire d'occuper les journées d'été, à Kuopio, on a inventé le kurlaus : une version estivale du curling, joué avec des balles en écorce de bouleau et... des balais ! Il y a même une fédération et un championnat du monde.

– ***Finland Ice Marathon :*** *3-4 j. fin fév.* • *finlandicemarathon.com* • Cette compétition *open* de patinage sur le lac Kallävesi gelé attire des milliers de participants. Épreuves de 500 m (pour les enfants)... à 200 km !
– ***Kuopio Tanssii*** *(festival de Danse et de Musique)* **:** *1 sem mi-juin.* • *kuopiodancefestival.fi* • Toutes les formes de danse sont représentées, des claquettes au tango, du classique au ballet jazz. Au programme : animations de rues, cours de danse (chers), etc.
– ***Kuopio Wine Festival*** *(festival du Vin)* **:** *pdt env 10 j. fin juin-début juil.* • *kuopiowinefestival.fi* • Dégustations, gastronomie, musique folklorique, concerts...
– ***Kuopio Rockcock Festival :*** *3 j. fin juil.* • *kuopiorock.fi* • Concerts de rock avec des groupes et artistes finlandais et parfois internationaux.

LA CARÉLIE DU NORD

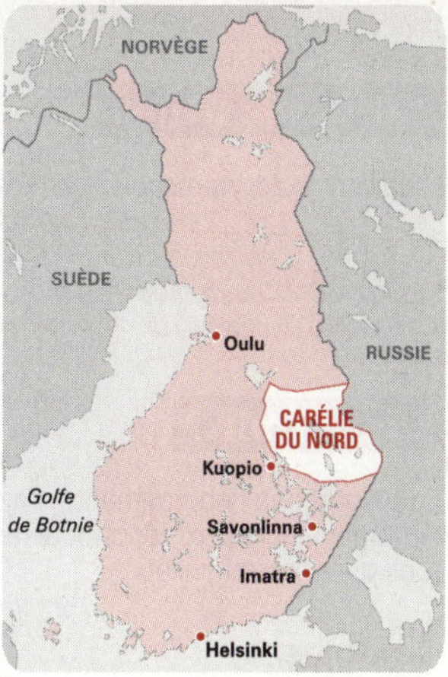

Historiquement parlant, la Carélie occupe un vaste territoire s'étendant du golfe de Finlande à la mer Blanche (Arctique), englobant les immenses lacs Ladoga et Onega. Depuis la guerre d'Hiver survenue en 1940, 180 520 km² sont russes, la Finlande ne conservant que 28 824 km² séparés en 2 entités inégales : la Carélie du Nord et la Carélie du Sud.
La proximité géographique du grand voisin est ici palpable : la région est la plus orthodoxe de Finlande, comme en témoignent quelques élégantes églises en bois et chapelles aux bulbes de bardeaux. Outre une certaine nostalgie, la Carélie évoque aussi aux Finlandais le charme de paysages reposants : forêts de bouleaux, cours d'eau paisibles et lacs, prairies semées de fleurs et petites fermes en rondins. Le sens de l'accueil des Caréliens est légendaire, tout autant que leur optimisme, leur sens de la débrouillardise et leur gastronomie terrienne.

JOENSUU

76 100 hab. IND. TÉL. : 013

• Plan *p. 241*

Capitale de la Carélie du Nord, cette ville moyenne répond au schéma classique de la cité nordique : fonctionnelle et tristounette, si l'on excepte quelques vieilles maisons en bois et le dynamisme – relatif – de sa vie universitaire. On peut y faire escale, mais on ne s'y attardera pas.

Arriver – Quitter

Gare ferroviaire *(plan B2)* **:** *Itäranta 12. Accès depuis le centre avec les bus nos 1 ou 3. Consignes automatiques.* Compter env 7 trains directs/j. (4 le dim) pour *Helsinki* (trajet : 4h15-4h40), la plupart via Imatra et Lahti ; 2 trains/j. pour *Lieksa* (trajet : 1h20) et *Nurmes* (trajet : 2h). Pas de train direct pour *Kuopio* ni *Savonlinna.*

Gare routière *(plan B2)* **:** *Itäranta 6. Achat des billets à bord.*

➢ ***Helsinki :*** 4-6 bus/j. (trajet : 6-8h).

➢ ***Ilomantsi :*** 5 bus/j. dim-ven, 1-2 seulement le sam (trajet : 1h25-1h45).

➢ ***Autres liaisons directes :*** 7-9 bus/j. pour ***Kuopio*** (trajet : 2h-2h50), 1-2/j. pour ***Savonlinna*** (trajet : env 3h), 3/j. pour ***Jyväskylä*** (trajet : 3h30-4h) sauf le sam (1 seul), 1-5/j. pour ***Lieksa*** (trajet : 1h40) et 2-3/j. pour ***Nurmes*** (trajet : 2h).

✈ ***Aéroport*** *(hors plan par A1)* **:** ☎ *020-708-000.* • *finavia.fi/en/*

airports/joensuu • À 10 km au nord-ouest du centre-ville. Bus n° 6 de/vers la gare routière ou la pl. du Marché (plan B2), départ env 1h30 avt le vol (env 6 €). Sinon taxis (station pl. du Marché), ☎ 060-110-100 ou 📱 050-527-12-29. Vols quotidiens pour **Helsinki.** Loueurs de voitures.

🚐 ***Taxi régulier*** vers **Koli** (voir à cette ville).

Adresses utiles

ℹ ***Office de tourisme*** (plan B2) **:** *Koskikatu 5 (sur la pl. principale) ; au rdc du Carelicum (centre culturel de Carélie). ☎ 267-52-22. • visitkarelia.fi • Lun-ven 9h-16h30, plus w-e 10h-15h.*

✚ ***Hôpital de Carélie du Nord*** *(Pohjois-Karjalan keskussairaala ; plan B2)* **:** *Tikkamäentie 16. ☎ 171-33-00.*

Où dormir ?

La plupart des hébergements majorent largement leurs prix pendant le festival rock qui a lieu mi-juillet.

Camping

⛺ 🏠 ***Camping Holiday Linnunlahti*** *(plan A2,* ***10****)* **:** *Linnunlahdentie 1. 📱 040-033-31-33. • linnunlahti.fi • À env 2 km du centre, près du Botania. Réception 8h-20h (22h en été). En tente, compter env 15 € pour 2 ; chalets 90-190 € pour 2-6 pers. Sauna payant et loc de vélos.* Occupant un terrain en partie arboré, avec accès direct à la plage municipale, ce camping est plutôt bien équipé, même si les sanitaires datent un peu. Les tentes s'installent sur les franges (éviter le côté rue). Les récents « chalets », alignés façon quartier résidentiel, regroupent chacun 2 appartements de 63 m², avec chambre, petite terrasse et sauna. Les camping-cars peuvent préférer s'installer à côté du resto-bar *Jokiasema,* tout au bout de Länsikatu, face au lac (et à l'usine de traitement des eaux...).

De bon marché à prix moyens

🏠 ***Partiotalon Retkeilymaja*** *(plan A1,* ***11****)* **:** *Vanamokatu 25. 📱 045-262-16-31. • partiotalo.fi • À 15-20 mn à pied du centre. Ouv juin-août pour le dortoir ; tte l'année pour les doubles et studios. Réception 16h-21h juin-août ; hors saison, réserver avt. Lit 12 € ; doubles et studio (avec cuisine et sdb) 40-52 € ; draps 6 €.* L'été, ce centre de scoutisme installé dans une sympathique vieille maison se transforme en AJ. On y trouve des chambres privées, 1 studio, 1 appart pour 3 personnes et 1 dortoir d'une dizaine de lits avec coin TV et sa propre cuisine – le tout assez spartiate mais bien tenu, avec AC et peu à peu rénové. Sanitaires communs. Cuisine commune et supermarché à 600 m.

🏠 ***Finnhostel Joensuu*** *(plan A2,* ***13****)* **:** *Kalevankatu 5b. 📱 050-408-45-87. • finnhostel@islo.fi • Réception 15h-20h. Apparts pour 2 pers 78 €, pour 4 pers env 90 €. Sauna inclus ! Réduc avec la carte ISIC.* On est ici dans le tout-fonctionnel, mais le rapport qualité-prix est excellent, notamment à 4. Chaque appart dispose d'une cuisine et d'une salle de bains et, pour les plus grands, de 2 petites chambres.

🏠 ***Green Star*** *(plan B2,* ***14****)* **:** *Torikatu 16. ☎ 010-423-93-90. • greenstar.fi • Réception lun-ven 7h-20h, sam 8h-20h, dim 8h-13h et 15h-19h (ou accès avec un code). Chambres env 65-108 € pour 2-3 pers ; parking payant.* Cet hôtel moderne est comme les copains. Ses chambres sont fonctionnelles (salle de bains, frigo et TV dans chacune). Il a en plus l'avantage d'être récent et très central, ce qui, eu égard à ses tarifs modérés, a attiré notre attention. À 2 ou à 3, c'est le même prix ! L'immeuble est conçu pour diminuer la consommation d'énergie.

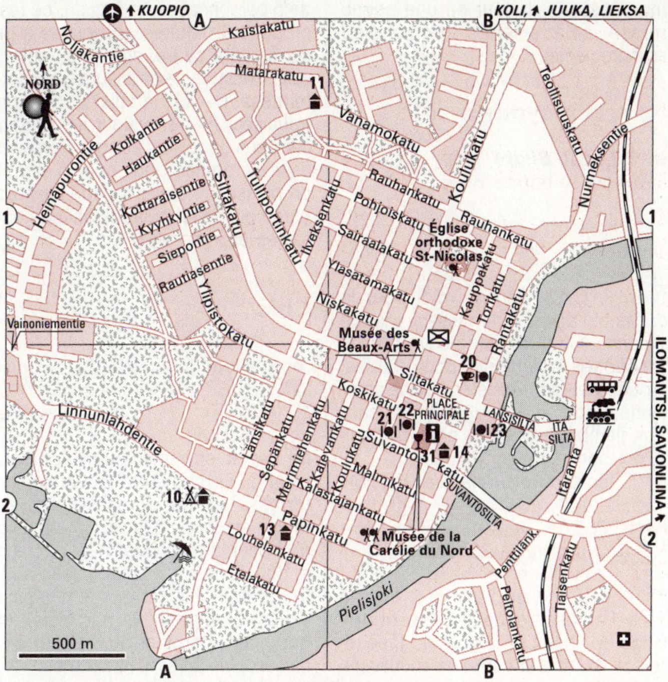

JOENSUU

- **Adresses utiles**
  - Office de tourisme (B2)
  - Hôpital de Carélie du Nord (B2)
- **Où dormir ?**
  - 10 Camping Holiday Linnunlahti (A2)
  - 11 Partiotalon Retkeilymaja (A1)
  - 13 Finnhostel Joensuu (A2)
  - 14 Green Star (B2)
- **Où manger ?**
  - 20 Kahvila & Kakkukauppa Houkutus (B2)
  - 21 Kielo (B2)
  - 22 Local Bistro (B2)
  - 23 Teatteri Ravintola (B2)
- **Où boire un verre ?**
  - 31 60's Palaver (B2)

Où manger ?

La spécialité locale, c'est la pirogue carélienne *(karjalanpiirakka)*, une sorte de minitourte en forme de barque, généralement fourrée au riz ou à la pomme de terre, qui se mange chaude avec le *munavoi,* malaxage d'œuf dur et de beurre. L'été, l'office de tourisme propose des stages pour apprendre à les confectionner !

Bon marché

Kahvila & Kakkukauppa Houkutus *(plan B2,* ***20****)* **:** *Torikatu 24. ☎ 316-735. Lun-ven 7h30-19h, sam 8h30-17h ; fermé dim. Salades env 9,50-11 €.* Cette cafétéria au décor chaleureux attire du monde à toute heure. On s'y offre un *latte,* une pâtisserie du jour ou une bonne grosse salade-repas (on choisit les ingrédients).

De prix moyens à chic

🍴 ☂ ***Local Bistro*** *(plan B2,* ***22****) : Koskikatu 9, entrée Kauppakatu 23. ☎ 010-323-49-33. Tlj sauf dim 10h45 (12h sam)-22h (23h ven-sam), la cuisine ferme 1h plus tôt. Lounas (10h45-14h) 8,80-15 € ; plats 25-35 € ; menus 44-57 €.* On y vient le midi pour le *lounas* et l'agréable terrasse sur la rue piétonne. On y revient le soir pour les banquettes et fauteuils confortables, les lumières tamisées et la cuisine carélienne moderne, façon gaufre au saumon flambé, tourte aux champignons ou poisson sauce au vin rosé.

🍴 ☂ ***Teatteri Ravintola*** *(plan B2,* ***23****) : Rantakatu 20, au bord de la Grand-Place. ☎ 010-231-42-50. Tlj sauf dim 11h (12h sam)-21h (22h jeu-ven, 23h sam). Lounas en sem env 10-11 € ; plat env 26 € ; menu env 46 €.* Installé dans l'amusante bâtisse de brique rouge de l'hôtel de ville et du théâtre, coiffée d'une tour carrée et enchâssée de 5 personnages en façade, ce resto propose un intéressant *lounas* à prix serré. Côté cadre, on choisit entre la salle *classy,* la véranda lumineuse et la terrasse. Le soir, la cuisine, bien plus travaillée, met en valeur les produits caréliens de saison. Les garnitures sont assez étudiées pour que, ô miracle, on puisse échapper à cette inévitable purée qui se retrouve d'habitude dans toutes les assiettes !

Chic

🍴 ☂ ***Kielo*** *(plan B2,* ***21****) : Kirkkokatu 16. ☎ 227-874. Tlj sauf dim-lun 16h-22h (23h). Résa conseillée. Plats env 24-32 € ; menus 37-59 €.* S'il ne devait en rester qu'un, ce serait celui-là. Le cadre est tendance, et la terrasse sur rue agréable lorsque le temps est clément. Mais on vient avant tout pour la cuisine raffinée, goûteuse, et pour le souvenir tenace des viandes fondantes. La carte, créative sans excès, change 2 fois par mois : une garantie de profiter du meilleur de la saison. Une adresse renommée.

Où boire un verre ?

🍸 ☂ ***60's Palaver*** *(plan B2,* ***31****) : Kauppakatu 22. 📱 040-026-13-61. Tlj 15h-minuit (2h ven-sam).* Un bar pour remonter le temps jusque dans les années 1960. Mobilier et musique de circonstance. Coin salon avec divan et étagères chargées de bouquins. Grand choix de bières. Terrasse au bord de la rue. Un endroit bien sympa.

À voir. À faire

★ ***Le marché*** *(plan B2) : sur la pl. principale. Tlj sauf dim 7h-14h.* Fleurs, légumes et fruits voisinent avec quelques buvettes. Parfois des concerts et un marché aux puces certains dimanches d'été.

★★ ***Le musée de la Carélie du Nord*** *(Pohjois-Karjalan museo ; plan B2) : Koskikatu 5. ☎ 267-52-22. • joensuu.fi/pohjoiskarjalanmuseo • Au 1er étage (l'office de tourisme se trouve au rdc). Tlj 10h-16h (19h mer). Entrée : 7 € ; réduc.* À l'étage du centre culturel *Carelicum,* ce musée se consacre à la Carélie du Nord, sa culture, son folklore, ses activités traditionnelles et son histoire prise en étau entre Finlande et Russie. On peut y voir de nombreux costumes (colorés des paysans, sombres des bourgeois), un trésor de 668 monnaies découvert en 2015 et… un moteur de Junker, illustrant la section sur la Seconde Guerre mondiale. L'ensemble est récent, un peu interactif, bien présenté, avec des panneaux en anglais. Expos temporaires au rez-de-chaussée.

Le musée des Beaux-Arts *(Taidemuseo ; plan B2)* **:** *Kirkkokatu 23. ☎ 337-53-88. • joensuuntaidemuseo.fi • Tlj sauf lun 10h-16h (19h mer). Entrée : 7 € ; réduc ; gratuit moins de 7 ans et pour ts oct-fin avr le ven 14h-16h.* Constitué au gré de différentes dations, le musée expose des collections un peu disparates. Petite mais jolie section d'art européen du XIVe au XVIIIe s (Renaissance italienne notamment), antiquités, peinture finlandaise des années 1850-1970 avec quelques toiles de grands artistes nationaux. Au 2d étage, icônes modernes joliment présentées et bel ensemble d'œuvres d'art chinoises, pour certaines des époques Han et Tang.

L'église orthodoxe Saint-Nicolas *(Ortodoksinen Pyhän Nikolaoksen kirkko ; plan B1)* **:** *Kirkkokatu 32 (tt au nord). De mi-juin à début août, tlj sauf 10h-16h.* Cette église orthodoxe en bois, bâtie en 1887, est mignonne comme tout. Son iconostase a été peinte au monastère Saint-Alexandre-Nevski de Saint-Pétersbourg.

Festivals

– ***Ilosaarirock :*** *festival de rock pdt 3 j. mi-juil. Billets en vente au Carelicum (forfaits 1-2-3 j.). • ilosaarirock.fi •* De grands noms du pays et des artistes du monde entier se produisent en bord de lac.
– ***Gospel Festival :*** *1 sem en août. • gospelfestarit.fi • Concerts gratuits ou payants (22-28 €, pass 1 j. : 45 €).* Artistes finlandais et étrangers se produisent dans les églises de la commune.

ILOMANTSI

5 200 hab. IND. TÉL. : 013

Bastion du rite orthodoxe et de la tradition carélienne, c'est l'agglomération la plus orientale de Finlande, à 25 km seulement de la frontière russe. On peut d'ailleurs rejoindre le village continental le plus oriental de toute l'Union européenne, Möhkö, pour se faire photographier sous le panneau !

Arriver – Quitter

Gare routière : *Kalevalantie 13, au croisement de Montsintie, derrière le S-Market.* 5 bus/j. pour Joensuu dim-ven, 1-2 le sam (trajet : 1h25-1h45).

Adresses utiles

Office de tourisme : *Ruskosillantie 14. 050-337-73-79. • visitkarelia.fi • Ouv juin-août, lun-ven 10h-17h, sam 10h-16h (plus dim en juil).* Les étudiants qui y travaillent l'été ne sont pas toujours au courant des choses...

Taxis : *Kalevalantie 13, à côté de l'arrêt des bus. ☎ 881-111.*

Où dormir dans le coin ?

Prix moyens

Puustila Scenic Farm : *Vehnävaarantie 11. 050-595-59-24. • puustilanmaisematila.fi • À 9 km d'Ilomantsi en direction de Joensuu, bifurquer à gauche en direction de Pirttijärvi ; c'est la 1re maison sur la droite à 1 km. Double 62 € sans draps, 70 € avec ; petit déj 8 €. Sauna (payant) au fond du jardin.* Dans une ferme rouge de 1894, en pleine nature, ce couple d'éleveurs de moutons de race ancienne (rare !), discret et gentil, propose des chambres qui se partagent 2 salles de bains. L'endroit est simple et authentique. Si authentique, d'ailleurs, que les peaux de mouton couleur fumée (en vente) s'accumulent dans un coin du salon ! Tout autour, des chemins de rando.

Où manger ? Où boire un verre ?

Hermanni Wine Tower : *Pappilanvaara. 040-057-20-70. Ouv de juin à mi-août, tlj 12h (10h ven-sam en juil)-22h (1h ven-sam).* Les associés de la firme *Hermanni* (voir ci-après) ont reconverti cet ancien château d'eau, haut de 32 m, en un bar à vins-snack atypique. Une carte en anglais présente les vins de baies de la maison, à déguster avec un croissant fourré, une quiche, un wrap ou une pâtisserie (ça change d'un jour sur l'autre) pas chers. En prime : la vue panoramique à 360°, jusqu'à la Russie. Pour grimper, il y a 188 marches ou... un ascenseur, rassurez-vous !

Restaurant Parppeinpirtti : *Parppeintie 4. ☎ 010-239-99-50. Juin-août seulement, tlj 11h-16h. Buffet carélien env 24 € (servi 11h-16h et jusqu'à 18h en juil).* Adjacent au *Village de la Poésie,* dont il dépend, ce resto se fait le chantre d'une cuisine carélienne pur jus. L'occasion de goûter aux incontournables « pirogues », mais aussi au saumon fumé, au hareng mariné, à la salade de champignons et autre confiture carotte-airelle ! Le cadre est touristique, mais les convives sont surtout des habitués.

Achats

Hermannin Viinitila *(boutique du domaine Hermanni) : Käymiskuja 1. ☎ 020-778-92-30. • hermannin.fi • Juin-août, lun-ven 9h-17h, sam 10h-16h, plus dim en juil 12h-16h ; sept-mai, tlj sauf w-e 9h-16h. Vins de baies env 12 €.* C'est le vin de baies de la maison qui l'a fait connaître. Il y en a (notamment) à la fraise, à la framboise, à la myrtille, aux groseilles à maquereau, au cassis, à la plaquebière (mûre des tourbières ou chicoutai)... Et on ne vous a pas encore parlé du mousseux concocté à base de sève de bouleau, du gin maison et des limonades de baies.

À voir

Le village de la Poésie de Parppeinvaara (Parppeinvaaran Runokylä) : *Parppeintie 4, à la sortie sud d'Ilomantsi, en direction de Joensuu. 050-375-87-87. • parppeinvaara.fi • Juin-août seulement, tlj 11h-17h (10h-18h juil). Entrée : 9 € ; réduc.* Autour de la maison (reconstituée) d'un célèbre barde local du XIXe s, ce hameau regroupe un ensemble de petits édifices caréliens déplacés jusqu'ici. On y découvre notamment une chapelle orthodoxe en bois très mignonne, la grande isba en rondins d'un militaire finlandais durant la guerre d'Hiver et une section d'histoire naturelle bien faite. Des démonstrations de *kantele* sont proposées à chaque visite et des animations (danses et musique folkloriques) ont lieu le jeudi soir. On vous conseille le buffet du restaurant, bon, bien qu'un peu cher (voir « Où manger ? »).

L'église des Cent Anges (Sadan enkelin kirkko) : *Henrikintie 1. De fin juin à mi-août, tlj 11h30-17h. Suivre « Tiekirkko ». GRATUIT.* Bâtie en 1796, cette église luthérienne assez massive, tout en bois, voisine avec un clocher séparé lui aussi bien corpulent. Ses fresques ne sont pas d'une très bonne facture...

L'église Saint-Elias (Elian kirkko) : *Kirkkotie 15. De fin juin à mi-août, tlj 11h30-17h. GRATUIT.* C'est la plus grande église orthodoxe de Finlande, construite en 1891. Le 20 juillet, on peut y assister à la *praasniekka,* la très colorée fête patronale, rythmée par une procession, avec bénédiction des eaux. D'autres fêtes ont lieu dans toute la région entre le 29 juin et la mi-septembre.

DANS LES ENVIRONS D'ILOMANTSI

La chapelle Saints-Pierre-et-Paul d'Hattuvaara : *à 39 km au nord, en direction de Lieksa. Ouv 3 sem en juil seulement. GRATUIT.* Elle est bien mignonne, cette chapelle en bois blanc orthodoxe posée sur le flanc de la route, greffée de 2 clochetons. Elle daterait de 1792. La *praasniekka* se tient autour des 28 et 29 juin.

Le parc national de Petkeljärvi *(Petkeljärvi kansallispuisto)* **:** ce beau petit parc flirtant avec la frontière russe s'inscrit dans une géographie marquée par une longue suite d'eskers (crêtes glaciaires) et un couvert de très hauts pins. On s'en approche joliment par une piste slalomant entre les lacs. S'il est rare de pouvoir observer les élans, ours, loups, lynx et castors habitant le secteur, on peut s'offrir une balade le long des boucles du *Harjupolku* (sentier de l'Esker) ou du *Kuikan Kierros* (boucle du Plongeon), longues respectivement de 3,5 et 6,5 km. Départs du centre d'information. Il existe d'autres parcours plus longs. On peut aussi descendre en canoë la rivière Koitajoki, soit jusqu'au lac Koitere dans le parc national de Patvinsuo (80 km), soit jusqu'à Mutalahti (20 km). À Petraniemi, derrière le centre d'information, on peut voir quelques tranchées (restaurées !) datant de la guerre d'Hiver.

Centre d'information : *Petkeljärventie 61, à* ***Petraniemi,*** *à 20,5 km au sud-est d'Ilomantsi (par la route de Möhkö, puis fléché à droite). 041-436-17-90. • nationalparks.fi/en/petkeljarvinp • Ouv mai-fin août. De fin juin à mi-août, tlj 10h-20h, en début et fin de saison mer-dim 10h-17h (ven-dim seulement en mai).* Toutes les infos et cartes pour la rando.

On peut loger à Petraniemi entre mai et août. On y trouve un ***camping*** *(12 €/tente)* niché sous les grands pins dans une tranquillité olympienne (insectes exceptés !), avec sauna électrique gratuit et sauna à bois pas cher. Sinon, le centre d'info abrite une ***cafétéria*** *(lounas 10,50 €, 12h-15h)* et des ***chambres*** tout en bois, pas très grandes, de 4 à 8 lits superposés *(62-125 €, linge 8 €, petit déj en sus).* Cuisine à dispo. Location de canoës.

LE PARC NATIONAL DE PATVINSUO

IND. TÉL. : 013

Isolé à l'approche de la frontière russe, ce parc sauvage, étendu sur 105 km², alterne zones marécageuses et boisées entre le grand lac Koitere (au sud) et le petit lac Suomunjärvi (au nord), aux rives ourlées de nombreuses plages de sable. On s'y balade sur un réseau d'environ 80 km de sentiers balisés, sans difficulté, bien adaptés à la randonnée à la journée. Les plus chanceux verront peut-être un castor ou un élan. L'ours, quoique présent en nombre, le loup, le lynx et le glouton sont autrement plus discrets. Nos lecteurs ornithologues astiqueront leurs jumelles pour observer pics épeiches, lagopèdes, plongeons, grues, oies et cygnes sauvages.

Arriver – Quitter

L'entrée du parc, bien indiquée, se trouve sur la route 5202 Kivilahti-Kitsi. Aucun transport public pour s'y rendre. D'Ilomantsi, il vous faudra emprunter un maillage de petites routes de terre qui traversent un superbe no man's land ponctué de lacs.

Adresse utile

Visitor Centre (Suomu Nature Information Hut) : *lieu-dit Suomu, au bord du lac Suomunjärvi. 050-372-62-42 ou 046-572-07-66. • nationalparks.fi/en/patvinsuonp • Juin-août, tlj 10h-17h ; mai et sept, fermé lun-mar.* Petite expo sur la faune du parc. Permis de pêche. Location de barques, canoës et kayak *(30 €/j.).*

Où dormir dans le parc et dans la région ?

Campings : *il y a une petite dizaine d'aires de camping dans le parc, dont une à 200 m du centre d'information, au bord du lac Suomunjärvi. Gratuit.* Tous sont équipés de toilettes sèches et d'un endroit pour faire du feu (bois à disposition). Pour se laver, pas d'autre solution que de piquer une tête dans le lac. 2 d'entre eux disposent d'un refuge dans lequel on peut se préparer la popote.

Suomu Huts : *rens au Visitor Centre ou au ☎ 020-639-56-54. • thturunen@gmail.com • (résas). Compter 22 €/pers en dortoir ou 160 € pour la pièce entière à l'Information Hut ; 90 € pour 2-4 pers en chambre ou 250 € pour la maison entière à la Suomu House. CB refusées.* Le dortoir, de 9 lits superposés, est aménagé au-dessus du *Visitor Centre.* Il y a un poêle dans la pièce et une modeste cuisine au rez-de-chaussée. Toilettes sèches et pas de douche (il y a le lac...). Prévoir ses provisions. Pas bien loin, la jolie *Sumo House,* toute rouge, en bois, peut accueillir jusqu'à 20 personnes. Elle a l'électricité, du chauffage et on y trouve une cuisine. Sauna au bord du lac accessible même à ceux qui ne logent pas sur place *(20 €/2h, temps de chauffage compris, à faire chauffer soi-même).*

Loma-Kitsi : *Kitsintie 86A, sur la commune d'**Hattuvaara,** à 17 km au nord de l'entrée du parc. 040-045-70-15. • lomakitsi.com • À l'embranchement de la 5202 et de la 522 pour Lieksa, prendre à droite direction Ilomantsi, c'est à 2 km sur la gauche. Compter 22 € en dortoir (draps et serviette 7 €) juin-sept seulement ; chalets 2-6 pers tte l'année 55-120 € ; petit déj 7 €. Lounas 11-15 € pour les résidents.* Une adresse carélienne pur jus ! Un couple de fermiers propose des dortoirs dans une ancienne école, avec poêles à bois et mezzanines. Quelques chalets se disséminent sur la propriété avec toilettes sèches dans un cabanon dehors, et douche à prendre dans la maison des proprios... Un peu rustique, donc ! Un seul, plus luxueux, dispose de sa propre douche et d'un sauna. La cuisine de madame vous laissera de bons souvenirs, mais il faut prévenir au moins la veille. Au fait, ici, on ne parle que le finnois (mais on peut réserver en anglais). À vos dicos !

Taiga Maja : *Hattuvaarantie 277, à **Hatunkylä,** à 26 km au nord de l'entrée du parc et 30 km de Lieksa. 045-270-74-40. • taigamaja.fi • Compter 22 €/pers en dortoir, 52 € la double.* Le boss, Sergueï, est ukrainien et ne parle que quelques mots d'anglais. Il a reconverti cette vieille (et grande) école en AJ et centre d'activités. Les dortoirs (7-10 lits) occupent les anciennes salles de classe. Ici, pas de *bunk beds* fonctionnels, mais des mezzanines de bois de guingois, rigolotes, bricolées par Sergueï lui-même – tout comme la déco et le café-cuisine commune. W-c et douches s'alignent dans le couloir. Machine à laver *(payante),* sauna électrique au sous-sol, joli sauna à bois au bord du lac *(gratuit mer et sam, sinon 80 €)* et cuisine extérieure dans son petit chalet en rondins. L'été, Sergueï organise pêche et descentes en canoë ; l'hiver, il est spécialisé dans les sorties en traîneau à chiens. Son conseil : venir plusieurs jours pour apprendre à manier un attelage. La meilleure période ? Janvier et février.

Où manger ?

Le resto le plus proche se trouve à Uimaharju, sur le lac Pielinen, à 50 km au sud. Penser à prendre un pique-nique !

À voir. À faire

Les sentiers nature : 3 sentiers explorent la forêt d'épicéas (*Kuusipolku* ou sentier du Sapin, 3 km), les milieux marécageux (*Lakkapolku* ou sentier de la Mûre des marais, 3,3 km) et la forêt de pins et bruyère (*Mäntypolku* ou sentier du Pin, 4,5 km).

Suomunkierto *(tour du Suomunjärvi)* **:** notre balade préférée dans le parc. Au départ de Suomu, cette boucle de 15 km contourne le Suomunjärvi, un beau lac bordé de 24 km de sable fin. Son contour complexe est un régal pour les géologues, qui analyseront la topographie pour y reconnaître les eskers et les moraines.

Bien d'***autres itinéraires*** sont possibles, notamment jusqu'au lac Koitere au sud et même, pour les grands marcheurs, jusqu'à Ilomantsi par le *Susitaival* (trajet du Loup, 90 km) et jusqu'à Kuhmo par le *Karhunpolku* (sentier de l'Ours, 133 km) – à ne pas confondre avec le circuit de l'Ours du parc d'Oulanka.

LIEKSA

13 400 hab. IND. TÉL. : 013

Plantée sur le flanc oriental du grand lac Pielinen, à l'embouchure de la rivière Lieksanjoki, cette grosse bourgade possède un intéressant musée en plein air. De là, on rejoint le domaine de randonnée de Ruunaa et, en bateau, l'été, le célèbre site de Koli, dominant le lac de la berge opposée.

Arriver – Quitter

Arrêt des bus : *Mönninkatu 16.* 6 bus directs/j. pour ***Joensuu*** lun-ven (trajet : env 1h45), 2-3 seulement le w-e.

Gare ferroviaire : *Asemakatu.* Liaison 2 fois/j. (mat et ap-m) avec ***Joensuu*** (trajet : 1h20-1h30), où l'on trouve une correspondance pour ***Imatra*** (trajet : 3h50) et ***Helsinki*** (trajet : 6h30). 2 trains/j. pour ***Nurmes*** également (trajet : 45 mn), d'où l'on peut ensuite rejoindre ***Kajaani.***

Embarcadère : *Braheantie. Tt au bout de la route de l'église, à prendre juste avt de traverser le pont.* De fin juin à mi-août, tlj sauf dim-lun, l'hydroglisseur de *SuviExpress* rejoint ***Koli*** en 45 mn (27 € ; gratuit pour les vélos). En principe, départ à 12h, retour de Koli à 16h. Du port, on gagne le belvédère d'Ukko-Koli en bus *(à réserver au moins 2h avt au 045-138-74-29 ; 6 €).*

Adresse utile

Office de tourisme : *Moisionkatu, à l'angle de Korpi-Jaakonkatu. 040-017-53-23. • visitkarelia.fi • Planqué derrière la banque OP ! Lun-ven 9h-17h (plus sam 9h-14h en juil). Fermé dim.*

Où dormir dans la région ?

À Lieksa

Timitraniemi Holiday Village : *Timitrantie 25.* *045-123-71-66.* • *timitra.com* • *À env 2 km du centre, en direction de Joensuu, après le musée (fléché). Ouv de mi-mai à mi-sept. Compter env 26 € pour 2 avec tente ; chalets 48-170 € (2-8 pers). Petit déj et repas sur résa. Sauna payant au bord du lac.* Dans une forêt d'épicéas, de bouleaux et de pins sylvestres, à l'embouchure de la rivière, ce camping offre un cadre reposant. Les campeurs n'ont pas beaucoup d'espace, mais les cottages en rondins, alignés en rang d'oignons, sous les arbres, sont pas mal (quoique pas géants). Les plus chers disposent d'une kitchenette et d'une douche ; les autres partagent les sanitaires communs. Cuisine bien équipée pour tous, emplacements pour feux, location de bateaux, canoës, vélos et matériel de pêche, minigolf, boutique avec produits de base, etc.

Timitran Linna *(Timitra Hostel)* **:** *Timitrantie 3.* *044-333-40-44.* • *timitra.fi* • *À env 1,5 km du centre, même route que le camping. Lit 29 € en chambre de 5 pers ; doubles avec ou sans sdb 69-79 €, linge inclus. Petit déj en sus, mais sauna gratuit s'il vous plaît !* L'immeuble, à l'allure martiale, abrita jadis une caserne ! Peu gracieux, mais l'AJ qui s'y est installée a été agréablement aménagée. Les chambres, pour 2 à 5 personnes (avec sanitaires communs), ont une petite déco plaisante et des dessus-de-lit bariolés. Le boss, un Finlando-Écossais, est des plus sympathique et chaleureux ; dommage qu'il n'ouvre plus son café que pour les groupes et lors des festivals. Location de vélos et kayaks.

Plus loin

Kestikievari Herranniemi Guesthouse : *Vuonislahdentie 185, à* ***Vuonislahti.*** *☎ 542-110.* *040-048-29-49.* • *vuonis.net/kestik* • *À 28 km au sud de Lieksa. Doubles env 85-110 € ; chalets 2-8 pers 42-150 €. Linge 9 €. 3 types de sauna payant : électrique, au bois et à fumée. Dîner env 16-25 €. Loc de vélos, barques et canoës.* Cette *guesthouse* offre tout un éventail d'options d'hébergement. Il y a d'abord quelques jolis apparts et chambres (spacieux et modernes) au-dessus du charmant café-resto – installé dans une maison vieille de 150 ans, où l'on dîne contre le vieux four (sur résa seulement !). En face, l'ancien bâtiment des travailleurs abrite des chambres assez rustiques. Pour un prix à peine supérieur, mieux vaut choisir celles de l'autre bâtiment détaché, simples mais plus accueillantes, avec accès à une cuisine et un sauna (ouvert à toute heure). Ajoutons de mignons chalets de confort variable et, au bord du lac Pielinen : ponton, barques, plagette, cuisine rustique, petite scène de théâtre et saunas au bois et à fumée, pour une expérience 100 % finlandaise.

Jongunjoen Matkailu : *Kivivaarantie 21, à* ***Jongunjoki.*** *040-094-92-15.* • *jongunjoenmatkailu.com* • *De Lieksa, faire 26 km en direction de Nurmijärvi (route 524) puis, à la sortie, prendre à droite vers Kivivaara sur env 2 km. Doubles 100-120 €, sans ou avec sdb, petit déj inclus. Maison indépendante 150 € pour 2-6 pers, petit déj en sus ; draps et serviettes 15 €/pers.* Tenue par un couple finlando-argentin qui a longtemps habité à Ushuaia, l'endroit épouse l'image d'Épinal de la petite maison en Finlande : face à une grande pelouse glissant vers un lac solitaire, en pleine nature. On choisit parmi les chambres de la maison principale (pas très grandes), dont 2 ont leur propre salle de bains, et la maison indépendante, en bois rouge, où peuvent séjourner 12 personnes (cuisine-salon). Le grand sauna à bois coûte très cher, mais il y a aussi un petit sauna rigolo au bord du plan d'eau aménagé dans un petit bâtiment rond comme un tonneau (gratuit à condition de le chauffer soi-même) ! On peut manger sur place ou à l'***Aunen***

LA CARÉLIE DU NORD

Kahvila, dans le hameau *(lun-ven 8h-19h, sam 9h-19h, dim 10h-19h),* une petite épicerie très Finlande profonde proposant surtout boissons chaudes et viennoiseries.

LomaSirmakka : *Tavintie 6, à 4 km au sud de* ***Nurmes.*** *☎ 480-455. • loma sirmakka.com • À 60 km au nord-ouest de Lieksa. Ouv tte l'année. Réception tlj sauf dim 9h-17h. Apparts 80-120 € pour 2 ; tarifs dégressifs dès la 2e nuit.* Les apparts occupent des bâtiments en bois récents dans un coin verdoyant, très au calme, à côté du lac Pielinen. Ils peuvent accueillir jusqu'à 4 personnes. Tous ont cuisine équipée, salle de bains et terrasse et certains possèdent un sauna privé. Aménagement cosy, à la finlandaise. Super accueil.

Où manger ?

Lieksan Liepomo : *Pielisentie 31 (la rue principale), face au* K CityMarket, *à Lieksa. ☎ 521-777. Tlj sauf dim 9h-17h (14h sam).* Lounas *env 8,50 € (10h30-14h), brunch le sam 10,50 € (9h-12h).* C'est, aux dires des habitants du coin, la seule bonne adresse de Lieksa ! Tout le monde s'y presse dès le petit déj et pour le *lounas.* On peut manger sur place, dans la salle principale un peu exigüe ou la véranda attenante. Bons cafés et viennoiseries.

Restaurant Kaneli : *Raatihuoneenkatu 24, à* ***Nurmes.*** *📱 040-681-18-83. Au centre-ville, dans la rue parallèle à la rue principale. Lun-ven 9h30-16h ; fermé w-e.* Lounas *(11h-14h) 9,50 €.* Le cadre est mignon comme tout : une charmante gare en bois datant de 1911. On s'y arrête pour un bon café, une pâtisserie ou le buffet du midi, sans complications mais d'un bon rapport qualité-prix.

À voir

L'église de Lieksa (Lieksan kirkko) **:** *au bord de la rivière. Juin-début août, tlj 10h-16h.* Bâti en 1982 pour remplacer l'église antérieure détruite par un incendie, sur des dessins de Raili et Reima Pietilä (à qui l'on doit l'église de Kaleva à Tampere), cet édifice typique de l'architecture nordique moderne ouvre sur la nature par de grandes baies vitrées derrière l'autel, et un large puits de lumière en forme de croix dans la coupole. La nef prend ici l'allure d'un amphithéâtre, en léger plan incliné. À l'extérieur, subsiste le massif clocher en bois de l'ancien sanctuaire, remontant à 1836. Au-delà, se niche une chapelle orthodoxe en bois toute mignonne.

Le musée du Pielinen (Pielisen museo) **:** *Pappilantie 2. 📱 040-104-41-51. • lieksa.fi/en-francais • À la sortie sud de Lieksa, en direction du camping. De mi-mai à mi-sept, tlj 10h-18h ; le reste de l'année, mar-ven 10h-15h (dernière entrée 30 mn avt), fermé sam-lun. Entrée : 7 € (3 € en hiver) ; réduc. Plaquette en français et prêt de brochure détaillée. Compter 1-2h de visite.*

Ce musée en plein air est le 2e plus grand de Finlande après celui d'Helsinki. S'il ne forme pas vraiment de « village », comme on peut parfois en voir, quelque 70 maisons et dépendances du XVIIIe s au début du XXe s y ont été rassemblés. Provenant de la région qui s'étend entre le lac Pielinen et la Carélie russe, les constructions illustrent la plupart des activités des temps jadis : agriculture (fermes, moulins, étables, granges...), artisanat (ateliers), foresterie (campements de bûcherons, rigolote maison sur radeau pour le flottage du bois !), transports (bateaux, traîneaux) et même lutte contre l'incendie ! Le site, étendu au bord de la Lieksanjoki, est fort joli. L'hiver, on peut seulement visiter les 2 salles du musée d'arts et traditions populaires – où l'on se rend compte de l'importance de l'écorce de bouleau comme matériau à tout faire.

Manifestations

– ***Festival Pielinen Soi :*** *juin-août surtout.* • *pielinensoi.fi* • Concerts de musique classique et contemporaine dans différents endroits – notamment au sommet du mont Ukko-Koli !
– ***Semaine des cuivres de Lieksa :*** *1 sem fin juil.* • *lieksabrass.com* • Trombone, tuba, trompette, cor... les instruments à vent sont à l'honneur durant 1 semaine de concerts tout acabit (certains gratuits, d'autres payants).

DANS LES ENVIRONS DE LIEKSA

La maison-atelier d'Eva Ryynänen et l'église de Paateri *(Eva Ryynänen ateljee ja Paaterin kirkko)* **:** *Paateri 21,* ***Vuonisjärvi,*** *à 28 km au sud de Lieksa. 040-104-40-55. Fléché depuis la route 5071 (menant à Vuonislahti). De mi-mai à mi-sept, tlj 10h-18h. Entrée : 7 € ; réduc.* Jeune prodige du ciseau à bois, partie étudier aux Beaux-Arts d'Helsinki, Eva Ryynänen a passé près de 40 ans auprès de son mari fermier avant de se lancer à fond dans la sculpture, à la suite du succès de sa 1re grande exposition en 1974 (elle avait alors 59 ans !). Dans la maison du couple, elle a tout sculpté, notamment d'innombrables panneaux de bois pour cacher TV, compteurs électriques et autres appareils modernes – qu'elle trouvait très laids ! Le studio, très spacieux, conserve certaines de ses pièces maîtresses : des animaux surtout, émergeant de troncs bruts, ou des personnages liés au Kalevala et aux légendes finlandaises. Mais le plus beau vient à la fin : la superbe église réalisée par l'artiste en 1989-1991, avec son autel émergeant des racines d'un épicéa et sa charpente de troncs géants, si gros qu'ils ne purent être utilisés par les scieries locales (elle les récupéra gratuitement !). De nombreux couples viennent s'y marier et des concerts y sont régulièrement organisés (notamment le jeudi en juillet).

Le domaine national de randonnée de Ruunaa : *à 29 km à l'est de Lieksa par les routes 522 puis 5224. ☎ 533-170.* • *nationalparks.fi/en/ruunaa* • *Minibus* Kimppakyyti *sur résa (040-104-46-83) les lun et ven, obligeant à passer au moins 2 j. sur place.* Proche de la frontière russe, ce domaine de 32 km² est le refuge d'une faune riche comprenant rennes sauvages, ours, lynx, gloutons, visons, loutres et castors... sans oublier les plus grandes fourmilières de Carélie du Nord ! Le territoire, inhabité, épouse un grand W formé par la poissonneuse Lieksanjoki, avec une alternance de rapides et de petits lacs. D'ailleurs, si la randonnée est populaire, on y vient avant tout pêcher et pour se confronter aux 16 km de rapides (en barque et en rafting surtout). *Ruunaan retkeilykeskus* (voir ci-après) propose des sorties accompagnées en été. Les marcheurs trouveront 50 km de sentiers bien aménagés (du facile au difficile), avec chemins de bois et passerelles suspendues au-dessus de la rivière. Ils sont connectés au sentier de l'Ours *(Karhunpolku)* qui relie Patvinsuo à Kuhmo.

Ruunaan Retkeilykeskus *(Hiking Centre)* **:** *à* ***Pankakoski*** *(fléché). ☎ 533-170. 040-579-56-84 (resto).* • *ruunaa.fi* • *Camping de début ou mi-mai à sept, chalets basiques juin-sept ; chalets de luxe et activités tte l'année. Compter 22 € pour 2 avec tente ; chalets basiques 4 pers 40 € et confortables (6 pers) 100 €. Linge 20 €/pers !* Lounas *13 € (tlj 12h-15h ; jusqu'à 14h dim).* Voilà une escale à tout faire. On y mange (choix limité au buffet), on y dort, on s'y renseigne sur les randos, on s'y inscrit pour une sortie en rafting, on y loue canoës, barques, kayaks, raquettes ou matériel de pêche et on peut même y réserver une excursion du côté russe (à condition d'avoir préalablement obtenu son visa) ! Les chalets les plus sympa ont cheminée, salle de bains, kitchenette et sauna. Les plus petits sont basiques, avec juste un frigo et un peu de chauffage.

KOLI

IND. TÉL. : 013

En bordure du lac Pielinen, bien plus qu'une carte postale typique, Koli est un mythe lié au romantisme national. La vue y est considérée comme « paysage national finlandais » !

Arriver – Quitter

En hydroglisseur : liaison avec ***Lieksa*** (voir à cette ville).

En taxi régulier : depuis ***Joensuu,*** 2 fois/j., tte l'année. ☎ *020-741-4393.* • *kolintaksi.fi* • Tarif : 32 €/trajet, 44 € A/R le même j. (dégressif selon le nombre de passagers). On peut rejoindre l'aéroport de Joensuu moyennant un petit supplément.

Adresses utiles

Office de tourisme : *Ylä-Kolintie 2.* *045-138-74-29.* • *koli.fi* • *Au centre du village. Fin juin-fin juil, tlj 10h-18h ; 1re quinzaine d'août, tlj sauf dim 10h-17h ; le reste de l'année, tlj sauf w-e 10h-17h.* Carte payante des sentiers du parc.

Ukko Nature Centre : *au mont Ukko-Koli ; à 3 km de Koli (fléché).* ☎ *020-639-56-54.* • *nationalparks.fi/en/kolinaturecentre* • *De fin juin à mi-août, lun-sam 9h-19h, dim 10h-17h ; le reste de l'année, tlj 10h-17h (15h dim).* On y fait le plein d'infos sur le parc national de Koli et les randos à faire (carte des sentiers à 5 € seulement ici !). Également une expo assez interactive, intéressante mais chère vu sa taille *(7 € ; réduc),* consacrée aux milieux naturels et à la culture de la région. Cafétéria.

Où dormir ? Où manger ?

De bon marché à prix moyens

Vanhan Koulun Majatalo *(Auberge de la vieille école) : Niinilahdentie 47.* *050-343-78-81.* • *vanhankoulunmajatalo.fi* • *Env 1 km après Koli en direction d'Hattusaari, prendre la piste sur la gauche (fléché) sur 5 km. Camping 15 € pour 2 pers avec tente. Doubles 57-60 € ; studios 2-4 pers 67-75 €. Loc de draps. Sauna payant. Petit déj en sus.* Cette vieille école s'est égarée dans un coin perdu, au milieu des bois, dans une sorte de large clairière. La bâtisse n'est plus toute jeune et les chambres (avec sanitaires communs) non plus, mais l'accueil et l'ambiance sont chouettes. Cuisine à disposition et salon avec TV. Laverie. Attention, il n'y a pas toujours quelqu'un sur place, il faut souvent téléphoner.

Kolin Ryynänen Café-Bar : *Ylä-Kolintie 1.* *044-569-57-57.* • *holidayfinland@gmail.com* • *Au centre du village, face à l'office de tourisme. Resto ouv seulement le w-e en basse saison, sinon tlj 12h-21h ; en très basse saison, mieux vaut téléphoner avt. Double 50 € ; chambres 4-6 pers 60-70 €. Igloos flottants à partir de 250 €. Draps 8 €. Sauna à bois payant. Plats 10-32 €.* Jean-François a l'âme insatiable des bourlingueurs : avec 4 potes, il a fait le tour du monde à vélo avant d'ouvrir ce café-bar-restaurant dans une ancienne maison forestière aux allures de cabane de trappeur, patinée et chaleureuse. Le resto occupe les pièces du rez-de-chaussée, façon maison de grand-mère. Tous les jours, une soupe et du poisson livré par les pêcheurs du coin côtoient au menu de jolies assiettes bien tournées. Si la sélection de whiskies derrière le bar est alléchante, Jean-François et ses acolytes brassent leurs propres bières et limonades de baies (très bonnes) ! Dans un bâtiment en bois voisin, on trouve une cuisine commune et des chambres fort simples, voire spartiates ; les sanitaires communs sont pour l'heure de l'autre côté du jardin, mais ils devraient être intégrés dans un plus ou moins proche avenir. Proposent également, été comme hiver, des igloos flottants à la surface du lac. Concerts le samedi à partir de 21h. Une adresse attachante et inattendue.

À voir. À faire

Le parc national de Koli : *à 3 km de Koli (fléché). • nationalparks.fi/en/kolinp • Depuis le parking (obligatoire), funiculaire gratuit (tlj 7h-22h) pour accéder au mont Ukko, à l'hôtel* Sokos *et au* Nature Centre *(voir plus haut).* Le **mont Ukko-Koli** culmine à 347 m (253 m au-dessus du lac), ce qui en fait le plus haut sommet du sud du pays ! De là, le panorama sur le lac Pielinen et ses îlots boisés est superbe – pour le découvrir, prenez l'escalier très raide qui grimpe juste à gauche du *Nature Centre* (132 marches). Le site a inspiré nombre d'artistes parmi les plus éminents du pays, à commencer par les inévitables Gallén-Kallela et Sibelius (qui y aurait fait monter son piano pour y composer sa *4e symphonie* !). Certes, le gros hôtel situé juste en contrebas fait un peu tache... Au-delà, le parc national, sur 30 km^2, déroule 80 km de sentiers balisés, représentatifs des divers types de paysages caréliens – dont une partie devient pistes de ski de fond en hiver.

Le point de vue de Rasavaara : *à 1,5 km à l'ouest de Koli par la route 504, prendre la piste à droite jusqu'au panneau en bois indiquant Nakoalatorni (env 3 km). GRATUIT.* Une grimpette de 10-15 mn vous conduira jusqu'à une haute tour en bois d'où l'on bénéficie d'un panorama encore plus étendu que depuis le mont Ukko-Koli. Le lac est plus loin mais, ici, la vue s'étend sur 360°.

L'EST SAUVAGE

L'Est sauvage, c'est toute la zone comprise entre la Carélie et la Laponie, délimitée à l'est par la frontière russe. Les forêts, très sauvages, peuplées d'ours et de loups, couvrent 80 % du territoire – regroupés pour l'essentiel dans la région administrative du Kainuu. Le relief y est un peu plus accentué qu'ailleurs, sans toutefois dépasser 400 m... Le coin incarne la vision de la Finlande sauvage et primitive chère à l'imaginaire des Finlandais, avec ses vastes domaines de randonnée et parcs nationaux, ses rivières sauvages et ses canyons. Cerise sur le gâteau : on peut y observer les ours !

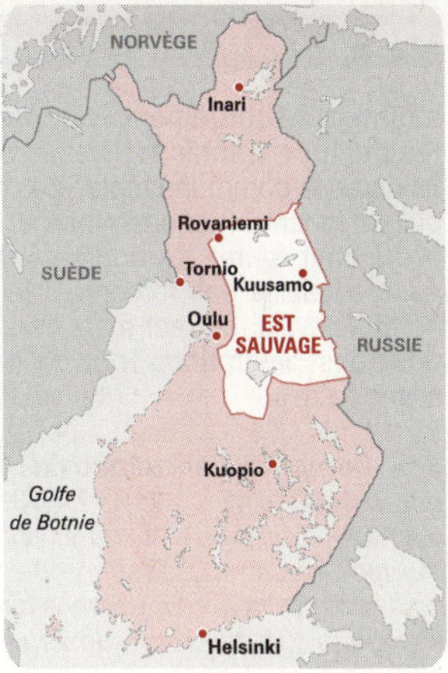

KUHMO

8 950 hab. IND. TÉL. : 08

Cette petite ville cernée par les immenses forêts du Kainuu voue un véritable culte au Kalevala, l'épopée nationale d'Elias Lönnrot. Un centre culturel lui est dédié, un grand hôtel porte son nom et il y avait même, jadis, un parc à thème qui a fait faillite... À vrai dire, Kuhmo semble avoir vu trop grand. On s'y rend surtout en été pour les très renommés festivals de Musique traditionnelle et de Musique de chambre.

Arriver – Quitter

Gare routière : *Koulukatu. Dans la rue principale, à côté du S-Market.* Liaisons directes avec :

➢ ***Kajaani :*** 5-6 bus/j. lun-ven, 1-2 bus le sam, 3-5 bus le dim. Trajet : 1h40-2h.

➢ ***Suomussalmi :*** 1 bus tôt le mat lun-ven pdt les périodes scol ; sinon passer par Kajaani.

➢ Pas de bus direct pour ***Lieksa*** ; là encore, il faut changer à Kajaani en prenant le bus de 12h40 (9h20 le sam) et attendre 2h30.

Taxis : Korpitaxi, *Koulukatu. ☎ 0600-398-100 (surtaxé). À côté des bus.* Liaisons régulières avec Nurmes ven et dim.

Adresses utiles

i ***Infos touristiques :*** *Pajakkakatu 2. 044-725-53-07. • kuhmo.fi/matkailu • En été seulement, lun-ven 10h-19h (16h jeu-ven) ; fermé dim.*

i ***Petola Nature Centre*** *(Luontokeskus Petola) :* *Lentiirantie 342. ☎ 020-639-63-80. • nationalparks.fi/kuhmovisitorcentre • À 3 km en direction de Suomussalmi. De juin à mi-oct, lun-ven 9h-16h (tlj jusqu'à 17h de mi-juin* *à mi-août ; fermé w-e 1re quinzaine de juin et de mi-août à mi-oct).* Ce centre d'information présente la nature du Kainuu (carte sommaire des randos du coin) et surtout les grands prédateurs de la zone. Vidéos en anglais.

Où dormir dans le coin ?

L'offre d'hébergement est pauvre. Pourtant, pendant le festival, la population de la commune triple ! Les particuliers louent alors chambres et maisons, pour toutes les bourses. On ne vous conseille pas forcément le gros hôtel *Kalevala,* correct mais trop cher pour des prestations tout de même assez datées.

Camping Lentuankoski : *Lentuankoskentie 435. 040-773-00-50. • lentuankoski.fi • À 14 km au nord de Kuhmo ; prendre la direction de Suomussalmi, puis à env 10 km bifurquer à gauche (fléché). Ouv de fin mai à mi-sept pour les tentes ; tte l'année pour les chalets chauffés. Compter 25 € pour 2 avec tente ; chalets basiques (2-4 pers) 42-57 €, confortables (2-6 pers) 95-180 €. Sauna payant.* On aime bien ce petit camping familial. On s'installe dans un grand pré face à un lac, dans une sérénité presque totale... Réception, (agréable) cuisine et sauna occupent de jolis petits bâtiments en bois rouge, très Finlande éternelle. Les chalets les plus simples ont juste des plaques et un frigo (sanitaires partagés). Machine à laver, location de barques et vente de permis de pêche. Accueil gentil.

Où manger ?

Cafe Torilla : *Torikatu 22. 044-353-55-93. Sur la pl. du Marché. En été seulement, lun-ven 9h-17h, sam 10h-16h ; fermé dim. Burgers 6,80-10 €.* Un snack spécialisé dans les burgers ! Classiques, au fromage de chèvre, au poisson ou végétarien, il y a du choix et les prix sont tenus. Accueil sympathique.

Kanteletar *(restaurant de l'hôtel* Kalevala*) : Väinämöinen 9. ☎ 655-41-00. À env 2 km en direction de Suomussalmi, entrer dans le parc du Kalevala (sur la droite), c'est un peu plus loin. Snacks 8,50-16 € ; plats 23-32 €.* C'est la seule vraie « table » de Kuhmo. On s'installe dans la salle haute de plafond donnant sur le lac, un peu caverneuse malgré ses baies vitrées, ou sur la terrasse. Côté cuisine, autant s'en tenir aux snacks (salade de saumon, saucisse-frites...) ; le reste est correct mais peu copieux et trop cher pour la qualité. Évidemment, si vous voulez goûter l'ours... Le service, lui, est gentil.

À voir

Le centre artistique de Kuhmo (Kuhmo-talo) **:** *Koulukatu 1. ☎ 615-554-51. • kuhmotalo.fi • Près de la pl. du Marché, côté lac. Lun-ven 8h (9h en été)-16h (plus tard pdt le festival) ; fermé w-e. GRATUIT.* Inauguré en 1995, ce centre culturel (bien grand pour Kuhmo !) mérite le coup d'œil pour sa belle architecture nordique moderne. Outre l'immense hall illuminé par de larges baies vitrées tournées vers la rive du Lammasjärvi, on découvre une magnifique salle de concerts alignant 60 km de lambris de pins de la commune, tissu vert de la nuance des arbres et pierre bleutée de Suomussalmi. Certains concerts du festival de musique de chambre y ont lieu.

Juminkeko : *Kontionkatu 25. ☎ 653-06-70. • juminkeko.fi • Lun-ven (tlj juil) 12h-18h ; fermé w-e. Entrée : 5 € ; réduc.* Cet autre centre culturel, à la fort belle architecture en bois contemporaine, présente chaque année différentes expositions temporaires consacrées à un aspect ou un autre du *Kalevala* (voir « Littérature » dans « Hommes, culture, environnement »).

Le musée de la Guerre d'Hiver *(Talvisotamuseo)* **:** *Väinämöinen 11. ☎ 615-553-95. ● kuhmo.fi/talvisotamuseo ● À env 3 km du centre de Kuhmo, en direction de Suomussalmi, puis à droite dans le parc du Kalevala ; c'est tt au bout de la route. Tlj sauf dim 9h-16h. Entrée : 5 € ; réduc. Brochure détaillée à l'entrée en prêt (en anglais).*
La guerre d'Hiver, menée durant 105 jours de novembre 1939 à mars 1940, reste l'une des pages essentielles de l'histoire contemporaine de la Finlande : la lutte acharnée des Finlandais (y compris des communistes !) contre l'envahisseur soviétique a permis au pays de conserver son indépendance, même s'il a perdu dans la bataille une partie de la Carélie et l'accès à l'océan Arctique. La région, aux avant-postes des combats (1 600 Finlandais y sont morts, contre 10 500 Soviétiques), conserve plusieurs sites commémoratifs liés au conflit. Ici s'exposent notamment photos d'époque, tank soviétique et armes, barques plates utilisées pour évacuer les blessés sur la neige et équipement de pompiers monté sur luge ! En complément : des reconstitutions de scènes bien faites (infirmerie de fortune, tranchées, etc.).

À faire

➢ ***Activités :*** les vastes espaces sauvages du Kainuu invitent à toutes sortes d'activités nature – randonnée, pêche, VTT, canoë, rafting et descente à la nage des rapides de Pajakkakoski (!) en été, mais aussi ski, raquettes et balades en traîneau à chiens ou motoneige l'hiver, sans oublier l'observation de la faune sauvage. De nombreux opérateurs se sont réunis au sein de l'association Wild Taiga, présente dans toute la région. Consultez leur site *(● wildtaiga.fi ●)* pour vous donner des envies. Seul hic : la plupart des propositions sont assez chères.

Observation des ours bruns et gloutons : l'activité s'est pas mal développée dans la région ces dernières années. Plusieurs opérateurs proposent, d'avril à octobre, d'observer des ours bruns et parfois des gloutons ou des loups dans leur milieu naturel, à l'affût dans des cabanes aménagées. Le taux de réussite est assez élevé (surtout pour les ours), et pour cause : les animaux sont nourris... Si le procédé n'est pas hyper écolo, les souvenirs de la rencontre sont, eux, impérissables. Habituellement, on part en fin d'après-midi pour rentrer passé minuit, ou carrément le lendemain matin (on bivouaque alors dans l'affût). Le confort est sommaire et on dort peu, sachez-le. On peut contacter ***Bear Center*** *(● bearcentre.fi ●)* ou ***Taiga Spirit*** *(● taigaspirit.com/fr ●),* tous 2 installés à Lentiira, à 42 km au nord de Kuhmo. Le 2[d] est tenu par une Française, Sabrina. Autre compagnie sérieuse : ***Boreal Wildlife Centre*** *(● viiksimo.fi ●),* à Viiksimo, tout près de la frontière russe – l'ours n'étant pas (officiellement) chassé là-bas, les bestioles, pas folles, sont plus nombreuses dans le secteur. L'un des patrons est un photographe animalier réputé. Dans tous les cas, l'expérience est assez chère *(comptez min 140-150 €/pers pour 1 nuit d'observation ou de photo).* La plupart des opérateurs proposent en outre un hébergement simple à leur camp de base.

L'ARCTIQUE, C'EST CHIC

Le mot Arctique est tiré du grec arktos, signifiant « ours » – une référence aux constellations de la Grande et de la Petite Ourse, qui indiquaient le pôle nord céleste. Des ours, il y en a bien en Arctique, mais aucun en Antarctique, cet « anti-arctique » !

Festivals

– **Festival de Musique traditionnelle** (Sommelo) : *fin juin-début juil.* • *som melo.net* • Concerts de *kantele,* ballades et musique folklorique, gratuits ou payants *(7-22 €).*
– **Festival de Musique de chambre** (Kuhmon Kamarimusiikki) : *2de quinzaine de juil.* • *kuhmofestival.fi* • *Billets env 15-42 €.* La population triple et la fièvre musicale s'empare de Kuhmo ! 4 à 5 concerts sont programmés chaque jour.

KAJAANI

37 300 hab. IND. TÉL. : 08

À l'ouest de la région du Kainuu, Kajaani n'est guère remarquable, si ce n'est pour la belle église en bois de Paltaniemi, à 9 km de là. On peut éventuellement y faire escale en chemin vers Oulu et le golfe de Botnie.

Arriver – Quitter

Gare routière : *Sammonkatu 14. Au centre-ville, près du* K-Market. Liaisons directes avec ***Kuhmo*** 5-6 fois/j. lun-ven, 1-2 le sam, 3-5 le dim (trajet : 1h35-1h50) ; 4-5/j. vers ***Suomussalmi*** lun-ven seulement (trajet : 1h40) ; 1/j. pour ***Lieksa*** (2h30) ; 2-3/j. pour ***Oulu*** (trajet : 2h20-2h40) ; 4-5/j. pour ***Kuopio*** (trajet : 2h15-2h45) ; 3-4/j. pour ***Joensuu*** (trajet : 3h30-4h20).

Gare ferroviaire : *Asema-alue. La gare routière est à 250 m (prendre la 1re à gauche, puis la 3e à droite).* 4 trains/j. pour ***Helsinki*** lun-ven, 2-3 le w-e (trajet : 6h-6h30) ; 4-6/j. pour ***Kuopio*** (trajet : 1h50), 3-5/j. pour ***Oulu*** (trajet : 2h-2h30), 1/j. pour Rovaniemi (4h45).
Aéroport : *Lentokentäntie 7.* ☎ *020-708-75-10.* • *finavia.fi/en/airports/kajaani* • Liaisons pour Helsinki.

Adresse utile

Kajaani Info : *Pohjolankatu 13.* ☎ *61-55-25-55.* • *kajaani.fi* • *Lun-ven 9h-16h ; fermé w-e.*

Où dormir ? Où manger ?

Karolineburg : *Onnelantie 1.* ☎ *010-230-59-00.* • *karolineburg.fi* • *À 200 m du centre, au nord de la rivière. Doubles 125-165 €, petit déj inclus.* Le vieux manoir a été bâti en 1836, puis d'autres bâtiments ont été édifiés autour. Il s'agit ici de bien choisir sa chambre : celles de la *White House,* sans charme, sont à éviter, et les suites, à ce prix, ne peuvent se permettre leurs fautes de goût... En revanche, on aime bien les doubles classiques au mobilier à l'ancienne, à la suédoise, comme la Uleå. Certaines chambres disposent de leur propre sauna. En bonus : une grande terrasse donnant sur le parc dévalant vers la rivière.

Pekka Heikkinen & Kumpp : *Välikatu 7.* ☎ *617-890. Dans la rue parallèle à la rue piétonne, côté rivière. Lun-ven 7h-17h30, sam 9h-16h, dim 11h-16h.* Cette boulangerie fondée en 1913, tenue par la 4e génération de la même famille, est renommée dans toute la Finlande : on s'y arrête pour faire provision de pain de seigle. L'escale est idéale pour un café, une viennoiserie, une pâtisserie ou une barque carélienne. Terrasse.

DANS LES ENVIRONS DE KAJAANI

L'église de Paltaniemi (Paltaniemen kuvakirkko) : *à 9 km au nord, à* ***Paltaniemi.*** *Prendre la direction de l'aéroport à env 1 km au nord du centre (fléché). De fin mai à mi-août seulement, tlj 12h-18h. Attention, sam ap-m, entrée interdite en cas de mariage. GRATUIT.*
Cette très belle église orthodoxe tout en bois, achevée en 1726, est réputée pour ses peintures recouvrant murs et plafond. Les plus belles ont été réalisées par un certain Emanuel Granberg, un obscur mais excellent peintre local du XVIIIe s. On raconte que son terrible *Jugement dernier,* au-dessus de l'entrée, faisait jadis s'évanouir les femmes ! Les scènes plus naïves ont été repeintes en 1851 lors d'une restauration conduite par un amateur... Admirez aussi les autres éléments de bois peint, la chaire notamment et la *Cène* derrière l'autel, œuvre probable de la 1re femme peintre de Finlande, Margareta Capsia. À l'extérieur, l'émouvant cimetière s'étend au pied d'un clocher en bois datant de 1776.

SUOMUSSALMI

8 090 hab. IND. TÉL. : 08

Isolée entre lacs et forêts, pas bien loin de la frontière russe, Suomussalmi cultive le souvenir de la guerre d'Hiver qui endeuilla jadis la région. Au-delà, surprise : une étrange armée d'épouvantails émerge du néant, en rangs serrés...

Arriver – Quitter

Gare routière : *Jalonkatu 10.* Comptez 5 bus/j. pour ***Kajaani*** (trajet : 1h45) et ***Kuusamo*** (2h) en sem, 1 le sam, 2 les dim et j. fériés. Pour ***Oulu*** (3h30), 1 départ/j., tlj sauf sam, avec la compagnie *Valppu.*

Adresse utile

Office de tourisme : *Jalonkaarre 5. 044-777-31-70. • suomussalmi.fi/en/tourist • De mi-juin à mi-août, lun-ven 8h-19h, sam 10h-18h, dim 11h-19h ; le reste de l'année, tlj sauf w-e 8h-16h.* Cafétéria attenante (voir plus bas « Où manger ?... ») et magasin de spécialités locales.

Où dormir ?

L'office de tourisme dispose d'une liste très complète de chalets à louer dans la région (certains à la journée).

Kiantajärvi : *à 4 km à l'est de la ville, par la route 912 vers Kuhmo. 044-071-12-09. • kiantajarvicamping@viesti.net • Ouv juin-août. Compter 22 € pour 2 avec tente ; chalets 32-65 € (2-4 pers). Loc de draps.* Encore un beau site très naturel ! Les bungalows les plus chers disposent de w-c et sauna privés, et/ou d'une kitchenette, mais la plupart sont tout petits, avec juste 2 lits superposés et un frigo. La majeure partie est idéalement posée pile-poil face au lac. Les équipements collectifs (sanitaires, cuisine) sont basiques et un peu vieillots. Ça vous changera des campings suréquipés ! Pas de café, mais l'adorable propriétaire pourra vous en préparer un à la réception – elle parle juste quelques mots d'anglais. Sauna (payant).

Matkustajakoti Kuutamo : *Kiannonkatu 6, en plein centre, à la hauteur*

L'EST SAUVAGE

du K-Market. 050-462-20-66. • kuutamokoti.fi • Réception (de l'autre côté de la rue) lun-ven 8h-16h, mais mieux vaut téléphoner car le maître des lieux est souvent absent. Double env 82 €, petit déj inclus. Cette mini-auberge occupe une baraque un peu mal placée (sauf pour aller faire les courses, puisque vous serez entouré de supermarchés !), mais toute propre, avec cuisine, sauna et sanitaires à partager. Il n'y a que 6 chambres, rénovées et spacieuses pour la plupart. Bien pour une nuit en passant.

Où manger ? Où boire un verre ?

Cafétéria de l'office de tourisme : *Jalonkaarre 5. ☎ 711-153. De mi-juin à mi-août, lun-ven 9h-19h, sam 9h-18h, dim 11h-19h ; le reste de l'année, lun-ven 9h-17h, sam 9h-16h, dim 11h-16h. Lounas (11h-15h) env 10,50 € ; plat 8,50 €.* Vous aurez le choix entre le *lounas,* les divers snacks bon marché et les pâtisseries, à croquer sur la terrasse tournée vers le lac. Pratique et pas cher !

Kultainen Kukko : *Kauppakatu 4-6. ☎ 636-285. Tlj sauf dim 10h-18h (16h sam). Lounas env 11 € (tlj 10h30-15h ; 16h en été) ; carte 19-25,50 €. À l'entrée du supermarché* K-Market, *dans 2 salles en sous-sol, sans fenêtres mais pas déplaisantes pour autant.* Copieux *lounas* très prisé des autochtones et restauration à la carte sans grand panache.

Kahvila Ravintola Seurahuone : *Kauppakatu 7. 050-536-94-76. Presque en face du K-Market. Tlj sauf dim 10h (12h sam)-16h, plus ven-sam 20h-2h.* Occupant une vieille maison de bois jaune, ce café-resto sort un peu de l'ordinaire avec son coin salon rétro rigolo, ses tables et chaises patinées et ses vieux objets de déco. On peut juste s'arrêter y prendre un café, dévorer un burger, s'offrir une pinte ou venir écouter les groupes qui s'y produisent épisodiquement le week-end.

DANS LES ENVIRONS DE SUOMUSSALMI

Le monument de la Guerre d'Hiver et le musée de la Porte de Raate *(Talvisodan monumentti ja Raatteen Portti museo)* **:** *env 22 km à l'est sur la route 912 (direction Kuhmo), à l'angle de la bifurcation vers Raate. 040-089-21-92. • raatteenportti.fi • Monument accessible librement tte l'année. Musée ouv mai-oct seulement, tlj 10h-17h (19h de fin juin à mi-août) ; 12h-16h 2de quinzaine d'oct. Entrée : 10 € ; réduc.* Ce monument aux morts est dédié à tous ceux, Finlandais et Russes, qui sont tombés lors des combats de 1939-1940. Un champ de 3 ha s'y couvre de blocs de pierre brute, au centre duquel se dresse un portique où 105 clochettes – une par jour de guerre – tintent au vent. Le musée présente les batailles de la zone à travers photos et objets d'époque, tant russes que finlandais ; s'il n'est pas mal fait, on l'a trouvé cher comparé au musée de la Guerre d'Hiver de Kuhmo.

La route-musée et le poste-frontière de Raate *(Raatteen museotie ja Raatteen Vartiomuseo)* **:** *à 18 km à l'est du musée*

UNE DÉGELÉE PAR GRAND FROID

L'une des plus grandes défaites de l'Armée rouge lors de la guerre d'Hiver eut lieu sur la route de Raate. Sa 44e division d'infanterie y tomba dans une embuscade tendue par une unité finlandaise de 300 soldats appuyée par une division de 6 000 hommes bien équipés pour un combat en neige profonde par - 40 °C. Résultat ? Les Finlandais capturèrent 43 chars, 100 canons et 100 mitrailleuses, 260 camions et des tonnes de matériel, tout en mettant hors d'état de nuire entre 5 000 et 9 000 Soviétiques (selon les sources).

de la Porte de Raate, par une bonne piste. Ouv de début juin à mi-août, tlj 10h-19h. GRATUIT. Point focal de l'offensive soviétique de novembre 1939, le village de Raate fait vibrer la corde patriotique de tout Finlandais qui se respecte. C'est ici que se déroula le 1er acte du conflit : l'attaque de la maison en bois des gardes-frontières. Restaurée dès 1940 au lendemain des combats, celle-ci a été transformée en un charmant petit musée mettant en scène le quotidien des soldats comme s'ils y vivaient encore. Ne confondez pas avec le musée situé juste en face *(Raateraakatie)*, privé et payant *(8 €)*, qui expose surtout des objets rouillés ou rachetés sur le Net... Plusieurs sites de combats et mémoriaux sont éparpillés le long de la route de Raate, dont un réseau de tranchées et bunkers.

Raatteen Guesthouse Karelia : *Raatteentie 183, à* ***Raate,*** *à côté du musée du poste-frontière. 040-990-70-73. • marjaelisa.valimaki@gmail.com • Double env 75 €, petit déj inclus (env 100 € pour 4). Lounas tlj 11h-17h, env 9,80 €.* Lorsqu'elle a entendu dire que l'État cherchait à louer cette bicoque posée pile à l'entrée du no man's land séparant la Finlande de la Russie, Marja s'est précipitée... et la voici à la tête d'une *guesthouse* d'une cinquantaine de lits, dûment fleurie l'été et veillée par une haute tour de garde tournée vers le grand voisin... D'ici à ce que vous lisiez ces lignes, Marja aura peut-être obtenu le droit pour ses clients d'y grimper ! Les chambres sont modestes, avec salle de bains partagée. D'autres, tout aussi fonctionnelles, occupent un 2d bâtiment un peu plus loin. Chaque midi, Marja propose un *lounas* avec un choix de 2 plats. Il y a aussi quelques tartes. Une adresse originale pour qui aime les bouts du monde !

Hiljainen kansa *(Le Peuple silencieux)* **:** *au bord de la route E 63, env 30 km au nord de Suomussalmi en direction de Kuusamo.* Non, ce n'est pas une hallucination ! Quelque 900 épouvantails émergent au beau milieu d'une prairie entourée par la forêt. Des créatures de bois et de tourbe, ou plus exactement des têtes de tourbe posées sur des croix de bois, vêtues de vêtements collectés chez les gens de la région – et changés au moins une fois par an. À l'approche de l'hiver, parkas et écharpes sont ajoutées ! Cette œuvre « allumée » est celle d'un chorégraphe et plasticien de la région, Reijo Kela, qui inventa le concept en 1988 à Suomussalmi avant d'installer ici sa « bizarrerie » autoproclamée en 1994.

Niittykahvila *(Café sur l'Herbe des Bouleaux Noirs)* **:** *050-362-06-09. Ouv début juin-sept, tlj 10h-17h (9h-18h de mi-juin à mi-août). Lounas en hte saison (11h30-15h30) env 9,50-16 €.* On craint l'exploitation touristique et on découvre un endroit attachant, on l'on peut goûter un jus de feuilles de sorbier pour 3 fois rien, et enfourner une bonne crêpe à la confiture de framboise maison. Il y a aussi un vieux chalet en rondins très chaleureux pour le *lounas* et un abri rempli de paille où l'on peut dormir gratuitement ! Pas bête, la propriétaire loue des moustiquaires... Mieux encore : elle peut faire venir un sauna mobile rien que pour vous.

LE PARC NATIONAL DE HOSSA

IND. TÉL. : 08

Assez peu connu des étrangers, Hossa est l'un des parcs nationaux les plus populaires du pays pour se ressourcer, bercé par le seul murmure du vent dans les arbres et par les clapotis de l'eau. C'est un vrai havre de paix de 111 km², loin de toute ville mais assez facile d'accès, un endroit rêvé pour pagayer ou randonner en famille afin de se mettre en jambes avant un circuit ambitieux, tel celui de l'Ours au nord de Kuusamo.

Arriver – Quitter

➢ ***En bus :*** 1 bus/j. lun-ven (tôt le mat) en période scolaire vers ***Kuusamo*** (trajet env 1h40) ; départ de Kuusamo vers 15h.

Adresses utiles

Hossa Visitor Centre : *Jalkonsalmentie 6. 040-751-72-21. • nationalparks.fi/en/hossa • hossa.fi • Ouv mars-oct ; tlj 10h-18h (16h oct).* Conseils sur les randonnées à pied ou en canoë. Petite expo sur le parc, sa faune et sa flore (traduction disponible en français). Cafétéria.

■ ***Location de barques, kayaks, canoës, équipement de pêche et vélos :*** *fatbikes exceptés (50 €/j.), les tarifs sont un peu moins chers au* **Camping Hossan Lumo** *(barque env 3 €/h ou 15 €/j. ; canoë 10 €/h ou 40 €/j. ; kayak 8 €/h ou 25 €/j.) qu'au* **centre d'info** *(barque 20 €/j. ; kayak 30 €/j., canoë 40 €/j.). Mieux encore : au* **Hossan Lomakeskus** *(barques et canoës env 20 €/j., VTT 25 € la ½ journée).*

Pompe à essence : *à l'entrée du Camping Hossan Lumo, à 4 km au sud du centre d'info.* Un peu plus cher qu'en ville.

Où dormir ?

Campings

Camping Hossan Lumo : *Lumontie 3, à 4 km au sud du centre d'info. 050-016-63-77. • hossanlumo.fi • Camping ouv juin-oct, chalets de luxe tte l'année. Réception 9h-21h en été. Compter env 20 € pour 2 avec tente ; chalets (2-6 pers) 50-160 € ; 2 cabanes avec toilettes extérieures 37 €. Agréable sauna au bord du lac inclus pour ts.* Le site, tout au bord d'un lac, est d'une totale sérénité, mais il est loin du départ des sentiers et manque un peu d'intimité. Les chalets les plus simples sont bien ; les plus chers disposent de TV, sauna et cuisine équipée, voire d'une cheminée. *Minimarket* (bien pratique dans ces contrées isolées !) et bar.

Camping Karhunkainalo : *à côté du Visitor Centre. 050-384-46-92. • hossa-kylmaluoma.fi • Ouv à la même période que le centre d'info, où on s'enregistre. Compter 24 € pour 2 avec tente ; chalets tt confort pour 6 pers 85-125 €, loc de draps 10 €, frais de nettoyage 50 €.* Au départ des sentiers, près du lac, ce vaste camping s'éparpille dans une forêt de pins, au milieu des myrtilliers. Infrastructures récentes et superbes, avec de nombreux services : cuisine, sanitaires, machines à laver et « non-stop sauna », le pied ! Quant aux 4 chalets, ils ne sont pas géants (35 m²) mais jolis et bien équipés, avec lits superposés et divan, salle de bains et cuisine.

La même compagnie gère pour l'Office des parcs et forêts quelques autres ***chalets*** (jusqu'à 28 personnes !) disséminés à travers le parc. Tous avec électricité, cuisine, salle de bains, situés au bord de l'eau, avec bateau et sauna, et accessibles en voiture.

Prix moyens

Camp Norwide : *Hossantie 278A, à côté du Camping Hossan Lumo. ☎ 732-322. • hossanlomakeskus.com • Fermé fin avr-début juin et fin sept-début déc. Doubles 95-105 €, petit déj et sauna compris. Chalets 2-4 pers 65-75 €, sans petit déj, draps (8 €) et nettoyage en sus. Plats 12-16 €.* Ce lieu est tenu par un Français fort sympathique, qui se fera un plaisir de vous renseigner sur les multiples activités qu'il organise tout au long de l'année – et surtout l'hiver (randonnées, balades en canoë, à motoneige ou en traîneau à chiens, observation des ours...). D'un côté du resto-bar, de très belles chambres récentes et épurées s'alignent dans 3 bâtiments contigus, toutes tournées vers le lac qui s'étale à travers leurs baies vitrées. De l'autre, entre les arbres et le plan d'eau, une poignée de petits chalets tout en pin d'un bon rapport qualité-prix, avec kitchenette très bien équipée, salle de bains et sauna.

Où manger ?

Cafétéria au centre d'information *(lounas 12h-16h, 12,50 €, réduc enfants)* et ***restaurant du Hossan Lomakeskus.***

– D'avril à octobre, ***petite boutique*** offrant les produits de 1re nécessité au *Camping Hossan Lumo (tlj 9h-21h).* Le plus proche supermarché est à 77 km, à Kuusamo ou Suomussalmi !

– Joignez l'utile à l'agréable : en l'absence d'épicier au village (et même de village, d'ailleurs), taquinez la truite, la perche et le sandre. Permis et renseignements au centre d'information.

À faire dans le parc national

Hossa dispose d'environ 90 km de sentiers pour la plupart faciles et de 4 itinéraires de VTT. Un plan du domaine est disponible gratuitement au *Visitor Centre,* mais il ne remplace pas la carte au 1/62 000 *Hossa-Martinselkonen* en vente sur place *(env 17 €).*

Luonto polku *(sentier nature)* **:** au départ du *Visitor Centre,* marqué « pomme de pin », une boucle tranquille de 3 km autour des lacs et sur les eskers, dans un paysage harmonieux et paisible.

Laukkujärven lenkki polku *(sentier de Laukkujärvi)* **:** dans un paysage tout aussi serein et lacustre, une boucle de 10 km marquée en bleu. Du *Visitor Centre,* continuer la route asphaltée sur environ 3 km (beau parcours sur un esker) jusqu'au point de départ, au lieu-dit Huosivirta. L'itinéraire saute de lac en lac en suivant les eskers.

Värikallion kaarros polku *(sentier en boucle de la Falaise peinte)* **:** *boucle assez facile d'env 8 km (balisée en jaune) ; compter 3-4h.* Du *Visitor Centre,* continuer la route asphaltée sur 3 km, prendre à droite la route de terre au panneau « Värikallio » et suivre les indications jusqu'au parking de Lyhapyörre. Le sentier traverse une pinède jusqu'à une vue plongeante sur le lac Somerjärvi, où se trouvent les peintures rupestres, vieilles de 4 000 ans : 2 personnages et un élan ou renne. Pour le retour, on surplombe la gorge reliant le Somerjärvi et le lac Ala-Ölkky. Autre option : rejoindre le site des peintures depuis l'embarcadère de Julma Ölkky (voir ci-après).

Le lac-canyon Julma Ölkky **:** *prendre la route 913 sur 6 km vers le nord (direction Kuusamo), puis 7 km de piste caillouteuse à gauche (fléché). 050-038-93-45. • julmaolkky.fi • Bateau en service 15 juin-15 août 10h-19h et 16 août-fin sept 11h-16h. Ticket : env 17 € (chérot tt de même) ; 11 € 5-12 ans.*

Ce lac très étroit (entre 10 et 100 m de largeur) occupe une faille longue de 3 km, aux parois verticales s'élevant jusqu'à 50 m. Lorsque le bateau ralentit, levez les yeux et scrutez la falaise pour y voir les gravures rupestres de Värikallio (voir plus haut). Cela dit, on peut préférer faire le ***tour du lac*** à pied. La boucle (10 km, 5-8h) est belle mais assez difficile : elle suit les rives de près, enchaînant les montées et les descentes parfois abruptes ! Les moins sportifs pourront couper la poire en 2 en empruntant le pont suspendu au-dessus du lac, inauguré en 2017, qui réduit l'itinéraire de moitié.

L'itinéraire navigable Julma Ölkky-Hossa **:** un itinéraire sans difficulté (tous rapides de classe I) alternant sur 16 km navigation en rivière (Somerjoki) et sur les lacs.

L'itinéraire navigable Peranka-Hossa **:** un très bel itinéraire de 37 km alternant lui aussi navigation en rivière (Peranganjoki) et une magnifique enfilade de lacs. Plus ambitieux que le précédent, il comporte 4 passages de classe II à II+ et un de classe III à Lounatkoski, où le portage est indispensable.

DANS LES ENVIRONS DU PARC NATIONAL DE HOSSA

La réserve de rennes de Hossa (Hossan Poropuisto) **:** *à 3 km au sud du centre d'info. 040-755-98-34. • hossanporopuisto.fi • Juin-sept, tlj 9h-18h ; le reste de l'année, sur résa. Si vous ne consommez pas au resto, droit d'entrée 6 € (3 € enfants).* En hiver, c'est plus d'une centaine de rennes que vous pourrez approcher, caresser et nourrir avant de faire un petit tour en traîneau. En été, le gros du troupeau est dispersé dans la nature. Les éleveurs ne parlent pas un mot d'anglais, mais avec des gestes et des sourires, on réussit à se faire comprendre ! Un resto sous tente lapone permet de clore cette visite par la dégustation... de ces charmants bestiaux *(soupe de renne ou* lounas *13,50 €, plats 22-35 €).* Et, bien sûr, vous pourrez repartir avec une peau !

Le domaine de randonnée de Kylmäluoma : *de Hossa, rejoindre Peranka (à 29 km) par la route 9190, puis suivre la 5 sur env 15 km en direction de Kuusamo, jusqu'au panneau indiquant le domaine. Centre d'info : 040-500-34-76. Pour les hébergements (joli camping très bien situé et chalets) : • hossa-kylmaluoma.fi •* Le secteur, occupant une lande sauvage de 7 000 ha couverte de pins et de lacs (90 en tout !), est apprécié des pêcheurs et des randonneurs. On y trouve 54 km de chemins balisés, dont les populaires Hukanharjunpolku (5 km) et Kivikkovaranpolku (8,5 km), qui sinuent joliment entre plans d'eau, zones marécageuses et eskers. Carte au 1/50 000 *Iso-Syöte-Kylmäluoma.*

KUUSAMO

16 300 hab. IND. TÉL. : 08

Aux portes de la Laponie, Kuusamo est au centre de l'une des plus belles régions de Finlande. Vous êtes venu pour profiter de la nature, vous allez être servi ! Juste au nord, le parc national d'Oulanka déroule rivières sauvages, lacs, canyons et rapides dans un contexte de forêt profonde. En ligne de mire : le fameux circuit de l'Ours. La ville de Kuusamo n'a aucun intérêt en elle-même, mais elle sert de point d'appui et de ravitaillement pour sillonner la région. Autre base possible : la station de ski de Ruka, à 25 km au nord.

Arriver – Quitter

Gares routières : *les bus de la compagnie* Pohjolan Matka *partent de Kitkantie 14, en plein centre ; les autres de la gare routière principale située Keskuskuja 1, à env 1 km au nord.*

➢ 4-6 bus/j. vers ***Oulu*** (3h de trajet) en été et jusqu'à 8h en période scolaire (4-5 le w-e) ; 1 bus/j. vers ***Hossa*** lun-ven en période scolaire (vers 15h) ; 2-3 bus/j. lun-ven pour ***Rovaniemi*** (trajet : 3h) selon période, aucun le sam, 1 le dim ; 2 bus/j. pour ***Ruka*** (trajet : 25 mn) lun-ven, plus 1 le sam en été ; 1 bus/j. pour ***Suomussalmi*** (trajet : 1h50) et ***Kajaani*** (trajet : 3h30-4h) lun-jeu, 2 le ven, aucun le w-e.

Bus locaux : l'hiver, le *Ski Bus* circule ttes les 2h env entre Kuusamo et la station de Ruka. L'été, le *Karhunkierros Bus* permet de rejoindre l'un ou l'autre des points de départ du sentier de l'Ours (Ristikällio, Hautajärvi) depuis le centre de Kuusamo : début juin-début août, 2 bus/j. lun-ven (mat et ap-m) depuis la gare routière de Kitkantie 14, 1 seul le sam (aucun le dim) ; début août-fin sept, 1 bus/j. lun-ven. Début juin-début août, le 1er bus du mat, baptisé *Retkibussi* (ou *Hiking Bus*), fait un crochet par Jumaa pour déposer ceux qui voudraient faire le petit sentier de l'Ours ; seul hic, au retour, il passe vers 12h, il

faut donc passer au moins 1 nuit sur place. Il desservait aussi jadis Kiutaköngäs et pourrait y revenir dans le futur...
✈ ***Aéroport :*** ☎ *020-708-88-01.* • *finavia.fi/en/airports/kuusamo* • *À 7 km au nord-est du centre-ville. Bus à l'arrivée de chaque vol, tte l'année, vers le* Holiday Club Tropiikki, *Ruka, Hautajärvi et Salla en Laponie – parfait pour se faire déposer au départ du sentier de l'Ours. Au retour, départ de Ruka 1h45 avt le vol. Attention, il ne dessert pas le centre de Kuusamo !* Sur place : loueurs de voitures *Avis, Europcar, Hertz* et *Scandia.*
➢ ***Helsinki :*** vol quotidien avec *Finnair.*
🚗 ***Taxis : Ruka-Kuusamon Taksikeskus,*** ☎ *0100-84-200 (surtaxé).* • *otaxi.fi/otaxi/otaxi-kuusamo* •

Adresses utiles

ℹ ***Office de tourisme*** *(Kuusamo Infos)* ***:*** *à l'entrée de la ville côté Kajaani, face au* K Citymarket. 📱 *040-860-83-65.* • *kuusamo.fi* • *Lun-ven 9h-17h tte l'année, plus sam 10h-16h avr-sept, plus dim 12h-16h juil-sept.*
ℹ ***Point d'information de Ruka :*** *Rukatunturitie 9, à* ***Ruka,*** *à 25 km au nord de Kuusamo (zone piétonne).* ☎ *860-02-50.* • *ruka.fi* • *Juin-août, tlj 10h-18h ; mai et oct-nov, tlj jusqu'à 16h ; en saison de ski, tlj 9h-19h.*
■ ***Pharmacie :*** *dans le centre commercial* Prisma, *à l'entrée sud de la ville.* ☎ *852-21-11. Lun-ven 9h-19h, sam 9h-17h (plus dim 11h-16h les sem impaires).*
🚴 ***Location de vélos :*** *au complexe* ***Tropiikki,*** *à la sortie nord de la ville. Pour un* fatbike, *compter env 17 €/2h ou 35 €/j.*
■ ***Supermarchés : K Citymarket*** *(lun-ven 8h-21h, sam 9h-20h, dim 11h-20h) et* ***Prisma*** *(lun-sam 8h-21h, dim 10h-21h) se font face au rond-point à l'entrée sud de la ville.* Pour acheter tout ce que vous ne trouverez plus en continuant vers le nord ! L'un et l'autre vendent un peu de matos de camping et ont un rayon pêche. Sinon, il y a *Intersport* sur Ouluntaival *(tlj sauf dim lun-ven – 16h sam).*

Où dormir dans le secteur ?

Il y a les hébergements classiques et aussi pléthore de cottages et chalets éparpillés dans la région, en plein boom hivernal : on en répertorie près de 6 000 entre Kuusamo et Ruka ! Les offices de tourisme pourront vous aider à en trouver un en *last minute.*

À Kuusamo

Camping

⛺ ■ ***Petäjälammen Lomakylä :*** *à la sortie nord de la ville, à droite, à 500 m de la route (ne pas confondre avec* Petäjälampi Turistmaja, *juste avt).* 📱 *040-058-74-06.* • *petajalampi.fi* • *Pour les tentes, ouv juin-sept, réception en fin d'ap-m ; pour les chalets, ouv tte l'année. Compter 23 € pour 2 avec tente ; chalets basiques dès 27 €, chalet très cosy env 100 €. Linge 10 €. Sauna payant. Loc de barques et canoës.* Pas très original : dans une forêt de pins au bord d'un lac... C'est qu'on deviendrait presque difficile ! Les bungalows de base, pas tout jeunes, ont juste l'électricité ; certains ont une cuisine, voire un sauna. Mais le mieux, ce sont les « villas », de jolis chalets (de 68 m²) pour 6 personnes, récents, parfaitement équipés, avec cuisine complète, sauna et cheminée ou poêle.

Prix moyens

■ ***Hôtel Kuusanka :*** *Ouluntaival 2, dans le centre-ville, face au resto* Martina. 📱 *040-564-57-18.* • *petajalampi.fi* • *Réception 7h-11h, 15h-23h (théoriquement...). Doubles env 82-90 €, bon petit déj inclus.* Ce petit hôtel planté au centre-ville (mais très calme) abrite des chambres spacieuses toutes différentes, pas forcément de 1re jeunesse, mais très décentes. L'accueil de madame est chaleureux, mais dans un anglais hésitant (monsieur, lui, ne s'y essaie pas). Cuisine à disposition.

À Ruka

De bon marché à chic

Motel Willi's West : *Rukanriutta 13 ; le long de la E 63, tt de suite à droite en tournant vers Ruka. 040-024-29-92. • wwsaloon.com • Doubles 59-95 €. Sauna payant.* Dans un motel au look américain, chambres fonctionnelles et plutôt étroites, pas très cosy, avec salle de bains et kitchenette. Supermarché à 2 pas. L'accueil est froid et le chauffage léger en hiver...

Iisakki Village Camping : *Myllylahdentie 4. ☎ 852-16-10. • iisakkiglass village.fi • rukasafaris.fi • Par une petite route parallèle à la 5 (fléché), à 21 km au nord de Kuusamo et 5 km au sud de Ruka. Ouv tte l'année, sauf camping et chalets sans chauffage (de mi-mai à fin sept). Resto tlj 8h-23h. Pour 2, en tente 17 € ; chalet avec sanitaires communs 52 € pour 2, doubles et apparts 80-110 €, avec ou sans petit déj ; Glass Village 139 € avec petit déj en été (349 € en hiver !). Sauna gratuit pour ts de mi-juin à mi-août ; barques, canoës et stand-up paddle en prêt !* Tout est possible ici : camper ou louer un petit bungalow parmi les pins, choisir un appart ou une chambre double avec sauna et lac juste devant, ou préférer un « chalet » vitré (avec cuisine) pour observer les aurores boréales (ou les nuits blanches !). Dans tous les cas (même dans les chalets bon marché), la déco est jolie, voire très jolie, actuelle et scandinave, mêlant bois et tonalités épurées de blanc, de gris et de crème. En prime, toutes sortes d'activités : rafting, yoga et observation des ours en été, motoneige, pêche blanche, raquettes, balades en traîneau à chiens ou rennes en hiver. Une équipe pro.

Matkailumaja Heikkala : *Talvijärventie 10. 040-554-48-92. • heik kala.com • En arrivant à Ruka par la Rukanportti, prendre à gauche vers Talvijärvi, c'est à 400 m sur la gauche. Cottages 4-10 pers 80-120 €. Draps 12 € ; nettoyage 55-75 €.* On aime bien cet ensemble de chalets récents posés sur le flanc ouest du lac Talvijärvi, au pied de la station. Ils sont certes un peu proches les uns des autres, sur un terrain découvert, mais les plus petits (pour 4 personnes), cosy, font déjà 56 m² et sont équipés de douche, poêle (avec réserve de bois !), cuisine, placard à skis et sauna électrique. Les plus grands ont carrément 3 chambres, une mezzanine et une machine à laver.

Sur la route de Kemijärvi

Karhujärven Kelopirtit : *Joutsijärventie 37B, à 90 km de Kuusamo, sur la route E 63. 050-537-55-85. • karhu jarvenkelopirtit.fi • Ouv juin-oct, plus Pâques (à la sem seulement). Chalets env 57-92 € pour 2-5 pers avec cuisine, sauna et cheminée (bois inclus). Nettoyage final à faire ou 50 €.* Ce bel endroit en retrait de la route, tranquille, aéré (peu de moustiques !), occupe une magnifique et vaste pelouse, au bord d'un lac entouré de forêt. *Grill-house* et barques à disposition. Prenez vos précautions pour le ravitaillement : la plus proche boutique est à Kemijärvi, à 60 km !

Où manger ?

À Kuusamo

Karpalo : *Kitkantie 37. 040-809-88-01. Près de l'angle de Kaarlo Hännisentie, l'avenue menant à la gare routière principale. Lun-ven 11h-15h (lounas jusqu'à 15h, 7,50-10,50 €) ; fermé w-e.* Facile à repérer : il partage ses locaux avec la salle de prière des Adventistes du 7ᵉ jour ! Ici, on mange exclusivement végétalien, au gré d'un petit buffet très correct, aux notes volontiers indianisantes. Au choix : soupe seule, soupe et buffet de salades ou plats chauds. La petite salle est agréable et il y a aussi 2 tables en « terrasse » sur le parking.

Pour un *lounas* plus classique, on peut s'attabler au resto **Hotku,** à l'hôtel *Sokos (Kirkkotie 23 ; tlj sauf w-e 11h-15h ; env 10 €).*

Si l'on arrive tard, il faudra se rabattre sur les stations-service ou sur l'*Autogrilli Apollo,* situé sur Oulun-taival, face à la station-service *ABC. Tlj 11h (12h w-e)-22h (3h ven-sam !).* On y commande ses frites par demi-kilo ! Pas diététique pour un sou...

À Ruka

Pizzeria Ruka : *Rukatunturintie 4. ☎ 868-14-45. Tlj 11h-23h. Au pied des pistes. Pizzas 14-17 € ; salade env 15 €.* C'est l'adresse incontournable de Ruka, l'une des rares ouvertes toute l'année. Les pizzas sont grandes et très bonnes, tant en versions classiques italiennes qu'en versions « exotiques » finlandaises – au saumon, au renne, ou aux chanterelles et fromage local, par exemple. L'été, la terrasse en bois prend agréablement le soleil en fin de journée.

Ruok Burger : *Rukankylantie 6. 040-138-27-00. Au cœur de la station, face à l'hôtel* Scandic Rukahovi. *Tlj 12h-21h (18h dim). Burgers 13-19 €.* Ouvert par le propriétaire de la *Pizzeria Ruka,* ce *burger joint* de luxe vise la clientèle des jeunes skieurs et VTTistes. Le cadre et la musique sont tendance, entre tables hautes, suspensions et tableau noir au mur. Dans l'assiette : rien que des burgers, bons mais chers (au renne ou au bœuf wagyu, par exemple). Attention, les frites se paient à part et les bières ne sont pas données non plus !

Où boire un verre ?

À l'orée de la place du Marché, **Wanha Mestari** *(tlj sauf lun-mar jusqu'à 2h – minuit dim)* joue sa partition classique de pub à l'irlandaise, comme dans les autres adresses de la chaîne.

Achats

Riipisen : *à la sortie nord de la ville, 800 m à gauche après la route de l'aéroport. ☎ 853-040. Lun-sam 9h-18h, dim 10h-15h.* D'un côté, une boutique de souvenirs sans grand intérêt. De l'autre, un magasin de produits locaux vendant notamment les conserves de poisson, de renne, d'élan et d'ours produites par l'usine du même nom et introuvables en magasin (à part les conserves de renne, moins chères à l'hypermarché). Et aussi : pâté de renne en tube (!), tisanes, liqueurs et confitures de baies, articles en bois, etc.

L'EST SAUVAGE

À voir. À faire

Kotiseutumuseo : *Kitronintie 6. Au sud du centre, en continuant sur env 800 m dans le prolongement de la rue principale (Kirkantie). 040-860-87-17. Fin juin-juil, tlj sauf dim-lun 11h-18h ; début août-fin août, tlj sauf dim-lun 9h-15h. Entrée : 6 € ; réduc ; gratuit moins de 15 ans.* Sous ses airs modestes, ce musée en plein air, joliment situé en forêt, sur les rives du lac Toranki, regroupe pas mal d'édifices anciens. Si la plupart datent du XIXe s et du début du XXe s, 2 remontent aux XVIe et XVIIe s. Parmi les plus intéressants : le moulin orientable de 1914 et la maison principale aux intérieurs bien reconstitués, avec sa grande pièce où l'on mangeait, dormait, tissait et réparait les filets de pêche ! Animations le dimanche en juillet.

– En cas de mauvais temps, ***piscine tropicale*** avec toboggan, jacuzzi, bain à remous, jets massants, etc., au *Holiday Club Kuusamon Tropiikki. Tlj 10h-21h (dernière entrée 1h avt). Pour 2h : 22 € ; pass famille 55 € ; réduc.* Le lieu est plus calme le vendredi en début de journée (jour de fin de location à la semaine dans le complexe).

À voir. À faire dans la région de Kuusamo

À Ruka

Principale station de ski de la région, Ruka attire surtout des skieurs finlandais et anglais eu égard à la relative modestie de ses installations. On y compte 35 pistes tous niveaux, dont 30 éclairées. La saison débute dès octobre (avec de la neige stockée de la saison précédente !) et dure jusqu'en mai ! En été, en revanche, le coin est mort. Au programme : balades, luge d'été et VTT.

> **À VOS JUMELLES**
>
> *La région de Kuusamo est un paradis pour ornithologues et amateurs de bestioles à plumes. D'ailleurs, l'observation d'oiseaux donne lieu à une compétition, le Kuusamo Bird Marathon, organisé au début de l'été. Chaque équipe doit identifier un maximum d'espèces dans une période de 24h. Bon an mal an, l'équipe gagnante observe de l'ordre de 130 espèces de volatiles différents, les plus rares en provenance de terres arctiques et orientales.*

Le sentier de Valtavaara : *boucle de 8 km empruntant l'extrémité du circuit de l'Ours (voir plus loin « Le parc national d'Oulanka »). Dans la montée vers Ruka depuis la E 63, suivre la direction d'Itä-Ruka, continuer la route puis obliquer vers le parking pour caravanes (panneau noir « Asuntovaunualue ») et aller jusqu'au bout du bout de la voie carrossable.*
Le sentier s'élève en forêt le long de la crête, offrant une belle vue sur le petit lac d'Yli-Pessari. Au sommet, beau panorama circulaire sur Ruka, le système lacustre de Kitka à l'ouest, la suite du circuit de l'Ours au nord et la zone frontalière à l'est. Redescente par un parcours en forêt profonde, en alternance avec des zones marécageuses et un éboulis de rocs impressionnants. Compter 2h30 pour 150 m de dénivelée.

– Ruka possède la plus longue piste de ***luge d'été*** de Finlande (1 001 m). *Tlj de juin à mi-août, puis les w-e jusqu'en sept. Fermé en cas de pluie.* Vitesse ajustable selon l'audace de chacun.

La région totalise près de 600 km d'***itinéraires de VTT.*** Parmi les plus populaires : une boucle d'une vingtaine de kilomètres autour de Ruka, l'itinéraire d'Iivaara (27 km) et celui de la rivière Oulanka (21 km dans une forêt sauvage, dont 2 courts tronçons hors piste, avec plusieurs possibilités d'accès à la rivière). Locations à Ruka *(Ruka Store, Sport House Ruka)* ou à Kuusamo.

Au-delà de Ruka

Le Centre des grands carnivores *(Kuusamon Suurpetokeskus)* ***:*** *à 33 km au sud de Kuusamo, par la route de Kajaani. ☎ 861-713. • kuusamon-suurpetokeskus.fi • D'avr à mi-oct, tlj 10h-17h (en hiver, ils hibernent !) ; dernier accès 1h avt. Entrée : 15 € (ce qui commence à faire...) ; 10 € 4-16 ans. Visite guidée (ttes les 30 mn env) en finnois, avec traduction partielle en anglais.*
À l'origine, il y avait ici un centre de recherches gouvernemental sur la faune sauvage. À sa fermeture, il fut transformé en orphelinat, puis en parc privé, pour éviter que les bestioles ne soient euthanasiées. C'est la seule excuse qui justifie vraiment son existence. Au menu : une poignée d'ours nourris de fruits et yaourts sous vos yeux et quelques autres enclos où se planquent lynx, rennes, renards et chiens-loups (au sens littéral).

Le parc national du Riisitunturi : *à env 65 km au nord-ouest de Kuusamo. • nationalparks.fi/riisitunturinp • Accès principal par la route E 63 vers le nord sur 31 km, puis fléché à gauche (par Kitka). Les principaux sentiers partent du « Riisitunturin parkkipaikka ».* Ce parc très sauvage s'étend sur 77 km² autour

de la montagne éponyme, offrant de beaux panoramas sur forêt et lacs. De vastes marais d'altitude couvrent une partie de ses pentes.
– Du parking, un sentier facile de 1,5 km permet de rejoindre une cabane *(Riisitunturin autiotupa)* en traversant d'abord la forêt, puis, par un chemin de bois, un marais d'altitude à la beauté austère. On peut continuer ensuite par la boucle de 4,3 km du *Riisin Rääpäsyn,* que l'on parcourt en 2-3h. Du sommet du Riisitunturi, à 466 m d'altitude, on découvre un panorama circulaire sur toute la région, et en particulier une vue imprenable sur le lac Kitka.
– Un 2d sentier en boucle, le *Riisin Rietas* (10,7 km, 4-5h), prolonge le *Riisin Rääpäsyn.* Au menu : d'autres points de vue et pas mal de descentes et remontées autour de la vallée du Risisuo.
– Un chemin de 26-29 km permet aussi de rallier par les crêtes le Riisitunturi à Karitunturi *(refuge à réserver au ☎ 020-639-08-50)* et Kirintövaara, à l'extrémité sud du parc, où l'on retrouve la civilisation. La fin du trajet se fait dans des tourbières au terrain très humide, voire marécageux. Plaquette avec carte sommaire à l'office de tourisme de Kuusamo ; cartes détaillées au 1/20 000 (plusieurs feuillets).

La gorge de Korouoma : *à env 100 km au nord-ouest de Kuusamo. • nationalparks.fi/en/korouoma • Emprunter la route E 63 vers le nord puis la 81 en direction de Rovaniemi ; fléché 33 km après Posio.* Partant du parking de Saukovaara, la balade la plus classique, la *boucle de Koronjää* (5 km, 1-2h), explore alternativement les hauteurs et le fond de la gorge. L'hiver, on y découvre de superbes cascades de glace ! Alternativement, on peut rejoindre le parking de Koivuköngäs, tout au nord de la réserve, dans la zone la plus sauvage, pour rejoindre les spectaculaires chaos rocheux de *Pirunkirkko* (l'église du Diable) et *Karhunpesä* (la tanière de l'Ours). Les accros pourront s'organiser pour parcourir toute la gorge (25 km) par le sentier balisé en orange, ce qui nécessite le recours à un taxi et une nuitée dans le seul refuge du coin *(max 6 pers).*

Observation des ours bruns : *Karhu-Kuusamo Oy. 📱 040-021-06-81. • karhujenkatselu.fi • À Kuntivaara, près de la frontière russe, à 45 km au nord-est de Kuusamo via Vuotunki – non loin de Juuma. Mai-sept. Soirée (19h-minuit) 120 €/pers, nuit complète 170 €/pers, ½ tarif enfants.* Même principe que celui décrit dans la rubrique « À faire » de Kuhmo.

LE PARC NATIONAL D'OULANKA

IND. TÉL. : 08

Amoureux des forêts profondes et du calme absolu, vous êtes arrivé ! Étendu sur 270 km², le parc d'Oulanka est traversé de part en part par la belle Oulankajoki, une rivière sauvage entrecoupée de multiples rapides, qui se perd au sud en de multiples méandres aux larges bancs de sable avant de rejoindre la Russie et la mer Blanche. Flore et faune sont riches, et les paysages inhabituellement variés, attirant la foule en été. Le parc est traversé par le très célèbre circuit de l'Ours (82 km) et par d'autres sentiers plus courts, très beaux aussi.

Arriver – Quitter

Se reporter à la rubrique « Arriver – Quitter » de Kuusamo.

Adresses utiles

Centre d'information de Kiutaköngäs *(Oulangan Luontokeskus) : près des rapides de Kiutaköngäs, en plein cœur du parc (à mi-chemin du circuit de l'Ours). ☎ 020-639-68-50. • nationalparks.fi/en/oulankanp • De*

Kuusamo, en direction de Kemijärvi, puis vers Käylä (route 950 vers Salla) et fléché à droite. Juin-sept, tlj 10h-18h (16h oct-mai). Fermé dim-lun de nov à mi-fév. Renseignements sur les possibilités de randonnée dans le parc. Organise des randos guidées gratuites vers les rapides de fin juin à début août. Exposition gratuite et intéressante qui présente Oulanka à travers sa géologie, sa vie aquatique et l'importance de l'ours dans le secteur (vidéos). Cafétéria (voir ci-après « Où dormir ? Où manger ? »).

Karhunkierros Visitor Centre : *Hautajärventie 414, à* ***Hautajärvi.*** *À l'extrémité nord du circuit de l'Ours. 040-019-67-41. • karhunkierros.fi • Juin-sept et déc-mars, tlj 9h-17h ; fermé le reste de l'année.* Un centre d'info (privatisé et gratuit) sur le parc avec une exposition sur la faune et la flore. Cafétéria.

Où dormir ? Où manger ?

Pour le ravitaillement, il existe une supérette à Käylä, sinon mieux vaut faire ses courses au préalable à Kuusamo !

Campings

Juuman Leirintäalue : *Riekamontie 1, à gauche (fléché) avt d'arriver au hameau de* ***Juuma,*** *au début de la route de Käylä-Oulanka. 044-272-78-72. • juumanleirintaalue.fi • Ouv juin-sept (chalets tte l'année). Réception 9h-20h. Compter 25 € pour 2 avec tente ; chalets 2-4 pers avec cuisine, sauna et cheminée 70-90 €. Linge 10 €. Sauna payant. Barques à disposition.* Le site est spacieux et paisible, dans une pinède presque cernée par le lac Yli-Juumajärvi. Le bloc sanitaire est récent et les bungalows sont bien dispersés. Les 2 petits sont un peu datés, les plus grands, donnant sur un terrain engazonné face au lac, sont impeccables (et dotés d'une machine à laver). Café.

Lomakylä Retki-Etappi : *à* ***Juuma,*** *au bout de la route. 040-565-34-74. • retkietappi.fi • Camping ouv juin-sept, cottages tte l'année. Cafétéria ouv 10h-17h (jusqu'à 20h selon l'affluence). Env 18 € pour 2 avec tente ; chalets avec ou sans douche 2-8 pers 32-85 €. Loc de barques (gratuit pour les occupants des chalets). Linge 10 €.* Si l'endroit est idyllique, il est aussi très passant : on est pile-poil au début du petit circuit de l'Ours. Il y a un bout de terrain herbeux pour les campeurs, qui ont accès à une cuisine semi-extérieure un peu basique, plus des chalets (1 au bord du plan d'eau, les autres dispersés dans les bois). Une maisonnette rouge abrite la cafétéria. Avec sa terrasse les pieds dans le lac, c'est le lieu idéal pour trouver un sandwich ou une boisson fraîche après une longue marche. Petite épicerie également, peu fournie mais bien pratique. Vente de permis de pêche.

Oulangan Leirintäalue : *à 1 km du centre d'info de* ***Kiutaköngäs.*** *044-740-00-01. • oulankacamping.fi • Ouv juin-août. Réception 8h (9h dim)-21h. Compter 17 € pour 2 avec tente ; chalet pour 2 avec kitchenette et sanitaires partagés 52 €, chalet équipé pour 4 pers 155 €. Sauna payant. Loc de barques (12 € la ½ journée) et de canoës (70 €/j. sur l'Oulankajoki, transport compris).* L'immense forêt de pins est d'un calme impressionnant (des rennes s'y baladent !), mais les nombreux taons qui hantent le secteur sont un peu irritants... Il y a des sanitaires normaux et, vu l'étendue du site, des toilettes sèches de-ci de-là en plus. Cuisine, pièce pour sécher le linge, kiosque avec quelques produits alimentaires et sauna au bord de la rivière.

Bon marché

Ravintola Tolonpöytä : *centre d'info de* ***Kiutaköngäs.*** *040-124-29-94. Ouv fév-oct ; tlj 10h-18h juin-août, 10h-16h le reste du temps.* Lounas *(11-16h) env 10,50 €.* Au menu : snacks, pâtisseries et *keittolounas* (*lounas* dont le plat principal est une soupe) à base de produits traditionnels comme le renne ou le saumon.

Chic

Basecamp Oulanka : *à Juuma.* *040-050-97-41. • basecampoulanka.fi • Après 11 km sur la route de Juuma, tourner à droite (fléchage « Basecamp Luonto-ja Seikkailukeskus »), puis 4 km de chemin de terre. Doubles 100-115 € en été (tarifs dégressifs à partir de la 2e nuit), 160-180 € en hiver, petit déj et sauna inclus.* Lounas *env 11,80 € ; pens complète 37-45 €/pers selon saison.* Un site en pleine forêt, près de la plus belle plage du Juumajärvi et du Myllykoski, le moulin du petit circuit de l'Ours. Un emplacement idéal ! L'hôtel, chauffé aux pellets, a été conçu pour limiter son impact sur l'environnement (même les vins sont bio !). Les chambres occupent 3 petits bâtiments en rondins : récentes et parfaitement tenues, elles ne sont pas bien grandes et plus fonctionnelles que charmantes (surtout celles du rez-de-chaussée). Comme dit le patron : on vient ici avant tout pour faire des activités à l'extérieur !

À faire

Balades et randonnées

Pour une présentation complète du parc et de ses sentiers, procurez-vous au *Visitor Centre* le livret « National Parks Oulanka and Paanajärvi », très complet et vendu 5,50 €. La carte *Ruka-Oulanka-Karhunkierros* au 1/50 000 vous sera aussi très utile.

Les balades faciles

Les rapides de Kiutaköngäs : 2 km A/R depuis le *Visitor Centre* pour ceux qui voudraient juste voir les rapides ! Les eaux y dévalent de 14 m de hauteur sur 200 m, dans un défilé aux roches rouges (dolomite) – ce qui n'empêche pas les truites de les remonter pour rejoindre leurs zones de frai en amont.

Le sentier de Hiiden hurmos : à partir du centre d'information de Kiutaköngäs, 5 km en boucle (compter 2-3h) pour découvrir les rapides, 2 étangs dans un paysage très serein, une vieille grange et un ancien enclos de triage de rennes. L'hiver, on s'y balade à raquettes. Alternativement, on peut poursuivre à mi-chemin par l'itinéraire de **Könkään Keino** (8 km en tout, fléché en vert), qui emprunte une section du circuit de l'Ours longeant de plus ou moins près la rivière Oulankajoki au retour (beaux points de vue).

Le sentier de Rytisuo : au départ du terrain de camping d'Oulanka, 5 km (compter 2-3h) dans une forêt primaire de pins et de bouleaux passant près de l'étang de Rytilampi et du torrent de Rytiköngäs. Ambiance parfois magique, pour peu que le soleil soit au rendez-vous : on s'étonne presque de ne pas rencontrer d'elfe ! L'hiver, l'itinéraire est très populaire à raquettes (on part alors du *Visitor Centre,* le camping n'étant pas accessible, soit 7,5 km en tout).

Le sentier du canyon d'Oulanka *(Kanjonin kurkkaus)* **:** *courte balade (6 km ; 3h) mais longue virée en voiture ! 2 km avt Hautajärvi par la route de Salla, tourner à droite et suivre le fléchage « Oulangan Kanjoni » jusqu'au parking (encore 11 km, dont 5 non revêtus).* C'est l'un des sites du parc que l'on préfère. Le sentier rejoint d'abord l'étang serein de Kirkasvetinemlampi, qu'il contourne, avant de se hisser sur les falaises (50-60 m) délimitant le canyon – que l'on suit de plus ou moins près sur environ 2 km. Vue plongeante parfois vertigineuse ! On redescend ensuite vers le lac et l'abri de Savilampi, où un pont suspendu traverse la rivière, permettant de gagner un autre point de vue. Il ne reste plus qu'à regagner le parking en longeant le lac (par une section du circuit de l'Ours).

Une superbe balade un peu plus longue

Pieni Karhunkierros *(petit circuit de l'Ours)* **:** on aime beaucoup ce sentier de 12 km (5-6h), qui concentre presque tous les paysages de la région. Fléché en vert, très bien aménagé, il est accessible aux enfants pas trop jeunes et... très fréquenté en été ! À peine parti de Juuma, on traverse une passerelle suspendue pour rejoindre un vieux moulin au bord des rapides (Myllykoski), parfois remis en service l'été. À partir de là, le circuit forme une boucle : on l'emprunte généralement dans le sens inverse des aiguilles d'une montre, mais on vous conseille plutôt l'inverse, la diversité étant plus grande au début (ce qui permet de mieux en profiter). On traverse bientôt un secteur bucolique de petits lacs et marais, sur lesquels courent des passerelles en bois, avant de rejoindre la falaise de Kallioportti, puis de redescendre vers l'abri et la longue passerelle suspendue d'Harrisuvanto – baignant dans un cadre d'une grande sérénité. À partir de là, on suit un grand méandre de la Kitkanjoki, que l'on ne quitte plus jusqu'à la chute de Jyrävä, où, en début d'été, les salmonidés effectuent parfois d'incroyables sauts pour remonter le courant. En amont, la rivière est entrecoupée par les rapides d'Aallokkokoski, que l'on découvre par endroits en s'approchant du bord de la falaise. De là, le moulin n'est plus très loin.

Le circuit de l'Ours (Karhunkierros)

C'est tout simplement le plus célèbre itinéraire de randonnée de Finlande. S'il ne présente pas de difficultés majeures pour un adulte en bonne santé, il faut toutefois soigner préparation et équipement. Les points de ravitaillement sont rares (kiosques des campings) et il est essentiel de partir avec tout ce dont on peut avoir besoin. À vous, alors, une contrée étonnante où vous rencontrerez landes, marais, lacs et étangs, forêts denses, rivières fainéantes, rapides bouillonnants, canyons abrupts, chutes d'eau grondantes, monts arrondis *(tunturit),* passerelles étroites et riche végétation !
Le circuit de l'Ours (fléché en orange) s'étire sur 82 km entre Hautajärvi au nord et Ruka au sud. Il peut se parcourir dans les 2 sens, mais il est préférable de terminer à Ruka, où les services sont plus nombreux et d'où l'on regagne plus facilement Kuusamo en bus (pour rejoindre Hautajärvi, voir la rubrique « Arriver – Quitter. Bus locaux » de Kuusamo). On peut aussi partir du parking de Ristikallio, situé sur la route 950, entre Käylä et Hautajärvi ; la randonnée est alors réduite à 70 km. L'itinéraire se parcourt en 3 à 5 jours, mais on peut aussi ajouter des détours pour voir certains sites voisins, comme le canyon d'Oulanka. Gardez quand même un peu d'énergie : la dernière étape jusqu'à Ruka est la plus exigeante en termes de dénivelées... Plusieurs refuges sont installés sur le parcours, tous gratuits et sans réservation préalable. N'y restez qu'une nuit. L'été, les places sont chères et il n'est pas inutile d'avoir une tente au cas où. On pourra aussi la planter auprès des différents *laavu* et « *campfire sites* » émaillant l'itinéraire, sans oublier les campings de Kiutaköngäs et Juuma.

Les voies navigables

Les amateurs de canoë et de rafting seront eux aussi aux anges. Oulanka offre de bien belles possibilités en la matière, notamment sur l'Oulankajoki et la Kitkajoki. Le parc édite une brochure dédiée au sujet. Certaines sorties faciles peuvent se faire en solo, ou presque. D'autres exigent de passer par un tour-opérateur. La plupart sont sérieux et proposent des produits assez similaires. Ce qui change, ce sont les tarifs – et surtout les à-côtés parfois facturés très cher ! Les 2 agences qui suivent nous ont donné toute satisfaction. De plus, elles affichent une politique active de développement touristique durable. ***Attention*** : en cas d'été très sec, la navigation peut être impossible.

■ ***Basecamp Oulanka :*** *à* ***Juuma.*** • *basecampoulanka.fi* • *Voir « Où dormir ? ». Juin-sept, tlj sauf dim.* En été, rafting et canoë, depuis les balades familiales sans difficulté jusqu'aux rapides de classe IV (Aallokkokoski) ! *Comptez 40-95 € pour 2-6h.* En hiver, propose aussi des balades en traîneau à chiens ou à raquettes, cours d'escalade sur glace. Pas besoin d'expérience préalable. Guides parlant l'anglais.

■ ***Stella Polaris Adventures*** *(Koskenlasku) :* *à* ***Juuma.*** *040-843-34-25.* • *stellapolaris.fi* • *Sur le parking avt le café* Retki-Etappi. *Juin-sept, tlj.* Cette agence de bonne renommée propose chaque jour des descentes en rafting à prix assez compétitifs *(40-60 € pour 2-4h).* D'autres activités sont possibles (pêche, motoneige...).

■ Parfois, en haute saison, les opérateurs sont tous réservés. Dans ce cas, contactez Armas Seppänen, le seul excursionniste qui ne dispose pas de site internet ! *044-086-41-50.*

➢ ***Canoë sur l'Oulankajoki :*** *s'adresser au terrain de camping d'Oulanka (résa conseillée). 044-740-00-01. Compter 70 € la journée ; 110 € en cas de bivouac en chemin.* La partie navigable de la rivière débute juste en aval des rapides de Kiutaköngäs et se termine peu avant la frontière russe, à Jäkälämutka. L'itinéraire, sans difficulté, se déroule le long de méandres paresseux s'écoulant dans une sérénité totale : on peut donc s'y lancer seul sans crainte. On peut choisir d'être récupéré à la cabane d'Aitaniitty (compter 5h), ou au terminus, à 28 km du point de départ (7h). Il est possible aussi de passer la nuit à la cabane en chemin, ou planter la tente où ça vous chante et dormir bercé par les glouglous de la rivière.

LE GOLFE DE BOTNIE

Le golfe de Botnie est cette branche de la mer Baltique, fermée, peu saline et bordée d'immenses plages, qui monte vers le nord en séparant la Suède de la Finlande. Le fond du golfe est une région de très ancien peuplement, transition entre le Sud agricole et la Laponie sauvage.

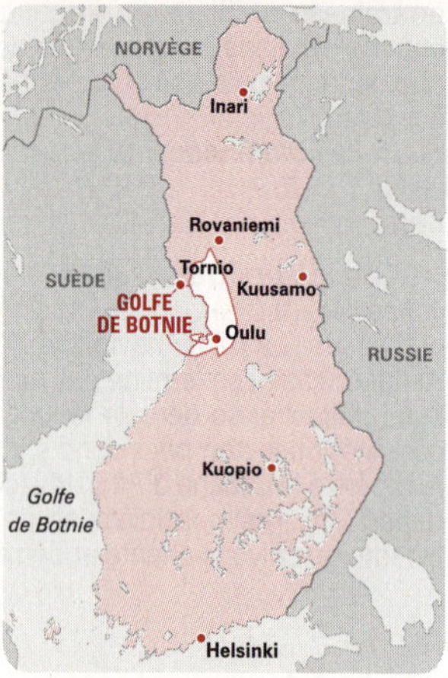

OULU

205 500 hab. IND. TÉL. : 08

• Plan *p. 273*

Logée presque au fond du golfe de Botnie, Oulu est la plus grande ville du nord de la Finlande – et la capitale autoproclamée du nord de la Scandinavie. Provinciale et dynamique, c'est une ville universitaire (25 000 étudiants !), très à la pointe dans certains domaines : technologies propres et technologie de l'information (on y travaille sur la 5G), développement de l'impression 3D, santé... Plus de 500 start-up y ont été fondées ces dernières années et la région s'est vue classer parmi les 13 principaux pôles de matière grise du monde ! Et voilà comment Oulu est devenue la ville arctique connaissant la plus forte croissance. Si elle n'est pas très belle, elle est en revanche agréable à vivre avec son vaste parc et ses îles, sa zone piétonne, son ambiance festive bon enfant, ses multiples festivals et animations (parfois déjantés), l'orchestre symphonique le plus septentrional du monde et les belles plages des alentours... Résultat : les habitants d'Oulu se déclarent être les citadins les plus heureux d'Europe.

Arriver – Quitter

Gare routière *(plan B2)* **:** *Ratakatu 6. Derrière la gare ferroviaire (prendre le passage souterrain).* Agence *Europcar* (location de voitures) à côté.

➢ Liaisons directes notamment avec ***Helsinki*** (11-12 bus/j., 8-12h de trajet), la plupart via ***Jyväskylä*** (4h10-5h), ***Kajaani*** (2-3/j. ; 2h40), ***Kuopio*** (2-4/j. ; 4h30), ***Kuusamo*** (7-8/j. lun-ven, 4-5/j. le w-e ; 3h-3h15), ***Rovaniemi*** (5-9/j. ; 3h-3h30), ***Suomussalmi*** (1/j. tlj sauf sam ; 3h25) et ***Tornio*** (7-8/j. lun-ven, 1-2 le w-e ; 2h-2h25).

Gare ferroviaire *(plan B2)* **:** *Rautatienkatu 11. Guichets ouv*

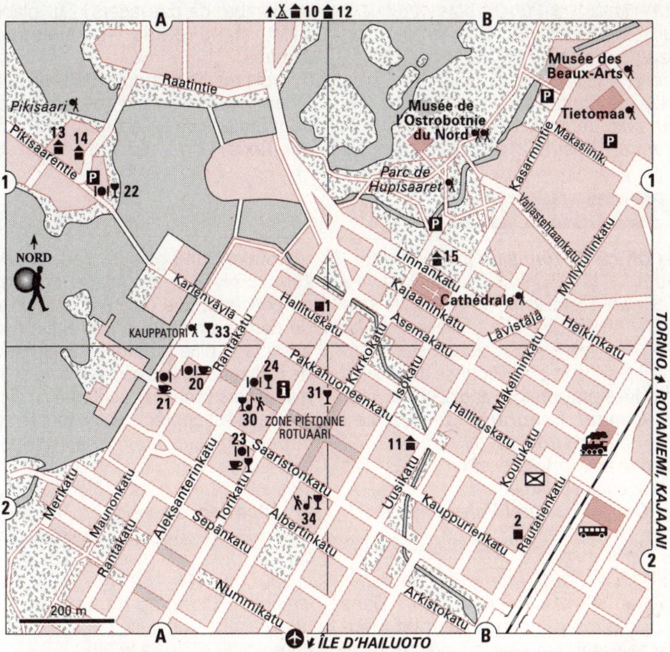

OULU

■ Adresses utiles

- Office de tourisme (A2)
- **1** Centre culturel Valve (A-B1)
- **2** Mustosen Pyörä (location de vélos ; B2)

Où dormir ?

- **10** Nallikari Holiday Village (hors plan par A1)
- **11** Forenom Aparthotel (B2)
- **12** Hotelli Kortteeri (hors plan par A1)
- **13** TurusenSaha (A1)
- **14** Pikisaari Guesthouse (A1)
- **15** Lapland Hotel Oulu (B1)

Où manger ? Où faire une pause sucrée ?

- **20** Marché (A2)
- **21** Pannukakkutalo (A2)
- **22** Sokeri-Jussin Kievari (A1)
- **23** Rooster Cafe (A2)
- **24** Kauppuri 5 (A2)

Où boire un verre ? Où sortir ?

- **24** Café Kuluma (A2)
- **30** Jumpru Pub et Kaalenholvi (A2)
- **31** Oluthuone Leskinen (A-B2)
- **33** Tervasoihtu et Keltainen Aitta (A1)
- **34** 45 Special (A2)

lun-ven 9h-17h ; fermé w-e. Consignes automatiques.

➢ ***Helsinki :*** 7-9 trains directs/j., dont 2-3 de nuit pour arriver le mat à Helsinki ; 6h de trajet pour les plus rapides... et 10h40 pour le plus lent, choisissez bien ! La plupart passent par ***Tampere,*** mais seul celui de 21h16 mène directement à ***Turku.***

➢ ***Kajaani*** (2h10-2h30) et ***Kuopio*** (4h-4h20) **:** 3-4 trains/j.

➢ ***Rovaniemi :*** 5-6 trains/j. (2h15-2h40).

✈ ***Aéroport*** *(hors plan par A2)* **:** *Lentokentäntie 720. ☎ 020-708-78-00. • finavia.fi/en/airports/oulu • À 14 km au sud-ouest du centre. Bus nº 9 (tlj) et nº 8 (sauf w-e), ttes les 20-40 mn*

LE GOLFE DE BOTNIE

lun-ven, 5h10-20h45, puis quelques-uns encore ensuite ; ttes les 60-75 mn le w-e (6h10-22h45 sam, 9h20-22h45 dim) ; d'Oulu, départ de Torikatu (plan A2), au centre-ville. Tarif : env 6 €. En taxi, compter env 35-40 € pour le centre. C'est le 2e aéroport finlandais en nombre de passagers ! Sur place : ATM, stand d'info et loueurs de voitures.

➢ Vols quotidiens pour **Helsinki** avec *Finnair* et *Norwegian* ; vols également pour Stockholm avec *SAS*.

🚗 ***Taxis :*** *☎ 0600-300-81 (surtaxé).*

Adresses utiles

ℹ *Office de tourisme* *(plan A2)* ***:*** *Torikatu 18. ☎ 55-84-13-30. • visitoulu.fi • Juin-août, lun-ven 10h-17h, plus sam 10h-16h en juil-août ; sept-mai, lun-jeu 9h-17h, ven 9h-16h. Fermé sam (sauf en juil-août) et dim.* Propose des visites guidées payantes en anglais de la ville.

■ ***Consul honoraire de France :*** *M. René Åström. 📱 040-058-50-50. • rene.astrom@autoastrom.fi •* En cas d'urgence seulement.

■ ***Centre culturel Valve*** *(plan A-B1,* ***1****)* ***:*** *Hallituskatu 7. ☎ 55-84-75-00. • kulttuurivalve.fi • Lun-ven 8h-22h, w-e 10h-22h (ferme à 20h en début d'été). Fermé 3 sem en juil.* Dans un bâtiment néogothique et néo-Renaissance modernisé avec goût se regroupent une galerie d'art *(tlj 10h-20h ; GRATUIT)*, un théâtre, une salle de concerts, une cafétéria, des salles de danse, un magasin de B.D., mais aussi la 2e plus grande cinémathèque de Finlande. Le lieu est bien plus dynamique hors vacances scolaires ; mais la cafétéria est appréciable en tout temps *(fermé fin juin-fin juil ; sandwichs, gâteaux, petit déj ;* lounas *lun-ven 11h-18h, sam 12h-17h, env 11,50 €).*

🚴 ***Location de vélos :*** *chez* ***Mustosen Pyörä*** *(plan B2,* ***2****), Rautatienkatu 16, près de la gare, ☎ 522-04-27 ; tlj sauf dim 10h-18h (14h sam). Également au* ***Camping de Nallikari*** *(voir plus bas), tlj 10h-21h. Dans les 2 cas, compter 17 €/8h, 22 €/24h.*

Où dormir ?

Camping

⛺ 🏠 ***Nallikari Holiday Village*** *(hors plan par A1,* ***10****)* ***:*** *Leiritie 10, île de Hietasaari. 📱 044-703-13-53. • nallikari.fi • À 5 km du centre (sortie 10 sur l'autoroute) ; bus n° 15 depuis le centre-ville. Compter 20-28 € pour 2 avec tente selon saison ; mai-oct, chalets simples (2 pers) 55-70 € ; tte l'année, pimpants chalets (2-7 pers) 85-170 €, draps et nettoyage inclus dans ts les cas.* Idéalement situé parmi les bouleaux et près d'une grande plage, ce camping très fréquenté en été ne manque de rien : saunas (l'un gratuit, l'autre payant), minigolf, cafétéria, jeux pour enfants, location de vélos (le centre est à 3 km par les pistes cyclables via l'île de Pikisaari)... Côté bungalows, les plus simples et petits sont les plus éloignés de la plage, mais ils sont tout neufs et avec kitchenette ! Ceux des catégories supérieures sont très bien et tout confort ; on préfère les verts turquoise du secteur C *(Masto)* ou les jaunes du secteur D *(Pooki),* dans un coin boisé tranquille et en même temps proches de la plage. Les tentes s'installent plutôt vers le fond, sur un gazon impeccable, près des arbres. Il y a aussi de récentes villas au design scandinave très réussi, lumineuses, mais qui manquent d'intimité – elles sont près de l'accueil.

Prix moyens

🏠 ***TurusenSaha*** *(plan A1,* ***13****)* ***:*** *Pikisaarentie 10, île de Hietasaari. 📱 044-972-60-31. • turusensaha.fi • Doubles 85-90 €, apparts 100-150 € ; petit déj en sus.* Le quartier (résidentiel) est joli et tranquille, à 5 mn seulement de la Grand-Place par le pont traversant le port. À vrai dire, c'est le coin le plus sympa de la ville ! La grande maison en bois jaune pâle abrite quelques chambres mansardées avec salle de bains privée et balcon. Elles donnent sur un salon commun avec kitchenette, pratique ! Les propriétaires, qui habitent sur place, louent aussi des chambres (avec sanitaires partagés) et apparts (un petit et un grand) dans un ex-studio d'artiste, juste à côté. Le ménage n'est pas quotidien, ce qui limite les tarifs... Location de vélos à prix très raisonnables. Une excellente adresse.

Pikisaari Guesthouse (plan A1, **14**) : *Pursitie 6, île de Hietasaari. 044-744-33-33. • pikisaariguesthouse.com • Accès par code (pas de réception sur place). Doubles 74-95 €.* La maison en bois, bâtie en 1885, a été entièrement rénovée dans un style frais mêlant éléments anciens et déco actuelle, façon maison de grand-mère réinventée. On y trouve juste 2 familiales mansardées (une avec salle de bains privée, l'autre sans) aux lambris blancs et plafonds (bas) en coque de bateau renversé, et 2 petites doubles aux papiers peints fleuris partageant les sanitaires communs.

Forenom Aparthotel (plan B2, **11**) : *Uusikatu 26. ☎ 020-198-34-20 (central de résa). • forenom.fi • Pas de réception, le code d'accès vous sera envoyé par sms. Doubles 60-86 € (plus cher lors de festivals).* Si l'immeuble de cette chaîne de location n'est pas très avenant vu de l'extérieur, ses chambres sont bien pratiques et pas très chères. Modernes et bien tenues, elles ont toutes salle de bains, TV, frigo et micro-ondes, voire une kitchenette pour les plus chères. En prime : 2 cuisines à disposition et une machine à laver (gratuite, mais prévoir sa lessive). Impeccable pour une étape.

Hotelli Kortteeri (hors plan par A1, **12**) : *Vellamontie 12. ☎ 010-843-45-00. • pohto.fi • Juste avt le Camping de Nallikari, sur la gauche (suivre le fléchage « Pohto »). Réception tlj 7h30-17h30 (15h dim-jeu en été) ; sinon, code d'entrée envoyé par e-mail. Doubles 75-95 €. Sauna payant.* Ce petit centre de congrès planté au milieu des arbres, bien au calme, dispose d'un bâtiment de 2 étages en brique type motel, aux chambres fonctionnelles, bien tenues mais sans charme – avec sanitaires privés, plus frigo et micro-ondes dans certaines. Sinon, cuisine à disposition.

De chic à plus chic

Lapland Hotel Oulu (plan B1, **15**) : *Kirkkokatu 3. ☎ 881-11-10. • laplandhotels.com/oulu • Doubles env 135-255 €, petit déj inclus. Parking payant.* Parmi les plus récents établissements de la chaîne *Lapland*, ce gros hôtel central regroupe ses 169 chambres autour d'un vaste atrium. Jouant sur la thématique lapone, il a adopté une déco séduisante et design, aux couleurs de terre discrètes, faite de peaux et bois de renne, tambours de shaman, grands chandeliers et suspensions néobaroques. Des photos d'aurores boréales égaient certains couloirs et une vidéo des grands espaces finlandais tourne en boucle à la réception ! Les chambres sont à l'avenant, jolies et très confortables, avec d'excellents lits (mais pas très grandes) ; les plus chères ont un sauna, un balcon et une machine à café. Piscine et sauna en accès libre, salle de sport payante.

Où manger ? Où faire une pause sucrée ?

Bon marché

Le marché (plan A2, **20**) : *Kauppatori.* Faire ses provisions au charmant petit ***marché de plein air*** *(tlj 8h-15h)* et pique-niquer sur le port ou dans le parc. Les commerçants du ***marché couvert de Kauppahalli*** *(sur le côté ; lun-jeu 8h-17h, 18h ven, 15h sam, fermé dim)* proposent de l'excellent poisson cuit ou fumé (hareng notamment), de la soupe de saumon, du renne séché ou en salami, des baies de saison... À un bout de la halle il y a une boulangerie, à l'autre, un café-snack avec tables proposant sandwichs, gâteaux et viennoiseries. Il y a aussi le *Potnia* pour un bon café.

Pannukakkutalo (plan A2, **21**) : *Aittatori 9. ☎ 377-262. Lun-ven 11h-19h, w-e 12h-18h. Pancakes salés ou sucrés env 7,50-14 €.* Entre le port et le marché, cette échoppe sise dans l'une des vieilles maisons en bois rouge du secteur propose une longue liste de pancakes (sucrés ou salés) bien costauds, à commander au comptoir et à dévorer en terrasse ou dans la salle rustique. Ils sont préparés à la minute et calent n'importe quel appétit à prix doux !

Kauppuri 5 (plan A2, **24**) : *Kauppurienkatu 5. ☎ 020-749-50-00. Tlj 11h-2h. Burgers 10-13 €.* Murs tagués et bande-son très rock (tendance hard) ne découragent pas les familles, ni même les retraités, qui font volontiers la queue ici pour un bon burger. Frites et oignons frits *(onion rings)* se commandent à part. On choisit sa sauce parmi une longue liste (mayo au concombre, peut-être ?).

De bon marché à prix moyens

Rooster Cafe (plan A2, **23**) : *Torikatu 26. 041-544-37-88. Lun-jeu 9h-22h, ven 9h-23h, sam 10h-23h, dim 11h-20h30. Lounas env 10,80-14 € (10h30-14h). Brunch (dim 11h-14h) 24 €. Hamburgers 18-21 €.* Dans cette grande salle au joli parquet, à la déco fraîche et plutôt tendance, se pressent employés du coin le midi, étudiants en journée et en soirée. L'endroit, spacieux, est plaisant. On s'y restaure vite et très correctement d'une soupe, d'un sandwich, d'une salade ou d'un bon hamburger à commander au comptoir. Café ou thé sont offerts avec chaque plat. Terrasse avec fauteuils. On peut aussi juste s'y poser pour prendre un verre ou un 4-heures (pâtisseries).

Chic

Sokeri-Jussin Kievari (plan A1, **22**) : *Pikisaarentie 2 (sur l'île). ☎ 376-628. 044-762-09-96. Tlj 11h (12h dim)-minuit. Résa conseillée le w-e. Plats 23-34 €.* Cette vieille bâtisse en bois rouge s'est implantée à l'orée de la paisible île de Pikisaarentie. On aime beaucoup son cadre rustique, façon taverne de l'ancien temps, et sa cuisine, copieuse et soignée, ne démérite pas – tels le renne sauté ou le filet de perche d'Oulu. Les prix sont quand même élevés et le service moyennement agréable. On peut se contenter d'un verre en terrasse.

Où boire un verre ? Où sortir ?

Oluthuone Leskinen (plan A-B2, **31**) : *Kirkkokatu 10. Tlj 12h (11h sam)-2h (3h ven-sam).* Il y a bien la terrasse au bord de la rue piétonne, mais c'est à l'intérieur que ça se passe, autour d'un comptoir en bois. Sans faux-semblant ni paillettes, ce bar est le repaire de quelques habitués et d'étudiants qui ne se la racontent pas, attirés par le grand choix de bières à la pression (une vingtaine). Musique allant du rock aux ballades finlandaises. Une petite institution à Oulu.

Plusieurs autres adresses attirent la foule dans la zone piétonne de Rotuaari, au centre-ville, notamment le **Café Kuluma** *(plan A2, **24** ; tlj 11h-2h),* dont on apprécie aux beaux jours la grande terrasse sur Kauppurienkatu (piétonne). Il n'y a que 6 bières à la pression, mais un grand éventail en bouteilles et une vingtaine de cidres différents (goûtez donc celui aromatisé à la rhubarbe). Plus exotique encore : le cocktail Rammstein, à la fraise, servi enflammé... et sur un air du groupe de metal industriel allemand ! Un vrai show.

Juste en face, le **Jumpru Pub** *(plan A2, **30**)* attire les quadra et quinqua pour ses concerts jazz et soul kitchen *(mar-jeu 21h-22h30),* tandis qu'à l'étage, les étudiants se retrouvent pour des soirées débridées au **Kaalenholvi** *(mer-jeu minuit-4h, ven-sam 22h-4h).* Si l'on en croit les locaux, le bâtiment est hanté par le fantôme d'un marin, mais peut-être qu'ils avaient abusé de la bouteille...

Aux beaux jours, les terrasses du **Tervasoihtu** et du **Keltainen Aitta** (plan A1, **33**), installés dans d'anciennes maisons finlandaises en bois sur la place du Marché (la 2de est la seule jaune du genre !), sont 2 lieux où l'on peut aussi commencer ou finir la soirée.

45 Special (plan A2, **34**) : *Saaristonkatu 12.* ● *45special.com* ● *Tlj 19h (16h ven-sam pdt l'année scol)-4h ; en été 20h-4h30. Concerts mer-ven à partir de 22h-23h (6-40 € selon programmation).* Ce bar-boîte est célèbre depuis des lustres pour ses concerts rock très festifs. Quant à la *jam session* gratuite du dimanche, elle existe depuis 1919 ! Au rez-de-chaussée, un coin pub aux petits box parfaits pour la discussion. À l'étage, un *dance floor* bombardé de hip-hop et R'n'B pour s'éclater. Parfois des DJs. Très sympa.

À voir

Kauppatori (place du Marché ; plan A1-2) : son pouls bat à un rythme agréablement provincial. Le *marché de plein air* et le *marché couvert* y rivalisent d'animation. Côté mer, les édifices massifs et modernes abritent le centre culturel (avec le théâtre) et la bibliothèque. Côté ville, plusieurs vieilles maisons en bois abritent restos et bars, pris d'assaut en fin de journée. Devant le marché couvert, rigolote statue d'un petit policier ventripotent.

La cathédrale (Tuomiokirkko ; plan B1) : *Kirkkokatu. Juin-août, tlj 11h-20h (21h juil) ; le reste de l'année, tlj 12h-13h.* Elle a été reconstruite en 1832 par l'inusable Engel. On passe devant sans déplaisir... Concerts d'orgue tout au long de l'été.

Le parc de Hupisaaret (îles du Divertissement ; plan A-B1) : *au nord du centre.* La balade est agréable, entre cours d'eau enjambé par des petits ponts, théâtre de plein air, jardin botanique, jets d'eau un peu foufous et musées (voir ci-après).

Le musée de l'Ostrobotnie du Nord (Pohjois-Pohjanmaan museo ; plan B1) : *dans le parc de Hupisaaret.* *044-703-71-61.* ● *ouka.fi* ● *Tlj sauf lun 9h (10h w-e)-17h, sinon 9h-16h. Entrée : 8 € ; réduc ; gratuit moins de 18 ans.* Ce musée présente Oulu et sa région. On commence au rez-de-chaussée par la Préhistoire et l'histoire naturelle (sections vieillottes), avant de passer à la grande maquette de la ville en 1938 et une vieille pharmacie. Au 1er étage : des intérieurs reconstitués typiques de la région entre la fin du XVIIIe s et les années... 1980, avec notamment une école et une chambre d'étudiante décorée du portrait du Che ! Au 2e étage, les activités traditionnelles du coin sont à l'honneur : pêche, navigation, activités militaires... Il y a aussi une petite section consacrée aux Sámis. Également des expos temporaires.

Le musée des Beaux-Arts (Oulun Taidemuseo ; plan B1) : *Kasarmintie 9.* *044-703-74-71.* ● *ouka.fi* ● *À 10 mn à pied du centre. Tlj sauf lun-mar 10h-17h. Entrée : 10 € ; réduc ; gratuit moins de 18 ans.* Installé dans une ancienne usine de colle, ce bel espace propose des expositions temporaires souvent de qualité couvrant une large période des temps anciens à l'art contemporain.

Le Pays du Savoir (Tietomaa ; plan B1) : *Nahkatehtaankatu 6.* ☎ *55-84-13-40.* ● *tietomaa.fi* ● *De début juin à mi-août et 2de quinzaine d'oct, tlj 10h-18h ; le reste de l'année, tlj 10h-17h (18h ven-dim). Entrée : 17 € ; réduc ; ticket famille 48 €. Film seul (projections en anglais à 13h, 15h et 17h) : 6 €.* Cette version réduite de la Cité des sciences et de l'industrie de la Villette à Paris occupe un bâtiment de brique rouge facile à repérer avec sa tour octogonale – on peut y grimper par un ascenseur vitré pour un point de vue (bof !). Au fil des 4 niveaux du centre, on découvre pas loin de 200 expériences (explications en anglais), certaines ludiques, d'autres plus cérébrales, certaines récentes et intéressantes, d'autres qui commencent carrément à dater... Cafétéria.

Les îles : offrez-vous une balade sur l'unique rue de Pikisaari *(plan A1)*, atteignable par un pont traversant le port. Le coin, résidentiel, regroupe surtout des maisons en bois (certaines anciennes). Une piste cyclable permet de s'échapper vers les bois et la plage.

Manifestations

La ville propose un nombre impressionnant de manifestations de toutes sortes, certaines fort originales !

- **Baltic Snow Call :** *4 j. fin fév. • snowcall.fi •* Concours international de sculpture... sur neige !
- **Oulun Tervahiihto** (course de ski du Goudron) **:** *1 j. en mars. • terva hiihto.fi •* Course populaire de ski de fond, de 37 ou 70 km, la plus vieille du monde (depuis 1889 !).
- **Concours de pêche au trou :** *mi-mars.* Un marathon de 24h, par équipes de 2, autour d'un trou dans la glace.
- **Oulun Tervasoutu** (course de rameurs du Goudron) **:** *1 w-e mi-juin, sur l'Oulujoki. • tervasoutu.fi •* 40 ou 90 km, sur le trajet des bateaux transportant autrefois le goudron à Oulu, important port d'exportation de ce matériau. Grande fête populaire avec force boustifaille et beuveries.
- **Oulu August Festival :** *fin juil-début sept. • oulunjuhlaviikot.fi •* Pas moins de 7 festivals se succèdent en août, dédiés notamment au jazz et blues autour du 1er week-end du mois *(• elojazz.com •)*, à la musique de chambre, au cinéma, à la pop, etc. À la fin du mois, les *Air Guitar World Championships (• airguitarworldchampionships.com •)* réunissent des concurrents invités à mimer des solos de guitare sur de grands moments du répertoire rock... Loufoque.

DES OURS POLAIRES À OULU ?

En février, dans le port d'Oulu, les jeunes entrepreneurs de demain se jettent à l'eau (glacée) dans un trou creusé dans la glace pour présenter leur projet à des investisseurs venus du monde entier. Le cri de ralliement : • polarbearpitching.com • *C'est ce qu'on appelle se mouiller pour réussir.*

DANS LES ENVIRONS D'OULU

Le jardin botanique de l'université d'Oulu (Oulun Yliopiston Kasvitieteellinen Puutarha) **:** *sur le campus, à 9,5 km au nord du centre (sortie 12 de l'autoroute, suivre Yliopiston). ☎ 553-15-80. Bus nos 1, 2, 3 et 8, entre autres. Jardin tlj 8h-20h (GRATUIT), serres payantes (entrée : 3 € ; réduc).* 2 serres pyramidales aux jolis noms de Roméo et Juliette voisinent avec un parc paysager parfaitement entretenu. Agréable, mais plutôt réservé aux passionnés.

Le musée de plein air de Turkansaari (Turkansaaren ulkomuseo) **:** *Turkansaarentie 165, à 14 km du centre, au sud-est de la ville. 044-703-71-91. • ouka.fi • En voiture, prendre la route 22 (direction Kajaani), fléché à gauche au bout de 12 km. Quasi impossible en bus, mieux vaut y aller à vélo. De début juin à mi-août, tlj 10h-17h (18h de fin juin à mi-août). GRATUIT. Prêt de carte en français.* Un bien joli musée, regroupant un ensemble d'une quarantaine de bâtiments en bois du XVIIe au XXe s, réunis dans le cadre champêtre de 2 îlots de la rivière d'Oulu. Il y a là des ateliers, des granges, des maisons d'habitation aux intérieurs bien reconstitués et, dès l'entrée, un superbe moulin à vent de 1850 et une splendide église de 1694, on ne peut plus rustique, dans laquelle est encore célébré l'office dominical. Sur la 2de île, tout tourne autour des campements de forestiers. Démonstrations d'artisanat certains jours d'été.

Un **café** très sympa, décoré de couronnes de pain séchant au plafond, propose un *lounas (9,50 €)* et quelques sandwichs.

L'ÎLE D'HAILUOTO

980 hab. IND. TÉL. : 016

Étendue sur 200 km², Hailuoto est la plus grande île au nord du golfe de Botnie. Elle n'existait pas au début de l'ère chrétienne : un pur produit de tante Isostasie (voir la rubrique « Géographie » dans « Hommes, culture, environnement ») ! Une seule route la traverse, depuis le débarcadère jusqu'à Marjaniemi, un port lilliputien aux maisonnettes rouges qui affronte les vents du large, tout à l'ouest. Au centre : de la forêt, des pâturages, des fermes. Et tout autour : pas mal de plages, déroulant des kilomètres de sable clair. En été, l'île se mue en petit paradis pour ceux qui recherchent le calme absolu. En hiver, on s'y rend... en roulant sur la glace gelée du golfe ! Au printemps et à l'automne, sortez vos jumelles, Hailuoto est un lieu privilégié d'observation des oiseaux migrateurs.

Arriver – Quitter

➢ ***En été :*** accès par ferry gratuit depuis Oulunsalo, à env 26 km au sud-ouest d'Oulu. *040-028-27-91. • finferries.fi •* En plein été, ttes les 30-90 mn, 5h30 (7h30 w-e)-23h (0h30 sur demande) ; départ 30 mn plus tôt d'Hailuoto. En basse saison : ttes les 60-90 mn. Trajet : 25 mn. En hte saison, parfois, les queues s'allongent et, comme les insulaires sont prioritaires, il faut attendre le départ suivant. De la gare routière d'Oulu, 2-3 bus/j. dans les 2 sens (nº 59 ou 59S) jusqu'à Marjaniemi ; trajet 1h30-2h ; dernier retour vers 18h15. *Rens : • oulunjoukkoliikenne.fi •*

➢ ***En hiver :*** traversée à motoneige ou... en voiture ! La route sur glace est praticable de fin février à mars, en général.

Adresse et infos utiles

Office de tourisme : *Marjaniemi, terminus de la route. 050-476-55-56. • hailuoto.fi • Ouv de fin juin à mi-août seulement, tlj sauf ven ap-m et w-e.*

– Carte de l'île disponible à l'office de tourisme d'Oulu ou de Marjaniemi.

– L'île dispose d'un distributeur *(au supermarché Sale ; ouv lun-ven 8h-21h, w-e 10h-19h)*, d'une poste et d'une station-service.

Où dormir ? Où manger ?

Ravintola Luoto : *Marjaniemtie 783F, terminus de la route. 040-559-51-87. • ravintolaluoto.fi • Au pied du phare. Ouv avr-sept. Double env 92 €. Lounas tlj 10h30-16h (16 €), puis à la carte jusqu'à 21h. Plats 25-33 €.* Petit coup de cœur pour cette bicoque rouge qui distille un parfum de bout du monde. Au resto, une cuisine goûteuse, joliment présentée, appuyée sur des produits locaux, que l'on savoure en contemplant la mer à travers de larges vitres. À l'étage, quelques chambres mansardées (2 doubles, 2 triples), très simples, partagent un sanitaire commun. Sauna à l'écart.

Arctic Lighthouse Hotel : *Marjaniemtie 783, terminus de la route. 040-192-34-64. • wildnordic.fi/lighthouse • Au pied du phare. Juin-août, tlj ; avr-mai et sept ven-dim seulement. Fermé le reste de l'année. Doubles 95-180 €, petit déj et sauna inclus. Lounas (11h-15h) 16,50 € ; le soir, plats env 19-26 €.* L'hôtel n'est pas très beau mais il est placé dans un décor de carte postale, entre le phare et le port, face aux anciennes cabanes rouges des pêcheurs... Ses chambres sont raisonnablement confortables, quoiqu'un peu chères vu leur taille. Les plus chères ont un balcon donnant sur la mer. Le resto, à la grande salle lumineuse surplombant le petit port, n'est pas à proprement parler charmant, mais on y mange plutôt bien et le service est généralement attentionné.

Käsitöitä Kahvila : *face au port de Marjaniemi. 040-019-04-80. En été, tlj 10h-18h.* On l'aime bien, ce café sans chichis, posé dans sa maisonnette rouge, avec quelques tables revêtues de toile cirée aux motifs de galets...

Sinon, prévoyez un pique-nique, à dévorer assis sur le sable, les yeux rivés sur l'horizon marin.

À voir. À faire

Les paysages : on traverse d'abord la forêt (élans parfois !), puis les pâturages, semés de fermes rouges. L'été, les épilobes prolifèrent et le colza étale ses taches jaunes. En quittant la colonne vertébrale de l'unique route principale, quelques chemins forestiers en cul-de-sac s'approchent des côtes sauvages, soulignées en pointillés de plages de sable clair, pour vous tout seul.

Le musée du Patrimoine local de Kniivilä *(Kniivilän kotiseutumuseo)* ***:*** *800 m après l'église de Hailuoto (Hailuodon kirkko), à 22,5 km à l'ouest du débarcadère. 044-497-35-03. De mi-juin à fin août, tlj sauf lun-mar 11h-17h. Entrée : 3 € ; réduc.* Un petit ensemble de bâtiments anciens caractéristiques de l'île (ferme, granges et étables), avec son lot d'outils hors d'âge et son expo sur l'histoire locale.

Marjaniemi : *terminus de la route, à 30 km à l'ouest du débarcadère.* Il est vraiment mignon ce hameau de pêcheurs aux maisonnettes de bois rouges, posées face à la mer, entre la plage et le petit port – où dodelinent quelques chalutiers. La plupart ont été reconverties en bungalows pour les vacances. Le hareng a jadis fait les beaux jours du coin. De fin juin à début août, on peut grimper au sommet du phare construit en 1871 *(6 €, réduc).*

TORNIO (TORNEÅ en suédois)

21 940 hab. IND. TÉL. : 016

• Plan *p. 281*

Remontant au Moyen Âge, Tornio est l'une des plus anciennes bourgades du nord de la Scandinavie. Tout au fond du golfe de Botnie, à l'embouchure de la Torniojoki, ce petit centre économique et industriel, très éparpillé, dessert toute la vallée ainsi qu'une bonne partie de la Laponie. La rivière marque la frontière entre la Finlande et la Suède... sauf à Tornio, précisément, dont la presqu'île se rattache à la berge suédoise. En fait, la ville est comme coupée en 2 : une partie de ses infrastructures se trouve à Haparanda, chez les voisins suédois ! Si vous n'êtes ni pêcheur ni golfeur, rien ne vous retiendra très longtemps. Cependant, l'église luthérienne mérite une halte.

Arriver – Quitter

Gare routière *(plan A3)* ***:*** *Travel Centre, Krannigatan 5,* ***Haparanda.*** *Côté suédois, dans le même complexe que l'office de tourisme, mais les bus*

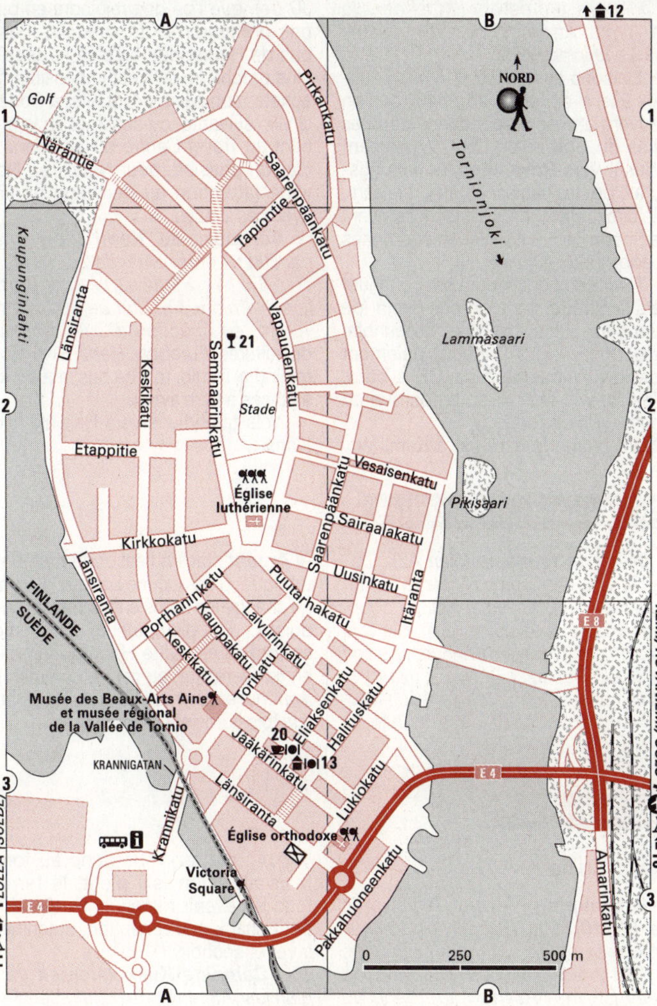

TORNIO

Adresse utile

Office de tourisme (A3)

Où dormir ?

10 Camping Tornio (hors plan par B3)
11 Camping Kukkolaforsen (hors plan par A3)
12 Hotelli Joentalo (hors plan par B1)
13 Hotel Mustaparta (A3)

Où manger ?
Où boire un verre ?

13 Mustaparran Päämaja (A3)
20 Cafe Rohkifiini (A3)
21 Water Tower (A2)

d'Oulu passent devant l'hôtel de ville de Tornio. Attention, horaires suédois (+ 1h en Finlande) !

➢ Liaisons avec ***Oulu*** (7-8 bus/j. lun-ven, 2 le w-e ; trajet : 2h-2h40), où l'on trouvera une correspondance pour les villes du Sud et de l'Est. Également 4 bus/j. vers ***Rovaniemi*** lun-ven (jusqu'à 6 pdt les vac scol d'été), 1 le sam, 2 le dim (trajet : 1h45). Ceux qui arrivent de Suède peuvent payer en couronnes suédoises au guichet.

➢ Pour ceux qui voudraient continuer vers la ***Suède,*** il y a un bus direct (de nuit) vers Luleå, Umeå et Stockholm *(• tapanis.se •).* Attention, paiement possible uniquement par CB à bord. C'est moins cher si on embarque au centre-ville de Tornio.

En train : la gare est à Kemi (env 30 km), que l'on doit rejoindre en bus, pas pratique... Côté suédois, idem : bus de Haparanda à Luleå, la gare la plus proche (mais il est impossible d'y acheter son billet, il faut aller à Boden, la ville suivante, ou anticiper en le prenant au *Travel Centre* d'Haparanda !). Liaison possible pour Narvik en Norvège (attention au décalage horaire avec ces 2 pays).

✈ ***Aéroport de Kemi*** *(hors plan par B3)* ***:*** *Lentokentäntie 75. ☎ 020-708-87-14. • finavia.fi/en/airports/kemi-tornio • À 25 km au sud-est de Tornio, en direction d'Oulu.* Loueurs de voitures *(Europcar, Hertz, Sixt).* Pour rejoindre Tornio, taxi ou bus (mais 2 km à pinces à faire avt...).

➢ Vols quotidiens vers Helsinki avec *Finnair.*

Adresse et info utiles

Office de tourisme *(plan A3)* ***:*** *Travel Centre, Krannigatan 5,* ***Haparanda.*** *📱 050-590-05-62. • haparandatornio.com • Côté suédois de la frontière (à côté du centre Ikea !). Attention, il s'agit de l'heure suédoise (+ 1h en Finlande) : de fin juin à mi-août, lun-sam 10h-17h, dim 11h-16h ; le reste de l'année, tlj sauf w-e 8h-16h (15h ven).*

■ ***Argent :*** face à l'essor du tout-électronique, plus aucune banque à Tornio ne change les euros en couronnes suédoises... Les distributeurs eux-mêmes se font rares. Côté Haparanda, vous en trouverez un, au centre commercial *Ikanohuset* (derrière *Ikea*), qui distribue à la fois euros et couronnes.

Où dormir ?

Campings

Camping Tornio *(hors plan par B3,* ***10****)* ***:*** *Matkailijantie 49. ☎ 445-945. • campingtornio.com • À 2 km à l'est de la ville, en direction de Kemi (suivre « Räyttä » au niveau du rond-point). Ouv de mi-mai à sept. Réception tlj 7h-23h (16h-21h mai et sept). Compter 25 € pour 2 avec tente ; chalets basiques 48-55 € pour 2, jusqu'à 85 € pour 6 pers. Sauna inclus (19h-21h). Possibilité de petit déj (sur résa la veille).* Plus qu'un lieu de séjour, c'est un lieu de transit : les camping-cars venus de toute l'Europe en témoignent, qui se partagent l'essentiel du grand terrain, pas très intime. La route conduisant au port marchand passe à moins de 100 m : mettez-vous donc au fond. Mais attention, s'il pleut, le terrain tend à devenir marécageux. Cuisine, petit snack à la réception, machine à laver et séchoir.

Camping Kukkolaforsen *(hors plan par A3,* ***11****)* ***:*** *Kukkolaforsen 184,* ***Haparanda,*** *en Suède. 📱 (46) 922-310-00. • kukkolaforsen.se • À env 15 km au nord d'Haparanda, par la rive ouest de la Torniojoki (en longeant le golf). Ouv tte l'année, sauf chalets basiques. Compter 300-395 Sk (env 28-38 €) pour 2 avec tente, sauna inclus ; 650 Sk (env 63 €) avec votre propre sauna et barbecue ! Chalets 600-2 500 Sk (env 58-240 €). Buffet (11h-14h) 195 Sk (18,50 €).* Ce camping côté suédois (euros acceptés) occupe un beau site face aux rapides de Kukkolankoski.

LE GOLFE DE BOTNIE

Bon confort, mais prix en conséquence. Côté chalets, on a le choix, du basique au très confortable. Organise des séances de pêche à l'épuisette : faut être costaud, le manche fait 6 m de long ! Resto en terrasse ou protégé par une véranda, avec vue sur les rapides.

De prix moyens à chic

Hotelli Joentalo (hors plan par B1, **12**) : *Kivirannantie 13-15.* *040-536-44-23.* • *joentalo.com* • *À 2,5 km au nord, au bord de la rivière, sur la rive est (fléché), direction Pello/Kilpisjärvi. Réception en sem 8h-16h, avec pause déj ; si on arrive à un autre moment, les clés seront déposées dans la boîte aux lettres. Double env 85 €.* C'est avant tout une école professionnelle (un peu excentrée) qui, face à la raréfaction de ses étudiants, s'est mise à louer ses chambres aux touristes (à l'année). Plutôt spacieuses, avec salle de bains privée, frigo et TV, elles sont avant tout fonctionnelles. Salon-salle à manger commun à chaque étage.

Hotel Mustaparta (plan A3, **13**) : *Hallituskatu 6.* *040-010-58-00.* • *mustaparta.fi* • *Fermé quelques j. autour de Noël et de la Saint-Jean (fin juin). Doubles 105-130 €.* On y vient pour le *lounas* (voir ci-après) et on y plante volontiers ses pénates pour la nuit. Cet hôtel hyper central a, c'est rare, de la personnalité. Les chambres, spacieuses, chaleureuses, à l'âme très nordique, mêlent fausses fourrures, coussins poilus, sapin et éléments baroques. On s'y sent bien. La salle de bains est belle, aussi, et le service pro.

Où manger ? Où boire un verre ?

Mustaparran Päämaja (plan A3, **13**) : *Hallituskatu 6.* *040-126-02-22.* *Voir aussi « Où dormir ? ». Lun-ven 11h-22h, sam 15h-22h, dim 15h-20h. Lounas (en sem, 11h-15h) env 11 €.* Le cadre est plaisant, entre banquettes latérales confortables et coin aux fauteuils nappés de peaux de renne. Au centre : le buffet du midi, qui attire une foule d'habitués. Il n'y a qu'un plat principal (viande ou poisson) et 3 accompagnements au choix, mais c'est frais et bon.

Cafe Rohkifiini (plan A3, **20**) : *Eilaksenkatu.* *040-177-16-40. Mer-ven 11h-17h ; fermé sam-mar.* Tenu par une jeune femme et sa mère – très sympathiques –, ce café sans prétention est parfait pour une quiche, un gâteau ou une jolie salade au saumon. Quelques tables, un canapé et le tour est joué.

Water Tower (Château d'Eau ; plan A2, **21**) : *Seminaarinkatu 18.* *046-944-72-72. De mi-juin à début août, tlj 11h-19h. Tarif : 1 €.* On vous rassure, il y a un ascenseur ! De là-haut, tour d'horizon à 360° sur la Torniojoki, la Suède à l'ouest (la frontière passe au milieu du plan d'eau) et le golf. Profitez-en pour jeter un coup d'œil au joli moulin à vent en bois rouge déplacé à côté.

À voir. À faire

L'église luthérienne de Tornio (Tornion kirkko ; plan A2) : *Seminaarinkatu. Juin-début août, tlj sauf sam 12h (15h dim)-18h.* Achevée en 1686, l'église, entourée de son cimetière, est un chef-d'œuvre d'art et d'artisanat nordique. Tout en bois, elle est surmontée d'une très haute flèche couverte de bardeaux disposés en motifs géométriques – tout comme le campanile octogonal voisin, greffé pour sa part de 4 pignons et 5 petites flèches ! L'intérieur est très surprenant. On y découvre 2 voûtes richement peintes, une magnifique chaire polychrome surmontée d'angelots, des colonnes salomoniques (torsadées) et une amusante *Cène* naïve, dont les personnages ont des têtes disproportionnées. Au XVIIIe s, le savant Maupertuis a sans doute apprécié l'édifice pour sa valeur architecturale, mais il lui a aussi servi de point de mesure pour déterminer la longueur de 1 degré de méridien !

PROFESSION : MESUREUR D'ARC

En 1736, l'expédition de Maupertuis est chargée de mesurer un arc du méridien terrestre près du pôle Nord, une autre équipe ayant fait le même boulot peu avant au niveau de l'équateur. Leur but : trancher une virulente querelle opposant savants français et anglais. À savoir : la Terre est-elle aplatie ou renflée au niveau des pôles ? Maupertuis remonte la Torniojoki jusqu'au-delà du cercle polaire pour réaliser différentes mesures, dont une au niveau de l'église de Tornio. Résultat : les calculs donnent raison aux Anglais !

L'église orthodoxe de Tornio *(Tornion ortodoksinen kirkko ; plan B3)* **:** *Lukiokatu. Ouv sur visite guidée seulement (70 €)...* Construite pour les soldats russes, restaurée en 1980, elle est très mignonne avec ses 2 petits bulbes tout en bois. Rien ne sert en revanche de franchir la porte. Essayez plutôt de trouver le bon angle de prise de vue, et vos amis jureront que vous revenez de la grande plaine russe.

Le musée régional de la Vallée de Tornio *(Tornionlaakson Maakuntamuseo ; plan A3)* **:** *Torikatu 4. 050-597-15-59. • merilapinmuseot.fi • Tlj sauf lun 11h-18h (15h ven-dim). Entrée : 6 € ; réduc ; gratuit moins de 18 ans. Billet conjoint avec le musée des Beaux-Arts : 10 €.* Ce musée bien fait rappelle que Tornio-Haparanda fut, au XVIe s, la ville la plus septentrionale du monde ! L'identité régionale, transfrontalière, s'y décline à travers des expositions dynamiques joliment mises en scène présentant un ensemble d'objets hétéroclites, depuis les vieux skis en bois jusqu'aux pièges à loup, en passant par les costumes lapons et des traîneaux. Les panneaux ne sont qu'en finlandais et suédois, mais les écrans tactiles, bien faits, ont une version anglaise.

Le musée des Beaux-Arts Aine *(Aineen Taidemuseo ; plan A3)* **:** *Torikatu 2. 050-594-68-68. • merilapinmuseot.fi • Mêmes horaires et tarifs que le musée régional.* Expos temporaires et permanentes se complètent pour offrir un panorama (limité) des beaux-arts finlandais du XIXe s à aujourd'hui.

Victoria Square *(plan A3)* **:** marque la frontière entre la Finlande et la Suède. Pour le fun et la photo.

– **Tornio Haparanda Golf** *(plan A1)* **:** *Näräntie. • torniogolf.fi • Ouv en général mai-oct.* Une curiosité : ce parcours de 18 trous est le plus septentrional du monde et traverse la frontière 4 fois !

– **Pêche sur la Tornionjoki :** cette rivière offre des possibilités de pêche quasi miraculeuse ! La truite commence à remonter le courant au mois de mai, le saumon de juin à août. Pour en savoir plus : *• torneriversalmon.com • Permis à la journée : 20 €.*

Fête et festival

– **Nouvel An :** la différence de fuseau horaire entre Suède et Finlande permet à la ville de fêter 2 fois le Nouvel An, à 1h d'intervalle... De quoi tirer 2 feux d'artifice !
– **International Kalott Jazz & Blues Festival :** *1 w-e fin juin-début juil, sur l'île Pikisaari. • kalottjazzblues.net •* Réunit des musiciens de jazz finlandais et suédois de 1er plan.

DANS LES ENVIRONS DE TORNIO

Kukkolankoski : *à 15 km au nord, par la route 21.* C'est le plus grand rapide sauvage de Finlande. La large rivière de Tornio y perd 14 m sur 3,5 km dans un spectacle impressionnant. Les flots gris brinquebalent, outre les salmonidés, des milliers de lavarets que se disputent les sternes et les pêcheurs – installés sur d'instables perchoirs en bois, grande épuisette en main. Belle balade par la piste cyclable partant de Tornio. De nombreux cafés vous permettent de goûter au poisson de la rivière, servi en brochettes.

Le château de neige de Kemi *(Kemin Lumilinna)* **:** *à Kemi, à env 30 km au sud-est de Tornio, en direction d'Oulu. ☎ 258-878. • experience365.fi • Fin janv-début avr, tlj 10h-18h. Entrée : 17 € ; 10,20 € 4-11 ans.* La curiosité la plus courue du pays, ex æquo avec le village du Père Noël. Cette construction éphémère de neige et de glace, chaque année différente (et pour cause !), s'étend sur près de 1 000 m². Les murs sont épais de 80 cm. Certes, il fait frisquet à l'intérieur, mais la robuste constitution des Nordiques ne les refroidit pas. Le château comporte un restaurant (sur réservation seulement) aux banquettes de glace recouvertes de peaux de renne... et un hôtel (voir ci-après). Le lieu est spectaculaire et empreint de féerie, bien aidé en cela par des éclairages sophistiqués. Boutiques, expositions, jeux pour les enfants (toboggan de glace !). Un nouveau grand bâtiment en dur regroupe restaurants, bars et sculptures de glace, spa, saunas et tour-opérateurs. Comme ça, on pourra goûter à l'hiver finlandais en plein été...

Lumihotelli *(Snowhotel)* **:** *☎ 258-878. • experience365.fi/snowhotel • Ouv janv-avr (selon météo). Double env 340 €, petit déj inclus (quand même !) ; et on ne parle même pas des suites...* Dans chaque « chambre », sur une estrade de glace, couverture en polaire et sacs de couchage grand froid vous attendent pour une nuit par - 5 °C. Vestiaires, douches et toilettes sont regroupés dans un bâtiment chauffé, où on laisse aussi ses bagages.

LA LAPONIE

• Carte Le nord de la Laponie *p. 308-309*

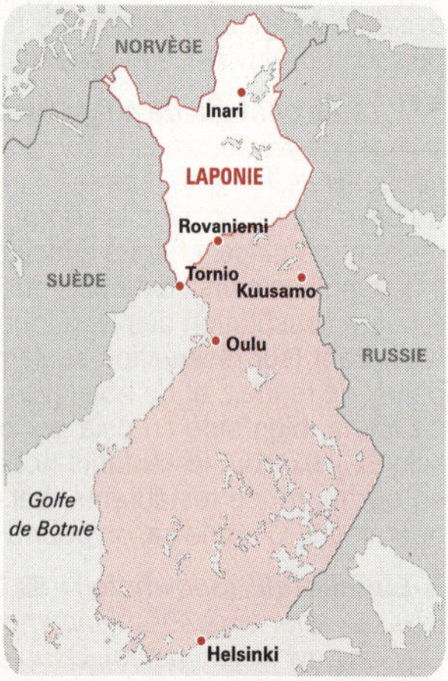

En Laponie méridionale, les collines et les plaines boisées s'étendent à perte de vue, livrant encore au regard, de loin en loin, des espaces façonnés par la main de l'homme. Puis, au fur et à mesure de la montée vers le nord, passé le cercle polaire, l'habitat se raréfie. Les forêts de bouleaux et de pins voient leur taille décroître, cédant devant les *tunturit,* ces sommets aux douces rondeurs polies par l'érosion où règne la toundra, ses rares buissons, ses lichens et ses mousses. Les marécages inhospitaliers se multiplient, tout comme les insectes au début de l'été… La Laponie finlandaise, dans ses belles monotonies, offre certains des paysages les plus singuliers d'Europe, tant en été sous le soleil de minuit, qu'en hiver dans l'obscurité bleue du *kaamos.*

Survivre ici n'était pas chose facile avant l'avènement de la modernité. En janvier-février, le thermomètre peut glisser jusqu'à - 40 °C, voire - 50 °C ! Sur ce territoire grand comme 2 fois et demie la Suisse (plus de 100 000 km²) vivent tout juste 180 000 habitants. C'est peu, mais c'est 100 fois plus qu'il y a 3 siècles. Noyés dans la majorité finlandaise, moins de 10 000 Sámis (ceux que l'on appelait jadis Lapons) perpétuent une tradition qui leur a permis de traverser les siècles : l'élevage du renne. 2 fois l'an, la province s'anime à l'occasion du rassemblement des troupeaux dans les enclos de triage. Mais, l'été, les bêtes se baladent où bon leur semble, y compris sur les routes – ne perdez jamais de vue qu'un de ces animaux peut à tout moment débouler devant vos roues… D'ailleurs, le rapport aux distances est un peu différent ici. Tout est loin. Et on fait souvent 30 km pour acheter son pain.

ON THE ROAD AGAIN…

Les habitués circulant en Laponie s'agacent souvent de ces rennes se déplaçant librement au bord de la route, voire sur la route. Mais pourquoi sont-ils là ? Pas bêtes les bestioles : parce qu'on y circule plus facilement que dans les terrains souvent meubles des forêts humides… Les talus ont un autre avantage : les animaux y trouvent certaines plantes goûteuses qui ne poussent pas ailleurs et du sel répandu l'hiver pour dégeler la chaussée !

QUAND Y ALLER ?

– ***En été,*** malgré les charmes du soleil de minuit, mieux vaut éviter la période de la fin juin à la fin juillet si vous craignez de ne pas supporter les myriades d'insectes piqueurs qui sévissent à cette saison. Cela dit, leur nombre varie largement d'une année sur l'autre. Il peut y en avoir beaucoup – ou énormément.

- *En automne,* dès les 1ers jours de septembre, c'est la *ruska,* l'été indien lapon. La nature est somptueuse, le paysage explose de toutes les nuances du rouge et de l'orangé. Il fait frisquet, comme sous nos latitudes début novembre.
- *En hiver,* de décembre à février, règne le *kaamos,* la nuit polaire. Derrière l'obscurité bleue, on sent poindre la lumière sous l'horizon pendant quelques heures. Le ciel est souvent dégagé et le spectacle des aurores boréales inoubliable, mais il fait un froid de canard : - 30 °C, jusqu'à - 40 °C même tout au nord de la région. La neige est excellente. En mars, le temps est plus instable mais il fait moins froid et la lumière est revenue ; de plus, les groupes sont moins nombreux et les hébergements un peu moins chers.
- Le ***printemps*** est à déconseiller : ça fond de partout et les déplacements sont chaotiques.

ROVANIEMI

62 450 hab. IND. TÉL. : 016

• Plan *p. 288-289*

Au confluent des 2 plus grandes rivières de la région, la Kemijoki et l'Ounasjoki, la capitale de la Laponie finlandaise est située quasiment sur le cercle polaire arctique. Détruite par l'armée allemande en 1944, cette grande ville moderne a été redessinée par le célèbre architecte Alvar Aalto. Elle n'en a pas pour autant de charme particulier, mais elle est désormais incontournable depuis que le Père Noël y a installé ses pénates, attirant de plus en plus de familles du monde entier ! L'hiver venu, une multitude d'activités est proposée : motoneige, raquettes, balades en traîneau tiré par des rennes ou des huskys, ski bien sûr... Tous les clichés du Noël fantasmé sont là, y compris les tombereaux de neige devenus rares chez nous, mais les prix de l'hébergement triplent alors par rapport à l'été... Que vous veniez à cette période ou non, ne manquez pas le superbe musée Arktikum.

L'URBANISTE N'EN FIT QU'À SA TÊTE

Au lendemain de la Seconde Guerre mondiale, Rovaniemi comptait plus de 650 bâtiments détruits pour à peine une vingtaine encore debout. Autant dire que l'architecte Alvar Aalto, chargé de reconstruire la ville, eut le champ libre ! Il conçut un plan d'urbanisme évoquant... un renne. Le centre de la ville forme la tête, le stade de Keskuskenttä l'œil et les 3 grandes artères menant vers le nord, l'ouest et le sud dessinent les andouillers ! Mais où est donc passé le traîneau ?

Arriver – Quitter

Gare ferroviaire *(plan A2)* **:** *Ratakatu. À env 2 km au sud du centre (bus n° 8 à prendre sur l'avenue, peu fréquent le w-e).* Consignes automatiques, cafétéria.

➢ ***Helsinki*** *(par Helsingfors et Tampere)* **:** 3 trains directs/j., dont 2 de nuit. Formule auto-couchettes permettant d'embarquer son véhicule. Trajet : 8h20-12h jusqu'à Helsinki. Sur la même ligne : 6 trains/j. pour Kemi et Oulu (trajet : respectivement 1h20 et 2h15-2h30).

➢ ***Kemijärvi*** **:** 1 train/j., le mat. Trajet : 1h10.

Gare routière *(plan A2)* **:** *Lapinkävijäntie 2, près de la gare ferroviaire.*

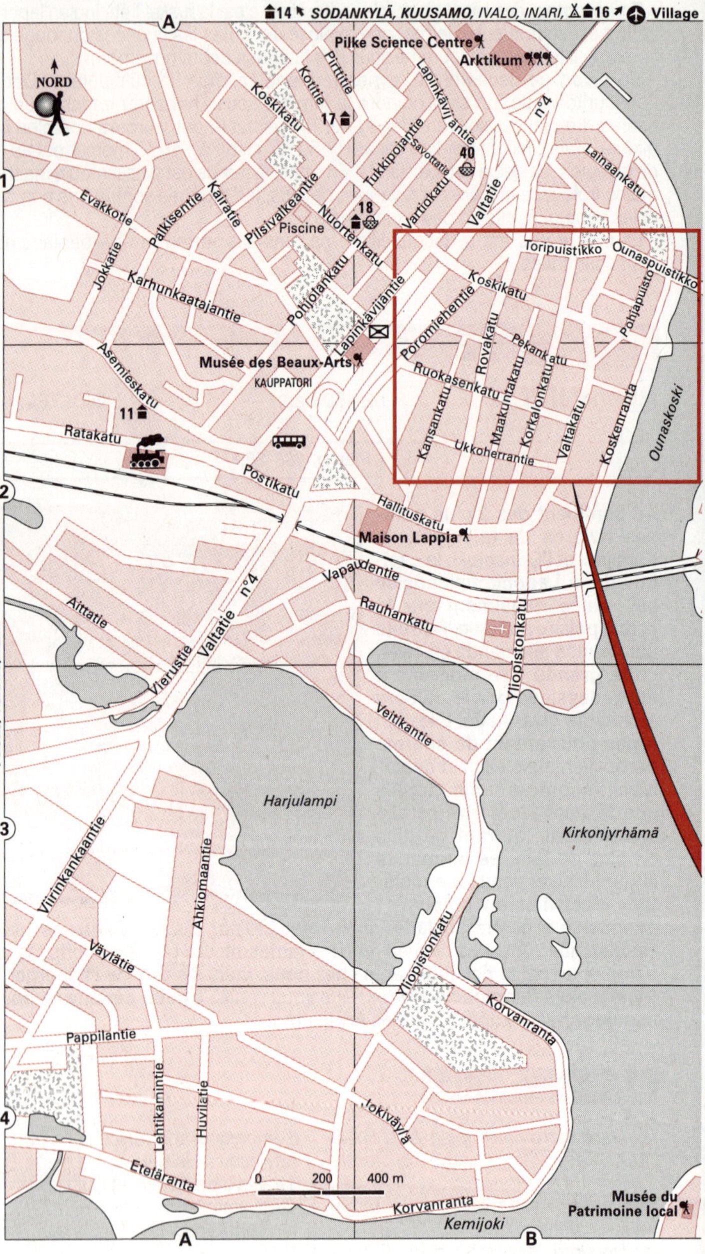
14 SODANKYLÄ, KUUSAMO, IVALO, INARI, 16 Village
NORD
Pilke Science Centre
Arktikum
Pirttitie
Kotitie
Koskikatu
Lapinkävijäntie
17
40
Tukkipojantie
Savottatie
Vartiokatu
Valtatie
Lainaankatu
Evakkotie
Palkisentie
Kairatie
Pilsivalkeantie
18
Piscine
Nuortenkatu
Toripuistikko
Ounaspuistikko
Koskikatu
Jokkatie
Karhunkaatajantie
Pohjolankatu
Lapinkävijäntie
Poromiehentie
Rovakatu
Pekankatu
Pohjapuisto
Musée des Beaux-Arts
KAUPPATORI
Asemieskatu
Ruokasenkatu
Maakuntakatu
Korkalonkatu
Valtakatu
Koskenranta
Ounaskoski
11
Ratakatu
Kansankatu
Ukkoherrantie
Postikatu
Hallituskatu
Maison Lappia
Vapaudentie
Aittatie
Valtatie
n°4
Rauhankatu
Yliopistonkatu
Vierustie
OULU, TORNIO, KEMI
Veitikantie
Harjulampi
Kirkonjyrhämä
Viirinkankaantie
Ahkiomaantie
Yliopistonkatu
Väylätie
Korvanranta
Pappilantie
Lehtikamintie
Huvilatie
Jokiväylä
Eteläranta
0
200
400 m
Korvanranta
Kemijoki
Musée du Patrimoine local
A
B
1
2
3
4

LA LAPONIE

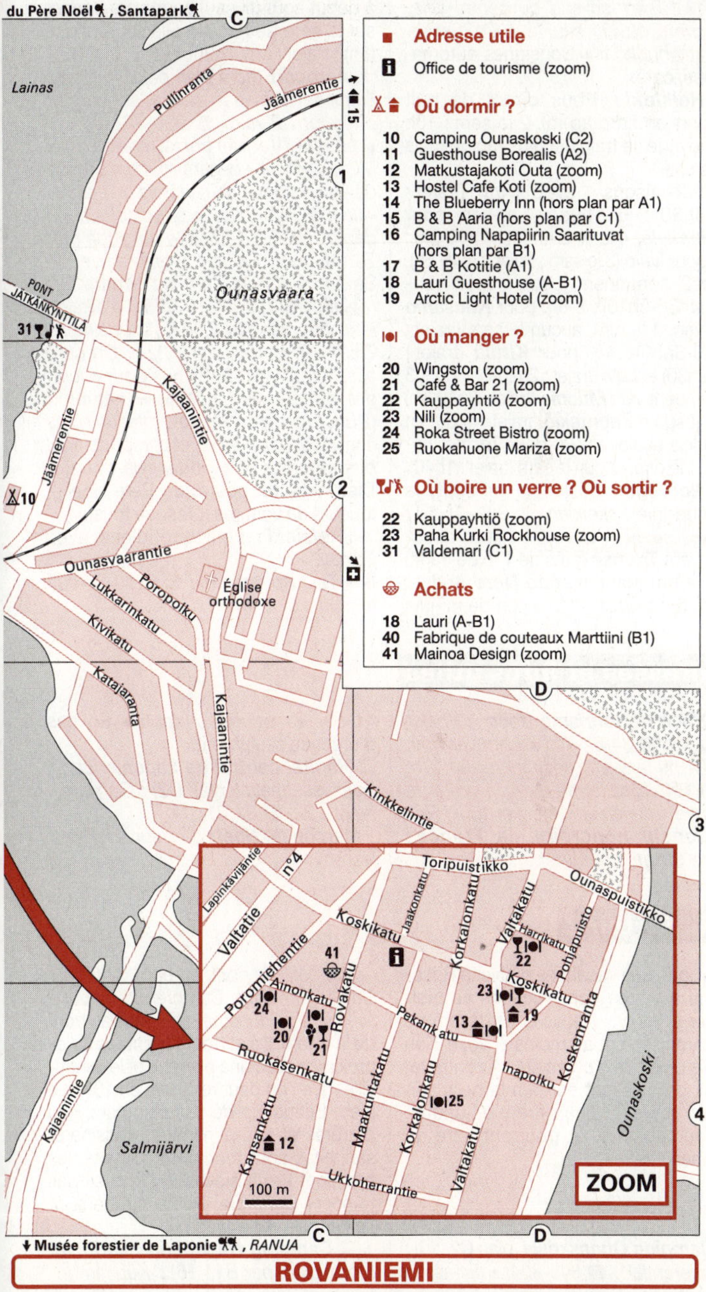
du Père Noël, Santapark
Adresse utile
Office de tourisme (zoom)
Où dormir ?
10 Camping Ounaskoski (C2)
11 Guesthouse Borealis (A2)
12 Matkustajakoti Outa (zoom)
13 Hostel Cafe Koti (zoom)
14 The Blueberry Inn (hors plan par A1)
15 B & B Aaria (hors plan par C1)
16 Camping Napapiirin Saarituvat (hors plan par B1)
17 B & B Kotitie (A1)
18 Lauri Guesthouse (A-B1)
19 Arctic Light Hotel (zoom)
Où manger ?
20 Wingston (zoom)
21 Café & Bar 21 (zoom)
22 Kauppayhtiö (zoom)
23 Nili (zoom)
24 Roka Street Bistro (zoom)
25 Ruokahuone Mariza (zoom)
Où boire un verre ? Où sortir ?
22 Kauppayhtiö (zoom)
23 Paha Kurki Rockhouse (zoom)
31 Valdemari (C1)
Achats
18 Lauri (A-B1)
40 Fabrique de couteaux Marttiini (B1)
41 Mainoa Design (zoom)
Lainas
Pullinranta
Jäämerentie
15
Ounasvaara
PONT JÄTKÄNKYNTTILÄ
Kajaanintie
Ounasvaarantie
Lukkarinkatu
Poropolku
Kivikatu
Katajaranta
Église orthodoxe
Kinkkelintie
Toripuistikko
Ounaspuistikko
Lapinkävijäntie
n°4
Valtatie
Koskikatu
Jaakonkatu
Korkalonkatu
Valtakatu
Harrikatu
Pohjapuisto
Poromiehentie
Ainonkatu
Rovakatu
Pekankatu
Koskenranta
Ruokasenkatu
Inapolku
Maakuntakatu
Kansankatu
Ukkoherrantie
Ounaskoski
Salmijärvi
100 m
ZOOM
Musée forestier de Laponie, RANUA

ROVANIEMI

À env 1,5 km au sud du centre-ville. Guichets ouv tlj sauf w-e 7h30-18h. • *matkahuolto.fi* • Consignes automatiques, café.

➢ ***Helsinki :*** 1 bus direct de nuit (départ en fin d'ap-m), 2 le sam ; 13h de voyage (le train est plus rapide mais plus cher).

➢ 5-9 liaisons/j. avec ***Oulu*** (trajet : 3h-4h30) ; 6-7 bus/j. lun-ven pour ***Sodankylä,*** 4 le w-e (trajet : 1h40-3h) ; 4/j. pour ***Ivalo*** (3 le sam ; trajet : 3h45-5h), dont 2 continuent jusqu'à ***Inari*** (trajet : 4h30-5h10) ; 2-3/j. pour ***Kuusamo*** lun-ven, 1 le dim, aucun le sam (trajet : 2h40-3h30) ; 4/j. pour ***Kittilä*** (trajet : 2h-2h30) et ***Levi*** (trajet : 2h20-3h), dont 3 continuent vers ***Muonio*** (trajet : 3h10-4h) et 1 jusqu'à ***Enontekiö*** (trajet : 4h30) en période scolaire ; 2/j. pour ***Tornio*** lun-ven, 1 le dim, aucun le sam (trajet : 1h40).

➢ ***Norvège :*** de juin à mi-sept, la compagnie *Eskelisen (☎ 342-21-60 ;* • *eskelisen.fi* •*)* assure 1 liaison directe/j. vers ***Tromsø*** (près de 11h de trajet) et 1 autre jusqu'au ***cap Nord*** (trajet : 11h). Il y a aussi une liaison de mi-juin à début août (tlj sauf sam) vers ***Vadsø,*** sur la côte de l'océan Glacial Arctique (8h) ; trajet : env 7h20.

✈ ***Aéroport*** *(hors plan par B1)* ***:*** *à env 8 km au nord-est de Rovaniemi, en direction d'Ivalo. ☎ 020-708-65-06.* • *finavia.fi/en/airports/rovaniemi* • *Minibus depuis la gare routière ; passe devant les principaux hôtels du centre-ville (☎ 362-222 ;* • *airportbus.fi* •*) ; départ 1h20 avt chaque vol ; compter 7-10 €/pers. Option similaire avec le* Santa's Express, *de/vers la gare ferroviaire (📱 050-448-97-75 ;* • *pikakuljetus.com* •*), dès 3,80 € l'aller simple, 7 € l'A/R. En taxi : env 22 €. On peut aussi emprunter le* Skibus *pour rejoindre directement Luosto-Pyhätunturi (2 bus/j. de juin à mi-nov, rotations plus nombreuses en hiver) et n'importe quel bus montant vers Sodankylä et Ivalo.* Distributeurs, poste (du Père Noël !), loueurs de voitures (presque tous).

➢ ***Helsinki :*** vols quotidiens avec *Finnair.*

🚗 ***Taxi Rovaniemi :*** *☎ 0200-88-000 (n° surtaxé), 24h/24.*

Adresses et infos utiles

ℹ ***Office de tourisme*** *(zoom)* ***:*** *Koskikatu 12. ☎ 34-62-70.* • *visitrovaniemi.fi* • *De mi-janv à fin nov, lun-ven 9h-17h, sam 10h-15h, fermé dim ; le reste de l'année, lun-ven 9h-18h, w-e 10h-15h.*

■ ***Consul honoraire de France :*** *Mme Marja Jalkanen. 📱 040-065-41-59.* • *metjal@pp.inet.fi* • En cas d'urgence seulement.

✚ ***Hôpital central de Laponie*** *(Lapin Keskussairaala ; plan D2)* ***:*** *Ounasrinteentie 22. ☎ 32-81.*

– ***Marché de Noël :*** *déc, sur Koskikatu (zoom).*

LA LAPONIE

Où dormir ?

La vogue des vacances d'hiver à Rovaniemi a vu les constructions se multiplier et les prix s'envoler de décembre à mars : ils sont au moins 2, voire 3 ou 4 fois plus chers qu'en été ! A contrario, ceux qui passent par là à la belle saison trouveront une offre pléthorique, en surcapacité, et pourront faire de bonnes affaires.

Campings

⛺ ***Camping Ounaskoski*** *(plan C2,* ***10****)* ***:*** *Jäämerentie 1. ☎ 345-304.* • *ounaskoski-camping-rovaniemi.com* • *Situé de l'autre côté du pont, au bord du fleuve. Ouv juin-fin sept. Compter 35 € pour 2 avec tente. Sauna payant.* Posé au bord de la rivière, il a surtout l'avantage de sa proximité avec une plagette et le centre-ville, que l'on peut rejoindre en 10 mn à pied. Beaucoup de camping-cars, peu d'arbres et peu d'intimité... Cuisine et sanitaires sont tout juste corrects, les prix sont (trop) élevés et l'accueil pas toujours agréable. Petite cafétéria et épicerie de dépannage.

⛺ 🏠 ***Camping Napapiirin Saarituvat*** *(hors plan par B1,* ***16****)* ***:*** *Kuusamontie 96. 📱 040-744-09-98.* • *saarituvat.*

fi • À env 6 km de Rovaniemi ; prendre la direction d'Ivalo puis, après avoir traversé la rivière, suivre Kuusamo sur 4 km. Piste cyclable jusqu'en ville ou bus n° 8 (le plus fréquent). Ouv tte l'année, sauf avr, fin sept-début oct et fin oct-début nov. En été, réception 15h-21h. Compter env 30 € pour 2 avec tente. Chalets (2-4 pers) : basiques 55-80 €, équipés 85-125 €. Ce n'est pas encore le pied, mais c'est mieux, surtout si l'on choisit l'un des cottages confortables alignés face à la rivière. Colorés, ils disposent d'une terrasse, de la TV, d'une cuisine, de sanitaires et, dans certains, d'une cheminée pour les jours frisquets. En bord de route, les basiques sont... basiques (un toit, 2 petits lits, un frigo et un grille-pain). Les camping-cars apprécieront la longue bande herbeuse en contrebas pour s'installer face à l'eau. Petite cuisine commune (mal équipée) pour les campeurs. Baignade, pêche et canotage.

De bon marché à prix moyens

Hostel Cafe Koti *(zoom,* ***13****) : Valtakatu 21. 044-796-13-33. • hostelcafekoti.fi • En été, lit en dortoir 29 €, doubles 75-95 € ; en hiver, lits en dortoir 35-39 €, doubles 110-145 €. Petit déj inclus pour les chambres, sinon 9 €. Parking payant. Café tlj 7h-17h (plats 10-14 €). Sauna (cher).* Installée dans une ancienne banque en plein centre, cette AJ récente et pimpante coiffe un café aux grandes baies vitrées où l'on dévore soupe du jour, *lounas* ou pâtisseries. On choisit entre les 3 dortoirs de 10 lits (2 mixtes, 1 pour filles), très bien aménagés, et les chambres privées, impeccables. Pour la petite différence de prix, on vous conseille plutôt les *superior,* spacieuses, avec un fauteuil œuf suspendu ! Super cuisine commune, coin canapé, location de vélos (cher aussi...).

The Blueberry Inn *(hors plan par A1,* ***14****) : Pirttitie 29. 040-218-72-73. • Facebook • Prendre la 2e à droite passé l'*Hotel Aakenus, *puis la 2e à gauche. En été, double dès 35 €, studio 62 €. Loc de vélos. Machine à laver et sauna payants.* Julia est une Sámie russe qui a emménagé à Rovaniemi avec son ami suisse allemand Lukas (qui parle le français). Le jeune couple a d'abord ouvert ce *B & B* dans leur maison d'un quartier résidentiel boisé très tranquille, avant de s'attaquer à un plus gros projet : la *Lauri Guesthouse* (voir plus loin). Ici, vous trouverez tout juste 2 chambres avec frigo et salle de bains à partager (un super deal en été) et 2 studios pouvant accueillir 1 couple (et 2 enfants). Il y a même des luges à disposition ! En hiver, le couple organise des excursions (5 personnes maximum) pour partager le quotidien d'un éleveur sámi *(60-100 €/pers).*

Matkustajakoti Outa *(zoom,* ***12****) : Ukkoherrantie 16B. ☎ 312-474. 050-492-69-91. • guesthouseouta.com • Ouv tte l'année, mais prendre rdv pour votre arrivée. Doubles 60-95 €, draps inclus (55 € en été via Internet, non remboursable).* Centrale, l'adresse abrite des chambres basiques, pas bien grandes, mais propres, colorées et équipées de lavabo, frigo et micro-ondes. En revanche, il faut se contenter d'une seule salle de bains commune (et de 2 w-c) pour les 7 chambres. Très routard !

B & B Kotitie *(plan A1,* ***17****) : Kotitie 2. 040-544-49-38. • bb-kotitie.com • Prendre la rue en face de l'*Hotelli Aakenus, *c'est la 1re à gauche. Double 70 €, appart 100 € pour 2 ; ajouter 30 % de début déc à mi-janv. Petit déj 15 €.* Pekka est plus accueillant et convivial que tous les Finlandais réunis. On hésiterait même à le décrire comme jovial, une rareté sous ces latitudes ! Avec sa femme, ils louent 1 appart pour 4 personnes dans un bâtiment séparé au fond du jardin, et 2 chambres partageant une salle de bains dans leur maison (elles ne sont louées en même temps qu'à des personnes voyageant ensemble). En option : repas et sauna aux herbes.

De prix moyens à chic

Guesthouse Borealis *(plan A2,* ***11****) : Asemieskatu 1. 044-313-17-71. • guesthouseborealis.com • À 300 m des gares ferroviaire et routière.*

Doubles 59-130 €, petit déj inclus. À défaut d'être charmant (le bâtiment fait même un peu peur...), ce *B & B* se révèle efficace : proche des gares, il est doté de petites chambres propres et fonctionnelles, rénovées, avec douche et w-c ; 3 ont un balcon. Préférer celles qui donnent à l'arrière, plus calmes et un peu plus grandes (et pourtant au même prix). Également 2 appartements équipés d'une cuisine (pour 5-7 personnes). Cuisine équipée à disposition. Accueil sympathique.

B & B Aaria *(hors plan par C1,* ***15****) : Rannanmukka 6. 040-023-82-35. • bbaaria.com • À env 3 km du centre. Traverser le pont en direction de Ranua, puis prendre la 1re à gauche vers Oikarainen ; au bout de Jäämerentie, prendre à droite la petite rue Pallarintie (qui passe sous la voie ferrée), c'est à 200 m à gauche. Double sans ou avec sdb 95 € l'été, petit déj inclus ; 200 € en hiver (c'est trop !).* L'accueil est plutôt sympathique et l'environnement (résidentiel) paisible. Réunies dans une aile indépendante de la maison, les 5 petites chambres sont confortables et assez agréables, toutes avec frigo... et une peluche sur l'édredon ! Une seule dispose d'une salle de bains privée, les 4 autres en partagent 2. Elles s'ouvrent sur une jolie cuisine commune bien équipée donnant sur une terrasse agréable.

Lauri Guesthouse *(plan A-B1,* ***18****) : Pohjolankatu 25. 040-218-72-73. • laurihouse.com • Compter env 75 € pour 2-3 pers en été ; beaucoup plus cher en hiver (jusqu'à plus de 400 € !). Petit déj en sus.* On croyait Rovaniemi entièrement reconstruite en béton après la guerre... Erreur ! Julia et Lukas, le jeune couple sámi-suisse propriétaire du *Blueberry Inn,* a déniché ces 3 bâtiments en bois du XIXe s, déplacés ici après le conflit, pour y aménager une boutique d'artisanat sámi et un charmant *B & B.* Pas de chambres, mais 4 appartements pouvant accueillir jusqu'à 5 et même 10 personnes, parfois un peu biscornus mais pleins de personnalité. Chacun dispose d'une cuisine. Un excellent rapport qualité-prix en été. En revanche, en hiver, les prix explosent !

De chic à spécial coup de folie...

Arctic Light Hotel *(zoom,* ***19****) : Valtakatu 18. ☎ 020-171-01-00. • arcticlighthotel.fi • Doubles 139-179 € en été (la bonne affaire !), 268-838 € l'hiver...* Reconnu comme l'un des meilleurs hôtels du pays, l'*Arctic Light* est avant tout l'un des plus charmants. Pour qui rêve d'une carte postale nordique, tout y est : fausses peaux de bêtes sur les lits, photos noir et blanc de la région, ours polaire dans la douche, petites étoiles sur les têtes de lit, superbes *polar rooms* avec sauna privé, *aurora lofts* (mansardés) avec de très grands velux pour essayer d'apercevoir les aurores boréales, suites avec cheminée (ornementale) – le tout agencé par l'un des meilleurs designers du pays, entre épure scandinave, ambiance lapone et touches baroques. Chambres spacieuses (20-28 m²) et très confortables. Le resto (privilégiant les produits locaux) et les 2 bars sont décorés dans le même esprit.

Où manger ?

De bon marché à prix moyens

Les petits budgets trouveront des *lounas* bon marché dans les ***cafétérias*** des centres commerciaux ou, par exemple, au ***Ruokahuone Mariza*** *(zoom,* ***25*** *; Ruokasenkatu 2, 040-060-89-98 ; lounas 7,80-9,80 €, servi lun-ven 10h-13h30).*

Wingston *(zoom,* ***20****) : Kansankatu 17. ☎ 312-111. Mar-ven 16h-22h (23h ven), sam 14h-23h, dim 13h-22h. Fermé lun. Plats env 9,50-25,50 €.* Ici, la star, c'est le poulet : ailes frites à l'américaine, grillé, en salade, en filet, en burger et même en wrap, on le cuisine sans aucune complication pour une clientèle jeune et familiale qui apprécie le bon rapport qualité-prix, l'accueil souriant et le cadre étonnamment plaisant pour ce type de resto. Les plats sont copieux. Sinon, il y a aussi des burgers normaux ou au *pulled pork* (porc effiloché braisé), bons mais relevés.

Café & Bar 21 (zoom, **21**) : *Rovakatu 21. 040-811-70-37. Tlj 11h (12h w-e)-22h (2h ven-sam, 18h dim) ; les cuisines ferment 30 mn plus tôt (à 22h30 le w-e). Lounas (lun-ven 11h-14h) 10,50 €, plats env 13-15 €.* La clientèle est plutôt féminine et jeune dans ce joli café-resto-bar lumineux vêtu de noir et de blanc. La carte propose surtout des salades et des gaufres salées (au saumon, au poulet, etc.) ou sucrées, mais aussi des *lapas* (tapas lapons !), des glaces maison pour se rafraîchir (quand ça ?) et un joli choix de thés et de cocktails. Les plats sont servis dans une belle vaisselle finlandaise. Terrasse fleurie à l'arrière donnant sur un parking. iPads en prêt.

Kauppayhtiö (zoom, **22**) : *Valtakatu 24. ☎ 342-24-22. Tlj sauf lun 11h (13h w-e)-22h (21h dim) ; cuisines fermées 30 mn avt (un peu plus tard le w-e). Burgers et pizzas 11,50-18 €.* Bienvenue dans LE bar-resto rétro de la ville, à l'ambiance à la fois branchée et bohème, où l'on sirote un verre, on se cale avec un burger (surtout) ou une salade, en faisant le tri parmi le mobilier à vendre. Oui, tout est à vendre : la vieille moto, les aspirateurs des années 1960, les vieux distributeurs de bonbecs, le casque de coiffeur de mamie Thérèse, la table sur laquelle vous mangez et même la chaise sur laquelle vous êtes assis(e) ! On commande au bar et on vous appellera grâce à un gros buzzer rouge. En attendant, faites donc un Pacman ou un flipper.

De prix moyens à plus chic

Roka Street Bistro (zoom, **24**) : *Ainonkatu 3LH2. 050-311-64-11. Tlj sauf dim 11h (12h sam)-21h (22h ven-sam) ; cuisines fermées 30 mn avt. Lounas en sem seulement, env 10,50-14 € ; plats env 14-42 €.* Ne le confondez pas avec le grand *Roka* de la rue piétonne. On préfère celui-ci pour sa toute petite salle à l'ambiance de bistrot urbain, où l'on vous servira salade et plat chaud de votre *lounas* à table. Beaucoup d'habitués le midi, du coup ça coince parfois au portillon... Les plats sont bons, copieux, joliment présentés, bref on ressort satisfait. Le soir, on pioche dans une carte large oscillant entre les assiettes méditerranéennes, les *risotti* et le filet de renne.

Nili (zoom, **23**) : *Valtakatu 20. 040-036-96-69. Tlj sauf dim-lun 17h-23h. Résa conseillée. Plats 15,50-38 € ; menu env 60 €.* L'endroit est on ne peut plus touristique, mais plaisant : on dîne dans une sorte de cabane de chasse aux murs recouverts de planches et peaux d'ours, sous des chandeliers en bois de renne et sur des tables et chaises rustiques. Côté assiette, une cuisine soignée de renne et de poissons locaux (et même de l'ours...), sur fond de produits de saison. Reste qu'on vient avant tout pour le décorum et l'ambiance.

Où manger une bonne glace ?

Outre les glaces maison du *Café & Bar 21* (voir plus haut), essayez de trouver le stand ambulant d'***Arctic Ice Cream,*** qui circule en ville en été (à vélo !). L'entreprise propose notamment un sorbet au *lakka* et à l'orange très populaire, et quelques autres parfums très locaux (notamment myrtille, fraise-airelle rouge, réglisse et... pain d'épice à Noël !). On les trouve aussi dans les supermarchés et bon nombre de restos locaux.

Où boire un verre ? Où sortir ?

En été, la vie nocturne est facilitée par ce drôle de soleil qui refuse de fermer l'œil. En fin de semaine, dès 23h, quelques rues du centre connaissent une animation parfois frénétique et les boîtes sont pleines à craquer.

Profitez-en car, plus au nord, vous ne trouverez rien de tel ! Et goûtez l'une des 12 *Lapin Panimo,* la bière la plus nordique de Finlande, brassée ici même, non filtrée ni pasteurisée.

Kauppayhtiö (zoom, **22**) : *voir « Où manger ? ».* On y vient volontiers les vendredi et samedi soir pour boire un verre dans une ambiance jeune et bon enfant ; parfois, des DJs.

Paha Kurki Rockhouse (zoom, **23**) : *Koskikatu 5. Tlj 16h (18h dim)-3h.* Au programme : déco rouge et noire, guitares aux murs et bande-son 100 % rock (tendance metal) jusqu'au milieu de la non-nuit. Un incontournable au nord de la Finlande pour les amateurs.

Valdemari (plan C1, **31**) : *Jäämerentie 9. Juste après le pont à haubans, sur la droite en contrebas (à 10 mn à pied du centre). Tlj 11h-23h (3h ven-sam). Cover 5-25 €.* C'est le week-end qu'il faut venir, lorsqu'une clientèle bien débranchée enfile les danses finlandaises ou les rocks endiablés sur la vaste terrasse en bord de rivière, au son d'un orchestre de variétés. À l'intérieur, c'est karaoké. Et les autres jours, on s'ennuie.

Achats

Fabrique de couteaux Marttiini (plan B1, **40**) : *Marttiinintie 6. 040-311-06-04. • marttiini.fi • À 100 m à l'arrière de l'Arktikum (fléché). Lun-ven 10h-18h, sam 10h-16h ; fermé dim.* C'est le magasin d'usine de la coutellerie la plus célèbre de Finlande (un peu leurs laguioles à eux !), fondée en 1928. Le modèle le plus célèbre, c'est le *puukko,* à la lame pointue effilée. On peut faire graver gratuitement son nom sur la lame !

Lauri (plan A-B1, **18**) : *Pohjolankatu 25. • laurihouse.com • Lun-ven 10h-17h ; fermé w-e.* On trouve ici le petit atelier de Joko, qui confectionne des couteaux traditionnels *(150-500 €)* et vend d'autres objets réalisés par des artisans 100 % sámis : bijoux, bottes en cuir de renne, *kuksa* (tasses en bois) fabriquées dans de la loupe de bouleau (rare !) comme le veut la tradition, etc. Les prix sont élevés, mais la qualité est assurée.

Mainoa Design (zoom, **41**) : *Rovakatu 25. • mainoadesign.fi • Lun-ven 10h-17h, sam 11h-15h ; fermé dim.* Fringues, sacs, bijoux, jolies décos de Noël, tout est local dans cette boutique.

À voir

Près du centre

Arktikum (plan B1) : *Pohjoisranta 4. ☎ 322-32-60. • arktikum.fi • Tlj sauf lun (tlj de déc à mi-janv) 10h-18h (juin-août 17h en sem, 16h w-e). Entrée : 15 € ; réduc ; billet famille 35 €. Billet combiné avec le Pilke Science Centre et le musée des Beaux-Arts : 20 €. Compter 2h de visite.*
Si vous ne deviez visiter qu'un seul musée en Laponie, faites que ce soit celui-ci. Consacré à l'Arctique, sa nature et ses cultures, très bien fait (on osera même dire : passionnant), il occupe un bel édifice moderne à la verrière longue de 172 m tournée vers l'Ounasjoki. En hiver, la neige et la glace rendent l'effet architectural saisissant ! La visite se fait en 2 temps. Tout est traduit en anglais.
– *Les collections du Musée provincial :* cette 1re section se consacre à tous ceux qui vivent dans le Grand Nord, hommes comme bêtes. On y explore la Laponie du Nord et du Sud, la ville de Rovaniemi avant et après la Seconde Guerre mondiale (vaste maquette permettant de visualiser l'ampleur des dégâts), ainsi que les cultures et traditions sámies (costumes colorés et bijoux chatoyants). Dans la section faune, l'ours et l'élan sont en vedette.

– *Le centre de l'Arctique :* la 2de partie aborde le Grand Nord sous un aspect plus scientifique. Pourquoi et comment des espèces animales et des peuples survivent-ils dans le noir, le froid et la désolation de l'hiver polaire ? Quel avenir leur réserve le réchauffement climatique ? Tout y passe : écrans tactiles, quiz, enregistrements sonores, films, superbes photos, recréation de scènes de la vie quotidienne, présentation d'objets du quotidien (traîneaux, canoës...).
– Pour le plaisir des yeux, un film (9 mm) intitulé *Polar opposites* montre la Laponie au fil des saisons.
– Des *expositions temporaires* dans le couloir principal.

Pilke Science Centre *(Pilke Tiedekeskus ; plan B1) :* *Ounasjoentie 6. ☎ 020-639-78-20. • tiedekeskus-pilke.fi • Lun-ven 9h-18h, w-e 10h-16h. Entrée : 7 € ; réduc ; billet famille 20 €. Billet combiné avec l'Arktikum et le musée des Beaux-Arts : 20 €.* Ce centre récent à la superbe architecture est consacré à la forêt boréale et à sa gestion durable, présentées de manière interactive (avec écrans tactiles en français) et plutôt ludique. On peut jouer au bûcheron des temps modernes au volant d'une grosse machine forestière ou chasser l'élan sur un simulateur !

Le musée des Beaux-Arts *(Korundi Taidemuseo ; plan A-B1-2) :* *Lapinkävijäntie 4. ☎ 322-28-22. • korundi.fi • Tlj sauf lun 11h-18h (20h jeu). Entrée : 10 € ; réduc ; gratuit jeu 18h-20h. Billet combiné avec l'Arktikum et le Pilke Science Centre : 20 €.* Dans une ancienne bâtisse tout en brique, joliment restaurée, un beau musée présentant de nombreuses expositions temporaires, certaines de qualité.

La maison Lappia *(Lappia-talo ; plan B2) :* *Jorma Etentie 8. 📱 040-028-24-84. • rovaniementeatteri.fi • Fermé de mi-juin à fin juil.* Œuvre d'Alvar Aalto, la maison Lappia renferme une salle de théâtre et de concert. À côté, se dressent la mairie et surtout la belle ***bibliothèque,*** autres réalisations du maître. Tout le génie d'Aalto réside dans sa capacité à capter la lumière, dégager des harmonies, inventer des aménagements ingénieux, ainsi que dans la beauté sobre du mobilier. Toute l'esthétique finlandaise est là.

Un peu plus loin

Le musée du Patrimoine local *(Kotiseutumuseo ; plan B4) :* *Pöykkölantie 4. ☎ 325-20-17. • otto.fi • À 3,5 km de la ville. Bus nº 5b ttes les heures, dans la Ruokasenkatu au centre-ville. En voiture, prendre la route de Kajaani (discrètement fléché sur la droite). Juin-août seulement, tlj sauf lun 11h-17h. Entrée : 6 € ; réduc.* Ceux qui viennent du sud auront eu le temps de voir pas mal d'autres musées de ce type, regroupant ici une vingtaine d'édifices en bois anciens autour d'une ferme caractéristique de la région, meublée comme à l'époque. Les granges présentent un méli-mélo d'objets liés à la pêche, l'agriculture, l'artisanat (tissage, fabrication de sabots), etc.

Le musée forestier de Laponie *(Lapin Metsämuseo ; hors plan par C4) :* *Metsämuseontie 7. 📱 040-536-00-80. • lapinmetsamuseo.fi • À 4 km de la ville ; l'accès se trouve face à la sortie du musée du Patrimoine local (bus nº 5b à env 200 m). Fiche de visite en français. Entrée : 7 € ; réduc.* Ce musée en plein air est une reconstitution bien faite d'un camp de forestiers du siècle passé, avec ses différentes habitations et dortoirs, son magasin, ses entrepôts, ses bureaux et... ses cabinets dans une cabane en rondins (« *not in use* » précise l'écriteau !). On découvre des traîneaux et du gros matériel, notamment un petit vapeur qui remorquait les trains de bois (1898) et la fameuse locomotive de Sandberg (à chenilles !), dont le transport dans ces régions demanda des trésors d'ingéniosité...

À voir. À faire spécial enfants

🥾 👪 🧺 |●| ***Le village du Père Noël*** *(Santa Claus Village ; hors plan par B1) :* *Joulumaantie 1. ☎ 356-20-96. 📱 040-089-30-02. ● santaclausvillage.info/fr ● Sur la route 4 vers Ivalo, à env 8 km du centre-ville. Bus n° 8 depuis la gare (en été, ttes les heures env, 7h45-16h45 lun-ven, 12h45-16h45 w-e ; en hiver, ttes les 45 mn 5h55-18h15 lun-ven, ttes les heures 12h-17h le w-e) ; attention, lors du dernier retour, il y a parfois plus de monde que de place ! Sinon, prendre le Santa's Express (3,80 €) : de mi-juin à mi-août, 6 bus/j. lun-ven, 5 le w-e (dernier retour vers 17h-17h20 ; en hiver, ttes les heures env lun-ven 6h20-18h35, ttes les 1-2h le w-e 8h10-18h30 – dernier retour vers 19h). Complexe ouv tte l'année. GRATUIT. Bureau du Père Noël : déc-début janv, tlj 9h-19h ; début janv-mai et sept-nov, tlj 10h-17h ; juin-août, tlj 10h-18h.*
C'est ici, en 1950, qu'a été lancé le Père Noël. Enfin, pas exactement le Père Noël... À l'origine, Eleanor Roosevelt, la veuve du président américain, à la tête d'une fondation, vint assister à la reconstruction de Rovaniemi dans l'après-guerre. Pour l'accueillir avec sa suite, une grosse cabane fut érigée sur la ligne du cercle polaire. Enfin presque sur la ligne... à 108 m de là, par manque de terrain disponible plus proche ! Les balbutiements du tourisme voyant un nombre croissant de visiteurs s'intéresser à ce lieu symbolique, un nouveau bâtiment plus grand fut construit en 1965, autour duquel s'est peu à peu développé le « village », qui regroupe aujourd'hui une quarantaine d'entreprises ! Quelque 90 000 visiteurs viennent chaque année y rencontrer le Père Noël dans son bureau (sacré job), mais aussi faire du shopping, manger (10 restos dont un en glace l'hiver), dormir (7 hôtels dans le secteur, plusieurs avec igloos de verre), visiter le musée de la Motoneige, acheter le certificat de franchissement du cercle polaire (4,50 €) et envoyer leur courrier au bureau de poste du Père Noël, avec timbres et cachet spéciaux. La livraison peut être décalée à fin décembre si on le souhaite et on peut même y commander la lettre du bonhomme en 16 langues (dont le français) pour la modique somme de 8 € *(● santagreeting.net ●)*...
Impossible, bien sûr, d'éviter la visite au Père Noël dans son bureau – où on l'a rencontré pour de vrai, même en juillet ! On le rejoint par un parcours dans la pénombre d'un décor Grand Nord, après avoir passé une grosse horloge égrenant le temps jusqu'à la date fatidique. L'accès est gratuit, à l'inverse de la photo souvenir au tarif indécent de 20 ou 30 € (papier ou digital) ! Cela dit, on n'est pas obligé de l'acheter et, malgré le caractère éminemment commercial du lieu et le risque d'indigestion de peluches de rennes, certains sont sensibles à l'ambiance et se surprennent à siffloter les rengaines de Noël qui passent et repassent en boucle. On est à peu près sûrs que, comme tout le monde, l'été, vous ne pourrez pas vous empêcher de vous prendre en photo sur la ligne blanche matérialisant le cercle polaire... L'hiver, diverses activités s'offrent à vous, notamment les incontournables balades en traîneau tiré par des rennes ou des huskys – ou encore à motoneige. Décidément, la Finlande a bien réussi son OPA sur le Père Noël !

MAIS OÙ CRÈCHE-T-IL ?

Les Nordiques se disputent gentiment (et commercialement) la demeure du Père Noël. Pour les Norvégiens, elle est à Droeback, à 50 km d'Oslo. Pour les Suédois, son Q.G. serait à Gesunda, non loin de Stockholm. Pour les Danois, le Père Noël habite le Groenland. D'autres estiment que le vénérable barbu vit au pôle Nord. Ça tombe bien, un Père Noël est apparu, avec boutique et tout le toutim, dans la bourgade bien nommée de North Pole, en Alaska... Hypothèse réfutée par les Finlandais qui avancent très justement qu'on n'y élève pas de rennes et qui fixent sa résidence à Rovaniemi.

|●| Pour casser la croûte en restant dans l'ambiance, on vous conseille le saumon grillé au feu de bois du ***Santa's Salmon Place,*** installé dans une modeste tente lapone à côté de la poste. Sympa, mais il faut être un peu

patient (20-25 mn de cuisson) ! *En été : tlj 12h-17h ; déc-fév, tlj 11h-18h, mars et nov, 11h-17h. L'addition atteint vite 30 €.*

Santapark (hors plan par B1) **:** *Tarvantie 1. ☎ 0600-301-203 (surtaxé). • santapark.com • Sur la route en direction d'Ivalo, à env 6 km du centre. Mêmes bus que pour le Santa Claus Village (voir plus haut). De fin juin à mi-août, tlj sauf dim 10h-17h ; de fin nov à mi-janv, tlj 10h-18h. Entrée : env 22 € l'été, 39-42 € en période de Noël ; 18 € et 33-36 € respectivement pour les 3-12 ans. Ticket valable 2 j. consécutifs.*
Il faut croire que le village marchait bien : c'est tout un parc d'attractions sur le thème « Père Noël, lutins et rennes » qui s'y est ajouté ! On parcourt 200 m dans un large couloir souterrain sombre, illuminé de fausses aurores boréales (et bercé de hurlements de loups), pour déboucher dans une immense grotte, où une armée de lutins jouant avec conviction leur rôle plongent tout de suite les petits loups dans le bain. Ce parc, résolument commercial mais parfaitement rodé, s'adresse uniquement aux jeunes enfants, du moins ceux dont les parents peuvent payer le prix excessif de l'entrée ! On y trouve plusieurs ateliers : une boulangerie où confectionner ses propres biscuits à la cannelle en forme de cœurs, une cabane où fabriquer un lutin pour le sapin et une école pour apprendre les secrets des lutins (les cours sont donnés en anglais et parfois en espagnol). Il y a aussi un *ice bar* à - 10 °C où même les verres sont en glace et qui abrite une belle exposition de sculptures, des spectacles (en principe, à 12h, 14h et 16h) et un petit train vitesse escargot, façon Disneyland, pour comprendre enfin comment le Père Noël peut empaqueter autant de cadeaux en si peu de temps (chic, on peut le prendre plusieurs fois s'il n'y a pas de queue). Et, bien sûr, vous rencontrerez le vrai et l'unique, assis à son bureau dans son chalet... Ah, tiens ? Comme au village décrit plus haut ? Ce bon vieux Père Noël a donc le don d'ubiquité !

À faire en hiver

Difficile, pour ceux qui viennent en hiver, de résister aux innombrables activités proposées par pléthore d'opérateurs. Il y en a pour tous les goûts, pour les familles comme pour les plus aventureux, mais sachez qu'il vous faudra prévoir un budget conséquent. Pour une idée plus précise des différentes activités, reportez-vous à la description des « Sports d'hiver » de la rubrique « Sports et loisirs » dans « Hommes, culture, environnement », à la fin de ce guide.

➢ ***Balades en traîneau à rennes :*** pour un simple petit tour avec les enfants, il y a *Santa Claus Reindeer* au Santa Claus Village, façon tour à poney... mais dans un traîneau à rennes *(30 €).* De nombreux opérateurs comme *Wild Nordic (• wildnordic.fi/fr •)* proposent de plus longues balades, mais pour une vraie expérience au contact des animaux, on vous conseille le tour de 1 journée proposé par Julia du *Blueberry Inn (• laurihouse.com •).* À motoneige, on va nourrir les animaux avec l'éleveur sámi, on les déplace si nécessaire, puis partie de pêche blanche avant de se réchauffer *(125 €/pers ; 2 pers min ; 25 €/pers supplémentaire pour pêcher).* Autre sortie de choix (3h), loin aussi dans la forêt, avec *Loma Vietonen (• lomavietonen.fi •).*

➢ ***Balades en traîneau à chiens :*** tous ceux qui s'essaient au mushing avec *BearhillHusky (• bearhillhusky.com •)* et *Huskypoint (• huskypoint.fi •)* en reviennent généralement ravis. *Compter env 130-290 €/pers en partageant un traîneau à 2, selon durée (45 mn-6h de balade effective).* Avec 1 nuit en forêt, les prix s'envolent.

➢ ***Balades à motoneige :*** l'*Arctic Circle Snowmobile Park,* au Santa Claus Village, conviendra à ceux qui veulent juste s'offrir une courte balade (dès 30 mn) pour s'initier. Il y a même des motoneiges adaptées pour les plus petits. Idem au zoo de Ranua. Pour 1 journée complète, adressez-vous par exemple à *Arctic Lifestyle (• arcticlifestyle.fi •)* et, pour une sortie plus sportive ou un raid de plusieurs jours, contactez *Wild Nordic* (voir plus haut).

➢ ***Aller admirer les aurores boréales :*** Juho, de *Beyond Arctic (● beyondarctic.com ●),* se donne beaucoup de mal pour que ses clients profitent au mieux du spectacle et réussissent leurs photos. Il n'hésitera pas à faire 100 km si le ciel est plus dégagé ailleurs !

➢ D'octobre à avril, le mercredi soir (17h30-18h30), les locaux ont l'habitude de se retrouver au parc de Koskipuisto pour une ***baignade glacée*** dans les eaux de la rivière Kemijoki, au sortir du ***sauna.*** Aurez-vous le cran de les accompagner ? L'eau est à 4 °C. Des vestiaires sont à disposition *(compter 2 € le sauna et 2 € la baignade).*

Manifestations

– ***Arctic Lapland Rallye :*** *3 j. fin janv. ● arcticrally.fi ●* Course automobile dans les conditions extrêmes de l'hiver arctique.
– ***Napapiirin Hiihto – Marathon de ski de fond du cercle polaire :*** *1 j. mi-mars. ● napapiirinhiihto.fi ●* Parcours de 20, 40 et 60 km.
– ***Jutajaiset Folklore Festival :*** *3 j. fin sept. ● jutajaiset.fi ●* Festival de musique populaire, danse et animations.
– ***Santa is on his way :*** *23 déc au Santa Claus Village.* Le Père Noël arrive ! Le lancement de la saison d'hiver, vers la mi-novembre, est aussi l'occasion de célébrations.

DANS LES ENVIRONS DE ROVANIEMI

Le zoo de Ranua : *Rovaniementie 29, 97700* ***Ranua.*** *☎ 040-517-74-36. ● ranuazoo.com ● À 82 km vers le sud, sur la route 78 en direction de Pudasjärvi. De Rovaniemi, 4-5 bus/j. lun-ven, 2-3 le w-e (trajet : env 1h15 ; compter 35 € l'A/R, ½ tarif 4-11 ans). Juin-août, tlj 10h-18h ; sept-mai, tlj 10h-16h. Entrée : 18,50 € l'été, 16 € l'hiver (20 € en période de Noël) ; 16-18 € 4-14 ans. Compter min 2h30. L'hiver, après 14h, venir avec une torche (pas de lumières artificielles) !*
Ce magnifique parc zoologique abrite plus de 50 espèces des pays arctiques, que l'on découvre au gré d'un circuit de 2,8 km aménagé en forêt, sur un chemin de bois passant devant les oiseaux (dont la chouette harfang), au-dessus des ours (blancs et bruns) et des gloutons, à bonne distance des loups et lynx et au milieu de cabanes aménagées pour de petits animaux. Pas de problème si vous dépassez l'horaire de fermeture, nul gardien ne vous chassera, vous sortirez par un tourniquet. Aire de jeux et parcours d'aventures pour les petits. En hiver : courtes balades à motoneige et... minimotoneiges pour les enfants !
I●I Au restaurant ***Wild Arctic,*** copieux *lounas* servi de 10h30 à 15h30. L'hiver, un petit *ice restaurant* est construit.

LE PARC NATIONAL DE PYHÄ-LUOSTO IND. TÉL. : 016

● Plan *p. 300-301*

Comme l'indique son nom, ce parc national comprend 2 pôles : le sympathique village-station de Luosto et, 25 km au sud, la station de ski de Pyhä – une abréviation de *Pyhätunturi,* qui signifie « Montagne sacrée ». Celle-ci est au centre d'une région attachante. En été, elle reste à l'écart des flux

touristiques alors qu'en hiver et au printemps, elle attire de nombreux skieurs de descente autant que de fond. Qu'ils chaussent raquettes, skis ou godillots, les randonneurs y trouvent leur plaisir dans un parc national aux dimensions respectables : 142 km², une rangée de 12 sommets séparés par de profonds ravins, 75 km de sentiers d'été balisés et 120 km de pistes. À choisir, privilégiez Luosto, qui correspond davantage à l'image qu'on se fait de la Finlande : forêts, lacs, chalets de location en rondins, rennes en liberté (l'été, ils squattent devant le principal hôtel pour échapper aux insectes !)... Pyhä est plus artificielle.

Arriver – Quitter

➢ ***En bus :*** 2-4 bus/j. de Rovaniemi, via l'aéroport (env 2h de trajet pour Luosto, 2h30 pour Pyhä).

Adresses et infos utiles

– ***Sites internet :*** • *pyha.fi* • *luosto.fi* •

i ***Luontokeskus Naava – Visitor Centre*** *(zoom)* **:** *à* ***Pyhä,*** *près du rond-point.* ☎ *020-639-73-02.* • *nationalparks.fi/en/pyha-luostonp* • *Tlj 10h-17h.* C'est le centre d'information du parc. Expo sur les milieux naturels, la faune et la flore (écrans tactiles en français) et projection de différents films de 15 mn, dont un présentant le parc en français. Cartes des sentiers *(sommaire, gratuite, au 1/25 000 ; env 20 €).*

■ ***Pyhähippu – Central de résa d'hébergements*** *(zoom,* ***1****)* **:** *à* ***Pyhä,*** *derrière le K-Market, près du rond-point.* ☎ *882-820.* • *pyhahippu.fi* • *Juin-août, tlj 10h-18h ; le reste de l'année, horaires restreints. En été, séjour min 2 nuits, dès 120 € (les 2 nuits) en appart ou chalet ; en hiver, min 7 nuits. Draps et serviettes 16 €. Frais de dossier 20 €.* Propose plus de 130 appartements et chalets à Pyhätunturi et dans un rayon de 10 km. Certains sont vraiment en pleine nature. Ils sont équipés d'une salle de bains, d'une cuisine et généralement d'un sauna et d'une cheminée avec bois fourni ! Vaut vraiment le coup en été !

■ ***Central de résa d'hébergements Pyhä-Luosto Travel*** *(plan A1,* ***2****)* **:** *Laukotie 1, à* ***Luosto.*** ☎ *020-730-30-20.* • *pyha-luostomatkailu.fi* • *Lun-ven 12h-17h ; fermé w-e.* Location de 130 chalets de 2 à 6 personnes autour de Luosto. Prix intéressants en été.

■ ***Attention :*** le ***distributeur*** le plus proche se trouve à Pelkosenniemi, à 25 km de Pyhä.

Supérette K-Market *(zoom,* ***3****)* **:** *à* ***Pyhä,*** *près du rond-point. Lun-ven 9h-20h, w-e 10h-18h.* Petit choix de matériel de camping, dont réchauds à gaz et cartouches, karrimats, etc. À Luosto, une ***supérette K*** *(plan A1,* ***2****)* se cache derrière le restaurant *Vaisko.*

■ ***Station-service*** *(zoom)* **:** *à* ***Pyhä,*** *devant le K-Market (paiement par CB 24h/24).*

■ ***Location de VTT :*** l'***hôtel Lapland Luostotunturi*** *(plan A1,* ***17****), à* ***Luosto,*** *loue des fatbikes (40 €/j.) et des vélos électriques (60 €/j.).* ***Pyhähippu – central de résa d'hébergements*** *(zoom,* ***1****), à* ***Pyhä*** *(voir plus haut), propose des fatbikes au même prix, mais aussi des vélos normaux (12 €/j.) et des VTT (25 €/j.).* Pyhä aligne 200 km de pistes, dont une dédiée aux *fatbikes* en hiver.

■ ***Kairankutsu*** *(Call of Wilderness ; zoom,* ***5****)* **:** *Kiehistie 2, à* ***Pyhä.*** 📱 *040-070-33-24.* • *kairankutsu.fi* • Ce tour-opérateur local de qualité propose balades guidées, observation des oiseaux ou des aurores boréales, canoë (sous le soleil de minuit par exemple), pêche, etc. Location de kayaks *(30 €/j.)* et canoës *(45 €/j.).* On a eu un bon contact avec Kristiina, qui parle très bien l'anglais et est inhabituellement causante pour une Finlandaise !

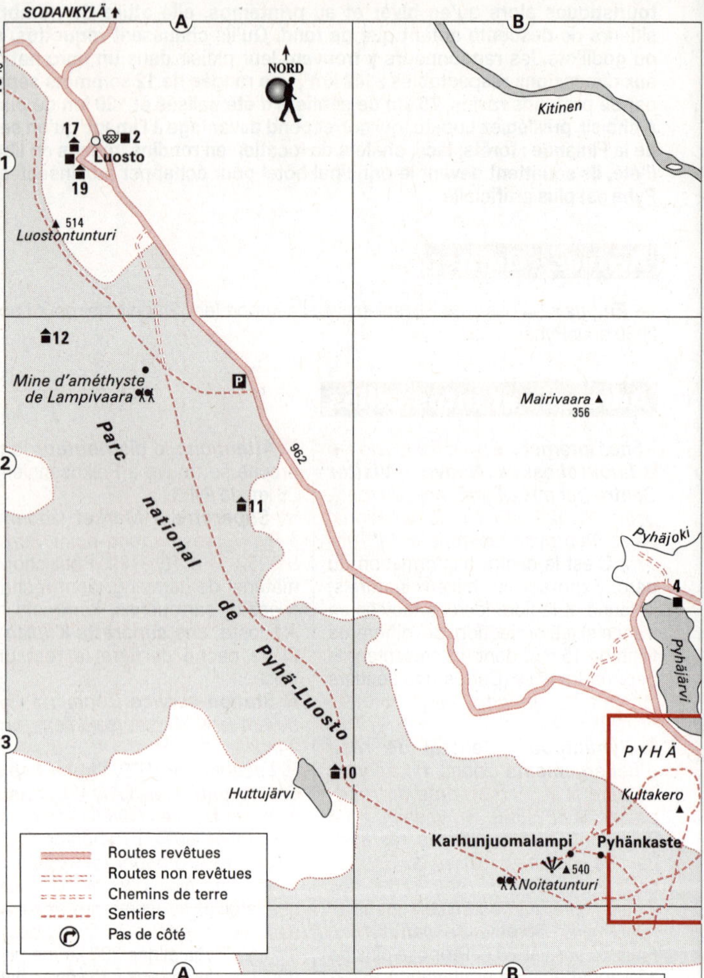

■ Adresses utiles

- **i** Luontokeskus Naava – Visitor Centre (zoom)
- **1** Pyhähippu – Central de résa d'hébergements et location de vélos (zoom)
- **2** Central de résa d'hébergements Pyhä-Luosto Travel et Supérette K Luosto (A1)
- **3** Supérette K-Market Pyhä (zoom)
- **4** Camping Lapin Orava (location de canoës ; B2)
- **5** Kairankatsu (zoom)
- **17** Location de VTT (hôtel Lapland Luostotunturi ; A1)

Où dormir ? Où manger ?

- **10, 11, 12** Cabanes en pleine nature (A2 et A3)
- **13** Cafe Loimu (zoom)
- **14** Hotel Ski-Inn Pyhätunturi (zoom)
- **15** Cafe Torvisen Maja (hors plan par A1)
- **16** Huttu-Uula (zoom)
- **17** Hotel Lapland Luostotunturi (A1)
- **19** Santa's Hotel Aurora (A1)

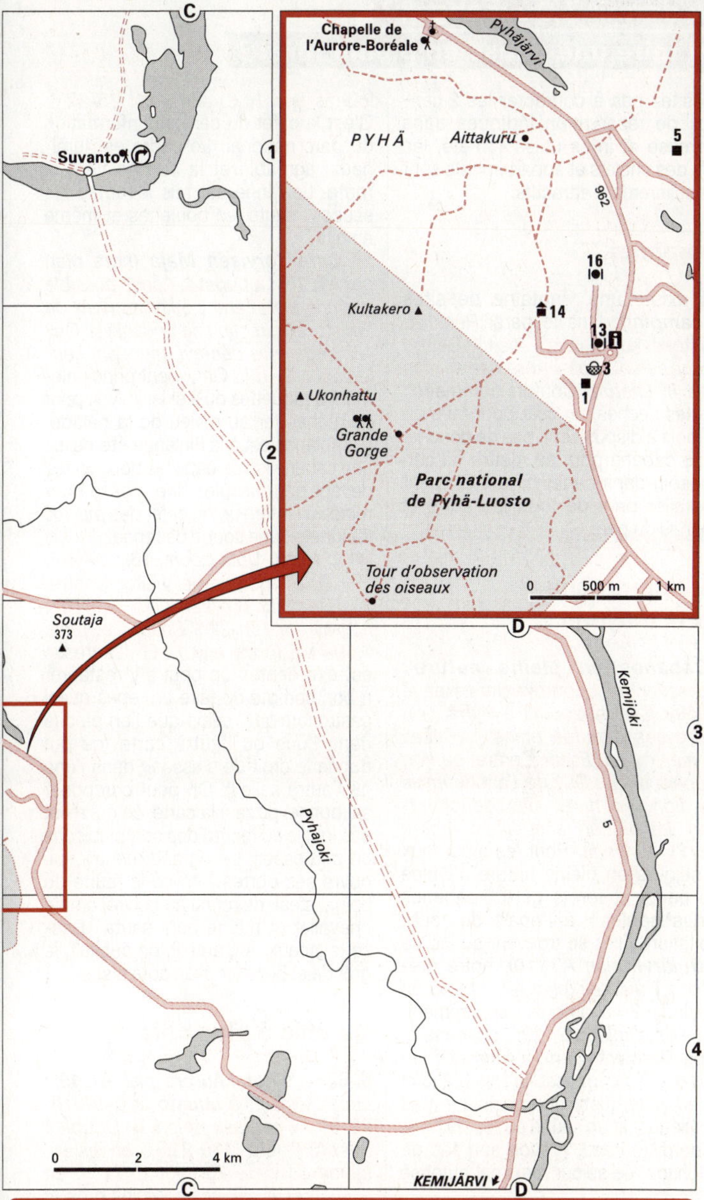

LE PARC NATIONAL DE PYHÄ-LUOSTO

Où dormir ? Où manger ? Où faire une pause en pleine forêt ?

N'hésitez pas à contacter les 2 centraux de réservation indiqués dans « Adresse et infos utiles » ; l'été, les tarifs des chalets et appartements sont particulièrement attractifs.

Campings

Il existe une vingtaine de sites de ***camping*** dans le parc. *Rens au Luontokeskus Naava – Visitor Centre (zoom), à **Pyhä** (voir « Adresses et infos utiles »). Gratuit.* Confort sommaire : toilettes sèches, un coin pour faire du feu (bois à disposition), pas de douche. Petite cabane pour se mettre à l'abri si besoin dans certains cas. On peut s'installer près de tous les abris et cabanes du parc.

De bon marché à prix moyens

Cabanes en pleine nature : *s'adresser au Luontokeskus Naava – Visitor Centre (zoom), à **Pyhä** (voir « Adresses et infos utiles »). Résas par mail ou au Visitor Centre, où l'on récupère la clé. Ouv tte l'année (mais attention, en hiver, pas de chauffage). La plupart accueillent 4 pers (max 7), 60 €/nuit.* Pour les amoureux de séjours en pleine nature, l'Office des parcs et forêts gère 3 cabanes « privatisables » à l'écart de toute habitation. Elles se trouvent au lac de ***Huttujärvi*** *(plan A3, **10**)*, notre préférée, à ***Kuukkeli*** *(plan A2, **11**)*, où on peut louer 2 « chambres » séparément, et à ***Yrjölä*** *(plan A2, **12**)* ; chacune à, respectivement, 5 km, 3,4 km et 7 km d'un chemin carrossable. Pas d'eau ni d'électricité, juste une gazinière (pas d'assiettes) et un sauna au feu de bois, au bord de l'eau. Prévoir son sac de couchage. Le séjour maximal autorisé est de 3 nuits.

Cafe Loimu *(zoom, **13**)* **:** *au Visitor Centre, à **Pyhä,** près du rond-point. Tlj 8h-17h (cuisine à partir de 11h). Soupe avec buffet de salades env 10,50 € ; lounas env 14 €, plats env 15-27 €.* C'est la cafét du centre d'information du parc national. Le cadre est lumineux, agréable et la cuisine tient la route. Le renne est mis à toutes les sauces : sauté, en boulettes et même en pita !

Cafe Torvisen Maja *(hors plan par A1, **15**)* **:** *à **Luosto.** Accès possible par une piste, env 3,5 km au nord de Luosto, en direction de Sodankylä. Ouv juin-sept, puis déc-avr, mer-sam seulement 11h-15h.* On y vient principalement à raquettes ou à skis, l'hiver, pour se réchauffer au milieu de la balade. L'ambiance est à la Finlande éternelle : une cabane isolée dans les bois, un feu devant pour rissoler, une grosse cheminée à l'intérieur, du café, des *munkki* (beignets), une soupe de renne...

Huttu-Uula *(zoom, **16**)* **:** *à **Pyhä.** Env 200 m derrière le Visitor Centre. Juin-sept, tlj 16h-22h (21h dim) ; fin nov-avr, tlj 10h-22h. Snacks et plats 7,50-40 € (pizza env 14 €).* L'adresse est excellente : on peut s'y restaurer à bon compte ou faire un repas quasi gastronomique, selon que l'on pioche dans l'une ou l'autre carte (ce qui donne le droit de s'asseoir dans l'une ou l'autre salle !). On peut composer sa (bonne) pizza à la carte, ce qui n'est pas inutile au regard des combinaisons un peu osées. Le « grand menu », lui, ouvre ses portes à toute la faune du coin... steak de renne au poivre, omble chevalier et même ours sauté ! Desserts locaux. Ah, au fait, on oubliait, la grande et belle terrasse côté pistes...

De chic à plus chic

Santa's Hotel Aurora *(plan A1, **19**)* **:** *Luppokeino 1, à **Luosto.** 040-010-22-00. • santashotels.fi • Doubles 90-145 € (env 190-215 € en hiver), igloos de verre 250-400 € (715 € en hiver !), petit déj inclus.* Moins gros et plus attrayant que les autres hôtels du secteur, l'*Aurora* propose des chambres d'un bon niveau de confort, à des tarifs très attractifs en été. Celles du bâtiment principal sont chaleureuses et bien équipées, toutes avec un petit sauna – et une cheminée pour les plus chères. Ambiance cocooning ! Derrière, une dizaine de bungalows vitrés ont été construits pour observer les aurores (on vous réveillera pour vous prévenir de leur apparition !). Même si leur déco, épurée, est jolie, avec peau de renne et fausses pelisses, on trouve qu'elles ne valent pas leur prix.

Hotel Ski-Inn Pyhätunturi *(zoom,* ***14****)* **:** *Kultakeronkatu 21, à* ***Pyhä****; au pied des pistes. 040-010-16-95. • ski-inn.fi • Fermé de mai à la Saint-Jean et oct. Doubles 99-170 €, petit déj inclus. Studios et suites (4 pers) 110-355 €, sans petit déj ; promo 4 nuits pour le prix de 3 et 7 nuits pour le prix de 5. Attention, le check-in ne se fait qu'à 18h, mais le check-out est repoussé à 15h ! À l'hôtel, en été, billet pour le* Pyhä lift *offert !* Principal établissement de la station, ce gros hôtel s'amarre au-dessus du « centre ». On choisit entre les chambres d'hôtel (fonctionnelles, un poil datées) et les studios et apparts des bâtiments *Pyhä-suites* et *Pyhälinna,* à la superbe déco design. Ces derniers sont bien agencés même si certaines « chambres » sont microscopiques et parfois presque aveugles. *Drying cabinets* et casiers à skis pour tous, poêles pour certains.

Hotel Lapland Luostotunturi *(plan A1,* ***17****)* **:** *à* ***Luosto.*** *☎ 620-400. • laplandhotels.com • Fermé en mai. En été, chambres et chalets env 110-190 €, petit déj inclus ; plus cher en hiver. Loc de vélos.* Ce gros bâtiment d'aspect massif n'est guère élégant... mais l'été, le sourire vient vite aux lèvres quand on voit le troupeau de rennes souvent garé devant ! L'édifice, doté d'un spa, d'une piscine et d'un sauna collectif, abrite des chambres standard simples au mobilier en bois clair parfois un peu daté et des suites nettement plus agréables avec cuisine (très bien équipée) et grand balcon. Mais le must, ce sont les chalets situés un peu plus haut, à 50 m des remontées mécaniques. Tout en rondins patinés, pas bien grands mais chaleureux, ils sont partagés en 2 grands studios avec lits pour 6 personnes, kitchenette, et belle cheminée en pierre – le tout dans la même pièce, façon refuge. En bonus : un sauna privé.

À voir. À faire

La chapelle de l'Aurore-Boréale *(Revontulikappeli ; zoom)* **:** *à 3 km au nord de Pyhä, en direction de Luosto. Tlj 7h-21h.* Petit coup d'œil sur cette chapelle moderne à l'intérieur entièrement lambrissé de pin doré, avec un autel et une chaire construits de troncs bruts, face à un chœur ouvert sur les arbres.

La mine d'améthyste de Lampivaara *(plan A2)* **:** *☎ 624-334. • amethyst mine.fi • Infos à la boutique de la mine à Luosto (où l'on peut aussi acheter les tickets). Visites ttes les heures : de juin à mi-août, tlj 11h-17h (dernier départ) ; de mi-août à fin sept, tlj 11h-16h ; oct, mar-sam 11h-15h ; de déc à mi-avr, tlj sauf dim, 2 départs/j. ; fermé le reste de l'année. Entrée : 19,50 € en été sans transport, 35 € avec ; 66-84 € en hiver, transport inclus ; forfaits famille, sinon ½ tarif pour les 3-12 ans. Une pierre tenant dans la main est offerte, mais c'est à vous de la trouver !*

De Luosto, prendre la direction de Pyhä ; 2 itinéraires d'accès :
- à 1,7 km au sud, une route forestière, sur la droite (panneau), mène à un parking ; de là, accès à pied sur 2,5 km (possible à vélo) ;
- à 5 km au sud, parking sur le côté droit de la route, puis sentier balisé de 3 km entre forêt et chemins de bois dans les marais.

Le long des sentiers, si vous tirez votre repas du sac, vous serez courtisé par des mésangeais, prêts, si vous êtes calme et patient, à venir picorer dans votre main !

La visite de la mine comprend 2 parties. D'abord, dans une hutte lapone, vous apprenez tout sur l'améthyste, sur sa formation et les légendes qui l'entourent, puis sur cette mine, la seule en exploitation en Europe. Parc national oblige,

LA LAPONIE

on n'y travaille qu'à la pelle et au pic ! Les 300 kg annuels sont extraits par une poignée de mineurs. Quant à vous, travailleur précaire, vous chercherez par vous-même une gemme dans la mine à ciel ouvert. Et vous n'en garderez qu'une seule par ticket vendu ! La beauté du site (la mine se situe sur une colline qui offre une vue superbe) et l'excitation de la découverte de vos 1ers cristaux font oublier le prix élevé.

– ***Activités hivernales :*** Pyhä et Luosto cumulent 90 km de pistes de ski de fond et 14 pistes de descente, pas de quoi épater les habitués des Alpes. En revanche, les chalets en rondins de Luosto ne manquent pas de charme sous l'épais manteau neigeux et on apprécie la balade à raquettes vers le mignon café *Torvisen Maja* (voir « Où dormir ? Où manger ? Où faire une pause en pleine forêt ? »). D'autres activités sont possibles : motoneige, pêche blanche, sorties en traîneau à chiens et visite de fermes de rennes, cascades de glace, *fatbike*...

Spécial randonneurs

– Pour vos randonnées, procurez-vous au *Visitor Centre,* à Pyhä (voir « Adresses et infos utiles »), la carte sommaire des sentiers du parc (gratuite) et celle au 1/25 000 *Pyhä Luosto* (env 20 €). Vous pourrez aussi vous y informer des prévisions météo et de l'état des sentiers (en mai, il peut rester des secteurs enneigés). Le balisage dans le parc est excellent. Il existe quelques zones d'accès restreint où il n'est permis de s'aventurer que lorsque la couche de neige protège le sol. En cas de mauvais temps, une vingtaine de petits refuges en bois permettent de s'abriter.

Le sentier nature Tunturiaapa : *départ du* Visitor Centre. *Boucle facile et didactique (panneaux) de 5-7 km (2 options), fléchée « Luontopolku ».* La variante longue mène à une ***tour d'observation des oiseaux*** (*zoom* ; suivre le fléchage « Lintutorni »). L'hiver, les *fatbikes* sont autorisés dans le secteur.

La Grande Gorge *(Isokuru ; zoom)* **:** *au départ du centre d'info, 5 km A/R (env 2-3h). Le chemin (avec panneaux explicatifs), accessible en été seulement, n'offre pas de réelle difficulté, à l'exception des 190 marches qu'il faut remonter au retour !* Tous les itinéraires du secteur de Pyhä, très fréquentés au moment de la *ruska,* passent par cette gorge. Après une marche d'approche dans une grande pinède, on accède au défilé, profond de 220 m. Chaos minéral en son milieu, il est, à ses extrémités, humide et envahi de végétation. Les sentiers jaune, rouge et vert continuent vers la ***cascade de Pyhänkaste,*** dont les eaux alimentent un petit lac sombre très profond. On peut ensuite rebrousser chemin, ou continuer le long d'une gorge occupée par un petit marais dont les sphaignes dessinent des motifs orangés et verts. Suit alors le Karhunjuomalampi, « l'étang où vient boire l'ours », dans un site idyllique. Les plus aguerris rentreront en contournant le mont Kultakero (10 km), défiguré par les pistes de ski, ou en continuant par la ***boucle du Noitatunturi*** s'il fait beau (voir ci-après).

PLUS SAINTE SERA LA CHUTE

Pyhänkaste était un site chamanique où avaient lieu les sacrifices d'animaux des 1ers occupants de la contrée. Les missionnaires luthériens ont baptisé sous sa chute d'eau les 1ers Sámis convertis (d'où son nom, signifiant « saint baptême ») : sournoise habileté que de réutiliser ainsi les lieux de culte païens !

Le Noitatunturi *(mont de la Sorcière ; plan B3)* **: *rando formellement déconseillée par mauvais temps.*** *Une bonne visibilité est indispensable sur*

cet itinéraire pour pouvoir repérer le balisage (et ne pas se perdre) et éviter de glisser sur les blocs rocheux couverts de lichens, casse-gueule lorsqu'ils sont mouillés.
Cette belle boucle de 14,5 km, partant elle aussi du *Visitor Centre,* passe d'abord par la Grande Gorge, avant de rejoindre l'abri d'Oravalampi (4 km), l'étang de l'Écureuil, puis de s'élever vers le sommet du Noitatunturi. De bonnes chaussures sont nécessaires, car la pente est raide et le terrain difficile : le sentier s'élance à travers des pierriers chaotiques. En cas de doute, repérez les marques orange sur les arbres, puis les croisillons de la piste de motoneige. Du sommet arrondi, on découvre, dans le silence impressionnant d'un univers essentiellement minéral, un vaste panorama sur la région alentour, les autres monts, les lacs, les forêts, les marais. On redescend ensuite côté nord jusqu'à l'étang d'Annikinlampi, puis on rejoint l'étang de Karhunjuomalampi, avant de rentrer par le défilé d'Isokuru. En 1 journée, on peut ainsi voir l'essentiel du parc.

Manifestation

– ***Pyhä Unplugged :*** *3-4 j. autour du 1er w-e d'août, à l'hôtel* Pyhätunturi, *sur la scène de Tajukanka, à la chapelle de l'Aurore-Boréale et au* Kuruteatteri, *une scène en plein air nichée dans le ravin rocailleux d'Aittakuru, à 15-20 mn de marche de la route de Luosto (départ du sentier fléché à 2,5 km au nord de Pyhä) ! • pyha.fi • Compter 28-45 € selon concert.*
L'un des plus sympathiques festivals de Finlande, où les grands noms de la scène finlandaise se produisent en semi-acoustique (sans amplification), ce qui donne aux concerts une ambiance très particulière et conviviale.

UNE PROGRAMMATION CANON

*L'avantage de donner un concert dans un coin perdu de la montagne lapone, c'est que tout y devient possible. Les organisateurs le savent bien, et l'*Ouverture 1812 *de Tchaïkovski bénéficie de leurs faveurs : la partition prévoit même des coups de canon. Ici, on n'a peur de rien.*

DANS LES ENVIRONS DU PARC

➢ ***La descente de la Pyhäjoki :*** *au* **camping Lapin Orava** *(plan B2, **4**), Oravanranta 19. 040-089-23-74. De Pyhä, prendre la direction de Luosto ; à 5 km, bifurquer à droite vers Pelkosenniemi et continuer 4 km. Compter 30-35 €/j par canoë.* Louez un canoë, naviguez sur le Pyhäjärvi, puis descendez la Pyhäjoki qui vous mène paresseusement, tout en courbes et en douceur (sur 15 km), jusqu'à la route de Pelkosenniemi *(plan C3).* Les ambitieux continueront jusqu'à la Kemijöki *(plan D4)* pour un total de 45 km, avec bivouac. Seul hic : il vous faudra ramener l'embarcation à son point de départ. Avec un tour-opérateur, c'est plus simple mais plus cher (on conseille *Kairankutsu,* voir « Adresses et infos utiles », plus haut) !

Suvanto (plan C1) **:** *à 23 km de Pyhä et 45 km de Luosto. De Pyhä, prendre la direction de Luosto, bifurquer à droite sur la route 9621 vers Pelkosenniemi et tourner à gauche sur une bonne piste env 11 km plus loin (panneau).* Ce gros hameau dispersé est le seul à avoir échappé à la destruction systématique par les Allemands en 1944. Il y reste donc un ensemble de bâtiments en bois anciens tels que l'on n'en voit plus nulle part ailleurs en Laponie. L'intérêt est anecdotique mais, s'il fait beau, le coin est charmant. Avant de traverser le pont sur la large rivière Kitinen, suivez le chemin qui part sur la gauche (fléchage « Museolossi ») ; il mène au bac dont on a peine à croire qu'il n'a été retiré du service qu'en 1991 !

SODANKYLÄ

8 650 hab. IND. TÉL. : 016

Sur la grande route d'Inari, on s'y arrête surtout pour admirer l'une des plus belles églises rustiques de Finlande.

Arriver – Quitter

Gare routière : *Jäämerentie 28. Au centre-ville, face à la station-service Nesté. Lun-ven 8h30-12h15, 13h15-16h45.*

➢ 4 bus/j. (3 le sam) pour ***Ivalo*** (trajet : 2h-2h30), dont 2 continuent sur ***Inari*** (trajet : 2h40-3h10) ; 8 bus/j. pour ***Rovaniemi*** en sem, 5 le sam, 3 le dim (trajet : 1h45-3h) ; 1 pour ***Kittilä*** les mer et sam seulement. Pour ***Kuusamo,*** il faut changer à Kemijärvi (3 bus/j. lun-ven, 1 le w-e), où se trouve la gare la plus proche (115 km quand même...). Pour les destinations plus au sud, il faut passer par Rovaniemi.

➢ ***Norvège :*** de juin à mi-sept, liaison directe quotidienne jusqu'au ***cap Nord*** (trajet : env 8h30) avec la compagnie *Eskelisen* (● *eskelisen.fi* ●). Autre liaison vers Vadsø, sur la côte de l'océan Glacial Arctique (5h30), de mi-juin à début août (tlj sauf sam).

Adresse utile

Office de tourisme : *Jäämerentie 3. 040-746-97-76. ● visitsodankyla.fi ● Au centre, près de la statue du renne. En été, tlj sauf dim 10h-18h ; le reste de l'année, tlj sauf w-e 9h-16h.*

Où dormir ?

Camping Sodankylä Nilimella : *Kelukoskentie 5. ☎ 612-181. ● nilimella.fi/fr ● À env 700 m du centre-ville, de l'autre côté du pont sur la rivière Kitinen (direction Kemijärvi). Réception ouv juin-sept ; le reste de l'année, téléphoner avt. Compter env 19 € pour 2 avec tente ; chalet basique 50 € pour 2-3 pers ; sauna payant. Beaux apparts spacieux et fonctionnels, avec sauna privatif et 2 chambres indépendantes, 90-150 € pour 2-6 pers (draps fournis), souvent occupés par des employés du coin.* Le terrain est vaste mais quelconque (grand gril couvert). Préférer, juste après l'entrée, la dizaine d'emplacements séparés par des haies d'arbustes. Les chalets, alignés sur 3 rangées au fond, sont bien tenus, avec frigo, plaques chauffantes, micro-ondes et *coffee maker.*

Majatalo Kolme Veljestä *(Auberge des Trois Frères)* ***:*** *Ivalontie 1, à la sortie nord de la ville sur la route d'Ivalo. 040-053-90-75. ● majatalokolmeveljesta.fi ● Double env 70 €, sauna inclus.* Chambres simples, assez petites, contre la route. Douches et w.-c. communs, tout comme la cuisine. Salon avec cheminée et TV. Ça suffira pour une nuit si vous n'êtes pas trop difficile.

Où manger ?

Päivin Kammari : *Jäämerentie 11. ☎ 319-633. À 100 m du rond-point central. Lun-sam 10h-21h, dim 12h-17h. Lounas (en sem 11h-14h)*

LA LAPONIE

9,50-11 € ; plats 13-29 €. On aime bien ce café-resto coloré et cosy, aux murs décorés de vieilles affiches de films polonais – clin d'œil au célèbre festival de cinéma local (voir « Festival »). Le chef est plutôt doué : goûtez à ses tagliatelles au renne, son saumon ou ses salades. L'adresse de référence en ville.

|●| ***Pizza-Paikka a'la Riesto :*** *Jäämerentie 25. 📱 040-722-29-10. Sur la route d'Ivalo, à la sortie nord du village. Tlj 11h (12h dim)-21h. Pizzas 7,50-12,50 € (normales) ou 16,50-26 € (familiales), à avaler sur place ou à emporter.* Ici, c'est pizza à tous les repas. Elles sont très correctes et accompagnées d'un minibuffet de salades.

À voir

La statue du renne et du Sámi : *devant l'office de tourisme.* Bel ensemble de bronze érigé en 1970.

Le musée Alariesto *(museo-galleria Alariesto)* **:** *à l'office de tourisme (mêmes horaires). Accès : 5 € ; réduc.* Peintre local à la patte naïve, Andreas Alariesto s'est largement inspiré des traditions sámies qu'il dépeint dans le style des gravures du Moyen Âge. Pour leur tenir compagnie : un (gros) loup empaillé tué en 1975.

La vieille église *(vanha kirkko)* **:** *Kemijärventie ; à 100 m de l'office de tourisme. Juin-début août, tlj 9h-18h ; jusqu'à fin août, ven-lun 9h-17h, fermé w-e ; le reste du temps, contacter l'office de tourisme. GRATUIT.* Cette belle église de 1689, plantée dans l'enclos en bois du cimetière, près de l'église neuve, a conservé sa rusticité originelle malgré une profonde restauration. Sous son toit de bardeaux, coiffé d'extraordinaires mâts sculptés, se dévoile un sanctuaire tout en bois brut, à la voûte en coque de bateau renversé, orné d'une simple *Cène* du début du XVIIIe s. En 1944, la Wehrmacht a oublié d'incendier cet édifice, l'un des seuls rescapés de la guerre de Laponie. Et si un officier avait été sensible à sa beauté au point de l'épargner ?

Le sentier nature de Pappilanniemi *(Pappilanniemen luontopolku)* **:** *départ derrière la vieille église.* On longe d'abord la rivière Kitinen, avant d'entamer une agréable boucle de 2,5 km qui passe par son confluent avec la Jeesiöjoki.

Le musée du Patrimoine local de Sodankylä *(Sodankylan kotiseutumuseo)* **:** *Hampputörmäntie 20. 📱 040-765-37-99. À env 1,5 km au sud du centre-ville en direction de Rovaniemi, fléché sur la gauche. De mi-juil à mi-août, tlj sauf w-e 12h-18h ; fermé le reste de l'année. GRATUIT.* Le cœur du musée bat autour de la maison-auberge de 1906 (inhabituellement cosy), entourée de bâtiments annexes provenant de différentes localités de la région. L'ensemble est modeste, mais le site est agréable. On notera l'ingéniosité de l'étable anti-insectes !

Festival

– ***Midnight Sun Festival*** *(festival du Soleil de minuit)* **:** *5 j. mi-juin. • msfilmfestival.fi • Prix de la séance : 8-25 € selon film.* Qui a eu l'idée de s'enfermer dans une salle obscure à la mi-juin, quand le soleil refuse de disparaître sous l'horizon ? Réponse : Mika et Aki Kaurismäki, 2 des plus talentueux réalisateurs finlandais. Les projections (près de 120 en tout !) ont lieu 24h/24 dans une ambiance de kermesse, acteurs et réalisateurs se mêlant aux spectateurs ! Le seul festival où le parfum de la crème antimoustiques remplace la fragrance du Chanel *Numéro 5*. L'anti-Cannes, en somme.

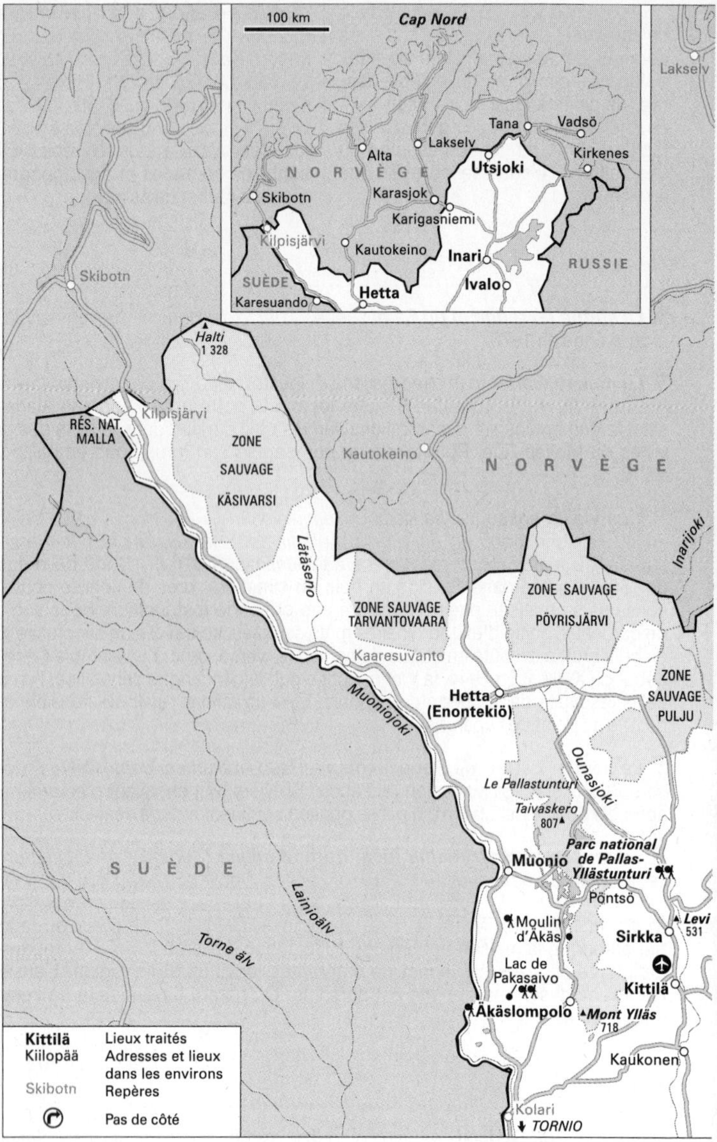

Kittilä	Lieux traités
Kiilopää	Adresses et lieux dans les environs
Skibotn	Repères
↱	Pas de côté

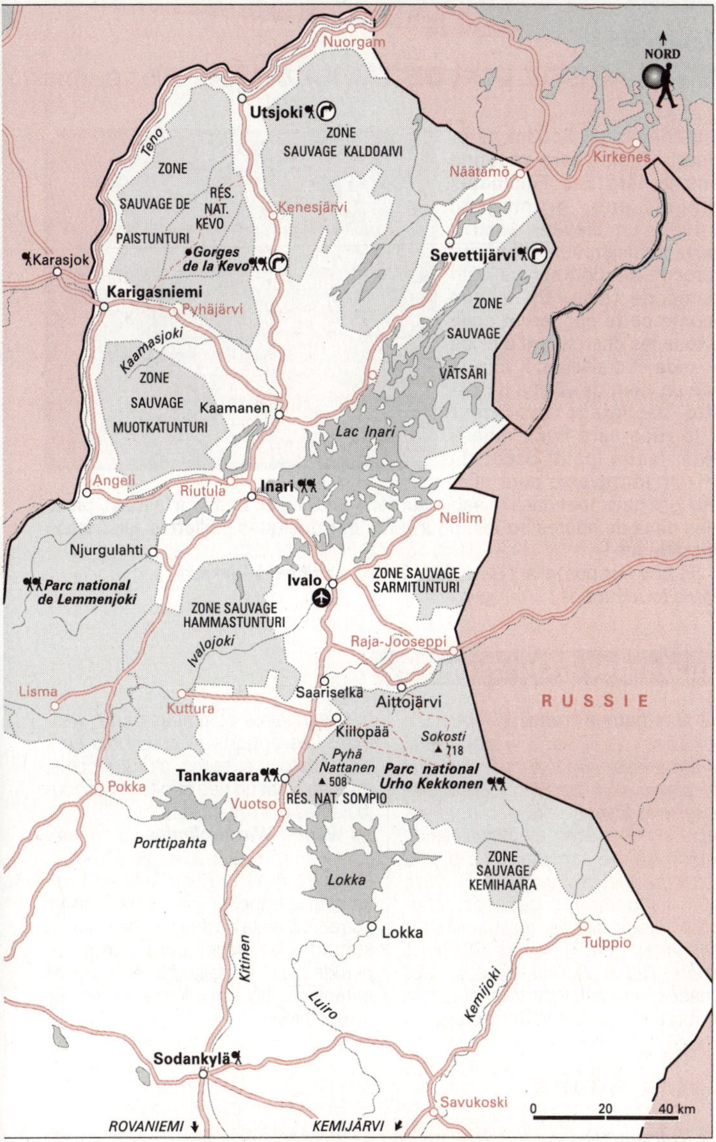

LE NORD DE LA LAPONIE

LE VILLAGE DE L'OR DE TANKAVAARA

IND. TÉL. : 016

À mi-chemin de Sodankylä et d'Inari, Tankavaara résonne dans la tête des Finlandais comme une promesse : en 1935, un éleveur sámi y trouva suffisamment d'or pour attirer l'attention sur ce coin paumé de taïga. Un musée raconte cette épopée et celle de tous les chercheurs d'or de Finlande et d'ailleurs. Il voisine avec un bout de village d'opérette davantage évocateur de la ruée vers l'or... américaine, façon (petit) décor de film. On le traverse pour aller patauger gaiement dans le sable aurifère, en famille, battée à la main, pieds calés dans de hautes bottes, pour en retirer quelques paillettes. Un frisson sympathique !

LA RUÉE VERS L'OR

2 kg d'or ! En moins de 1 mois passé sur les berges de l'Ivalojoki, Ervast et Lepistö gagnèrent le jackpot. On était en 1869. Plusieurs centaines de prospecteurs envahirent les berges jusque-là peu fréquentées de l'Ivalojoki, 1re ruée vers l'or finlandaise qui ne dura que 3 étés. D'autres régions du Nord furent prospectées, sans qu'aucun filon majeur ne soit identifié. La plus grosse pépite (393 g), elle, fut découverte en 1935 près de Saariselkä.

➢ ***En bus :*** les bus reliant Rovaniemi à Ivalo s'arrêtent à Tankavaara.

– ***Infos touristiques :*** *• tankavaara.fi •*

Où dormir ? Où manger ?

⛺ 🏠 ***Gasthaus-Korundi :*** *à l'entrée de Tankavaara. ☎ 626-158. • tankavaara.fi • S'adresser au resto ci-après. Ouv tte l'année sauf camping (début juin-fin sept et jusque vers déc pour les emplacements avec électricité selon météo). En été, compter 14 € pour 2 avec tente ; doubles avec sdb 89-98 €, petit déj compris ; cabanes (cheminée, draps fournis, mais sanitaires communs) pour 2-4 pers 70-85 € ; appart 120 €. Sauna payant.* Les cabanes, à l'ambiance trappeur, sont sombres et assez sommaires pour le prix (sanitaires communs plutôt vieillots). Les apparts et chambres sont bien équipés et tenus, plutôt récents, mais souvent un peu étroits et pas toujours très bien agencés.

|●| ***Wanha Waskoolimies :*** *à l'entrée du village. Tlj 9h-21h. ☎ 626-158. Lounas env 13 €.* Resto tout en bois, ambiance trappeur, offrant une cuisine correcte à base de renne et de saumon surtout – les végétariens auront un peu de mal... Le *salad bar* et le *lounas* offrent un choix très limité. Personnel sympathique.

À voir. À faire

👥 ***Kultamuseo :*** *derrière le resto* Wanha Waskoolimies. *☎ 626-171. • kultamuseo.fi/fr • Juin-fin sept, tlj 10h-18h ; le reste de l'année, lun-ven 10h-16h, fermé w-e. Entrée : 12 € ; réduc ; billet famille 27 €. Doc en français dans la 2de section.* Ce « musée de l'Or » se divise en 2 parties. La 1re présente l'histoire des ruées finlandaises et la vie des prospecteurs à travers photos des temps héroïques et vieux objets. L'occasion de découvrir, par exemple, que les autorités contrôlaient très sévèrement le commerce de l'or... et déduisaient du prix d'achat taxes et coûts de transport ! La 2de section, plutôt datée, s'intéresse à l'orpaillage à travers le monde.

L'orpaillage : *se pratique tte l'année, 9h-21h. Pour visiter le musée et pratiquer l'orpaillage, arriver 2 bonnes heures avt la fermeture. Tarif : 22 €/pers, matériel fourni ; pas de réduc.* Si vous trouvez une pépite, elle est pour vous (on rapporte plus sûrement de la poussière d'or...). En été, ça se passe les pieds dans l'eau boueuse et le dos exposé aux insectes. L'hiver, c'est en intérieur, avec du sable aurifère stocké à cet effet. En 1978, un jeune garçon a trouvé une pépite de 39,6 g ! Si ce placer d'opérette dépend de l'hôtel-resto, le musée de l'Or propose ses propres leçons d'orpaillage *(à 11h et 15h, durée 1h, 10 €).*

– Voir aussi plus loin les infos sur la ***boucle du Mésangeai*** dans le chapitre « Le parc national Urho Kekkonen ».

Manifestation

– **Gold Panning Finish Open** (Championnat national d'orpaillage) **:** *fin juil-début août. • tankavaaragold.fi • Ouv aux amateurs et aux professionnels. Inscription 5-50 € selon catégorie.* On y croise de truculents personnages !

LE PARC NATIONAL URHO KEKKONEN

IND. TÉL. : 016

Culminant au Sokoski (718 m), ce grand parc (2 550 km²), étendu jusqu'aux portes de la Russie, est l'un des plus sauvages d'Europe. Il doit son nom à l'ancien président de la République Urho Kekkonen. Voilà une terre de prédilection pour les amoureux de nature farouche et belle : ***tunturit*** **arrondis, forêts impénétrables, marais sauvages (notamment au sud), canyons abrupts, barrières rocheuses et faune abondante – quoique discrète. Seules traces de civilisation : les refuges pour randonneurs et les clôtures installées par les éleveurs sámis. Randonner ici n'est pas de tout repos : les ponts sur les rivières sont rares et les insectes très présents aux beaux jours... Quelque 130 espèces d'oiseaux, dont l'emblématique aigle royal, ont été recensées. Parmi elles, le mésangeai, qui vient volontiers mendier auprès des pique-niqueurs.**

Arriver – Quitter

➢ La principale porte d'accès au parc se trouve au ***centre de montagne de Kiilopää*** *(Suomen Latu Kiilopää),* à 17 km au sud-est de la station de ski de Saariselkä, à l'écart de la route E 75. Les bus circulants entre Ivalo (voire depuis le cap Nord en été) et Rovaniemi y font théoriquement escale 1-2 fois/j. Sinon, il y a des liaisons depuis l'aéroport d'Ivalo à l'arrivée de chaque vol (via Saariselkä) et le *Skibus* depuis Saariselkä 2 fois/j. en hiver. Kiilopää est le point de départ notamment vers le beau lac Luirojärvi.

➢ De ***Tankavaara,*** desservi par les bus reliant Rovaniemi à Ivalo, on accède à la réserve stricte de Sompio (interdit de sortir du sentier).

➢ On trouve d'autres accès isolés à ***Raja-Jooseppi,*** sur la frontière russe (58 km à l'est d'Ivalo) ; au ***parking de l'Aittojärvi,*** accessible par une piste de 35 km débutant entre Ivalo et Saariselkä, dans un secteur pas du tout balisé ; et encore à l'extrémité ***sud-est du parc*** (vers Tulppio et Kemihaara), difficile d'accès par les transports en commun, mais appréciée des habitués pour son isolement, ses grandes étendues de forêts primaires et ses sommets épars.

Précautions élémentaires

Des règles strictes

En plus de la réserve stricte de Sompio à son extrémité sud-ouest (accès autorisé sur les seuls sentiers, cueillette et ramassage interdits), le parc est divisé en 4 types de zones, dont certaines à accès et/ou usage (pêche) restreint ou interdit. Dans les vastes régions dites « sauvages », vous verrez de nombreuses clôtures pour rennes, dont certaines sont munies de portes au niveau des sentiers : refermez-les bien ! Et sachez aussi qu'il existe des coins où le camping est interdit, notamment dans les vallées de Paratiisikuru et Lumikuru, et près des anciens sites sacrés sámis.

Les dangers de la zone Arctique

En dehors des sentiers balisés partant de Kiilopää et Saariselkä, ***mieux vaut être un randonneur expérimenté*** pour se lancer dans une aventure de plusieurs jours. Ici, aucune habitation, aucun point de ravitaillement, aucun refuge gardé, aucune route et peu de chemins balisés. Ceux qui rêvent d'un retour à la nature seront comblés, mais il s'agit de ne pas débarquer sans précautions ni préparation.

Quelques recommandations

– Assurez-vous d'avoir la meilleure et la plus récente ***carte du parc,*** indispensable pour se repérer, les chemins n'étant que peu, voire pas balisés. Celle au 1/100 000 *Koilliskaira (18 €)* peut suffire, mais vous serez plus à l'aise à l'échelle 1/50 000 (3 cartes).
– Avant toute randonnée, passez à l'un des ***centres d'information*** du parc où vous trouverez ces cartes, pourrez vous renseigner sur l'état actuel du terrain (rivières en crue notamment), réserver les refuges si nécessaire et informer de votre parcours.
– Assurez-vous d'avoir assez de ***ravitaillement*** ! Vous ne trouverez rien sur place.
– En cas de raid hivernal, ***faites vérifier votre matériel,*** par exemple au centre de montagne de Kiilopää : les conditions locales peuvent alors être extrêmes et une expérience alpine ne suffit pas pour éviter une catastrophe. S'il manque quelque chose, vous pourrez sans doute le louer sur place. Bien sûr, ne partez JAMAIS seul en raid, ni sans des connaissances approfondies en orientation.

Adresses et infos utiles

– ***Parc national Urho Kekkonen :*** *• nationalparks.fi/en/urhokekkonennp •*

À Kiilopää

■ ***Suomen Latu Kiilopää*** *(centre de montagne de Kiilopää)* ***:*** *Kiilopääntie 620. ☎ 670-07-00. • kiilopaa.fi/fr • En pleine forêt, à 6 km de la route E 75. Mai, lun-ven 9h-15h ; juin-sept, tlj 8h-21h ou 22h.* Ce centre d'hébergement (voir ci-après) est le meilleur endroit pour débuter une randonnée, courte ou longue. Location de skis de fond, matériel de rando, bottes, VTT, *fatbikes,* etc. Au *minimarket,* vente notamment de portions spéciales raid.

À Saariselkä

ℹ ***Palvelupiste Kiehinen – Office de tourisme :*** *Kelotie 1. Réunit le centre d'info du parc et l'office de tourisme. ☎ 020-639-72-00. 📱 040-168-78-38. • inarisaariselka.fi • En hte saison, lun-ven 9h-17h, w-e 9h-16h ; en ½ saison tlj sauf dim ; en basse saison fermé le w-e.* Infos sur les randos, résas de refuges et retrait/retour des clés, vente de cartes. Expo de familiarisation avec les biotopes du parc et leurs habitants à poils et à plumes.

■ De nombreuses agences proposent un grand choix de prestations touristiques et sportives : treks,

VTT, canoë et rafting, motoneige (jusqu'en Russie !), raquettes, ski de fond... Faites votre étude comparative, c'est souvent très cher. Pour n'en citer qu'une : ***Luonto Loma Pro-Safaris*** *(Lutontie 3, derrière le Santa's Hotel Tunturi ; ☎ 668-706 ; • lapinluontolomat.fi •).* Location d'équipement.

À Savukoski

🛈 ***Korvatunturi Visitor Centre :*** *Samperintie 32. ☎ 020-639-75-56. • nationalparks.fi/en/savukoskivisitorcentre • De mi-juin à fin sept, tlj sauf dim-lun 10h-17h.* Résas et clés des refuges, infos sur la randonnée, permis de pêche, vente de cartes et matériel de camping.

Où dormir ? Où manger ?

Dans le parc

🏠 Dans le parc, on trouve 2 types de ***refuges*** de 4 à 16 places : les uns, gratuits et en accès libre, à partager avec d'autres randonneurs, les autres à louer en entier ou au lit, et fermés à clé *(env 12 €/pers ; 40-57 € selon taille et localisation).* Les ***refuges gratuits*** sont équipés d'une cheminée, d'une gazinière pour faire la cuisine, de plates-formes avec des matelas (apporter son sac de couchage) et de toilettes sèches extérieures. Les réservations étant impossibles, mieux vaut ne pas arriver trop tard et/ou avoir une tente au cas où le refuge serait complet... On ne peut pas y passer plus de 2 nuits consécutives. Les ***refuges payants*** sont un poil plus confortables, mais sans électricité ni eau courante – lac et/ou rivière sont souvent à proximité. Certains sont équipés d'un sauna (payant). En juin et juillet, mieux vaut réserver 1 semaine à l'avance, même s'il y a parfois de la place au dernier moment ; en mars-avril et août-septembre, il faut s'y prendre 1 ou 2 mois à l'avance. De mars à septembre, pas plus de 2 nuits consécutives (sinon, 7). Renseignements, réservations et clés aux centres d'information de Saariselkä (voir « Adresses et infos utiles ») ou d'Ivalo. On rappelle que les utilisateurs sont priés de remplacer le bois utilisé, de composter les matières organiques, d'emporter leurs autres déchets et de faire le ménage.

À Kiilopää

🏠 🍴 ***Suomen Latu Kiilopää – Centre de montagne de Kiilopää :*** *voir plus haut « Adresses et infos utiles ». Fermé fin avr-fin mai et début oct-début nov. Lits en dortoir 33-45 €/pers, draps, serviettes inclus ; doubles à l'hôtel* Niilanpää *90-170 €, petit déj inclus ; chalets en rondins (2-4 pers) 140-220 € tt inclus ; apparts 2-6 pers 120-265 € (jusqu'à 280 € pour 10 pers), linge inclus. Sauna inclus pour ts et sauna à fumée certains j. seulement (gratuit en été pour les résidents, sinon payant). Self ouv 8h-20h :* lounas *fin nov-avr (12h-15h été, 11h-15h hiver) 10,50 €, plats 13-23 €. Dîner-buffet 17h-19h (20h en hiver) env 24 € et carte.* Dans tout le choix proposé, il serait bien étonnant que vous ne trouviez pas votre bonheur. Les chambres d'hôtel sont décorées dans un style scandinave actuel plaisant. Côté AJ : des dortoirs de 4 lits, des séchoirs à vêtements et une cuisine commune, mais attention la douche se prend dans le bâtiment de l'accueil ! Pour se restaurer, cafétéria en bois blond ou restaurant, plus cosy mais plus cher.

À Tankavaara

Se reporter au chapitre qui lui est consacré plus haut.

À Saariselkä

🏠 ***Saariselän Keskusvaraamo*** *(central de résa) :* *Honkapolku 2. ☎ 554-05-00. • saariselka.com • En contrebas du supermarché aux murs rouges. En été, tlj 9h (12h w-e)-20h ; en hiver, tlj 9h-17h30 (20h w-e). Chalets et apparts à partir de 60-70 € pour 2 en été ; en hiver, loc de 3 ou 7 j. min.* Cette structure centralise de nombreux apparts et chalets en location et peut trouver une chambre d'hôtel en dernière minute. En été, plusieurs établissements cassent les prix pour rentabiliser au mieux leurs capacités d'accueil. Propose aussi diverses activités et des vélos en location.

À voir. À faire

Balades

La colline de Kaunispää : *à 2,5 km au nord-ouest de Saariselkä. Fléché à la sortie nord.* Vue panoramique à 360° sur la station et la taïga alentour. Au sommet, un hôtel et une cafét...

Parcours de découverte à Saariselkä et Kiilopää : procurez-vous la brochure *Saariselkä Summer Trails* (4 €). Vous y trouverez 4 itinéraires au départ de la station (1,2-14 km) et 5 autres au départ de Kiilopää (1-14 km). Certains sont courts et bien adaptés aux familles, voire aux personnes à mobilité réduite. De Saariselkä, le plus long, le ***Rumakuru,*** déjà plus ardu (14 km ; 3-6h), mène à la profonde gorge du même nom qui, loin d'être « affreuse » (son nom finnois), ne manque pas d'allure ! 2 des sentiers de Kiilopää sont accessibles à raquettes l'hiver, dont le ***Kiirunapolku*** (6 km ; 2-3h) qui mène à un panorama depuis le sommet du mont Kiilopää.

À ***Tankavaara,*** 4 autres itinéraires invitent à de courtes balades, dont la ***boucle du Mésangeai*** *(Kuukkelilenkki). Compter min 2h pour 6 km.* C'est la randonnée à la journée la plus populaire de la région. Elle conduit au sommet de la petite colline de Tankavaara, où se trouve un belvédère offrant une large vue sur les étendues sauvages de la réserve stricte de Sompio. Vous redescendrez ensuite à travers un marais en pente ! Attention, pas mal de moustiques...

Pyhä Nattanen : *de Vuotso, à 9 km au sud de Tankavaara, accès par une piste carrossable sur 12 km, direction « Sompiojärvi ». À partir du panneau indiquant le départ du sentier, 2 km difficiles avec 300 m de dénivelée (compter 1h30 A/R).* Vous voilà dans la réserve stricte de Sompio. Cette promenade magnifique nécessite, malgré sa faible longueur, un effort largement récompensé par une vue à couper le souffle. Départ en forêt dense, traversée des marais sur des chemins de bois et approche dans la caillasse et les racines. Au sommet (508 m) souffle souvent un vent glacial, même en plein été. Vous pourrez reprendre des forces au refuge ouvert, très bien aménagé (il y a notamment un réchaud à gaz).

Treks de plusieurs jours

On peut passer plusieurs jours (voire plusieurs semaines !) à explorer le parc. Parmi les randonnées les plus classiques (décrites sur • *nationalparks.fi/en/urhokekkonennp* •), on vous conseille celle menant au ***Luirojärvi,*** un lac superbe, considéré comme la perle d'Urho Kekkonen. Cette aventure de 5 jours et 73 km se déroule en totale autonomie, de refuge en refuge, sur des chemins en grande partie non balisés, avec de nombreux gués à traverser. On peut aussi citer le ***sentier de la Nuortti,*** à l'extrémité sud-est du parc – la plus isolée. Balisé, il forme une belle boucle de 40 km de part et d'autre de la rivière, dans un canyon sauvage, alternant entre falaises et rives sereines. 2 belvédères y offrent de très belles vues.

IVALO (Â'VVEL en sámi)

3 060 hab. IND. TÉL. : 016

Centre administratif de la commune d'Inari, le bourg d'Ivalo semble bâti autour d'un groupe de stations-service... Baigné par la rivière Ivalojoki, c'est un paradis pour les canoéistes l'été et une base arrière pour les activités hivernales. Si vous n'êtes pas du genre sportif, mieux vaut continuer jusqu'à Inari, plus riche en curiosités et globalement plus séduisant.

Arriver – Quitter

✈ ***Aéroport :*** *à 7 km au sud en direction de Rovaniemi, puis 3 km.* ☎ *020-708-86-10.* • *finavia.fi/en/airports/ivalo* • De/vers Ivalo et Inari, bus Ilmari Slant à chaque arrivée de vol ; au retour, départ d'Inari 2h30 avt le vol et de la gare routière d'Ivalo 1h40 avt (• *kuljetusliikeilmarislant.fi* •). Il y a aussi des bus *Eskelisen* (• *eskelisen.fi* •) pour Saariselkä (27 km) et Kiilopää (43 km) à l'arrivée des vols. Au retour, départ de Kiilopää env 2h15 avt le vol et de Saariselkä env 1h45 avt. Sur place : brochures en libre-service (à la sortie) et loueurs de voitures sur résa seulement.

➢ Vol quotidien pour ***Helsinki*** (via ***Kittilä***).

Gare routière : *Ivalontie 22, au* Kahvila Kuuputti, *à côté du garage* Auto-Osat, *au sud du centre, après le* K-Supermarket.

➢ Chaque j., 3-5 bus avec ***Sodankylä*** (trajet : 2h-2h20) et ***Rovaniemi*** (trajet : 4-5h), passant par *Saariselkä* et *Tankavaara* ; 3-4 bus/j. avec ***Inari*** (30-40 mn) lun-ven, 2 le w-e.

➢ ***Norvège :*** de juin à mi-sept, liaison directe quotidienne jusqu'au ***cap Nord*** (trajet : env 7h-7h30) avec *Eskelisen* (• *eskelisen.fi* •). Autre liaison avec ***Vadsø*** sur la côte de l'océan Glacial Arctique (trajet : 4h25), tlj sauf sam de mi-juin à mi-août. Le reste de l'année, ces bus s'arrêtent à Karasjok (tlj) et à Tana Bru (jeu, ven et dim), 2 villes norvégiennes où l'on trouve des correspondances locales.

Adresse utile

ℹ ***Metsähallitus Ivalon Palvelupiste*** *(office de tourisme) :* *Ivalontie 10.* ☎ *020-639-77-01.* • *inari.fi* • *Juin-sept, tlj 9h-17h ; le reste de l'année, tlj sauf lun 10h-17h.* Fait aussi office de centre d'information du parc national Urho Kekkonen (on peut y réserver ses refuges et récupérer les clés).

Où dormir ? Où manger dans le coin ?

Camping

▲ ☗ ***Ukonjärven Lomakylä :*** *Ukonjärventie 141.* 📱 *040-501-10-54.* • *ukolo.fi* • *À 10 km au nord d'Ivalo, puis 1,5 km à droite jusqu'au lac. Chalets ouv tte l'année ; camping de juin à mi-sept. Compter 27 € pour 2 avec tente ; double env 58 €, petit déj en sus ; chalets basiques 33-47 € pour 2 (sanitaires communs) ; beaux chalets (2-6 pers) avec sauna et cheminée 120-175 €. Sauna payant.* Ce très vaste camping se disperse dans une forêt de conifères, en bordure du lac Inari, dans un site enchanteur, très calme, où l'on séjourne avec plaisir. Il existe des chalets de toutes tailles (de 8 à 69 m² !) et niveaux de confort, du plus basique au luxueux. Certains sont idéalement situés face au plan d'eau, comme le n° 1. Sanitaires communs un peu vétustes. Bibliothèque, location de bateaux... Le patron, d'origine néerlandaise, parle un peu le français.

Bon marché

I●I ☕ ***Bistro & Cafe Ivalo :*** *Ivalontie 17, au* supermarché K. 📱 *046-623-81-54. Lun-ven 9h-21h, sam 11h-1h, dim 12h-20h.* Lounas *lun-ven env 11,80 €.* La localisation n'est certes pas sexy, mais le cadre est agréable et lumineux, avec même un coin canapé cosy pour prendre un cappuccino ! Il y a des pâtisseries, des sandwichs, des burgers et le *lounas* en semaine. Accueil sympa.

De prix moyens à chic

☗ I●I ***Hôtel Kultahippu :*** *Petsamontie 1, au centre, à l'orée du pont.* ☎ *320-88-51.* • *hotellikultahippu.fi* • *Doubles et apparts (2-4 pers) 108-295 €, sans* *ou avec sauna privé, petit déj compris.* Lounas *(lun-ven 11h-15h) 11,80 € ; plats 17-38 €.* Tout est possible ici : manger, boire, danser et se loger... L'hôtel principal abrite les chambres standard, sans génie, un peu plus grandes sur l'arrière que côté rue. Les vendredi et samedi soir, le night-club *Hipun Kellari (ven-sam 22h-4h30),* le plus septentrional du pays, n'aide pas vraiment à dormir... Heureusement, il y a le nouveau bâtiment accolé à la rivière, à la déco « lapone » affirmée et, de l'autre côté du carrefour, une dizaine de chambres refaites à neuf dans une ancienne banque – très actuelles, au design de bon ton. On y trouve aussi quelques apparts du même style. Le resto est plus à recommander pour sa déco sur le thème du chercheur d'or et son ambiance cosy que pour sa cuisine sans prétention.

Hotelli Ivalo : *Ivalontie 34. ☎ 688-111. ● hotelivalo.fi ● À env 1 km au sud du centre-ville. Doubles 95-155 € ; plus cher autour de Noël.* Ce vaste établissement pas bien beau construit dans les années 1980 accueille pas mal de groupes, surtout en hiver (beaucoup de Français). La déco n'est plus de 1re jeunesse, mais l'ensemble reste fonctionnel et confortable (saunas, jolie piscine intérieure), avec quelques chambres restaurées – et d'autres pas encore. Tâchez d'en avoir une donnant sur l'Ivalojoki, vous ne paierez pas plus cher. Nombreuses activités. Prêt de vélos, de skis de fond, de patins à glace et de luges. Restaurant correct.

À faire

➢ ***Canoë sur l'Ivalojoki :*** la référence, ici, c'est la descente de 70 km entre le village de Kuttura et Ivalo, entrecoupée de sections de rapides (classes I à III). Elle peut se faire toute l'année, même si l'été (hors période de crue !) semble nettement préférable... L'itinéraire est sauvage, mais on y trouve abris et refuges fermés. Une escale en chemin permet de découvrir le site de la 1re ruée vers l'or finlandaise, survenue en 1870 à la station de Kultala. On peut aussi juste s'offrir une sortie de quelques heures depuis Ivalo. Plusieurs tour-opérateurs locaux, basés à Saariselkä, proposent des descentes et locations dont *Polar Creek (● polarcreek.fi ●)* et *Lapin Luontolomat (● lapinluontolomat.fi ●).*

INARI (AANAAR en sámi)

580 hab. IND. TÉL. : 016

À 40 km d'Ivalo, au cœur de la plus étendue des communes finlandaises (17 000 km² !), Inari est un important centre de la culture sámie : grâce à son formidable musée et aux nombreuses activités proposées, vous apprendrez des tonnes de choses sur cette peuplade du Nord et son activité phare, l'élevage de rennes. La nature n'est pas en reste : en été, le secteur offre de belles balades à pied, à VTT ou en canoë. Parfois, on peut même se baigner : en 2005, la température du lac a atteint 19 °C ! La neige est

LES ABORIGÈNES DU NORD

Les Sámis sont entre 80 000 et 100 000 : une bonne moitié habitent en Norvège, entre 15 000 et 35 000 en Suède, 9 400 en Finlande, moins de 2 000 en Russie, plus quelques centaines à l'étranger. Les Sámis de chaque pays, à l'exception notable de la Russie, sont représentés par leur propre Parlement. En Finlande, ce dernier se trouve depuis 1996 à Inari. Composé de 21 délégués élus tous les 4 ans, il veille à la pérennisation de la culture sámie, en collaboration avec ses homologues norvégien et suédois. Les 3 Parlements se réunissent tous les 4 ans pour un grand sommet sámi.

ici présente dès la mi-octobre et ne fond que début mai. En compagnie d'un guide, élancez-vous donc à skis sur le lac parsemé de 3 000 îles et îlots !

Arriver – Quitter

✈ ***En avion :*** l'aéroport le plus proche se trouve près d'Ivalo à 49 km (voir « Arriver – Quitter » à cette ville). Bus *Ilmari Slant* à chaque arrivée de vol ; au retour, départ d'Inari 2h30 avt *(• kuljetusliikeilmarislant.fi •).*

En bus : arrêt devant l'*Hotelli Inari* ou le *K-Supermarket.* 4 bus/j. (3 le w-e) pour ***Ivalo*** (trajet : 35 mn), surtout le mat, dont 2 continuent vers ***Sodankylä*** (trajet : 2h45-3h20) et ***Rovaniemi*** (trajet : 4h45-5h20).

➢ ***Norvège :*** de juin à mi-sept, liaison directe en soirée jusqu'au ***cap Nord*** (6h15 de trajet) avec *Eskelisen (• eskelisen.fi •).* Autre liaison avec ***Vadsø*** sur la côte de l'océan Glacial Arctique (trajet : 3h50), tlj sauf sam de mi-juin à mi-août. Le reste de l'année, ces bus s'arrêtent à Karasjok (tlj) et à Tana Bru (jeu, ven et dim), 2 villes norvégiennes où l'on trouve des correspondances locales.

Adresses utiles

ℹ ***Office de tourisme et Lapland Nature Centre :*** *Inarintie 46 ; dans le bâtiment du Siida (lire plus loin « À voir. À faire »). ☎ 020-639-77-40. 📱 040-168-96-68. • inari.fi • nationalparks.fi/en/northernlaplandnaturecentre • Mêmes horaires que le* Siida. Équipe très pro. Résa de refuges avec prise et remise de clés, permis de pêche, infos pour les randonnées, etc.

ℹ ***Visit Inari :*** *Inarintie 2, dans le centre, à côté de l'hôtel* Inari *(accueil à la réception s'il n'y a personne à la boutique). 📱 040-179-60-69. • visitinari.fi •* Ce tour-opérateur propose des excursions intéressantes dans les environs, à prix compétitifs.

– Pas de banque, mais un ***distributeur automatique.***

Location de VTT : *à **Visit Inari** et au **Camping Uruniemi** (voir « Où dormir ? »).*

Où dormir ?

Camping

Camping Uruniemi : *Uruniementie 5. 📱 050-371-88-26. • uruniemi.fi • À 2 km au sud, en direction d'Ivalo. Ouv de juin à mi-sept (tte l'année pour les chalets avec chauffage, sur résa). Compter 22 € pour 2 avec tente ; chalets 30-70 € pour 2 (sanitaires communs ou privés ; douche, frigo et cuisine pour les plus chers), 85-150 € jusqu'à 8 pers (avec cuisine, sauna, TV). Douche payante de mi-juin à mi-août... Linge 12 €. Sauna payant. Loc de vélos, canoës, kayaks et barques (un peu cher).* Côté positif, notons sa position pile-poil au bord du lac Inari. Pour le reste, on est un peu empilés en haute saison (pas mal de bus), les chalets ne sont plus tout jeunes et l'accueil est médiocre... Petite épicerie.

De bon marché à prix moyens

Toivasen Rantamökit *(Toivanen Cottages) : Uruniementie 5. 📱 050-341-23-65. • toivanencottages.com • À côté du camping. Ouv juin-fin sept ou début oct (selon météo). Chalets 52-75 € ; sauna à bois payant.* Ces cottages sont les 1ers à avoir vu le jour sur le lac Inari, dès les années 1950. Évidemment, ils ne datent pas d'hier, mais on apprécie le cadre boisé et serein, face au lac. Tous ont au moins une kitchenette, mais les sanitaires sont dans la maison de la proprio, Maija – une femme de caractère, qui parle assez bien le français (elle a habité à Grenoble, autrefois).

De prix moyens à chic

Villa Lanca : *face à l'hôtel* Inari. *040-081-44-24 ou 040-748-09-84.* • *villalanca.com* • *Doubles et apparts 75-155 €.* Dans une maison rouge en plein « centre », vous trouverez 2 doubles, 2 studios et 2 apparts en mezzanine (avec cuisine) pouvant accueillir 4 personnes. L'ensemble est plutôt agréable, quoique les lits ne soient pas tous très confortables et certaines salles de bains peu pratiques. La patronne, très cool, parle un peu le français et même l'espagnol ! Elle travaille en partenariat avec un jeune Suisse, Nicolas, qui organise des sorties en traîneau à chiens (été comme hiver), mais aussi des balades à cheval, sorties à raquettes, etc.

Hotel Inarin Kultahovi : *Saarikoskentie 2 ; au début de la route menant à Lemmenjoki.* ☎ *511-71-00.* • *hotelkultahovi.fi* • *Doubles 110-160 €.* Cet établissement posé au bord des rapides Juutuanjoki, de bonne tenue, propose 2 types de chambres. Les moins chères, dans le bâtiment principal (celui du resto), sont partiellement modernisées (reste le lino au sol). Celles du « *river hotel* », dans un bâtiment à l'écart, sont plus chères, pas géantes mais plus calmes et agréables, la plupart avec sauna privatif et toutes avec terrasse donnant sur la rivière. L'établissement se distingue aussi par son resto (voir « Où manger ?... »). Sauna commun au bord de l'eau.

Spécial coup de froid

lake Inari Mobile Cabins : *Sarviniementie 114.* *040-737-81-81.* • *lakeinari.com* • *Ouv en général de fin nov, début déc à fin mars, début avr (selon météo). Réserver longtemps à l'avance pour les vac de Noël. Compter 240-390 € pour 2, petit déj inclus.* Avez-vous jamais pensé à passer une nuit dans un minibungalow en bois (9 m²) sur patins, tracté sur un lac gelé par une motoneige ? Voici votre rêve exaucé ! L'occasion de guetter les aurores boréales avec un minimum de confort (« chambre » vitrée, chauffage, lumière, toilettes sèches). Vous pourrez même réserver le sauna mobile, qui sera lui aussi amené sur le lac ! Pour la douche, ça se passe sur la terre ferme. Esko et sa femme proposent aussi des sorties de pêche blanche. En revanche, on peut éviter le dîner, cher *(30 €).*

Où dormir dans les environs ?

Vasatokka Nuoriso-ja luontomatkailukeskus *(Youth & Holiday Centre)* **:** *Angelintie 696.* *040-067-05-61.* • *vasatokka.fi* • *À 3 km au nord d'Inari sur la E 75, prendre à gauche sur 7 km (fléché). Ouv tte l'année ; réception 9h-18h en été, sinon clés dans la boîte aux lettres. Lit en dortoir 36 €, double 60 €, draps inclus. Chalets 90 € (1-3 pers)-250 € (jusqu'à 10 pers), draps (10 €) et ménage (50 €) en sus (de mi-avr à oct) ou à faire soi-même.* C'est avant tout un centre d'hébergement pour la jeunesse, avec des chambres de 4 à 6 lits à l'ambiance plus fonctionnelle que charmante, même si l'ensemble est très bien tenu (cuisine commune). En revanche, à côté, on trouve quelques chalets récents pouvant accueillir jusqu'à 10 personnes d'un excellent rapport qualité-prix si l'on fait le ménage soi-même – avec mezzanine, cheminée, cuisine et salle de bains. Plagette sur le lac et location de canoës, barques, raquettes et skis pour profiter du cadre 100 % nature en toute saison. Il y a même une sorte de mur d'escalade dans le couloir de l'AJ !

Hotel Korpikartano : *Meneskartanontie 71.* *040-777-43-39.* • *korpikartano.fi* • *À 33 km à l'ouest d'Inari, sur la route de Lemmenjoki. Fermé fin avr-fin mai. Doubles 86-112 €, studios 130-157 €, petit déj et sauna inclus ; barques, canoës, vélos et luges en prêt. Dîner env 30 € sur résa.* On est loin de tout ici, mieux vaut arriver avec son pique-nique ! Le bâtiment, isolé au bord d'un lac, dans un calme absolu, abrita jadis un pensionnat pour enfants sámis. On y trouve des chambres lambrissées plutôt agréables quoique simples (certaines avec kitchenette), aux salles de bains un peu étroites.

Où manger ? Où s'offrir une gaufre ?

Sarrit : *caféteria du Siida. 040-700-64-85. Ouv aux mêmes heures que le musée. Lounas (tlj 11h-15h) env 14,50 €. Sarrit* signifie « myrtille » en sámi du Nord... Raté, ici vous trouverez surtout des sandwichs sous vide, quelques pâtisseries le matin et un *lounas* pas vraiment inoubliable au choix fort réduit... Petite terrasse donnant sur le musée en plein air.

Kahvila Hopeatee : *Inarintie 61, face au Siida. 040-865-63-02. Ouv de mi-juin à fin août, 12h-18h.* Contigu à l'atelier de l'artisan-bijoutier *Hopea,* ce gentil café débite tout l'été gaufres et gâteau au chocolat bien chocolaté (fait maison). Agréable terrasse en bois. Le service est sympa. Boutique d'objets vintage à l'étage.

Aanar *(restaurant de l'*Hotel Kultahovi*) : voir « Où dormir ? ». Tlj 14h-22h30. Menus env 45,50-65 € ; plats 22-35 €.* L'endroit est réputé comme étant l'une des meilleures tables de Laponie. Dans la salle lumineuse donnant sur la rivière fougueuse, on savoure une cuisine créative élaborée à partir de produits lapons. On a été intrigués, puis amusés par ces lichens séchés qui craquent sous la dent ! Tartines d'orties et d'airelles, bouillon de foie de renne aux cèpes, steak de renne fumé aux aiguilles de sapin... rien n'est classique. Intéressant, mais le résultat est parfois un peu plus expérimental que goûteux et les portions pas géantes.

Achats

Sámi Duodji *(Artisanat sámi, en sámi du Nord) : dans le centre* Sajos. *040-515-97-55. Lun-ven 10h-17h, fermé w-e.* Ce magasin installé dans l'élégant centre culturel *Sajos* propose tissus au mètre, vêtements sámis en dépôt-vente, sacs, couteaux, bijoux, mais aussi un large choix de disques de musique sámie, de la plus traditionnelle à la plus progressiste. Malheureusement, tout est assez cher...

Inarin Hopea : *face au Siida, une maison rouge de l'autre côté de la route. ☎ 671-333. • inarinhopea.fi • De mi-juin à sept, tlj 9h-18h ; le reste de l'année, tlj sauf w-e 10h-17h.* Les bijoux en argent de cet artisan, d'un bon rapport qualité-prix, s'inspirent le plus souvent des éléments naturels, de thèmes et motifs sámis ou nordiques. Tout est 100 % fait maison.

À voir. À faire

Le Musée sámi *(Siida – Saamelaismuseo) : Inarintie 46. 040-089-82-12. • siida.fi • Juin-sept, tlj 9h-17h ; le reste de l'année, tlj sauf lun (oct-déc) ou dim (janv-mai) 10h-17h, mais le musée de plein air est fermé. Entrée : 10 € ; ½ tarif 7-17 ans ; réduc ; billet famille 20 €. Texte explicatif disponible en français (à demander à la caisse) et panneaux en anglais.*

Un musée passionnant de bout en bout, intelligent, vivant, riche, complet et précis (oui, tout ça !), offrant un concentré de culture et de nature sámies.

– La visite commence par le *Siida* proprement dit : un musée (dont le nom désigne un village traditionnel) édifié en 1998 pour célébrer la renaissance de l'identité sámie et sa reconnaissance par les pouvoirs publics. Une introduction replace d'abord la Laponie et ses habitants dans le contexte nordique, à travers le temps. Suit l'exposition principale, où l'évolution de la nature lapone au gré des saisons, présentée avec force animaux naturalisés et de superbes photos, conditionne l'existence des Sámis, dont on découvre le mode de vie dans un espace central – à travers objets, vêtements, ustensiles, pièges, traîneaux et motoneiges... L'occasion de découvrir de nombreuses infos passionnantes sur la vie des différentes ethnies (les Sámis pêcheurs n'ont rien en commun avec leurs cousins éleveurs de rennes) et sur leurs gestes quotidiens. Au rez-de-chaussée, un film (environ 15 mn) sur les aurores boréales est projeté tous les jours à 11h, 14h et 17h. Expos temporaires.

– Ensuite, direction le musée en plein air, à l'origine de tout (il a été créé dès 1963). Un sentier en boucle de 800 m permet de découvrir un éventail de bâtiments sámis ayant survécu aux ravages de la Seconde Guerre mondiale, rassemblés ici par l'un des 1ers muséologues sámis : maisons, cabanes en bois ou en tourbe, tentes, hangar avec canoë et traîneaux, pièges à animaux, sans oublier un modeste édifice utilisé comme cour de justice, où les accusés ont gravé leurs noms sur les poutres ! Les 3 groupes des Sámis (éleveurs, pêcheurs et Skolts russes) sont représentés.

Sajos : *☎ 010-839-31-68. 050-364-13-78. • samediggi.fi • Visite guidée (40 mn) tte l'année, tlj à 12h ; juin-août également à 13h et 14h. Tarif : 8 € ; film 4 €.* C'est le centre culturel sámi, un bel édifice moderne en bois, inauguré en 2012, qui abrite aussi une bibliothèque et le Parlement des Sámis finlandais. Un film évoquant la région est projeté.

Croisière sur le lac Inari : *avec* Visit Inari. *040-179-60-69. • visitinari.fi • Départ face au Siida, à 13h début juin-fin sept (également à 17h de fin juin à mi-août), sous réserve d'une demande suffisante. Durée : 2h. Tarif : 24 € ; 16 € pour les 4-11 ans. Vente des tickets à l'embarcadère 30 mn avt.*
La principale attraction de la croisière est la petite île d'***Ukko,*** ancien site sacrificiel sámi à la forme reconnaissable entre toutes. L'escale y est fort courte (20 mn) ! Du sommet, belle vue sur le lac que l'on domine de 30 m. Attention, en juillet, le bateau est bondé et mieux vaut arriver une bonne demi-heure avant le départ afin d'avoir une bonne place. Sur demande, débarquement généralement possible à Pielpavuono pour enchaîner avec la visite de l'église de Pielpajärvi et retour à pied (voir ci-après).

L'église des terres sauvages de Pielpajärvi *(Pielpajärven erämaakirkko)* **:** *compter 14 km A/R depuis Inari ; le sentier de 4,5 km part du parking situé à 2,5 km du Siida, sur Sarviniementie, la route qui passe juste derrière.* Balisé, fort caillouteux et parfois un peu marécageux, ce sentier traverse de beaux et sauvages paysages. L'église se dresse, loin de tout, dans une clairière entourée de bouleaux. Bâtie de 1752 à 1760, elle est flanquée de 2 cabanes qui servaient d'abri pour la nuit aux fidèles, derniers vestiges d'un village sámi. Des services religieux y sont célébrés de temps à autre. Si vous êtes fin juin dans la région, ne manquez pas celui de la Saint-Jean ! Pour l'aller et le retour, compter minimum 4h. Si vous préférez éviter un aller-retour par le même sentier, vous pouvez demander, à la fin de votre croisière sur le lac, à être débarqué à Pielpavuono – c'est généralement possible, sauf par mauvais temps. De là, un sentier tout aussi caillouteux de 2,6 km conduit à l'église, à travers un paysage de landes, de petits lacs et de forêt sauvage – puis retour par le sentier normal (7 km jusqu'au *Siida*). Si cette 2de option vous tente, nous vous suggérons d'aller d'abord garer votre voiture au départ du sentier classique, puis de revenir à pied avant d'embarquer à 13h. Ainsi, le retour en fin de journée semblera moins long.

Le sentier d'Inari à Otsamo *(Inari – Otsamo-reitti)* **:** *une belle randonnée, un peu ardue, de 19 km A/R. Compter près de 8h. Départ en face du Siida (de l'autre côté de la route).* Pendant 5 km, on remonte le long de la Juutuanjoki par sa rive gauche. Puis le sentier grimpe et, avec la prise d'altitude, la forêt de pins se raréfie au profit du bouleau, qui disparaît à son tour pour laisser place à un univers purement minéral. Du sommet (418 m), large panorama sur les collines, la vallée de la Juutuanjoki et le lac Inari à distance.

LA LAPONIE

➢ Pour d'autres idées de randos, procurez-vous la brochure *Inari hiking trails* à l'office de tourisme. Les familles apprécieront notamment le ***Juuntua Trail,*** une balade de 7,5 km A/R, longeant la Juutuanjoki par sa rive sud, au plus près des rapides. On peut revenir par la rive nord en traversant le pont suspendu à la hauteur de l'abri d'Akseli (même sentier que pour Otsamo).

➢ ***Canoë sur le lac Inari :*** le lac Inari offre aux canoéistes et aux kayakistes une gamme incomparable d'itinéraires *(loc 30-45 €).* Il vaut mieux rester au plus près des rives et des îles, les grandes étendues d'eau ouvertes requérant une bonne expérience et une météo au beau fixe – les jours de grand vent, des vagues de près de 1 m peuvent se creuser. On peut camper où l'on veut sur les rivages inhabités et les îles du lac, ou utiliser les cabanes ouvertes. Évidemment, on emportera ses provisions !

Manifestations

– ***Skábmagovat :*** *4 j. fin janv.* • *skabmagovat.fi* • Festival du film des Peuples indigènes, avec bien sûr des œuvres sámies... projetées dans un théâtre de neige, en plein air ! Difficile de se loger à cette période.
– ***Courses de rennes :*** *fin mars ou début avr.* • *siida.fi* • Championnats nationaux.
– ***Ijahis Idja*** *(la nuit sans nuit)* **:** *1 j. mi-août.* • *ijahisidja.fi* • Festival de musiques indigènes. En parallèle : concours de lasso !
– ***Triage des rennes :*** *2 sem entre sept et le début de l'hiver ; également au printemps. Les dates varient en fonction des conditions climatiques.* Pas facile d'y assister si l'on ne connaît pas un éleveur sámi... Tentez votre chance dans une ferme, on ne sait jamais !

LE PARC NATIONAL DE LEMMENJOKI

À 45 km à l'ouest d'Inari par la route de Kittilä, voici le plus étendu des parcs de Finlande (2 855 km²), prolongé côté norvégien par celui d'Øvre Anarjóhka (1 409 km²). Il comprend 3 régions distinctes : au nord, des plateaux couverts de végétation arctique type, exceptionnellement dense ; au sud, une zone basse marécageuse d'accès extrêmement difficile ; et, au centre, la vallée de la Lemmenjoki entourée de *tunturit,* encaissée en amont et paresseuse en aval, avec de grands méandres et des bancs de sable. C'est elle que l'on vient voir. Le cours d'eau est partiellement navigable, mais sa vraie particularité est ailleurs : le secteur compte une quarantaine de concessions d'orpaillage, héritières de l'époque de la (courte) ruée vers l'or survenue après 1945 ! Petite particularité : on n'utilise pas de mercure ici, mais un simple lavage à grande eau de la boue aurifère pour en séparer les paillettes.

Infos utiles

ℹ Pour tout renseignement et résa de refuge, s'adresser à l'office de tourisme et des parcs d'Inari au *Siida* ou consulter le site internet • *nationalparks.fi/en/lemmenjokinp* •

➢ Pas de transports en commun à proprement parler pour rejoindre Lemmenjoki depuis Inari, mais un *taxi* collectif desservant Lisma, le vendredi, peut faire le détour sur demande. ☎ *040-029-55-88.*

Où dormir ? Où manger ?

Dans le secteur de ***Njurgulahti,*** au fil des sentiers, il existe une dizaine d'aires de camping gratuites, en pleine nature, au confort sommaire (toilettes sèches, pas de douche, juste de quoi faire un feu). Dans les coins les plus sauvages, on peut camper librement, sauf bien sûr dans les zones d'exclusion. Il existe aussi une dizaine de cabanes en accès libre et gratuit, pour 3 à 17 personnes, avec un poêle pour la popote. On ne peut y passer que 1 ou 2 nuits. Également 3 cabanes sur réservation *(☎ 016-673-435),* un peu plus confortables (sauna), pour 3-4 personnes *(60 €/cabane ; séjour max 7 j.).*

De juin à septembre, à Njurgulahti, point de départ de la plupart des sentiers, on peut s'installer chez ***Ahkun Tupa*** *(040-755-43-06 ; • ahkuntupa.fi •)* ou, à côté, au ***Lemmenjoen Lumo*** *(040-041-42-94 ; • lemmenjoenmatkailu.com •),* tenu par les cousins. La grand-mère a commencé sa carrière en faisant du café aux orpailleurs ! Dans les 2 cas : café, camping, chalets et chambres basiques pas chers *(22-80 €),* sauna, location de bateaux, canoës, vélos et... batées *(2 €/j.)* ! Chez *Lemmenjoen Lumo,* il y a un dortoir affilié au réseau *Hostelling International (21 €/pers).* Les 2 familles organisent en alternance des excursions vers les (petites) chutes de Ravadas, des *gold-panning trips* à la journée (!) et les ***allers-retours en bateau jusqu'à Kultahamina*** *(de début juin à mi-sept, départ de Njurgulahti à 17h, départ supplémentaire à 10h de mi-juin à mi-août ; tarif : 17 € jusqu'à Ravadas – 40 mn, 22 € jusqu'à Kultahamina – 1h30).*

À faire

Les sentiers partent depuis un parking situé à environ 1,5 km de Njurgulahti : simple parcours de découverte en boucle de 4,1 km (balisé par des pommes de pin bleues) ou grande boucle de 15,2 km par le sommet du Joenkielinen (535 m). On vous conseille plutôt de combiner marche à pied et bateau (voir plus haut). L'idéal : prendre le bateau de 10h à Njurgulahti jusqu'à Ravadasjärvi, aller voir la petite chute de Ravadasköngäs (à 700 m), puis revenir en longeant la rivière (13,5 km, soit 4-5h de marche). On peut aussi choisir de se faire déposer par le bateau à son terminus, à Kultahamina, ce qui porte le trajet retour à 20 km (environ 6h de marche). Sinon, à partir de Ravadasjärvi, une boucle de 26 km permet de découvrir Morgamoja, point focal de la zone d'orpaillage dans les années 1940 et 1950, puis Kultahamina (« le port de l'Or »), qui servait de débarcadère aux orpailleurs, avant de revenir par la chute de Ravadasköngäs. Si vous souhaitez regagner Njurgulahti en bateau depuis Ravadasjärvi ou Kultahamina, réservez vos places avant de partir en rando, car une fois dans le parc, il n'y a pas de connexion téléphonique.

SEVETTIJÄRVI (ČE'VETJÄU'RR en sámi)

Loin de tout, à 120 km au nord-est d'Inari, le coin est joli avec ses chapelets de lacs au milieu desquels serpente la route. Il est surtout fréquenté par les dingues de pêche, de canoë et de vie sauvage – les élans s'y montrent d'ailleurs régulièrement. On peut jeter un œil à la petite église orthodoxe Saint-Tryphon : le village abrite des Sámis skolts ayant fui le territoire de Petsamo lors de son annexion par l'URSS en 1940. Encore une cinquantaine de kilomètres et voilà la côte norvégienne du Varangerfjord, sur l'océan Glacial Arctique, avec sa lumière fabuleuse. Après un millier de kilomètres entre lacs et forêts, rien de plus tonifiant qu'un bol d'air marin !

Arriver – Quitter

➢ ***En bus :*** d'Ivalo (trajet : 2h), via Inari (trajet : 1h25), 1 bus/j. lun-ven seulement.

Où dormir ? Où manger ?

Peuralammen Camping : *Sevettijärventie 9081. 040-643-33-56. • kaarina.parpala@peuralammencamping.fi • Plats 13,50-24 €.* Des chalets cosy (2-6 personnes), un bel espace pour camper juste en retrait du lac (à la hauteur d'une belle plage), de bons petits plats sámis (renne ou poisson surtout) et un accueil gentil, que demander de plus ? Un sauna ? Il y en a un, bien sûr.

À faire

Plusieurs parcours exceptionnels réservés à nos lecteurs les plus aguerris.

Le sentier vers Pulmankijärvi : *64 ou 70 km, puis 20 km de piste jusqu'à Nuorgam, le village le plus au nord de la Finlande. Compter 3-6 j. (balisage orange). L'itinéraire apparaît sur la carte* Michelin. Paysages de forêt boréale, de landes, de marais et de plateaux désolés de la zone sauvage de Kaldoaivi. Refuges gratuits.

Le sentier vers la côte norvégienne à Karlebotn (Inarinpolku) ***:*** *100 km. Compter 5-9 j.* Empruntant d'abord l'itinéraire de Pulmankijärvi, il bifurque ensuite vers le fond du fjord de Varanger. Ce trek est réservé aux randonneurs chevronnés, experts en lecture de carte et en course d'orientation : côté norvégien, plus de refuge et seul demeure un balisage sommaire par des cairns...

L'itinéraire navigable de Sevettijärvi : *pour canoéistes expérimentés, une boucle inoubliable de 120 km. Compter au moins 5 j.* Les 2 premiers tiers du parcours se font dans une nature totalement inhabitée. De Sevettijärvi, on démarre sérieux en remontant jusqu'au Suolisjärvi (alternance de pagayage à contre-courant et de portage sur chemins de rondins). Puis 50 km d'enfilade de lacs jusqu'au Nitsijärvi, avec des goulets faciles. Attention quand même aux affleurements de rochers : préférer les canoës en plastique. Retour par la Kuosnajoki, porté par le courant, avec un rapide impressionnant juste avant l'arrivée.

LES GORGES DE LA KEVO (KEVON KANJONI)

C'est à la fois l'un des plus beaux sites de Laponie et l'un des moins accessibles, au cœur d'une réserve naturelle intégrale. Au menu : une randonnée un peu ardue de 3-4 jours.

Comment y aller ?

2 points d'accès :

➢ ***À Sulaoja :*** *à 87 km au nord-ouest d'Inari, 11 km avt Karigasniemi par la route 92.* Conseillé comme point de départ. Bus quotidien à Inari vers 17h (trajet : 1h10) ou à Karigasniemi vers 10h45 (trajet : 15 mn). A contrario, on peut choisir de finir ici, si l'on envisage ensuite de rejoindre Karasjok ou le cap Nord (bus direct en été).

➢ ***À Kenesjärvi :*** *à env 100 km au nord d'Inari, 26 km avt Utsjoki sur la route E 75.* Conseillé comme point d'arrivée. Bus (arrêt : Keneskoski) pour

Utsjoki vers 14h40 en sem ou 17h50 le w-e (trajet : 15 mn), plus tlj sauf sam vers 23h de mi-juin à mi-août, avec continuation vers Vadsø en Norvège. Pour Inari, tlj vers 12h15, plus les bus *Eskelisen* revenant de Norvège en été vers... 5h30 du mat !

Infos utiles

Renseignements au ***Lapland Nature Centre*** à ***Inari*** (voir « Adresses utiles » à cette ville) ou à la ***cabane d'information d'Utsjoki*** (voir plus loin). • *nationalparks.fi/en/kevo* •

– ***Réglementation :*** l'accès aux gorges est interdit d'avril à mi-juin, et parfois même un peu plus tard selon la météo. Il est strictement interdit de quitter les sentiers, de pêcher, de ramasser ou de cueillir quoi que ce soit (baies incluses).

– ***Hébergement :*** il existe 4 refuges (8-10 personnes) dans le secteur, en accès libre et gratuits, mais 1 seul est situé sur le *Kevo Hiking Trail* (dans la partie ouest) et 1 autre sur le *Guivi Trail.* Ils sont juste équipés d'une gazinière ; avoir son matelas et son sac de couchage. On prévoira donc plutôt de camper. Il existe une bonne quinzaine de sites à cet effet (avec toilettes sèches, pas de douche), dont une quinzaine éparpillée au long du *Kevo Hiking Trail* et 3 sur le *Guivi Trall.*

– ***Saison :*** la période de la *ruska* (de début ou mi-septembre à fin septembre) est la plus populaire pour explorer le secteur.

À faire

L'itinéraire des gorges : cette randonnée exceptionnelle de 64 km (balisée en orange) exige 3-4 jours d'efforts soutenus malgré ses bons aménagements (escaliers, chemins de bois, gués avec cordes de guidage). Le sentier alterne entre les hauteurs âpres et le cœur du canyon, long de 40 km et entouré de falaises atteignant jusqu'à 80 m de hauteur. Vous y verrez notamment l'impressionnante chute de Fiellu. La faune est riche, mais comme toujours discrète.

L'itinéraire de Guivi : cette variante (78 km) permet de voir les 2/3 des gorges et ajoute à l'itinéraire un détour par une zone montagneuse pointant vers le nord. Au total, comptez 1 journée en plus. En septembre, avec la *ruska,* cette section montagneuse est magnifique. Avant de quitter le *Kevo Hiking Trail* pour grimper vers le refuge de Guivi, offrez-vous un court détour (6 km A/R) jusqu'à la chute de Fiellu, sinon vous ne la verrez pas.

UTSJOKI (OHCEJOHKA en sámi)

1 250 hab. IND. TÉL. : 016

Il flotte un parfum de bout du monde ici, malgré le pont suspendu sur la Teno, qui annonce la Norvège. Utsjoki est la municipalité la plus septentrionale de Finlande. Le jour y règne non-stop du 18 mai au 27 juillet et la nuit polaire *(kaamos)* du 26 novembre au 15 janvier ! On ne se bouscule pas pour profiter de ces lumières extrêmes : à peine plus d'un millier d'habitants (dont près de la moitié de Sámis, record national) vivent sur 5 372 km², répartis en 4 villages. Les rennes, eux, sont environ 10 000 sur tout le territoire ! Mais c'est le saumon, encore présent en (petit) nombre dans la rivière, qui attire le plus : du 10 juin au 10 août, les pêcheurs débarquent.

Arriver – Quitter

➢ ***En bus :*** pour ***Inari*** et ***Ivalo,*** 1 bus/j. tlj vers 12h (trajet : 1h30), plus un autre tlj sauf sam en été vers 5h25 du mat (lun, ven et sam hors saison). Pas de direct pour Karigasniemi : il faut changer à Kaamanen et l'attente est généralement longue (1 bus/j.) ! De mi-juin à mi-août, 1 bus/j. (sauf sam) avec Tana Bru (durée 1h10, correspondance avec le réseau norvégien) puis Vadsø sur la côte de l'océan Glacial Arctique (trajet : 2h10), en ***Norvège*** ; le reste de l'année, le bus ne circule que les jeu, ven et dim. Attention au décalage horaire.

Info utile

Il y a un ***poste d'essence*** à Utsjoki, mais elle est un peu plus chère qu'ailleurs.

Où dormir ? Où manger ?

Camping Lapinkylä : *au centre du village. 040-559-15-42. • arctictravel.info • Ouv de juin à mi-sept. Compter 14 € pour 2 avec tente ; chalets 58-80 €, avec cuisine et sanitaires communs ; appart (6 pers) 110-145 €. Douche et sauna payants. Cafétéria-grill ouv 8h-22h.* Les chalets s'alignent autour d'un rond d'herbe et des camping-cars. Les moins chers ont juste frigo et TV, mais sont assez spacieux. Beaucoup plus confortable et charmant : l'appartement, dans un vieux bâtiment tout en bois, avec cheminée, cuisine et salle de bains moderne. Machine à laver.

Holiday Village Valle – Restaurant Deatnu : *à 2 km à l'ouest du pont, en direction de Karigasniemi. 040-094-82-10. • holidayvillagevalle.fi • Resto tlj 15h-22h (21h dim). Compter 130-150 pour 2. Plats 20-40 €.* C'est l'adresse de référence du secteur. On aime beaucoup les quelques chalets très bien équipés situés en front de rivière, avec 2 chambres, sauna, cuisine et séchoir, mais les chambres de l'hôtel, situé juste en retrait, sont aussi confortables et joliment décorées. Leur papier peint rennes fait écho à ceux qui, l'été, glandouillent souvent en troupeau sur le parking... En prime : un très bon resto (certes cher) aux baies vitrées s'ouvrant sur une vaste terrasse en bois accolée à la rivière. On y travaille principalement les produits lapons (dont le saumon de la Teno servi en sashimi !), sans oublier les desserts. Accueil pro. Nombreuses activités proposées : un vrai catalogue de la Laponie hivernale.

À voir. À faire

Les cabanes de l'église *(Kirkkotuvat)* **:** *à 5 km au sud. De début juin à mi-août, tlj 11h (12h w-e)-18h. GRATUIT.* En hauteur, l'église avec son monument aux morts. De l'autre côté de la route, en contrebas, au bord du Mantojärvi, une quinzaine de cabanes s'ébattent dans un pré pentu couvert de fleurs. À l'origine, certaines servaient d'abri pour la nuit aux fidèles qui faisaient le long voyage pour suivre la messe. Après les terribles destructions de la guerre de Laponie, en 1944, d'autres constructions y ont été regroupées à titre de sauvegarde du patrimoine. Quelques-unes sont encore meublées comme autrefois, d'autres sont très rudimentaires, comme cette hutte de tourbe au sol de terre battue. Sur place, café (l'ancienne maison du percepteur) et boutique d'artisanat (ex-école primaire).

La zone sauvage de Paistunturi *(Paistunturin erämaa-alue)* **:** inscrite dans un triangle Kaamanen-Utsjoki-Karigasniemi et englobant les gorges de la Kevo, cette zone peu fréquentée offre un paysage sauvage où alternent taïga, bouleaux nains et étendues à la végétation rase, parsemée d'innombrables lacs et étangs. Les sentiers y sont rares... Pour ceux qui voudraient juste un avant-goût de la région sans se lancer dans la grande aventure des gorges, voici nos suggestions, du plus facile au plus difficile : le sentier nature de Sulaoja (2 km), à l'extrémité ouest de l'itinéraire des gorges de la Kevo ; les 7 premiers kilomètres de l'itinéraire des gorges côté est, jusqu'au 1er gué (voir « Les gorges de la Kevo » plus haut) ; ou les 10 premiers kilomètres côté ouest le long du lac Luopmošjávrrit.

Le sentier de randonnée d'Utsjoki *(Utsjoen retkeilyreitti)* **:** cette boucle balisée de 25 km s'élève au-dessus de la vallée, partant de la cabane d'information du village pour arriver près de l'église de Mantojärvi, à 5 km au sud. Au programme : lacs et rivières sauvages (un passage à gué vers la fin), étendues rocheuses à perte de vue, avec de rares bouleaux nains et quelques espèces de bruants. Belle vue du sommet du Roavveoaivi (426 m).

KARIGASNIEMI (GÁREGASNJÁRGA en sámi) ET LA VALLÉE DE LA TENO

300 hab. IND. TÉL. : 016

D'Utsjoki à Karigasniemi, la route suit la plus grande rivière à saumons d'Europe à l'état naturel. Ce hameau frontalier de la commune d'Utsjoki constitue une halte idéale pour les pêcheurs, les randonneurs en route pour les gorges de la Kevo ou les routards qui visent le cap Nord.

➢ Pas moins de 3 stations-service à Karigasniemi et 1 supérette !

Arriver – Quitter

➢ ***En bus :*** 1 bus/j., le mat, pour ***Inari*** (trajet : 1h20) et ***Ivalo*** (trajet : 2h), avec continuation jusqu'à ***Rovaniemi*** (trajet : 6h40). Pas de liaison avec Utsjoki. Vers la ***Norvège,*** liaison tlj en soirée avec Karasjok (40 mn, correspondance pour le réseau norvégien) et, de mi-juin jusqu'à mi-août, le cap Nord (5h). Attention au décalage horaire.

Où dormir ? Où manger ?

Camping Tenorinne : *à la sortie, côté Utsjoki. 040-832-84-87. • tenorinne.com • Ouv début juin-fin sept. Accueil 10h (9h juil)-22h. Compter 24 € pour 2 avec tente ; chalets 2-4 pers (avec kitchenette mais sans sdb) 45-59 €. Sauna payant.* Beau terrain au milieu des bouleaux et des épicéas, en terrasses jusqu'à la Teno. Jolis petits cottages en rondins (ceux pour 4 personnes ont une kitchenette avec eau froide). Cuisine à disposition.

Le long de la Teno, entre Utsjoki et Karigasniemi, quelques cafés et campings, au rythme des spots de pêche.

DANS LES ENVIRONS DE KARIGASNIEMI

La rivière Teno : de l'autre côté, c'est la Norvège. Cette frontière liquide, nonchalante et poissonneuse est très appréciée des pêcheurs, qui y viennent tout spécialement. Pensez donc : 20 % de tous les saumons d'Europe sont attrapés

ici ! Si les plus petits dépassent juste le kilo, beaucoup rêvent des grosses bêtes atteignant les 20 kg... La rivière serpente entre d'immenses bancs de sable fin, magnifiques, mais l'eau est diablement fraîche !
– Pour tout savoir sur la réglementation, adressez-vous à la cabane d'information d'Utsjoki.

***Le Parlement sámi :** à **Karasjok,** en Norvège, à 18 km de Karigasniemi. ☎ 0047-78-47-40-00. ● sametinget.no ● Visites guidées seulement juin-début août, tlj sauf w-e 8h30-14h30, quasiment ttes les heures (sauf 12h30) ; en hiver, 1 visite/j. à 13h. GRATUIT.*

ALLÔ, PARLEZ-VOUS SÁMI ?

Pas moins de 9 dialectes sámis sont connus et ils ne sont pas forcément mutuellement intelligibles... Résultat : au Parlement sámi de Karasjok, des traducteurs officient en permanence !

Inauguré en l'an 2000, ce superbe bâtiment en demi-cercle, qui allie avec force tradition sámie et modernité nordique, fait figure de symbole de la reconnaissance politique du peuple sámi. Il a été édifié à l'aide de matériaux locaux : mélèze de Sibérie non traité, quartz d'Alta... Les assemblées plénières se tiennent dans un grand amphithéâtre en forme de *kota,* où l'on pénètre ; le public peut assister aux 4 sessions annuelles depuis l'élégante galerie supérieure. Les députés sont installés en fonction de leur origine géographique. La visite est sacrément plus instructive que le proche parc à thème sámi *(Sápmi),* un peu trop tape-à-l'œil à notre goût.

KITTILÄ (KITTÂL en sámi)

6 360 hab. IND. TÉL. : 016

Cette bourgade éclatée, sans charme, sert un peu de « capitale » de la Laponie de l'Ouest avec son aéroport. On y fait éventuellement escale, mais on n'y reste pas.

GLAÇANT RECORD

Nos félicitations aux heureux routards présents à Kittilä le 28 janvier 1999 : ils ont pu expérimenter le plus grand froid finlandais du XXe s, à savoir - 51,5 °C ! Le record tient toujours...

Arriver – Quitter

Gare routière :** Valtatie 62. Dans la rue principale, à côté du poste de police.* Env 4 bus/j. pour ***Rovaniemi (trajet 2h) ; 6 bus/j. pour ***Levi*** lun-ven, 4 le w-e (trajet : 15-30 mn) ; 3-4/j. pour ***Muonio,*** dont 1, celui du soir, continue jusqu'à ***Hetta*** ; 2 bus/sem pour ***Sodankylä*** (trajet : 1h15) les mer et sam ; 1/sem pour ***Äkäslompolo,*** le dim (trajet : 50 mn). Ajoutons à cela 1 bus/j. à la mi-journée pour ***Tromsø*** en Norvège (trajet : 7h).

***Taxis :** ☎ 020-099-800.*

Aéroport :** Levintie 259. ☎ 020-014-919. ● finavia.fi/en/airports/kittila ● À 5 km de Kittilä en direction de Levi.* Vol quotidien pour ***Helsinki. Distributeur, loueurs de voitures *(Avis, Europcar, Fl Rent, Hertz, Scandia, Sixt)* sur résa seulement (pas de permanence). Bus pour ***Levi*** en hiver et pour ***Äkäslompolo*** en sept et nov-avr, en connexion avec l'arrivée des vols.

Info utile

– Pas d'office de tourisme à Kittilä.

Où dormir ? Où manger ?

Golden Goose Majatalo : *Valtatie 42. ☎ 642-043. 044-040-20-80. • goldengoose.fi • Double 85 €, studio avec cuisine env 100 € ; chambre 1 pers avec sdb sur le palier env 50 €. Sauna gratuit.* Au bord de la route principale, cette auberge de « l'Oie Dorée » abrite une dizaine de chambres simples mais toutes avec douche et frigo (sauf une, plus petite, qui a ses propres w.-c.). Dans le couloir, un micro-ondes et de quoi se faire un café ou un thé.

Hotelli Kittilä : *Valtatie 49. 044-760-02-00. • hotellikittila.fi • Dans la rue principale. Doubles 80-120 €, sauna inclus. Lounas (lun-ven 12h-17h) env 13 €.* L'hôtel a fait en partie peau neuve. Les chambres ont gardé leurs sols et salle de bains anciens, mais le mobilier et les matelas ont été changés. Dans la catégorie « sport », il y a désormais des barres à abdos au mur ! Comme si la salle de gym ne suffisait pas... Il y a aussi des familiales (avec lits superposés), toutes au rez-de-chaussée. Fait également resto et pub. Location de *fatbikes* et raquettes (assez cher).

Café Soma : *Valtatie 36. 040-509-25-85. Dans la rue principale. Lun-jeu 10h-18h, ven 10h-1h30, sam 11h-1h30, dim 12h-16h. Salades env 10,50-12 € ; burgers 11,50-16 €.* L'arbre emmailloté de lainages, devant l'entrée, donne le ton : décalé (il fait frisquet ici l'hiver) ! On aime bien ce salon de thé aux chaises colorées, banquettes et luminaires néobaroques. Des jeunes filles fort sympathiques y préparent des burgers, des salades et proposent d'appétissants gâteaux. Une adresse bienvenue pour une petite pause.

À voir

Le musée Palsa (Palsa museo) **:** *Kivitie 14B. ☎ 654-480. • kaukosorjosensaatio.fi/getsemane • En retrait de la rue principale, côté ouest. Début juin-fin sept, mar-sam 12h-18h ; fermé dim-lun. Entrée : 5 € ; réduc.* Ici naquit et vécut le peintre finlandais Kalervo Palsa (1947-1987), adepte du réalisme fantastique. C'est dans la cahute-atelier située au fond du jardin qu'il a passé des jours et des nuits, seul, avec ses démons, ses angoisses et ses pinceaux. Tout a été laissé en l'état. Les gouttes de peinture maculent encore le parquet et le matériel semble attendre le retour de l'artiste. Il a réalisé plus de 3 000 tableaux qui expriment, de manière poignante et souvent violente, sa solitude, ses tourments, sa sexualité troublée, la mort... Une visite émouvante dans un lieu que l'on sent encore habité.

DANS LES ENVIRONS DE KITTILÄ

Le musée Särestöniemi (Särestöniemi-museo) **:** *Särestöntie 880, à* ***Kaukonen.*** *☎ 654-480. • sarestoniemimuseo.com • De Kittilä, prendre la route 79 en direction de Rovaniemi sur 20 km puis fléché (env 9 km de piste). Mar-sam 12h-18h ; fermé dim-lun et 24-25 déc. Entrée : 12 € ; réduc.* Voici cette fois la maison natale de Reidar Särestöniemi, l'un des plus grands peintres finlandais du siècle écoulé, décédé en 1981. Sa peinture, assez étonnante, faite de couleurs fortes et de traits énergiques, ne manque pas de puissance. Noter l'architecture de l'atelier, conçu par les maîtres Raili et Reima Pietilä.

LEVI (SIRKKA en sámi)

IND. TÉL. : 016

À 17 km au nord de Kittilä, voici la plus grande station de sports d'hiver de Finlande. Les skieurs y sont surtout britanniques et l'architecture n'est pas des plus heureuse... L'été, il ne se passe pas grand-chose ici, beaucoup de

commerces sont même fermés. À choisir une base dans la région, on vous conseille plutôt Äkäslompolo, autrement plus charmant.

Arriver – Quitter

Les bus s'arrêtent sur le parking de l'hôtel à l'entrée de la ville. Comptez 4 bus/j. pour ***Rovaniemi*** (trajet : 2h30) par ***Kittilä*** (trajet : 20-35 mn) et 3-4/j. pour ***Muonio*** (trajet : 50 mn-1h30), dont 1 continue vers ***Hetta*** (trajet : 2h). Sans oublier le quotidien vers ***Tromsø*** en Norvège (trajet : 6h30).

✈ ***Aéroport :*** voir « Arriver – Quitter » à Kittilä.

Adresses et infos utiles

Office de tourisme – Levi Matkaluneuvonta : *Myllyjoentie 2. ☎ 639-33-00. • levi.fi • Lun-ven 9h-17h, sam 10h-16h ; fermé dim.* On y trouve un central de réservation pour les locations de chalets et d'apparts dans le coin – une vraie bonne affaire en été.

Location de vélos : une dizaine d'établissements (hébergements, office de tourisme) prêtent des vélos de ville (maximum 24h), sur présentation d'une pièce d'identité. Sinon, location de VTT (***Zero Point,*** *au pied de la télécabine du mont Levi ; ☎ 020-796-02-06 ; tlj 10h-18h en été, 9h-19h en hiver).* En hiver, centre de ski.

■ ***Supermarché :*** ***Levi Market*** *(K-Market), tlj 7h (9h w-e)-21h.*

Où dormir ? Où manger à Levi et dans les environs ?

Location de chalets et d'appartements à prix intéressants en été : s'adresser au central de réservation installé à l'office de tourisme (voir « Adresses et infos utiles »). On peut également contacter ***KRT*** *(• krt.fi •),* qui ne manque pas d'options – Apparts, mais aussi de jolis chalets en bois ou rondins dans la forêt.

Hôtel et Hostelli Hullu Poro : *Rakkavaarantie 3. ☎ 651-01-00. • hulluporo.fi • À l'AJ, compter 32-37 €/pers ; draps 20 €. Doubles 82-205 €.* Au centre de la station, ce grand établissement répondant au nom du « Renne Fou » propose des chambres à prix très corrects en été, assez spacieuses mais pour certaines un peu datées. Sauna et jacuzzi gratuits, spa payant, salle de sports. Il y a aussi une « auberge de jeunesse » en périphérie (Sivulantie 2), au début de la route de Muonio, avec 5 grands bâtiments type « boîtes à ski » abritant des apparts pour 4 tout simples intégrant une cuisine-salon. De mai à août, les clients de l'AJ sont logés directement à l'hôtel central !

Galleria Raekallio : *à **Pöntsö** ; lire « À voir. À faire à Levi et dans les environs ». Résa souhaitable car 1 seul bungalow tt confort. Compter env 70 € pour 2-3 pers max. Possibilité de commander le petit déj ou un repas.* Dans un paysage on ne peut plus typique, au bord d'un lac, un ravissant bungalow doté d'une cuisine équipée, salon avec cheminée, dressing avec machine à laver et authentique sauna à fumée dans la plus pure tradition : chaleur sèche, bonne odeur de bois brûlé, suie couvrant les murs, *vihta* (brindilles de bouleaux) pour activer la circulation. Maria, la compagne de Reijo, parle bien l'anglais et fait de son mieux en français.

Pour casser la croûte à Levi, vous aurez l'embarras du choix en hiver et... beaucoup moins d'options en été. En tout temps (sauf juin), on vous conseille la ***Káfet Cafe & Bakery*** *(Keskuskuja 5 ; ☎ 644-560 ; tlj sauf dim-lun 10h-16h)* pour ses petits déj, crêpes, sandwichs (de renne notamment !), quiches, gâteaux et *lounas*. Sinon, il y a une antenne locale du ***Cafe Soma*** de

Kittilä sur le parking du centre commercial du *K-Market* *(lun-sam 11h-18h, dim 12h-16h ; plats 7,80-11 €, burgers 16-19 €).* Même déco chaleureuse et colorée et même goût prononcé pour les burgers – il y en a même un végétarien et un au renne fumé et ananas ! Cela dit, quitte à manger du renne, allez chez **Nili-Poro** *(Torikuja 2 ; 📱 040-665-1865 ; fermé en été ; plats 17-42 €),* un charmant petit resto, à la déco 100 % lapone, appartenant à des éleveurs dont les animaux se baladent dans le secteur (on les reconnaît à leur bandeau rouge)... Au menu : du renne bien sûr, des champignons et baies du coin, du pain non levé sámi selon la recette de mamie et, pour parachever le tout, des lustres pissenlit, des peaux et des bois de renne.

À voir. À faire à Levi et dans les environs

***Le mont Levi** (Levitunturi) : à 6,5 km au sud-est de Levi. Prendre la direction de Kittilä ; à 2 km, bifurquer à gauche au panneau « Levihuippu ».* La route atteint presque le sommet, d'où l'on découvre une vue à 360° sur les alentours, mais les voitures, les remontées mécaniques et la tour de transmissions gâchent le site... L'été, les familles vont déjeuner au restaurant panoramique *Tuikku,* en léger contrebas *(en juil, mer-sam 12h-17h ; tlj en hiver).* L'hiver, c'est la cohue : le Levi est au cœur de la plus grande station de Finlande avec une quarantaine de pistes et une trentaine de remontées.

***La galerie Raekallio** : à Pöntsö. 📱 040-484-01-22 (Reijo) ou 📱 050-320-36-04 (Maria). • galleriaraekallio.com • À 18 km au nord-ouest sur la route 79 (en direction de Muonio). Tlj 10h-18h. GRATUIT.* Voici la maison de vos rêves, tout en bois, spacieuse, aérée et lumineuse. Originaire de la région, le peintre Reijo Raekallio a dessiné les plans d'une immense demeure qui abrite sa galerie d'exposition-vente. Il travaille surtout l'aquarelle : scènes de genre, animaux, paysages... son inspiration est surtout locale. Ses œuvres sont en vente (originaux ou copies plus abordables).

LE PARC NATIONAL DE PALLAS-YLLÄSTUNTURI

3e plus grand parc de Finlande avec 1 020 km², le Pallas-Yllästunturi s'étire tout en longueur depuis le Pyhäkero (711 m) au nord jusqu'aux abords du mont Ylläs (719 m) au sud. Les *tunturit* alignent leurs sommets pelés, dans un monde de marais, d'épicéas au vert profond et de bouleaux aux symphonies de vert tendre, de jaunes et de mordorés automnaux. Lors de la *ruska,* en septembre, les affleurements de rochers gris et marron explosent, eux, de rouges et de tons orangés. On est là en pleine zone d'élevage du renne.
• nationalparks.fi/en/pallas-yllastunturinp •

ÄKÄSLOMPOLO ET LE MONT YLLÄS
(440 hab. ; IND. TÉL. : 016)

À 52 km à l'ouest de Kittilä et à la frontière sud du parc national, la bourgade d'Äkäslompolo se niche dans de hautes forêts de résineux, auprès d'un grand lac-miroir. Le mont Ylläs, à quelques kilomètres au sud-est, abrite la plus haute et la plus longue piste de ski alpin du pays. Rien d'impressionnant pour un amateur de nos latitudes, mais on a apprécié la relative authenticité du secteur, où les gros hôtels cèdent la place à des chalets en rondins semés sous les pins. L'hiver, on n'est pas loin de l'image d'Épinal lapone, sous son gros couvercle de neige ! Au menu : 330 km de pistes de fond, dont une petite partie éclairée la nuit, et 410 km pour motoneiges. L'été, de nombreux itinéraires balisés prennent le relais, même si la bourgade fonctionne alors au ralenti. ● *yllas.fi* ●

Arriver – Quitter

Un véhicule personnel vous sera plus qu'utile. Tte l'année, une navette attend à chaque arrivée de train en gare de Kolari (à 30 mn), mais il n'y a que 4 rotations/sem (mar, jeu, sam, dim) au départ d'Oulu (à l'aube qui plus est !). Sinon, nov-mars, un service de bus est mis en place depuis l'aéroport de Kittilä, à l'arrivée de chaque vol ; le reste de l'année, il faut réserver au moins la veille *(● yllaskutsuliikenne@hotmail.com ●)*.

Adresses utiles

Luontokeskus Kellokas – Visitor Centre *(centre nature Kellokas)* **:** *Tunturintie 54, sur les flancs du mont Ylläs, à 3 km du « centre », en direction d'Ylläsjärvi. ☎ 020-639-70-39. ● nationalparks.fi/kellokas ● Tlj sauf w-e d'oct à mi-nov 9h-17h (16h janv, mai et d'oct à mi-nov).* On y trouve une belle exposition (lire « À voir. À faire ») et des infos sur les randos et activités dans le secteur. Vente de cartes détaillées du parc : *Pallas Ylläs Aakenus* au 1/50 000 ou secteur sud seulement *Levi Ylläs* au 1/25 000 *(18 €).*

■ **Central de réservation** *(Ylläs Travel Service)* **:** *Ahdinkuja 1, Sivulantie. ☎ 510-33-00. ● destinationlapland.com ● Ouv lun-jeu 10h-16h ; fermé ven-dim.* On pioche parmi un très grand choix de chalets à tous les prix, de toutes les capacités. *En été, prix à partir de 410 €/sem jusqu'à 4 pers.*

Où dormir ?

De bon marché à prix moyens

Seven Fells Hostel : *Kartanontie 2. 040-522-99-25. ● sevenfellshostel.fi ● À 1 km au sud sur la route de Kolari (940). Réception 10h-22h. En été, lit en dortoir env 29 €, doubles 69-99 €, studio 75 €. Sauna payant.* Les belles AJ de ce type sont rares en Laponie ! Installée dans un chalet entouré par la forêt, celle-ci abrite 2 dortoirs mixtes de 6 gros lits superposés en bois bien solides (avec prise et lumière individuelles), et des doubles simples mais cosy. Il y a aussi 3 studios avec cuisine et salle de bains privée dans un bâtiment séparé (à peine plus chers en été) et un chalet doté de son propre sauna. Seul bémol : si on trouve une belle cuisine, un salon cosy (avec feu de cheminée en hiver) et des w-c dans le bâtiment principal, les douches, elles, sont dans celui du sauna... pas pratique en hiver ! Un sentier passe juste derrière pour les balades à raquettes et la piste de ski de fond est à 200 m.

Lomakylä Ylläskieppi : *Koulutie 6. 040-039-92-71. ● ylläskieppi.net ● Au début de la route de Muonio, à gauche. Accueil (adorable !) 9h-22h. Chalets env 52-85 € pour 2 pers, 70-110 € pour 6 pers.* Madame (Tarja), qui fut prof à l'école primaire d'à côté, se débrouille en anglais et monsieur (Esko) fait de son mieux grâce à son sens inné de la communication. Une dizaine de chalets se dispersent sous les conifères, regroupant au total près de 70 lits. Ils sont très cosy, tous avec cuisine, cheminée et sauna. En prime : un espace couvert pour les barbecues, plein d'infos sur la pêche, des sorties en rando ou à skis avec Esko comme guide et l'omniprésent caniche noir Coco... nommée en l'honneur de Madame Chanel, les boss appréciant particulièrement la France ! Une de nos bonnes adresses de Laponie. Tennis et plage sur le lac à 100 m.

De chic à plus chic

Ylläksen Yöpuu : *Tunturintie 18b. 040-079-60-12. • yllaksenyopuu.com • À côté du K-Supermarket. Pas de réception : téléphoner avt. Fermé en mai. Compter 130-270 € pour 2, tarifs dégressifs à partir de 3 j.* Le supermarché d'Äkäslompolo est à côté, pourtant, on devine à peine derrière le rideau d'arbres ces chalets parfaitement entretenus pouvant accueillir de 2 à 9 personnes, décorés de luminaires en bois brut et bois de renne réalisés par Vesa, le propriétaire. Ils sont plus spacieux qu'à l'accoutumée, sauna inclus, et hyper bien équipés (machine à laver, grands *drying cabinets*). On a une préférence pour le n° 3 *(Kuusikkomaja)*, le plus traditionnel. Tout est pensé dans le moindre détail : il y a même un local pour farter ses skis, des luges, barques et vélos en prêt et 2 jolies maisonnettes en bois pour le barbecue, dont une amarrée au plus près du lac. En hiver, les proprios vous préviendront de l'arrivée des aurores boréales ! Ah, au fait, Vesa organise aussi des safaris aigles *(sept-avr)*.

Où manger ? Où boire un verre ?

Eväskori : *Tunturintie, un peu avt le supermarché. ☎ 569-537. 040-772-11-01. Tlj sauf lun 12h-21h. Congés : fin juin-début juil. Pizzas env 12-15,50 €.* Les pizzas sont gargantuesques et pour le moins originales : au renne fumé, au saumon et... à l'ours, avec baies de genièvre et poudre de bois de renne ! Oui, vous avez bien lu. La chasse à l'ours est légale en Finlande. Et si, après cette expérience gustative, vous n'avez pas fini votre pizza, on vous la plie et vous l'emportez ! Grande terrasse couverte en bois.

Karilan Navettagalleria : *Karilantie 31. 040-058-96-38. À 1,9 km du grand carrefour en direction de Muonio, fléché sur la droite (puis 1,1 km de piste). Fermé juin, août et oct-nov. Le reste de l'année, tlj 10h-17h (fermé w-e en juil).* Le cadre est idyllique : une ferme rouge posée au milieu de pâturages où, l'été, gambadent des chevaux. Une galerie a été aménagée dans l'ancienne grange et un chaleureux café dans l'étable, où l'on avale une soupe de renne fumé, une pâtisserie du jour ou un beignet.

Ravintola Rouhe : *Lompolontie 3. 040-506-40-44. Presque au carrefour des routes 940 et 9401. En été, tlj 13h-21h ; en hiver 12h-22h. Plats 17-35 € ; pizzas 13-15 €.* S'il ne fallait en citer qu'un, ce serait celui-ci : un cadre un peu cossu sans vraiment virer chic, une cheminée sur laquelle dégoulinent les bougies, un bar où l'on commande un cocktail à l'airelle rouge, une cuisine travaillée qui fait largement appel aux produits locaux (mais pas que), des plats copieux et joliment présentés, sans oublier quelques options pour les petits budgets et de jolis desserts – façon glace rhubarbe-chocolat blanc sur son biscuit avoine-fraise. On en redemande !

Selvä Pyy : *Tunturintie 16, devant le centre commercial. Tlj 12h-23h.* C'est LE pub d'Äkäslompolo, où les locaux se retrouvent devant une bière, un cidre ou un concert (fréquents de décembre à avril).

LA LAPONIE

À voir. À faire

Autour du mont Ylläs

Luontokeskus Kellokas – Visitor Centre (centre nature Kellokas) : *voir plus haut « Adresses utiles ». GRATUIT.* L'expo du centre d'info dévoile le mode de vie d'autrefois dans la région de manière très personnelle, à la façon d'un journal intime : on apprend ainsi plein de choses intéressantes et parfois surprenantes. Projection d'un film (20 mn environ ; disponible en français) présentant le parc. À l'extérieur, minimusée de la Foresterie exposant instruments et outils de bûcherons, et évoquant leurs conditions de vie.

Le sentier nature de Varkaankuru (*Varkaankurun polku*) **:** *départ du* Visitor Centre. *Compter 3,5 km et env 1h30.* Cette boucle facile permet aux pressés de découvrir les différents biotopes de la nature lapone : forêt, tourbières, marais et, dans la partie centrale du parcours, le verdoyant vallon de Varkaankuru (la gorge du Voleur). Près de l'étang de Varkaanlampi, abri et foyer.

Le sentier nature du Lagopède (*Kiirunankieppi*) **:** *départ du* Visitor Centre. *Compter 12 km et env 4h.* Cette boucle un peu plus ardue, balisée par des panneaux portant la silhouette du lagopède, débute au niveau de l'abri du Varkaankuru (voir plus haut). Elle effectue le tour du mont Keskinenlaki (615 m), typique des *tunturit* du parc. Accès aussi possible depuis le *Sport Resort Ylläs.*

Le sentier de la gorge du Diable (*Tähtipolku*) **:** *départ de la petite route menant au lac Kesänkijärvi, à env 2 km au nord du* Visitor Centre. *Compter 8 km et env 4h.* Cette belle randonnée à travers un *tunturi* aux flancs escarpés est vivement déconseillée par temps de brume (une bonne visibilité est nécessaire pour repérer les marques du sentier) ou de pluie (les rochers couverts de lichens deviennent très casse-gueule). Au-delà du paisible lac de Kesänkijärvi, entouré de sapins et de pins, le Kesänkitunturi est échancré d'un sillon en V appelé Pirunkuru (la gorge du Diable). De l'extrémité du lac à son sommet, on avale 280 m de dénivelée dans un pierrier très pentu ! De là-haut se découvre une vue étendue à tous les monts de la région. Retour en pente plus douce par le versant ouest du *tunturi.*

Plus loin

Le sentier nature d'Ylläslompolo (*Ylläslompolon luontopolku*) **:** *départ à env 21 km d'Äkäslompolo. Rejoindre Ylläsjarvi (15 km), tourner à droite sur la route 80 (direction Kolari) et la suivre sur 3,5 km jusqu'au chemin de terre discrètement fléché « Ylläslompolon lintutorni » à gauche (encore 2,6 km). Compter 2,6 km et env 1h.*
Facile et bien aménagé, ce sentier débutant près d'une tour d'observation des oiseaux offre une incursion au cœur des zones humides de Laponie, entre marais, tourbières, lacs et étangs. Seul regret : il ne s'agit pas d'une boucle. Le terrain est très fertile, d'où l'abondance de baies, ainsi que le nombre surprenant de fourmilières mesurant jusqu'à 1,5 m de hauteur ! Parvenu à l'étang de Lompolonjääjärvi, examinez la rive et vous constaterez que ce que vous preniez pour la terre ferme n'est qu'une couche végétale flottante ! N'oubliez pas votre crème antimoustiques...

Le lac de Pakasaivo : *suivre la route de Kolari (n° 940) sur 12 km puis tourner à droite au panneau. Piste carrossable sur 11,5 km.* Le lac de Pakasaivo, situé dans une faille rocheuse, est appelé *Lapin helvetti,* c'est-à-dire l'« enfer de Laponie » ! Très profond (60 m), il est enserré au nord entre de hautes parois rocheuses. Du belvédère, un sentier descend jusqu'à la rive. Ce site sauvage a impressionné les Sámis au point d'en faire un lieu sacrificiel, voire, pour certains, la demeure des défunts. 3 km avant d'y parvenir, on peut aussi voir, sur la gauche de la piste, la *kirkkopahta,* une pierre cultuelle sur laquelle blanchissent quelques os de rennes.

Le vieux moulin d'Äkäs (*Äkäsmylly*) **:** *suivre la route de Muonio sur 18 km ; guetter l'indication « Äkäsmylly », sur le côté droit de la route. Du parking, 600 m à pied ; accès libre.* Dans un joli site, sur un gros rapide de l'Äkäsjoki, un vieux moulin encore en état de marche. On trouve à 2 pas un café proposant du sirop de baies et tout un bric-à-brac allant de morceaux de bois de renne à des *kuksat* d'une fabrication très artisanale. Très bucolique.

Concerts

– *Ylläs Jazz Blues : 4 j. fin janv-début fév. • yllassoikoon.fi • Billets 12-40 €.* Près de 30 concerts de jazz et de blues à Äkäslompolo. Groupes finlandais, et au moins un invité américain.

MUONIO (MUONÁ ; 2 400 hab. ; IND. TÉL. : 016)

À environ 80 km au nord-ouest de Kittilä, Muonio s'étend sur la rivière éponyme, qui marque la frontière avec la Suède. La bourgade peut éventuellement servir de base (de ravitaillement) pour une exploration de la partie nord du parc Pallas-Yllästunturi, à 15 km de là.

Adresse utile

i ***Infos touristiques – Kiela Naturium :*** *Kilpisjärventie 15. 040-776-93-60. Tlj 10h (12h dim)-18h.* C'est à la fois un centre d'infos (sommaires), un magasin de souvenirs, une cafétéria (buffet... thaï !) et un centre d'expos, où est diffusé un film sur les aurores boréales, sous-titré dans un français approximatif.

Où dormir ? Où manger ?

Lomamaja Pekonen : *Lahenrannantie 10. 040-550-84-36. • lomamaja pekonen.fi • Dans le village. Fermé en mai. Réception 9h (10h w-e)-22h. Juin-sept, cabanes sommaires 2-4 pers avec sanitaires communs 50-60 €, linge 8 € ; chalets 2-6 pers (avec ou sans sauna) 110-115 €, linge inclus ; apparts 2-4 pers avec sauna env 110 €.* Les hébergements sont donc très variés, de toutes tailles et pour toutes les bourses ! Les chalets disposent d'une cuisine (les cabanes, d'une simple plaque de cuisson et d'un petit frigo). En fait, on vous conseille surtout les apparts avec ou sans sauna, pas vraiment charmants, mais assez récents. Le reste commence à pas mal dater.

Swiss Cafe Konditoria : *Puthaanrannantie 5. 040-354-83-33. Tlj 10h-17h (9h-18h en été).* Agnès et Thomas sont suisses (alémaniques), originaires de Lucerne. Ils vous accueilleront chaleureusement le temps de vous réchauffer d'un bon café *latte,* d'un muffin à la myrtille ou d'un vrai chocolat chaud helvétique. Il y a même des meringues-tête-de-vache (garçon ou fille ?) et, pour le midi, des quiches et pizzas individuelles à prix démocratiques. Profitez-en pour jeter un coup d'œil aux photos de Thomas, à l'étage.

Kammari : *à 6 km à l'est de Muonio, sur la route de Kittilä (fléché). ☎ 539-103. En contrebas de l'*Hotel Lapland Olos. *Tlj 16h-22h. Burgers, pizzas, kebabs et plats 8,50-25 €.* Ici, on se la joue western à la mode finlandaise : intérieur en bois, vieilles rengaines ricaines ou musique populaire allemande (!), burgers et compagnie. La cuisine est pléthorique, mais juste correcte. Accueil froid.

LE PALLASTUNTURI (IND. TÉL. : 016)

Au centre du parc Pallas-Yllästunturi, ce massif culmine au Taivaskero (809 m), point le plus élevé de la Laponie. De là se dévoile un très vaste panorama sur la région : sommet dénudé au 1er plan, forêts et lacs au-delà. On découvre presque la même vue depuis le vieil *Hotelli Pallas,* perché à 460 m, au bout d'une route en cul-de-sac.

Arriver – Quitter

Seul 1 bus dessert le Pallastunturi : il part de ***Muonio*** lun-ven vers 9h30 (trajet : 35 mn) et rejoint ensuite ***Levi*** (trajet : 1h30) et ***Kittilä*** (trajet : 1h45). Attention, pas de bus dans le sens inverse ! En hiver, des navettes desservent le secteur (hôtel *Jeris,* mais *pas* le *Pallastunturi*) depuis la gare de Kolari et l'aéroport de Kittilä.

Adresse utile

Luontokeskus Pallastunturi – Visitor Centre *(centre nature Pallastunturi) : au départ des chemins, juste avt le* Lapland Hotelli Pallas. ☎ *020-639-79-30.* • *nationalparks.fi/en/pallas-yllastunturinp* • *De mi-fév à avr et juin-sept, tlj 9h-17h ; le reste de l'année, tlj sauf w-e 9h-16h.* Plein d'infos utiles avant de partir en rando *(cartes détaillées des sentiers 11-18 €),* résa de refuges et location de raquettes. Petite expo sur la faune et la flore, vidéo en anglais sur le parc.

Où dormir ?

Hotel Jeris : *Jerisjaerventie 91.* *040-017-76-00.* • *harriniva.fi* • *De la route 79, en venant de Muonio, prendre la direction du Pallastunturi sur 7 km, puis fléché à droite. Hôtel ouv déc-fin avr, chalets tte l'année sauf nov. Doubles 105-175 € ; chalets 2-7 pers 160-220 € en été et jusqu'à 280 € en hiver (nettoyage final 35 €). Séjour min 3-7 nuits en très hte saison. Linge 12 €.* Propriété d'un groupe spécialisé dans les séjours hivernaux avec activités, le *Jeris* bénéficie d'une position superbe, au bord d'un lac entouré de forêt, loin de tout. Aux chambres très simples, dans un bâtiment bas en longueur, on préfère largement les chalets en rondins (36-70 m²) dispersés à 300 m en contrebas près du lac, ou plus en retrait dans la forêt, de l'autre côté de la route. Tous ont 1 ou 2 chambres (la 2e en mezzanine), cuisine, salle de bains, cheminée et sauna. Attention, lorsque l'hôtel est fermé, il faut apporter ses propres draps pour y loger. Resto (cher). En hiver : nombreuses activités et sauna à bois avec baignade dans le lac gelé !

À faire

Le sentier nature de Vatikuru : *départ du* Visitor Centre. *Compter 3 km, sans aucune difficulté et 1h-1h15.* Vous apprendrez quelques trucs sur la faune, la flore et les activités traditionnelles de la région grâce à des panneaux d'interprétation.

Le sentier du Taivaskero : *départ du* Visitor Centre. *Compter 9 km et 3-4h en prenant son temps.* L'une des plus belles balades de Laponie ! On suit d'abord le début de l'itinéraire Pallas-Hetta, qui grimpe dans la caillasse sur environ 3 km, jusqu'à la 1re crête d'où l'on découvre la succession des *tunturit* qui s'étagent vers le nord. On vire alors à gauche pour rejoindre le sommet du Taivaskero, point culminant du massif (809 m, soit 369 m de dénivelée depuis l'hôtel), d'où la vue embrasse un panorama époustouflant : forêts, lacs et croupes glaciaires à perte de vue. C'est ici que, le 6 juillet 1952, aux rayons du soleil de minuit, fut allumée la flamme olympique des Jeux d'Helsinki. On passe ensuite près du sommet du Laukukero (785 m), avant de redescendre rapidement. On peut allonger la sauce en commençant par le tour du Palkaskero (6 km) et rejoindre l'itinéraire au niveau du site de l'abri.

L'itinéraire de grande randonnée Hetta-Pallas : • *nationalparks.fi/en/hettapallashikingtrail* • Voir à Hetta.

HETTA (HEAHTTÁ en sámi)

800 hab. IND. TÉL. : 016

Étendue sur un territoire de plus de 160 km de long couvrant tout le « bras » de la Finlande, sur une superficie équivalente à celle de la Corse, la commune d'Enontekiö est peuplée par moins de 2 000 habitants (en majorité sámie). Chacun y dispose ainsi de plus de 4 km^2 ! Le voyageur misanthrope y sera à son aise, y trouvant l'accès à 4 grandes zones sauvages ainsi qu'au parc national de Pallas-Yllästunturi. Le principal village, Hetta, s'étire au bord de l'Ounasjärvi.

Arriver – Quitter

Vous trouverez 2 bus/j. (1 seul en été) vers ***Rovaniemi*** (trajet : 4h40) via ***Kittilä*** (trajet : 2h30-2h45) et ***Muonio*** (trajet : 1h-1h15). Pour rejoindre la Norvège, il faut passer par Palojoensuu, où l'on change de bus pour gagner ***Kilpisjärvi*** (trajet : 1h50), à la frontière, puis ***Tromsø*** (trajet : 4h40).

Adresse utile

Tunturi-Lapin Luontokeskus *(Fell Lapland Nature Centre)* ***et office de tourisme :*** *Peuratie 15. ☎ 020-639-79-50. • nationalparks.fi/en/hettaarea • tosilappi.fi • À la sortie est du village, presque en face de l'*Hôtel Hetta. *Début mars-fin avr et juin-fin sept, tlj 9h-17h ; reste de l'année, tlj sauf w-e 9h-16h.* Informations sur le parc national Pallas-Yllästunturi, les randonnées et les descentes en canoë, retrait des clés des refuges et infos sur le transfert des voitures à Pallas, vente de cartes et permis de pêche. Expo intéressante (lire ci-après « À voir. À faire »). Cafétéria *(ouv fin avr-fin sept, tlj sauf w-e 9h-16h ; jusqu'à 14h jeu-ven).*

Où dormir ? Où manger ?

De prix moyens à plus chic

Ounasloma : *☎ 521-055. 📱 040-507-55-78. • ounasloma.fi • Ouv tte l'année (oct-mai, pas de réception, appeler pour avoir la clé). Chalets 2-4 pers avec ou sans cheminée 79-119 € ; tarifs dégressifs à partir du 2e j. Draps 7 €.* L'aimable proprio, qui aime bien s'essayer à parler français, propose des chalets dans un coin boisé, hyper calme, avec une plage sur le lac Ounasjärvi à 150 m et la rivière à la sortie du sauna... Costauds et plutôt jolis, ils peuvent accueillir jusqu'à 8 personnes. Tout en pin, ils ont tous chauffage au sol, moustiquaires aux fenêtres, mezzanine, sauna particulier et cuisine équipée (avec un lave-vaisselle), plus une cheminée pour certains et une belle réserve de bois ! Prêt de barques, bicyclettes et luges.

Hetan Majatalo : *Riekontie 8, dans le bourg. ☎ 554-04-00. • hetan-majatalo.fi • Doubles 80 € (sanitaires partagés) ou 106 € (avec sdb), petit déj et sauna compris. Familiales avec mezzanine (4-6 couchages) ; nettoyage en sus. Dîner 22-30 €, garanti seulement en hte saison ou lors du séjour de groupes.* Voici la plus vieille entreprise familiale de Laponie de l'Ouest, fondée en 1924 et tenue par la 4e génération d'hôteliers ! Côté auberge, les chambres sont bien tenues mais très simples et les douches sont dans l'autre bâtiment (en revanche, il y a des toilettes)... Côté hôtel, elles sont agréables, lambrissées, les plus grandes avec mezzanine. Salle de gym au sous-sol et tente sámie à l'arrière pour des soirées au coin du feu, assis sur des peaux de renne ! Buffet de bonne tenue.

Hôtel Hetta : *Ounastie 281, à la sortie est du village.* ☎ *323-700.* • *laplandhotels.com* • *Ouv déc-fin avr et juin-fin sept. Doubles 135-180 €, également des apparts 2-6 pers avec cuisine. Lounas (12h-15h) 12,50 € ; plats env 25-35 €.* Une fois n'est pas coutume, les chambres sont nettement mieux que les apparts ! Rénovées et décorées sur de jolies notes lapones, avec frigo et bouilloire, elles donnent en partie sur le lac Ounasjärvi, offrant une vue magnifique. Les apparts, de l'autre côté de la route, sont plus datés. Au resto, on retiendra surtout la vue... Location de *fatbikes,* raquettes et sacs à dos.

À voir. À faire

Fell Nature Centre : *voir plus haut « Adresses utiles ». GRATUIT.* Le joli bâtiment du centre d'information, typique de l'architecture en bois finlandaise, abrite une exposition de qualité consacrée principalement au peuple sámi et à ses rapports avec la nature au fil des saisons. Élément clé : le renne, dont la domestication a assuré sa survie dans ce biotope inhospitalier. D'autres sections présentent les voyageurs qui, avant l'éclosion du tourisme, prenaient le chemin du Grand Nord (parmi lesquels les collecteurs d'impôts !), le cycle des saisons et les oiseaux du secteur.

Le sentier du Jyppyrä : grimpette un peu raide de 125 m de dénivelée à partir du *Fell Lapland Nature Centre* jusqu'au sommet (409 m), pour une belle vue sur le village, l'Ounasjärvi et les forêts s'étendant jusqu'à l'Ounastunturi. L'hiver, on y va à raquettes.

L'église : *juin-août, tlj sauf mar-mer 10h-16h.* On s'y arrête surtout pour voir, au-dessus de l'autel, la mosaïque et peinture représentant Jésus ressuscité bénissant le peuple sámi.

L'itinéraire de grande randonnée Hetta-Pallas : • *nationalparks.fi/en/hettapallashikingtrail* • Parmi les plus prestigieux itinéraires de randonnée en Laponie (55 km), il se parcourt à pied en été (de préférence entre fin juin et début octobre) ou à skis en hiver, sur des parcours un peu différents (balisés de flèches). Cartes au 1/50 000 *Hetta-Outakka* et *Pallas-Olos,* en vente dans les *Visitor Centres* du parc *(18 €).*

- Mieux vaut démarrer de Hetta plutôt que du Pallastunturi. D'abord, parce qu'il est plus agréable de finir par le plus beau sommet, le Taivaskero (809 m). Ensuite, parce que, pour rejoindre l'itinéraire depuis Hetta, il faut d'abord franchir en barque le lac Ounasjärvi *(12 €/pers ;* • *hetankota.fi* • *ou Lomakylä Paavontalo au* ☎ *521-021),* ce qui est beaucoup plus facile à organiser depuis Hetta le matin que le soir sur la berge opposée si l'on arrive (trop) tard...
- On peut parcourir l'itinéraire avec une tente et camper autour des refuges et des emplacements prévus pour faire du feu. Sinon, il existe 7 refuges, soit accessibles librement *(gratuits ; 4-20 pers),* soit à réserver *(12 €/pers)* auprès de l'un ou l'autre des *Visitor Centres,* à Hetta ou Pallastunturi (où l'on retire les clés). Ils permettent de tronçonner l'itinéraire en étapes de moins de 20 km. Tous les refuges sont équipés de toilettes sèches, d'un poêle à bois (ou d'une cheminée) et d'un réchaud à gaz pour faire la cuisine. Dans les refuges gratuits, prévoir son matelas. Celui de Hannukuru (à réserver), ô luxe, comporte un sauna payant *(payable d'avance dans un centre d'info ou par tél mobile ; prix raisonnable).* Si vous optez pour un refuge gratuit, il faut arriver tôt, sinon c'est bon pour le bivouac avec des nuées de moustiques ! Le VTT est autorisé.
- Si vous êtes motorisé, un chauffeur conduira votre somptueuse limousine de Hetta à Pallas (ou inversement) pour 80-85 €. À Pallastunturi, il laisse les clés à la réception de l'hôtel ou au *Visitor Centre.* Contactez • *hettahuskies.com* • ou • *hetankota.fi* •

– L'itinéraire suit d'assez près les crêtes caillouteuses de l'Ounastunturi. Offrez-vous en prime l'ascension de l'Outakka (723 m) : belle vue sur la suite du trajet jusqu'au Pallastunturi, de l'autre côté du ravin de Hannukuru. Au menu : éboulis, forêts, marécages, gorges étroites, sources, étangs, panoramas immenses, cris des pluviers dorés, chant des grives et appels des buses pattues, rennes et renards roux. Bref, 55 km de plaisir, malgré le poids non négligeable du sac ! Arrivée en apothéose par le Taivaskero.

➢ ***Descentes en canoë :*** le nom « Enontekiö » est une déformation du mot *enontekiäinen,* signifiant « qui donne naissance aux grandes rivières ». C'est dire si les amateurs de canoë y trouveront leur bonheur ! Il y en a pour tous les goûts, de l'Ounasjoki (130 km jusqu'à Kittilä ou 300 km jusqu'à Rovaniemi plutôt pépères) à la Lätäseno (120 km très sportifs, passages de classe VI, transport par hélico jusqu'au lieu du départ et à Dieu va !). Demandez au centre d'information la (belle) brochure dédiée.

Manifestations

– ***Marian päivät*** *(les Jours de Marie)* ***:*** *3 j. mi-mars.* • *marianpaivat.fi* • Fête célébrée chez les Sámis depuis le XIVe s : concerts, danses, marché, vente d'artisanat, course de rennes, lancer de lasso et autre sculpture sur neige !
– ***Journées musicales de Hetta :*** *à Pâques.* • *hetanmusiikkipaivat.fi* • C'est le plus septentrional des festivals de musique classique et sacrée ! Au même moment a lieu la foire de Printemps des Sámis, à Kautokeino (Norvège), à 80 km au nord (culture, marché, courses de rennes...).

HOMMES, CULTURE, ENVIRONNEMENT

AURORES BORÉALES

Vous les entendrez appeler *northern lights* en anglais et *revontuli* en finnois, ce qui se traduit par... « le feu du renard ». Les anciens Finnois imaginaient que ces voiles colorés étaient créés par un renard balayant le ciel de sa queue. D'autres légendes du Grand Nord mettent en scène le reflet de la lumière sur un gigantesque poisson ou sur le dos d'une baleine... La réalité est tout autre : ce phénomène est le fruit de la rencontre entre les vents solaires, issus d'éruptions majeures du soleil, et la haute atmosphère terrestre. Le champ magnétique naturel de notre planète lui assure une protection contre ces bombardements de particules, mais celle-ci est affaiblie au niveau des pôles magnétiques : sous certaines conditions, les particules sont alors captées, générant ces stupéfiants embrasements – selon le même principe qu'un néon. La couleur des aurores varie en fonction de l'altitude à laquelle elles se produisent et de la nature des molécules, atomes et ions en présence : vert (le plus commun) et rouge pour l'oxygène, bleu et violet pour l'azote, notamment.

Si les aurores se produisent toute l'année, ***elles ne sont naturellement visibles que de nuit*** et, bien sûr, à condition que celle-ci soit sans nuages... ***La période la plus propice*** pour les observer ***s'étend de février à avril,*** quand les nuits sont encore longues et le ciel souvent dégagé. Directement liées au cycle solaire (d'une durée d'environ 11 ans), les aurores connaissent, comme lui, un pic d'activité (la prochaine fois vers 2025) et, inversement, un point bas. Mieux vaut donc attendre encore un peu avant de rejoindre la Finlande pour aller voir ces aurores dont vous avez toujours rêvé... À défaut, attendez tranquillement 2025 chez vous : des aurores particulièrement puissantes ont déjà été observées en Méditerranée !

Si vous voyez le ciel s'embraser soudain, ne perdez pas le temps de courir chercher ni amis ni appareil photo : l'aurore présente d'abord une courte phase dynamique qu'il serait dommage de manquer. Ce n'est qu'après quelques minutes que l'embrasement s'installera et que vous pourrez aller tranquillement chercher votre appareil – muni de son trépied et de préférence d'un objectif grand angle. Prendre un bon cliché du phénomène n'est pas chose aisée pour un néophyte et le résultat risque de vous décevoir, alors profitez plutôt pleinement de l'instant...

BOISSONS

– L'***eau du robinet*** est très bonne, exempte de goût de chlore. On la sert gratuitement en carafe (*jäävesi* en finnois) dans la plupart des restos.

– Le ***café*** est omniprésent en Finlande. Un proverbe local pousse le bouchon jusqu'à dire qu'il est plus facile d'arrêter un terroriste qu'une envie de café ! Les cafés de style viennois ou italien, où

FORTS DE CAFÉ

Sirotant environ 9 tasses par jour en moyenne (soit environ 12 kg par an et par habitant), le Finlandais est le plus gros consommateur de café au monde ! Beaucoup voient dans la prohibition de l'alcool, entre 1919 et 1932, l'origine de cette passion.

vous dégusterez d'honorables *cappuccini* ou *espressi,* sont très en vogue dans les grandes villes. Ailleurs, on a souvent droit à une version standard peu torréfiée et très délayée, genre jus de chaussettes à l'américaine.
– Le ***lait*** *(maito),* qui accompagnait traditionnellement le repas, est en forte perte de vitesse. Le lait fermenté *(piimä)* mérite qu'on le goûte.

Les bières

Il existe 4 catégories de bière, numérotées de I à IV. La I est faiblement alcoolisée (moins de 2,8°) et d'aucuns la trouveront imbuvable ; la II n'existe plus ; la III (3,7° à 4,7°) est une blonde légère et assez bonne *(Lapin Kulta, Karhu...)* ; quant à la IV, considérée comme un alcool fort, elle se trouve uniquement dans les ***magasins du monopole d'État Alko*** et dans les restaurants ! En fait, elle ne tourne pas beaucoup plus la tête que la III, mais est plus savoureuse. Il existe aussi une classe IV B qui titre jusqu'à 8°. Au bar, si vous ne précisez pas, on vous servira la III, en 50 cl. La I et la III s'achètent dans les supérettes et grandes surfaces, à des prix assez élevés. Chaque canette est consignée 0,15 €. Dans les supermarchés, on trouve, en général près de l'entrée, un automate où introduire les emballages vides. Même principe pour les bouteilles. Ça, c'est du respect de l'environnement !

Les autres alcools

Tout alcool titrant plus de 5,5 % est vendu uniquement chez Alko. Les plus importants de ces débits de boisson, en ville, sont ouverts de 9h à 20h ou 21h en semaine, de 9h à 17h ou 18h le samedi (et les autres jours dans les villages) et fermés le dimanche. Il faut prouver qu'on a 20 ans (18 ans pour le vin) et aligner les gros billets. Les Finlandais sont de grands amateurs de ***vodka,*** de préférence la *Finlandia* ou la *Koskenkorva,* boisson nationale, très populaire aussi sous le nom de *Salmiakki Koskenkorva* (à la réglisse). Mais on boit aussi de l'*akvavit,* du *sima* (une sorte d'hydromel), du cidre (fort), de la liqueur de *lakka* et autres fruits arctiques... Ici, l'ivresse est rituelle, délibérée, collective et impudique. Le spectacle de la rue réserve nombre de surprises, certains vendredis et samedis, lorsque la nuit est bien avancée. C'est encore plus incongru en été, avec ce soleil déjà haut quand on sort de boîte.

QUAND L'ALCOOL FAIT L'HISTOIRE

L'alcool tient une place considérable en Finlande, comme d'ailleurs chez ses voisins scandinaves. À tel point que l'écrivain Henrik Tikkanen a pu écrire, dans son sarcastique roman Le Héros oublié *: « L'alcool eut sa part de responsabilité dans la plupart des événements [...] de ce petit pays si assoiffé. Bien peu d'hommes sobres ont réussi à y laisser leur trace. » Dans tous les cas, pendant votre séjour, nous vous déconseillons d'essayer de rivaliser avec un groupe de Finlandais sur ce terrain-là...*

Le vin

Grands verres, carte ultra-détaillée faisant la part belle aux vins du Nouveau Monde, sans oublier les grands crus français ou italiens mais aussi les rosés et les pétillants, devenus très populaires... Dans les grandes villes, les bars à vins poussent comme des champignons. Sachez qu'il peut être servi, soit au centilitre, soit en verres de 12 ou 16 cl (quelquefois même 24 cl). Les prix sont franchement élevés, voire dissuasifs : en moyenne, un verre de 16 cl coûte 7 à 10 €.

CUISINE ET CUEILLETTE

Restos, mode d'emploi

Vous trouverez à la rubrique « Budget » du chapitre « Finlande utile » la description de la métamorphose des restaurants entre le midi, heure des fameux ***lounas,*** copieux et bon marché, et le soir, où tout ou presque se passe à la carte, avec l'augmentation de tarif que cela implique.

Quelques trucs pratiques, en vrac :

- les horaires sont affichés à la porte et on peut commander en général jusqu'à 30 mn avant l'heure de fermeture ;
- le pain est parfois apporté d'office, mais souvent il faut le réclamer. Il est en général gratuit, de même que la carafe d'eau ;
- dans les grandes villes, beaucoup d'établissements prennent soin de votre régime ou de vos allergies et indiquent les plats sans lactose, sans gluten, avec ail, épicés, etc. ;
- dans les contrées désertes, s'il n'y a pas âme qui vive dans la salle, utilisez la clochette pour appeler le personnel ;
- tout restaurant à prétention gastronomique se doit d'être membre de la Chaîne des rôtisseurs, cette association internationale de gastronomie, dont le siège se situe à Paris ! Elle délivre des diplômes que les restaurateurs finlandais intronisés affichent fièrement, qu'ils soient d'Helsinki ou d'une bourgade perdue au fond des bois.

À la carte

À l'origine, la cuisine finlandaise avait avant tout vocation à répondre aux besoins caloriques des paysans et des bûcherons, d'où des plats traditionnels assez lourds et riches. Mais au fil du temps, les pommes de terre et roulades de chou, poisson, gibier, côtes de porc et viandes en sauce ont peu à peu perdu du terrain face à la grosse artillerie des fast-foods et de la *world food* : pizzas, burgers, kebabs et autres pâtes... L'omniprésence des chaînes comme *Hesburger* en dit d'ailleurs long. En 2005, Jacques Chirac avait jugé la cuisine finlandaise comme étant la pire du monde... après la cuisine anglaise ! Heureusement, la donne a changé. On constate une vraie évolution dans le Sud en particulier, où les restos et bistrots à vocation gastronomique se multiplient, jouant la carte du produit local et de saison cuisiné avec une certaine créativité. Il est désormais tout à fait possible de bien manger, à condition d'y mettre le prix...

Le poisson, qu'il soit grillé, fumé ou mariné, ***est évidemment très fréquent*** sur les cartes de resto et souvent très bien apprêté. Il faut goûter au délicieux hareng fumé (notamment populaire au petit déj !) et aux saumons fumés « à froid », plus fins que ceux « à chaud » qu'on connaît d'habitude, et surtout au délicieux ***gravlax.*** Ce saumon frais préparé en saumure (*graavilohi* en finnois) reste abordable dans les marchés couverts (les *Kauppahalli*), où vous le trouverez disposé en mosaïque, parsemé de baies roses et d'aneth, ou préparé « à l'ancienne », « à la vodka », etc. Vous pourrez le déguster sur des tartines de pain de seigle. Hareng de la Baltique et poissons d'eau douce (lavaret, perche, brème, sandre...) figurent souvent au menu. Beaucoup de restos les accompagnent d'une sauce béarnaise ou aïoli.

Essayez le ***renne*** *(poro),* traditionnellement servi en ragoût *(poronkäristys)* et accompagné de purée et de confiture d'airelles. Dans sa version lambda, c'est un plat assez gras et fort en goût. Mais dans les restos plus gastronomiques, vous trouverez de la langue de renne *(poronkieli),* plus fine, ou du filet de renne, tendre et goûteux ; c'est bleu, à la rigueur saignant, qu'il s'apprécie le mieux. On trouve aussi du renne fumé et séché servi en tranches, façon viande des Grisons. S'il est trop salé à votre goût, dégustez-le avec de la compote de myrtilles. L'***élan*** est nettement plus rare et plus cher. Sa viande est d'un délicat blanc rosé, rappelant le veau, alors que la texture rappelle plutôt celle de l'agneau. Quant au goût, rassurez-vous, c'est bien celui de l'élan ! Tout aussi typiques : le lagopède rôti *(riekkopaisti)* et… l'ours.

L'été, les Finlandais ne jurent que par elle : la saucisse. Reine du barbecue, elle se décline en d'innombrables formes : traditionnelle *grillimakkara, chilimakkara* épicée, *mallasgrillimakkara* à l'orge malté, *ryynimakkara* au sarrasin, *sinihome-juustomakkara* au bleu (à vos souhaits), etc. Porc, mouton, gibier, dinde, tout ou presque finit en saucisse. Chacun a d'ailleurs sa technique pour les faire cuire le plus harmonieusement possible !

Il existe quelques ***spécialités régionales*** intéressantes et plutôt surprenantes, notamment dans les zones d'influence russe : Carélie du Nord et Kainuu. Là, essayez les variétés de *kukko,* pain de seigle fourré par exemple au rutabaga *(lanttukukko),* à la pomme de terre *(perunakukko)* ou au poisson des lacs *(kalakukko, muikkukukko, ahvenkukko).* Les pirogues caréliennes *(karjalanpiirakka)* sont des sortes de feuilletés de farine de seigle ou de froment, de forme ovale (comme une barque) ; jadis garnis d'un porridge d'orge, ils le sont plus souvent, aujourd'hui, de pommes de terre ou de riz au lait. N'oubliez pas de les tartiner de *munavoi,* une sorte de pâte à tartiner à base de beurre et d'œufs durs ! On rencontre aussi parfois dans le secteur *tsupukat, pirochkis* et autres crêpes ou chaussons diversement fourrés et farcis, au saumon ou à toute autre chose.

Pour en savoir plus

– ***Sous le soleil de minuit, Liisa cuisine et raconte,*** de Liisa Rasimus (éd. Ajatus Kirjat, 2005). Chroniqueuse gastronomique, l'auteur nous fait partager les traditions culinaires de sa Finlande. En replaçant chaque recette dans son contexte, en la liant aux événements et aux habitudes de la vie quotidienne, en s'attachant aux produits de saison, c'est toute la Finlande qu'elle dévoile, ses fêtes, ses jours ordinaires et ses petits bonheurs.

Faites votre marché !

Les marchés, en plein air ou couverts, ***font partie des lieux les plus sympa et authentiques*** de Finlande. En saison, on y vend beaucoup de baies, avec quelques raretés locales comme la mûre jaune des marais *(lakka),* et des champignons de toutes sortes. On y trouve aussi un large choix de viandes, des charcuteries de qualité (par exemple le boudin noir de Tampere) et d'excellents poissons grillés, marinés ou fumés. Plein de bons gâteaux également, et des fromages locaux ou des glaces artisanales. On peut avoir un moment de flottement au départ, en voyant prunes et fraises se mesurer au litre (4 l de fraises font 1 kg…), saucisses au mètre et œufs au poids…

Manger, système D

Fauché et égaré en forêt, survivez du fruit de votre cueillette ! Le « droit de tout un chacun » (voir la rubrique « Savoir-vivre et coutumes » plus loin) autorise à cueillir baies et champignons partout dans le pays, sauf dans les propriétés privées et les réserves naturelles strictes. Un bon investissement pour ratisser les buissons : le *marjapoimuri,* outil local aux allures de grand peigne doté d'une poignée, qui facilite la cueillette.

Côté ***baies,*** que ramasser ? ***Attention : elles doivent être lavées.***

– La fraise des bois *(metsä mansikka),* dès la mi-juillet, dans le Sud. Nos meilleures cueillettes (franchement anthologiques !) se sont faites dans l'archipel de Turku.

– La myrtille (*mustikka…* aucun rapport avec l'insecte !), dès la fin juillet, partout dans le pays.

– L'airelle rouge *(puolukka)*, rouge et acide, excellente en compote, dans les forêts sèches (pins). Elle se cueille de préférence en septembre.
– La canneberge *(karpalo)*, rouge foncé et encore plus acide, aux alentours des marais ou des lacs. Elle se cueille idéalement après les 1res gelées car sa teneur en sucre est alors accrue. Cuite ou en gelée, elle accompagne à merveille le gibier.
– La camarine noire *(variksenmarja)*, d'un noir bleuté et que l'on trouve le plus souvent cohabitant avec la myrtille, n'a aucun intérêt gustatif crue mais peut être cuite pour donner de savoureux jus, gelées, confitures ou sirops.
– Plus rare, la framboise arctique *(mesimarja)*, semblable à sa grande sœur de nos régions. On la trouve surtout autour des lacs ou près des berges des rivières. Elle se cueille dès la mi-juillet. Sa feuille donne une infusion au goût prononcé.
– Rare également, la groseille (*herukka* ou *viinimarja*). Mieux vaut attendre fin août, voire début septembre pour la cueillir, surtout dans le Nord, car elle est franchement acide.
– La mûre jaune des marais *(lakka)*, la plus appréciée (et la plus chère), vendue fraîche, en confiture ou à l'alcool, et même en liqueur. Qui n'a pas cueilli et dégusté sa *lakka* dans un marais ne connaît pas la Finlande ! Il faut chercher, car elle se camoufle bien. On ne la cueille qu'à maturité : la baie est jaune et non plus rouge, elle se détache du pied par un simple effleurement et elle fond sur la langue. Honnêtement, ce n'est pas excellent, mais elle est riche en vitamines A, C et E, en zinc et en magnésium, ainsi qu'en hydrates de carbone ! Dans certaines régions de Laponie, la cueillette en est réservée aux autochtones.

On trouve également beaucoup de ***champignons.*** Si vous êtes connaisseur des espèces des forêts des pays tempérés, vous ne serez pas dépaysé, et à vous girolles, cèpes, lactaires délicieux, pleurotes, bolets orangés et tachetés, polypores des brebis et trompettes-de-la-mort. En cas de doute, les points d'information des parcs nationaux peuvent examiner votre cueillette.

CURIEUX, NON ?

– On ne se bouscule pas en Finlande. Et pour cause, le pays possède la plus faible densité de population de toute l'Union européenne : 18 habitants au km^2 ! Enfin tranquille !
– Le finnois ne connaît pas le son *f*. Les noms de pays étrangers sont donc parfois un peu écorchés : France se dit... *Ranska*.
– En juillet, à la période de récolte des petits pois, vous risquez fort d'écraser une cosse ouverte. Ici, on les mange crus, comme une friandise... Essayez, c'est un peu sucré.
– Le *lutefisk* est un poisson blanc, généralement de la morue, trempé dans la soude. Pour le consommer, il faut le plonger dans l'eau pendant 1 semaine. C'est un mets gélatineux à l'odeur un peu forte qui plaisait beaucoup aux Vikings.
– À chaque fête et jour férié, on accroche le drapeau finlandais aux maisons et aux immeubles. Ce dernier doit impérativement être rentré à 18h... sauf à la Saint-Jean, où il peut rester dehors toute la (non-) « nuit » !
– La Finlande compterait près de 3 millions de saunas pour 5,5 millions d'habitants ! Durant la guerre froide, la président Urho Kekkonen y négociait dans le plus simple appareil avec son homologue soviétique...

LE BONHEUR À LA FINLANDAISE

L'art du kalsarikänni *s'est développé depuis quelques années en Finlande ! Et assurément, n'importe qui peut vite progresser... Il s'agit de s'affaler dans son canapé, en slip sous son plaid, avec une bouteille de vin, un pack de bières, un bol de chips ou de cacahuètes juste à côté. Ça marche aussi avec un paquet de bonbons ! Le journaliste finlandais Miska Rantanen a même écrit un ouvrage sur cet « art de vivre »...*

– À Naantali, près de Turku, une coutume veut que l'on choisisse chaque année une personnalité qui a beaucoup œuvré pour la ville, avant de la jeter à la mer, en guise de... reconnaissance.
– Le tango a 2 patries : l'Argentine et... la Finlande ! Eh oui ! Mais ici, les notes d'accordéon résonnent avec un peu plus de lenteur.
– Au large de Turku, l'archipel suédophone d'Åland bénéficie d'une forte autonomie. De ce fait, en 1994, Åland a organisé son propre référendum sur l'adhésion à l'Union européenne. L'archipel possède une seule langue officielle (le suédois), son propre code Internet (.ax) et émet ses propres timbres.
– Dès leur plus tendre enfance, les Sámis savent comment capturer un renne en hiver. Il suffit de faire pipi dans la neige... L'animal accourt alors, attiré par le sel contenu dans l'urine.
– Les Finlandais ont inventé un nouveau sport : le cheval-bâton. C'est de l'équitation, version saut d'obstacle, mais... sans cheval. Très appréciée des jeunes filles, la discipline se pratique en chevauchant un bâton à tête de cheval en bois !
– Ludiques, les Finlandais ? À n'en point douter. Quel autre pays organise des concours de lancer de portable ou de bottes ? Une compétition de porter de femmes ? Un championnat du monde d'*air guitar,* au cours duquel il faut mimer un solo de guitare... sans guitare ? Une présentation de projet en quête d'investisseurs dans un trou d'eau gelé en plein hiver ?

ÉCONOMIE

Avec un PIB qui avoisinait 43 500 € par an et par habitant en 2019 (source : Banque mondiale), la Finlande gravite autour du 25e rang mondial. Le pays bénéficie donc d'un ***niveau élevé de revenu.*** Pourtant, jusqu'au milieu du XXe s, la Finlande n'avait rien d'une nation industrielle et l'agriculture représentait l'essentiel de la production du pays. Ce sont bizarrement les déboires de la guerre qui ont transformé la Finlande en pays industriel. Avec 300 millions de dollars de dommages de guerre à payer à Moscou en trains, bateaux et machines-outils (voir la rubrique « Histoire »), la Finlande a dû se constituer de toutes pièces une industrie sidérurgique et métallurgique. En 1952, l'ogre soviétique était rassasié et la Finlande commença à exporter ses productions... y compris en URSS !

Services et industrie : les 2 mamelles de l'économie

L'économie du pays repose en grande partie sur le ***secteur des services.*** Il représente environ 67 % du PIB. Autre domaine majeur : l'***industrie,*** avec près de 28 % du PIB. Parmi les secteurs les plus dynamiques figurent la métallurgie, la sidérurgie et les biens d'équipement. Près de la moitié de la production est exportée : acier, équipements pour industrie forestière, construction navale, équipements électroniques. Le high-tech, qui représentait plus de 23 % des exportations en 2000, s'est effondré du fait de la concurrence sur le marché des téléphones portables. ***Nokia,*** cette « très grande entreprise dans un très petit pays », qui assura à elle seule jusqu'à 4 % du PIB dans les années 2000, a en effet été rachetée par Microsoft en 2013, après avoir été plusieurs années en grande difficulté, faute d'avoir bien négocié le virage des smartphones. L'***industrie***

QUE DU BONHEUR !

C'est l'histoire d'Onni Nurmi qui partit tenter sa chance aux États-Unis. À son retour, il légua ses actions Nokia à la maison de retraite de Pukkila, son village, à 80 km au nord-est d'Helsinki. Fabricant de bottes en caoutchouc, Nokia se mit alors au téléphone mobile dès 1992. La valeur des actions fut multipliée par 290 et les retraités devinrent millionnaires ! En finnois, onni signifie « bonheur ».

forestière est traditionnellement développée en Finlande. Le pays produit entre 15 et 20 % du papier, carton et emballages mondiaux. Mais, très (trop) sensible aux variations de conjoncture internationale, et notamment de son voisin russe, sa part représente désormais moins de 5 % du PIB.
De son côté, l'***agriculture*** ne dépasse pas les 3 % du PIB. La production céréalière domine. Pommes de terre, betteraves à sucre et élevage (bovins, volailles et porcs) complètent la production. Les cultures de fruits et légumes sous serre sont encouragées par les autorités.

Une économie qui tire son épingle du jeu...

L'économie de la Finlande est très liée à celles de ses 2 voisins, la Suède et la Russie, dont les monnaies ont connu une dépréciation vis-à-vis de l'euro, pénalisant ainsi les exportations finlandaises. Le pays a subi aussi de plein fouet les sanctions économiques imposées par l'Union européenne à la Russie en 2014 suite à l'annexion de la Crimée (et vice versa).
Malgré tout, jusqu'en 2019, l'économie affichait plutôt de bonnes couleurs avec un taux de croissance honorable, une baisse significative du chômage (taux passant de 9,4 % à 6,7 % de 2015 à 2019), une dette publique contenue (près de 60 % en 2019). Le tout, dans un pays resté fidèle à sa réputation de générosité sociale. Depuis 2008, la Finlande a mis en place un programme visant à réduire le nombre de SDF en construisant des logements sociaux réservés en partie aux personnes vivant dans la rue, sans oublier un dispositif d'accompagnement. Les résultats sont éloquents. Le pays compte aujourd'hui 2 fois moins de SDF qu'en France. En 2017, la Finlande expérimentait un revenu minimum d'existence de 560 € par mois, et pendant 2 ans, auprès de 2 000 chômeurs tirés au sort. Une 1re au sein de l'Union européenne. Malgré un impact positif sur la qualité de vie, ce revenu a été abandonné fin 2018, en raison de son inefficacité sur le taux d'activité. En 2021, le pays portait le congé paternité à 7 mois, à l'instar du congé maternité.
Bien entendu, la Finlande n'a pas été épargnée par la pandémie de covid-19 en 2020. Si le pays n'a pas été aussi durement touché que ses partenaires du sud de l'Europe, l'économie a connu un net ralentissement.
Enfin, pour finir sur une note particulièrement réjouissante, sachez que le pays est reconnu pour l'***excellence de son système scolaire.*** La Finlande se retrouve systématiquement dans les 4 premiers (et souvent en tête) du classement PISA en catégorie sciences, maths et lecture. Depuis 2016, l'enseignement de l'écriture cursive est devenu facultatif pour les élèves du primaire. La priorité est désormais donnée à l'apprentissage de la frappe sur le clavier et à l'écriture script. Une révolution qui soulève néanmoins de nombreuses questions et qui n'est pas du goût de tout le monde.

ENVIRONNEMENT

Comme dit le dicton, « la forêt est l'église du Finlandais » ; peu de pays au monde peuvent prétendre à une telle symbiose entre l'homme et son environnement naturel. Tout au long de votre séjour, vous verrez comment les Finlandais, dont les 2/3 sont citadins, profitent au quotidien des joies que leur offre la nature et comment ils bâtissent les villes à la campagne. Habitué aux rudesses des interminables hivers, coutumier des étendues silencieuses et sans fin, le Finlandais se ressource au contact physique et permanent de la nature, à travers la pêche, la randonnée et les sports d'hiver. Il se doit d'avoir son chalet d'été au bord de l'eau. Sans luxe inutile : l'eau courante et l'électricité sont facultatives, à l'opposé du bateau et du sauna. Et pendant les longs mois enneigés, après le travail, beaucoup d'employés partent faire du ski de fond dans les parcs...
Ici, les papiers gras et les moteurs polluants constituent une hérésie, un crime de lèse-nature, qui hérisse le poil des Finlandais ! L'environnement est un souci constant.

Une transition énergétique en marche

Confrontée à son climat rigoureux, à de longues distances et à des industries énergivores, la Finlande est aujourd'hui le 1er consommateur d'énergie de l'UE par habitant. En 2019, ***près de 40 % de l'énergie consommée en Finlande provient d'énergies renouvelables*** : hydroélectricité, éolien, géothermie, biomasse... Ce taux devrait dépasser les 50 % en 2030. Dans ce contexte, il peut paraître surprenant que la Finlande ait décidé de développer son programme nucléaire. Mais entre 2 maux, il fallait choisir : la seule alternative, le gaz naturel, aurait amplifié la dépendance du pays vis-à-vis de la Russie (ce n'est pas vraiment une copine...) et contribué à aggraver la production de gaz à effet de serre. De plus, le gouvernement a décidé de l'abandon du charbon pour la production d'électricité à l'horizon 2029-2030.
Pour arriver à ces objectifs, 2 projets de centrales nucléaires sont en cours dans le pays : celui du fameux EPR d'Olkiluoto, réacteur de 3e génération conçu par la société française *Areva* (devenue *Orano*), prévu à l'origine pour 2009 mais dont la livraison ne devrait pas intervenir avant 2022. La facture est passée de 3 à près de 10 milliards d'euros (!). Autre projet : la centrale de Pyhäjoki, dont la mise en route ne devrait pas se faire avant 2028.

La faune

La faune est très riche, avec 67 espèces de mammifères. On y trouve des rennes (semi-domestiques), des élans, des renards, des écureuils et plus rarement des castors, des rats musqués, des lemmings et des martres. La Laponie orientale et la Carélie abritent des lynx, des loups, des ours bruns et des gloutons – que l'on peut essayer de surprendre lors d'une soirée ou d'une nuit en affût. En Carélie, il reste quelques rennes sauvages. Et, dans les eaux du lac Saimaa, on croise de rares phoques d'eau douce. Les scientifiques estiment que 7 % des espèces finlandaises sont menacées d'extinction. C'est notamment le cas de l'écureuil volant, que la Finlande est le seul pays d'Europe à abriter. Le poisson, lui, est abondant (67 espèces). Même s'il y a moins de saumons que jadis, ils restent assez nombreux, notamment dans la rivière Tornio (40 000 à 100 000 la remontent chaque année).

LE CHAUD ET LE FROID

Plusieurs espèces de phoques vivent en Finlande, dont le phoque annelé, qui est victime du réchauffement climatique. En raison de la fonte trop rapide des glaces, les mères ne peuvent plus enfouir leurs petits dans des nids de glace pour les protéger du froid durant leurs 1res semaines de vie, le temps qu'ils se constituent une couche de graisse protectrice. Voilà un terrible paradoxe : mourir de froid à cause du réchauffement de la planète.

Le pays est un paradis pour oiseaux et ornithologues : il accueille près de 400 espèces sédentaires ou migratrices. Outre les espèces marines dans l'Ouest et celles de la taïga et de la toundra, on peut y observer quantité de migrateurs : gorge-bleue, jaseur boréal, mésangeai, durbec, balbuzard, buse pattue, grue cendrée, plongeon, harle huppé, garrot à œil d'or, cygne sauvage (un emblème national que l'on retrouve sur les pièces de 1 €), rapaces diurnes et nocturnes en grand nombre (dont la chouette harfang des neiges) et de nombreuses espèces de limicoles.
Certaines espèces sont chassées (élans, ours, canards, tétras, lagopèdes, etc.), mais dans un strict respect des périodes de reproduction et des nombreuses zones protégées.

La flore

La flore est variée et explose entre fin mai et septembre : arbres, arbustes, baies, champignons, fleurs, mousses (800 espèces), lichens (1 200 espèces !). Certaines

vallées humides font penser à une vraie jungle. À l'opposé, dans l'extrême Nord, la toundra présente un caractère austère et désolé.
Bien sûr, l'essentiel, ce sont les ***forêts,*** qui occupent ***près de 70 % de la superficie du pays.*** On en rencontre essentiellement 3 types : les forêts de pins (55 %), sur des sols secs ou des bancs de sable, abritent une végétation assez pauvre ; les forêts d'épicéas (30 %), sombres et denses ; les forêts de bouleaux (13 %), les plus riches en termes de flore. Plus de 1/3 appartient à l'État, via l'Office des parcs et forêts *(Metsähallitus).* L'exploitation des forêts se fait sans excès, avec un souci de préservation des zones remarquables et des sites de valeur.

Les zones protégées

La Finlande compte près de ***4 000 zones protégées*** à des degrés divers, représentant plus de 44 000 km², soit environ ***13 % de son territoire*** ! Certaines zones sont d'une superficie très réduite, destinées à sauvegarder un biotope spécifique ou un lieu de reproduction d'une espèce donnée (tel le phoque, qui se voit dédier 7 réserves).
Les plus importantes se répartissent en 5 types :
- ***les parcs nationaux :*** une quarantaine, ils couvrent près de 10 000 km². Nous en décrivons une quinzaine dans ce guide. Ils sont largement destinés au public et les restrictions y sont peu nombreuses : pas de VTT hors des itinéraires balisés, camping et feu limités à certains emplacements (sauf en Laponie, où les droits d'usage sont en général plus larges) ;
- ***les zones humides :*** elles sont protégées par 167 réserves, étendues sur 4 700 km². La plupart sont des tourbières, en particulier celles du Nord que l'on nomme en finnois *aapa.* Il en existe une grande variété, selon la nature du sol et les espèces végétales qui s'y développent. Grues cendrées, cygnes sauvages, rapaces, limicoles, canards et oies s'y reproduisent, notamment ;
- ***les zones sauvages :*** en 1991, une loi a instauré en Laponie une douzaine de zones sauvages couvrant au total 14 900 km². L'objectif est de préserver autant que possible le caractère virginal de ces territoires inhabités, fréquentés épisodiquement par les Sámis (chasse, pêche et élevage extensif des rennes y sont tolérés). Leur gestion est souple mais encadrée. Toute exploitation minière ou construction de route est par exemple interdite, sauf si elle a un rôle social avéré. Tout cela se fait dans la plus grande concertation possible entre les parties concernées ;
- ***les réserves naturelles strictes :*** on en dénombre une vingtaine couvrant près de 1 550 km². Moins de la moitié d'entre elles sont ouvertes au public. Dans ces réserves, tout ce qui n'est pas autorisé est interdit... et on n'autorise pas grand-chose : suivre les sentiers balisés, camper sur les très rares emplacements, et c'est tout. On ne cueille rien, on ne ramasse rien, on ne touche à rien ;
- ***les forêts :*** l'État assure aussi la protection de plus de 50 réserves forestières (dont 8 ***forêts primaires*** couvrant 97 km²) et de près de 450 autres forêts à travers le pays, couvrant environ 650 km².

■ ***Office des parcs et des forêts :*** ☎ *020-639-4000 ou 4020 pour la randonnée.* • *metsa.fi* • Le *Metsähallitus* gère plus de 800 zones protégées à travers le pays.
- ***Site d'info sur les zones protégées :*** • *nationalparks.fi/en* •

FÊTES ET JOURS FÉRIÉS

Le climat, les guerres et l'héritage luthérien ont rendu les Finlandais assez sérieux. Donc on fait la fête avec application et sans demi-mesure : la notion de « férié » prend des proportions inimaginables chez nous. Ces jours-là, pas évident de se sustenter ailleurs que dans les distributeurs automatiques !

– Le ***1er mai*** est connu par les Finlandais sous le nom de *Vappu.* Il tire son origine de sainte Walpurgis, une nonne décédée en 779 et célébrée le 1er mai... juste à l'époque où les peuplades germaniques fêtaient le retour du printemps. En Finlande, tout ceci s'entremêle : vieux rites païens, célébration ancestrale, fêtes du Travail et des Étudiants. C'est une phénoménale explosion de liesse, 2 jours entiers de pure folie. Conséquences : la nuit du 30 avril est vraiment très chaude et rien, absolument rien, ne fonctionne le 1er mai.

– 8 semaines plus tard, c'est la nuit de la ***Saint-Jean*** *(Juhannus).* C'est notre fête préférée, surtout en Laponie à la lumière du soleil de minuit. Elle a lieu la nuit du vendredi au samedi précédant le 25 juin (jours fériés où, une fois encore, tout est fermé). Presque tous les habitants des villes se précipitent à la campagne. À Helsinki, ceux qui restent se consolent en assistant au mariage du couple de la *Juhannus,* vraie cérémonie nuptiale célébrée selon les rites ancestraux au musée de plein air de Seurasaari. Dans tout le pays, on allume des feux. Aux îles Åland, on dresse le *majstång,* mât décoré autour duquel les petites filles aux cheveux fleuris dansent la farandole. En Laponie, l'église de Pielpajärvi, près d'Inari, accueille le culte sámi de la Saint-Jean, cérémonie aux relents païens. Partout, on danse, on chante, on flirte et on boit jusqu'à l'aube ou jusqu'à épuisement.

– Pour ***Noël,*** le 24 décembre, à partir du milieu de l'après-midi, de nouveau, les villes sont mortes. Quant au 25 et au 26 décembre (Saint-Étienne), fériés, tout fonctionne au ralenti.

– Les autres jours fériés, les célébrations sont plus modestes. Ce sont le Jour de l'an, l'Épiphanie (6 janvier), le Vendredi saint, le lundi de Pâques, l'Ascension, la Pentecôte, le samedi après la Toussaint (ne manquez pas les cimetières illuminés de bougies) et le 6 décembre (fête de l'Indépendance, à l'occasion de laquelle 2 bougies sont placées à chaque fenêtre à 18h).

– Pour terminer, mentionnons encore 2 jours particuliers. Le dimanche des Rameaux, vous pouvez vous trouver entouré de jeunes filles vous frappant de branches de saule, censées vous porter bonheur : elles attendent de votre part des bonbons ou des piécettes. Enfin, en août, plus spécifiquement dans le Sud-Ouest suédophone, c'est la fête aux Écrevisses, issue d'une tradition nationale suédoise.

AU SEAU DU LIT

Voilà une étrange tradition qui fera frémir les adeptes de grasses matinées : chaque 27 juillet, le dernier levé dans la maison est réveillé avec un seau d'eau froide en pleine poire. S'il y a un lac à proximité, on le balance directement dedans ! Tout ça pour décourager la paresse.

GÉOGRAPHIE

La superficie de la Finlande représente à peu près les 2/3 de celle de la France : 338 448 km², dont ***le tiers situé au nord du cercle polaire.*** La population, elle, est environ 12 fois moindre – et largement concentrée à l'extrémité sud du pays, côté golfe de Finlande (et, dans une proportion plus faible, sur le golfe de Botnie). Si le pays culmine (modestement) à 1 324 m, à la frontière norvégienne, tout au nord-ouest, l'essentiel du territoire est beaucoup plus plat : il a été arasé par les glaciations. Grosso modo, on distingue les régions côtières, l'intérieur et le Nord.

– Les ***régions côtières,*** au littoral très déchiqueté, abritent de gentils villages de bois vêtus, qui se réveillent doucement après un long hiver engourdissant. La côte, parsemée d'îles et d'îlots qui lui donnent un aspect de puzzle, est soumise à un phénomène géologique bien particulier : l'isostasie. Tassées par le poids des glaciers lors de la dernière période glaciaire, les roches granitiques, enfin libérées de ce carcan, « rebondissent » aujourd'hui de près de 1 cm par an – donnant ainsi naissance à de nouvelles terres ! L'arrivée par avion offre une vue saisissante de ces archipels qui n'en finissent pas. Tout au sud, à l'orée du golfe de Botnie, les Åland cumulent 6 500 îles et îlots à elles seules. Quant à l'archipel de Turku, qui les prolonge, il en aligne plus de 20 000 (une partie classée en parc national) !

– ***À l'intérieur, les lacs sont rois :*** ils couvrent plus de 10 % de la surface du pays. Le lac Saimaa, le plus grand de tous, s'étend sur 4 400 km^2, soit 7,5 fois le Léman ! L'entrelacs de terre et d'eau se prolonge donc. Ne croyez pas qu'un lac ressemble à un autre lac. Parfois clos, souvent reliés les uns aux autres par un cours d'eau, ils forment un système lacustre complexe qui a longtemps permis le flottage du bois. On peut les explorer de mille manières : à pied ou à vélo par leurs berges, en kayak, lors de croisières... De loin en loin, les dépôts glaciaires ont formé des moraines, des buttes et surtout des dorsales que les géographes nomment eskers, ou « ös » (*harjut* en finnois). Ces longues digues naturelles de terre et de pierres, étroites et sinueuses, peuvent se dérouler sur plusieurs kilomètres, survolant par endroits les lacs et les marécages. Les hommes y ont souvent déroulé leurs routes et parfois même leurs chemins de fer ! Ces digues naturelles permettaient aussi de bâtir en sol sec et offraient des sources, précieuses en ces régions marécageuses où l'eau potable est rare. Résultat : un paysage unique et fascinant, nimbé de son incontournable couverture de forêt boréale.

QUE D'EAU ! QUE D'EAU !

Un scientifique méticuleux de l'université de Jyväskylä a entrepris de dénombrer lacs et îles du territoire finlandais. Résultat des courses : 187 888 lacs (c'est-à-dire des étendues aquatiques de plus de 500 m^2) et 179 584 îles. Personne n'a eu le courage de recompter, alors on va le croire sur parole...

– Au fur et à mesure de la remontée vers le ***nord,*** la forêt perd de sa superbe. Au sud de la Laponie, déjà, les pins et les bouleaux rapetissent, puis virent au nanisme avant de disparaître pour de bon au nord de la région – cédant la place à une sorte de steppe nue ressemblant à la toundra. Les marécages sont plus nombreux que jamais, couverts des corolles blanches des délicates linaigrettes. Des rivières indomptées s'élancent à travers le paysage, creusant par endroits des gorges profondes ou dévalant en rapides sauvages. C'est là le domaine des rennes, qui évoluent librement. Ponctuant le paysage, les *fells* (du norrois *fjall,* « montagne »), appelés *tunturit* par les Finlandais, dressent leurs collines arrondies, autour desquelles se sont souvent implantées des stations de ski. L'hiver, les lourdes neiges écrasent tout, emmaillotant les arbres de neige jusqu'à les transformer en fantomatiques bibendums. La Laponie émerveillera les amoureux des grands espaces et de la solitude rythmée par le sifflement du vent et le bruit sec d'une branche qui craque sous les pieds. Les possibilités de randonnée sont innombrables, des sites de camping et des refuges jalonnent nombre de parcours. Et puis, merveilleuse récompense pour une nature courageuse et sereine, la lumière. Lumière de jour, lumière de nuit, lumière toujours de fin mai à fin juillet !

HABITAT ET ARCHITECTURE

En ***milieu rural, les habitations sont traditionnellement en bois*** (qui l'eût cru ?). La dispersion reste la règle et les hameaux ne sont qu'un assemblage lâche de maisons séparées. Les habitations sont flanquées de maisonnettes qui servent de remise ou de chambre de service. Tout autour, dans une indescriptible pagaille, surtout dans le Nord, s'entassent piles de madriers, machines agricoles, carcasses de vieilles voitures.

Les exemples d'architecture ancienne finlandaise sont peu nombreux. Le bois résiste mal au temps, aux incendies et aux guerres, et la riche production artistique des églises du Moyen Âge s'est étiolée avec le protestantisme. Restent toutefois quelques superbes rescapées, comme l'église de Tornio en Laponie (1686) ou celle de Petäjävesi, près de Jyväskylä (1765 ; classée au Patrimoine mondial de l'Unesco). Parmi les édifices de pierre, les plus remarquables sont les châteaux médiévaux, tels ceux de Turku (XIIe s) et de Savonlinna (1475), et surtout 75 superbes églises essentiellement réparties dans le Sud (Ingå, Lohja, Sipoo, Hattula, Espoo, archipel d'Åland...), dont certaines ont conservé de superbes fresques médiévales naïves.

Les villes, hormis Helsinki, Turku, Tampere, Oulu et quelques autres traitées dans ce guide, feraient fuir le plus citadin des routards. Parfois construits en marge d'un centre ancien bien préservé, comme à Porvoo ou Rauma, la plupart des nouveaux centres urbains consistent en quelques rues géométriquement agencées au milieu de la plate campagne... Bétonnées et dépourvues de charme, elles sont avant tout des centres administratifs et commerciaux conçus pour être fonctionnels. On y trouve parfois un beau musée, mais l'on ne s'y attarde pas.

Les amateurs d'***architecture moderne*** seront cependant à la fête. Le précurseur fut Eliel Saarinen, auteur du pavillon finlandais de l'Exposition universelle de 1900 à Paris et créateur du style romantisme national (voir la rubrique « Littérature »), sorte de Jugendstil cossu et un peu empâté, intégrant au vocabulaire de l'Art nouveau des éléments du folklore national. Mais c'est grâce à l'immense talent d'***Alvar Aalto*** (voir la rubrique « Personnages »), chantre du fonctionnalisme et de l'architecture organique, que l'architecture finlandaise s'est forgé une réputation mondiale. Cependant Aalto, c'est un peu l'arbre qui cache la forêt : bien d'autres mériteraient plus d'attention, tel Reima Pietilä, à qui l'on doit, notamment, la fantastique église de Kaleva, à Tampere.

HISTOIRE

Les origines

Les Finlandais font partie des ***peuplades finno-ougriennes,*** parties voici environ 6 000 ans du fin fond de la grande plaine russe, quelque part dans la boucle de la Volga. Les ***Sámis,*** 1res tribus à s'aventurer sur l'actuel territoire finlandais après la dernière glaciation, ont été repoussés par le gros des envahisseurs, ***Finnois*** et autres ***Caréliens,*** alors que les ***Estes*** occupaient les rives de la Baltique (l'actuelle Estonie) et que les ancêtres des Hongrois se dirigeaient vers le sud-ouest.

L'histoire n'a pas gardé trace des 1ers siècles de notre ère, à part le souvenir des exactions des ***Vikings*** qui, dès le IXe s, passent joyeusement par la Finlande en y pillant villes et villages sur le chemin de la Russie.

L'emprise suédoise

À partir du XIIIe s, les Suédois s'intéressent à cette contrée sauvage et organisent leur ***1re croisade.*** Ils se heurtent aux Russes de la principauté de Novgorod, mais la paix est signée en 1323 : le ***traité de Pähkinäsaari*** trace dans les forêts profondes de Finlande une frontière entre la Suède et son voisin slave, sur une ligne reliant le lac Ladoga au nord du golfe de Botnie. En 1581, Jean, fils du grand Gustav Vasa, reçoit de son paternel un petit cadeau : le duché de Finlande. Les terres acquises sont partie intégrante de la Suède, les Finlandais sont de loyaux sujets de Sa Majesté. C'est l'époque où la Suède s'affirme comme une grande puissance européenne. Lors de la paix de Stolbova en 1617, les succès de ses armées lui permettent d'acquérir toute la Finlande actuelle ainsi que la Carélie, autour du lac Ladoga, et l'Ingrie, au fond du golfe de Finlande.

Le vent tourne

Mais un jeune loup aux dents longues arrive sur le trône russe, un certain Pierre Ier, que l'histoire retiendra sous le nom de Pierre le Grand. En 1703, il jette son dévolu sur une terre marécageuse au fond du golfe de Finlande pour y construire une nouvelle capitale dont il espère qu'elle lui donnera la maîtrise de la Baltique. Ces terres désertiques – qui verront la fondation de Saint-Pétersbourg – se trouvent à l'embouchure de la Léna, dans la province d'Ingrie, c'est-à-dire... en territoire suédois ! Sans coup férir, le jeune tsar envahit l'Ingrie et nargue Charles XII de Suède. Celui-ci commet alors une erreur fatale : il envahit la Russie et marche sur Moscou. Son armée, décimée par les intempéries et la disette, harcelée par les Cosaques, se fait écraser à Poltava en 1710. Coupé de ses arrières, Charles XII n'a plus comme recours que la fuite à travers l'Ukraine vers la Moldavie. ***Pierre le Grand envahit la Finlande,*** qu'il conquiert au prix de terribles souffrances pour les Finlandais. La période 1710-1721, pendant laquelle le peuple s'est réfugié dans les forêts pour échapper aux soudards russes déchaînés, est restée connue sous le nom de « la Grande Rage ». En 1721, par le traité de Nystad (Uusikaupunki en finnois), la frontière est alors tracée de manière presque identique à celle qui sépare aujourd'hui la Finlande de la Russie. Les Suédois n'admettent pas leur statut d'ancienne grande puissance : ils repartent en campagne contre la Russie en 1742, mais ils sont à nouveau battus et, en 1743, le traité de Turku repousse le tracé méridional de la frontière jusqu'à une ligne joignant Helsinki à Savonlinna. Obstiné, en 1788, Gustave III profite de la guerre russo-turque pour narguer la tsarine Catherine II, et il attaque derechef. Mais l'offensive est paralysée par l'insoumission de nombreux officiers et généraux, connue sous le nom de ***conjuration d'Anjala.*** Le but de ces conjurés est de créer un État autonome qui se placerait sous la protection de la Russie. Cette rébellion minoritaire, vite réprimée, est un événement important en ce sens qu'elle traduit l'apparition d'un réel sentiment identitaire, certains des Suédois établis en Finlande commençant à prendre leurs distances vis-à-vis de la mère patrie.

L'emprise russe

En mars 1808, Alexandre Ier lance une offensive militaire. L'armée russe caracole jusqu'à Turku et ***le tsar décide le rattachement de la Finlande à sa couronne.*** La Suède, affaiblie par des décennies d'instabilité politique puis de luttes d'influence entre Gustave III et la noblesse, se plie à la volonté de son puissant voisin, surtout lorsque ce dernier, au printemps 1809, utilise l'argument imparable d'une nouvelle offensive au nord du golfe de Botnie. La paix de Hamina définit la frontière entre Suède et Finlande, telle qu'elle est encore tracée de nos jours. Bon prince, le tsar convoque une diète à Borgå (Porvoo en finnois) et laisse une importante autonomie à son nouveau grand-duché. En effet, dans les 1res années de son règne, Alexandre Ier entend libéraliser son régime : la Finlande, avec ses institutions démocratiques et son système légal et juridique en place, lui servira de banc d'essai.

Dans l'ensemble, les Russes ont été bien accueillis en Finlande : les fonctionnaires en poste ont vu leur statut confirmé, et la majorité de la caste dirigeante flaire un commerce juteux. Les nouveaux sujets du tsar s'avèrent d'une fidélité sans faille et combattent avec tant de zèle dans ses armées que Nicolas Ier déclarera à ses conseillers hostiles à l'autonomie du grand-duché : « Laissez les Finlandais tranquilles. C'est l'unique province de mon empire qui, de tout mon règne, ne m'ait pas causé un seul instant de souci ou d'insatisfaction ! » La Finlande vit sa vie d'État constitutionnel, chapeautée par un régime autocratique : l'Empire russe. En l'absence de Conseil des ministres du tsar, il suffit au Sénat de mettre dans sa poche un seul ministre ou un unique conseiller pour défendre efficacement sa cause auprès du souverain !

2 visions opposées

Tout au long du XIXe s ***se développe un sentiment national*** concrétisant l'idée que la Finlande est un État, certes non souverain, mais séparé de la Russie. Ce sentiment est renforcé en 1856 par la guerre de Crimée : les marines française et anglaise bombardent alors les côtes finlandaises, pilonnant les villes et anéantissant une grande partie de la flotte marchande. Dès lors se manifeste une aspiration à la neutralité qui se fond dans un mouvement fennophile touchant toute la société.

Le finnois devient langue officielle. Mais, à la fin du siècle, avec l'accession de Nicolas II au pouvoir, se propage à Saint-Pétersbourg la thèse d'un État russe uni et indivisible, remplaçant le concept d'un empire rassemblant diverses nationalités...

En 1905, la guerre russo-japonaise se termine par un désastre pour la Russie. L'agitation qui s'ensuit débouche sur une révolution vite matée, mais le tsar doit concéder la création d'un Conseil des ministres et d'une assemblée, la Douma, où siégeront des élus du peuple. En Finlande, une grève générale permet des avancées significatives, notamment d'obtenir l'***élection d'une chambre au suffrage universel.*** Le droit de vote est accordé à tous les Finlandais de plus de 25 ans, femmes incluses – une 1re en Europe ! Ces acquis impliquent toutefois une contrepartie : l'envoi de délégués dans les nouvelles instances que sont le Conseil impérial et la Douma, ce que refuse la Finlande, qui ne veut pas se mêler des affaires de son partenaire pour mieux pouvoir exiger de gérer en paix les siennes ! À partir de 1910, la divergence de vues relatives au statut juridique de la Finlande est totale, ce qui conduit à une impasse législative.

Le temps des bolcheviques

La Révolution russe et la destitution du tsar, en 1917, permettent à la Finlande de réaliser enfin son vieux rêve. Lénine accepte son « détachement libre » afin de préparer « l'unification libre » des peuples frères au sein de la Fédération socialiste de Russie. ***En décembre 1917, la Finlande devient une nation indépendante,*** vite reconnue par la Suède, la France et l'Allemagne. Mais le chaos mondial se propage dans le pays. Le mouvement ouvrier se radicalise et crée ses gardes rouges ; la bourgeoisie organise ses milices, les gardes civiques. En ***janvier 1918*** éclate une impitoyable ***guerre civile*** entre Rouges, téléguidés par Lénine, et Blancs, soutenus par l'Allemagne et dirigés par le maréchal Mannerheim (voir la rubrique « Personnages »). Les 1ers sont écrasés et une ***répression sanglante*** s'abat, qui fait 37 000 morts. La Finlande échappe à la soviétisation, et un traité de paix avec l'encombrant voisin est signé en 1920.

Des débuts difficiles

Les débuts du jeune État sont difficiles : instabilité politique, retour des querelles linguistiques, menace de coup d'État, répression des groupes communistes, enlèvement de leaders de gauche par un puissant groupe extrémiste de droite, le *mouvement de Lapua.* Après des affrontements armés, ce dernier décrète une mobilisation de tous les gardes civiques, mais le gouvernement montre sa détermination et en fait arrêter les dirigeants. Le calme revient vite : la démocratie finlandaise est enfin assez forte pour se sortir seule d'une très mauvaise passe. Dès lors, la situation économique s'améliore rapidement. Tout va pour le mieux. La Finlande savoure son proverbe : « Paix sur la Terre : les Russes sont à Moscou »... Mais pour combien de temps ?

Le miracle de la guerre d'Hiver

En 1939, Staline lorgne la Baltique. En septembre, acoquiné avec Hitler, il dépèce la Pologne. En octobre, il propose à la Finlande un échange de territoires inacceptable pour le pays (du genre : tu me donnes un champ de céréales contre un hectare de caillasses). S'ensuit l'engrenage du droit du plus fort : l'URSS provoque un incident de frontière le 26 novembre, dénonce le traité de non-agression le 28, rappelle son ambassadeur le 29 et passe à l'attaque le 30. C'est la ***guerre d'Hiver.*** Les généraux soviétiques ont pour objectif d'offrir la Finlande au « petit père des peuples » pour son anniversaire, le 21 décembre...

Mais ils déchantent vite. Les communistes finlandais choisissent sans sourciller la cause nationale. Mannerheim galvanise ses troupes et l'Armée rouge, dans cette lutte du pot de terre contre le pot de fer, se ramasse d'abord une dégelée. Affaiblie par les terribles purges staliniennes, elle a perdu le meilleur de son encadrement. Les généraux amateurs qui conduisent la campagne commettent quelques erreurs monumentales.

De son côté, la diplomatie finlandaise défend efficacement sa cause auprès des démocraties qui s'apprêtent à intervenir. Des bombardiers anglais performants sont stationnés dans le pays : une menace directe pour le chemin de fer de Mourmansk, dont dépend le sort de centaines de milliers de soldats soviétiques massés du lac Ladoga à l'océan Glacial Arctique. En ***mars 1940,*** après beaucoup de sang versé, ***l'armistice est signé.*** La Finlande cède une grande partie de la Carélie et quelques zones frontalières dans le Nord mais préserve l'essentiel : son indépendance. De la guerre d'Hiver, l'historien Seppo Hentilä a écrit qu'elle « a influencé et continue à marquer la conscience historique et l'identité nationale des Finlandais plus fortement qu'aucune autre période charnière de l'histoire contemporaine ».

Coup de théâtre

En ***1941, Hitler*** s'apprête à retourner sa veste et à jeter aux orties le pacte germano-soviétique. Dans sa stratégie, il a impérativement besoin de ***passer par le territoire finlandais pour encercler Leningrad.*** Les Allemands commencent donc à courtiser la Finlande, l'équipent en matériel de guerre et lui font partager de plus en plus de secrets militaires : le pays glisse lentement dans l'orbite de Berlin. En juin, après l'agression allemande, les Soviétiques bombardent la Finlande et les Finlandais répliquent à leur tour, se considérant « partenaires de combat » des Allemands plutôt qu'alliés.

C'est la ***guerre de Continuation.*** Une armée allemande, arrivant de Norvège occupée, prend position en Laponie. Les Finlandais reconquièrent leurs terres et les réfugiés rentrent chez eux. L'armée finlandaise occupe même une grande partie de la Carélie orientale, en territoire soviétique, mais, à plusieurs reprises, ***Mannerheim*** refuse de marcher sur Leningrad comme le pressent les Allemands – prudent, il estime que les Russes ne pardonneront jamais à la Finlande l'éventuelle chute de la ville.

L'HOMME AUX MAINS D'OR

Le masseur finlandais (d'origine estonienne) Felix Kersten avait le don de calmer des douleurs insupportables. Il fut appelé par Himmler, tellement souffrant que même la morphine était inopérante. Le nazi sanguinaire tomba peu à peu sous sa dépendance totale, acceptant, à sa demande, de libérer des milliers de prisonniers des camps, Juifs et non-Juifs. Oublié à la Libération, il n'obtint jamais la médaille des Justes.

UN COCKTAIL EXPLOSIF

Lorsque, durant la guerre d'Hiver, les avions soviétiques attaquèrent Helsinki, Molotov déclara que ses troupes livraient de la nourriture aux Finlandais affamés ! Ceux-ci appelèrent alors ironiquement les bombes russes « paniers pique-nique Molotov ». L'armée finlandaise, mal équipée en armes antichars, utilisa alors massivement des bouteilles d'essence enflammée pour stopper les tanks – baptisées, elles, « cocktails Molotov »...

Anglais et Américains entrent dans le jeu : les 1ers déclarent la guerre à la Finlande en décembre 1941 et bombardent Petsamo, sur la côte de l'océan Glacial. Les Finlandais sont alors à portée de la voie ferrée de Mourmansk par laquelle transite toute l'aide anglo-américaine qui permet à l'URSS de ne pas s'effondrer. Le vieux maréchal Mannerheim tient peut-être entre ses mains le sort de l'URSS, mais il cède aux injonctions de sa conscience, de Londres et de Washington...
En ***janvier 1944,*** le siège allemand de Leningrad est levé. En juin, les Soviétiques cherchent à en finir avec la Finlande en lançant une ***violente offensive.*** Arrêtés par une résistance opiniâtre, ils proposent des pourparlers. À la perspective inéluctable de l'effondrement de l'Allemagne et pour éviter que la Finlande ne devienne une république soviétique, Mannerheim opte pour le réalisme : la Finlande revient à ses frontières de 1940 et abandonne l'Allemagne, entraînant le déclenchement de la ***guerre de Laponie.*** Les troupes nazies se replient sur la Norvège en mettant la Laponie à feu et à sang, pendant que Staline réclame aux Finlandais des dommages de guerre exorbitants.

La convalescence

Placé sous la coupe d'une commission de contrôle soviétique, obligé d'accueillir un demi-million de réfugiés et contraint de payer des dommages absorbant la quasi-totalité de sa capacité industrielle, le pays se retrouve au pied du mur. Opiniâtres (ah ! le fameux *sisu*... ; voir la rubrique « Sauna et *sisu* »), les Finlandais développent une industrie puissante pour « dédommager » l'URSS en trains, bateaux et machines-outils, et leur pays s'industrialise à vue d'œil. En 1947, au traité de Paris, ***la Finlande cède à l'URSS son débouché sur l'océan Arctique,*** et la commission de contrôle rentre à Moscou. Alors que les pays de l'Est tombent les uns après les autres sous la coupe de l'URSS, en avril 1948, la Finlande signe avec cette dernière un traité d'amitié qui garantit sa ***neutralité,*** écartant le pays de tout conflit entre superpuissances. On appellera ça la « finlandisation », expression teintée d'ironie pour décrire une neutralité sous tutelle, avec la complicité passive des autres pays occidentaux.

L'émancipation

Petit à petit, la Finlande retrouve une place parmi les nations, adhérant à diverses instances internationales dont l'ONU en 1955. L'année suivante, ***Urho Kekkonen*** accède à la présidence et ne la quittera qu'en 1981 (lire la rubrique « Personnages »). Cet homme de paix, conscient de la puissance du voisin de l'Est, sait, sans servilité, rassurer Moscou quant à la bienveillance et à la neutralité de son pays. En 1975, il organise à Helsinki la ***Conférence sur la sécurité et la coopération en Europe (CSCE),*** qui garantit « en principe » (c'est-à-dire selon le bon vouloir de Moscou !) la libre circulation des personnes et des idées dans les pays signataires, en particulier entre l'Est et l'Ouest.
Au ***boom économique des années 1980*** succède en 1992 une ***grave crise financière*** liée à l'effondrement de l'URSS. Cette crise met en évidence la fragilité structurelle de l'économie. La pauvreté explose, conduisant de nombreux Finlandais à la soupe populaire. Une coalition de partis hétéroclites se serre les coudes, vieux réflexe acquis à une époque où seule l'union permettait de tenir tête à Moscou, et administre (avec succès) une potion de cheval.
Le ***1er janvier 1995,*** après tant d'années sous l'aile du grand frère russe, ***la Finlande devient membre de l'Union européenne.*** En 1999, le pays adopte l'euro. Une page décisive est tournée.

La Finlande d'aujourd'hui

Malgré l'ancrage du pays dans l'Union européenne, l'enjeu principal de la politique extérieure finlandaise reste encore et toujours son positionnement entre l'Est et

l'Ouest. La Finlande continue d'appliquer une ***politique de non-alignement*** militaire et n'est pas (encore ?) membre de l'OTAN. Mais en 2009, face aux dérives autocratiques russes, la Finlande a signé avec l'OTAN un mémorandum d'entente sur la coopération mutuelle dans des domaines clés de la technologie de défense. L'annexion de la Crimée par la Russie de Poutine, en 2014, a relancé le débat.
En juin 2017, la Finlande a été touchée par le 1er attentat terroriste de son histoire, perpétré à Turku. Un individu se réclamant de Daesh a poignardé 10 personnes dans la rue, dont 2 sont décédées ; il a été condamné à la prison à vie. Cet événement, couplé à l'arrivée d'un certain nombre de réfugiés ces dernières années, a propulsé sur le devant de la scène le parti populiste et identitaire des Vrais Finlandais. Ce parti est arrivé en 2e position aux législatives d'avril 2019, au coude à coude avec les sociaux-démocrates.
Mais comme un vent de renouveau et de fraîcheur, en décembre 2019, ***Sanna Marin*** (SDP ; parti social-démocrate) était élue Première ministre. Âgée de 34 ans, elle devenait la plus jeune dirigeante de la planète, battant le dirigeant nord-coréen Kim Jong-un d'un cheveu !

LITTÉRATURE

La naissance du finnois écrit

Si la prononciation du finnois ne comporte aucune de ces irrégularités qui empoisonnent la vie des étudiants en français ou en anglais, c'est que sa transcription écrite est récente : ***jusqu'au milieu du XVIe s, personne n'avait eu l'idée d'écrire le finnois !*** L'idée a germé peu après l'introduction autoritaire de la Réforme en Finlande, dans le cerveau d'un proche de Luther, l'évêque Mikael Agricola. Celui-ci utilisa l'alphabet suédois pour transcrire le finnois avec des intentions très orientées : après avoir publié un *Abécédaire* (1542), il s'attela à un livre de prières pour le clergé (1544) et à une traduction du Nouveau Testament (1548). Ainsi rendue accessible au peuple, la nouvelle religion se répandit bien plus efficacement.
Les balbutiements de la littérature finlandaise furent quand même rédigés en suédois car, même après Agricola, le finnois écrit s'est limité pendant 2 siècles aux ouvrages religieux. La langue de la classe cultivée demeurait le suédois et, comme partout en Europe, celle des savants, le latin.

Le *Kalevala* et ses conséquences

L'absence de tradition écrite ne signifie pas une absence totale de littérature. De génération en génération s'était transmis un florilège de chants épiques que les bardes accompagnaient de l'instrument national, le *kantele,* sorte de cithare à 5 cordes. Il fallait un catalyseur : c'est là qu'apparaît ***Elias Lönnrot,*** fils de tailleur et médecin de campagne, aujourd'hui considéré comme un héros national. Pendant une dizaine d'années, il sillonne l'est du pays, recueillant poèmes, légendes et histoires populaires qu'il réécrit en 12 078 vers ordonnés en 32 chants. ***En 1835, le Kalevala est né.***
Quand la conversation avec vos amis finlandais s'oriente vers le *Kalevala,* ne le rabaissez pas à une quelconque *Chanson de Roland.* S'il raconte, en impliquant dieux et monstres dans les querelles des hommes, le combat du Kalevala avec le Pohjola, région sombre et glaciale du Nord où vit une tribu misérable et fourbe, ce n'est pas qu'une simple épopée. C'est une conception philosophique de l'univers, une cosmogonie populaire dont les héros sont des humains doués de pouvoirs extraordinaires. Le vieux barde Väinämöinen use de la puissance du verbe pour charmer les éléments naturels. Lemminkäinen, grand séducteur et vaillant guerrier, brave mille dangers pour conquérir la vierge de Pohjola. Le forgeron Ilmarinen

fabrique le *sampo,* objet magique capable de moudre blé et sel et de battre monnaie, censé apporter le bonheur aux hommes, mais qui les entraîne dans une guerre pour sa possession.
Paru à une période où se réveille le sentiment national sous une administration russe débonnaire, ce monument majeur de la littérature mondiale reprend les fondements de la culture, de la littérature et de l'histoire finnoises, lui offrant d'un coup une place de choix sur la scène européenne. Lönnrot vient d'assurer ses vieux jours. Comparé à Homère en personne, le voilà promu professeur de littérature à l'université d'Helsinki. Il publie de nombreux ouvrages, dont un *Nouveau Kalevala* (près de 23 000 vers) et un monumental dictionnaire finnois-suédois.
Avec le *Kalevala,* les Finlandais d'expression finnoise découvrent soudain qu'ils possèdent une tradition et une littérature qui ne doivent rien à personne, et surtout pas aux occupants suédois ou russes. Ce constat nourrit un mouvement artistique appelé « romantisme national » et un irrédentisme opiniâtre qui opposera une résistance passive sans faille aux tentatives de russification du tsar Nicolas II. Jusqu'à aujourd'hui, il n'est guère d'artistes finlandais qui n'aient été inspirés par le *Kalevala,* et il en est au moins 2, immenses, qui en ont tiré la quintessence de leur art : le peintre Akseli Gallén-Kallela, qui a si bien rendu le sentiment d'isolement dans l'immensité de la nature carélienne et la poésie un rien naïve de l'univers kalevaléen, et le compositeur Jean Sibelius, dont la *Suite du Kalevala* s'inspire des toiles de Gallén-Kallela. De nos jours, le *Kalevala* est fêté le 28 février, date anniversaire de sa publication. Sacrés Finlandais : vous en connaissez beaucoup, des peuples qui fêtent la parution de leur livre fondateur ?

Pendant ce temps les Suédois...

Pendant ce temps, les suédophones ne se laissent pas intimider par ces mouvements qualifiés de « fennomanes » et rivalisent même de nationalisme finlandais. ***Johan Ludvig Runeberg,*** aujourd'hui appelé « poète national finlandais », écrit l'hymne national intitulé (question originalité, on a déjà vu mieux !) *Notre patrie.* Point commun avec la poésie issue du *Kalevala* : le sentiment de la nature omniprésent. Quant à Johan Vilhelm Snellman, il écrit une *Théorie de l'État* inspirée de Hegel, professant que le peuple finlandais ne trouvera son identité qu'en hissant sa langue traditionnelle sur un pied d'égalité avec le suédois. Joignant le geste à la parole, cet étonnant philosophe et homme d'État dirige la création de la monnaie finlandaise (1860) et arrache au tsar un oukase déclarant le finnois langue officielle (1863) !

... et les Finnois

Dès lors, après quelques débuts difficiles, la littérature finlandaise d'expression finnoise allait exploser. Tout d'abord, avec ***Aleksis Kivi,*** dont le destin fera pleurer dans les chaumières : 1er dramaturge du cru avec sa comédie *Les Savetiers de la lande* (1864), il met toute son âme à donner au finnois sa 1re œuvre romanesque, *Les Sept Frères* (1870). Bide complet ! L'homme qui vient d'inventer la littérature et le théâtre finnois sombre dans l'alcoolisme et meurt misérable à 38 ans. Incontournable aujourd'hui de la littérature finnoise, l'ouvrage était trop surprenant pour son époque. Composé en partie de dialogues théâtraux présentés comme ceux d'une pièce et, en partie, d'un récit enchâssé de contes, légendes, poèmes, fables et chansons populaires, il décrit la fuite et le retour de 7 garçons dont chacun représente une facette de l'âme finnoise : le bon sens, l'intelligence, l'amour de la nature, la pingrerie, etc. Si vous ne deviez lire qu'un seul livre afin de comprendre le pays, que ce soit celui-là (*Les Sept Frères,* Livre de Poche) ! Comme le dit joliment M. Larousse, *kivi* signifie « pierre », et c'est sur cette pierre que s'édifie la littérature finnoise depuis plus d'un siècle.
Puis le courant réaliste et naturaliste dresse le constat de l'état de la jeune nation à l'aube du XXe s. Juhani Aho, disciple de Maupassant, auteur de *L'Écume des*

rapides, puise dans ses souvenirs d'errances enfantines entre lacs et forêts : au XVIIe s, aux confins de la Carélie russe et de la Carélie finlandaise, dans un paysage austère de forêts sans fin, de marécages et de rapides, le vieux Juha est délaissé par sa jeune épouse Marja, enlevée de son plein gré par un riche et illustre descendant d'une famille de trafiquants et de trappeurs.
Dans le courant du XXe s, floraison d'auteurs. Frans Emil Sillanpää, Prix Nobel 1939, inspiré par la douloureuse guerre civile d'indépendance, publie *Sainte Misère* (1974, Nouvelles Éditions latines). Puis ***Mika Waltari*** (voir la rubrique « Personnages ») se fait connaître par de puissantes fresques historiques dont *Sinouhé l'Égyptien.* On vous conseille *Danse parmi les tombes* (1994, éd. Phébus). Écrit en 1944 pendant les heures sombres d'une guerre interminable, ce livre profondément patriotique met en évidence les tiraillements du peuple finnois, coincé entre ses 2 puissants voisins : en 1809, le tsar Alexandre Ier attaque la Suède pour lui ravir la Finlande et se pose en libérateur. Dans un style parfois naïf, Waltari décrit l'amour poétique entre le tsar et une jeune fille de l'aristocratie finlandaise, et brosse magistralement le tableau d'un pays déchiré, partagé entre révolte et soumission (en d'autres temps, on dira « résistance » et « collaboration »...).

MÉDIAS

VOTRE TV EN FRANÇAIS : TV5MONDE la 1ère chaîne culturelle francophone mondiale

Avec ses 10 chaînes et ses 14 langues de sous-titrage et sa nouvelle plateforme numérique TV5MONDEplus, TV5MONDE s'adresse à 353 millions de foyers dans 198 pays du monde par câble, satellite et sur IPTV est présent dans plus de 3 millions de chambres d'hôtels. Vous y retrouverez de l'information, du cinéma, du divertissement, du sport, du documentaire... Préparez votre séjour grâce à son site voyage ● *voyage.tv5monde.com* ● et en voyage, restez connecté avec les applications et le site ● *tv5monde.com* ● Demandez à votre hôtel le canal de diffusion de TV5MONDE et contactez ● *tv5monde.com/contact* ● pour toutes remarques.

Presse écrite

Le Finlandais est un des plus gros consommateurs de journaux au monde, ce qui permet des tirages importants pour la taille du pays. Parmi les quelque 300 quotidiens publiés, les principaux sont le *Helsingin Sanomat,* fondé en 1889 et de loin le plus vendu (tirage de 325 000 exemplaires), le *Ilta-Sanomat,* un tabloïd *people* fondé en 1932 et *Aamulehti,* fondé en 1881. Les 2 premiers sont contrôlés par le même groupe Sanoma WSOY, maison d'édition littéraire fondée en 1878 et devenue n° 1 des médias. Il faut aussi mentionner le *Hufvudstadsbladet,* plus gros tirage en langue suédoise, qui défend les intérêts de la minorité suédophone et des idées libérales. Et n'oublions pas ***Helsinki Times*** (● *helsinkitimes.fi* ●), un hebdo anglophone (ça aide...), présent uniquement en ligne depuis que l'édition papier a été supprimée en 2015.

Télévision

Il existe 4 chaînes de télévision en Finlande, dont 2 sont publiques (YLE1 et YLE2). Leur opérateur est la société nationale de radiotélévision Yleisradio (YLE), qui produit des programmes tant pour la majorité finnophone que pour la minorité suédophone. MTV3 (Mainos TV, c'est-à-dire TV publicitaire, qui n'a strictement rien à voir avec son homologue musicale internationale !), est une chaîne privée appartenant à Alma Media Oy, n° 2 des médias. Enfin, Ruutunelonen, l'autre chaîne privée, appartient au groupe Sanoma WSOY.

Quelle que soit la chaîne, les films étrangers (américains, mais aussi allemands, espagnols... et français !) sont diffusés en version originale sous-titrée en finnois ou en suédois : on comprend mieux l'excellent niveau des Finlandais en langues étrangères.

Radio

YLE gère de nombreuses chaînes :
– 3 en finnois : YLE1 (musique classique et programmes culturels), Radiomafia (musique pour les jeunes) et Radio Suomi (actualités, sports et programmes régionaux), la plus écoutée, qui diffuse après 23h des actualités en anglais et en allemand ;
– des programmes nationaux en suédois diffusés par Radio Vega, des programmes régionaux diffusés par Radio Extrem, et les programmes à destination de la population de langue sámie diffusés par Saamen Radio ;
– des programmes destinés aux étrangers, en plusieurs langues, dans la région d'Helsinki (voir à cette ville) ;
– enfin, diffusées par satellite dans le monde entier, ses émissions destinées à l'étranger, en suédois, en anglais, en allemand, en français, en russe et... en latin (Nunti Latini).

MUSIQUE

Il existe plusieurs spécificités de la musique finlandaise. La plus surprenante est peut-être... le ***tango,*** qui a trouvé en Finlande sa ***2de patrie*** ! Ici, le rythme est plus lent et moins syncopé qu'en Argentine, les paroles moins dramatiques et plus mélancoliques, et vous apprendrez vite à faire la différence entre *La Cumparsita* et *Satumaa* (en finnois, « pays de conte de fées »), un des classiques locaux qui exalte la nostalgie d'un pays lointain où la vie serait idyllique. L'accordéon est toujours à la fête, et les paroles exaltent souvent la nature... et l'amour toujours !
Côté musique classique, c'est bien sûr ***Sibelius*** qui mène la danse (voir la rubrique « Personnages »). Mais il ne doit pas être l'arbre qui cache la forêt et, en particulier, 2 grands compositeurs contemporains : Einojuhani Rautavaara et Kaija Saariaho. Le 1er, symphoniste hors pair dont les harmonies s'inscrivent dans la droite ligne de Sibelius, écrit par ailleurs des pièces aux sonorités diaphanes pour orchestre à cordes et met en musique l'ambiance mystérieuse de la migration des cygnes sauvages dans le magnifique *Cantus articus.* La 2de mêle habilement instruments et musique électroacoustique, en une musique impressionniste aux atmosphères mystérieuses (citons, par exemple, les très beaux *Six Japanese Gardens*). La direction d'orchestre n'est pas en reste, puisque Esa-Pekka Salonen, après avoir dirigé l'orchestre de Los Angeles, est, depuis 2008, à la tête du London Philharmonia Orchestra et s'avère l'un des grands chefs de ce début de siècle.

Au pays du heavy metal

Le metal finlandais est la scène la plus prolifique du monde : on dénombre plus de 3 000 groupes pour 5,5 millions d'habitants, un record absolu ! Certains groupes ont obtenu de beaux succès internationaux tout en conservant leur particularisme culturel. Ainsi, ***Amorphis*** *(● amorphis.net ●),* dont les titres des 1ers albums sont un manifeste national : *The Karelian Isthmus, My Kantele, Tuonela,* et surtout le majestueux *Tales From The Thousand Lakes,* qui tire ses paroles du *Kalevala* tout en combinant *heavy, doom, death* et progressif en un album qui, en 1994, a ébouriffé le monde du metal. Depuis, le groupe s'est orienté vers le metal symphonique. Moins tourné vers son patrimoine, ***Stratovarius*** *(● stratovarius.com ●)* a été considéré par certains comme le plus grand groupe de metal progressif des années 1990, avant qu'***Apocalyptica*** ne prenne le relais dans les années 2000.

Dans un style plus jusqu'au-boutiste, s'il ne fallait en retenir qu'un, ce serait sans conteste ***Impaled Nazarene,*** le groupe le plus provocateur du pays, auquel les fans vouent un véritable culte. Le groupe de Mika Luttinen pratique depuis le début des années 1990 une musique sauvage et sans concession, mélange de black metal, de punk et de trash accompagnés de hurlements passionnés sur leurs thèmes de prédilection que sont la mort, le sexe à outrance, l'alcool, les drogues, la guerre russo-finlandaise, le satanisme et la destruction de l'humanité.
Mais là où le metal finlandais replonge dans les racines de la culture traditionnelle, c'est avec les groupes de folk metal apparus dès 1997. ***Finntroll*** (nom inspiré par une vieille légende où des prêtres suédois rencontrent en Finlande un individu sauvage qui décime leur groupe) combine black et *death* avec la *humppa,* variété finlandaise de la polka. Les paroles évoquent en suédois le combat des trolls contre l'invasion chrétienne de leurs terres, sur un fond d'instruments folkloriques comme l'accordéon ou la vielle à roue. Quant à ***Korpiklaani*** *(• korpiklaani.com •),* groupe écologiste dont la musique mélange aussi heavy metal, *humppa* et instruments folks, on perçoit dans ses textes, outre le lien intime à la nature révélateur de la culture finlandaise, un aspect très festif volontiers ponctué de libations déconseillées aux petites natures.
Dans un autre registre, pour terminer, citons 2 groupes pour oreilles curieuses :
– 22 Pistepirkko, un trio concoctant depuis 1980 une mixture étonnamment créative à base de pop, de rock, de folk, de blues, voire d'électro. Ils nous surprennent à chaque album, dont l'incontournable *Drops and Kicks.* • *22-pistepirkko.net* • ;
– Värttinä, un groupe de chanteuses et d'instrumentistes créé en 1989 et excellant dans un folk-pop très fusion aux évidentes influences caréliennes et irlandaises. Ses recherches rendent parfois le groupe difficile à suivre, mais l'album *Iki* (2003) a ravi les amateurs de belles voix féminines et ceux des sonorités de la langue finnoise. • *varttina.com* •

PERSONNAGES

– ***Gustaf Mauritz Armfelt*** *(1757-1814)* **:** né en Finlande d'une petite noblesse, Gustaf Mauritz Armfelt possède d'éminentes qualités morales et physiques qui font de lui le protégé de Gustave III et le 2e personnage du royaume de Suède. Comme général, il s'illustre en Finlande contre les Russes, en Norvège contre les Danois et en Poméranie contre les Français. Après l'assassinat de son roi, victime d'une machination, il tombe en disgrâce et est condamné à mort. Il trouve refuge en Russie. Réhabilité, il reprend part à la vie politique suédoise sans toutefois retrouver son rang. Le rattachement de la Finlande à la Russie et l'accession de Bernadotte au trône de Suède le conduisent à quitter la Suède et à se mettre au service du tsar Alexandre Ier, dont il devient le favori. Armfelt est alors le 1er gouverneur général du grand-duché autonome de Finlande.
– ***Jean Sibelius*** *(1865-1957)* **:** • *sibelius.fi* • Rarement un compositeur aura été à ce point le chantre inspiré de l'esprit de sa patrie. En 1892, la 1re exécution publique de ses œuvres, en particulier du poème symphonique *Kullervo,* est un triomphe. Grâce

UN SUCCÈS MONSTRE

Des groupes finlandais de metal, le plus médiatique est Lordi, gagnant iconoclaste et éructant du concours Eurovision de la chanson en 2006. Ces monstres en caoutchouc, pourvus de cornes, de griffes et de dents acérées, dissimulés sous une épaisse couche de maquillage et juchés sur des semelles de 20 cm, ont alors défrayé la chronique et sont devenus de véritables héros dans leur mère patrie. Ces émules de Kiss et de Gwar ont ouvert un resto-bar bien glauque à Rovaniemi, ville d'origine du leader du groupe.

à un réel talent mélodique et à un véritable génie harmonique, Sibelius participe au mouvement du romantisme national en mettant en musique l'esprit et les héros du *Kalevala.* Nombre de ses œuvres sont directement inspirées de cette épopée, telles les *Légendes de Lemminkäinen,* et chaque note de ses symphonies respire l'univers kalevaléen. Plusieurs de ses compositions, tel le poème symphonique *Finlandia,* écrit en 1899, deviennent en temps de guerre de véritables hymnes nationaux. Sibelius est l'auteur de nombreuses pièces de musique de chambre, de valses symphoniques (la fameuse *Valse triste,* c'est de lui), de 7 symphonies (des extraits de la 4e ont été sélectionnés par Stanley Kubrick pour la bande originale de *2001 : l'Odyssée de l'espace*) et d'un magnifique concerto pour violon. On dit que pour chacune de ses symphonies, une ride verticale se creusa sur son front. Heureusement qu'il n'en a pas écrit 106 comme Haydn !

– ***Akseli Gallén-Kallela*** *(1865-1931) :* ● *gallen-kallela.fi* ● Ce peintre débute dans un style réaliste puisant ses sujets dans la vie rurale. Mais sa forte personnalité va s'épanouir en 1891 quand il remporte un concours pour l'illustration du *Kalevala,* dans un style personnel d'inspiration néoromantique, aux contours marqués et aux couleurs vives, empreint d'une poésie sauvage et de visages sombres et épiques. Il vient de jeter les bases d'une œuvre qui est aujourd'hui tant le poncif de l'iconographie du *Kalevala* qu'une institution nationale aux personnages de laquelle les Finlandais se familiarisent dès les bancs de l'école. Lors de l'Exposition universelle de 1900 à Paris, Gallén-Kallela décore le pavillon finlandais dans un style qui reflète déjà l'indépendance de la culture et de l'esprit finlandais. Peu d'artistes peuvent ainsi se prévaloir d'avoir contribué à faire reconnaître leur pays aux yeux du monde.

– ***Carl Gustaf Emil, baron Mannerheim*** *(1867-1951) :* ● *mannerheim.fi* ● *Version en français.* Engagé dans l'armée russe, cet officier est de tous les conflits dans lesquels l'Empire est impliqué, où il commande un corps d'armée. Ce long service aux côtés du tsar Nicolas II ne lui inspire guère d'amour pour les Bolcheviques. En 1918, il se propose comme généralissime des forces armées de la jeune nation finlandaise, bientôt déchirée par la guerre civile. Son charisme et son énergie joueront un rôle décisif dans la déroute des Rouges. Après son échec à l'élection présidentielle de 1919, il reste actif au Conseil de défense et, convaincu du « danger qu'une nouvelle guerre [...] enflamme l'Europe entière », se fait l'artisan de la construction de solides fortifications le long de la frontière russe, bientôt nommées « ligne Mannerheim ». Promu commandant en chef des forces armées, Mannerheim devient l'inspirateur de la résistance acharnée des troupes finlandaises lors de l'agression de Staline en 1939. Élu président en 1944, il négocie l'armistice avec les Alliés, évitant ainsi l'occupation de son pays pourtant rangé du côté allemand. Il démissionne en 1946 pour raisons de santé.

– ***Paavo Nurmi*** *(1897-1973) :* probablement le plus grand coureur de fond de tous les temps. Recordman du monde du 1 000, du 5 000 et du 10 000 m en 1923, 9 médailles d'or aux Jeux olympiques de 1920 à 1928. À Paris, aux J.O. de 1924, il gagne le 1 500 m. Puis 40 mn plus tard, il s'aligne sur le 5 000 m qu'il remporte sans coup férir ! En 1932, accusé d'avoir été rémunéré pour une tournée en Allemagne, à une époque où on ne plaisantait pas avec le sport amateur, Nurmi est interdit de Jeux par la Fédération internationale d'athlétisme alors qu'il se préparait à couronner sa carrière en participant au marathon. Encore aujourd'hui, il reste un sportif de légende. Des statues lui rendant hommage ont fleuri dans toute la Finlande, comme à Turku, sa ville natale.

– ***Alvar Aalto*** *(1898-1976) :* ● *alvaraalto.fi* ● Jeune architecte, Alvar épouse son assistante Aino en 1924, une jeune femme moderne et cultivée qui aime les voyages. Aalto développe un coup de patte bien à lui, pensant ses immeubles en fonction de la nature qui les entoure et des gens qui les occupent. Virtuose de la courbe (prédestination ? *Aalto* signifie « la vague »), révélé par la construction des pavillons finlandais aux Expos de Paris en 1937 puis de New York en 1939, il est incroyablement prolifique dans son pays. Il élabore entre autres les plans d'urbanisme pour la reconstruction de villes détruites par la guerre (la plus célèbre étant Rovaniemi), construit la Maison de la culture et le Finlandia Hall d'Helsinki, ainsi que l'église d'Imatra. Il est à l'aise partout où on l'appelle pour un nouveau chef-d'œuvre : l'Institut de technologie du Massachusetts (le fameux MIT), une usine de papier au Pakistan, un centre culturel en Allemagne, la poste de Bagdad, le centre artistique d'Aalborg au Danemark, etc.

– ***Urho Kaleva Kekkonen*** *(1900-1986)* **:** si Mannerheim fut un homme de guerre adulé par son peuple, Kekkonen en est le pendant côté paix. En 1956, il devient président de la République, élu pour 6 ans. Il le restera, réélu sans interruption (y compris par des tours de passe-passe électoraux peu orthodoxes) jusqu'à sa démission pour raisons de santé en 1981. Il joua un rôle essentiel dans le statut de la Finlande pendant la guerre froide. Les Soviétiques voulaient un président capable de repousser les avances de l'Ouest. Les Finlandais voulaient un président capable de tenir Moscou à distance. Kekkonen réussit sur les 2 plans. Il était révéré par la majorité des Finlandais et craint par ses ennemis, qui attribuaient à la Finlande le doux nom de Kekkoslovakia !

– ***Mika Waltari*** *(1908-1979)* **:** un monument de la littérature finlandaise. Le petit Mika perd son pasteur de père à l'âge de 5 ans. Ses 2 oncles influencent sa destinée : Toivo est docteur en théologie et Jalo est versé dans les matières artistiques. Le petit Mika choisit les arts et la littérature et rédige une thèse consacrée aux rapports... entre religion et érotisme. Dès l'âge de 20 ans et pendant plus de 3 décennies, Mika Waltari va se révéler un touche-à-tout de génie, produisant romans historiques, romans policiers, poèmes, nouvelles, essais, contes, sans oublier 26 pièces de théâtre et de nombreux scénarios de film. Cette boulimie a un prix : Waltari fait de nombreux séjours à l'hôpital pour des insomnies et dépressions. Dans son œuvre, il s'interroge d'ailleurs sans cesse sur le sort des valeurs humanistes dans un monde matérialiste. Après la Seconde Guerre mondiale, il exprime son pessimisme et son attachement aux valeurs chrétiennes au travers de véritables fresques historiques : *Sinouhé l'Égyptien, Les Amants de Byzance, L'Étrusque,* pour ne citer que les titres disponibles en français.

– ***Martti Oiva Kalevi Ahtisaari*** *(1937)* **:** remarquable diplomate, il obtient le prix Nobel de la paix 2008. Né à Viipuri (aujourd'hui Vyborg, en Russie), il connaît en 1940 la guerre d'Hiver. Est-ce pour cette raison que le jeune Martti se mettra toujours au service de causes perdues d'avance ? Ministre des Affaires étrangères de Finlande, médiateur de l'ONU après la guerre du Golfe puis pendant la guerre de Bosnie-Herzégovine, il est élu président de la République finlandaise en 1994. Pendant son mandat, il négocie avec Slobodan Milošević la fin des combats du Kosovo. Une fois libéré de la présidence, ce n'est pas encore l'heure de la retraite : il est inspecteur du désarmement de l'IRA, envoyé spécial des Nations unies dans la corne de l'Afrique et il crée une ONG œuvrant pour la paix, à la tête de laquelle il conclut des négociations de paix entre le gouvernement indonésien et les séparatistes d'Aceh.

– ***Arto Paasillina*** *(1942-2018)* **:** dès ses 13 ans, le jeune Arto se lance dans la vie en exerçant divers métiers comme bûcheron ou ouvrier agricole, se confrontant à la culture rurale et à des valeurs dont toute son œuvre sera imprégnée. À 20 ans, il décide de reprendre ses études pour devenir journaliste. Mais à 33 ans, il estime que ce métier devient de plus en plus superficiel et, ayant vendu son bateau pour prendre un congé sabbatique, il se lance dans l'écriture du *Lièvre de Vatanen,* qui va rapidement devenir un livre culte dans de nombreux pays. Aujourd'hui, il est traduit dans une trentaine de langues. Voir la rubrique « Livres de route » dans « Finlande utile ». Arto Passillina est mort en octobre 2018, après avoir écrit plus de 30 ouvrages.

– ***Tarja Halonen*** *(1943)* **:** Madame la Présidente est une figure atypique de la politique finlandaise. Issue d'un milieu modeste, mère célibataire, pacifiste, féministe, avocate des minorités (Sámis, Roms, homosexuels, transsexuels...), militante pour une mondialisation équitable, pour l'aide aux pays en développement et le dialogue Nord-Sud, elle a si bien su faire les compromis nécessaires qu'en 2004 sa cote de popularité est montée jusqu'à 94 % ! De quoi rendre jaloux tous les autres présidents démocratiquement élus. Mais la versatilité de l'opinion est telle que sa réélection en 2006 n'a été acquise qu'à une courte majorité. Son mandat s'est achevé comme prévu en 2012, la Constitution lui interdisant de se représenter.

– ***Ari Vatanen** (1952) :* • *arivatanen.com* • Légende vivante des rallyes automobiles depuis sa victoire au championnat du monde en 1981. En 1987, 1989, 1990 et 1991, il signe une quadruple victoire dans le Paris-Dakar. Sa personnalité intègre, sa foi religieuse et sa tempérance absolue (il fête sa victoire... par un verre de lait !) en ont fait un personnage cher au cœur des Finlandais. En 1983, il s'installe dans le sud de la France, où il acquiert une ferme et un vignoble. Il est élu député européen en 1999, sur une liste finlandaise. En 2004, il se fait élire en France... sur une liste de l'UMP ! Mais il perd son siège en 2009. Entre-temps, il est revenu à la compétition en participant plusieurs fois au « Dakar » entre 2003 et 2007. En 2009, il échoue dans la course à la présidence de la Fédération internationale de l'automobile.

– ***Mika** (1955) **et Aki** (1957) **Kaurismäki :*** des frères réalisateurs prolifiques en diable qui, à leur période la plus créative, produisaient à eux 2 près de 20 % du cinéma finlandais ! Sans diminuer Mika et en particulier son magnifique *Moro no Brasil,* nous avons une préférence pour le cadet Aki, dont les films sont courts (entre 70 et 90 mn), excentriques, souvent pulsés par un solide rock'n'roll et peuplés de Finlandais plus lugubres et plus imbibés que de nature. Vous avez peut-être vu *La Vie de bohème, Au loin s'en vont les nuages, L'Homme sans passé,* ou encore *Le Havre.* Mais le plus connu est sans conteste *Leningrad Cowboys Go America,* dont son auteur a un jour déclaré en substance : « C'est le pire film de toute l'histoire du cinéma, si l'on excepte ceux de Stallone ! »

– ***Kimi Räikkönen** (1979) :* • *kimiraikkonen.com* • Le digne successeur de Mika Häkkinen (champion du monde des conducteurs en 1998 et 1999). Il commence par le karting, à l'âge de 8 ans. En 2001, il intègre la F1 sous les couleurs de Sauber. Engagé l'année suivante par l'écurie McLaren-Mercedes avec laquelle il passe 5 saisons, Kimi remporte son 1er Grand Prix en 2003 et se hisse à la 2e place du podium. Après avoir rejoint la légendaire *scuderia* Ferrari, il remporte en 2007 le titre suprême de champion du monde. En 2010, il rejoint le monde du rallye avec Citroën Racing avant de retourner à la F1 en 2012 pour Lotus, et en 2014 pour Ferrari. En 2018, il remporte le grand prix des États-Unis. « Iceman », son surnom, fait référence à son exceptionnel sang-froid.

POPULATION

Les Finno-Ougriens

On ne le répétera jamais assez : contrairement aux idées reçues, ***la Finlande n'est pas un pays scandinave !*** La Scandinavie est une entité culturelle, linguistique et ethnique englobant Danemark, Suède, Norvège, Islande et îles Féroé. Tous ces pays ont été naguère envahis par des peuplades germaniques vénérant les dieux Ases, dont papa Odin (alias Wotan) et son fiston Thor. Les tribus à l'origine de la Finlande appartiennent à un groupe linguistique et humain appelé finno-ougrien, venu de la steppe russe et adorant un panthéon original, dont les membres les plus représentatifs se nomment Tapio, Ahti, Ilmarinen et Ukko (voir la rubrique « Religion et croyances »). Plus tard, les populations venues de Suède se sont mêlées à ces 1ers habitants. Aujourd'hui, certains chercheurs estiment que les gènes du Finlandais ne sont que pour ¼ finno-ougriens et pour le reste germaniques, baltes et même russes.

Les Suédois

La longue période passée sous la férule suédoise explique l'existence d'une minorité suédophone en Finlande. La Constitution de 1919 plaça finnois et suédois sur un pied d'égalité, même si la population suédophone ne comptait que pour 13 %. Aujourd'hui, elle ne représente plus que 5,5 % environ, mais sa sauvegarde est assurée par les lois linguistiques : est officiellement bilingue toute commune dans laquelle 3 000 personnes ou 8 % de la population sont de langue maternelle suédoise ; ***l'enseignement du suédois est obligatoire en primaire*** ; les citoyens choisissent la langue de scolarisation de leurs enfants et celle de leurs rapports avec les autorités. Vous reconnaîtrez les villes et villages bilingues aux indications urbaines et routières rédigées dans les 2 langues, par exemple Turku et Helsinki dont les noms suédois sont Åbo et Helsingfors. Quant aux îles Åland, elles sont intégralement de culture et de langue suédoise. Si vous vous trouvez dans une bourgade suédophone le 13 décembre, ne ratez pas la grande fête de la Sainte-Lucie, date à laquelle on célèbre la lumière.

Les Sámis

On les appelait jadis Lapons, sans savoir qu'ils jugent ce terme péjoratif. Les Sámis, donc, n'ont longtemps partagé avec les Finnois qu'un seul vrai point commun : leurs racines finno-ougriennes. Installés dans le pays en 1er, ils ont été repoussés sans ménagement vers le nord par leurs « cousins » finnois. Le même processus se produisant en Scandinavie où Norvégiens et Suédois se sentaient un peu à l'étroit, les Sámis ont vu leur territoire se rétrécir comme peau de chagrin. Nomades par vocation, domestiquant le renne pour tirer le traîneau en hiver et assurer leur subsistance (lait, viande, vêtements...), ils se sont installés dans cette contrée inhospitalière que les géographes appellent Laponie, au-delà du cercle polaire, à cheval sur la Norvège, la Suède, la Finlande et la Russie. En Finlande, ils seraient moins de 10 000 (4 fois moins qu'en Norvège).

Les Sámis ont été à 2 doigts de tout perdre. Le défrichement qui provoque la régression des zones de pâturage des rennes, les entraves au nomadisme traditionnel, les ravages de la guerre de Laponie, l'alcoolisme, l'assimilation, l'abandon progressif des différents dialectes ont porté de rudes coups à l'identité de ce petit peuple, malgré la ***création en 1956 d'un Conseil sámi nordique*** visant à défendre les intérêts des Sámis « de manière compatible avec leurs devoirs envers leurs nations respectives » (sic !).

Cependant, le courant s'est inversé durant la dernière décennie du XXe s. La ***langue sámie*** s'est vu attribuer un ***statut de langue officielle*** en Laponie finlandaise, ce qui permet aux Sámis de nationalité finlandaise de poursuivre toute leur scolarité dans la langue de leurs ancêtres et, à 16 ans, de choisir celle-ci pour l'épreuve de langue maternelle au bac. La nation sámie possède désormais un hymne national, une fête nationale (le 6 février), un drapeau (très coloré !) et une autonomie constitutionnelle lui ayant permis d'établir un parlement – au rôle principalement consultatif. Les gardiens de troupeaux se déplacent à motoneige et ils communiquent par téléphone portable. Mais les traîneaux et les *joiks* sont toujours là, un peu pour la tradition et beaucoup pour satisfaire le touriste ! Si - 20 °C ne vous font pas peur, vous avez encore une chance de découvrir la dernière grande manifestation de culture sámie en assistant à la fête de Pâques à Kautokeino, en Laponie norvégienne ; c'est l'occasion pour tous les Sámis de se retrouver, de rivaliser en joutes et en courses (de rennes, bien sûr !), et de célébrer les mariages de l'année. Un *must*.

■ ***Parlement sámi*** *(Sámediggi)* **:** *au Sajos, à* ***Inari.*** ☎ *010-839-31-00.* ● *samediggi.fi* ●

Et les autres

Enfin, quelque 10 000 Roms vivent dans le Sud. Ils utilisent leur propre langue, dite « romani » ou « tsigane de Finlande ». On les reconnaît facilement, surtout les femmes avec leurs étranges jupes noires à crinoline et leurs corsages blancs aux motifs bleu argenté.
Quant aux ***communautés étrangères,*** elles regroupent environ 370 000 personnes (6,8 % de la population), dont la russe (31 000), l'estonienne (50 000), la chinoise (11 000) et la suédoise (8 000). L'immigration récente provient surtout d'Irak, d'Afghanistan et de Syrie. Ayant reçu 43 000 demandes d'asile depuis 2015, dont la majorité a été rejetée, la Finlande s'avère moins accueillante que son voisin suédois. Pourtant, ce faible nombre de réfugiés suffit à engendrer son lot de crispations identitaires, dans un pays traditionnellement assez fermé aux apports étrangers. L'extrême droite finlandaise, jusqu'ici très discrète, progresse dans les urnes. Toutefois, comme la population vieillit et que la natalité reste faible, l'immigration est une nécessité économique. D'ailleurs, le marché du travail finlandais absorbe plutôt volontiers cet apport de main-d'œuvre. Mais le climat et la complexité de la langue forment 2 barrières redoutables au processus d'intégration et conduisent même à de nombreux retours volontaires (ainsi, entre 2015 et 2017, plus de 5 000 Irakiens ont préféré annuler leur demande d'asile et rentrer au pays !).

Portrait de la société finlandaise

Convoitée sans cesse par les Russes et possession suédoise pendant plusieurs siècles, la Finlande a su dessiner ses contours culturels en faisant preuve d'un étonnant ***esprit d'indépendance.*** Coincé entre ses 2 prétendants, le pays forgea sa personnalité en refusant de calquer son mode de vie sur ceux que ses voisins voulaient lui imposer, mais en empruntant au royaume de Suède le meilleur de ses structures administratives et législatives. Tendance naturelle des Finlandais : un esprit un rien nationaliste, réservé mais toujours extrêmement gentil et courtois, infiniment respectueux, prêt à se mettre en 4 pour vous aider. Il faut parfois prendre le temps de briser la glace (normal sous ces latitudes !) avant d'entrer en communication réelle avec ces gens qui distillent leur parole au compte-gouttes, à leur rythme. Si les dérives alcooliques du samedi soir (voire des autres jours !) vous semblent constituer un moyen efficace de brûler les étapes, vous aurez la surprise de constater que ce Finlandais jovial, qui se comportait comme votre meilleur ami après son énième bière, a repris ses distances le lendemain comme si rien ne s'était passé !

LA RONDE DE L'ENNUI

Les vendredi et samedi soir, dans beaucoup de petites cités isolées du Nord et de l'Est, les voitures sillonnent la ville dans tous les sens, en quête d'animation. Lorsqu'ils ont épuisé les joies de la voirie locale, les conducteurs s'arrêtent sur un parking, trinquent, écoutent la radio, bavardent avec ceux de la voiture d'à côté. Puis repartent pour recommencer ailleurs.

Autre trait dominant de la société finlandaise : les rapports au quotidien sont toujours fondés sur la confiance. Pas de contrôle de toute sorte à tout bout de champ. À chacun de se montrer digne de confiance, mais le Finlandais moyen ne se pose même pas cette question.
Enfin, l'exigence de répartition des richesses est très forte. Ainsi, des taux d'imposition élevés garantissent une excellence des services sociaux et des inégalités relativement faibles. Cette exigence a, par exemple, été à l'origine de mouvements sociaux dans la filière bois en 2005 : si les ouvriers acceptaient la délocalisation de certaines activités en Russie, ils exigeaient d'en percevoir

une partie des profits. Ce type de « dialogue » entre patronat et syndicats est plus fructueux pour les travailleurs lorsque 80 % d'entre eux sont syndiqués...

Égalité, transparence, tolérance

C'est dans l'histoire de la société finlandaise que l'on trouvera les raisons de la recherche d'égalité, de transparence et de tolérance de la Finlande actuelle. Cette dernière qualité est parfois troublante pour l'étranger, car le Finlandais pratique en général une tolérance de principe qui peut ressembler, en apparence, à de l'indifférence. Il n'a l'habitude de manifester ni ses états d'âme ni ses sentiments. Cette philosophie de vie se résume par la formule « vivre et laisser vivre ».
Ces principes d'égalité et de tolérance expliquent par ailleurs la place de la femme finlandaise dans la société, où elle est considérée comme l'égale de l'homme. ***En 1906, la Finlande fut le 1er pays d'Europe à donner le droit de vote aux femmes*** à toutes les élections. Résultat : un siècle plus tard, les femmes sont très présentes en politique. Le pays a ainsi été dirigé de 2000 à 2012 par Mme Tarja Halonen (2 mandats), tandis que 3 autres femmes occupaient le poste de Premier ministre – Mme Anneli Jäättenmäki (2003), Mme Mari Kiviniemi (2010-2011) et enfin Mme Sanna Marin, élue en décembre 2019.

RELIGION ET CROYANCES

Les Finnois ont développé une mythologie originale méconnue. Leurs dieux avaient pour noms Tapio (dieu des Forêts), Ahti (dieu des Eaux et du Poisson), Ilmarinen (dieu des Vents et des Orages) et Ukko (dieu de la Croissance et de la Pluie), sans oublier les esprits des forêts et des jardins. Pour faire plus ample connaissance avec ce truculent panthéon, lisez donc *Le Fils du dieu de l'Orage,* d'Arto Paasilinna (voir la rubrique « Livres de route » dans « Finlande utile »). Dans ce chef-d'œuvre, Ukko, fils d'Ilmarinen, découvre la Finlande du XXe s, ses mœurs et sa religion d'État. La Finlande est en effet une république démocratique à écrasante majorité... luthérienne ! Environ 70 % des habitants se réclament de la Réforme que Martin Luther entreprit au XVIe s. Et jusqu'à l'arrivée de Mme Tarja Halonen à la présidence, en 2000, c'était le président de la République qui nommait l'archevêque ! Voilà, on traite de la religion, et on se retrouve à discuter politique... Pas de hasard à ça, les 2 sont bien imbriquées, tant la mentalité finlandaise a été façonnée par la Réforme. Et ce ne sont ni les orthodoxes (1,1 %), ni les catholiques (0,2 %), ni les communautés non chrétiennes (1,6 %) qui vont saboter cet art du consensus !

LUTHER ET LE MARIAGE

Il détestait le célibat imposé aux religieux catholiques « qui nous livre à des idées impures ». Il n'avait pas tout à fait tort. D'ailleurs l'ancien moine épousa une religieuse et le pape faillit en avaler sa tiare. Comble de la provocation, ils eurent 6 enfants.

SAUNA ET *SISU*

Le sauna, de la théorie...

« La 1re année, le Finlandais construit son sauna, la 2de année, il construit sa maison autour », affirme la maxime... Le sauna endosse bien des rôles ici : hygiénique, sanitaire, mais aussi social. Le sauna, c'est comme la table en France : les Finlandais s'y retrouvent pour discuter – et, autrefois, les femmes y accouchaient ! C'est un lieu de paix où il est très mal vu de jurer, de se quereller ou même de parler fort : « Au sauna, conduis-toi comme à l'église », dit un proverbe finlandais. Une véritable institution

indissociable du quotidien finlandais, qui a fait ***son entrée au Patrimoine culturel immatériel de l'Unesco*** en décembre 2020.
Un sauna réunit la famille (dès le bas âge), les amis, les sportifs d'une même équipe, les relations de travail... Il n'est mixte qu'en famille ou entre amis proches. Être invité au sauna par une connaissance finlandaise n'implique aucune connotation libidineuse : c'est une marque d'estime et d'amitié, point final. ***Une invitation ne se refuse sous aucun prétexte, sous peine de passer pour un rustre.***

NÉGOCIATIONS AU POIL

Le sauna fait partie de l'âme et de la culture finlandaises. Un lieu si important que s'y exerce même la diplomatie... Les chefs d'État en visite dans le pays ont parfois l'honneur d'y être invités ! Le président Urho Kekkonen avait coutume d'y négocier nu avec les représentants des autorités russes lors de la Guerre froide. Vladimir Poutine eu droit à la même faveur ! Malgré tout, certaines voix s'élèvent aujourd'hui dans le pays contre cette pratique qui, jusqu'alors, a toujours exclu les femmes des invitations.

On trouve un sauna dans tous les bâtiments finlandais ou presque, y compris les entreprises. Tous les endroits de vacances ont le leur, ainsi que plus de 60 % des résidences principales et secondaires : la Finlande compterait ainsi plus de 3 millions de saunas pour 5,5 millions d'habitants !
Alors, prêt pour l'aventure ? Consciencieusement douché, vous entrez dans une petite pièce munie de gradins à claire-voie, tout en bois. Au sol, ***un poêle sur lequel chauffent de grosses pierres.*** En bas, la température atteint les 70 °C, on vous propose de monter. Sur le 1er gradin, il fait encore plus chaud... Vous vous y asseyez sur votre serviette (détail important ! et vous devrez aussi l'utiliser, et toujours du même côté, pour vous asseoir sur le banc du vestiaire). Pour activer la sudation, vos hôtes ***se fouettent le corps avec des bouquets de rameaux de bouleau*** *(vihta).* C'est traditionnellement à la Saint-Jean que l'on prépare la *vihta* qui va sécher pendant l'été et se conserve plusieurs mois, voire plusieurs années. Cueillies plus tôt ou plus tard, les feuilles, une fois desséchées, ne tiendraient plus sur les rameaux.
Le temps passe. Non sans mal, vous vous habituez à la chaleur et à la rude caresse du bouleau, et l'on vous invite alors à monter sur le 2e et dernier gradin. Trempé de sueur, vous jetez un coup d'œil au thermomètre accroché tout en haut, qui atteint allègrement 90 °C. Vous vous demandez ce que vous êtes venu faire dans cette galère, quand l'un de vos hôtes vous suggère un peu de ***löyly.*** Devant votre air perplexe, il prend ***une louche*** et la remplit d'eau... qu'il jette ***sur les pierres brûlantes*** ! Un nuage de vapeur, réfléchi par les murs, vous enveloppe, vous brûle la peau, vous fait suffoquer, vous fait compatir au sort de l'écrevisse jetée vive dans l'eau bouillante. Vos hôtes vous regardent avec bienveillance : vous avez tenu. Il est maintenant temps de sacrifier au rituel de l'*avantouinti* : sortir, dans le plus simple appareil, descendre l'escalier de bois jusqu'au ponton... et ***piquer une tête dans le lac.*** La sensation n'est pas aussi terrible que vous le craigniez : passé le 1er choc, le corps, gorgé de chaleur, est peu sensible au froid. Vous vous réjouissez quand même que l'on n'ait pas creusé un trou dans la glace, comme en février... et vous retournez aussi sec (si l'on peut dire) sur le gradin du haut pour y reprendre une bonne suée... avant de replonger. Mieux vaut s'en tenir à 2 cycles, surtout si l'on n'est pas habitué. Après votre sauna, descendez donc sur le rivage ; relaxé comme jamais, dans le grand silence du crépuscule, vous vous sentirez en communion avec la nature qui vous entoure.

... à la pratique

Voilà pour la théorie ! En pratique, chacun fait comme il veut et comme il peut, dans l'ordre qu'il souhaite. Certains ne restent que 5 mn et s'en tiennent là, d'autres 30 mn et reviennent... ***L'essentiel est de se sentir bien, de se détendre.***

Évitez le sauna en cas de problèmes cardiaques ou d'hypoglycémie. Et si vous y allez avec des enfants, assurez-vous que les très jeunes restent tout en bas et boivent beaucoup ; les bébés (à partir de 6 mois) pourront être placés dans un baquet et régulièrement aspergés. Dans tous les cas, attention à ce que votre progéniture ne touche ni le poêle ni les pierres !

La grossesse permet-elle l'accès au sauna ? Voilà un vaste débat ! Le sauna est conseillé aux dames portant famille dans les pays nordiques et contre-indiqué en Europe de l'Ouest ! Trouvons une juste mesure : n'y aller que si on est déjà habitué et, pendant les 14 premières semaines de grossesse, rester sur le banc inférieur afin d'éviter de s'exposer à des températures supérieures à 60 °C. Quant au bain froid, c'est à chacune de juger.

La plupart des hôtels disposent d'un ou de plusieurs saunas. Son utilisation est en général comprise dans le prix de la chambre. Dans les campings et les AJ, au contraire, il faut la plupart du temps payer un supplément (autour de 20-30 €/h). Selon les établissements, le sauna peut être accessible le matin, le soir, et/ou sur réservation. Les meilleurs disposent d'une salle où s'asseoir confortablement, boire une bière et bavarder pendant des heures, enveloppé dans sa serviette de bain... Notez que pas mal de campings proposent des chalets avec sauna privatif, inclus dans le prix. Au centre des villes, on remplacera le lac par une piscine ou une douche froide, même si le charme n'est évidemment pas le même. Les amateurs vous diront aussi que le sauna électrique est moins agréable que le sauna traditionnel. Si vous avez l'occasion, essayez donc un de ces saunas chauffés au feu de bois, réputés pour leur *löyly*... Mais attention, en version privatisée, la note peut grimper jusqu'à 200 ou 250 € !

Le *sisu*

On pourrait traduire grossièrement le mot ***sisu*** par « persévérance », mais c'est bien autre chose. C'est le ***cœur de l'âme finlandaise,*** l'acharnement placide et patient qui permet de survivre sur une terre pauvre et gelée 6 mois de l'année, cette ***force tranquille et obstinée*** qui a permis à un petit peuple de glorieusement tenir tête à l'ours russe, puis à l'ogre soviétique. C'est tout ce qui a permis au peuple finlandais, contre vents et marées, de conserver une identité bousculée par l'histoire. Il y a le bon *sisu,* qui permet à l'individu de se surpasser, et le mauvais *sisu,* qui se manifeste par un entêtement aveugle et un orgueil mal placé. Relisez donc *Les Sept Frères.* Aleksis Kivi a tout dit, bien avant et bien mieux que nous.

Les Finlandais caricaturent parfois leur culture par une formule lapidaire : « Sauna, *sisu* et Sibelius. » Si les musiciens postromantiques ne vous branchent pas plus que ça, à vous de trouver le 3e « s » de votre voyage !

LES CHAMPIONNATS DE SAUNA FONT UN FOUR

Connaissez-vous le championnat du monde de l'endurance en sauna à 110 °C, organisé par la ville de Heinola ? 2006 était l'année des records, dont celui du Finlandais Bjarne Hermansson, qui avait tenu 18 mn et 15 s ! Mais en 2010, changement de ton : des 2 finalistes, un Russe et un Finlandais, l'un est décédé pendant la compétition et l'autre resta 2 mois dans le coma, victime de multiples brûlures. Le gagnant fut celui qui quitta en dernier le sauna sur ses 2 jambes !

SAVOIR-VIVRE ET COUTUMES

Côté villes

– Il est rare qu'un Finlandais vous ouvre la porte de sa demeure. Si ça vous arrive, c'est un très grand honneur.

– ***Soyez impérativement à l'heure.*** Un quart d'heure de retard serait une insulte à vos hôtes.
– C'est toujours à la maîtresse de maison que l'on offre le petit cadeau. Ne cherchez pas midi à 14h, restez dans les classiques : fleurs (mais attention, la coutume veut que l'on déballe le paquet avant d'entrer, pour offrir les fleurs sans papier), chocolats, vin (français, c'est encore mieux).
– Il est d'usage pour les dames d'apporter une paire de chaussures de rechange. En effet, ***tout le monde se déchausse*** et les chaussures sont généralement entreposées à l'entrée. Les hommes, quant à eux, restent souvent en chaussettes ! Il est probable que vos hôtes n'oseront pas vous en prier, alors pensez-y par vous-même, votre geste sera très apprécié. Même les ouvriers qui effectuent des travaux à domicile se déchaussent. D'ailleurs, en hiver, presque tout le monde emporte ses chaussures de rechange dans un petit sac pour se rendre à une soirée, à l'opéra, au théâtre et même au restaurant.
– À l'entrée de la plupart des lieux publics, vestiaire payant et parfois obligatoire. Si vous avez un veston habillé, vous pouvez le garder, mais aucun portier de nightclub ne laisse entrer avec un blouson. En revanche, pas de problème avec un gros pull-over jeté négligemment sur les épaules. On ne cherche pas à comprendre et l'on s'exécute ; d'ailleurs, on n'a pas le choix : en Finlande, ***on ne discute jamais les règlements ni les consignes.***
– Il est plutôt ***mal vu de couper la parole à quelqu'un.*** Il est même de bon ton d'attendre 1 ou 2 secondes avant de répondre, car il est possible que votre interlocuteur n'ait pas fini sa phrase.

Côté champs

– En Finlande, on a le droit de marcher, skier et même camper sur n'importe quel terrain (sauf les réserves naturelles, les plages et les espaces publics), pourvu qu'on ne piétine pas les champs cultivés et qu'on ne trouble pas l'intimité du propriétaire, cela impliquant que l'***on reste à distance raisonnable des habitations.*** C'est particulièrement vrai pour les chalets de vacances, surtout côté lac (auquel l'occupant accède souvent par un sentier) : dans cette zone, un Finlandais ne tolérera ni de voir ni d'entendre ses voisins, qui doivent respecter une distance minimale de 100 m et éviter tout bruit portant un tant soit peu. Respectez impérativement les panneaux indiquant une propriété privée, « *Yksityisalue* » (en finnois) ou « *Privatområde* » (en suédois).
– Lorsque vous passez la nuit dans un refuge et utilisez du bois pour vous chauffer, pensez à toujours le remplacer. Une hache est à disposition à cet effet. Ne pas le faire est grossier. Ne laissez aucun déchet : remportez systématiquement toutes vos ordures non compostables ou brûlables.
– ***La cueillette des baies et des champignons est autorisée.*** Mais qui dit droit dit devoir : celui de respecter une nature rendue fragile par la courte durée de l'été. Pas question de causer le moindre dommage aux plantes ou aux animaux, de conduire hors piste ni de jeter le plus petit déchet à terre ou dans l'eau. Pas question d'allumer un feu ni de ramasser du bois sans l'accord du propriétaire. Les chiens doivent être tenus en laisse du 1er mars au 1er août, pour laisser les bestioles sauvages se reproduire en paix.
– Enfin, ***il est strictement interdit de pénétrer dans les zones naturelles protégées,*** repérées par les panneaux « *Luonnon suojelualue* » (en finnois) ou « *Natur skyddsområde* » (en suédois).

■ ***Ministère de l'Environnement :*** • *ym.fi* • Ce ministère publie la brochure *Les Droits de tout un chacun en Finlande,* téléchargeable sur leur site dans sa version anglaise, *Everyman's rights in Finland.* Indispensable pour aller à la découverte de la nature et de la culture finlandaises. On la trouve également dans nombre de centres d'information des parcs nationaux.

SITES INSCRITS AU PATRIMOINE MONDIAL DE L'UNESCO

En coopération avec le
Organisation des Nations Unies pour l'éducation, la science et la culture
Centre du patrimoine mondial

Pour figurer sur la liste du Patrimoine mondial, les sites doivent avoir une valeur universelle exceptionnelle et satisfaire à au moins un des 10 critères de sélection. La protection, la gestion, l'authenticité et l'intégrité des biens sont également des considérations importantes.
Le patrimoine est l'héritage du passé dont nous profitons aujourd'hui et que nous transmettons aux générations à venir. Nos patrimoines culturel et naturel sont 2 sources irremplaçables de vie et d'inspiration. Ces sites appartiennent à tous les peuples du monde, sans tenir compte du territoire sur lequel ils sont situés. Pour plus d'informations : • *whc.unesco.org* •
– ***La ville ancienne de Rauma*** (inscrite en 1991) **:** un exceptionnel témoignage de vieille ville nordique construite en bois.
– ***La forteresse de Suomenlinna*** (inscrite en 1991) **:** un exemple typique de l'architecture militaire européenne de la 2de moitié du XVIIIe s.
– ***La vieille église de Petäjävesi*** (inscrite en 1994) **:** une église luthérienne rurale représentative d'une tradition architecturale.
– ***L'usine de traitement du bois et de carton de Verla*** (inscrite en 1996) **:** un exemple parfaitement conservé de petite installation industrielle rurale consacrée à la fabrication de pâte à papier, de papier et de carton. Courantes en Europe du Nord et en Amérique du Nord au XIXe et au début du XXe s, ces installations ont presque totalement disparu aujourd'hui.
– ***Le site funéraire de l'âge du bronze de Sammallahdenmäki*** (inscrit en 1999) **:** un site qui témoigne des pratiques funéraires et des structures sociales et religieuses de l'Europe du Nord d'il y a plus de 3 millénaires.
– ***L'archipel de Kvarken et la Haute Côte*** (inscrits en 2000 et en 2006) **:** l'archipel de Kvarken (Finlande) et la Haute Côte (Suède), situés dans le golfe de Botnie, comportent 5 600 îles et îlots formés par la fonte de la nappe de glace continentale accumulée entre 12 000 et 26 000 ans avant notre ère. La terre comprimée par le poids d'un glacier se relève petit à petit, des îles apparaissent, des péninsules grandissent, des lacs se forment depuis les baies...
– ***L'arc géodésique de Struve*** (inscrit en 2005) **:** un réseau de triangulations qui s'étend de Hammerfest en Norvège jusqu'à la mer Noire et traverse 10 pays sur plus de 2 820 km. Il est formé par les points d'une triangulation réalisée entre 1816 et 1855 par l'astronome Friedrich Georg Wilhelm Struve pour la 1re mesure d'un segment de méridien. Sur les 265 points fixes principaux d'origine, le site inscrit en comprend 34 (trous percés dans la roche, croix en fer, cairns ou obélisques).
– ***Le sauna*** (2020) **:** véritable institution de l'art de vivre à la finlandaise inscrite au Patrimoine culturel immatériel.

SPORTS ET LOISIRS

Ce pays est un paradis pour les sportifs. Le moindre village est parfaitement équipé : terrains, complexe sportif, piscine, tennis, pistes de jogging et de ski (éclairées en hiver). Outre la marche (voir « Randonnée » dans « Finlande utile »), les possibilités sont nombreuses.

Vélo

On trouve des ***pistes cyclables*** aux abords de toutes les grandes villes. La plupart se visitent mieux à vélo qu'en voiture ou à pied. On passe d'île en île sur des passerelles de bois, on pédale dans des bosquets touffus. Super !

Dans la nature, plein d'itinéraires VTT, repérés sur les cartes et répertoriés dans des brochures publiées par les offices de tourisme.

Sports d'eau

– Le ***canoë*** se pratique partout. Sur la mer : la configuration unique de la côte sud-ouest de la Baltique, avec ses myriades d'îles, en fait un éden pour navigateurs d'eau douce. Sur les lacs : les grands systèmes lacustres, en particulier en Carélie, permettent de naviguer sur des centaines de kilomètres, avant de revenir à son point de départ. Mais prenez garde aux changements de vent et aux bourrasques violentes qui peuvent vous faire chavirer. Sur les rivières : les amateurs de rapides ont l'embarras du choix (itinéraires de classe II pour les néophytes et bien plus durs pour les chevronnés). Vous trouverez partout des organismes proposant de vous véhiculer avec votre canoë jusqu'au départ d'une descente ou de vous récupérer en fin de virée, voire des « safaris » d'une durée allant jusqu'à 3 jours. Le matériel est fourni.
– Le ***kayak*** se pratique lui aussi sur la mer et les grands lacs.
– On peut s'adonner au ***rafting*** sur les rivières de Laponie. Là aussi, de nombreux organismes organisent des descentes avec moniteurs. L'équipement de sauvetage est parfaitement adapté et le briefing (en finnois ou en anglais sauf demande spéciale) rigoureux.
– Les joies de la plage et la ***natation*** vous attendent dans la Baltique si vous aimez l'eau fraîche (18-20 °C semblent un maximum, sauf à Åland) et dans tous les lacs du Sud et du Centre. En Laponie, l'eau est quand même un peu frisquette mais les natifs du pays n'en ont cure.
– La ***voile*** est populaire dans toute la Baltique (surtout dans l'archipel de Turku et autour des îles d'Åland), mais aussi sur les grands lacs où l'on peut louer pour plusieurs jours des bateaux équipés (réservation indispensable en saison). Aucun permis exigé. Réseau de services (approvisionnement, collecte des déchets, bulletin météo) impeccable, bilingue finnois-anglais.
– La ***planche à voile*** se pratique sur les mêmes sites que la voile, ainsi que sur tous les petits lacs du Sud et du Centre.
– ***La pêche sportive :*** un des passe-temps favoris des Finlandais. Les 187 888 lacs accordent 37 m de littoral à chaque habitant, sans compter la côte de la Baltique ! Brochets géants dans l'archipel d'Åland, truites de mer sous la glace en hiver, saumons de 20 kg dans le fleuve Teno... on est loin du « taquine-goujon » de grand-papa. Si vous voulez pêcher, munissez-vous de la brochure complète sur le sujet éditée par l'office de tourisme de Finlande. Avec un fil et un hameçon, ça fait partie des « droits de tout un chacun », donc c'est gratuit, ainsi que la pêche au trou pendant l'hiver, qui ne requiert aucune formalité. Pour les moins de 18 ans et les plus de 64 ans aussi. Majeurs, pas encore retraités et munis de moulinet, passez à la caisse. Il faut, primo, un ***permis national*** vendu environ 45 € pour 1 année (ou 15 € la semaine, 6 € la journée) dans les bureaux de poste, les kiosques *R-Kioski,* les offices de tourisme et les *Visitor Centres* des parcs nationaux (à valider localement pour pêcher dans les eaux des communes lapones d'Enontekiö, Inari ou Utsjoki). Secundo, un ***permis local*** à acheter auprès du propriétaire des eaux de pêche. Mais attention, il existe un permis local « rivière » et un permis « lac » qui varient selon le secteur *(compter env 13-18 €/24h et 45 €/sem pour le permis « rivière » ; env 15 €/sem pour le permis « lac »).* Pour les parcs nationaux, le propriétaire est l'Office des parcs et forêts. On y trouve même des distributeurs automatiques (comprenez par là un casier où vous prenez une carte, la remplissez, mettez la copie carbone avec les sous dans une enveloppe que vous glissez dans un tronc). Attention aux contrôles, même dans les régions les plus reculées. Après cet investissement, à vous saumons, truites, brochets, perches, sandres, lavarets, ombres et ombles chevaliers. Il vous restera à apprendre la cuisson à la lapone : vider les poissons et les bourrer de gros sel, puis les enfiler tête-bêche sur une branche fichée en terre et inclinée à 45° au-dessus du feu de bois. Bon appétit !

■ ***Finnish Canoe Federation :*** *Olympiastadion, Eteläkaare, FIN-00250* ***Helsinki.*** ☎ *(09) 494-965.*
– ***Informations sur les permis de pêche :*** • *ahven.net* • Vente en ligne de permis via le site • *eraluvat.fi* •

– ***Fishing in Finland :*** • *fishinginfinland.fi* • Site commercial très complet regroupant des organismes et des particuliers, pour l'organisation de votre séjour de pêche.

Sports d'hiver

On ne vient pas pour le ski alpin : la plus longue piste n'est que de 3 000 m pour 463 m de dénivelée. On profite plutôt des étendues désertiques pour connaître le frisson de l'aventure polaire. Le pays entier est sous la neige, des rives de la Baltique à la frontière norvégienne. Les fainéants font de sublimes balades sur les lacs gelés. Les sportifs attaquent les montagnes de Laponie, leur blizzard et leurs conditions extrêmes. Tous sont fascinés par l'inoubliable spectacle des aurores boréales. ***On peut skier dès la fin octobre, mais les Finlandais conseillent d'attendre février.*** En Laponie, c'est en avril que les conditions sont optimales. Les mordus skient jusqu'à 16h par jour sous le soleil et on peut partir pour une expédition nocturne sans la moindre lampe torche. La neige du matin, dégelée en surface par le soleil, est idéale. Quant au froid, il est sec et supportable... à condition de savoir ce qui vous attend et de vous équiper en conséquence. Si vous achetez une offre packagée au départ, l'équipement ad hoc est le plus souvent compris et vous trouverez en arrivant tout ce dont vous avez besoin.
Bien sûr, si vos moyens vous le permettent, c'est l'occasion de vous équiper de pied en cap en arrivant car vous trouverez sur place des produits très bien adaptés. Vous pouvez également louer des vêtements thermiques dans toutes les stations. Dans tous les cas, n'oubliez pas les lunettes de soleil (voire, dès février, des lunettes de glacier), la crème hydratante pour les lèvres et la crème de protection solaire.
– Le ***ski de fond*** est bien sûr l'activité phare. Demander aux offices de tourisme un plan des pistes (certaines sont éclairées). Il est possible de louer une paire de skis pour 20-25 € par jour et autour de 35 € pour l'équipement complet. Si vous préférez profiter de l'occasion pour vous équiper, il vous en coûtera environ 200-250 € pour un ensemble complet de niveau débutant : skis, bâtons, chaussures et fixations. Les agences proposent des randonnées et des expéditions de quelques heures à 1 semaine. Initiation ou perfectionnement, avec ou sans portage, sur piste tracée ou non, à partir de 40 km (tranquille...) jusqu'à la redoutable randonnée des 2 frontières, de Kuusamo (frontière russe) à Tornio (frontière suédoise), soit 400 km en 6 jours à travers le sud de la Laponie. Possibilité de participation à des courses populaires.
– Le ***patinage*** se pratique sur les lacs ou la Baltique gelés, pourvu que la couche de neige n'y soit pas trop épaisse. Vous pouvez vous équiper dans n'importe quelle grande surface, à partir de 40-45 €. Les offices de tourisme vous renseigneront sur l'état de la glace et sur les zones les plus propices à cette activité.
– Les safaris à ***motoneige*** font partie des offres phares des agences locales. Là aussi, il y en a pour tous les goûts : de 2 jours à 1 semaine, avec ou sans folklore lapon, de 10 à 600 km, en boucle ou avec retour en bus, parfois jusqu'à la côte de l'océan Glacial Arctique en Norvège ou en Russie. L'équipement (combinaison isotherme, casque à visière rabattante, cagoule, bottes...) est toujours fourni. Les motoneiges sont munies de poignées chauffantes et d'un levier d'accélérateur (au pouce) chauffant.
– Les virées en ***traîneau à chiens*** ou plus rarement à rennes complètent l'offre. Elles se font généralement en Laponie, souvent avec des nuitées en hutte ou en refuge.
– Plus original, on trouve des ***stages de survie*** dans l'Arctique, pour se familiariser avec l'hiver redoutable des plateaux lapons, des croisières en ***brise-glace*** ou des raids au cap Nord en ***4x4.***
– Enfin, la grande expérience de votre vie sera peut-être de goûter au ***saut à skis.*** Les tremplins font de 60 à 90 m. Montée d'adrénaline garantie.

les ROUTARDS sur la FRANCE 2021-2022

(dates de parution sur • **routard.com** •)

Découpage de la FRANCE par le ROUTARD

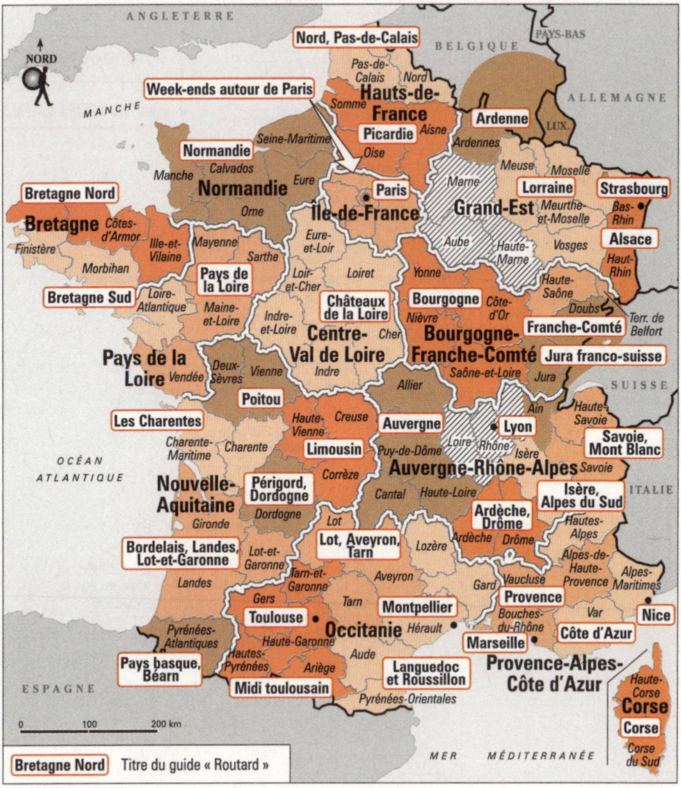

Autres guides sur la France

- Nos meilleurs campings en France
- Nos meilleures chambres d'hôtes en France

Autres guides sur Paris

- Paris
- Paris balades
- Restos et bistrots de Paris
- Le Routard des amoureux à Paris
- Week-ends autour de Paris

Le Routard à vélo

- EuroVelo6
- La Bourgogne du Sud à vélo
- La Flow Vélo
- La Loire à Vélo
- La Vélodyssée (Roscoff-Hendaye)
- Le Canal des 2 mers à vélo
- Paris Île-de-France à vélo
- ViaRhôna
- Les plus belles escapades à Vélo en France

les ROUTARDS sur l'ÉTRANGER 2021-2022

(dates de parution sur • **routard.com** •)

Découpage de l'ESPAGNE par le ROUTARD

Découpage de l'ITALIE par le ROUTARD

Autres pays européens

- Allemagne
- Angleterre, Pays de Galles
- Autriche
- Belgique
- Bulgarie
- Crète
- Croatie
- Danemark, Suède
- Écosse
- Finlande
- Grèce continentale
- Hongrie
- Îles grecques et Athènes
- Irlande
- Islande
- Madère
- Malte
- Norvège
- Pays baltes : Tallinn, Riga, Vilnius
- Pologne
- Portugal
- République tchèque, Slovaquie
- Roumanie
- Suisse

Villes européennes

- Amsterdam
- Berlin
- Bruxelles
- Budapest
- Copenhague
- Dublin
- Lisbonne
- Londres
- Moscou
- Naples
- Porto
- Prague
- Saint-Pétersbourg
- Stockholm
- Vienne

les ROUTARDS sur l'ÉTRANGER 2021-2022

(dates de parution sur • *routard.com* •)

Découpage des ÉTATS-UNIS par le ROUTARD

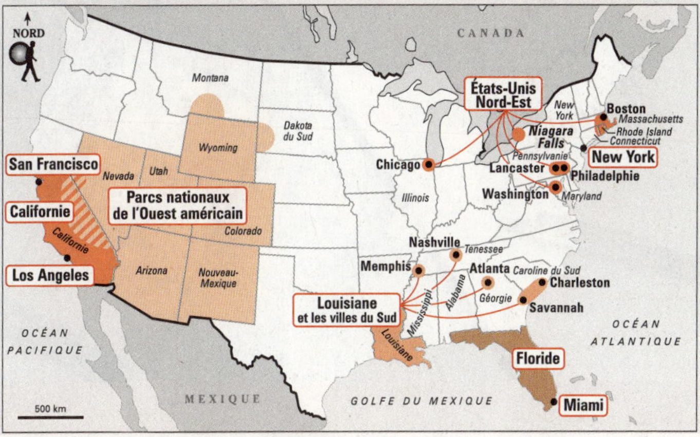

Autres pays d'Amérique

- Argentine
- Brésil
- Canada Ouest
- Chili et île de Pâques
- Colombie
- Costa Rica
- Équateur et les îles Galápagos
- Guatemala, Belize
- Mexique
- Montréal
- Pérou, Bolivie
- Québec et Ontario

Asie et Océanie

- Australie côtes est et nord + Red Centre
- Bali, Lombok
- Bangkok
- Birmanie (Myanmar)
- Cambodge, Laos
- Chine
- Hong Kong, Macao, Canton
- Inde du Nord
- Inde du Sud
- Israël et Palestine
- Istanbul
- Jordanie
- Malaisie, Singapour
- Népal
- Shanghai
- Sri Lanka (Ceylan)
- Thaïlande
- Tokyo, Kyoto et environs
- Turquie
- Vietnam

Afrique

- Afrique du Sud
- Égypte
- Kenya, Tanzanie et Zanzibar
- Maroc
- Marrakech
- Sénégal
- Tunisie

Îles Caraïbes et océan Indien

- Cuba
- Guadeloupe, Saint-Martin, Saint-Barth
- Île Maurice, Rodrigues
- Madagascar
- Martinique
- République dominicaine (Saint-Domingue)
- Réunion

Guides de conversation

- Allemand
- Anglais
- Arabe du Maghreb
- Arabe du Proche-Orient
- Chinois
- Croate
- Espagnol
- Grec
- Italien
- Japonais
- Portugais
- Russe
- G'palémo (conversation par l'image)

Livres-photos/Livres-cadeaux

- La France de Stéphane Bern (**nouveauté**)
- Voyages
- Voyages : États-Unis
- Voyages : France
- Voyages : Italie
- Road Trips Monde
- Road Trips en France (**nouveauté**)
- 120 coins secrets en Europe
- 50 voyages à faire dans sa vie
- 1 200 coups de cœur dans le monde
- 1 200 coups de cœur en France
- 52 week-ends dans les plus belles villes d'Europe
- 52 week-ends coups de cœur en France
- 52 escapades nature en France (**nouveauté**)
- Cahier de vacances du Routard

Nous tenons à remercier tout particulièrement Loup-Maëlle Besançon, Thierry Bessou, Gérard Bouchu, François Chauvin, Grégory Dalex, Fabrice Doumergue, Cédric Fischer, Carole Fouque, Nicolas George, Michelle Georget, David Giason, Claude Hervé-Bazin, Emmanuel Juste, Dimitri Lefèvre, Fabrice de Lestang, Romain Meynier, Éric Milet, Pierre Mitrano, Jean-Sébastien Petitdemange, Thomas Rivallain et Jean Tiffon pour leur collaboration régulière.

Brice Andlauer
Jean-Jacques Bordier-Chêne
Agnès Debiage
Coralie Delvigne
Jérôme Denoix
Tovi et Ahmet Diler
Clélie Dudon
Sophie Duval
Alain Fisch
Bérénice Glanger
Adrien et Clément Gloaguen
Sébastien Jauffret
Alexia Kaffès
Augustin Langlade
Jacques Lemoine
Aline Morand
Louis Nagot
Caroline Ollion
Martine Partrat
Odile Paugam et Didier Jehanno
Céline Ruaux
Prakit Saiporn
Nejma Tahri Hassani
Alice Tonasso
Caroline Vallano

Direction : Sidonie Chollet
Direction éditoriale : Élise Ernest
Édition : Matthieu Devaux, Olga Krokhina, Gia-Quy Tran, Julie Dupré, Emmanuelle Michon, Pauline Janssens, Amélie Ramond, Margaux Lefebvre, Julie Wood, Lucie Léna et Ionah Vasseur
Ont également collaboré : Estelle Gaudin, Véronique Rauzy et Natacha Kotchetkova
Cartographie : Frédéric Clémençon et Aurélie Huot
Contrôle de gestion : Jérôme Boulingre et Yannis Villeneuve
Secrétariat : Catherine Maîtrepierre
Fabrication : Nathalie Lautout et Audrey Detournay
Relations presse : COM'PROD, Fred Papet. ☎ 01-70-69-04-69.
• *info@comprod.fr* •, Martine Levens (Belgique) et Maureen Browne (Suisse)
Direction marketing : Stéphanie Parisot, Élodie Darty et Charlotte Brou
Couverture : le-bureau-des-affaires-graphiques.com
Silhouette du Routard : Clément Gloaguen (d'après Solé)
Maquette intérieure : le-bureau-des-affaires-graphiques.com, Thibault Reumaux et npeg.fr
Contact Partenariats : Jérôme Denoix • *jeromedenoix@gmail.com* •
Contact Partenariats et régie publicitaire : Florence Brunel-Jars
• *fbrunel@hachette-livre.fr* •

INDEX GÉNÉRAL

LISTE DES CARTES ET PLANS

UNE PANDÉMIE INOUÏE !

Depuis toujours, **Le Routard *se plaît à dénicher hôteliers et restaurateurs*** qui accueillent nos lecteurs avec sourire et professionnalisme. Malgré toute notre vigilance, certains d'entre eux auront malheureusement fermé quand ce livre sortira. De même, les horaires et modalités d'accueil de certains sites et musées auront été momentanément modifiés. Cette terrible ***pandémie de coronavirus*** a, on le sait, des conséquences importantes pour tous les professionnels du tourisme. ***Nous sommes de tout cœur avec eux !***

« OSONS LE PAS DE CÔTÉ »

Le surtourisme ? Tous concernés. Et pourtant, à l'écart des grands flux touristiques, il existe plein de pépites méconnues, souvent oubliées des circuits trop encombrés. Ici un site ignoré ; là un quartier secret ; plus loin un village caché au charme discret, avec un troquet d'une autre époque. Il existe une infinité de lieux peinards que l'on a envie de mettre en avant avec ce pictogramme. Un vagabondage enfin calme favorisé aussi par les **visites aux heures creuses.** Vive le *slow trip* !

#osonslepasdecote

Remarque importante aux hôteliers et restaurateurs

Les enquêteurs du *Routard* travaillent dans le plus strict anonymat. Aucune réduction, aucun avantage quelconque, aucune rétribution n'est jamais demandé en contrepartie. Face aux aigrefins, la loi autorise les hôteliers et restaurateurs à porter plainte.

Avis aux lecteurs

Le Routard, ce n'est pas comme le bon vin, il vieillit mal. On ne veut pas pousser à la consommation, mais évitez de partir avec une édition ancienne. Les modifications sont souvent importantes.

Les réductions accordées à nos lecteurs ne sont jamais demandées par nos rédacteurs afin de préserver leur indépendance. Les hôteliers et restaurateurs sont sollicités par une société de mailing, totalement indépendante de la rédaction, qui reste donc libre de ses choix. De même pour les autocollants et plaques émaillées.

Avec routard.com, choisissez, organisez, réservez et partagez vos voyages !

✓ Rejoignez la plus grande communauté francophone de voyageurs : **plusieurs millions d'internautes.**

✓ Échangez avec les routarnautes : forums, photos, avis d'hôtels.

✓ Retrouvez aussi toutes les informations actualisées pour choisir et préparer vos voyages : près de 300 guides destinations, une centaine de dossiers pratiques et un magazine en ligne pour découvrir tous les secrets de votre destination.

✓ Enfin, comparez les offres pour organiser et réserver votre voyage au meilleur prix.

Les **Routards** *parlent aux* **Routards**

Faites-nous part de vos expériences, de vos découvertes, de vos tuyaux et de vos coups de cœur. Aidez-nous à remettre l'ouvrage à jour. Indiquez-nous les renseignements périmés. Faites profiter les autres de vos adresses nouvelles, combines géniales... On adresse un exemplaire gratuit de la prochaine édition à ceux qui nous envoient les meilleurs courriers, pour la qualité et la pertinence des informations.

Quelques conseils cependant :

- Envoyez-nous votre courrier le plus tôt possible afin que l'on puisse insérer vos tuyaux sur la prochaine édition.
- N'oubliez pas de préciser l'ouvrage que vous désirez recevoir, ainsi que votre adresse postale.
- Vérifiez que vos remarques concernent l'édition en cours et notez les pages du guide concernées par vos observations.
- Quand vous indiquez des hôtels ou des restaurants, pensez à signaler leur adresse précise et, pour les grandes villes, les moyens de transport pour y aller. Si vous le pouvez, joignez la carte de visite de l'hôtel ou du resto décrit.

En tout état de cause, merci pour vos nombreux mails.

122, rue du Moulin-des-Prés, 75013 Paris

● ***guide@routard.com*** ● ***routard.com*** ●

Routard Assurance *2021*

Enrichie au fil des années par les retours des lecteurs, *Routard Assurance* reste l'assurance voyage référence des globe-trotters. Tout y est inclus, même la **Covid** : frais médicaux, assistance rapatriement, bagages, responsabilité civile... Avant votre départ, appelez *AVI* pour un conseil personnalisé. Besoin d'une **attestation Covid,** d'un avis médical, d'une prise en charge dans un hôpital ? Téléchargez l'appli mobile *AVI International* pour garder le contact avec *AVI Assistance* et disposer d'un vaste réseau médical à travers le monde. *AVI Assistance* est disponible 24h/24 pour une réponse en temps réel. De simples frais de santé en voyage ? Envoyez les factures à *AVI* dès votre retour, ils vous remboursent sous une semaine. *Le Colisée Gardens, 10 avenue de l'Arche, CS 70126, 92419 Courbevoie Cedex. ☎ 01-44-63-51-00. ● avi-international.com ● Ⓜ La Défense.*

Édité par Hachette Livre (58, rue Jean-Bleuzen, CS 70007, 92178 Vanves Cedex, France)
Photocomposé par Jouve (1, rue du Docteur Sauvé, 53100 Mayenne, France)
Imprimé par Lego SPA Plant (via Galileo Galilei, 11, 38015 Lavis, Italie)
Achevé d'imprimer : mars 2021
Collection n° 13 - Édition n° 01
55/7136/7
I.S.B.N. 978-2-01-712971-4
Dépôt légal : avril 2021

PAPIER À BASE DE
FIBRES CERTIFIÉES